Deutschland 1971

Willy Brandt:
Bericht zur Lage der Nation

Egon Franke:
Vorwort

Materialien zum Bericht

Wissenschaftliche Kommission:

Peter Christian Ludz
Gesamtleitung

Carl-Ludwig Furck; Walter Hornstein;
Rolf Krengel; Heinz Markmann;
Dieter Mertens; Peter Mitzscherling.

Herausgegeben vom
Bundesministerium für
innerdeutsche Beziehungen

Inhalt

1. Bericht zur Lage der Nation, abgegeben von Bundeskanzler Willy Brandt vor dem Deutschen Bundestag am 28. Januar 1971   3

2. Materialien zum Bericht zur Lage der Nation   11

Erstveröffentlichung als Bundestagdrucksache VI/1690

ISBN 3 - 531 - 11083 - 7
Februar 1971
Druck: A. G. Wenderoth, Kassel

Herr Präsident! Meine Damen und Herren! Diese Bundesregierung erstattet hier heute zum zweitenmal Bericht über die Lage im geteilten Deutschland. Gleichzeitig liegt dem Hohen Hause die Antwort der Bundesregierung auf eine Große Anfrage der Fraktionen der SPD und FDP zur Außenpolitik vor.

Wie ich es hier vor Jahresfrist zugesagt habe, sind in Verbindung mit dem Bericht zur Lage der Nation dem Hohen Hause außerdem Materialien zugeleitet worden, die es erleichtern mögen, die Verhältnisse in der DDR in einigen wichtigen Lebensbereichen zu vergleichen.

Meine Damen und Herren, in unserer Antwort auf die Große Anfrage, zu der sich die Regierung im Verlauf der bevorstehenden Debatte noch ausführlicher äußern wird, sind die politischen Bestrebungen und Bedingungen dargelegt worden, die sich aus der Lage der Bundesrepublik Deutschland ergeben und die von außen auf unser Land einwirken. Selbstverständlich kann die Lage in Deutschland nicht unabhängig von den Bewegungen beurteilt werden, die in der Welt und insbesondere in Europa wirksam sind. Es ist also angebracht, die kennzeichnenden Ereignisse des Jahres 1970 deutlich zu machen, die für uns gültigen Prinzipien noch einmal zu unterstreichen und dabei nicht zuletzt auch die Einstellung unserer Verbündeten darzulegen.

In der Antwort auf die Große Anfrage ist dargelegt worden, daß unsere Ostpolitik durch unsere Verbündeten eine einhellige Unterstützung gefunden hat. Wir fühlen uns um so mehr ermutigt, auf dem als notwendig erkannten Weg fortzufahren, als die Bestätigung durch die führenden Repräsentanten der mit uns verbündeten Mächte nicht nur in der Vertraulichkeit von sogenannten Vier-Augen-Gesprächen ausgesprochen wurde. Auch in den Konferenzen der westeuropäischen Gemeinschaften und des atlantischen Bündnisses ist unsere Politik nachdrücklich unterstützt worden. Die dazu veröffentlichten Kommuniqués darf ich als bekannt unterstellen.

Sie wissen, meine Damen und Herren, daß ich Anfang dieser Woche gemeinsam mit dem Außenminister und anderen Kabinettskollegen in Paris war. Wir haben uns dort erneut davon überzeugen können, mit welch freundschaftlichem Verständnis unsere Bestrebungen begleitet werden. „Frankreich unterstützt Sie vorbehaltlos", sagte Präsident Pompidou in einer Rede, die — lassen Sie mich diese noble Geste nicht verschweigen — in Deutsch vorgetragen wurde.

Gerade bei diesen jüngsten Gesprächen in Frankreich ist deutlich geworden, wie sehr unsere West- und unsere Ostpolitik einander bedingen, wie sehr sie zusammengehören. Mit anderen Worten: die westeuropäische Zusammenarbeit und Einigung — die wir aktiv fördern, wie alle wissen — hindert uns nicht, bessere Beziehungen zum Osten zu entwickeln, sondern ist eine Grundlage dieses unserer Überzeugung nach notwendigen Bemühens.

Mit großem Interesse und viel Verständnis verfolgen auch zahlreiche Regierungen, maßgebende Persönlichkeiten und die Presse des neutralen Auslandes und in weiten Teilen der Dritten Welt unsere auf Abbau der Spannungen und auf die Organisation des Friedens gerichtete Politik. Viele wissen, daß Europa in der weltweiten Zusammenarbeit mehr leisten kann als bisher, wenn diese Bemühungen zum Erfolg führen. Man bestreitet heute auch in der östlichen Welt kaum noch, daß deutsche Politik dem Frieden gilt. Und man weiß, daß wir bei unseren Bemühungen um Verständigung niemand ausnehmen, auch nicht die DDR.

Aus dieser Sicht ist nur folgerichtig, daß wir bei der Unterzeichnung des Vertrags in Moskau am 12. August vergangenen Jahres unsere Übereinstimmung mit der Sowjetunion erklären konnten, daß alle Abkommen, die wir mit den Partnern des Warschauer Paktes abschließen wollen, politisch ein einheitliches Ganzes bilden. Niemand wird von wirksamer Entspannung in der Mitte Europas sprechen können, solange nicht alle diese Elemente vorhanden sind.

Darüber hinaus möchte ich hier festhalten: diese Verträge — nach dem jetzigen Stand konkret: der mit der Sowjetunion und der mit der Volksrepublik Polen — widersprechen in keinem Punkt unserer Stellung als Glied der Europäischen Gemeinschaft und als Verbündeter in der NATO. In West und Ost, in Nord und Süd gibt es weder besondere deutsche Interessen noch spezielle deutsche Vorbehalte, die unsere Entscheidung für eine Politik des Ausgleichs schmälern oder beeinträchtigen könnten.

Dabei haben wir in Moskau klargemacht, daß kein Vertrag uns hindern kann noch darf, auf einen Zustand des Friedens hinzuwirken, in dem unser Volk in freier Selbstbestimmung seine Einheit wiedererlangt. Dies entspricht dem Auftrag unserer Verfassung ebenso wie unserer Überzeugung. Niemand wird jedoch glauben, eine Wunschvorstellung sei schon dadurch nahe, weil man sie zu Papier gebracht hat.

Auch im Verhältnis zu Polen haben wir das deutsche Interesse im weitesten Sinne im Auge, wenn wir das Unsere tun, damit der deutsche Name nicht mehr als Symbol von Unrecht und Grauen benutzt werden kann, sondern als Zeichen der Hoffnung auf Aussöhnung und friedliche Zusammenarbeit gilt. Daß diese Hoffnung nicht vergeblich ist, dürfte sich auch an der Zahl der Deutschen zeigen, die in den kommenden Monaten in die Bundesrepublik kommen werden.

Für das Verhältnis zur DDR gilt: wie es nach den

Grundsätzen der Vereinten Nationen im Verhältnis zwischen den Staaten vorgesehen ist, muß auch in diesem Fall im Vordergrund aller Anstrengungen die friedliche Regelung der Beziehungen auf der Grundlage der Menschenrechte, der Gleichberechtigung, des friedlichen Zusammenlebens und der Nichtdiskriminierung stehen.

Meine Damen und Herren, die Begegnung von Erfurt und Kassel im vergangenen Jahr waren für das Nebeneinander der beiden staatlichen Ordnungen auf deutschem Boden wichtig, auch wenn sie nur ein Beginn des Gesprächs waren. Ende Oktober haben wir folgerichtig die Absprache mit der Regierung der DDR getroffen, auf offiziellem Wege einen Meinungsaustausch über Fragen zu führen, deren Regelung der Entspannung im Zentrum Europas dienen würde und die für beide Staaten von Interesse sind.

Zu alledem stehen wir. Hier ist eine Basis, die an keine Voraussetzungen gebunden ist und auf der man 1971 arbeiten kann. Es lag nicht an uns, wenn die auf Grund dieser Vereinbarung geführten ersten Gespräche zwischen den Staatssekretären nur zögerlich in Gang kamen. Am Dienstag dieser Woche fand die vierte dieser Begegnungen statt, und viele weitere werden wohl folgen, ehe man von positiven Ergebnissen wird sprechen können, die wir wünschen. Ich betrachte es immerhin als Fortschritt, daß diese Besprechungen den quasi sensationellen Anstrich verlieren, den sie zuerst gehabt haben.

Die 20 Punkte, die ich in Kassel am 21. Mai 1970 dem Vorsitzenden des Ministerrates der DDR, Herrn Stoph, übermittelte, bleiben die Richtschnur für unsere Vorstellungen darüber, wie gleichberechtigte Beziehungen sachlich geregelt werden können. Die DDR hat Verkehrsfragen in den Vordergrund gerückt. Das ist interessant, und wir sind bereit, über alle auf diesem Gebiet anstehenden Fragen, über einen umfassenden Vertrag oder einander ergänzende Abkommen zu sprechen. Sofern die Fragen des Berlin-Verkehrs betroffen sind, werden wir allerdings — wie bisher — Grundsatzvereinbarungen der Vier Mächte nicht vorgreifen.

Dieser Überblick über die Entwicklung seit meinem Bericht vor einem Jahr macht deutlich, wie sehr die Regelung der Beziehungen zwischen der Bundesrepublik Deutschland und der DDR im Gesamtzusammenhang gesehen werden muß. Eine isolierte Lösung der unser Volk bewegenden Fragen ist ebensowenig möglich wie etwa der Versuch, allein den Frieden sichern zu wollen. Die Geschichte hat uns gelehrt, zur Entfachung von Krisen genügt einer, aber zur Erhaltung des Friedens sind alle notwendig.

Was sonst zwischen den Staaten in Europa möglich ist, müßte auch zwischen den beiden Staaten in Deutschland möglich sein. Die nun schon über zwei Jahrzehnte andauernde künstliche Abschnürung hat keine Stabilität und Ruhe gebracht. Im Gegenteil, sie hat Spannungen und Krisen heraufbeschworen, die es im Interesse Europas und Deutschlands zu überwinden gilt.

Niemand kann wissen, ob es nicht — sogar gegenüber der heutigen, für unser Volk durchaus unbefriedigenden Lage — noch wieder Rückschläge geben wird. Wir beeinflussen das Geschehen um uns herum, aber es wirkt noch stärker auf uns ein. Trotzdem sollten wir uns nicht von dem Versuch abbringen lassen, ein Konfrontationsdenken abzubauen, das vor allem noch von der Führung der SED gepflegt wird und letzten Endes auf Kosten der Menschen geht. Diese Menschen fordern mit Recht, zumindest das heute Regelbare auch tatsächlich anzupacken.

Dabei gehen wir aus von dem, was ist. Wir stellen keine Vorbedingungen und errichten keine unüberwindbaren Hindernisse. Es geht ganz einfach um die selbstverständliche Tatsache, daß die Entspannung in Europa nicht ein Gebiet mitten in Europa aussparen kann: die Bundesrepublik und Berlin nicht, auch nicht die DDR.

Das Jahr 1970 hat die deutschen Fragen auf zum Teil neue Art, aber jedenfalls wieder stärker auf die Tagesordnung der europäischen und internationalen Politik gebracht. Was in Gang gebracht wurde, gilt es nun konsequent und geduldig fortzuführen.

Etwa in diesem Rahmen, meine Damen und Herren, müssen wir die heutige Lage der Nation betrachten.

Zum besseren Verständnis der inneren Situation in den beiden Staaten, die das Deutschland von 1970/71 ausmachen, hat die Bundesregierung in den Materialien, die Bundestag und Bundesrat zugeleitet wurden, den Versuch einer vergleichenden Darstellung der Entwicklung hüben und drüben vorgelegt. Diese Materialien sind das Arbeitsergebnis einer Gruppe von Wissenschaftlern, die unter der Leitung von Professor Dr. Peter Christian Ludz stand. Sie hat unabhängig und selbständig nach wissenschaftlichen Methoden gearbeitet, unbeschadet laufender Konsultationen mit den jeweils zuständigen Stellen der Bundesregierung.

Die Wissenschaftlergruppe hat ihre Arbeit auf solche Lebensbereiche konzentriert, die in einem inneren Zusammenhang miteinander stehen, die sich aber auch für einen fundierten empirischen Vergleich nach dem Stand der Forschung und Statistik überhaupt eignen. Die nach diesen Maßstäben ausgewählten Bereiche, die von der Bevölkerungs- und Erwerbsstruktur über die verschiedenen wirtschaftlichen und sozialen Bereiche bis zur Situation der Jugend reichen, stehen in engem Zusammenhang mit drei Fragen, die für den Wettbewerb der in den beiden Teilen Deutschlands bestehenden Ordnungen wichtig sind, nämlich mit dem Selbstverständnis als industrielle Leistungsgesellschaft, mit Wachstum und Modernisierung des jeweiligen Systems und mit der zunehmenden Bedeutung von Wissenschaft und Forschung, fachlicher und wissenschaftlicher Ausbildung.

Hier sind einige Faktoren ermittelt worden, die für die Menschen im geteilten Deutschland von erheblicher Bedeutung sind oder werden können. Dabei muß allerdings in aller Klarheit und mit Nachdruck gesagt werden, Vergleich bedeutet natürlich nicht Gleichstellung, und nüchterne Wiedergabe von Daten bedeutet nicht Billigung der politisch-ideologischen und gesellschaftlichen Zustände im anderen Teil

Deutschlands. Gleichwohl sollten derartige Untersuchungen fortgesetzt und vertieft werden; ihr Gewicht liegt nicht so sehr in der Darstellung als solcher als in dem Nutzen und den Folgerungen, die die politisch Verantwortlichen daraus ziehen. Wo es um die Lage der Nation geht, soll also mit dem Beitrag der Wissenschaft das politische Urteil erleichtert und die politische Diskussion versachlicht werden. Ich hoffe jedenfalls, daß die „Materialien" nicht nur in der Debatte dieses Hohen Hauses, sondern auch draußen in der Öffentlichkeit, in Wissenschaft, Politik und Bildungsarbeit Beachtung finden und daß die künftigen Arbeiten durch Kritik und Vorschläge gefördert werden.

Den Mitgliedern der wissenschaftlichen Kommission möchte ich von dieser Stelle aus die gebührende Anerkennung aussprechen. Mein Dank gilt im besonderen auch dem federführenden Bundesminister Egon Franke, der die Initiative zur Bildung der Kommission ergriffen und die Durchführung ihrer Arbeiten gefördert hat.

Meine Damen und Herren, bei Betrachtung der Lage unseres geteilten Volkes, wie sie in den „Materialien" deutlich zum Ausdruck kommt, darf man nicht dem Irrtum verfallen, die heutigen Probleme der Deutschen seien allein die Folge des Entstehens zweier deutscher Staaten im Jahre 1949. Die Ursprünge liegen, wie wir wissen, weiter zurück. Dazu möchte ich an das erinnern dürfen, was ich in der Regierungserklärung vom 28. Oktober 1969 sagte:

Diese Regierung geht davon aus, daß die Fragen, die sich für das deutsche Volk aus dem zweiten Weltkrieg und aus dem nationalen Verrat durch das Hitler-Regime ergeben haben, abschließend nur in einer europäischen Friedensordnung beantwortet werden können. Niemand kann uns jedoch ausreden, daß die Deutschen ein Recht auf Selbstbestimmung haben wie alle anderen Völker auch. Aufgabe der praktischen Politik in den jetzt vor uns liegenden Jahren ist es, die Einheit der Nation dadurch zu wahren, daß das Verhältnis zwischen den Teilen Deutschlands aus der gegenwärtigen Verkrampfung gelöst wird.

Und in dem Bericht zur Lage der Nation vor einem Jahr, am 14. Januar 1970, fügte ich hinzu:

25 Jahre nach der bedingungslosen Kapitulation des Hitler-Reiches bildet der Begriff der Nation das Band um das gespaltene Deutschland ... Die Nation gründet sich auf das fortdauernde Zusammengehörigkeitsgefühl der Menschen eines Volkes. Niemand kann leugnen, daß es in diesem Sinn eine deutsche Nation gibt und geben wird, soweit wir vorauszudenken vermögen.

Diese Feststellungen bildeten die Grundlage meiner Erklärungen in Erfurt und Kassel, aber auch die Grundlage der Gespräche, die der Außenminister und ich und unsere Mitarbeiter in Moskau und Warschau geführt haben. Für uns konnte und kann es nicht in Frage kommen, aus taktischen, um nicht zu sagen opportunistischen Gründen, Teile der geschichtlichen Entwicklung auszusparen.

Für uns kommt es auch nicht in Frage, den Begriff Nation scheinbar zeitgebundenen, kurzfristigen Notwendigkeiten anzupassen. Ich zögere nicht, in dieser Frage einen Mann zu zitieren, der am 30. November 1970 unter anderem erklärte:

Wir sind Patrioten und Internationalisten zugleich. Denn, ob man es wahrhaben will oder nicht, die Nation ist eine Wirklichkeit, die in absehbarer Zeit nicht verschwinden wird. Damit es fruchtbare internationale Beziehungen zwischen den Staaten gibt, müssen die Nationen unter sich Beziehungen der Zusammenarbeit, der Verständigung und der Freundschaft entwickeln. Das bedeutet, daß wir entschlossene Gegner dessen sind, was man den nationalen Nihilismus nennen kann.

Soweit das Zitat. Es stammt vom Vorsitzenden der Fraktion der Kommunistischen Partei Frankreichs im dortigen Senat, Jacques Duclos, einem Mann, den ich den Verantwortlichen der SED gewiß nicht vorzustellen brauche. Er stützt sich in seiner Erklärung des Begriffs „Nation" übrigens auch auf kommunistische Klassiker. Und bei ihm findet sich kein Wort davon, daß nur bestimmte Kreise der Bevölkerung die Nation bilden und andere, die „klassenpolitische Gegner" sind oder solche genannt werden, davon ausgeschlossen wären.

Es ist der SED-Führung vorbehalten geblieben, die „bürgerliche Nation" von einer „sozialistischen Nation" zu unterscheiden, wobei bemerkenswerterweise davon gesprochen wird, daß in der Bundesrepublik „Reste der alten bürgerlichen deutschen Nation" erhalten geblieben seien. Um die Dinge noch komplizierter zu machen, spricht man in der DDR seit Anfang 1970 sowohl vom „sozialistischen Staat deutscher Nation" wie vom „sozialistischen deutschen Nationalstaat", wodurch der Fortbestand der einen deutschen Nation gleichermaßen bestätigt und abgestritten wird.

Diese Feststellungen und Hinweise zeigen, wie schwierig Gespräche sind, wenn der Partner zwei Dinge zu gleicher Zeit haben und sein will. Denn wenn auch die DDR immer wieder unter Berufung auf den „sozialistischen deutschen Nationalstaat" erklärt, daß es keine „besonderen Beziehungen" zwischen den beiden deutschen Staaten geben könne, so nimmt die gleiche Führung für sich das Recht in Anspruch, „eine offensive Politik" — wie man es dort nennt — „der friedlichen Koexistenz gegenüber der BRD" zu führen. Mit keinem Staat der Welt beschäftigt sich die DDR so ausführlich und so aktiv wie mit unserer Bundesrepublik. Und nun frage ich: Ist dies nicht die von der Führung der DDR sonst so gerne angeprangerte Einmischung in die inneren Verhältnisse eines anderen Staates? Und geht das nicht oft bis zur Aufforderung an unsere Bürger, sich gegen die innere Ordnung ihres Staates aufzulehnen?

Ich sage das nicht nur im Sinne der notwendigen Abgrenzung. Ich möchte auch deutlich machen, daß eine solche Haltung, wenngleich negativ, das besondere Interesse an dem in der Bundesrepublik lebenden Teil des deutschen Volkes zeigt. Hier geht es, um es deutlich zu sagen, um ein Interesse besonderer Art, um die ungewollte Dokumentation der „besonderen Beziehungen", die sonst abgestritten werden. Aber das besondere Interesse wird so geltend gemacht, daß dadurch die Kluft zwischen den beiden Teilen Deutschlands tiefer wird als zwischen anderen Staaten unterschiedlicher ideologischer und gesellschaftspolitischer Struktur. Die gemeinsame nationale Basis führt die Führung in Ost-Berlin nicht zur Abschwächung, sondern zur Überspitzung des Ost-West-Gegensatzes.

Von der anderen Seite werden so oft die politischen Realitäten beschworen. Deshalb sei an dieser Stelle in aller Eindringlichkeit festgestellt: Freiheit, Demokratie und soziale Gerechtigkeit sind für uns keine formalen Begriffe.

Sie sind Aufträge unserer Verfassung, des Grundgesetzes, und bilden die unveräußerliche Grundlage unserer staatlichen und gesellschaftlichen Existenz. Wir stellen uns gern jedem Wettbewerb, bei dem es um mehr persönliche Freiheit und um mehr soziale Gerechtigkeit geht.

Aber in einem Punkt sind wir mit Herrn Ulbricht, dem Staatsratsvorsitzenden und Ersten Sekretär, einig, wenn er von Abgrenzung spricht: Es kann weder ideologisch noch gesellschaftlich eine Vermischung der Gegensätze, noch kann es eine Verniedlichung der Meinungsunterschiede geben; das gilt — leider — gerade für die beiden Staaten in Deutschland, die so verschiedenen Systemen angehören. Aber auch diese beiden Staaten müßten ein friedliches Nebeneinander erreichen können, bei dem keiner den anderen bevormundet, sondern beide untereinander und nach außen ein Beispiel geben, daß friedliche Zusammenarbeit auch zwischen so unterschiedlichen politischen und gesellschaftlichen Systemen möglich ist.

Nation ist eine Frage von Bewußtsein und Willen. Die Polemik in Ost-Berlin gegen die Nation bestätigt die Existenz von Bewußtsein und Willen, die auch drüben weithin erhalten geblieben sind. Die verschiedenen Auffassungen zu diesem Thema brauchen die Bemühungen um ein geregeltes, sachliches Nebeneinander der beiden deutschen Staaten nicht zu stören. Allerdings müssen beide Seiten respektieren, daß die Vier Mächte Kompetenzen für Deutschland als Ganzes und Berlin haben und behalten werden. Diese Situation ist kein Hindernis für die Absicht der Bundesregierung, Abkommen mit der DDR jene klare Verbindlichkeit zu geben, die auch sonst zwischen Staaten üblich und erforderlich ist.

Die Regierung in Ost-Berlin hat es für richtig gehalten, unsere Bemühungen um ein friedliches Nebeneinander und um die Regelung sachlicher Fragen anzuzweifeln oder gar zu diffamieren. Die Bundesregierung wird sich dadurch nicht beirren lassen; sie bleibt dabei, daß die internationalen Beziehungen der DDR dann auf weniger Hindernisse stoßen, wenn sich in bezug auf die Lage in Deutschland selbst die erforderlichen Regelungen erzielen lassen werden.

Es geht um die Erleichterungen, um Verbesserungen für die Menschen in beiden deutschen Staaten im Verhältnis zueinander, und es geht außerdem um die gemeinsame Verantwortung der Deutschen für den Frieden in Europa und in der Welt. Das ist kein Ausspruch mit erhobenem Zeigefinger, sondern ein ehrlicher, notwendiger Hinweis zum Thema der nationalen Verantwortung.

Meine sehr verehrten Damen und Herren, bei keinem anderen Thema wird die Problematik der Lage unserer Nation gegenwärtig so deutlich wie bei Berlin. Doppelte Spaltung, deutsche Kompetenzen und Zuständigkeiten, teils der Vier, teils der Drei Mächte bilden die komplizierten Faktoren der wirklichen Lage.

Wenn von der Entspannung in der Mitte Europas die Rede ist, so ist die Entspannung der Lage in und um Berlin der Sache nach davon überhaupt nicht zu trennen. Die Haltung der Bundesregierung dazu war immer klar. Sie ist am 7. Juni vergangenen Jahres im Hinblick auf die Verhandlungen mit der Sowjetunion auch öffentlich so formuliert worden:

Es wird davon ausgegangen, daß die Viermächteverhandlungen dazu führen, die enge Verbindung zwischen der Bundesrepublik Deutschland und West-Berlin sowie den ungehinderten Zugang nach West-Berlin zu sichern. Ohne eine solche Sicherung wird ein Gewaltverzichtsvertrag nicht in Kraft gesetzt werden können.

Soweit das Zitat aus dem Beschluß der Bundesregierung vom 7. Juni vergangenen Jahres.

Wenn ich das hier in Erinnerung rufe, so um hinzuzufügen: Die Bundesregierung bleibt bei ihrem Standpunkt. Sie wird den sachlichen Zusammenhang, auf den sie die Beteiligten immer wieder hingewiesen hat, nicht auflösen.

Es ist daran zu erinnern, daß die Berlin-Gespräche, die sich inzwischen zu Verhandlungen verdichtet haben, auf westliche Initiative hin im Sommer 1969 begonnen haben. Den Anstoß dazu hatte eine Äußerung des Präsidenten der Vereinigten Staaten von Amerika bei seinem Besuch in Berlin Anfang 1969 gegeben. Er sagte damals vor der Belegschaft der Siemens-Werke — ich darf zitieren —:

Wenn wir sagen, wir lehnen jede einseitige Änderung des Status quo in Berlin ab, so heißt das nicht, daß wir den Status quo als zufriedenstellend ansehen ... Lassen Sie uns, uns alle, die Situation in Berlin als einen Appell zum Handeln betrachten, als eine Aufforderung zur Beendigung der Spannungen einer vergangenen Zeit, hier und überall auf der Welt. Unsere gemeinsame Haltung läßt sich am besten durch ein Goethe-Zitat ausdrücken: Ohne Hast, doch ohne Rast.
Schritt für Schritt werden wir uns gemeinsam bemühen, einen dauerhaften Frieden zu schaffen.

— Das war, wie gesagt — für denjenigen, der das mit der „Hast" für besonders wichtig hält —, nicht gestern, sondern im Februar 1969, und jetzt schreiben wir Januar 1971.

Präsident Nixon fuhr damals fort:

Es gab in der Vergangenheit Zeiten, in denen Berlin sich gegen mächtige Kräfte, die es zu überwältigen drohten, behaupten mußte. Ihre Entschlossenheit — das war an die Adresse der Berliner gerichtet — *in jenen Zeiten der Gefahr hat über jeden Zweifel bewiesen, daß Drohung und Zwang niemals erfolgreich sein können. Durch Ihre Stärke haben Sie Bedingungen geschaffen, die zu gelegener Zeit eine andere Art Entschlossenheit zulassen könnten — eine Entschlossenheit, daß wir durch Verhandlungen von Regierungen miteinander und Versöhnung unter den Menschen der Teilung dieser Stadt, dieser Nation, dieses Kontinents und dieses Planeten ein Ende bereiten werden.*

Nun wird — ich sagte es schon — seit geraumer Zeit darüber verhandelt, ob und wie unbeschadet einiger nicht zu vereinbarender grundsätzlicher Positionen eine befriedigende Berlin-Regelung erzielt werden kann. Dabei war und ist es eine Selbstverständlichkeit für die Bundesregierung, daß sie sich über die einzunehmenden Positionen in engster Verbindung mit den drei Westmächten hält. Ich kann hier feststellen, daß die Zusammenarbeit der vier westlichen Regierungen im Laufe der letzten Monate gerade auf diesem Gebiet eine Intensität gewonnen hat, wie es sie bis dahin kaum jemals gegeben hat. Es besteht vollständige Übereinstimmung über die Kriterien und die Inhalte, die eine Berlin-Regelung haben muß, wenn sie in unserem Sinne und dem der Westmächte befriedigend sein soll.

Dazu gehören einige Erfordernisse, die sich mir noch in meinen Jahren als Regierender Bürgermeister von Berlin stark eingeprägt haben. Ich sage hier ganz offen, meine Damen und Herren, ich hätte mir seinerzeit eine gemeinsame politische Anstrengung aller Beteiligten gewünscht, durch die Berlin — im Sinne unseres Grundgesetzes — zum Land der Bundesrepublik Deutschland geworden wäre, und ich bin auch hier dafür eingetreten. Die Entwicklung ist anders verlaufen, aber nicht so, daß West-Berlin zur sogenannten „selbständigen politischen Einheit" werden könnte. Worauf es heute ankommt, sind die gewachsenen Bindungen, ist die enge Zusammengehörigkeit. Und wenn ich dies sage, gibt es mir die willkommene Gelegenheit, auf die gute Zusammenarbeit und das volle Einvernehmen mit dem Senat von Berlin hinzuweisen; er nimmt konstruktiv an allen erforderlichen Überlegungen teil.

An dieser Stelle möchte ich den drei Westmächten und ihren Regierungschefs danken für ihr Verständnis, das sich im Grundsätzlichen wie auch in der täglichen praktischen Arbeit ausdrückt, vor allem aber dafür, daß sie das überragende vitale Interesse der Bundesrepublik für West-Berlin anerkennen. Dies ist ja auch vertraglich fixiert, aber es ist entscheidend, daß sich daraus eine praktische Abstimmung der Interessen ergeben hat.

Außerdem kann ich feststellen, daß die Erwartung der Bundesregierung eingetroffen ist, wonach der Moskauer Vertrag die Berlin-Verhandlungen fördern und intensivieren werde.

(Abg. Reddemann: Mit beiden Beinen fest in der Luft!)

— Fragen Sie mal Herrn Kollegen Schröder, ob es heute leichter oder schwerer ist, unter Berufung auf vitale deutsche Interessen mit der Sowjetunion über Berlin zu sprechen oder nicht. Wir haben natürlich weiterhin keinen eigentlichen Rechtstitel gegenüber den Vier Mächten, aber auch auf sowjetischer Seite wird unser vitales Interesse an einer befriedigenden Berlin-Regelung nicht mehr bestritten. Mehr sage ich nicht, aber das sage ich, weil es zur Bestandsaufnahme dieses Januar 1971 dazugehört.

Die Vier Mächte haben für die Berlin-Verhandlungen besondere Vertraulichkeit vereinbart. Die Bundesregierung, die diese Verhandlungen im Rahmen ihrer Möglichkeiten aktiv fördert, hat sich dem angeschlossen. Sie muß sich dadurch in der öffentlichen Auseinandersetzung Zurückhaltung auferlegen, obwohl sie viel Verständnis dafür hat, daß unsere Öffentlichkeit diese Verhandlungen mit besonders lebhaftem Interesse verfolgt.

In einer solchen Situation — das weiß ich — sind Mißverständnisse zuweilen unvermeidbar. Dennoch ist es im großen und ganzen gelungen, zwischen Regierung, Koalitionsparteien und Opposition eine weithin übereinstimmende Beurteilung in der Berlin-Frage sicherzustellen. Es wäre gut, wenn wir dies im gemeinsamen Interesse und zugunsten Berlins beibehalten könnten.

Die Bundesregierung ist sich mit den in Berlin engagierten Mächten darin einig, daß es für die außerordentlich komplizierten Verhandlungen, in denen schließlich die Ergebnisse einer mehr als 20jährigen Entwicklung berücksichtigt werden müssen, keinen Zeitdruck geben darf. Gleichzeitig sollte aber zügig gearbeitet werden, so daß diese Verhandlungen, wenn ihr Stand es als sinnvoll erscheinen läßt, auch eine weitere Intensität, also einen konferenzähnlichen Charakter, annehmen könnten.

Ich enthalte mich jeder zeitlichen Prognose. Aber ich will noch einmal versuchen, das Ziel zu umreißen. Die Berlin-Regelung muß der Wirklichkeit Rechnung tragen, wie sie ist, d. h., sie muß West-Berlin durch zeitlich nicht begrenzte Vereinbarungen zwischen Ost und West nach menschlichem Ermessen störungsfrei machen und dadurch eine ruhige Entwicklung der Stadt für die Zukunft eröffnen. Berlin, das Symbol der Auseinandersetzungen des kalten Krieges, muß zu einem Symbol des respektierten Nebeneinander und des Miteinander im Zentrum eines friedlich zusammenarbeitenden Europas werden.

Die Bundesregierung — und ich bin überzeugt, dieses ganze Haus — verurteilt aufs schärfste die Schwierigkeiten und Behinderungen auf den Straßen nach Berlin. Dies ist ein untauglicher Versuch, faktische Kompetenzen zu demonstrieren und damit Druck ausüben zu wollen. Störungen auf den Zugangswegen sind Störungen der Verhandlungen. Es ist offensichtlich, daß die Regierung der DDR immer wieder neue Vorwände benutzt und damit die Situation verschärft, gerade während die Verhandlungen im Gange sind, Verhandlungen, deren Ziel es unter anderem ist, den unbehinderten Zugang zu vereinbaren. Unsere Antwort kann nach meiner Überzeugung nur politisch sein: Es wird keine Berlin-Regelung geben, die das Recht auf freie Versammlung nicht ebenso gewährleistet wie den unbehinderten Zugang. Die Bundesregierung steht — ich sagte es schon in anderem Zusammenhang — in engem Kontakt mit den Drei Mächten, die eine besondere Verantwortung für alle mit Berlin zusammenhängenden Fragen tragen.

In diesem Rahmen bleibt es weiterhin Sache der Bundesregierung, der wirtschaftlichen Situation West-Berlins besondere Aufmerksamkeit zu widmen. Auch wenn die Sicherheit der Stadt und ihrer Zufahrtswege in der Verantwortung der Drei Mächte liegt, so tragen wir doch ein hohes Maß an Mitverantwortung für die Lebensfähigkeit dieser Stadt, die hier niemand mehr am Herzen liegen kann, als einem Bundeskanzler, der dort während eines Jahrzehnts wesentliche politische Verantwortung getragen hat.

Wenn wir auf das vergangene Jahr zurückblicken, hat die Bundesregierung und haben wir hier gemeinsam, Bundesregierung und Bundestag, weitere wirksame Maßnahmen getroffen, um die Schwierigkeiten, die die Lage der Stadt mit sich bringt, soweit wie möglich zu beheben. Ich erinnere hierzu an die noch im vergangenen Jahr in Kraft getretene neue Fassung des Berlinförderungsgesetzes und an die Richtlinien zur Förderung der Arbeitsaufnahme in West-Berlin. In beiden Fällen geht es um bedeutsame neue Regelungen für Arbeitnehmer und Unternehmer. Die Bemühungen um Arbeitskräfte und um wirtschaftliches Wachstum für Berlin sind auch 1970 von Erfolg gewesen. Wenn die politische Situation verbessert wird, so wird sich dies auch auf die Wirtschaft positiv auswirken. Die Sicherung der Lage Berlins wird es der Stadt ermöglichen, wenn man soweit ist, verstärkt ihren besonderen Beitrag zum wirtschaftlichen und kulturellen Austausch in Deutschland und in Europa zu leisten.

Meine Damen und Herren! Die Spaltung Deutschlands, die uns der Krieg hinterließ, hat auch diesseits der Grenzlinie gelegene Landstriche hart getroffen: aus einem Kernland wurde ein abseits der Wirtschaftsströme liegendes Randgebiet. Historisch gewachsene, politische, kulturelle und wirtschaftliche Bindungen wurden zerrissen.

In Übereinstimmung mit einem Beschluß des Deutschen Bundestages vom 2. Juli 1953 haben die Bundesregierungen seitdem wiederholt betont, daß sie das innerdeutsche Randgebiet vorrangig fördern wollten. Diese Regierung hat dem Hohen Hause den Entwurf eines Gesetzes vorgelegt, das die bisherigen Förderungsmaßnahmen und -präferenzen für die betroffenen Gebiete absichern soll. Zudem bringt es wesentliche Verbesserungen, insbesondere auf dem Gebiet des Wohnungsbaus und der sozialen Einrichtungen. Zusätzlich sollen weitere 80 Millionen DM aus dem Bundeshaushalt bereitgestellt werden, wobei sich die Planungen jetzt über die Wirtschaftsförderung hinaus auf Infrastrukturmaßnahmen konzentrieren werden.

Meine Damen und Herren! Bei den Bemühungen, für alle Betroffenen die Folgen der Teilung Deutschlands nach bestem Vermögen erträglicher zu gestalten, denke ich auch heute besonders an die große Gruppe unserer Bevölkerung, die als Folge des Krieges vor 25 Jahren ihre alte Heimat verloren hat. Niemand sollte sich anmaßen, über jene abfällig zu urteilen, die auch heute noch über den Verlust ihrer Heimat im Osten Schmerz und Trauer empfinden. Sie trugen eine schwerere Last als viele andere Deutsche. Und gerade ihre Vertrauensmänner waren es, die sich schon vor 20 Jahren in der Charta von Stuttgart von Haß freigehalten und den Ausgleich mit den östlichen Nachbarn gesucht haben. Jene Charta war ein Dokument der Menschlichkeit und der Vernunft, das den Blick in die Zukunft richtete und den barbarischen Methoden der Vergangenheit eine deutliche Absage erteilte. Gewisse Leute wollen heute den Vertriebenen gegenüber den Eindruck erwecken, als sei durch den von uns unterzeichneten Vertrag mit Polen eine reale Möglichkeit auf Rückkehr in die alte Heimat verlorengegangen, als seien sie gewissermaßen erst heute vertrieben, als habe jetzt ein Verzicht auf greifbare Rechte stattgefunden. Dazu möchte ich bei dieser Gelegenheit nur folgendes sagen. Wenn wir heute um des Friedens willen bereit sind, von den bestehenden Grenzen in Europa, d. h. auch in Osteuropa, auszugehen und sie zu achten, dann bedeutet dies keineswegs eine Legitimierung oder ein stillschweigendes Einverständnis mit der Vertreibung der Deutschen aus diesen Gebieten, die 1945 und 1946 stattgefunden hat. Den Krieg haben wir allerdings, wie wir alle wissen, nicht erst jetzt verloren, und über die Haltung der ausländischen Mächte, einschließlich unserer engsten Verbündeten, hat man sich auch längst orientieren und informieren können. Wir wollen — nicht zuletzt durch den Vertrag — Barrieren zwischen dem deutschen und dem polnischen Volk abbauen, Barrieren, die sich aus einem schwierigen historischen Erbe, insbesondere aber aus dem zweiten Weltkrieg ergeben haben.

Bei den Verlusten durch die Vertreibung ging es nicht nur um die Grundlagen materieller Existenz, es geht auch um ein Gebiet, das große Leistungen und Beiträge zum deutschen Kultur- und Geistesleben erbracht hat. Die Bundesregierung will dieses kulturelle Erbe zusätzlich pflegen helfen.

Für die materiellen Verluste der Vertriebenen hat die Bundesrepublik gewiß keinen auch nur annähernd vollen Ersatz schaffen können. In den meisten Fällen ist dennoch die wirtschaftliche Eingliederung gelungen. Persönliche Tüchtigkeit, Geschick nicht zuletzt auch die günstige Wirtschaftsentwicklung in unserer Bundesrepublik haben dazu beigetragen. Diejenigen unserer Mitbürger aber, die den Krieg nicht mit dem Verlust der angestammten Heimat mit all ihren unwägbaren Quellen bezahlen mußten, bitte ich um ihr Verständnis und ihre Hilfe für alle, die bei uns noch immer nicht ganz zu Hause sind.

Nach dem Abschluß des Vertrages mit Polen werden viele Familien die Aussicht haben, ihre dort lebenden Angehörigen bei sich aufnehmen zu können. Wie Sie wissen, treffen in diesen Tagen erste kleinere Gruppen in der Bundesrepublik ein.

(Abg. Frau Griesinger: Erste!)

— Seit dem Zeitpunkt — das verstehen Sie doch wohl —, von dem hier die Rede ist.

Die Umstellung auf das Leben bei uns wird manchen dieser Menschen zunächst nicht leichtfallen. Die Bundesregierung und die Regierungen der Länder werden das ihnen Mögliche tun. Es bedarf aber der Mitwirkung aller Mitbürger, um diesen Deutschen, die zu uns kommen, die Last der Eingewöhnung und des Neubeginns zu erleichtern. Alle Mitbürgerinnen und Mitbürger in der Bundesrepublik Deutschland aber, woher sie auch stammen, rufe ich auf, das Ihre dazu zu tun, daß die Versöhnung mit dem polnischen Volk dauerhafte Wirklichkeit wird. Dies gilt gleichermaßen für den von uns angestrebten Ausgleich mit den Völkern der Tschechoslowakei, für die Aussöhnung und Zusammenarbeit mit dem Osten überhaupt.

Unsere Bemühungen, das Verhältnis zu den osteuropäischen Staaten und zum anderen Teil Deutschlands zu normalisieren, haben in den letzten Monaten — abgesehen von dem legitimen Meinungsstreit über Inhalt und Form; der wird ja auch hier ausgetragen werden — zu recht heftigen Aktionen kleiner Gruppen geführt, deren Lautstärke in keinem Verhältnis zu ihrer zahlenmäßigen Stärke stand und steht. Diese Gruppen, die unter der mißbrauchten, in diesem Fall makabren Parole „Widerstand" versuchen, auch einen Teil der Heimatvertriebenen für ihre Ziele zu mißbrauchen, repräsentieren nicht die Politik unseres Landes und nicht den Willen der Bevölkerung. Es handelt sich um eine Sammlung von Resten radikaler Organisationen, die mit immer neuen Methoden versuchen, unzufriedene Mitbürger für ihre verwerflichen Zwecke einzufangen.

Wir wissen, wie solche Aktionen auf dem Hintergrund der Geschichte bei unseren Nachbarn wirken, auch bei unseren Freunden im Westen. Die Untaten des Hitler-Regimes haben in der öffentlichen Meinung der Nachbarländer und darüber hinaus tiefe Spuren hinterlassen. Übernervöse Reaktionen in diesen Ländern mögen wir ablehnen, aber wir müssen sie deshalb doch zu verstehen versuchen, auch wenn sie nicht durch die Tatsachen gerechtfertigt sind.

Die Bundesregierung geht davon aus, daß die ganz überwiegende Mehrheit unserer Bevölkerung Ziele und Methoden der erwähnten Gruppen ablehnt; gerade weil viele unserer Mitbürgerinnen und Mitbürger noch in Erinnerung haben, wie zerstörerisch solche Kräfte wirken können. Die Wahlen der letzten Zeit haben im übrigen deutlich zum Ausdruck gebracht, daß unser Volk nicht gewillt ist, sich Extremisten und offensichtlichen politischen Abenteurern anzuvertrauen. Wir haben uns mit Energie gegen jene zu wehren — mögen sie von der einen oder von der anderen Seite kommen —, die Gewalt oder Terror zum Mittel politischer Auseinandersetzung machen wollen. Und nationalistische Hetze verbietet sich darüber hinaus durch unsere bitteren Erfahrungen ebenso wie nach dem Auftrag unserer freiheitlichen Verfassung.

Meine Damen und Herren! Es ist gesagt und geschrieben worden, das erste Jahr dieses neuen Jahrzehnts sei für manche im Hinblick auf die Ereignisse in Europa gewissermaßen ein „deutsches Jahr" gewesen. Ich würde nach alter Berliner Manier sagen, ob es nicht auch eine Nummer kleiner zu haben ist. Jedenfalls vergessen wir nicht, was sich aus den Anstrengungen vieler ergibt. Wir können jedoch ohne Selbstgefälligkeit sagen, daß die Bundesrepublik Deutschland bei den schwierigen Bemühungen — und sie bleiben schwierig — um einen gesicherten Frieden kein stiller Teilhaber, sondern eine treibende Kraft ist, und so soll es auch bleiben. Dies gilt in gleicher Weise für die westliche, zumal die westeuropäische Zusammenarbeit wie auch für die mühevolle Verständigung mit den östlichen Nachbarn.

Unsere Politik leidet nicht an Gleichgewichtsstörungen. Die Förderung der westeuropäischen Zusammenarbeit, die Weiterentwicklung des Atlantischen Bündnisses und die Pflege bewährter Freundschaften bleiben das Fundament unserer Politik. Wir stehen mit beiden Beinen fest in der westlichen Gemeinschaft. Die enge und unauflösliche Partnerschaft mit unseren Freunden und Verbündeten ist nicht nur die Basis für unsere gemeinsamen Bemühungen um die Befriedung Europas, sie stellt auch einen großen Wert an sich dar.

Auf der anderen Seite können und wollen wir — wie unsere Partner im Westen — uns damit nicht zufrieden geben. Die Bundesrepublik hat in dem Prozeß, der letztlich auf Entspannung in Europa abzielt, eine abgestimmte, aber eigenständige Rolle übernommen. So wichtig es ist, daß wir mit unseren westlichen Partnern Hand in Hand gehen, so klar ist es auch, daß eine Reihe von Barrieren und Hindernissen nur von uns, den Deutschen, aus dem Weg geräumt werden können. Die Hinterlassenschaft des vom Deutschen Reich begonnenen und verlorenen Krieges müssen wir — wenn wir einen Neubeginn wollen — zu einem großen Teil selbst beseitigen. Die Überwindung der europäischen Spannungssituation wird auch von unserem eigenen Beitrag abhängen, zumal was die Herstellung eines tragbaren und verträglichen Verhältnisses zwischen den beiden Staaten in Deutschland angeht. Dies ist eine Aufgabe, die uns niemand abnehmen kann, sondern die wir selbst anzupacken haben.

Zusammenfassend möchte ich feststellen, daß wir von folgenden Tatsachen und Erwartungen ausgehen:

Erstens. Das in der Charta der Vereinten Nationen niedergelegte Recht auf Selbstbestimmung muß im geschichtlichen Prozeß auch den Deutschen zustehen.

Zweitens. Die deutsche Nation bleibt auch dann eine Realität, wenn sie in unterschiedliche staatliche und gesellschaftliche Ordnungen aufgeteilt ist.

Drittens. Die auf Bewahrung des Friedens verpflichtete Politik der Bundesrepublik Deutschland erfordert eine vertragliche Regelung der Beziehungen auch zur DDR. Die in den 20 Punkten von Kassel niedergelegten Grundsätze und Vertragselemente bleiben die für uns gültige Grundlage für Verhandlungen.

Viertens. Der rechtliche Status von Berlin darf nicht angetastet werden. Im Rahmen der von den verantwortlichen Drei Mächten gebilligten Rechte und Aufgaben wird die Bundesrepublik Deutschland ihren Teil dazu beitragen, daß die Lebensfähigkeit West-Berlins besser als bisher gesichert wird.

Fünftens. Ein befriedigendes Ergebnis der Viermächteverhandlungen über die Verbesserung der Lage in und um Berlin wird es der Bundesregierung ermöglichen, den am 12. August 1970 in Moskau unterzeichneten Vertrag mit der Sowjetunion den gesetzgebenden Körperschaften zur Zustimmung zuzuleiten.

Sechstens. Im gleichen zeitlichen und politischen Zusammenhang werden die gesetzgebenden Körperschaften über den am 7. Dezember 1970 in Warschau unterzeichneten Vertrag mit der Volksrepublik Polen zu entscheiden haben.

Ich habe mich bemüht, meine Damen und Herren, sachlich zu berichten; denn ich bin davon überzeugt: wir werden der Lage der Nation nur dann gerecht, wenn wir fähig sind, den Meinungsstreit so zu führen, daß er dem Gegenstand und unser aller Verantwortung gerecht wird.

Materialien
zum Bericht zur Lage der Nation
1971

Inhalt

Verzeichnis der Tabellen	18
Verzeichnis der Übersichten	22
Verzeichnis der Schaubilder	23
Verzeichnis der Karten	23
Wichtige Abkürzungen	24
Wichtige Termini	26
Erläuterungen	28
VORWORT	29
EINLEITUNG	33

KAPITEL I

Die beiden deutschen Staaten in der Welt und ihr Verhältnis zueinander — Aspekte und Tendenzen 41

Autoren:[*] Peter Christian Ludz, Henrik Bischof, Jens Hacker, Manfred Holthus, Dietrich Kebschull, Horst Lambrecht, Heinrich Machowski, Theodor Schweisfurth, Ignaz Seidl-Hohenveldern, Alexander Uschakow.

1. Bindungen der Bundesrepublik Deutschland an die westlichen, der DDR an die östlichen Bündnissysteme 41
    a) Politische Bindungen 41
    b) Sicherheitspolitische Bindungen 44
    c) Wirtschaftliche Bindungen 46
       Grundstrukturen der internationalen wirtschaftlichen Vertragssysteme 46
       Die Formen der Zusammenarbeit 46
       Die Erweiterung der Systeme der wirtschaftlichen Zusammenarbeit 48
       Die Stellung der Bundesrepublik Deutschland und der DDR im Welthandel 49

2. Die Aktivitäten der beiden deutschen Staaten in Ländern der Dritten Welt 51
    a) Die Repräsentanz in Ländern der Dritten Welt 51
    b) Organisationen der Entwicklungshilfe 52
    c) Verbindungen zu internationalen Organisationen der Entwicklungshilfe 54
    d) Die entwicklungspolitischen Aktivitäten der Bundesrepublik Deutschland und der DDR 54

3. Die Entwicklung des Innerdeutschen Handels 58

4. Sonstige Kontakte 60

5. Anhang 62
    Anmerkungen zu Kapitel I 62

[*] Die Nennung der Autoren in dieser Ausgabe berührt nicht die in der Einleitung getroffene Feststellung, daß für den ganzen Text die Gesamtverantwortung bei der wissenschaftlichen Kommission lag.

KAPITEL II

Bevölkerungs- und Erwerbsstruktur 65

Autoren: Dieter Mertens, Werner Karr, Lutz Reyher

1. Bevölkerung und Raum 66
   a) Wohnbevölkerung und Altersstruktur 66
      Bevölkerungsstand 66
      Bevölkerungsentwicklung 66
      Altersaufbau 67
   b) Natürliche Bevölkerungsentwicklung und ihre Faktoren .. 67
      Generatives Verhalten 67
      Ehen, Scheidungen, Familienstandsstruktur 68
      Sterblichkeit 69
   c) Wanderungen 70
      Außenwanderungen 70
      Binnenwanderungen 71
   d) Bevölkerungsdichte und -verteilung 71

2. Erwerbstätigkeit 76
   a) Erwerbstätigkeit und Erwerbspotential 76
      Erwerbspersonen 76
      Erwerbsbeteiligung und Erwerbspotential 77
      Auslastung des Erwerbspotentials 78
   b) Die Beschäftigung in den Wirtschaftsbereichen 79
   c) Berufe und Ausbildung 80
      Berufsstruktur 80
      Qualifikationsstruktur 81
   d) Zur Eingliederung der Frauen in das Erwerbsleben 84

3. Anhang 85
   Methodische Hinweise 85
   Anmerkungen zu Kapitel II 86

KAPITEL III

Produktion und Produktivität 89

Autoren: Rolf Krengel und Konrad Merkel, Herbert Wilkens, Manfred Melzer

1. Gesamtwirtschaft 91

2. Industrie 93
   a) Bruttoproduktion 93
   b) Produktionsfaktoren 93
      Produktionsfaktor Arbeit 93
      Produktionsfaktor Anlagevermögen 94
   c) Kombination der Produktionsfaktoren 95
   d) Produktivität der Produktionsfaktoren 96

e) Berechnung des Produktionspotentials der DDR im Jahr 1968 97

3. Landwirtschaft 99
   a) Betriebsstruktur 99
   b) Faktoreinsatz in der Landwirtschaft 100
   c) Agrarproduktion 102
      Produktionsleistungen 102
      Produktionsstruktur 102
   d) Produktivität der Landwirtschaft 103
   e) Strukturelle Veränderungen in der Landwirtschaft 104

4. Anhang 105
   Methodische Hinweise 105
   Anmerkungen zu Kapitel III 109

KAPITEL IV

Hauptfaktoren der Infrastruktur 111
Autoren: Günther John, Wolfgang Kirner, Manfred Liebrucks, Manfred Melzer, Hans-Gert Tönjes

1. Verkehr 112
   a) Die Angebotsstruktur des Verkehrs 112
   b) Die Kombination der Produktionsfaktoren 113
   c) Die Nachfrage nach Verkehrsleistungen 114
   d) Planungsziele und Prioritäten im Ausbau der Infrastruktur 115

2. Energiewirtschaft 116
   a) Das Angebot von Energieträgern 116
   b) Die Entwicklung des Energieverbrauchs 118
   c) Energiewirtschaftliche Entwicklungstendenzen 119

3. Wohnungsbau 119
   a) Wohnungsbauleistungen 119
   b) Wohnungsversorgung 120

4. Anhang 121
   Methodische Hinweise 121
   Anmerkungen zu Kapitel IV 123

KAPITEL V

Einkommen, Verbrauch, Lebenshaltung 125
Autoren: Peter Mitzscherling, Gerhard Göseke, Charlotte Otto-Arnold, Herbert Wilkens

1. Verwendung des Sozialprodukts 126

2. Einkommen 128
   a) Lohnpolitik und Tarifvertragssystem 128
   b) Persönliche Einkommen 129

      c) Die Belastung der Einkommen mit gesetzlichen Abgaben .. 134
      d) Einkommen der privaten Haushalte 135

3. Preise und Kaufkraft 139
      a) Preise 139
      b) Verbrauch 140
      c) Kosten der Lebenshaltung — Kaufkraftvergleich 142

4. Indikatoren der Lebenshaltung 145
      a) Pro-Kopf-Verbrauch ausgewählter Güter 146
      b) Bestand an langlebigen Haushaltsgütern 146
      c) Tourismus 147
      d) Ersparnis und Vermögensbildung 147

5. Anhang 149
   Methodische Hinweise 149
   Anmerkungen zu Kapitel V 152

KAPITEL VI

Hauptaspekte der Sozialen Sicherung 155

Autoren: Heinz Markmann, Gisela Kiesau, Wolfgang Mudra, Peter Rosenberg

1. Organisation der Systeme der sozialen Sicherung 158
      a) Die funktionale Gliederung der Sicherungssysteme 158
      b) Mitgliederstruktur der Sicherungseinrichtungen und Versicherungspflicht 159
      c) Die Organisation der Sozialversicherungsträger 160

2. Die Finanzierung der Sozialen Sicherung 160
      a) Das Finanzierungssystem 160
      b) Das Finanzierungsverfahren 161
      c) Die Aufwendungen für die Soziale Sicherung und ihre Finanzierung 162
      d) Die Einnahmen der Sozialen Sicherung 164

3. Leistungen der Systeme der sozialen Sicherung 165
      a) Krankheit, Mutterschaft und Unfall 165
      b) Altersversorgung 171
      c) Invalidität 174
      d) Familie 175
      e) Erwerbsrisiken 177
      f) Sozialhilfe — Sozialfürsorge 180
      g) Sonstige Leistungen 181

4. Anhang 181
   Methodische Hinweise 181
   Quellen 183
   Anmerkungen zu Kapitel VI 185

KAPITEL VII

Bildung und Ausbildung 187

Autoren: Carl-Ludwig Furck und Armin Hegelheimer, Elke Furck-Peters

1. Schulische und betriebliche Berufsausbildung 189
    a) Ausgangspunkte der Berufsbildungspolitik 189
    b) Entwicklung der Berufsausbildungssysteme 189
    c) Die Entwicklung des dualen Systems 193
    d) Betriebliche Berufsbildung und Ausbildungsordnungen ... 194
    e) Reformansätze: Stufenausbildung und Grundberufe 195
        Pläne zur Stufenausbildung 196

2. Fach- und Hochschulausbildung 198
    a) Fachschulausbildung 198
    b) Hochschulausbildung 201
    c) Fernunterricht und Fernstudium 203

3. Anhang 204
    Quellen 204
    Methodische Hinweise 204
    Anmerkungen zu Kapitel VII 204

KAPITEL VIII

Zur Situation der Jugend 207

Autoren: Walter Hornstein und Walter Jaide, Barbara Hille, Ursula Ludz, Jürgen Micksch, Werner Schefold, Gottfried Schmeiser

1. Jugend und Gesellschaft 209
    a) Jugendpolitik, Jugendförderung, Jugendgesetzgebung 209
    b) Integration und Mitwirkung der Jugend 212
        Jugendorganisationen 212
        Jugend in Arbeit und Beruf 214
        Jugend und Politik 216
        Politische Erziehung 217

2. Verhalten und Einstellungen der Jugend 220
    a) Politischer Bereich 220
    b) Freizeit-Bereich 221

3. Anhang 222
    Methodische Hinweise 222
    Anmerkungen zu Kapitel VIII 223

TABELLENANHANG 229

Verzeichnis der Tabellen

A 1 Die Entwicklung des innerdeutschen Handels 1960 bis 1969 231

A 2 Bezüge der Bundesrepublik im innerdeutschen Handel 1955 bis 1969 232

A 3 Lieferungen der Bundesrepublik im innerdeutschen Handel 1955 bis 1969 234

A 4 Exporte der Bundesrepublik nach Warengruppen und Regionen 1958, 1968 und 1969 236

A 5 Exportstruktur der Bundesrepublik nach Warengruppen und Regionen, 1958, 1968 und 1969 240

A 6 Importe der Bundesrepublik nach Warengruppen und Regionen 1958, 1968 und 1969 244

A 7 Importstruktur der Bundesrepublik nach Warengruppen und Regionen 1958, 1968 und 1969 248

A 8 Außenhandel der DDR nach Regionen und Ländern 1960 bis 1969 252

A 9 Struktur des Außenhandels der DDR nach Regionen und Ländern 1960 bis 1969 254

A 10 Bevölkerung der Bundesrepublik und der DDR, Bestand und Entwicklung 1955 bis 1969 255

A 11 Bevölkerung der Bundesrepublik und der DDR nach Alter und Geschlecht am 31. Dezember 1968 256

A 12 Lebend- und Totgeborene je 1000 der weiblichen Bevölkerung einzelner Altersjahrgänge der Bundesrepublik und der DDR 1964 bis 1968 258

A 13 Geborene, Gestorbene, Geburtenüberschuß der Bundesrepublik und der DDR 1964 bis 1969 .. 259

A 14 Eheschließungen in der Bundesrepublik und in der DDR nach Alter und Geschlecht 1968 .. 260

A 15 Durchschnittliches Heiratsalter in der Bundesrepublik und in der DDR nach Geschlecht, 1960 bis 1968 261

A 16 Durchschnittliches Erstheiratsalter in der Bundesrepublik und in der DDR nach Geschlecht, 1960 bis 1968 261

A 17 Wohnbevölkerung der Bundesrepublik und der DDR nach Altersgruppen, Geschlecht und Familienstand 262

A 18 Gestorbene der Bundesrepublik und der DDR nach Geschlecht und 5er-Altersgruppen je 1000 der Bevölkerung entsprechenden Alters 1968 264

A 19 Säuglingssterblichkeit in der Bundesrepublik und in der DDR nach Geschlecht und Monaten je 100 000 Lebendgeborene 1967 265

A 20 Säuglingssterblichkeit in der Bundesrepublik und in der DDR je 1000 Lebendgeborene 1964 bis 1969 266

A 21 Lebenserwartung in der Bundesrepublik und in der DDR nach Alter und Geschlecht 1965/67 267

A 22 Wanderungen über die Außengrenzen der Bundesrepublik nach Altersgruppen 1962 bis 1968 268

A 23 Wanderungen zwischen der Bundesrepublik und der DDR sowie zwischen der Bundesrepublik und ehemaligen Ostgebieten 1960 bis 1968 269

A 24 Binnenwanderungen über die Kreisgrenzen der Bundesrepublik und der DDR 1960 bis 1967 270

A 25 Wohnbevölkerung der Bundesrepublik und der DDR nach Gemeindegrößenklassen 1964 und 1968 271

A 26 Entwicklung der Erwerbsbeteiligung in der Bundesrepublik und der DDR nach Geschlecht 1964 bis 1969 272

A 27 Erwerbspersonen der Bundesrepublik und der DDR nach Altersgruppen und Geschlecht 1964 274

A 28 Wohnbevölkerung der Bundesrepublik und der DDR nach Altersgruppen und Geschlecht 1964 276

A 29 Erwerbsbeteiligung der Bevölkerung in der Bundesrepublik und in der DDR nach Altersgruppen und Geschlecht 1964 279

A 30 Erwerbstätige der Bundesrepublik und der DDR nach Wirtschaftsbereichen und Geschlecht 1965 und 1968 280

A 31 Erwerbstätige der Bundesrepublik und der DDR nach Wirtschaftsbereichen und Geschlecht 1965 und 1968 280

A 32 Arbeitnehmer der Bundesrepublik und der DDR nach Industriezweigen und Geschlecht 1964 282

A 33 Erwerbstätige der Bundesrepublik und der DDR nach Berufsgruppen und Geschlecht 1964 284

A 34 Erwerbspersonen der Bundesrepublik und der DDR nach Berufsklassen, jeweils die 40 am stärksten besetzten Berufsklassen, Männer und Frauen 289

A 35 Erwerbspersonen der Bundesrepublik und der DDR nach Berufsklassen, jeweils die 40 am stärksten besetzten Berufsklassen, Männer .. 292

A 36 Erwerbspersonen der Bundesrepublik und der DDR nach Berufsklassen, jeweils die 40 am stärksten besetzten Berufsklassen, Frauen 295

A 37 Erwerbspersonen der Bundesrepublik und der DDR nach Wirtschaftsabteilungen und Berufsabteilungen und nach Geschlecht 1964 298

A 38 Erwerbstätige Hoch- und Fachschulabsolventen der Bundesrepublik und der DDR nach Wirtschaftsbereichen und Geschlecht 1964 300

A 39 Erwerbstätige Hochschulabsolventen der Bundesrepublik und der DDR nach Fachrichtungen und Geschlecht 1964 302

A 40 Erwerbstätige Fachschulabsolventen der Bundesrepublik und der DDR nach Fachrichtungen und Geschlecht 1964 304

A 41 Erwerbstätige Fach- und Hochschulabsolventen der Bundesrepublik und der DDR nach Fachrichtungen und Geschlecht 1964 306

A 42 Erwerbstätige Hochschulabsolventen der Bundesrepublik und der DDR nach Berufsgruppen und Geschlecht 1964 308

A 43 Sozialprodukt der Bundesrepublik und der DDR 1960 bis 1969 310

A 44 Sozialprodukt der Bundesrepublik und der DDR 1960 bis 1969, Struktur und Entwicklung 311

A 45 Entwicklung der Arbeitsproduktivität in der Bundesrepublik und in der DDR nach Wirtschaftsbereichen 313

A 46 Bruttoproduktionswert der Industrie in der Bundesrepublik 1960 bis 1968 314

A 47 Bruttoproduktionswert der Industrie in der DDR 1960 bis 1968 315

A 48 Beschäftigte der Industrie in der Bundesrepublik 1960 bis 1968 316

A 49 Beschäftigte der Industrie in der DDR 1960 bis 1968 317

A 50 Brutto-Anlagevermögen der Industrie in der Bundesrepublik 1960 bis 1968 318

A 51 Brutto-Anlagevermögen der Industrie in der DDR 1960 bis 1968 319

A 52 Industrielle Produktionsstruktur in der Bundesrepublik und in der DDR 1960 und 1968 .. 320

A 53 Industrielle Beschäftigtenstruktur in der Bundesrepublik und in der DDR 1960 und 1968 .. 321

A 54 Struktur des industriellen Brutto-Anlagevermögens (BAV) in der Bundesrepublik und in der DDR 1960 und 1968 322

A 55 Struktur der industriellen Kapitalintensität in der Bundesrepublik und in der DDR 1960 und 1968 323

A 56 Struktur der industriellen Arbeitsproduktivität in der Bundesrepublik und in der DDR, 1960 und 1968 324

A 57 Struktur der industriellen Kapitalproduktivität in der Bundesrepublik und in der DDR 1960 und 1968 325

A 58 Produktionsfaktoren, Produktion und Produktionskapazität der Industrie in der DDR 1968 326

A 59 Landwirtschaftliche Betriebe der Bundesrepublik und der DDR 327

A 60 Versorgung der Landwirtschaft in der Bundesrepublik und in der DDR mit Handelsdünger .. 328

A 61 Schlepper und Mähdrescher in der Landwirtschaft der Bundesrepublik und der DDR 1958, 1968 und 1969 329

A 62 Vergleichszahlen zur Agrarproduktion in der Bundesrepublik und in der DDR 331

A 63 Struktur der Nahrungsmittelproduktion in der Bundesrepublik und in der DDR 332

A 64 Produktion und Produktivität der Landwirtschaft in der Bundesrepublik und in der DDR .. 334

A 65 Verkehr und Nachrichtenwesen in der Bundesrepublik und der DDR — Produktionsfaktoren 1960 bis 1969 336

A 66 Verkehr und Nachrichtenwesen der Bundesrepublik und der DDR — Struktur der Verkehrsleistungen, Mengen 338

A 67 Verkehr und Nachrichtenwesen der Bundesrepublik und der DDR — Struktur der Verkehrsleistungen, in % 342

A 68 Verkehr und Nachrichtenwesen der Bundesrepublik und der DDR — Eisenbahnen 346

A 69 Verkehr und Nachrichtenwesen der Bundesrepublik und der DDR — Schiffahrt 348

A 70 Verkehr und Nachrichtenwesen der Bundesrepublik und der DDR — Straßengüterverkehr 350

A 71 Verkehr und Nachrichtenwesen der Bundesrepublik und der DDR — Straßenpersonenverkehr 352

A 72 Verkehr und Nachrichtenwesen der Bundesrepublik und der DDR — Luftverkehr, Transport in Rohrleitungen, Nachrichtenwesen 354

A 73 Verkehr und Nachrichtenwesen der Bundesrepublik und der DDR — Verkehrs- und bevölkerungsspezifische Kennziffern 356

A 74 Förderung von wichtigen Primärenergieträgern in der Bundesrepublik und in der DDR 358

A 75 Umrechnungsfaktoren für Energieträger 359

A 76 Verbrauch von Primärenergieträgern in der Bundesrepublik und in der DDR 1960 bis 1969 360

A 77 Stromverbrauch nach Verbrauchergruppen 1960 bis 1969 360

A 78 Entwicklung des Bauvolumens der Bundesrepublik und der DDR 361

A 79 Vergleich der Pro-Kopf-Produktion von Bauleistungen in der Bundesrepublik und in der DDR 362

A 80 Entwicklung der Wohnungsbautätigkeit in der Bundesrepublik und in der DDR 363

A 81 Entwicklung der Wohnfläche der fertiggestellten Wohnungen in der Bundesrepublik und in der DDR 364

A 82 Grunddaten zur Wohnungsversorgung in der Bundesrepublik und in der DDR 365

A 83 Wohnungen nach Baualter und Ausstattungstyp in der Bundesrepublik und in der DDR 1960/61 366

A 84 Daten zur Mietentwicklung in der Bundesrepublik und in der DDR 367

A 85 Die Verwendung des Sozialprodukts der Bundesrepublik und der DDR 1960 bis 1969 368

A 86 Die Verwendung des Sozialprodukts der Bundesrepublik und der DDR 1960 bis 1969 — Struktur und Entwicklung 369

A 87 Sozialprodukt und privater Verbrauch je Einwohner der Bundesrepublik und der DDR 1960 bis 1969 370

A 88 Die Einkommen der Privaten Haushalte und ihre Verwendung in der Bundesrepublik 1960 bis 1969 371

A 89 Die Einkommen der Privaten Haushalte und ihre Verwendung in der DDR 1960 bis 1969 .. 372

A 90 Die Einkommen der Bevölkerung der Bundesrepublik und der DDR 1965 nach sozio-ökonomischen Gruppen 373

A 91 Die Entwicklung der Arbeitnehmereinkommen in der Bundesrepublik und in der DDR 1960 bis 1969 374

A 92 Die Entwicklung der Einkommen je Arbeitnehmer in der Bundesrepublik und in der DDR 1960 bis 1969 375

A 93 Die Entwicklung des durchschnittlichen monatlichen Arbeitnehmereinkommens in der Bundesrepublik und in der DDR 1960 bis 1969 376

A 94 Vergleich der durchschnittlichen Bruttomonatseinkommen der Arbeiter und Angestellten in der Bundesrepublik und in der DDR in ausgewählten Wirtschaftsbereichen 1960 bis 1969 376

A 95 Die prozentuale Belastung der Arbeitnehmereinkommen in der Bundesrepublik und der DDR mit Sozialversicherungsbeiträgen und Lohnsteuer 377

A 96 Der Lohnsteuertarif in der Bundesrepublik und in der DDR 378

A 97 Die Grenzsteuersätze der Lohnsteuertarife in der Bundesrepublik und in der DDR in ausgewählten Steuer- und Einkommensklassen .. 380

A 98 Die relative Lohnsteuerbelastung in der Bundesrepublik und in der DDR in ausgewählten Steuer- und Einkommensklassen 381

A 99 Die Entwicklung des durchschnittlichen monatlichen Haushaltseinkommens in der Bundesrepublik und in der DDR 1960 bis 1967 382

A 100 Durchschnittliches monatliches Haushaltsnettoeinkommen in Arbeiter- und Angestelltenhaushalten der Bundesrepublik und der DDR nach Haushaltsgrößen 385

A 101 Das Nettoeinkommen der Arbeiter- und Angestelltenhaushalte in der Bundesrepublik und in der DDR 1960 bis 1967 nach Haushaltsgröße und Einkommensklassen 386

A 102 Verbraucherpreise in der Bundesrepublik und in der DDR 1962 und 1969 — Nahrungs- und Genußmittel 388

A 103 Verbraucherpreise in der Bundesrepublik und in der DDR 1962 und 1969 — Sonstige Konsumwaren 389

A 104 Verbraucherpreise in der Bundesrepublik und in der DDR 1962 und 1969 — Dienstleistungen 391

A 105 Jährliche Versorgung mit ausgewählten Konsumgütern in der Bundesrepublik und in der DDR 1960 und 1968 392

A 106 Kalorien- und Nährwertgehalt des Nahrungsmittelverbrauchs in der Bundesrepublik und in der DDR 1968 393

A 107 Ausstattung der Haushalte mit langlebigen Konsumgütern nach Einkommensgruppen in der Bundesrepublik und in der DDR 1969 394

A 108 Barleistungen zur Sozialen Sicherung in der Bundesrepublik und in der DDR 1965 bis 1969 395

A 109 Sachleistungen und sonstige Aufwendungen für die Soziale Sicherung in der Bundesrepublik und in der DDR 1965 bis 1969 396

A 110 Finanzierung der Sozialen Sicherung in der Bundesrepublik und in der DDR 1965 bis 1969 397

A 111 Ausgewählte Kennziffern zum Vergleich der Sozialen Sicherung in der Bundesrepublik und in der DDR 398

A 112 Krankenhäuser, Krankenhausbetten und Verweildauer in der Bundesrepublik und in der DDR 1960 bis 1968 399

A 113 Berufstätige Ärzte und Zahnärzte in der Bundesrepublik und in der DDR 1960 bis 1968 .. 399

A 114 Die Zahl der Lernenden in der Bundesrepublik und in der DDR 1962 bis 1968 400

A 115 Die Entwicklung der Lernenden in der Bundesrepublik und in der DDR 1962 bis 1968 401

A 116 Die Entwicklung der Ausbildungsberufe in der Bundesrepublik und in der DDR 1949 bis 1975 402

A 117 Anteil der Lehrlinge in den neun wichtigsten Berufsgruppen der Bundesrepublik und der DDR an der gesamten Zahl der Ausbildungsverhältnisse 1962 und 1967 403

A 118 Lehrlinge der Bundesrepublik und der DDR nach Wirtschaftsbereichen 1965 und 1969 404

A 119 Lehrlinge und Anlernlinge der Bundesrepublik nach Berufsgruppen 1962 bis 1967 406

A 120 Lehrlinge der DDR nach Berufsgruppen 1962 bis 1967 408

A 121 Bevorzugte Fachrichtungen der im Bereich Technik Studierenden in der Bundesrepublik und in der DDR 1964 und 1968 410

A 122 Fachschulabsolventen (ohne Ausländer) im Bereich Technik/Naturwissenschaften nach ausgewählten Fachrichtungen in der Bundesrepublik und in der DDR 1960 bis 1968 411

A 123 Studierende (ohne Ausländer) an Hochschulen der Bundesrepublik und der DDR nach Fachbereichen 1960 bis 1969 412

A 124 Hochschulabsolventen der Bundesrepublik und der DDR 1962 bis 1969 414

A 125 Studierende an den Hochschulen der Bundesrepublik und der DDR 1960 bis 1969 416

Verzeichnis der Übersichten

1 Botschaften und Konsulate (1970) 51

2 Handelsvertretungen ausschließlich Nebenstellen (1970) 52

3 Kulturelle Institutionen (1970) 52

4 Kulturabkommen der Bundesrepublik und der DDR mit Ländern der Dritten Welt 56

5 Der Außenhandel der Bundesrepublik und der DDR mit Ländern der Dritten Welt 1966 bis 1969 (in Mill. DM) 58

6 Erwerbsfähige, Kinder und Alte 1968 67

7 Geburtenrückgang 68

8 Veränderung der Geburtenzahl aus Alter und generativem Verhalten 68

9 Allgemeine Fruchtbarkeitsziffern 68

10 Durchschnittliches Heiratsalter in Jahren 69

11 Anzahl der Eheschließungen 69

12 Anzahl der Ehescheidungen 69

13 Außenwanderungen der Bundesrepublik (ausgenommen Wanderungen zwischen der Bundesrepublik und der DDR sowie den Gebieten jenseits Oder-Neiße) in 1000 70

14 Binnenwanderungsvolumen auf 1000 Einwohner .. 71

15 Bevölkerungsdichte (Einwohner je qkm) 71

16 Bevölkerungsanteil in Kleinstgemeinden und Großstädten in % (1968) 76

17 Frauenanteil an den Erwerbspersonen (in %) 76

18 Verteilung der Erwerbspersonen 77

19 Erwerbsquoten 1964 nach Altersgruppen und Geschlecht (in %) 78

20 Registrierte Arbeitslose in der Bundesrepublik .. 78

21 Erwerbstätigenstruktur 1968 nach Wirtschaftsbereichen und Geschlecht (in %) 79

22 Erwerbstätige Hochschulabsolventen nach Wirtschaftsbereichen und Geschlecht 1964 (Struktur in %) 81

23 Anteil der Hoch- und Fachschulabsolventen an den Erwerbstätigen nach Wirtschaftsbereichen (in %) .. 82

24 Erwerbsquote der Frauen (in %) 84

25 Frauenanteile nach Wirtschaftsbereichen 1968 (in % der Erwerbstätigen) 84

26 Aufkommen des Bruttoinlandsprodukts in der Bundesrepublik und der DDR 1960 und 1969. Struktur in % zu Preisen von 1967 der jeweiligen Währung (DM bzw. M) 92

27 Zuwachsraten in 16 Sektoren der Industrie 95

28 Bruttoproduktion in Relation zum Brutto-Anlagevermögen 98

29 Strukturbedingter und echter Abstand der Leistungsfähigkeit von Bundesrepublik und DDR 1968 (in DM bzw. %) 98

30 Vollarbeitskräfte (AK) je 100 ha landwirtschaftlicher Nutzfläche (1964 bis 1969) 101

31 Installierte Leistung (in MW) und Bruttostromerzeugung (in Mrd. kWh) 118

32 Verbrauch von Primärenergie in der Bundesrepublik und der DDR (in Mill. t SKE) 118

33 Sozialprodukt und privater Verbrauch je Einwohner zu Preisen von 1967 in jeweiliger Währung .. 127

34 Die monatlichen Durchschnittseinkommen je Einkommensbezieher nach sozioökonomischen Gruppen 1965 (in DM bzw. M) 130

35 Entwicklung der durchschnittlichen Bruttomonatseinkommen der Arbeiter und Angestellten in der Bundesrepublik und der DDR in ausgewählten Wirtschaftsbereichen (1960 = 100) 132

36 Vergleich der durchschnittlichen Bruttomonatseinkommen nach Industriebereichen in der Bundesrepublik und der DDR im Jahre 1969 (in DM bzw. M) 133

37 Vergleich der relativen Verteilung der verfügbaren Nettoeinkommen der Angestellten- und Arbeiter-Haushalte nach Quintilen (in %) 138

38 Monatliches durchschnittliches Nettoeinkommen der 2-Personen-Rentnerhaushalte (in DM bzw. M) 139

39 Ausgabenstruktur in 4-Personen-Arbeitnehmerhaushalten 141

40 Ausgabenstruktur in 2-Personen-Rentnerhaushalten 142

41 Relative Kaufkraft der Mark, berechnet für einen 4-Personen-Arbeitnehmerhaushalt (in %) 143

42 Relative Kaufkraft der Mark berechnet für einen 2-Personen-Rentnerhaushalt (in %) 144

43 Anteil der Urlaubsreisenden in % ihrer Gruppe (1966) 147

44 Ersparnis der privaten Haushalte 148

45 Private Geldvermögen in beiden deutschen Staaten Ende 1969 ... 149	51 Ausgaben der Bundesanstalt für Arbeit ... 180
46 Krankengeld ... 166	52 Anteil der Lehrlinge nach Wirtschaftsbereichen .. 193
47 Mutterschaftsleistungen ... 167	53 Fachschüler ... 199
48 Müttersterblichkeit ... 168	54 Anteil der Fachschüler an der Wohnbevölkerung (18- bis 45jährig) ... 199
49 Meldepflichtige Arbeitsunfälle (ohne Wegeunfälle) 168	55 Jugendliche Wohnbevölkerung (Ende 1968) ... 209
50 Kindergeld/Kinderzuschläge ... 176	56 Junge Abgeordnete ... 217

Verzeichnis der Schaubilder

1 Altersstruktur der Bevölkerung Ende 1968 ... 67	9 Durchschnittliches monatliches Haushaltsnettoeinkommen in Arbeiter- und Angestelltenhaushalten nach Haushaltsgrößen ... 137
2 Reales Wachstum des Bruttosozialprodukts in der Bundesrepublik und der DDR in % gegenüber dem Vorjahr ... 91	10 Die Verteilung der Arbeiter- und Angestelltenhaushalte nach Einkommensklassen in der Bundesrepublik und in der DDR 1960 ... 137
3 Entwicklung der Nahrungsmittelproduktion in der Bundesrepublik und der DDR ... 102	11 Die Verteilung der Arbeiter- und Angestelltenhaushalte nach Einkommensklassen in der Bundesrepublik und in der DDR 1967 ... 137
4 Die Entwicklung der Konsum- und Investitionsquoten in der Bundesrepublik und der DDR ... 127	12 Vergleich der relativen Verteilung der verfügbaren Nettoeinkommen der Arbeiter- und Angestelltenhaushalte in der Bundesrepublik und in der DDR ... 138
5 Entwicklung des monatlichen Arbeitnehmereinkommens in der Bundesrepublik und der DDR in DM bzw. M ... 131	13 Barleistungen insgesamt ... 163
6 Vergleich der durchschnittlichen Bruttomonatseinkommen der Arbeiter und Angestellten in der Bundesrepublik und der DDR in ausgewählten Wirtschaftsbereichen 1960 und 1969 in DM bzw. M 132	14 Anteile der Barleistungen an den Gesamtaufwendungen 1969 ... 163
	15 Sachleistungen insgesamt ... 164
7 Vergleich der durchschnittlichen Bruttomonatseinkommen der Arbeiter und Angestellten nach Industriebereichen in der Bundesrepublik und in der DDR — nach der Bereichsgliederung der DDR — 1969 ... 134	16 Verteilung der Leistungsaufwendungen 1969 ... 164
	17 Gliederung der Bildungssysteme ... 190
	18 Stufenausbildung ... 196
8 Die Entwicklung des durchschnittlichen Monatshaushaltseinkommens in der Bundesrepublik und in der DDR in ausgewählten Jahren in DM bzw. M 136	19 Strukturschema des Grundberufes ... 197

Verzeichnis der Karten

1 Wanderungsgewinn der Kreise 1967 ... 72	3 Wanderungssalden in den jeweiligen Zonenrandgebieten 1967 ... 74
2 Wanderungsverlust der Kreise 1967 ... 73	4 Verdichtungsräume in der Bundesrepublik Deutschland und der DDR ... 75

Wichtige Abkürzungen

ABB	Arbeitsstelle für Betriebliche Berufsausbildung
AK	Arbeitskraft
AMS	Assoziation Marxistischer Studenten
BAV	Brutto-Anlagevermögen
BfE	Bundesstelle für Entwicklungshilfe
BGBl.	Bundesgesetzblatt
BMSR-Technik	Betriebs-, Meß-, Steuerungs-, Regel-Technik
BMWi	Bundesministerium für Wirtschaft
BMZ	Bundesministerium für wirtschaftliche Zusammenarbeit
BRD	Bundesrepublik Deutschland
CERN	Conseil Européen pour la Recherche Nucléaire
CETS	Conférence Européenne pour Telecommunication par Satellites
CSSR	Československá socialistická republika
DAG	Deutsche Angestellten-Gewerkschaft
DB	Durchführungsbestimmung
DDR	Deutsche Demokratische Republik
DED	Deutscher Entwicklungsdienst
DGB	Deutscher Gewerkschaftsbund
DIW	Deutsches Institut für Wirtschaftsforschung, Berlin
DTSB	Deutscher Turn- und Sportbund
DV	Deutschland-Vertrag
ECE	Economic Commission for Europe
EFTA	European Free Trade Association
EGKS	Europäische Gemeinschaft für Kohle und Stahl
ELDO	European Launcher Development Organization
EOS	Erweiterte Oberschule
ESRO	European Space Research Organization
Euratom	European Atomic Community
EWG	Europäische Wirtschaftsgemeinschaft
FDGB	Freier Deutscher Gewerkschaftsbund
FDJ	Freie Deutsche Jugend
GATT	General Agreement on Tariffs and Trade
GAWI	Deutsche Förderungsgesellschaft für Entwicklungsländer
GBl.	Gesetzblatt der DDR
GE	Getreideeinheit
GST	Gesellschaft für Sport und Technik
GV	Großvieheinheit
HWWA	Hamburgisches Welt-Wirtschafts-Archiv
IGH	Internationaler Gerichtshof
KPdSU	Kommunistische Partei der Sowjetunion
KW	Kreditanstalt für Wiederaufbau
kWh	Kilowattstunde
LN	Landwirtschaftliche Nutzfläche
LPG	Landwirtschaftliche Produktionsgenossenschaft
m	männlich
MW	Megawatt
NATO	North Atlantic Treaty Organization
NMP	Nahrungsmittelproduktion
OECD	Organization for Economic Cooperation and Development
OEEC	Organization for European Economic Cooperation
RGW	Rat für Gegenseitige Wirtschaftshilfe
SDAJ	Sozialistische Deutsche Arbeiterjugend

SED	Sozialistische Einheitspartei Deutschlands	VAR	Vereinigte Arabische Republik
SKE	Steinkohleneinheit	VDS	Verband Deutscher Studentenschaften
UdSSR	Union der Sozialistischen Sowjetrepubliken	VEB	Volkseigener Betrieb
		VEG	Volkseigenes Gut
UNCTAD	United Nations Conference on Trade and Development	VVB	Vereinigung Volkseigener Betriebe
UNESCO	United Nations Educational, Scientific, and Cultural Organization	w	weiblich
		WEU	Westeuropäische Union
UNIDO	United Nations Industrial Development Organization	ZK	Zentralkomitee

Wichtige Termini

Agrarökonom — Studienvoraussetzungen: Agrarpolitik und landwirtschaftliche Betriebslehre; Berufsfeld in der DDR: LPG, VEG.

Altersaufbau, Altersstruktur — Verteilung der Bevölkerung auf Altersgruppen.

Arbeitskräftepotential — Erwerbspersonen und sonstige Erwerbsfähige.

Arbeitsproduktivität — Bruttoproduktionswert je Beschäftigten.

Arbeitsstelle für Betriebliche Berufsausbildung (ABB) — Träger: Deutscher Industrie- und Handelstag, Bundesverband der Deutschen Industrie, Bund deutscher Arbeitgeberverbände.

Bevölkerungsdichte — Einwohner je Flächeneinheit.

Brutto-Anlageinvestitionen — Gesamtbetrag der dem verfügbaren Brutto-Anlagevermögen in einer Periode neu hinzugefügten Anlagen (Bauten und Ausrüstungen).

Brutto-Anlagevermögen — Wiederbeschaffungswert aller in einer Periode verfügbaren Anlagen (Bauten und Ausrüstungen).

Brutto-Inlandsprodukt — Gesamtes Einkommen, das von allen beschäftigten Inländern und Ausländern in einer Periode im Inland erzielt wird.

Brutto-Nettoeffekt — Synonym für „Nettorelation" (vgl. dort).

Bruttoproduktionswert — Summe aus Umsatz, selbsterstellten Anlagen plus/minus Lagerveränderung; enthält alle inländischen und ausländischen Vorleistungen.

Bruttosozialprodukt — Summe der von Inländern (ständigen Bewohnern eines Staates) im Inland und Ausland erzielten Nettoproduktionswerte (Bruttoproduktionswert abzüglich der für die Produktion verbrauchten Güter und Dienste); bewertet zu Marktpreisen.

Curriculum — Umfaßt Unterrichtsinhalte, Unterrichtsmethoden, Unterrichtsmaterialien sowie Tests zur Überprüfung, ob ein Lernziel erreicht ist. Im Unterschied zu Lehr- und Stoffplänen geht die Curriculumentwicklung von definierten und überprüfbaren Lernzielen aus.

Duales System — Verteilung der Berufsausbildung auf die beiden Institutionen: Betrieb (mit vorwiegend berufspraktischer Ausbildung), Berufsschule (mit vorwiegend berufstheoretischer Ausbildung).

Erwerbsbevölkerung, Erwerbspersonen — Erwerbstätige und registrierte Arbeitslose.

Erwerbspotential — Erwerbspersonen und sonstige Erwerbsfähige.

Erwerbsquote — Anteil der Erwerbstätigen oder Erwerbspersonen (Erwerbstätige und Arbeitslose) an der Wohnbevölkerung.

Fachschulen — Höhere technische Ausbildungsstätten und Ausbildungsstätten für soziale und pädagogische Berufe.

Faktorproduktivität — Arbeitsproduktivität und/oder Kapitalproduktivität.

Fruchtbarkeit — Zahl der Lebendgeburten, bezogen auf die Zahl der Frauen im gebärfähigen Alter.

Geburtenquote — Zahl der Lebendgeburten, bezogen auf die Bevölkerungszahl.

Generatives Verhalten — Zahl der Lebendgeburten, bezogen auf die Zahl der Frauen im gebärfähigen Alter.

Gesamtwirtschaftliche Arbeitsproduktivität — Brutto-Inlandsprodukt bezogen auf die Zahl der im Inland beschäftigten Personen einschließlich Selbständige.

Gesellschaftlicher Konsum — Staatsverbrauch. Nettoaufwand des Staats für den Erwerb von Waren und Dienstleistungen (einschließlich der Leistungen der in staatlichen Einrichtungen Beschäftigten).

Grundberufe — Synthese von allgemeinen und beruflichen Kenntnissen, von berufstheoretischen und berufspraktischen Bildungsinhalten, von schulischen und betrieblichen Ausbildungsformen, von Erstausbildung (Grundausbildung, berufliche Spezialisierung) und Berufsweiterbildung.

Industriestruktur — Anteile der einzelnen Industriezweige am Brutto-Produktionswert, an der Beschäftigtenzahl und am Anlagevermögen der gesamten Industrie.

Investitionsquote — Anteil der Brutto-Anlageinvestitionen am Bruttosozialprodukt.

Kapitalausstattung — Gemessen am Brutto-Anlagevermögen bzw. an der Kapitalintensität.

Kapitalintensität — Brutto-Anlagevermögen je Beschäftigten.

Kapitalproduktivität — Bruttoproduktion je Einheit des Brutto-Anlagevermögens.

Kauffonds — Teil des verfügbaren Einkommens, der von der Bevölkerung innerhalb einer bestimmten Periode für den Kauf von Konsumgütern und Leistungen verwandt wird.

Kaufkraft einer Währung — Sie wird bestimmt durch die Preise für Waren und Dienstleistungen. Beim Verbrauch der privaten Haushalte wird sie außerdem von Umfang und Zusammensetzung des Verbrauchs beeinflußt.

Kaufkraftparität — Umrechnungskurs zweier Währungen, der ihrer relativen Kaufkraft entspricht.

Kombinierte Faktorproduktivität — Produktion bezogen auf den kombinierten Einsatz von Arbeit und Kapital; auch als „technischer Fortschritt" bezeichnet.

Kombinierter Faktoreinsatz — Zusammenfügung von Arbeits- und Kapitaleinsatz mit Hilfe mathematischer Methoden.

Konsumquote — Anteil des privaten und öffentlichen Verbrauchs am Bruttosozialprodukt; im engeren Sinn: Anteil des Verbrauchs der privaten Haushalte (privater Verbrauch) am Bruttosozialprodukt.

Lohnquote — Anteil des Brutto-Einkommens der Arbeitnehmer (einschließlich Sozialversicherungsbeiträge) am Produktionswert.

Mittelwert — Gewichtetes oder ungewichtetes Mittel einer größeren Zahl voneinander abweichender Zahlen.

Netto-Nahrungsmittelproduktion — Gesamte Nahrungsmittelproduktion abzüglich eingeführte Futtermittel.

Netorelation — Verhältnis der Einkommen vor und nach Abzug von Steuern und Sozialversicherungsbeiträgen.

Nettosozialprodukt — Bruttosozialprodukt abzüglich verbrauchsbedingter Abschreibungen.

Ordnungsmittel für die Berufsausbildung — Berufsbild, Berufsbildungsplan, Prüfungs- und Berufseignungsanforderungen.

Potentialrechnung — Mit mathematischen Methoden berechnete Fähigkeit eines Industriezweiges bzw. der gesamten Industrie oder der gesamten Volkswirtschaft, bei voller Auslastung der verfügbaren Produktionsfaktoren eine bestimmte maximale Produktion zu erreichen.

Produktionsfaktoren — Einsatz von Arbeit und Kapital.

Produktivitätsniveau — Absoluter Brutto-Produktionswert je Beschäftigten (Arbeitsproduktivität) bzw. je Einheit Brutto-Anlagevermögen (Kapitalproduktivität).

Produktivitätsveränderung — Relation des absoluten Produktivitätszuwachses zur absoluten Produktivität der Basisperiode.

Progression des Steuertarifs — Überproportional steigende Steuerbelastung bei zunehmendem Einkommen.

Reiseintensität — Anteil der Urlaubsreisenden über 15 Jahre an der Gesamtbevölkerung.

Relative Kaufkraft — Verhältnis der Kaufkraft einer Währung zur Kaufkraft einer anderen Währung.

Relativer Schulbesuch — Absolute Schülerzahlen im Verhältnis zur entsprechenden Altersgruppe in der Gesamtbevölkerung.

Sozialprodukt s. Bruttosozialprodukt.

Streuung der Kapitalintensitäten — Einordnung des je Beschäftigten verfügbaren Brutto-Anlagevermögens der einzelnen Industriezweige zwischen Minimal- und Maximalwert.

Stufenausbildung — Berufsausbildung in mehreren in sich abgeschlossenen Stufen mit vollwertigem Abschluß.

Substitutionskomponente — Mathematisches Maß für den Einfluß der Veränderung von Kapitalintensität und Lohnquote auf die Kapitalproduktivität.

Transporteinheiten (TE) — Fiktive Leistungseinheiten im Verkehr, die zur zusammenfassenden Darstellung der Leistungen im Personenverkehr in Personenkilometern (Pkm) und im Güterverkehr in Tonnenkilometern (tkm) durch Addition beider Größen gebildet werden.

Verfügbares Einkommen der privaten Haushalte — Gesamtbetrag der Nettolöhne und -gehälter, der öffentlichen und privaten Einkommensübertragungen (z. B. Renten, Pensionen, Krankengeld) sowie der entnommenen Gewinne und der privaten Vermögenseinkünfte.

Verkehrsinfrastruktur — Verkehrswege und die damit funktionell verbundenen ortsfesten Anlagen, soweit sie durch den öffentlichen und individuellen Verkehr genutzt werden; im einzelnen: öffentliche Straßen, Wasserstraßen, Binnen-, See- und Flughäfen sowie Fahrwege im Schienenverkehr der Eisenbahn, Straßenbahn und U-Bahn.

Wanderungsgravitation — Hauptrichtung der Wanderungen.

Erläuterungen

1. Zusammenfassungen

Den Kapiteln II bis VIII sind kurze Zusammenfassungen der Ergebnisse vorangesetzt. Die dort in Klammern angegebenen Zahlen beziehen sich auf die Textziffern.

2. Methodischer Anhang und Anmerkungen

Methodische Hinweise, die für das Verständnis der Grundbegriffe, der Untersuchungsmethoden und der Systematik des Vergleichs von Bedeutung sind, sind im Anschluß an den Text der Kapitel II bis VIII jeweils im Anhang aufgenommen.

Die Anmerkungen sind in jedem Kapitel getrennt gezählt und jeweils den Methodischen Hinweisen angefügt.

3. Tabellen und Übersichten

Im Unterschied zu den Übersichten, die in den Text eingefügt sind, finden sich alle Tabellen, vor deren Nummer ein A steht, im Tabellenanhang, der sich durch blaues Papier vom Textteil abhebt.

4. Textziffern

Die den einzelnen Abschnitten vorangestellten Textziffern sollen dem schnellen Auffinden einer Stelle und dem Zitieren dienen.

5. Kennziffernübersicht

Vor dem Tabellenanhang ist eine Kennziffernübersicht eingefügt. Sie enthält, nach Kapiteln geordnet, wichtige Kennziffern zum Vergleich Bundesrepublik Deutschland : DDR mit dem Stand von 1968.

6. Abkürzungen in Anmerkungen

In Fußnoten zu Tabellen und in Anmerkungen wurde in Einzelfällen auf die vollständige Angabe von Institutionennamen und Buchtiteln im Interesse einer schnellen Orientierung verzichtet.

Vorwort

Die Bundesregierung hat erstmals am Anfang des vergangenen Jahres zum Bericht des Bundeskanzlers zur Lage der Nation einige Materialien über die Entwicklung der deutschen Frage und über den Stand der innerdeutschen Beziehungen vorgelegt.

Nichts hat sich seither daran geändert, daß wir Deutschen — auch und gerade angesichts der Teilung unseres Landes — verpflichtet sind, dem Frieden zu dienen. Kein Teil der Nation kann sich dem auf die Dauer entgegenstellen, so wenig man uns Deutschen das Recht auf Selbstbestimmung entziehen kann; wir wissen uns damit in Übereinstimmung mit der Charta der Vereinten Nationen.

Es ist verständlich, daß der politische Gegensatz zwischen West und Ost, wo er innerhalb eines, unseres, Volkes ausgetragen wird, eine besondere Zuspitzung erfährt. Unser Land liegt aber in der Mitte Europas. Wenn der Friede in Europa sicher werden soll, müssen die Bundesrepublik Deutschland und die Deutsche Demokratische Republik ihr Verhältnis zueinander friedlich vertraglich regeln.

Die Bundesregierung hat dazu ihre Vorstellungen dargelegt. Der Bundeskanzler hat sie dem Vorsitzenden des Ministerrats der DDR, Willi Stoph, in den 20 Punkten von Kassel umrissen.

Er hat die Tatsachen genannt, von denen beide Seiten auszugehen haben:

- das Bestehen zweier Staaten in Deutschland, jeder für sich unabhängig in Angelegenheiten, die seine innere Hoheitsgewalt betreffen, keiner imstande, für den anderen zu handeln oder ihn zu vertreten;

- den Fortbestand der besonderen Rechte und Vereinbarungen der vier Mächte über Berlin und Deutschland als Ganzes und die entsprechenden Verpflichtungen der beiden Staaten gegenüber den Mächten;

- die gewachsenen Bindungen zwischen Berlin und der Bundesrepublik Deutschland;

Er hat die Bereitschaft der Bundesrepublik erklärt, mit der DDR zur Regelung und Verbesserung der Beziehungen zwischen beiden deutschen Staaten einen Vertrag zu schließen, der die gleiche bindende Kraft haben muß wie sonstige Verträge zwischen Staaten, der demgemäß den gesetzgebenden Körperschaften beider Staaten zur Zustimmung zuzuleiten wäre und — bis hin zur Ernennung von Bevollmächtigten im Ministerrang und zum Austausch von deren ständigen Beauftragten — dem Umgang zwischen den beiden Staaten die gehörige Form geben muß. Wie nach zwischenstaatlichem Recht müssen sich auch die so zu regelnden Beziehungen zwischen den zwei Staaten in Deutschland auf die Grundlage der Menschenrechte und der Gleichberechtigung, auf das friedliche Zusammenleben und den Verzicht auf gegenseitige Diskriminierung gründen.

Auf der Grundlage eines solchen Vertrages ist die Bundesrepublik bereit, mit der DDR gemeinsam Vorkehrungen zu treffen, um die Mitgliedschaft beider in internationalen Organisationen zu regeln. Die Bundesregierung knüpft freilich solche Vereinbarungen, vor allem über die Mitgliedschaft in internationalen Organisationen, an die

Verwirklichung der Gesamtregelung. Diese muß insbesondere auch die Teile des Vertrages verwirklichen, die für die Menschen in Deutschland ausschlaggebend sind.

Das sind grundsätzliche Verpflichtungen:

- Verzicht auf jede Androhung oder Anwendung von Gewalt;

- Unterlassung aller Handlungen, die das friedliche Zusammenleben der Völker stören können;

- Unterstützung aller Bemühungen um Abrüstung und Rüstungskontrolle zur Erhöhung der Sicherheit Europas;

das sind aber auch die Fragen, die wegen der besonderen Lage in Deutschland geregelt werden müssen:

- die Erweiterung des gegenseitigen Reiseverkehrs mit dem Ziel der Freizügigkeit;

- die Zusammenführung getrennter Familien;

- die nachbarschaftliche Lösung der Probleme von Kreisen und Gemeinden an der gemeinsamen Grenze;

- die verstärkte Zusammenarbeit, wo immer sie bislang beschränkt ist, vom Verkehr über Wissenschaft und Sport bis zur Erweiterung der Handelsbeziehungen;

- die Beseitigung von Kollisionen zwischen den Gesetzen beider Staaten, um Nachteile für die Bürger beider Staaten zu vermeiden.

Die DDR hat gegen das Angebot vertraglich zu regelnder besonderer Beziehungen zwischen beiden Teilen Deutschlands die Behauptung gestellt, daß damit nur Beziehungen der Bevormundung der DDR durch die Bundesrepublik gemeint sein könnten. Sie leugnet die von gesellschaftlichen Ordnungen und ideologischen Gegensätzen unabhängige Einheit der Nation. Es wird sogar der Anspruch erhoben, daß nur noch in der DDR die deutsche Nation und ihr fortschrittliches Erbe fortbestehe. Ob aber die Nation als eine in beiden deutschen Staaten lebendige Wirklichkeit fortbesteht, läßt sich nicht — wie die DDR es tat — durch die Neuinterpretation dessen beantworten, was man viele Jahre lang selbst für wichtig gehalten und beschworen hat. Diese Frage ist vielmehr danach zu beurteilen, ob die Menschen in Deutschland sich als Angehörige einer Nation verstehen und ob sie an dieser Einheit festzuhalten gewillt sind. Zu fragen ist außerdem, ob die Nachbarn Deutschlands nicht doch nach wie vor alle Deutschen in beiden Staaten als Glieder einer Nation, als die gemeinsam haftenden Erben der deutschen Geschichte verstehen.

Ich glaube, daß diese Frage bejaht werden muß. Die Bundesrepublik und die Deutsche Demokratische Republik müssen lernen, so miteinander umzugehen, wie ihre Nachbarn nach leidvoller Erfahrung ein Recht haben, es von ihnen zu erwarten. Beide Teile Deutschlands müssen ihre Beziehungen miteinander so gestalten, daß Spannung wirklich abgebaut, daß dank wirklich dauerhafter Regelungen den umliegenden Völkern die Sorge genommen wird, es könne sich an den Spannungen in Deutschland noch einmal ein Konflikt entzünden.

Man mag die Grundsätze, von denen beide Teile Deutschlands ausgehen müssen, solche der „friedlichen Koexistenz" oder des geregelten Nebeneinander nennen. Wichtiger als die Bezeichnungen sind die sachlichen Forderungen:

- das ist die Verpflichtung zum Gewaltverzicht; alle Streitfragen zwischen beiden Staaten sind ausschließlich mit friedlichen Mitteln zu lösen;

- das ist die Achtung der territorialen Integrität und der Grenzen; sie hindert nicht die friedliche Verfolgung nationaler Ziele auf dem Wege von Verhandlungen;

- das ist die Bereitschaft zur Kooperation von Staaten mit unterschiedlicher Gesellschaftsordnung zu gegenseitigem Vorteil; für Staaten, die einer Nation angehören, sollte dies das Kernstück sein;

- das ist auch der Mut zur geistig politischen Auseinandersetzung; die Respektierung der Selbständigkeit jedes der zwei Staaten in Angelegenheiten, die ihre innere Hoheitsgewalt betreffen, bedeutet keinen Verzicht auf die kritische Auseinandersetzung auf dem ideologischen Feld.

In Kassel ist ein diesen Grundsätzen entsprechendes Angebot für Regelungen zwischen der Bundesrepublik Deutschland und der Deutschen Demokratischen Republik unterbreitet worden. Die Bundesregierung hat damit für das innerdeutsche Gespräch ihre ganze Absicht greifbar und diskutierbar gemacht. Wenn die DDR mit uns darüber spricht, wird sie in diesem Vorschlag kein Element von Diskriminierung oder von Bevormundung finden. Beide Seiten müssen freilich wissen, daß sie ein hartes Stück Arbeit beginnen, wenn sie versuchen, ein gemeinsames Vertragswerk zu schaffen.

In dieser Situation kommt dem mit den hier vorgelegten wissenschaftlichen Untersuchungen erstmals systematisch durchgeführten, mehrere wichtige Lebensbereiche umfassenden Vergleich zwischen beiden Teilen Deutschlands eine besondere Bedeutung zu.

Er hat seine Vorgeschichte im November und Dezember 1969 gehabt. Schon damals war geplant, den im Januar 1970 vom Bundeskanzler erstatteten Bericht zur Lage der Nation durch eine möglichst umfassende Darstellung der Lebensumstände und der gemeinsamen oder gegensätzlichen Probleme in den beiden Teilen unseres Landes zu ergänzen. Die Bundesregierung hat aber damals erkannt, daß eine solche anspruchsvolle Aufgabe längerer Vorbereitung bedarf; sie hat sich daher damit begnügt, dem Bundestag für die Diskussion des mündlichen Berichtes des Bundeskanzlers einige Materialien über die Entwicklung der Deutschlandpolitik und über den Stand der innerdeutschen Beziehungen an die Hand zu geben.

Der heute vorgelegte Vergleich soll und muß von Vertretern weiterer Wissenschaften so fortgesetzt werden, daß Stück für Stück jenes umfassende Bild entsteht, das wir zur Orientierung und zur Selbstbesinnung in der so schwierig gewordenen Lage im geteilten Deutschland brauchen.

Für den erhofften Prozeß der Regelung des Zusammenlebens wie für die verstärkte geistige Auseinandersetzung, auf die wir zugehen, wird auch weiterhin die Wissenschaft ihren Beitrag leisten. Sie wird nüchtern und objektiv die Gemeinsamkeiten, Unterschiede und Gegensätze auch der politischen Ordnungen, die grundverschiedenen Arten der politischen Willensbildung in beiden Teilen Deutschlands vergleichend beschreiben. Sie wird auch den Entstehungsprozeß dieser Ordnungen darstellen müssen; sie wird sich schließlich mit dem Geschichtsbewußtsein der politischen Führungskräfte in beiden Teilen auseinanderzusetzen haben. Auf solche Themen gerichtete Arbeiten sind teils schon angelaufen, teils für die nächsten Jahre geplant. Ich sage das, um dem Mißverständnis vorzubeugen, als ob mit den vorliegenden Darstellungen die politischen Ordnungen, in deren Zusammenhang die jeweils beschriebenen Tatsachen stehen, gleichgesetzt würden. Das war nicht die Absicht der Wissenschaftler, und auch nicht der Wille der Bundesregierung, die den Auftrag gab und die die Materialien vorlegt.

Das muß bei den Darstellungen der Kapitel II bis VIII, die auf das Politische nur selten direkt zu sprechen kommen, beachtet werden. Das gilt aber auch für das Kapitel I, das nicht so sehr vergleicht als gegenüberstellt — EWG und Rat für gegenseitige Wirtschaftshilfe, NATO und Warschauer Pakt, Entwicklungshilfe der DDR und der

Bundesrepublik. Diese Gegenüberstellungen sind nicht als qualitative Gleichstellungen zu verstehen, auch wenn die nüchterne Sprache des Völkerrechtlers und des Volkswirts nicht zwecks stärkerer Unterstreichung der politischen Gegensätze — oder scheinbarer Übereinstimmungen — nachträglich korrigiert und auch wenn mit den statistischen Quellen der DDR auch deren Terminologie benutzt wurde.

Die Bundesregierung bejaht und begrüßt die Arbeit der wissenschaftlichen Kommission, die unter Leitung von Professor Dr. Peter C. Ludz die hier vorgelegten Materialien erarbeitet hat. Ich habe die Bundesregierung früh über den von mir erteilten Auftrag und über die von Professor Ludz vorgeschlagene Disposition unterrichtet. Die Bundesregierung ist meinem Vorschlag gefolgt, die Konzeption des Ganzen zu billigen, die Arbeit der Kommission zu unterstützen und ihr Ergebnis dem Bundestag und dem Bundesrat zuzuleiten.

Wissenschaftlich liegt die Verantwortung für diese Materialien — unbeschadet der Tatsache, daß sie dem Bundeskabinett vorgelegt und alle Kapitel mit fachkundigen Vertretern der Bundesregierung durchgesprochen wurden — bei der von Professor Ludz geleiteten Kommission. Eine besonders intensive Zusammenarbeit zwischen Kommission und Regierung hat sich entsprechend der Fragestellung beim Kapitel I ergeben.

Es bleibt mir, denen meinen Respekt zu bekunden, die diese Materialien in der kurzen Frist erarbeitet und dabei nicht nur vorhandene Daten ausgewertet, sondern auch in manchen Teilen wissenschaftlich Neues vorgelegt haben. Herrn Professor Ludz und den Mitgliedern der von ihm geleiteten wissenschaftlichen Kommission sowie allen, die mitgewirkt haben, spreche ich meinen herzlichen Dank aus.

Egon Franke
Bundesminister
für innerdeutsche Beziehungen

Einleitung

In den „Materialien der Bundesregierung zum Bericht zur Lage der Nation", die dem Bericht von Bundeskanzler Willy Brandt am 14. Januar 1970 beigegeben waren, ist betont worden, daß „fundierte Vergleiche" zwischen beiden deutschen Staaten bisher noch weitgehend fehlen. Dies gilt, wie in den „Materialien" ebenfalls hervorgehoben wird, mit der Einschränkung, daß bemerkenswerte Ansätze für einen Vergleich der Entwicklung von Bildung, Wissenschaft und Forschung in beiden deutschen Staaten in den Berichten der vorigen Bundesregierung vom 4. August 1969 (Drucksache V/4009) und vom 8. September 1969 (Drucksache V/4631) bereits erarbeitet worden sind. In den „Materialien" von 1970 ist ferner ausgesagt worden, „daß die Gegensätze, die die beiden Teile Deutschlands heute voneinander trennen, in absehbarer Zeit unüberwindbar und prinzipieller Art sind". Unter dieser Voraussetzung sind in den „Materialien" im vergangenen Jahr Informationen zu den folgenden Themen gegeben worden:

  I. Die Entwicklung der Deutschlandfrage und die Bindungen der Bundesrepublik Deutschland und der DDR

 II. Wirtschaft und Verkehr im geteilten Deutschland

III. Innerdeutsche Beziehungen

IV. West-Berlin und Zonenrandgebiet.

Zur Entstehungsgeschichte

Bundeskanzler Brandt hatte in seinem Bericht zur Lage der Nation am 14. Januar 1970 angekündigt, daß „verschiedenste Lebensbereiche" in beiden deutschen Staaten für den nächsten Bericht zur Lage der Nation verglichen würden. Daraufhin erteilte der Bundesminister für innerdeutsche Beziehungen Egon Franke an Professor Dr. Peter C. Ludz im Frühjahr 1970 den Auftrag, eine Konzeption für den Vergleich von wichtigen Teilbereichen in beiden deutschen Staaten auszuarbeiten und gleichzeitig eine interdisziplinäre Gruppe von unabhängigen Wissenschaftlern für die Erarbeitung der „Materialien" 1971 zu gewinnen. Die Wissenschaftlergruppe unter Leitung von Professor Ludz nahm termingemäß ihre Arbeiten auf und konnte sie Ende November 1970 abschließen.

Völlige Klarheit bestand von vornherein über die Unabhängigkeit der wissenschaftlichen Arbeitsgruppe. Ein im Sommer 1970 zusätzlich gebildeter politischer Gesprächskreis hatte lediglich beratende Funktion. Von Anfang an bestand zwischen dem Auftraggeber und den beteiligten Wissenschaftlern Übereinstimmung auch darüber, daß die Gesamtverantwortung von der wissenschaftlichen Arbeitsgruppe gemeinsam mit Professor Ludz getragen werden sollte. Dies gilt für alle Kapitel. Alle Kapitel sind zudem vor der Drucklegung den beteiligten Bundesministerien zugeleitet und mit ihren Vertretern durchgesprochen worden. Der besonderen Bedeutung des Kapitels I wegen hat sich hier eine verstärkte Kooperation zwischen den Wissenschaftlern und den beteiligten Bundesministerien ergeben.

Eine der ersten Aufgaben der Wissenschaftlergruppe bestand darin, den Begriff „Lebensbereich" angemessen zu interpretieren. „Lebensbereiche" sind die sozio-ökonomischen Grundlagen der Politik — jene Grundlagen, ohne die politisches Handeln und politische Strukturen in beiden deutschen Staaten gerade in ihrer Unterschiedlichkeit nicht deutlich werden können. Die in den Kapiteln II bis VIII der vorgelegten „Materialien" abgehandelten wirtschaftlichen und gesellschaftlichen Bereiche in beiden deutschen Staaten sind in diesem Sinn als „Lebensbereiche" anzusehen.

Grundaxiome und Wissenschaftsverständnis

Die in den vorliegenden „Materialien" erfaßten „Lebensbereiche" in der Bundesrepublik und der DDR wurden nicht lediglich nebeneinandergestellt, sondern auf der Basis von drei Grundaxiomen ausgewählt und verglichen. Diese drei Grundaxiome lauten:

■ Beide deutsche Wirtschafts- und Gesellschaftssysteme sind leistungsorientiert.

■ Beide Wirtschafts- und Gesellschaftssysteme sind auf Wachstum und Modernisierung gerichtet.

■ Beide Wirtschafts- und Gesellschaftssysteme werden durch die steigende Bedeutung von Wissenschaft, Forschung, Bildung und Ausbildung charakterisiert.

Diese Grundannahmen über bestimmte Ähnlichkeiten beider deutscher Wirtschafts- und Gesellschaftssysteme können über die grundlegenden politischen Unterschiede zwischen der Bundesrepublik und der DDR jedoch nicht hinwegtäuschen.

Auf der Grundlage eines solchen Verständnisses von Ähnlichkeiten und Unterschieden begann die wissenschaftliche Arbeitsgruppe, das für einen Vergleich bestimmter gesellschaftlicher und wirtschaftlicher Teilbereiche wesentliche Material zu sichten und zu ordnen.

Die Wahl der Grundaxiome gibt Aufschluß über das gemeinsame Wissenschaftsverständnis der wissenschaftlichen Arbeitsgruppe: den kritischen Rationalismus oder, wie manche sagen, kritischen Positivismus, der in empirischer Deskription und Analyse seine Legitimation findet. Der kritische Rationalismus trennt Werturteile von Tatsachenaussagen. Gleichwohl zielt sein Engagement auf Erkenntnis wie auf Reform. Mit dieser Position ist das in der Regierungserklärung vom 28. Oktober 1969 formulierte Programm für die innerdeutschen Beziehungen: „von der Konfrontation zur Kooperation", durchaus vereinbar. Alle Mitglieder der wissenschaftlichen Arbeitsgruppe, welche politische Einstellung sie im einzelnen auch immer vertreten mögen, haben dieses Programm als Ausdruck des Reformwillens der Bundesregierung akzeptiert. Sie haben es darüber hinaus begrüßt, daß die Bundesregierung die Notwendigkeit der ihnen aufgetragenen Untersuchungen erkannt hat.

Eine solche Einstellung steht der grundsätzlich skeptischen Haltung des kritischen Rationalismus allen Ideologien gegenüber nicht entgegen. Ideologien werden grundsätzlich als Elemente gesellschaftlicher Realität, als Fakten angesehen. Als solche müssen sie mit einem entsprechenden methodischen Instrumentarium untersucht werden. Ein solches Instrumentarium, das beim Vergleich der beiden deutschen Gesellschaftssysteme eingesetzt werden könnte, ist bisher noch nicht in befriedigender Form entwickelt worden. Aus diesem Grund ist im Zuge der vorgelegten Untersuchungen keine Analyse der politisch-gesellschaftlichen Normen vorgenommen worden. Die „Materialien" 1971 beschränken sich vielmehr auf die Erhellung konkreter gesellschaftlicher Strukturen und Prozesse.

Durch seine methodische Offenheit und die Einbeziehung verschiedener Verfahren vermag der kritische Rationalismus, qualitative Unterschiede in beiden deutschen Gesellschaftssystemen ebenso herauszuarbeiten wie Ähnlichkeiten oder parallele Entwicklungen. Dieses Differenzierungsvermögen läßt ihn unkritische Werturteile ablehnen. Das bedeutet: Eine solche wissenschaftstheoretische Position verbietet es von selbst,

- die tiefgreifenden politischen Unterschiede und die politische Unvereinbarkeit der beiden deutschen Staaten zu verwischen;

- eine Gleichartigkeit oder Gleichwertigkeit von Gesellschaftsordnungen dort zu behaupten, wo sie nicht vorhanden ist;

- dem jeweils anderen Staat die eigene gesellschaftspolitische Ordnung als „geschichtlich höher entwickelte Form" zu empfehlen. Ein in solcher Empfehlung zum Ausdruck kommender geschichtsphilosophischer Determinismus, welcher Variante auch immer, muß notwendig zum ideologischen Dogmatismus führen. Er hat mit einer gleichermaßen kritisch wie empirisch orientierten Sozialwissenschaft nichts zu tun und ist deshalb von der verantwortlichen Wissenschaftlergruppe einhellig abgelehnt worden.

Das gemeinsame Wissenschaftsverständnis der Arbeitsgruppe hat es — vielleicht zum ersten Mal in der deutschen Nachkriegsgeschichte — ermöglicht, daß bei dieser Aufgabe nicht nur Forscher aus verschiedenen Disziplinen (Ökonomen, Juristen, Politikwissenschaftler, Soziologen, Erziehungswissenschaftler, Jugendsoziologen und -psychologen) zusammenkamen, sondern daß sich auch Spezialisten für die Erforschung von Teilbereichen marktwirtschaftlicher Gesellschaftssysteme mit solchen für die Erforschung sozialistischer Systeme des Ostblocks zur Zusammenarbeit bereit fanden. Dabei konnten zahlreiche Fragestellungen, vor allem auch methodologische und methodische Aspekte, wie sie bei der Erforschung westlicher Wirtschafts- und Gesellschaftssysteme lange Jahre erprobt worden sind, für die vergleichende Analyse fruchtbar gemacht werden.

Durch diese Zusammenarbeit wurde nicht zuletzt das gemeinsame Wissenschaftsverständnis erprobt. In der ständigen Auseinandersetzung mit anderen Arten des methodischen Zugangs ist die „Offenheit" des gewählten Frage- und Forschungsansatzes, sein undogmatischer Charakter, in den Diskussionen innerhalb der Wissenschaftlergruppe immer wieder unter Beweis gestellt worden. Wie die Ergebnisse der „Materialien" zeigen, hat sich dieses Wissenschaftsverständnis an der Erarbeitung konkreten Materials bewährt.

Die hier skizzierte wissenschaftstheoretische Position verbleibt nicht in der Abstraktion. Sie fordert die Einlösung ihres Anspruchs in der empirischen Forschung und erreicht dies durch empirische Untersuchungen. So konnten — gerade aus diesem Wissenschaftsverständnis heraus — wesentliche sozio-ökonomische Grundlagen der beiden politischen Systeme vergleichend beschrieben und z. T. analysiert werden.

Ziel der Untersuchungen

Ein umfassender Vergleich verschiedener „Lebensbereiche" in beiden deutschen Staaten kann nur sinnvoll erarbeitet werden, wenn zunächst zuverlässige und auch wirklich vergleichbare Informationen über die Bundesrepublik und die DDR zusammengestellt werden. Ziel der vorgelegten Untersuchungen war es daher, zunächst einmal einen Ist-Vergleich ausgewählter Teilbereiche in der Bundesrepublik und der DDR zu erstellen.

Querschnittvergleiche, Prozeßvergleiche oder Typologien von Daten müssen späteren Forschungsarbeiten vorbehalten bleiben. Ebenso konnte eine Analyse ähnlicher oder gleichartiger Probleme anhand international vergleichbaren Datenmaterials noch nicht geleistet werden. Der auf die Erhellung konkreter Strukturen angelegte Ist-Vergleich schließt weiterhin per definitionem eine an sich dringend erforderliche historische Analyse ebenso aus wie eine Prognose oder gar einen futurologischen Entwurf. Deshalb hat die Wissenschaftlergruppe auch Aussagen etwa über Konvergenz und Divergenz der beiden Gesellschaftssysteme — Aussagen, die nur auf Grund einer langfristigen historischen Betrachtung gemacht werden können — sorgsam vermieden.

Die wissenschaftliche Arbeitsgruppe hat ihre Aufgabe vielmehr allein darin gesehen, Unterschiede, Parallelitäten und Ähnlichkeiten in der Bundesrepublik und der DDR für bestimmte sozio-ökonomische Teilbereiche deskriptiv-empirisch aufzuzeigen. Dies entsprach dem Auftrag.

Gliederung

Die folgenden Bereiche sind (mit den weiter unten in dieser Einleitung aufgeführten Einschränkungen) behandelt worden:

Kapitel   I: Die beiden deutschen Staaten in der Welt und ihr Verhältnis zueinander — Aspekte und Tendenzen

Kapitel   II: Bevölkerungs- und Erwerbsstruktur

Kapitel   III: Produktion und Produktivität

Kapitel   IV: Hauptfaktoren der Infrastruktur

Kapitel   V: Einkommen, Verbrauch, Lebenshaltung

Kapitel   VI: Hauptaspekte der Sozialen Sicherung

Kapitel   VII: Bildung und Ausbildung

Kapitel   VIII: Zur Situation der Jugend

Kapitel I besitzt eine Klammerfunktion. Es macht — wenn auch nur in ersten Ansätzen — sichtbar, daß jede vergleichende sozio-ökonomische Analyse unterschiedlicher politischer Systeme in den größeren Zusammenhang internationaler Politik eingebunden ist und innergesellschaftliche Strukturen und Prozesse stets ihren Ausdruck auch in der internationalen Politik finden. Im Ganzen der „Materialien" erhält Kapitel I erst dann den ihm angemessenen Stellenwert, wenn die Strukturen politischer, militärischer und wirtschaftlicher Verträge vor dem Hintergrund sozio-ökonomischer Tatbestände, wie sie in den Kapiteln II bis VIII herausgearbeitet worden sind, gesehen werden.

Zur Methode

Bei den Einzelvergleichen ist die DDR immer an der Bundesrepublik gemessen worden, denn der Vergleich ist in der Bundesrepublik und für die Regierung der Bundesrepublik Deutschland erarbeitet worden. Bei diesem Vorgehen mußte stets berücksichtigt werden, daß die DDR ein kleineres Gebiet, in dem weniger Menschen als in der Bundesrepublik wohnen, darstellt. Soweit Relationen zwischen beiden deutschen Staaten ermittelt wurden, sind solche absoluter Daten (z. B. Einwohner, Beschäftigte, Industrieproduktion) zu unterscheiden von Relationen relativer Daten (z. B. Einwohner je qkm, Industrieproduktion je Beschäftigter). (Zum besseren Verständnis ist deshalb vor Beginn des Tabellenanhangs eine Übersicht beigefügt, die besonders wichtige Kennziffern enthält.)

Grundsätzlich lag den Untersuchungen statistisches Primärmaterial zugrunde. Nur soweit erforderlich und zweckmäßig, wurde dieses durch Sekundärquellen und Schätzungen ergänzt.

Als Methode der Darstellung wurde die empirisch-statistische Deskription von vergleichbaren Materialien gewählt. (Hinweise auf nicht vergleichbares Material sind in der Regel gegeben.) Wo Vergleiche nicht möglich, für den Zusammenhang jedoch unerläßlich waren, wurden nach wissenschaftlich üblichen Methoden Umformungen des Materials vorgenommen. (Vgl. dazu die Methodischen Hinweise zu den einzelnen Kapiteln, besonders zu Kapitel III, S.105 ff.).

Neben der empirisch-statistischen Deskription wurde die Interpretation als Methode verwandt — allerdings nur insoweit, als dies zum Verständnis der Tatbestände unumgänglich war. Bei allen Interpretationen, insbesondere in den Kapiteln VII und VIII, wurde das Prinzip der Immanenz berücksichtigt: Gesellschaftliche Zusammenhänge wurden so, wie sie sich im jeweiligen Selbstverständnis der Bundesrepublik und der DDR darstellen, zu erfassen gesucht.

Schon durch die Verbindung von empirisch-statistischer Deskription und Interpretation konnte bei der Erarbeitung der „Materialien" kein Methodenmonismus aufkommen. Naturgemäß ergaben die verschiedenen Zugänge zum Material auch keine völlig vereinheitlichte Darstellung.

Jeder wissenschaftlichen Analyse ist das Bemühen um Objektivität eigen. Bei den vorgelegten Untersuchungen sind Objektivität und damit der Sicherheitsgrad der einzelnen Aussagen von verschiedenen Faktoren beeinträchtigt worden. Hier sind die unterschiedlichen Präferenzstrukturen in der Bundesrepublik und der DDR ebenso zu nennen wie das unterschiedliche statistische Datenangebot. In der Regel standen für die Bundesrepublik mehr und zuverlässigere Daten zur Verfügung als für die DDR. Auch die Tatsache, daß nicht Qualitäten (z. B. das Ausbildungsniveau von Hochschulstudenten in beiden Staaten) verglichen wurden, sondern Quantitäten (z. B. Zahl der Hochschulabsolventen), ließ eine definitive, alle Faktoren berücksichtigende Aussage häufig noch nicht zu. Der Verzicht auf eine solche Art von Aussagen darf jedoch nicht als subjektive Willkür ausgelegt werden.

Die statistisch-geographischen Grundeinheiten waren stets die Bundesrepublik Deutschland einschließlich West-Berlin; die DDR einschließlich Ost-Berlin. Als Zeitraum wurden grundsätzlich die Jahre 1964 bis 1969 gewählt; bisweilen wurde jedoch auf 1960 zurück- und auf 1970 vorgegriffen. Da es sich um einen Ist-Vergleich handelt, wurden Retrospektiven ebenso ausgeklammert wie Prognosen. Entwicklungstendenzen wurden nur dann skizziert, wenn sie für das Verständnis des Ist unumgänglich zu sein schienen.

Technische Hilfen

Die „Materialien" 1971 bestehen aus den bereits erwähnten acht Kapiteln (S. 41 bis S. 226) und einem Tabellenanhang (S. 229 bis S. 416). Zusammenfassungen der Ergebnisse jedes einzelnen Kapitels sind — mit Ausnahme des Kapitels I — an den Anfang der Kapitel gestellt worden (S. 65 f., S. 89 ff., S. 111 f., S. 125 f., S. 155 ff., S. 187 f., S. 207 f.).

Der Tabellenanhang enthält die für alle Kapitel wichtigen Vergleichstabellen in laufender Numerierung. Darüber hinaus sind speziellere Tabellen („Übersichten") und Schaubilder in den Text direkt eingefügt.

Als Lesehilfen stehen neben den Tabellen im Anhang sowie den Übersichten und Schaubildern im Text ein Glossar der wichtigsten Fachausdrücke (S. 26 f.), ein Abkürzungsverzeichnis (S. 24 f.) sowie eine Kennziffernübersicht (S. 227 f.) zur Verfügung. Über weitere Einzelheiten der drucktechnischen Gestaltung informieren die „Erläuterungen" (S. 28).

Abgrenzungen

Naturgemäß stellen die hier erarbeiteten „Materialien" eine Auswahl dar. Sie ist, wie bereits erwähnt, einmal unter dem Aspekt wichtiger Lebensbereiche in beiden deutschen Staaten getroffen worden. Darüber hinaus wurde sie von verschiedenen Faktoren mitbestimmt. In der zur Verfügung stehenden Zeit konnten, trotz rastloser Arbeit, nur die hier vorgelegten ersten Ansätze eines empirischen Vergleichs erarbeitet werden. Dabei war es notwendig, in den einzelnen Teilbereichen auf schon erarbeitetes Material zurückzugreifen. In den ökonomischen Abschnitten wurde dies durch z. T. langjährige Vorarbeiten erleichtert. Neue Forschungen konnten in diesem Zeitraum zumeist lediglich angeregt, jedoch nur in einigen Fällen durchgeführt werden. Schließlich waren Materiallage und -aufbereitung unter vergleichenden Aspekten bisher auf vielen Teilgebieten nicht gerade günstig.

Dennoch enthalten alle acht Kapitel eine Fülle neuer Informationen über solche „Lebensbereiche", die sowohl für das Verständnis der beiden deutschen Gesellschaftssysteme als auch für den Wettbewerb der beiden deutschen Staaten wie, schließlich, für eine in Zukunft denkbare Kooperation der Bundesrepublik mit der DDR von Bedeutung sind.

Eine Reihe von Einzelproblemen und Teilkomplexen innerhalb der bearbeiteten „Lebensbereiche" konnte jedoch zum gegenwärtigen Zeitpunkt noch nicht — oder nicht zureichend — erfaßt werden. Die zur Verfügung stehende Zeit und die schwierige Materiallage (insbesondere fehlende Statistiken) ließen eine eingehendere vergleichende Behandlung folgender Probleme in den einzelnen Kapiteln nicht zu: die Analyse zentraler Begriffe der Politik (Nation, Demokratie) in Kapitel I; die Leistungsgruppenstruktur der Erwerbstätigen (Facharbeiter, an- und ungelernte Arbeiter usw.), die Entwicklung der Berufsstrukturen, die Häufigkeit und die Art neuer Berufe, Mechanisierungs- und Automatisierungsgrade an Arbeitsplätzen in Kapitel II; die unterschiedliche Wirtschaftsverfassung (vor allem die Planungs- und Leitungsmethoden sowie die Organisation der Wirtschaft), die vergleichende Erfassung der Investitionstätigkeit (die nur implizit im Anlagevermögen berücksichtigt worden ist) in Kapitel III; die Wettbewerbsstellung der einzelnen Energieträger (Primär- oder Sekundärenergie), die detaillierte Analyse der einzelnen Verkehrsbereiche, die regionale und die qualitative Wohnungsversorgung in Kapitel IV; die Erfassung des Einkommens der Selbständigen sowie der Genossenschaftsmitglieder, die Besteuerung des Einkommens von Selbständigen, Genossenschaftsmitgliedern und freiberuflich Tätigen in Kapitel V; die Erfassung der freiwilligen Sozialleistungen, die Betriebs- und Unternehmensverfassung (einschließlich der verschiedenen Formen der Mitbestimmung der Arbeitnehmer), die Rolle der Gewerkschaften bei der Gestaltung der Sozialen Sicherung über die Organe der Selbstverwaltung hinaus in Kapitel VI; die Lehrinhalte, die Leistungsbeurteilung in Kapitel VII; bestimmte Einstellungsbereiche (Einstellungen zu Beruf, Arbeit, Religion, Sexualität), jugendliche Subkulturen, Jugendkriminalität und Resozialisierung in Kapitel VIII.

Ausblick

Einige für das Verständnis der Gesamtzusammenhänge in beiden deutschen Staaten wesentliche Bereiche sind aus methodologischen und methodischen Erwägungen sowie aus Zeitgründen in diesen „Materialien" überhaupt nicht behandelt worden. Es handelt sich bei den fehlenden Sachgebieten in erster Linie um den empirisch-deskriptiven Vergleich der Herrschaftssysteme sowie der Wirtschaftsordnungen. Weiterhin ist ein Vergleich der Rechtssysteme, insbesondere des Verfassungs- und Verwaltungsrechts, des Zivil- und Familienrechts, des Strafrechts, des Arbeitsrechts, des Wirtschaftsrechts, der Justizverfassung angestrebt. In diesem Zusammenhang sollen auch einige Teilbereiche der Rechtswissenschaft und Rechtspraxis unter formallogischen und kybernetischen Aspekten analysiert werden.

Weiterhin steht ein empirisch-systematischer Vergleich u. a. der Kultur- und Wissenschaftssysteme in beiden deutschen Staaten aus.

Es ist Vorsorge getroffen worden, noch in diesem Jahr mit dem empirisch-deskriptiven Vergleich der politischen Herrschaftsordnungen sowie dem Vergleich der Rechtssysteme zu beginnen.

Mitarbeiterverzeichnis

Der wissenschaftlichen Arbeitsgruppe gehörten an: Carl-Ludwig Furck, Walter Hornstein, Rolf Krengel, Heinz Markmann, Dieter Mertens, Peter Mitzscherling sowie Peter Christian Ludz (als Leiter) und Ralf Rytlewski (als Assistent).

Mitglieder des politischen Gesprächskreises waren: Leo Bauer (als Leiter), Wolfram Dorn, Reimut Jochimsen, Carl Heinz Neukirchen, Waldemar Ritter, Ulrich Sahm, Ilse Spittmann, Ernst Günter Stern, Jürgen C. Weichert.

Außerdem wirkten mit: Gerhard Arneth, Alex Baumgartner, Henrik Bischof, Peter Brokmeier, Martha Engelbert, Elke Furck-Peters, Gerhard Göseke, Jens Hacker, Armin Hegelheimer, Barbara Hille, Manfred Holthus, Hartmut Jäckel, Walter Jaide, Günther John, Werner Karr, Dietrich Kebschull, Gisela Kiesau, Wolfgang Kirner, Willi Knecht, Johannes Kuppe, Horst Lambrecht, Manfred Liebrucks, Ursula Ludz, Heinrich Machowski, Dieter Mahncke, Manfred Melzer, Konrad Merkel, Jürgen Micksch, Wolfgang Mudra, Jürgen Nötzold, Charlotte Otto-Arnold, Otto Peters, Hans-Dieter Raapke, Manfred Rexin, Lutz Reyher, Peter Rosenberg, Werner Schefold, Gottfried Schmeiser, Theodor Schweisfurth, Ignaz Seidl-Hohenveldern, Hans-Gert Tönjes, Alexander Uschakow, Hartmut Vogt, Gerhard Wettig, Herbert Wilkens.

Kapitel I

Die beiden deutschen Staaten in der Welt und ihr Verhältnis zueinander — Aspekte und Tendenzen

1. Bindungen der Bundesrepublik Deutschland an die westlichen, der DDR an die östlichen Bündnissysteme

1. Die im Jahr 1971 bestehenden völkerrechtlichen Einbindungen der Bundesrepublik in die westlichen, der DDR in die östlichen Bündnissysteme ist das Resultat der Nachkriegspolitik der ehemaligen Siegermächte gegenüber Deutschland, das Ergebnis der eigenständigen Politik der beiden deutschen Staaten und schließlich weltpolitischer Entwicklungen, die sich außerhalb der Deutschland berührenden Fragen ergeben haben. Hatte das Deutsche Reich im Jahr 1945 seine Souveränität verloren, so gewannen die 1949 in Deutschland entstandenen politischen Einheiten stufenweise und mit Einschränkungen Souveränität. Im politischen, militärischen und wirtschaftlichen Bereich wurden die beiden deutschen Staaten in die sich in Ost- und Westeuropa entwickelnden Staatengruppen teils gleichzeitig, teils im Verlauf der folgenden Jahre integriert.

a) Politische Bindungen

Kriegsfolgebindungen

2. Als Siegermächte des zweiten Weltkrieges betrachten sich die USA, Großbritannien und Frankreich einerseits, die Sowjetunion andererseits, auch nachdem sie der Bundesrepublik und der DDR weitgehende Elemente der Souveränität übertragen haben, weiterhin als verantwortlich für die Eingliederung Deutschlands als Ganzes in eine gesamteuropäische Friedensordnung. Sie haben sich daher einen Teil ihrer aus interalliierten Abmachungen und teilweise aus Besatzungsrecht resultierenden Rechte vorbehalten.

Vorbehalte

3. Laut Artikel 2 des Deutschlandvertrages (DV) vom 26. Mai 1952[1] stimmten und stimmen die Bundesrepublik und die Drei Mächte darin überein, daß die „Drei Mächte die bisher von ihnen ausgeübten oder innegehabten Rechte und Verantwortlichkeiten in bezug auf Berlin und auf Deutschland als Ganzes einschließlich der Wiedervereinigung Deutschlands und einer friedensvertraglichen Regelung" sich vorbehalten.

In der Erklärung der Sowjetunion zur Souveränität der DDR vom 25. März 1954[2] wird festgehalten, daß die UdSSR die Funktionen behält, „die sich aus den Verpflichtungen ergeben, die der UdSSR aus den Viermächteabkommen erwachsen". Der Souveränitätsvertrag DDR/UdSSR vom 20. September 1955[3] wurde geschlossen „unter Berücksichtigung der Verpflichtungen, die die Deutsche Demokratische Republik und die Sowjetunion gemäß den internationalen Abkommen, die Deutschland als Ganzes betreffen, haben". Im Beschluß der Sowjetregierung vom 20. September 1955 über die Auflösung der Hohen Kommission stellt die UdSSR klar, daß davon nicht „die Rechte und Verpflichtungen" der UdSSR gegenüber Gesamtdeutschland berührt würden, „die sich aus den entsprechenden Beschlüssen der Vier Mächte ergeben". Der Freundschaftsvertrag UdSSR/DDR vom 12. Juni 1964 berührt laut Artikel 9 „nicht Rechte und Pflichten der beiden Seiten aus geltenden zweiseitigen und anderen internationalen Abkommen einschließlich des Potsdamer Abkommens".

Friedensvertrag

4. Beiden deutschen Staaten gegenüber haben sich die jeweiligen Siegermächte zur Herbeiführung einer Friedensregelung verpflichtet, wobei sich beide deutsche Staaten die Unterstützung ihrer deutschlandpolitischen Ziele vertraglich sichern konnten.

Laut Artikel 7 DV sind sich die Drei Mächte und die Bundesrepublik „darüber einig, daß ein wesentliches Ziel ihrer gemeinsamen Politik eine zwischen Deutschland und seinen ehemaligen Gegnern frei vereinbarte friedensvertragliche Regelung für ganz Deutschland ist" als Grundlage für einen dauerhaften Frieden. Bis dahin werden sie „zusammenwirken, um mit friedlichen Mitteln ihr gemeinsames Ziel zu verwirklichen: ein wiedervereinigtes Deutschland, das eine freiheitlich-demokratische Verfassung ähnlich wie die Bundesrepublik besitzt

Kapitel I

und das in die europäische Gemeinschaft integriert ist". Nach Artikel 7 DV haben die Vertragsschließenden vereinbart, „daß die endgültige Festlegung der Grenzen Deutschlands bis zu dieser [Friedens-] Regelung aufgeschoben werden muß".

Hinsichtlich Berlins haben die Drei Mächte in dem Genehmigungsschreiben zum Grundgesetz vom 12. Mai 1949 einen Vorbehalt zu Artikel 23 GG ausgesprochen und ihre Ansicht bekräftigt, daß Berlin „nicht durch den Bund regiert werden wird". Die Bundesrepublik hat sich in Artikel 6 DV gegenüber den Drei Mächten als den Inhabern der obersten Regierungsgewalt in Berlin verpflichtet, „zusammenzuwirken, um es ihnen zu erleichtern, ihren Verantwortlichkeiten in bezug auf Berlin zu genügen". Mit Schreiben der drei Hohen Kommissare vom 26. Mai 1952 und 23. Oktober 1954 haben die Drei Mächte „den Bundesbehörden gestattet, die Vertretung Berlins und der Berliner Bevölkerung nach außen sicherzustellen". Mit der Erklärung der Alliierten Kommandantur vom 21. Mai 1952 haben die Drei Mächte die Einbeziehung Berlins in die internationalen Verträge der Bundesrepublik bis auf einige Vorbehalte gestattet [4].

Laut seiner Präambel wurde der Souveränitätsvertrag DDR/UdSSR vom 20. September 1955 in der Überzeugung geschlossen, daß die gemeinsame Anstrengung der Vertragspartner „zur Wiederherstellung der Einheit Deutschlands als friedliebender und demokratischer Staat und zur Herbeiführung einer friedensvertraglichen Regelung mit Deutschland den Interessen des deutschen Volkes und des Sowjetvolkes und gleichermaßen den Interessen der anderen Völker Europas entspricht". In Artikel 5 erklären UdSSR und DDR es als ihr Hauptziel, durch „Verhandlungen eine friedliche Regelung für ganz Deutschland herbeizuführen. In Übereinstimmung hiermit werden sie die erforderlichen Anstrengungen für eine friedensvertragliche Regelung und die Wiederherstellung der Einheit Deutschlands auf friedlicher und demokratischer Grundlage unternehmen." Im Freundschaftsvertrag vom 12. Juni 1964 bekräftigten UdSSR und DDR ihren „Wunsch, den Abschluß eines deutschen Friedensvertrages zu erleichtern und die Verwirklichung der Einheit Deutschlands auf friedlicher und demokratischer Grundlage zu fördern". In Artikel 7 betonten sie „ihren Standpunkt, daß angesichts der Existenz zweier souveräner deutscher Staaten ... die Schaffung eines friedliebenden, demokratischen, einheitlichen deutschen Staates nur durch gleichberechtigte Verhandlungen zwischen beiden souveränen deutschen Staaten erreicht werden kann". In den Freundschaftsverträgen der DDR mit Polen vom 15. März 1967, mit der CSSR vom 17. März 1967, mit Ungarn vom 18. Mai 1967, mit Bulgarien vom 7. September 1967 und mit der Mongolei vom 12. September 1968[5] erkärte die DDR mit ihren Verbündeten, daß eine deutsche Friedensregelung auf der Grundlage der Anerkennung der Existenz zweier souveräner deutscher Staaten und „die künftige Herbeiführung eines einheitlichen, friedliebenden, demokratischen Staates auf dem Wege von Vereinbarungen" erfolgen sollten.

Hinsichtlich Ost-Berlins hat es die UdSSR als Inhaber der obersten Regierungsgewalt gestattet, daß die DDR Ost-Berlin international vertritt [6]. Die internationalen Verträge der DDR gelten auch für Ost-Berlin.

Hinsichtlich West-Berlins haben sich UdSSR und DDR in Artikel 6 des Vertrages vom 12. Juni 1964 zugesagt, „West-Berlin" als selbständige politische Einheit [zu] betrachten".

5. Beide deutsche Staaten haben sich ihren jeweiligen Verbündeten gegenüber zu einer Politik des Gewaltverzichts, zu gegenseitigen Konsultationen sowie zu einer Politik entsprechend dem Demokratieverständnis ihrer Partner verpflichtet. Gleichzeitig haben die jeweiligen Vertragspartner durch entsprechende Revisions- und Kündigungsklauseln den Weg zu einer dynamischen Änderung des vertragsrechtlichen Status quo offengehalten.

Gewaltverzicht

6. In Artikel 3 DV hat sich die Bundesrepublik zu einer Politik im Einklang mit den Prinzipien der UNO-Satzung und den Zielen des Statuts des Europarats verpflichtet. Als Mitglied der NATO hat sich die Bundesrepublik nach Artikel 1 des NATO-Vertrags verpflichtet, „in ihren internationalen Beziehungen jeder Gewaltandrohung oder Gewaltanwendung zu enthalten". Weiterhin hat sich die Bundesrepublik im Teil V der Schlußakte der Londoner Neunmächtekonferenz verpflichtet, „die Wiedervereinigung Deutschlands oder die Änderung der gegenwärtigen Grenzen der Bundesrepublik Deutschland niemals mit gewaltsamen Mitteln herbeizuführen und alle zwischen der Bundesrepublik und anderen Staaten gegebenenfalls entstehenden Streitfragen mit friedlichen Mitteln zu lösen".

Die Bundesrepublik hat sich, unbeschadet sonstiger Verpflichtungen zu friedlicher Streitbeilegung, gemäß Artikel X des WEU-Vertrages der obligatorischen Gerichtsbarkeit des IGH hinsichtlich aller zwischen den WEU-Partnern entstehender Rechtsstreitigkeiten unterworfen. Andere als Rechtsstreitigkeiten sind durch ein Vergleichsverfahren zu regeln [7].

Die DDR hat in Artikel 2 des Vertrages vom 20. September 1955 ihre Bereitschaft zu einer internationalen Politik erklärt, „deren Ziel die Gewährleistung des Friedens und der Sicherheit in Europa und in der ganzen Welt ist und die mit den Grundsätzen der Satzung der Organisation der Vereinten Nationen" übereinstimmt. In Artikel 3 des Vertrages vom 12. Juni 1964 hat die DDR sich zur gleichen Politik verpflichtet. Als Mitglied des Warschauer Vertrages vom 14. Mai 1955 hat die DDR erklärt, „sich in Übereinstimmung mit der Satzung der Organisation der Vereinten Nationen ... in ihren internationalen Beziehungen der Drohung mit Gewalt oder ihrer Anwendung zu enthalten und ihre internationalen Streitigkeiten mit friedlichen Mitteln zu lösen". Diese Verpflichtung wird jedoch faktisch durch die Grundsätze des von der UdSSR postulierten „sozialistischen Internationalismus" wieder aufgehoben (vgl. S. 3).

Zu den Zielen und Prinzipien der UN-Satzung hat sich die DDR auch in ihren bilateralen Freundschaftsverträgen mit Polen, der CSSR, Ungarn und Bulgarien sowie im Vertrag mit der Mongolei bekannt.

Konsultationen

7. Gemäß Artikel 7 Abs. 4 DV werden die Drei Mächte die Bundesrepublik „in allen Angelegenheiten konsultieren, welche die Ausübung ihrer Rechte in bezug auf Deutschland als Ganzes berühren", gemäß Artikel 6 Abs. 1 DV werden sie sie „hinsichtlich der Ausübung ihrer Rechte in bezug auf Berlin konsultieren".

Gemäß Artikel 4 des NATO-Vertrages und Artikel VIII Abs. 3 des WEU-Vertrages sind die Vertragspartner bei Gefährdung der Unversehrtheit des Gebietes, der politischen Unabhängigkeit oder der Sicherheit einer der Parteien zu gegenseitigen Konsultationen verpflichtet.

Weitgehende gegenseitige Konsultationsverpflichtungen auf dem Gebiet der Außen- und Verteidigungspolitik ergeben sich aus dem deutsch-französischen Vertrag vom 22. Januar 1963 [8].

Im Herbst 1970 haben sich die Regierungen der sechs Mitgliedstaaten der Europäischen Gemeinschaft zu regelmäßigen politischen Konsultationen über gemeinsam interessierende politische Fragen verpflichtet.

Die DDR und die UdSSR haben sich nach Artikel 2 Abs. 2 des Vertrages vom 20. September 1955 gegenseitig verpflichtet, sich in „allen wichtigen internationalen Fragen zu beraten, die die Interessen beider Staaten berühren". Nach Artikel 3 des Warschauer Vertrages haben die DDR und ihre Bündnispartner die Pflicht, „sich in allen internationalen Fragen, die ihre gemeinsamen Interessen berühren", zu beraten; „unverzüglich" werden sie sich im Falle der Gefahr eines bewaffneten Überfalls beraten.

Die Freundschaftsverträge der DDR mit Polen, der CSSR und Ungarn verpflichten jeweils beide Staaten, sich bei allen wichtigen internationalen Fragen, die die Interessen der beiden Vertragspartner berühren, zu konsultieren. Der Freundschaftsvertrag der DDR mit Bulgarien vom 7. September 1967 bestimmt, daß sich beide Seiten in den betreffenden Fragen nicht nur konsultieren, sondern auch „ihre Haltung dazu abstimmen".

Politische Grundordnung

8. Mit der Eingliederung in die Bündnissysteme sind die beiden deutschen Staaten auch politische Bindungen eingegangen, die ihren eigenen und den grundlegenden Zielsetzungen ihrer Bündnispartner entsprechen.

Als Mitglied der WEU ist die Bundesrepublik entschlossen, „die Grundsätze der Demokratie, die persönliche und politische Freiheit, die verfassungsmäßige Überlieferung und die Achtung vor dem Gesetz", die ihrer und ihrer Bündnispartner „gemeinsames Erbe" sind, zu festigen und zu erhalten. Als Mitglied der NATO hat sie mit ihren Bündnispartnern erklärt, „die Freiheit, das gemeinsame Erbe und die Zivilisation ihrer Völker, die auf den Grundsätzen der Demokratie, der Freiheit der Person und der Herrschaft des Rechts beruhen, zu gewährleisten".

Nach Artikel 8 des NATO-Vertrages und Artikel VII des WEU-Vertrages ist die Bundesrepublik verpflichtet, keine mit diesen Verträgen unvereinbaren internationalen Verpflichtungen oder Bündnisse einzugehen, die sich gegen einen der Vertragspartner richten.

Die Mitglieder des Warschauer Vertrages sind zwar dem Vertragswortlaut nach nicht auf bestimmte Grundsätze der staatlichen und gesellschaftlichen Ordnung festgelegt. Eine im Vergleich zu westlichen Bündnissen erheblich stärkere Bindung an eine bestimmte sozioökonomische Ordnung ergibt sich aus den von der Sowjetunion postulierten Grundsätzen des „sozialistischen Internationalismus" auf staatlicher Ebene (Moskauer Doktrin oder — seit 1968 — sogenannte Breshnew-Doktrin) und des „proletarischen Internationalismus" auf der Ebene der kommunistischen Parteien. Die Grundsätze des „sozialistischen Internationalismus" werden von der UdSSR und der DDR als Völkerrechtsnormen angesehen, die ihre Rechtsgrundlage in den bilateralen Freundschaftsverträgen und im Völkergewohnheitsrecht hätten. Nach diesen Grundsätzen sind die sozialistischen Staaten untereinander berechtigt und verpflichtet zu „brüderlicher Freundschaft, enger Zusammenarbeit und gegenseitiger Hilfe" beim Aufbau des Sozialismus bzw. Kommunismus in ihren Ländern. Konkret ergibt sich aus diesen Grundsätzen eine starke Bindung der sozialistischen Staaten nach innen und außen: Nach innen sind sie dem sozialökonomischen Modell des Sozialismus sowjetischer Prägung, nach außen der Zugehörigkeit zum ökonomischen, militärischen und ideologischen Verbund der „sozialistischen Gemeinschaft" verpflichtet. Von den Kollektivinteressen dieser Gemeinschaft, nicht von seinen eigenen nationalen Interessen soll sich jedes sozialistische Land leiten lassen.

Durch Artikel 6 Abs. 2 ihrer Verfassung vom 6. April 1968 hat sich die DDR auch staatsrechtlich an die Grundsätze des „sozialistischen Internationalismus" gebunden: „Die Deutsche Demokratische Republik pflegt und entwickelt entsprechend den Prinzipien des sozialistischen Internationalismus die allseitige Zusammenarbeit und Freundschaft mit der Union der Sozialistischen Sowjetrepubliken und den anderen sozialistischen Staaten."

Die zusätzliche Einbindung der DDR auf der Ebene der Partei folgt aus der Stellung der SED als der führenden politischen Kraft. Laut 4. Parteistatut von 1963 festigt die SED „im Geiste des proletarischen Internationalismus" die brüderliche Verbundenheit mit der KPdSU und mit allen anderen kommunistischen und Arbeiterparteien. Die SED läßt sich „von den Erfahrungen der KPdSU und von den Ideen ihres Programms leiten". Über die besondere Stellung der SED im Verfassungssystem der DDR — laut Artikel 1 Abs. 1 DDR-Verfassung ist die SED „die politische Organisation der Werktätigen in

Kapitel I

Stadt und Land, die gemeinsam unter der Führung der Arbeiterklasse und ihrer marxistisch-leninistischen Partei den Sozialismus verwirklichen" — folgt aus der starken Bindung zwischen SED und KPdSU die starke Bindung zwischen DDR und UdSSR.

Als Mitglied des Warschauer Vertrages ist die DDR entsprechend Artikel 7 Abs. 1 verpflichtet, „sich an keinen Koalitionen oder Bündnissen zu beteiligen und keine Abkommen abzuschließen, deren Zielsetzung den Zielen dieses Vertrages widerspricht".

Revisions- und Kündigungsklauseln

9. Eine Überprüfung des Deutschlandvertrages und seiner Zusatzverträge kann laut Artikel 10 DV jeder Vertragsstaat „im Fall der Wiedervereinigung Deutschlands oder einer unter Beteiligung oder mit Zustimmung der Staaten, die Mitglieder des Vertrages sind, erzielten internationalen Verständigung über Maßnahmen zur Herbeiführung der Wiedervereinigung Deutschlands oder der Bildung einer europäischen Föderation" begehren. Eine Revision ist auch möglich „in jener Lage, die nach Auffassung aller Unterzeichnerstaaten aus einer Änderung grundlegenden Charakters in den zur Zeit des Inkrafttretens des Vertrages bestehenden Verhältnissen entstanden ist".

10. Der NATO-Vertrag ist gemäß Artikel 13 seit 1969 mit einjähriger Kündigungsfrist, der WEU-Vertrag gemäß Artikel XII erst ab 1998 kündbar.

11. Der Souveränitätsvertrag DDR/UdSSR vom 20. September 1955 hat gemäß Artikel 6 „bis zur Wiederherstellung der Einheit Deutschlands als friedliebender und demokratischer Staat" oder bis zu einvernehmlicher Änderung oder Außerkraftsetzung Gültigkeit.

12. Der Vertrag DDR/UdSSR vom 12. Juni 1964 ist auf 20 Jahre geschlossen, kann aber laut Artikel 10 Abs. 2 „im Falle der Schaffung eines einheitlichen, demokratischen und friedliebenden deutschen Staates oder des Abschlusses eines deutschen Friedensvertrages ... vor Ablauf der Frist von zwanzig Jahren auf Wunsch" jeder Partei „überprüft werden". Der Freundschaftsvertrag DDR/Bulgarien kann nach Artikel 10 Abs. 2 „im Falle der Schaffung eines einheitlichen friedliebenden, demokratischen deutschen Staates" ebenfalls überprüft werden. Der Freundschaftsvertrag DDR/Polen muß in diesem Fall insgesamt revidiert werden (Artikel 11 Abs. 2). Die Freundschaftsverträge der DDR mit der CSSR und Ungarn müssen nach der Bildung eines einheitlichen deutschen Staates mit den obengenannten Eigenschaften überprüft werden (jeweils Artikel 11 Abs. 2). Der auf 20 Jahre geschlossene Warschauer Vertrag kann ein Jahr vor Ablauf dieser Frist von jedem Mitglied gekündigt werden. Jedoch gilt auch hier, daß nach Auffassung der UdSSR die Grundsätze des „sozialistischen Internationalismus" alle Vertragsbeziehungen überlagern.

13. Außerdem sieht der Warschauer Vertrag in Artikel 11 Abs. 2 seine Beendigung vor im Falle der Schaffung eines kollektiven Sicherheitssystems in Europa und des Abschlusses eines diesem Ziel dienenden gesamteuropäischen Vertrages über kollektive Sicherheit.

b) Sicherheitspolitische Bindungen

Militärische Aspekte

14. Die Bundesrepublik Deutschland und die DDR gehören den beiden Bündnissystemen NATO und Warschauer Pakt an.

Die Bundesrepublik ist seit dem 4. Mai 1955 Mitglied der Nordatlantischen Allianz. Durch die Verpflichtung zum gegenseitigen Beistand und durch die integrierte Verteidigungsorganisation garantiert die Allianz die Sicherheit der Bundesrepublik. Diese hat sich verpflichtet, zur gemeinsamen Verteidigung einen angemessenen Beitrag zu leisten. Alle Kampfeinheiten der Bundeswehr sind in die integrierte Verteidigung eingegliedert.

Die Stärke der Streitkräfte der Bundesrepublik ist gemäß WEU-Protokoll Nr. II [9] begrenzt. Rüstungsbeschränkungen unterliegt die Bundesrepublik nach dem Protokoll Nr. III [10]. Darin hat die Bundesrepublik auch ihren Verzicht auf die Herstellung von ABC-Waffen und einigen anderen Waffensystemen erklärt. Die Einhaltung der Verpflichtungen wird durch das Rüstungskontrollamt der WEU kontrolliert.

Sicherheitspolitik steht in der Bundesrepublik unter einem dreifachen Aspekt: Sie wirkt erstens an der Aufrechterhaltung eines stabilen militärischen Gleichgewichts mit; auf dieser Grundlage will sie zweitens durch Überwindung des Ost-West-Gegensatzes den Frieden in Europa festigen; sie bemüht sich drittens ständig um eine Begrenzung und Kontrolle der Rüstungen aller Staaten.

Auf den Ministerratskonferenzen der NATO im Mai und im Dezember 1970 wurde erneut die Bereitschaft der Bündnispartner dokumentiert, übereinstimmend die drei genannten Ziele zu verfolgen. Die Entspannungspolitik der Bundesregierung fand auf diesen Konferenzen besondere Aufmerksamkeit und nachhaltige Unterstützung. Die Bundesregierung bemühte sich mit Erfolg, eine europäische Plattform für die gerechtere Verteilung zusätzlicher Verteidigungslasten herbeizuführen.

Die Bundesrepublik bleibt in das weltpolitische Kräftegleichgewicht einbeschlossen. Dies ist die Voraussetzung für eine wirksame Politik der Friedenserhaltung und Friedensgestaltung.

Die Politik der Bundesregierung wurzelt in der Erkenntnis, daß Sicherheit durch Abschreckung ein wesentliches Element des Friedens bleibt, Sicherheit durch Spannungsabbau jedoch als notwendige Ergänzung hinzutreten muß. Die Ausgleichsbemühungen der Bundesrepublik gegenüber den östlichen Nachbarn können in diesem sicherheitspolitischen Zusammenhang auch als Versuch der Fortsetzung der Gleichgewichtspolitik mit anderen Mitteln bezeichnet werden. Der deutsch-sowjetische Vertrag und der deutsch-polnische Vertrag haben die sicherheitspolitische Lage in Europa nicht verändert. Wenn diese Verträge Wirklichkeit werden, so ist es für die zukünftige Entwicklung des Verhältnisses zwischen den Staaten des Warschauer Paktes und der Bundesrepublik von großer Bedeutung, wenn beide Seiten von der Aufrechterhaltung eines Gleichgewichts ausgehen.

Die DDR wurde im Mai 1955 Mitglied der Organisation der Warschauer Vertragsstaaten (Warschauer Vertrag). Die feste Bindung der DDR an den Warschauer Vertrag wurde durch die Verfassung der DDR vom 6. April 1968 und die darin enthaltene Verpflichtung vervollständigt, ihre Beziehungen „entsprechend den Prinzipien des sozialistischen Internationalismus" zu gestalten.

Der Warschauer Pakt unterhält in Mitteleuropa wesentlich stärkere konventionelle Streitkräfte als das nordatlantische Bündnis. Sie sind stärker, als dies für die Abwehr eines Angriffs oder für die Aufrechterhaltung der sowjetischen Vorherrschaft erforderlich wäre. Die Sowjetunion und ihre Verbündeten erhöhen zudem — im Gegensatz zum Westen — ihre Verteidigungsanstrengungen von Jahr zu Jahr.

Die Streitkräfte der DDR sind vollständig in die militärische Organisation des Warschauer Paktes integriert. Im Bündnisfall bestimmen alle Teilnehmer des Warschauer Vertrages kollektiv über den Einsatz aller militärischen Einheiten der DDR.

Wenngleich im Westen die Gefahr eines Krieges gegenwärtig gering eingeschätzt wird und obwohl eine solche Gefahr durch Erfolge der Entspannungspolitik weiter gemindert werden könnte, so kann doch die Existenz einer solchen militärischen Stärke nicht übersehen werden. Die Bundesregierung setzt sich deshalb nachdrücklich für eine ausgewogene gegenseitige Truppenminderung in Ost und West ein.

15. Die beiden Staaten in Deutschland wenden für ihre sicherheitspolitischen Verpflichtungen Beträge auf, die durch einige Zahlen erläutert werden können. Im Jahre 1970 betrugen die Verteidigungsausgaben der Bundesrepublik 22,65 Mrd. DM [11], die offen deklarierten der DDR 6,7 Mrd. Mark [12]. Pro Kopf der Einwohner bedeutet dies: 368 DM in der Bundesrepublik und 390 M in der DDR. Der Anteil der Verteidigungsausgaben am Bruttosozialprodukt betrug in der Bundesrepublik 3,8 % (unter Einschluß der Berlinhilfe 4,3 %) und in der DDR 5,9 %. Pro 1000 Einwohner waren in der Bundesrepublik 8 in der Bundeswehr und 0,3 im Bundesgrenzschutz bewaffnet, in der DDR 11 in der Nationalen Volksarmee und weitere 18 in Betriebskampfgruppen und in der Miliz.

Bündnisklauseln

16. Laut Artikel 5 des NATO-Vertrages und Artikel V des WEU-Vertrages ist der Bündnisfall „bei einem bewaffneten Angriff" gegen einen oder mehrere Vertragspartner gegeben. Als ein solcher Fall würde auch der Angriff eines Bündnispartners auf einen anderen gelten.

In geographischer Hinsicht beschränkt sich der militärische Schutz nach Artikel V des WEU-Vertrages auf „einen Angriff in Europa", nach Artikel 6 des NATO-Vertrages erstreckt er sich auf das Gebiet der Vertragsparteien in Europa und Nordamerika und auf die der Gebietshoheit einer der Parteien unterstehenden Inseln im nordatlantischen Gebiet nördlich des Wendekreises des Krebses.

17. Mit besonderem Nachdruck haben sich die Drei Mächte zum militärischen Schutz Berlins verpflichtet. Berlin ist in die Sicherheitsgarantie der NATO durch Artikel 6 des NATO-Vertrages einbezogen, wonach als ein Angriff im Sinne des Artikels 5 des NATO-Vertrages auch ein bewaffneter Angriff „auf die Besatzungsstreitkräfte eines Vertragspartners in Europa" gilt. Die Drei Mächte haben in der Schlußakte der Londoner Neunmächtekonferenz vom 3. Oktober 1954 erklärt, daß „die Sicherheit und das Wohl Berlins und die Aufrechterhaltung der dortigen Stellung der Drei Mächte von den Drei Mächten als wesentliche Elemente des Friedens der freien Welt in der gegenwärtigen internationalen Lage betrachtet werden. Dementsprechend werden sie innerhalb des Gebietes von Berlin Streitkräfte unterhalten, solange ihre Verantwortlichkeiten dies erfordern. Sie bekräftigen daher erneut, daß sie jeden Angriff gegen Berlin ... als einen Angriff auf ihre Streitkräfte und sich selbst behandeln werden [13]." Die übrigen NATO-Mitglieder haben diese Drei Mächte-Erklärung auf der Pariser 15-Mächte-Konferenz am 23. Oktober 1954 übernommen. Diese Verpflichtung aller NATO-Partner zum Schutz Berlins ist wiederholt bekräftigt worden, insbesondere auf der Dezembertagung der NATO 1961.

Artikel 5 des NATO-Vertrages verpflichtet jede Partei im Bündnisfall zur kollektiven Verteidigung nur in dem Ausmaß, das sie selbst für erforderlich erachtet. Artikel V des WEU-Vertrages sieht dagegen eine automatische Verpflichtung zur militärischen Hilfeleistung vor.

18. Laut Artikel 4 des Warschauer Vertrages ist der Bündnisfall bei einem „bewaffneten Überfall" auf einen oder mehrere Teilnehmerstaaten gegeben. Entsprechend ist der Bündnisfall geregelt in den Freundschaftsverträgen der DDR mit der UdSSR, CSSR, Polen, Ungarn und Bulgarien. Dem Wortlaut der Verträge nach ist auch ein Überfall eines Bündnispartners auf den anderen ein solcher bewaffneter Überfall.

Ungeregelt ist, ob die Unterstützung einer Revolution in einem Bündnisland durch eine dritte Macht als „bewaffneter Überfall" gilt. Hier greifen die Grundsätze des „sozialistischen Internationalismus" ein. Danach sehen die DDR und eine Reihe sozialistischer Staaten es als ihre völkerrechtliche internationale Pflicht an, nicht erst bei einer Unterstützung einer in einem Bündnisland ausgebrochenen Revolution („Konterrevolution") von außen,

Kapitel I

sondern schon angesichts einer Konterrevolution ohne äußere Unterstützung gegen diese zu intervenieren. Hierbei fällt zusätzlich ins Gewicht, daß der Begriff „Konterrevolution" in der öffentlichen Darstellung der DDR und der UdSSR durch den Zusatz „schleichend" eine weite Ausdehnung erfahren hat, so daß er auch sich gewaltfrei vollziehende Erneuerungsprozesse etwa in Richtung auf einen demokratischen Sozialismus umfaßt.

Geographisch ist der Bündnisfall nach dem Warschauer Vertrag und den Freundschaftsverträgen der DDR mit der UdSSR, Polen und der CSSR auf Europa beschränkt. In den Freundschaftsverträgen der DDR mit Ungarn und Bulgarien ist die Beistandsklausel regional nicht begrenzt.

Ost-Berlin ist in den Verteidigungsbereich des Warschauer Vertrages miteinbezogen [14].

Artikel 4 des Warschauer Vertrages verpflichtet die Parteien, im Bündnisfall dem Opfer der Aggression individuell oder kollektiv sofort Beistand zu leisten mit allen Mitteln, „die ihnen erforderlich erscheinen".

c) Wirtschaftliche Bindungen

19. Aus der Entwicklung seit 1945 wie aus der unterschiedlichen politischen und sozioökonomischen Grundordnung ergeben sich von Anfang an weit voneinander abweichende Tendenzen wirtschaftlicher Orientierung nach außen. Die Bundesrepublik wurde Mitglied weltweiter Organisationen und Konferenzen (u. a. OEEC, GATT, UNCTAD, Weltwährungsfonds). Die DDR gehörte von vornherein zum Wirtschaftsverband der Staaten des Ostblocks unter sowjetischer Führung.

Besondere Formen wirtschaftlicher Zusammenarbeit entwickelten sich in Westeuropa seit Beginn der 50er Jahre in Verfolg der Bemühungen um die Einigung Europas. Die Gründung der Europäischen Gemeinschaft für Kohle und Stahl (EGKS), der Europäischen Wirtschaftsgemeinschaft (EWG) und der Europäischen Atom-Gemeinschaft (Euratom) verfolgte politische Ziele mit wirtschaftlichen Mitteln.

Grundstrukturen der internationalen wirtschaftlichen Vertragssysteme

Ziele und Aufbau der EWG

20. In den „Europäischen Gemeinschaften der Sechs" hat die Bundesrepublik gemeinsam mit Belgien, Frankreich, Italien, Luxemburg und den Niederlanden den Weg zur vollen wirtschaftlichen Integration im Jahr 1970 weiter verfolgt.

Ziel der Gemeinschaften bleibt die Errichtung eines Gemeinsamen Marktes und die schrittweise Vereinheitlichung der Wirtschaftspolitik der Mitgliedstaaten. Dabei ist die Zollunion eines der Kernstücke des Vertrages von Rom. Die Weiterentwicklung zur Wirtschafts- und Währungsunion wird gegenwärtig beraten.

Maßgebende Institutionen in der EWG sind die Kommission und der Ministerrat. Die Kommission hat das Initiativrecht für Vorschläge an den Ministerrat. Sie ist Motor der Entwicklung der Gemeinschaft. Der Ministerrat ist das legislative Organ der Gemeinschaft. Seine Beschlüsse sind, soweit es sich um Richtlinien und Entscheidungen handelt, in erster Linie für die Mitgliedstaaten, soweit es sich um Verordnungen handelt darüber hinaus auch für den einzelnen Bürger unmittelbar bindend [15].

Das Europäische Parlament übt bisher nur beratende Funktionen aus. Über die Erweiterung seiner Befugnisse, die sich aus der Übertragung weiterer Aufgaben auf die Gemeinschaft, insbesondere auf dem Gebiet der Wirtschafts- und Währungspolitik ergeben, wird beraten.

Ziele und Aufbau des RGW

21. Der in Osteuropa entstandene Rat für gegenseitige Wirtschaftshilfe (RGW) ist grundsätzlich anders aufgebaut als die EWG. Mitglieder sind: Bulgarien, CSSR, DDR, Mongolische Volksrepublik, Polen, Rumänien, UdSSR, Ungarn sowie — formell — Albanien. Der wichtigste Unterschied zur EWG liegt — abgesehen von den politischen Zielsetzungen — in den ausgeprägt bilateralen Grundzügen des RGW. Nach dem geltenden Statut [16] ist der RGW ein Organ zur Förderung der „Internationalen Sozialistischen Arbeitsteilung" durch den zwischenstaatlichen Handel.

Die Institutionen des RGW — vor allem die Ratstagung, das Exekutivkomitee und die Ständigen Kommissionen — sind auf Grund ihrer begrenzten Kompetenz keine supranationalen Behörden wie die Institutionen der EWG. Die RGW-Organe können lediglich Empfehlungen aussprechen, die zu ihrer innerstaatlichen Wirksamkeit der Transformation in das jeweilige nationale Recht bedürfen.

Die Formen der Zusammenarbeit

Die Zollunion in der EWG

22. Mengenmäßige Importbeschränkungen für Industriegüter bestehen bereits seit dem 1. Januar 1962 nicht mehr. Früher als im Vertrag von Rom vorgesehen, konnten innerhalb der EWG die Binnenzölle für gewerbliche Waren und Agrarprodukte, die einer Marktordnung unterliegen, abgeschafft und ein gemeinsamer Zolltarif eingeführt werden.

Die Zolltarifunion weist noch einige Lücken auf, z. B. in bezug auf die gemeinsamen Zölle für Montanerzeugnisse, die erst ab 1. Januar 1972 gelten [17]. Zur einheitlichen Anwendung des Zolltarifs wurden die wesentlichsten Maßnahmen aber schon getroffen.

Weitere Schritte auf dem Weg zur Zollunion wurden bei der Angleichung des Zollrechts erforderlich [18]. Auch sonst bleibt bis zur vollen Verwirklichung der Zollunion noch eine Reihe von Aufgaben zu lösen: z. B. die Beseitigung technischer Handelshemmnisse und die Steuerharmonisierung.

Der Gemeinsame Agrarmarkt in der EWG

23. Am weitesten fortgeschritten ist der Integrationsprozeß in der EWG auf dem Agrarsektor. Nachdem 1970 Bestimmungen für Wein und Tabak erlassen wurden, kann sich der Handel mit fast allen landwirtschaftlichen Produkten innerhalb der EWG frei von Handelshemmnissen vollziehen.

Während bisher die Finanzierung der gemeinsamen Agrarpolitik durch den Europäischen Ausrichtungs- und Garantiefonds erfolgt, sollen ab 1978 nach einer Übergangsregelung die gemeinschaftlichen Ausgaben — nicht nur die Ausgaben des Agrarfonds — voll aus eigenen Mitteln der Gemeinschaft finanziert werden.

Mit diesen Integrationsfortschritten würden weitere Verantwortungen auf die Gemeinschaft übergehen..

Das ist notwendig, nachdem die zu hoch festgesetzten Agrarpreise einerseits zu Überschüssen [19] in der Produktion, andererseits zu wachsenden Belastungen der Haushalte der Mitgliedstaaten geführt haben. Die inzwischen vorgelegten Vorschläge für eine Reform der gemeinsamen Agrarpolitik — z. B. die Vorstellungen der Kommission (Mansholtplan) — zielen daher vor allem auf eine die langfristige Lebensfähigkeit garantierende Veränderung der Struktur der Landwirtschaft ab.

Wirtschaftspolitik in der EWG

24. Nachdem in den Ländern der EWG auf den Märkten für Waren und Dienstleistungen ein hoher Integrationsgrad erreicht, auf dem Arbeitsmarkt die Freizügigkeit fast völlig hergestellt worden war und auch die Mobilität des Kapitals schon beträchtlich gewachsen ist, erwies sich, daß die Integration der Wirtschaftspolitik der Mitgliedstaaten mit der Entwicklung nicht Schritt gehalten hatte. Dadurch waren gravierende Probleme für die weitere Entwicklung entstanden [20].

Diese Probleme zeigten sich anläßlich der Franc-Abwertung und der DM-Aufwertung im Jahre 1969. Damals mußte wegen der indirekten Bindung der Agrarpreise an den US-Dollar das gemeinsame Agrarpreissystem kurzfristig ausgesetzt werden.

Die Tempodifferenz zwischen der Integration der Märkte und der Koordinierung der Wirtschaftspolitik hatte, im ganzen gesehen, zur Folge, daß die Mechanismen, die eine Übertragung von Störungen von einzelnen Ländern auf andere bewirken, immer stärker wurden, während das nationale wirtschaftspolitische Instrumentarium an Wirksamkeit verlor.

Rahmenbedingungen für die Wirtschafts- und Währungsunion in der EWG

25. Trotz der grundsätzlichen Einigkeit über die Aufrechterhaltung der Marktwirtschaft in der EWG bestehen wegen der unterschiedlichen sozioökonomischen Verhältnisse und unterschiedlicher politischer Traditionen in den Mitgliedstaaten abweichende Vorstellungen über das Verhältnis von freiem Wettbewerb und staatlicher Planung [21].

Kapitel I

26. Bei der Harmonisierung der Wirtschaftspolitiken besteht das Problem, daß die inzwischen von der Gemeinschaft eingerichteten Informations- und Konsultationsmechanismen in den verschiedenen wirtschaftspolitischen Ausschüssen zu unverbindlich sind und der Rat auf Grund seines Zwangs zu einstimmigen Entscheidungen zu immobil ist, um die Koordinierung entsprechend den Anforderungen des inzwischen erreichten Integrationsgrades voranzutreiben. Für weitere Fortschritte zur Wirtschaftsunion wird es daher erforderlich, daß die Mitgliedstaaten schrittweise auf eigene Rechte verzichten zugunsten einer Stärkung der Gemeinschaftsorgane und von unverbindlichen Konsultationen zu verbindlichen Mehrheitsentscheidungen übergehen.

Außerdem ist auf Beschluß der Konferenz der Regierungschefs der sechs EWG-Mitgliedstaaten in Den Haag (1969) eine Gruppe (Werner-Ausschuß) damit beauftragt worden, eine Konzeption für die stufenweise Schaffung der Wirtschafts- und Währungsunion zu entwickeln. Der im Oktober 1970 vorgelegte Werner-Plan wird gegenwärtig diskutiert.

Stärkung der EWG nach außen

27. Zur Stärkung der EWG nach außen und zur Harmonisierung der Wettbewerbsbedingungen im Innern sind alle EWG-Länder bestrebt, zu einer gemeinsamen Handelspolitik überzugehen. Der Rat hat dazu mit dem Erlaß verschiedener Verordnungen, z. B. über Schutzmaßnahmen gegen Dumping-Praktiken, gemeinsame Liberalisierungslisten, Kontrollregelungen für bestimmte Einfuhren, gemeinsame Verwaltung der Einfuhrkontingente usw. wesentliche Grundlagen geschaffen.

Im Grundsatz können nur noch die Gemeinschaften handelspolitische Abkommen schließen. Gegenwärtig bestehen noch viele nationale Abkommen zwischen Gemeinschaftsländern und Drittländern, die mit Genehmigung des Ministerrats noch erneuert und verlängert werden können. Mit den Staaten des RGW, die die Kompetenz der EWG zum Abschluß von Handelsverträgen nicht anerkennen, können bis 1972 noch bilaterale Abkommen geschlossen werden. So können die Bundesrepublik und die einzelnen EWG-Länder vorläufig nur jeweils bilaterale Abkommen mit der UdSSR und den anderen RGW-Mitgliedern anstreben.

Im übrigen erfordert die Verwirklichung der gemeinsamen Handelspolitik vor allem die Harmonisierung der Exportförderungssysteme der Gemeinschaftsländer [22].

Integrationsproblematik im RGW

28. Fragen wie die nach der Integration der Märkte und der Zollunion stellen sich für die RGW-Länder teils gar nicht, teils erheblich anders als in der EWG. So ist die Realisierung der Zollunion für die RGW-Länder insofern ohne Bedeutung, als der gesamte Handel der RGW-Länder untereinander auf der

Kapitel I

Basis bilateraler Abkommen von den staatlichen Außenhandelsorganen abgewickelt wird.

Anders als in der EWG zeichnet sich für die im RGW-Handel auftretenden Währungsprobleme noch keine Lösung ab. Die seit 1964 existierende Internationale Bank für wirtschaftliche Zusammenarbeit (RGW-Bank) hat lediglich die Funktion einer clearing-Stelle.

Das größte Hindernis für eine weitere Integration innerhalb des RGW bilden die fehlende Konvertibilität des Rubels und die wesentlich stärker als in der EWG ausgeprägten Unterschiede im Entwicklungsstand der beteiligten Volkswirtschaften. Sie verursachen die divergierende Haltung der Mitgliedsländer des RGW gegenüber einem Souveränitätsverzicht zugunsten supranationaler Organe.

Integration kann unter den Bedingungen der Planwirtschaft in den RGW-Ländern nur in der Schaffung einer gemeinsamen zentralen Wirtschaftsplanung für den gesamten RGW-Raum bestehen. Die seit 1964 als Hauptprinzip der Zusammenarbeit geltende Koordinierung der Volkswirtschaftspläne kann bestenfalls als ein erster Schritt in diese Richtung interpretiert werden.

Koordinierung der Perspektivpläne im RGW

29. Die Plankoordinierung vollzieht sich in erster Linie bilateral, in der Regel in gemischten bilateralen Regierungskommissionen für die wirtschaftliche und technisch-wissenschaftliche Zusammenarbeit. Solche Kommissionen hat die DDR mit allen RGW-Ländern [23] gebildet, um in zweiseitigen Absprachen den gegenseitigen Warenaustausch, die technische Kooperation sowie den Austausch von Lizenzen und Patenten zu organisieren.

Den RGW-Institutionen kommen dabei nur Unterstützungs- und Hilfsfunktionen zu. Die Kompetenzen des RGW bei der Koordinierung der Wirtschaftspläne bestehen lediglich in „Empfehlungen" in materiellen und „Beschlüssen" in Verfahrensfragen. Durch diese Unverbindlichkeit sowie das Einstimmigkeitsprinzip arbeitet der RGW relativ schwerfällig (vgl. Artikel 4 des RGW-Statuts). Daran haben auch die auf der Ratstagung in Warschau 1970 getroffenen Vereinbarungen nichts Wesentliches geändert.

Ein Zeichen für diese Schwerfälligkeit sind die bisherigen Ergebnisse, die durch Absprachen über die Produktionsspezialisierung erzielt wurden. Nach diesen Vereinbarungen soll sich die Industrie der DDR vor allem auf die Produktion von Präzisionsgeräten der Feinmechanik und Optik, elektrotechnische Ausrüstungen, Ausrüstungen für Chemie-, Zement- und metallverarbeitende Fabriken sowie auf Hebe- und Transportausrüstungen konzentrieren.

Nach bisher vorliegenden Informationen betrug der Anteil der Maschinenlieferungen auf Grund dieser Spezialisierungsabkommen an den Gesamtexporten der DDR im Jahre 1967 aber lediglich rd. 10 % [24].

Weitere Formen der Zusammenarbeit im RGW

30. Eine weitere Möglichkeit, die Zusammenarbeit zu verstärken, wurde mit der Errichtung einer Reihe von Sonderorganisationen geschaffen (z. B. „Intermetall", „Interchemie" und der Güterwagenpark des RGW), in denen die DDR als Mitglied vertreten ist. Deren Empfehlungen und Beschlüsse müssen zwar ebenfalls einstimmig getroffen werden, erlangen aber sofortige Rechtskraft, ohne daß es einer Bestätigung im jeweiligen Mitgliedsland bedarf. Diese Organisationen sind aber nur in begrenzten wirtschaftlichen Bereichen und nur für diejenigen Länder wirksam, die freiwillig in diese Organisationen eintreten. Das sind oft weniger als zwei Drittel der RWG-Länder. Die DDR ist in allen Sonderorganisationen Mitglied.

Auch die übrigen Formen der Zusammenarbeit zwischen der DDR und ihren osteuropäischen Partnern betreffen im wesentlichen überschaubare Bereiche. Dies gilt z. B. für den Elektrizitätsverbund innerhalb des RGW-Raums, durch den die DDR aber nur 1 % ihres gesamten Stromverbrauchs erhält. Dagegen trägt das Pipeline-System, mit dem sowjetisches Erdöl in die DDR transportiert wird, mit rd. 13 % zum Primärenergieaufkommen bei.

Weitere bilaterale oder gemeinsame Projekte dienen z. B. der Erschließung von Rohstoffvorkommen, für die auch von der DDR Kredite bereitgestellt werden. Die neu gegründete „Investitionsbank" des RGW, die ihre Tätigkeit am 1. Januar 1971 aufgenommen hat, soll u. a. die finanzielle Abwicklung derartiger Vorhaben durchführen.

Die Erweiterung der Systeme der wirtschaftlichen Zusammenarbeit

Beitrittsverhandlungen zur EWG

31. Nach dem Römischen Vertrag kann jedes europäische Land Mitglied der EWG werden, sofern es eine demokratische Ordnung besitzt, die der der Gründungsmitglieder vergleichbar ist. Jedoch sind 1963 wie 1967 die Beitrittsverhandlungen mit Großbritannien, Dänemark, Irland und Norwegen gescheitert.

Erneute Beitrittsverhandlungen begannen am 30. Juni 1970, nachdem auf der Gipfelkonferenz in Den Haag (Dezember 1969) der Wille zur Erweiterung der EWG bekräftigt worden war. Neben dem gleichzeitigen Beitritt von Großbritannien, Dänemark, Irland und Norwegen ist die EWG bereit, mit den für eine Vollmitgliedschaft nicht in Frage kommenden Ländern der EFTA und mit Finnland Sonderbeziehungen zu vereinbaren.

Assoziationsabkommen der EWG

32. Neben der Möglichkeit des Beitritts zur EWG besteht die Möglichkeit von Assoziationsabkommen. Dies ist vor allem für außereuropäische Länder von Bedeutung. Mit der Assoziierung treten die beteiligten Länder grundsätzlich in eine Freihandelszone ein, die durch sukzessiven Abbau von Zöllen und mengenmäßigen Handelsbeschränkungen realisiert werden soll.

Darüber hinaus sind mit den Assoziationsabkommen in der Regel Finanzhilfen der EWG verbunden. Die Bundesrepublik leistet für den Europäischen Entwicklungsfonds einen bedeutenden Beitrag.

Nachdem die 18 afrikanischen Länder, die 1958 automatisch an die EWG angeschlossen worden waren, Anfang der 60er Jahre ihre Souveränität erreichten, mußte sich die rechtliche Form ihrer Assoziierung wandeln. Das 1964 zustande gekommene und 1969 verlängerte Abkommen von Jaunde mit den 18 afrikanischen Staaten und Madagaskar trägt den Interessen der Assoziierten Rechnung. Weitere Assoziationsabkommen wurden mit den ostafrikanischen Staaten Kenia, Uganda, Tansania sowie mit Tunesien und Marokko abgeschlossen.

Die EWG ist außerdem mit den beiden europäischen Staaten Griechenland (1962) und Türkei (1964) durch Assoziationsverträge verbunden. Zwischen der EWG und der Sozialistischen Föderativen Republik Jugoslawien bestehen Sonderbeziehungen (der OECD ist Jugoslawien teilassoziiert).

Erweiterungen des RGW

33. Der RGW ist zwar formell eine offene internationale Organisation (Artikel 2 Abs. 2 RGW-Statut), steht jedoch tatsächlich nur den Ländern offen, deren Wirtschaftssystem durch zentrale Planwirtschaft und staatliches oder kollektives Eigentum an den Produktionsmitteln gekennzeichnet ist. So wurde 1962 die Mongolische Volksrepublik Vollmitglied, 1964 Jugoslawien dem Rat assoziiert [25].

Wirtschaftliche Verbindungen
außerhalb der EWG und des RGW

34. In der WEU werden u. a. politische und wirtschaftliche Probleme zwischen der EWG und der Europäischen Freihandelszone (EFTA) behandelt.

Die OECD, Nachfolgeorganisation der OEEC seit 1960, dient vor allem als „Clearing-Haus der Meinungen" sowie als Klammer zwischen EWG, EFTA, den USA, Kanada und Japan. Sie hat jetzt auch die Aufgabe, eine Koordination der Entwicklungspolitik durchzuführen. Außerdem arbeitet die Bundesrepublik in den wichtigsten wirtschaftlichen Organisationen der UN wie UNCTAD, UNIDO und ECE sowie im GATT mit.

Projektorientierte Mitarbeit
der Bundesrepublik Deutschland

35. Ende 1969 wurde in der NATO ein Ausschuß für Fragen der modernen Gesellschaft gegründet, der unter anderem Studien zu Problemen des Umweltschutzes durchführt.

In der Kernforschung ist die Bundesrepublik am Zentrum für europäische Kernforschung (CERN) beteiligt, das 1953 mit dem Ziel gegründet wurde, die Grundlagenforschung in Europa auf internationaler Basis voranzutreiben, und ein Protonen-Synchron unterhält. Daneben arbeitet die Bundesrepublik am „Dragon-Projekt" mit, einem Hochtemperatur-Gasreaktor mit Standort in England, das 1959 von der European Nuclear Energy Agency (ENEA), einer Unterorganisation der OECD, eingeleitet wurde. Darüber hinaus beteiligt sich die Bundesrepublik zusammen mit Großbritannien und den Niederlanden an einem Gaszentrifugenprojekt zur Urananreicherung.

Ferner arbeitet die Bundesrepublik in Weltraumforschung und Nachrichtenvermittlung an der ELDO, der ESRO, der CETS sowie an der Konferenz der europäischen Minister für das Post- und Fernmeldewesen mit [26].

Bilaterale Verbindungen
der Bundesrepublik Deutschland

36. Seit Errichtung des GATT konnten die Zölle erheblich gesenkt und der Welthandel allmählich liberalisiert werden. Durch diese Entwicklung haben bilaterale Handelsabkommen für die Bundesrepublik an Bedeutung verloren. Nach den Vereinbarungen über die Harmonisierung der Handelspolitik in der EWG wird der Umfang von bilateralen Handelsabkommen der Bundesrepublik weiter abnehmen. Bilaterale Vereinbarungen haben für die Bundesrepublik nur noch im Bereich der Doppelbesteuerung und für die Regelung des Wirtschaftsverkehrs mit den RGW-Ländern größere Bedeutung.

Wirtschaftliche Verflechtung der DDR
mit sozialistischen Ländern

37. Auf Grund der ausgeprägt bilateralen Züge des RGW und der weitgehenden Kongruenz zwischen wirtschaftlichem und politisch-militärischem Bündnis finden sich in den sozialistischen Ländern im Prinzip keine den westlichen Organisationen wie OECD und WEU oder der projektorientierten Zusammenarbeit wie bei ELDO, ESRO und CERN entsprechenden Kooperationsformen.

Allerdings bestehen auf wissenschaftlich-technischem Gebiet einige vom RGW relativ unabhängige projektorientierte Zusammenschlüsse. Hierzu gehört das Vereinigte Institut für Kernforschung in Dubna, das kernphysikalische Grundlagenforschung betreibt; zu den Gründungsmitgliedern gehörten auch Albanien, Nordkorea, Nordvietnam und die Volksrepublik China; schließlich die Konferenzen für die Vorbereitung gemeinsamer Bemühungen auf dem Gebiet der Weltraumforschung, an denen zusätzlich zu den RWG-Ländern noch Kuba beteiligt ist [27]. Ferner ist in Artikel 8 des Warschauer Paktes eine politische Verpflichtung der der DDR niedergelegt, mit den anderen sozialistischen Ländern wirtschaftlich zusammenzuarbeiten.

Die Stellung der Bundesrepublik Deutschland und der DDR im Welthandel

38. Die Bundesrepublik war 1969 das zweitgrößte Export- und Importland der Welt. Ihr Anteil am gesamten Weltexport betrug 1969 über 10 %/o und ihr Importanteil 8,8 %/o. Der Anteil der DDR am Weltexport und -import belief sich 1969 auf jeweils 1,5 %/o.

Die institutionelle Bindung hat sich auf Höhe und Regionalstruktur des Außenhandels der Bundesrepublik deutlich ausgewirkt. Der Anteil der EWG-Handelspartner ist seit 1958 beträchtlich gestiegen. Demgegenüber blieb der hohe Anteil des RGW-Handels am Gesamtaußenhandel der DDR seit 1959 nahezu gleich.

*Außenhandelsstruktur
der Bundesrepublik Deutschland*

39. Im Jahr 1958, dem ersten Jahr nach den Verträgen von Rom, entfielen bei einem Exportvolumen von rd. 37 Mrd. DM 46,8 % der Ausfuhren auf die Länder der NATO. 25,6 % davon vereinigten die EWG-Partnerstaaten auf sich. Der Rest ging zum überwiegenden Teil in die seit 1960 zur EFTA gehörenden Bündnisstaaten sowie in die USA und nach Kanada. Aber mehr als die Hälfte der Ausfuhren (53,2 %) entfiel auf Länder, die nicht dem Verteidigungsbündnis angehören (vgl. Tabellen A 1 und A 2).

Zehn Jahre später ist bei einer Steigerung der Gesamtexporte um fast 170 % auf rd. 100 Mrd. DM der Anteil der nicht dem Sicherheitsbündnis angehörenden Staaten auf 39,5 % gesunken, während sich der Anteil der Bündnisstaaten auf 60 % erhöht hat. Bemerkenswert ist, daß dieser Anstieg nahezu ausschließlich auf die Anteilsteigerungen der EWG-Staaten (auf 37,5 %) zurückzuführen ist. Mit Ausnahme der USA haben die übrigen Bündnisländer bei absolutem Zuwachs ihre Position als Absatzmarkt der Bundesrepublik lediglich gehalten bzw. geringfügig an Bedeutung verloren. Innerhalb der EWG hat sich insofern ein Wandel vollzogen, als Frankreich vor den Niederlanden zum größten Exportmarkt geworden ist (vgl. Tabellen A 1 und A 2).

Diese Entwicklungstendenzen haben sich 1969 fortgesetzt. Sie umfassen nahezu alle wichtigen Güter. Den Ausschlag gaben industrielle Fertigprodukte, die 1969 mehr als 85 % aller Exporte ausmachten. Davon gingen fast 60 % in die Bündnisländer, allein 37,3 % in die EWG (vgl. Tabelle A 2).

Die beim Export der Bundesrepublik festzustellenden Entwicklungen gelten tendenziell auch für ihre Importe. Hinsichtlich der Güterstruktur ergeben sich jedoch Unterschiede. Zwar liegt der Anteil der aus nicht dem Bündnis angehörenden Ländern bezogenen Waren an den Gesamtimporten der Bundesrepublik mit 49,1 % im Jahre 1958 bzw. 38,1 % im Jahre 1968 in der Größenordnung der entsprechenden Exportwerte; jedoch handelte es sich 1968 noch zu 66,9 % um die Einfuhr von Nahrungs- und Genußmitteln sowie von Rohstoffen. Dagegen bestanden die Ausfuhren in diese Länder zum gleichen Zeitpunkt zu 90,2 % aus industriellen Fertigprodukten (vgl. Tabellen A 3 und A 4).

Die Ursache für diese Entwicklung liegt einmal in der Lagerstättenabhängigkeit der Rohstoffimporte und zum anderen in den relativ hohen Nahrungsmitteleinfuhren aus Entwicklungs- und Staatshandelsländern, deren Fertigwarenexporte noch nicht dem erforderlichen technologischen und qualitativen Standard entsprechen.

Außenhandelsstruktur der DDR

40. Von 1960 bis 1969 hat sich die Regionalstruktur der DDR-Exporte trotz einer Steigerung des Exportvolumens um rd. 88 % von 9,27 Mrd. Valuta-Mark (1 Valuta-Mark = 0,24 US-Dollar) auf 17,44 Mrd. Valuta-Mark kaum geändert. Der Anteil der RGW-Länder an den Gesamtexporten der DDR ist mit rd. 68 % im letzten Jahrzehnt gleich hoch geblieben. Dies gilt auch für die drei wichtigsten Handelspartner der DDR im RGW, die UdSSR (42 %), die CSSR (10 %) und Polen (7 %). Der Anteil der „kapitalistischen Industrieländer" einschließlich der Bundesrepublik hat sich leicht — von 20 % auf 22 % — erhöht (vgl. Tabellen A 5 und A 6).

Über die Zusammensetzung des Warenverkehrs zwischen der DDR und den RGW-Ländern gibt es keine detaillierte und zugleich vollständige Berichterstattung. Die Statistiken geben nur grob die Güterstruktur wieder. Bei der DDR überwiegt der Export von industriellen Fertigwaren, insbesondere des Investitionsbereiches. Der Anteil von Maschinen und Ausrüstungen an den Lieferungen der DDR im Handel mit RGW-Ländern betrug in den letzten Jahren rd. 58 %. Damit erreichte die DDR den höchsten Anteil aller RGW-Länder [28]. Darin kommt der im Vergleich zu den anderen RGW-Ländern hohe technische Entwicklungsstand der Wirtschaft der DDR zum Ausdruck.

Die Lieferungen von Maschinen und Ausrüstungen in die UdSSR haben seit 1960 den relativ hohen Anteil von fast 60 % der gesamten Ausfuhr in dieses Land gehalten. Der Anteil des Exports von industriellen Konsumgütern ist von 1960 bis 1968 von annähernd 12 % auf rd. 16 % gestiegen. Ähnliche Tendenzen lassen sich auch für den Handel mit den anderen RGW-Staaten feststellen.

Der Anteil der RGW-Länder an den Importen der DDR betrug 1960: 66,3 %. Er stieg 1969 gegenüber 1960 leicht um 2,8 Prozentpunkte auf 69,1 % an. In der gleichen Zeit erhöhte sich das Importvolumen der DDR von 9,22 Mrd. um 87 % auf 17,24 Mrd. Valuta-Mark. Auch auf der Importseite zeigt sich die besondere Bedeutung der UdSSR für den Außenhandel der DDR. Im Jahre 1966 kamen 42,5 % der DDR-Importe aus der UdSSR (vgl. Tabellen A 5 und A 6). Die Bedeutung der DDR im gesamten RGW-Intrablockhandel ist — zugunsten Polens und Bulgariens — leicht rückläufig. Ihr Import-Anteil am RGW-internen Gesamtimport fiel von 1958 bis 1968 um 4 Indexpunkte auf 18 % [29]. Sie nimmt gegenwärtig trotzdem hinter der UdSSR (37 %), aber mit deutlichem Abstand vor der CSSR (13 %) den zweiten Platz innerhalb des RGW ein (vgl. Tabellen A 5 und A 6).

Auf der Importseite zeigt sich vor allem eine ausgeprägte Rohstoffabhängigkeit der DDR. Allerdings zeichnet sich tendenziell eine leichte Veränderung der Importstruktur ab: Die Grundstoffe gehen in ihrer Bedeutung teilweise zurück, während bei Maschinen und Ausrüstungen seit 1965/66 ein relativ starker Aufwärtstrend zu beobachten ist, wenn dieser auch mit einem Anteil von rd. 15 % vergleichsweise niedrig ist.

Auf Grund der Teilung des deutschen Wirtschaftsraums ist die DDR besonders rohstoffabhängig. Die Rohstoffversorgung beruht gegenwärtig weitgehend auf sowjetischen Erzeugnissen. Die sowjetischen Lieferungen umfassen in erster Linie Erzeugnisse, die der Produktion der Schwerindustrie (Kohle, Eisenerz, Roheisen, Stahlwerkerzeugnisse) sowie der Verbesserung der Primärenergiesituation (Erdöl) in der DDR dienen. Merklich gestiegen sind auch die Bezüge von Maschinen und Ausrüstungen.

Die Importe aus den anderen RGW-Ländern differieren erheblich von denen aus der UdSSR. Obwohl bei den Lieferungen Polens Roh- und Brennstoffe (Steinkohle, Steinkohlenkoks), Metalle und landwirtschaftliche Produkte immer noch eine besondere Rolle spielen, dürfte der Anteil von Maschinen und industriellen Ausrüstungen bis 1970 auf annähernd 50 % gegenüber 20 % im Jahr 1963 gestiegen sein. Die CSSR ist derjenige Handelspartner der DDR im RGW, bei dem sich die Warenstruktur im gegenseitigen Austausch am weitesten angenähert hat. Bei beiden Ländern macht die Position Maschinen und Fahrzeuge gegenwärtig rund die Hälfte des gegenseitigen Warenaustausches aus. Bei den Importen aus Ungarn hat die Zunahme der Lieferungen von Maschinen und Fahrzeugen die Einfuhr von Nahrungsmitteln von der ersten Stelle verdrängt. Bei den Importen aus Bulgarien dominieren nach wie vor die Agrarerzeugnisse.

Kapital-, Patent- und Lizenzverkehr

41. Die Kapitalanlagen der Bundesrepublik im Ausland konzentrieren sich im überwiegenden Teil (50 % bis 60 %) auf die Länder der EWG, der EFTA und auf die USA. Sie bestehen zu rd. 50 % aus Wertpapierkäufen, zu 30 % aus Krediten und Darlehen sowie zu 10 % aus Direktinvestitionen und Anlagen der öffentlichen Hand.

Der Kapitalimport erfolgt zu 75 % aus den Ländern der EWG, der EFTA und aus den USA. Er besteht zu etwa je einem Drittel aus Direktinvestitionen, Wertpapierkäufen sowie Krediten und Darlehen.

Die Einnahmen der Bundesrepublik aus Patenten und Lizenzen von knapp 400 Mill. DM stammen etwa je zur Hälfte aus den Staaten der NATO und Nichtbündnisländern. Die Ausgaben der Bundesrepublik für Patente und Lizenzen sind mit 1 Mrd. DM mehr als doppelt so hoch wie die Einnahmen. Wichtigstes Partnerland sind mit Abstand für nahezu alle Industriezweige die USA: 49 % aller Lizenz- und Patentnahmen stammen aus diesem Land.

Im RGW-Raum gibt es keinen internationalen Kapitalmarkt, und der Kapitalverkehr besteht in der Regel in der Gewährung zwischenstaatlicher Kredite. Über Höhe und Konditionen dieser Kredite liegen keine ausreichenden Informationen vor. Entsprechendes gilt für den Patentverkehr im RGW, dessen besonderes Merkmal der Umstand sein soll, daß er kostenlos (gebührenfrei) erfolgt [30].

2. Die Aktivitäten der beiden deutschen Staaten in Ländern der Dritten Welt

42. Die Aktivitäten der beiden deutschen Staaten in Ländern der Dritten Welt stellen nur einen Ausschnitt der Aktivitäten dar, die die Bundesrepublik und die DDR gegenüber Drittstaaten und in internationalen Organisationen entfaltet haben.

a) Die Repräsentanz in Ländern der Dritten Welt

Botschaften und Konsulate

43. Die Repräsentanz der Bundesrepublik und der DDR in Entwicklungsländern ergibt sich aus der folgenden Übersicht 1.

Übersicht 1

Botschaften und Konsulate (1970)

Gebiet	Botschaften		Generalkonsulate und Konsulate [1]		Schutzmachtvertretungen		Gesandtschaften	
	BRD	DDR	BRD	DDR	BRD	DDR	BRD	DDR
Afrika	33	6	4	2	3	—	—	1
Asien	18	6	9	4	6	—	—	—
Lateinamerika	22	1	8	—	1	—	—	—
Insgesamt	73	13	21	6	10	—	—	1

[1] Je Land wurde nur ein Generalkonsulat bzw. Konsulat berücksichtigt.

Quellen: BRD: nach Angaben HWWA-Institut für Wirtschaftsforschung — Hamburg;
DDR: nach Angaben des Auswärtigen Amtes der Bundesrepublik; Entwicklungspolitische Aktivitäten kommunistischer Länder, Monatsberichte des Forschungsinstituts der Friedrich-Ebert-Stiftung, 1967—1970.

Kapitel I

Wirtschaftliche Angelegenheiten werden in den Vertretungen der Bundesrepublik üblicherweise durch Wirtschaftsreferenten, die kulturellen durch Kulturreferenten behandelt.

Bei den Botschaften der DDR bestehen handelspolitische Abteilungen, den Generalkonsulaten sind Handelsvertretungen angegliedert. Zusätzlich hat die DDR bei ihren Auslandsvertretungen in der Regel Büros des Leipziger Messeamtes und der Kammer für Außenhandel eingerichtet.

Handelsvertretungen

44. Bei den gegenwärtig in Afrika, Asien und Lateinamerika bestehenden Auslandshandelskammern (Handelsvertretungen) der Bundesrepublik handelt es sich um freie Zusammenschlüsse deutscher und ausländischer Kaufleute, Unternehmen und Wirtschaftsvertretungen. Sie werden jedoch in den gastgebenden Ländern als Repräsentanz der Bundesrepublik angesehen. Sie sind als zwischenstaatliche Kammern organisiert und befassen sich mit der Pflege und der Förderung des Wirtschaftsverkehrs zwischen der Bundesrepublik und dem entsprechenden Partnerland.

Die DDR unterhielt im Jahr 1970 in sieben Ländern Wirtschafts- und Handelsmissionen sowie Handelsvertretungen auf Regierungsebene [31]. In sechs Ländern bestehen Handelsvertretungen auf der Ebene von Bankenabkommen [32]. Ferner wird die DDR in der Türkei durch einen Vertreter der Kammer für Außenhandel repräsentiert. In Libyen führt der Leiter der Wirtschaftsmission seit 1970 den Titel Regierungsbeauftragter, ohne jedoch volle diplomatische Befugnisse zu haben.

Übersicht 2

Handelsvertretungen ausschließlich Nebenstellen (1970)

Gebiet	BRD	DDR
Afrika	1	5
Asien	2	4
Lateinamerika	12	6
Insgesamt	15	15

Quellen: BRD: nach Angaben HWWA-Institut für Wirtschaftsforschung — Hamburg;
DDR: nach Angaben des Auswärtigen Amtes der Bundesrepublik; Entwicklungspolitische Aktivitäten kommunistischer Länder, Monatsberichte des Forschungsinstituts der Friedrich-Ebert-Stiftung, 1967—1970.

Kulturelle Institutionen

45. Auf kulturellem Gebiet ist die Bundesrepublik in den Staaten der Dritten Welt in Afrika, Asien und Lateinamerika durch 74 kulturelle Institutionen (71 Goethe-Institute und 3 andere), 107 deutsche Schulen sowie eine Reihe von bilateralen Gesellschaften repräsentiert.

Die DDR unterhielt Ende 1969 neun Kulturzentren in sieben Ländern der Dritten Welt [33]. Sämtliche kulturellen Institutionen unterstehen der Liga für Völkerfreundschaft der DDR.

Übersicht 3

Kulturelle Institutionen (1970) [1]

Gebiet	BRD	DDR [2]
Afrika	18	4
Asien	26	3
Lateinamerika	30	2
Insgesamt	74	9

[1] Vorläufige Zahlen.
[2] Ohne die Freundschaftsgesellschaften

Quellen: BRD: nach Angaben HWWA-Institut für Wirtschaftsforschung — Hamburg;
DDR: nach Angaben des Auswärtigen Amtes der Bundesrepublik; Entwicklungspolitische Aktivitäten kommunistischer Länder, Monatsberichte des Forschungsinstituts der Friedrich-Ebert-Stiftung, 1967 bis 1970.

b) Organisationen der Entwicklungshilfe

46. Das Ministerium für wirtschaftliche Zusammenarbeit (BMZ) erarbeitet die Grundsätze und das Programm der Entwicklungshilfe der Bundesrepublik, steuert die Durchführung der Technischen Hilfe [34] und leitet die Tätigkeit der Entwicklungshilfebehörden. Die Erarbeitung von Grundsätzen zur Kapitalhilfe [35] erfolgt im Einvernehmen mit dem Bundesministerium für Wirtschaft (BMWi). Die außenpolitischen Belange der Bundesrepublik werden durch Zusammenarbeit mit dem Auswärtigen Amt (AA) gewahrt.

Darüber hinaus sind andere Bundesressorts für ihren Fachbereich (z. B. Verkehr, Landwirtschaft, Gesundheit, Informationswesen) an der Planung und fachlichen Durchführung von Entwicklungsprojekten beteiligt. Die Entscheidungen fallen in interministeriellen Ausschüssen.

Über den „Länderausschuß Entwicklungshilfe" arbeitet das BMZ mit den Ländern und Gemeinden zusammen und hält durch Beiräte Kontakt mit den Spitzenverbänden und der Forschung.

47. In der DDR unterliegen die entwicklungspolitischen Aktivitäten der Kontrolle des ZK-Apparates der SED, vor allem der Abteilungen „Internationale Verbindungen" und „Auslandsinformation". Alle staatlichen Institutionen, Massenorganisationen und Freundschaftsgesellschaften, deren kulturpolitische Aktivitäten im wesentlichen von der Liga der Völkerfreundschaft koordiniert werden, erhalten ihre Weisungen von der SED-Führung.

Der Ministerrat der DDR hat als Exekutivorgan der Volkskammer und des Staatsrates die Aufgabe, die Entwicklungshilfe auf Regierungsebene zu leiten, zu koordinieren und zu kontrollieren. Er steht an der Spitze einer Behördenorganisation, der u. a. Ämter, Komitees, Räte, Ministerien (einschließlich Industrieministerien) angehören. Mit wenigen Ausnahmen sind alle diese zentralen Organe in die Entwicklungspolitik der DDR eingeschaltet. Außerdem untersteht dem Ministerrat die Hochschule für Ökonomie (Berlin-Karlshorst), der ein Institut für Ökonomik der Entwicklungsländer angegliedert ist.

Politische Einschätzungen der einzelnen Länder der Dritten Welt liefert das Ministerium für Auswärtige Angelegenheiten. Unterstützt wird es dabei vom Institut für Internationale Beziehungen (Abteilung Entwicklungsländer) der Deutschen Akademie für Staats- und Rechtswissenschaften „Walter Ulbricht" in Potsdam-Babelsberg. Die Abwicklung des Handelsaustausches sowie die Planung und Kontrolle der Durchführung von Projekten in den einzelnen Ländern obliegt dem Ministerium für Außenwirtschaft. Dieser Behörde untersteht eine Reihe von in der Entwicklungspolitik bedeutenden Organen, wie z. B. die Kammer für Außenhandel, das Leipziger Messeamt, die Interwerbung GmbH und verschiedene Außenhandelsunternehmen. Für technische Dienstleistungen (z. B. Projektierungen) und für Fragen der wissenschaftlichen Zusammenarbeit mit den Entwicklungsländern ist hauptsächlich die Limex GmbH zuständig.

Staatliche und staatlich geförderte Institutionen

48. Neben den staatlichen Organen befassen sich in der Bundesrepublik zahlreiche sonstige Organisationen halbstaatlichen oder privaten Charakters mit der Entwicklungshilfe. Auch die privaten Organisationen werden zum Teil durch den Staat unterstützt.

Zu den von der Bundesregierung mit der Wahrnehmung entwicklungspolitischer Aufgaben beauftragten Institutionen zählen:

- die Kreditanstalt für Wiederaufbau (KW), die im Rahmen der Entwicklungshilfe Kreditanträge und Projekte zu prüfen, entsprechende Darlehensverträge abzuschließen, die zugesagten Mittel auszuzahlen sowie die vertragsmäßige Verwendung und Rückzahlung der Kredite zu überwachen hat;

- die Bundesstelle für Entwicklungshilfe (BfE), die als Zentralstelle für die Durchführung von Projekten der Technischen Hilfe eingerichtet wurde; ihre Tätigkeit umfaßt die Durchführung von Projekten der Wirtschafts- und Gewerbeförderung sowie des Gesundheitswesens, die Förderung des gewerblichen und fachlichen Ausbildungswesens und von Projekten der Agrarhilfe sowie die personelle Hilfe für multilaterale Projekte internationaler Organisationen; für ihre Aufgaben bedient sie sich der GAWI;

- die Deutsche Förderungsgesellschaft für Entwicklungsländer (GAWI) mbH, die sich mit der Schaffung von Ausbildungsstätten in Ländern der Dritten Welt einschließlich der Bereitstellung der erforderlichen technischen Lehrmittel sowie der Errichtung von Musterbetrieben wie Prototyp-Werkstätten auf technischem Gebiet und Mustergütern in der Landwirtschaft befaßt; sie ist darüber hinaus Arbeitgeber der entsandten Experten;

- die Deutsche Gesellschaft für Wirtschaftliche Zusammenarbeit mbH (Entwicklungsgesellschaft, DEG), die als gemeinnütziges Unternehmen private Initiative und privates Kapital für Investitionen in Entwicklungsländern mobilisieren hilft;

- der Deutsche Entwicklungsdienst (DED), der Freiwillige aus den verschiedensten Berufsgruppen in Projekten zur Verbesserung der Wirtschafts- und Sozialstruktur einsetzt;

- die Deutsche Stiftung für Entwicklungsländer, die sich vor allem mit der Ausbildung von Fachkräften aus diesen Ländern sowie der Vorbereitung deutscher Kräfte für Tätigkeiten dort befaßt;

- das Deutsche Institut für Entwicklungspolitik, das Hochschulabsolventen verschiedener Disziplinen in neunmonatigen Kursen für spezielle Aufgaben der Entwicklungspolitik ausbildet.

Die Friedrich-Ebert-Stiftung, die Konrad-Adenauer-Stiftung und die Friedrich-Naumann-Stiftung fördern gesellschaftspolitische Bildung und führen Vorhaben der Sozialstrukturhilfe in eigener Verantwortung durch.

Der Ausbildung von Führungskräften in den Ländern der Dritten Welt widmen sich die Alexander-von-Humboldt-Stiftung, die Carl-Duisberg-Gesellschaft und die Friedrich-Ebert-Stiftung.

Die Förderung von Maßnahmen der Erwachsenenbildung im Rahmen der deutschen Entwicklungspolitik erfolgt ebenfalls durch die genannten drei politischen Stiftungen sowie durch den Deutschen Hochschulverband.

Der Einsatz der Massenmedien für eine partnerschaftliche Zusammenarbeit in Ländern der Dritten

Kapitel I

Welt ist in den letzten zwei Jahren bewußt gefördert worden. In diesen Bereichen sind die Arbeitsgemeinschaft der Deutschen Rundfunkanstalten, die Friedrich-Ebert-Stiftung und die Konrad-Adenauer-Stiftung tätig.

Die Kirchen haben aus Spendengeldern mit ihren Aktionen „Misereor" (katholische Kirche) und „Brot für die Welt" (evangelische Kirche) Institutionen der Entwicklungshilfe geschaffen. Über die kirchlichen Zentralstellen für Entwicklungshilfe führen sie auch mit öffentlichen Mitteln Projekte in eigener Verantwortung vor allem im Bildungs- und Gesundheitswesen durch.

Die Gewerkschaften in der Bundesrepublik sind an entwicklungspolitischen Aufgaben z. T. gemeinsam mit der Friedrich-Ebert-Stiftung beteiligt. Sie fördern die Ausbildung und unterstützen demokratische Arbeitnehmerorganisationen.

49. In der DDR hält der FDGB zahlreiche Kontakte zu Gewerkschaftsverbänden der Dritten Welt und unterstützt deren Arbeit durch Ausbildung von Gewerkschaftskadern, durch Geschenke und Solidaritätsspenden.

Mit der Kontaktpflege zu den entsprechenden Organisationen befassen sich weitere von der SED kontrollierte Massenorganisationen. Dazu gehören:

die Freie Deutsche Jugend (FDJ),
der Verband der Deutschen Journalisten (VDJ),
der Demokratische Frauenbund Deutschlands (DFD),
der Verband Deutscher Konsumgenossenschaften (VDK),
die Vereinigung der gegenseitigen Bauernhilfe (VdgB),
der Deutsche Städte- und Gemeindetag (DSuG),
der Deutsche Turn- und Sportbund (DTSB),
die Nationale Front des demokratischen Deutschlands.

Daneben bestehen zahlreiche regionale bzw. nationale Freundschaftsgesellschaften, die von der Liga für Völkerfreundschaft betreut werden.

Privatwirtschaft und private Organisationen

50. Die Privatwirtschaft der Bundesrepublik ist durch ihre Investitionstätigkeit im Ausland und durch ihre Außenhandelsbeziehungen wesentlich an Leistungen für Länder der Dritten Welt beteiligt. Neben den privaten Unternehmen befassen sich mehrere private Organisationen mit entwicklungspolitischen Problemen. Dazu zählen die Arbeitsgemeinschaft Entwicklungsländer, der Deutsche Handwerkstag sowie die Ländervereine: der Afrika-Verein, der Nah- und Mittel-Ost-Verein, der Ostasiatische Verein, der Ibero-Amerika-Verein, schließlich verschiedene Ingenieurfirmen. Alle diese Organisationen beschränken sich im wesentlichen auf beratende Tätigkeit.

In der DDR gibt es aus systemimmanenten Gründen keine private Entwicklungshilfe.

c) Verbindungen zu internationalen Organisationen der Entwicklungshilfe

51. Der Beitrag der Bundesrepublik im multilateralen Bereich der Entwicklungshilfe schlägt sich in aktiver Mitarbeit in internationalen Organisationen sowie in monetären Leistungen nieder.

Obwohl die Bundesrepublik nicht Mitglied der UN ist, arbeitet sie in der UN und ihren Sonderorganisationen mit. Sie leistet ferner Beiträge in der Weltbank und deren Tochterorganisationen, der International Finance Corporation (IFC) und der International Development Association (IDA) sowie dem Internationalen Währungsfonds (IWF). Außerdem leistet sie Beiträge im Rahmen der OECD, des GATT und des Europäischen Entwicklungsfonds der EWG.

Zur Zeit werden etwa 19 % der öffentlichen Entwicklungshilfe über multilaterale Organisationen geleitet.

52. Die DDR, ebenfalls nicht Mitglied der UN, leistet im Rahmen der UN und ihrer Sonderorganisationen keine Entwicklungshilfe. Auch innerhalb des RGW kam es, von Ansätzen abgesehen, zu keiner Zusammenarbeit auf diesem Gebiet.

Ein starkes Engagement der DDR besteht dagegen in den kommunistisch gesteuerten internationalen Massenorganisationen, vor allem im Weltfriedensrat, dem Weltgewerkschaftsbund, der Internationalen Organisation der Journalisten, dem Weltbund der Demokratischen Jugend, dem Internationalen Studentenbund, in der Internationalen Demokratischen Frauenföderation und der Afro-Asiatischen Solidaritätsorganisation. Finanzielle Unterstützungen werden vor allem an den Weltfriedensrat, den Weltgewerkschaftsbund und die Internationale Organisation der Journalisten geleistet.

d) Die entwicklungspolitischen Aktivitäten der Bundesrepublik Deutschland und der DDR

53. In der Bundesrepublik und in der DDR gibt es verschiedene Formen der Entwicklungshilfe: Kapitalhilfe und Technische Hilfe, zu der Bildungs- und Sozialinvestitionen gehören. In der Bundesrepublik sind die umfangreichen privaten Kredite, soweit sie öffentlich abgesichert sind, sowie Direktinvestitionen in Ländern der Dritten Welt bei den Leistungen der Entwicklungshilfe mitgerechnet.

54. Seit Beginn ihrer entwicklungspolitischen Aktivität (1950) bis Ende 1965 stellte die Bundesrepublik den Ländern der Dritten Welt weit mehr Kapital zur Verfügung als die DDR [36]. Die DDR konzentrierte ihre vergleichsweise geringen finanziellen Aufwendungen weit mehr als die Bundesrepublik auf ausgewählte Länder. Sie folgte dabei entwicklungspolitischen Konzeptionen, die sich entsprechend ihren Zielsetzungen von denen der Bundesrepublik deutlich unterscheiden.

55. Die Bundesregierung folgt der Auffassung des Strategiedokuments der Vereinten Nationen für die Zweite Entwicklungsdekade, daß das wirtschaftliche Wachstum in den Ländern der Dritten Welt durchschnittlich sechs Prozent ihres Sozialprodukts betragen soll. Investitionen sollen dabei stärker als bisher auf ihre sozialen Wirkungen hin geprüft werden.

Ziele und Mittel der Entwicklungspolitik

56. Die Ziele und Methoden der Entwicklungspolitik der Bundesrepublik lassen sich folgendermaßen kennzeichnen: wirtschaftliches Wachstum und sozialer Fortschritt in den Ländern der Dritten Welt im Rahmen einer langfristigen internationalen Planung zu fördern, die Kreditbedingungen zu verbessern, Lieferbedingungen abzubauen, ein umfassendes Zollpräferenzsystem zugunsten der Länder der Dritten Welt einzuführen, sowie die Technische Hilfe, besonders die Bildungshilfe auszubauen.

Die DDR gibt Entwicklungshilfe vorwiegend nach politischen Gesichtspunkten. Auch in den Jahren 1969/70 hatte die Durchsetzung der völkerrechtlichen Anerkennung der DDR Vorrang, wenn auch eine sachbezogene Entwicklungspolitik sichtbar wurde, die auf die Bedürfnisse der Länder zugeschnitten ist. Auch in der DDR sind Kapitalhilfe und Technische Hilfe neben handelspolitischen Maßnahmen von Bedeutung.

Im Unterschied zur Bundesrepublik legt die DDR auch bei entwicklungspolitischen Vorhaben starken Wert auf die Darstellung und Propagierung ihrer Gesellschaftsordnung. Dies gilt besonders in den arabischen Ländern sowie für Tansania, Guinea und Mali; ebenso für Indien, Ceylon, Birma; schließlich für Chile und in vermindertem Maß für Bolivien, Kolumbien, Peru und Uruguay.

Politische Aktivitäten

57. Die Entwicklungspolitik der Bundesrepublik wird von der Friedenspolitik der Bundesregierung, dem Prinzip der Nichteinmischung und der Zusammenarbeit mit allen Staaten bestimmt. Diese Politik erhielt seit 1969 eine größere Flexibilität gegenüber allen außen- und deutschlandpolitischen Problemen. Die Bundesregierung geht heute nicht mehr von dem Grundsatz aus, in jedem Falle einer Anerkennung der DDR ihrerseits die diplomatischen Beziehungen abzubrechen. Sie entscheidet vielmehr in jedem Einzelfall nach der besonderen Interessenlage.

Die Entwicklungspolitik der DDR ist im Unterschied dazu im wesentlichen durch den Primat der völkerrechtlichen Anerkennung des zweiten deutschen Staates geprägt. Das Streben nach völkerrechtlicher Anerkennung ist häufig begleitet von der Selbstdarstellung der DDR als leistungsfähiger Wirtschaftspartner und als sozialistische Kulturnation. Gegen die Bundesrepublik wird in diesem Zusammenhang oft, direkt oder indirekt, politisch-ideologisch polemisiert.

Die DDR unterhält Beziehungen sowohl zu nichtkommunistischen Staatsparteien als auch zu den kommunistischen Parteien und nationalen Befreiungsbewegungen in zahlreichen Staaten der Dritten Welt.

Die politischen Ziele der Entwicklungspolitik der DDR werden u. a. durch den Austausch von Parlamentsdelegationen und durch die Interparlamentarische Gruppe der DDR verfolgt. Außerdem werben sogenannte Anerkennungskomitees auf Freundschaftswochen, Kundgebungen, Kongressen, wissenschaftlichen Konferenzen und Festveranstaltungen intensiv für die völkerrechtliche Anerkennung der DDR.

Kulturelle Aktivitäten

58. Die auswärtige Kulturpolitik der Bundesrepublik verfolgt das Ziel, Vorurteile gegen Deutschland abzutragen und durch kulturpolitische Zusammenarbeit mit den Ländern der Dritten Welt das gegenseitige Verständnis zu vertiefen. Sie ist damit ein Teil der Außenpolitik. Die Bildungshilfe — im Sinne einer erweiterten Kulturpolitik verstanden — soll die Länder der Dritten Welt beim Aufbau ihres Erziehungs- und Bildungswesens unterstützen.

Die auswärtige Kulturpolitik der DDR verfolgt teilweise ähnliche Ziele wie die der Bundesrepublik. Sie sind jedoch klar dem politischen Hauptziel, der völkerrechtlichen Anerkennung, untergeordnet. In intensiver Weise pflegt die DDR Kontakte zu zahlreichen Staaten der Dritten Welt, mit denen sie keine diplomatischen Beziehungen unterhält.

59. Die Bundesrepublik hat bis Ende 1968 mit 14, die DDR mit 15 Staaten der Dritten Welt Kulturabkommen geschlossen (vgl. Übersicht 4). Daneben bestehen zahlreiche Kontakte vor allem zwischen wissenschaftlichen Institutionen der Bundesrepublik und solchen in den Ländern der Dritten Welt. Diese Kontakte werden durch die Deutsche Forschungsgemeinschaft, den Deutschen Akademischen Austauschdienst und die Alexander-von-Humboldt-Stiftung gefördert.

Bereits bestehende Kontakte zwischen Jugend- und Sportgruppen in der Bundesrepublik und den Ländern der Dritten Welt sind in den Jahren 1969/70 weiter ausgebaut worden. Ein beträchtlicher Teil der im Bundeshaushalt bereitgestellten Mittel für kulturelle und erzieherische Maßnahmen der Bundesrepublik wird internationalen Organisationen, insbesondere der UNESCO und den Wissenschaftsausschüssen der OECD, zur Verfügung gestellt (vgl. Tabelle A 2).

Die Kultur- und Bildungspolitik sowie die ideologisch-propagandistischen Tätigkeiten der DDR konzentrieren sich mit regionalen Schwerpunkten auf folgende Aktivitäten: Einladungen an Wissenschaft-

Kapitel I

Übersicht 4

Kulturabkommen der Bundesrepublik und der DDR mit Ländern der Dritten Welt [1]

Land	Datum der Unterzeichnung	
	BRD	DDR
Afghanistan	18. 4. 1961	
Algerien		12. 12. 1966
Bolivien	4. 8. 1966	
Chile	20. 11. 1956	5. 12. 1966
Dahomey		20. 9. 1964
Ecuador	13. 3. 1969	
Ghana		9. 10. 1961 (aufgehoben)
Guinea	23. 11. 1967	17. 11. 1958
Indien	21. 3. 1969	20. 2. 1964
Indonesien	30. 1. 1965	28. 4. 1964 [2]
Irak		1. 4. 1959
Kambodscha		2. 2. 1964
Kolumbien	11. 10. 1960	
Kongo-Brazzaville		14. 3. 1970
Mali		20. 3. 1964 und 3. 6. 1964
Pakistan	9. 11. 1961	
Peru	20. 11. 1964	
Senegal	23. 9. 1968	
Sudan		6. 10. 1967
Südjemen		18. 10. 1969 und 29. 1. 1970
Türkei	8. 5. 1957	
Tunesien	19. 7. 1966	
VAR	11. 11. 1959	1. 3. 1965

[1] Einschl. Abkommen über kulturelle und wissenschaftliche Zusammenarbeit.
[2] Protokoll.

ler, Studenten, Journalisten und Sportler, hierunter auch die Bereitstellung von Stipendien, die Organisierung von Sprachkursen, Filmvorführungen, Tanz- und Konzertveranstaltungen.

Publizistische Aktivitäten

60. Generelles Ziel der Öffentlichkeitsarbeit der Bundesrepublik in den Ländern der Dritten Welt ist es, ein allgemeines Verständnis für die Politik der Bundesrepublik und Sympathie für das Land zu wecken. Darum werden vor allem die meinungsbildenden sozialen Gruppen durch Maßnahmen der deutschen diplomatischen Vertretungen, durch Ausstellungen, Filme, Wochenschauberichte, Anzeigen, Artikel und Fotoausstellungen angesprochen.

Generelles Ziel der Öffentlichkeitsarbeit der DDR ist es, für einen leistungsfähigen sozialistischen Industriestaat sowie für den Sozialismus im allgemeinen zu werben. Dieses Ziel wird in erster Linie mit einem erheblichen Aufwand an Büchern, Broschüren und Zeitschriften, ferner mit Artikeln und Werbeanzeigen in der Tages- und Wochenpresse angestrebt.

Die DDR hat auch im Bereich der Öffentlichkeitsarbeit eine Reihe von Rundfunk- und Fernsehabkommen sowie Filmabkommen und Verträge über den Nachrichtenaustausch abgeschlossen.

Zuständig für die Öffentlichkeitsarbeit der DDR in den Ländern der Dritten Welt sind in erster Linie die Staatlichen Komitees für Rundfunk und Fernsehen beim Ministerrat sowie die Nachrichtenagentur ADN.

Wirtschaftliche Aktivitäten

61. Im Jahr 1969 ist das Volumen der Leistungen der Bundesrepublik gegenüber 1968 um rd. 30 % auf rd. 8,2 Mrd. DM gestiegen (gesamte öffentliche und private Nettoleistungen). Damit hat die Bundesrepublik das auf der 2. Welthandelskonferenz (1968) aufgestellte Leistungsziel, 1 % des Bruttosozialproduktes als Entwicklungshilfe zur Verfügung zu stellen [37], mit 1,36 % mehr als erfüllt.

Rund 75 % dieses Betrages wurden von privater Seite aufgebracht, während die (bilateralen) öffentlichen Nettoleistungen der Bundesrepublik 1969 rd. 2,1 Mrd. DM ausmachten.

Kapitalhilfe

62. Den größten Anteil (53,8 %) der bilateralen öffentlichen Entwicklungshilfe machte die Kapitalhilfe aus. Im Gegensatz zur Technischen Hilfe nahm die Kapitalhilfe in den letzten zwei Jahren ab. Bis Ende 1969 sind insgesamt 92 Kapitalhilfe-Abkommen der Bundesrepublik mit Ländern der Dritten Welt abgeschlossen worden. Die Bundesregierung vertritt bei diesem Abkommen den Standpunkt, aus Effizienzgründen weitgehend auf Bindung der Hilfe an deutsche Lieferungen zu verzichten. Die durchschnittlichen Konditionen für die Kapitalhilfe im Jahre 1969 betrugen 26,0 Jahre Laufzeit, 7,6 Freijahre und 3,2 % Zinsen. Angestrebt werden die vom Entwicklungshilfeausschuß der OECD empfohlenen Konditionen (30 Jahre Laufzeit, 8 Freijahre, 2,5 % Zinsen).

Die DDR gewährt ebenfalls sowohl Kapitalhilfe als auch Technische Hilfe. Nach Berichten des UNCTAD [38] bot sie von 1954 bis 1965 Kredite in Höhe von 1,3 Mrd. DM als Entwicklungshilfe an. Die eingegangenen Verpflichtungen von 1960 bis 1966 machten insgesamt 1,1 Mrd. DM aus.

In der Regel wird Kapitalhilfe von der DDR im Rahmen von Abkommen über wirtschaftliche und technische Zusammenarbeit als langfristiger Aufbaukredit mit einer Laufzeit von 10 bis 12 Jahren und 2,5 % Verzinsung gewährt. Bis 1970 hatte die DDR insgesamt 13 derartige Abkommen geschlossen. Kurz- oder mittelfristige Lieferkredite mit 2,5 % bis 6 % Zinsen und Laufzeiten von 5 bis 8 Jahren stellt die DDR vor allem im Rahmen von Abkommen über wissenschaftliche und technische Zusammenarbeit (14 Abkommen bis April 1970) oder von Handels- und Zahlungsabkommen (21 bzw. 16 Abkommen bis April 1970) zur Verfügung.

Technische Hilfe

63. In der Bundesrepublik machte 1969 die Technische Hilfe mit rd. 860 Mill. DM einen erheblichen Teil der bilateralen öffentlichen Hilfe aus.

Im Rahmen der 39 Abkommen über Technische Hilfe, die die Bundesrepublik 1969 abgeschlossen hatte, sind seit 1954 fast 1400 Projekte eingeleitet worden. Über 700 Projekte sind bereits abgeschlossen, die übrigen im Stadium der Vorbereitung oder Durchführung.

Die DDR leistet Technische Hilfe vor allem im Rahmen von Abkommen über wissenschaftlich-technische Zusammenarbeit. Bis April 1970 sind 14 solcher Abkommen geschlossen worden. Jedoch ist Technische Hilfe auch (jeweils bis April 1970) über 9 Abkommen auf dem Gebiet des Gesundheitswesens, 5 Abkommen über die Ausbildung von Fachkräften und 4 Abkommen des Post- und Fernmeldewesens gewährt worden.

Multilaterale Hilfe

64. Die multilateralen Leistungen der Bundesrepublik, die den Empfängerländern auf indirektem Wege über die Hilfsprogramme internationaler Organisationen zugute kommen, betrugen 1969 rd. 1,6 Mrd. DM. Dies entsprach einem Anteil von rd. 19 % der gesamten Nettoleistungen.

Die Beiträge der Bundesrepublik zu den Hilfsprogrammen der UN haben im Laufe der Jahre ständig zugenommen. Vor allem erhöhten sich ihre Leistungen an den Technischen Hilfsprogrammen der UN und ihrer Sonderorganisationen.

Einschließlich der Beiträge an den Entwicklungsfonds der EWG in Höhe von rd. 150 Mill. DM leistete die Bundesrepublik im Jahr 1969 rd. 300 Mill. DM multilaterale Zuwendungen.

Zusätzlich wurden multilaterale Leistungen in Form von Kapitalanleihen bzw. Subskriptionszahlungen von insgesamt rd. 170 Mill. DM gewährt.

Leistungen der privaten Wirtschaft

65. Neben den unmittelbaren öffentlichen Entwicklungshilfeleistungen sind staatliche Förderungsmaßnahmen für die Aktivitäten (Investitionen und Exporte) der privaten Wirtschaft von Bedeutung. Dazu zählen Bundesgarantien für Exporte und Kapitalanlagen, das Entwicklungshilfe-Steuergesetz, Doppelbesteuerungsabkommen und Investitionsförderungsverträge, Kredite aus den ERP-Niederlassungsfonds sowie Kredite und Beteiligungen der Deutschen Entwicklungsgesellschaft (DEG).

In der DDR hat sich die relativ unbedeutende Privatwirtschaft entwicklungspolitisch bisher nicht engagiert.

Kapitel I
Hilfe der Kirchen

66. Die 1960 begonnenen Spendenaktionen der beiden christlichen Kirchen („Misereor" und „Brot für die Welt") erbrachten in der Bundesrepublik im Jahr 1969 rd. 80 Mill. DM. Sie erreichten damit einen Gesamtwert von 760 Mill. DM in den Jahren 1958/59 bis 1968/69. Hinzu kommen die 1969 erstmals zur Verfügung gestellten Mittel aus dem Kirchensteueraufkommen (35 Mill. DM). Zusammen mit den Zuschüssen des Bundes von 60 Mill. DM setzten die Kirchen 1969 somit rd. 175 Mill. DM ein.

Die evangelische Kirche in der DDR beteiligte sich an der Spendenaktion „Brot für die Welt". Das bisherige Gesamtaufkommen betrug rd. 24 Mill. M.

Handelsbeziehungen

67. Die Handelsbeziehungen zu den Entwicklungsländern werden durch Handels- und Finanzabkommen geregelt. Bis Ende 1969 wurden von der Bundesrepublik 65, von der DDR 46 derartige Verträge unterzeichnet. Das Handelsvolumen ergibt sich aus der Übersicht 5.

Regionale Schwerpunkte der Entwicklungshilfe

68. Während die Bundesrepublik entwicklungspolitisch in 90 Ländern engagiert ist, konzentriert die DDR ihre Entwicklungshilfe auf wenige Schwerpunkte in etwa 12 Staaten.

Schwerpunkte der Entwicklungshilfe der Bundesrepublik auf wirtschaftlich-technischem Gebiet waren 1969:

in den arabischen Staaten	Marokko, Tunesien,
in Schwarz-Afrika	Ghana, Tansania,
in Südamerika	Argentinien, Brasilien, Chile, Peru,
in Asien	Indien, Pakistan, Indonesien, Thailand, Afghanistan.

Schwerpunkte der Entwicklungshilfe der DDR auf wirtschaftlich-technischem Gebiet waren 1969/70:

in den arabischen Staaten	Algerien, VAR, Syrien, Irak, Südjemen, Sudan,
in Schwarz-Afrika	Tansania, Guinea, Mali,
in Asien	Indien, Kambodscha (bis Juni 1970), Ceylon, Burma.

Die Leistungen für Zwecke der Technischen Hilfe der Bundesrepublik verteilten sich 1969 etwa gleichmäßig auf Afrika, Asien und Lateinamerika [39].

Die Agrarhilfe [40] der Bundesrepublik (bis Ende 1969: 3,19 Mrd. DM) entfiel im wesentlichen auf Afghanistan, Indien, Indonesien, Pakistan, Jordanien, Kenia, Tunesien und Brasilien.

Die DDR konzentrierte ihre Agrarhilfe auf Guinea (Landwirtschaftsschule), Tansania (Tiergesundheitszentrum) und die VAR (Urbarmachung).

Kapitel I
Übersicht 5

*Der Außenhandel der Bundesrepublik und der DDR mit Ländern der Dritten Welt
1966 bis 1969 (in Mill. DM)*

Jahr	Import/Export	Gesamtaußenhandel		Handel mit Ländern der Dritten Welt	
		BRD	DDR	BRD [1]	DDR
1966	Importe	72 670	14 448	6 462	575
	Exporte	80 628	14 403	10 594	761
1967	Importe	70 183	14 735	6 059	598
	Exporte	87 045	15 531	10 858	768
1968	Importe	81 179	15 247	6 592	588
	Exporte	99 551	17 037	12 202	693
1969	Importe	97 972	18 445	7 614	692
	Exporte	113 557	18 664	13 245	848

[1] Einkaufs- bzw. Käuferland.

Quellen: Statistisches Jahrbuch der BRD, 1970, S. 278;
Statistisches Jahrbuch der DDR, 1970, S. 294 f.

Die im Jahre 1969 besonders stark angestiegenen Leistungen der Privatwirtschaft der Bundesrepublik haben nicht zur regionalen Schwerpunktverlagerung geführt. Nach wie vor am attraktivsten für die Investitionstätigkeit der deutschen Unternehmer war neben Lybien und Indien der lateinamerikanische Raum, insbesondere Argentinien, Brasilien, Kolumbien und Mexiko.

3. Die Entwicklung des Innerdeutschen Handels

69. Im wirtschaftlichen Bereich bestehen wie in kaum einem anderen geregelte und stete Beziehungen zwischen beiden deutschen Staaten. Das wiederholt bekundete Interesse beider Seiten am Innerdeutschen Handel (IDH) bezeugt dies ebenso wie die faktische Entwicklung des Güteraustausches:

■ Gegenwärtig werden zwischen den Volkswirtschaften der Bundesrepublik und der DDR jährlich Waren im Werte von annähernd 4 Mrd. DM ausgetauscht.

■ 1970 wird sich dieser Warenaustausch um rd. 60 % gegenüber 1967 [41] erhöhen.

■ Für das Jahr 1970 erwartet die Bundesregierung eine Expansion um rd. 15 % gegenüber 1969.

Vertragsgrundlage

70. Vertragsgrundlage des IDH ist das Interzonenhandelsabkommen vom 20. September 1951, bekannt als „Berliner Abkommen". Obwohl der Vertrag selbst bzw. die darauf aufbauenden zahlreichen Einzelvorschriften seither wiederholt den veränderten Gegebenheiten angepaßt wurden [42], bildet er auch heute noch die von beiden Seiten anerkannte Rechtsgrundlage für den Güteraustausch.

Aus politischen Erwägungen wurde das Berliner Abkommen seinerzeit mit der Währungsgebietsklausel geschlossen, d. h. die Vertreter beider Seiten unterzeichneten jeweils für ihre Währungsgebiete. Die gewählte Unterschriftsformel hatte den Zweck, daß Berlin in den Vertrag eingeschlossen war. Darüber hinaus ist vereinbart worden, daß ein angemessener Teil des Handels auf die Berliner Wirtschaft entfallen solle. Das Abkommen wurde auf unbestimmte Zeit geschlossen und ist mit Dreimonatsfrist jeweils zum Jahresende kündbar. Es regelt den Waren-, Dienstleistungs- und Zahlungsverkehr. Die praktische Durchführung obliegt in der Bundesrepublik der — seit 1949 in West-Berlin ansässigen — Treuhandstelle für den Interzonenhandel (TSI), in der DDR dem Ministerium für Außenwirtschaft.

Abwicklung

71. Unter Berücksichtigung der Vertragsänderungen vollzieht sich die Abwicklung des IDH gegenwärtig wie folgt:

- Der Güteraustausch ist ausschließlich bilateral, d. h. Lieferungen und Bezüge gleichen sich langfristig aus.
- Der Zahlungsverkehr erfolgt ausschließlich im Verrechnungswege über beide Notenbanken.
- Der IDH wird auf der Basis der Marktpreise der Bundesrepublik abgewickelt.
- Die Zahlungseinheit ist vereinbarungsgemäß die sog. Verrechnungseinheit (VE), die faktisch der DM entspricht.
- Um durch zeitliche Störungen der gegenläufigen Leistungsströme den Handel nicht zu behindern, wurde im Zahlungsverkehr eine Überziehungsmöglichkeit vereinbart. Dieser Swing wird von der DDR in jüngster Zeit einseitig in Anspruch genommen. Auf Grund bestehender Zahlungsschwierigkeiten der DDR wurde die für 1971 zu erwartende Swingerhöhung bereits Anfang Mai 1970 vorgezogen und auf derzeit 440 Mill. DM festgesetzt.
- Die Abrechnung des Zahlungsverkehrs bei den Zentralbanken erfolgt auf verschiedenen Konten, derzeit über zwei Warenkonten (I und II) und ein Dienstleistungskonto (III) [43].
- Während für das Konto I gegenseitig vereinbarte Abkommenswerte der zu tauschenden Waren festgesetzt wurden, sind die Güter des Kontos II ihrem Liefer- und Bezugswert nach grundsätzlich frei [44].
- Alle Geschäfte im IDH sind genehmigungsbedürftig; zur Realisierung der von den Geschäftspartnern in der Bundesrepublik und der DDR abgeschlossenen Verträge sind Bezugsgenehmigungen und Warenbegleitscheine beizubringen. Für etwa die Hälfte der Lieferungen und Bezüge besteht jedoch seit Januar bzw. Dezember 1969 in der Bundesrepublik keine Einzelgenehmigungspflicht mehr, da die — meldepflichtigen — Geschäfte generell genehmigt sind.
- Neben den drei genannten Verrechnungskonten besteht seit 1958 das Sonderkonto S. Hiermit war seinerzeit der DDR die Möglichkeit zu Barzahlungskäufen in der Bundesrepublik eingeräumt worden. Allerdings hat sie diese Möglichkeit insgesamt nur mäßig genutzt [45].

Warenstruktur

72. Die Bundesrepublik hat eine besondere Bedeutung als Handelspartner der DDR. Sie ist — nach der UdSSR, die allein über 40 % des gesamten DDR-Außenhandels auf sich konzentriert — nicht nur der zweitwichtigste Handelspartner der DDR überhaupt, sondern vor allem das mit weitem Abstand wichtigste Westhandelsland. Auf die Bundesrepublik entfielen 1969 rd. 10 % des DDR-Außenhandelsumsatzes (einschließlich IDH).

Die Bundesrepublik ist vor allem dank ihrer wirtschaftlich-technischen Leistungskraft in der Lage, zum wirtschaftlichen Fortschritt in der DDR beizutragen. Zusätzlich sind jedoch Sonderbedingungen in Form von Begünstigungen beim Absatz der Erzeugnisse der DDR zu berücksichtigen:

Zollfreiheit bei gewerblichen Erzeugnissen,
Abschöpfungsbefreiung bei landwirtschaftlichen Produkten [46],
Steuerliche Begünstigungen,
Wettbewerbsvorteile durch Transportkostenersparnis.

Für die Bundesrepublik ist die Bedeutung des IDH unter wirtschaftlichem Aspekt relativ gering. Als Handelspartner nimmt die DDR den 11. Rang ein (nach Dänemark, vor Japan und Norwegen). Gemessen am gesamten Außenhandel der Bundesrepublik entfallen auf den IDH weniger als 2 %.

73. Die Warenstruktur des Handels Bundesrepublik — DDR (vgl. Tabellen A 1 und A 2) ist vor allem durch zwei Merkmale gekennzeichnet: Sie ist erstens dem Entwicklungsstand beider Volkswirtschaften nicht angemessen und entspricht nicht der Warenstruktur ihres gesamten Außenhandels. Sie ist zweitens relativ wenig differenziert, da sie sich schwerpunktartig auf einige Gütergruppen konzentriert.

Die Warenstruktur des IDH ist dadurch bestimmt, daß der Anteil von Investitionsgütern, insbesondere Maschinenbauerzeugnissen, die anteilig nur mit 22 % und 15 % vertreten sind, gegenwärtig relativ gering ist. Dementsprechend sind Grundstoffe und Halbfertigerzeugnisse, insbesondere aber Erzeugnisse der Landwirtschaft und der Ernährungsindustrie mit einem Anteil von 15 % und 25 % unverhältnismäßig stark vertreten.

Die Warenbezüge aus der DDR sind wenig differenziert. Das drückt sich darin aus, daß Textilien und Ernährungsgüter 1969 noch immer fast die Hälfte aller Erzeugnisse aus der DDR ausmachten. Allerdings ist in letzter Zeit eine Sortimentsausweitung festzustellen, die sich in verstärkten Verkäufen der DDR von höher veredelten industriellen Fertigerzeugnissen zeigt.

Seit dem Jahr 1963 mußte die DDR erhebliche Erlöseinbußen bei Braunkohlenbriketts und Mineralölerzeugnissen, ihren zeitweilig wichtigsten Liefergütern im IDH, hinnehmen. Zwar konnte ein Teil dieser Ausfälle in der Folgezeit durch landwirtschaftliche Güter kompensiert werden, doch sind auch höher veredelte industrielle Fertigerzeugnisse an ihre Stelle getreten. Der Anteil der gewerblichen Fertigwaren an den Gesamtbezügen aus der DDR erhöhte sich zwischen 1967 und 1969 von 46 % auf 56 %.

Nicht zuletzt diese Tendenzen erlauben das Urteil, daß sich die innerdeutschen Handelsbeziehungen auf dem Wege zu einer Normalisierung befinden.

Entwicklung

74. Der Warenverkehr im IDH zeigt in den letzten zehn Jahren eine insgesamt kräftige Aufwärtsentwicklung: Die gegenseitigen Lieferungen stiegen im

Kapitel I

Zeitraum 1960 bis 1969 von 2,1 auf 3,84 Mrd. DM (vgl. Tabelle A 1).

Allerdings war diese Aufwärtsbewegung nicht frei von Rückschlägen. So gab es sowohl nach 1960 als auch nach 1966 bemerkenswerte Umsatzminderungen. Anders als zu Beginn der sechziger Jahre gelang es jedoch, die Stagnation nach 1966 schnell zu überwinden. Bereits 1969 wurde die 4-Mrd.-Umsatzgrenze angesteuert, und 1970 betragen die gegenseitigen Warenlieferungen rd. 4,5 Mrd. DM.

In letzter Zeit ist die Lage im IDH durch eine hohe Bestelltätigkeit der DDR in der Bundesrepublik, die zu entsprechenden Liefererhöhungen führte [47], sowie durch starke Bemühungen der DDR, ihre eigenen Lieferungen auszudehnen, gekennzeichnet. Wesentlich erleichtert bzw. in diesem Ausmaß erst ermöglicht wurde das höhere Engagement durch das Verhalten der Bundesregierung, das sich in zahlreichen Erleichterungen bzw. Förderungsmaßnahmen niederschlug [48]. Allerdings ist die gegenwärtige Situation im IDH durch ein großes Bilanzungleichgewicht charakterisiert, da die schnelle Umsatzerhöhung zum überwiegenden Teil von einer Expansion der Lieferungen aus der Bundesrepublik getragen wurde. Dieser Entwicklung vermochten die Bezüge bisher nicht in gleichem Tempo zu folgen. Das stetige Wachstum des IDH hängt mehr denn je von der Fähigkeit der Wirtschaft der DDR ab, Erzeugnisse anzubieten, für die nach Qualität und Preis Nachfrage auf dem Markt der Bundesrepublik besteht. Allerdings ist es wichtig, die Grenzen der ökonomischen Determination dieses Handels nicht außer acht zu lassen.

4. Sonstige Kontakte [49]

Rentner-Reisen

75. Auch im Jahr 1969/70 hatten, von Delegationsmitgliedern und Beauftragten der DDR-Behörden abgesehen, nur ältere und frühinvalide Bürger aus der DDR eine eingeschränkte Möglichkeit, in die Bundesrepublik zu reisen. Diese Möglichkeit nutzten jährlich mehr als eine Million Personen; die Zahl ist seit 1965 etwa konstant geblieben und weist auch im Jahre 1970 keine wesentliche Veränderung auf.

Reisen in die DDR

76. Die Zahl der Bürger der Bundesrepublik, die in die DDR reisen, liegt etwas über der Zahl der Rentnerreisen in umgekehrter Richtung: Im Jahr 1967 sind rd. 1,4 Mill., 1968 rd. 1,26 Mill., 1969 rd. 1,1 Mill. und 1970 1,25 Mill. in der Bundesrepublik ansässige Deutsche in die DDR gereist.

Amtshilfe in der Verwaltung

77. Zwischen den Verwaltungsbehörden der Bundesrepublik und der DDR gibt es einen umfangreichen Amtshilfeverkehr, besonders auf den Gebieten des Personenstandswesens, der Jugendhilfe, des Versicherungs- und Sozialwesens sowie des Gesundheitswesens. Allerdings verweigern die Behörden der DDR die Amtshilfe in Angelegenheiten bestimmter Personengruppen und bestimmter Sachgebiete, z. B. in Angelegenheiten, die „Republikflüchtige" betreffen, in Fragen der Familienzusammenführung sowie bei Wiedergutmachungs-, Rückerstattungs-, Entschädigungs- und Lastenausgleichssachen.

Die örtlich und sachlich zuständigen Behörden der Bundesrepublik richten ihre Amtshilfeersuchen unmittelbar an die örtlich und sachlich zuständigen Behörden in der DDR. In der Regel handelt es sich dabei um untere Verwaltungsinstanzen. Während bis etwa November 1968 die Stellen in der DDR unmittelbar antworteten, werden neuerdings, besonders in Personenstandsangelegenheiten, die Erledigungsschreiben häufig von den Räten der Bezirke an die Innenminister der betreffenden Bundesländer übersandt.

Das Verfahren bei der Übermittlung von Amtshilfeersuchen aus der DDR an Behörden der Bundesrepublik ist nicht einheitlich; die Behörden in der Bundesrepublik senden ihre Antwort meist unmittelbar an die sachlich und örtlich zuständige Behörde der DDR.

Rechtshilfe

78. Zwischen den Gerichten und Staatsanwaltschaften in der Bundesrepublik und in der DDR besteht ein Rechts- und Amtshilfeverkehr in Zivil- und Strafsachen.

Ersuchen aus der DDR werden nicht unmittelbar von dem Gericht, bei dem der Prozeß anhängig ist, an das örtlich und sachlich zuständige Gericht gesandt, sondern werden vom Justizminister der DDR dem Bundesminister der Justiz mit der Bitte um Weiterleitung an das zuständige Gericht übermittelt. Ist ein Gericht in West-Berlin zuständig, so adressiert der Justizminister der DDR sein Schreiben an den Berliner Justizsenator. Die erledigten Stücke werden von den Gerichten in der Bundesrepublik bzw. in West-Berlin in die DDR gesandt.

Rechtshilfeersuchen aus der Bundesrepublik werden nicht von Gericht zu Gericht unmittelbar, sondern über die jeweiligen Landesjustizminister an das Justizministerium in Ost-Berlin übersandt. Die erledigten Akten kommen aus der DDR auf dem gleichen Weg zurück.

Dieses Verfahren wird seit Sommer 1970 praktiziert, nachdem die DDR den bis dahin bestehenden unmittelbaren Rechtshilfeverkehr zwischen den Gerichten der beiden deutschen Staaten nicht mehr zugelassen hatte und die Gefahr bestand, daß der Rechtshilfeverkehr völlig zum Erliegen gekommen wäre.

Der Rechts- und Amtshilfeverkehr zwischen den Staatsanwaltschaften in beiden deutschen Staaten vollzieht sich dergestalt, daß Ersuchen der örtlich und sachlich in der Bundesrepublik zuständigen Staatsanwaltschaften nur noch an den Generalstaatsanwalt der DDR gerichtet werden können. Ein unmittelbarer Verkehr zwischen den Staatsanwaltschaften in beiden deutschen Staaten wird von der DDR seit 1968 abgelehnt.

Der Rechts- und Amtshilfeverkehr in Strafsachen darf nach dem Gesetz über die innerdeutsche Rechts- und Amtshilfe in Strafsachen vom 2. Mai 1953 (BGBl., I, S. 161) nicht im Widerspruch zu rechtsstaatlichen Prinzipien stehen.

Verkehrswesen

79. Im Eisenbahn-Personenverkehr hat sich seit dem Fahrplanwechsel 1970 eine Verbesserung des Berlin-Verkehrs ergeben: Danach verkehren zwei um eine Stunde beschleunigte Kurszüge zwischen Berlin und Hannover, auch sind zusätzliche Autoreisezüge eingesetzt.

Im Eisenbahngüterverkehr haben sich seit Ende 1969 die Gegebenheiten und Verhältnisse nicht geändert. Auch im Straßenverkehr ist die Situation und die Frequenz unverändert. Der Berlin-Verkehr, der im Umfang wesentlich bedeutender ist als der Straßenverkehr mit der DDR, weist im Vergleich zum Vorjahr (1968) leicht angestiegene Zahlen auf: 298 000 Lkw und 918 000 Pkw. Im Binnenschiffahrtsverkehr ist der Berlin-Verkehr in beiden Richtungen ebenfalls leicht angestiegen. Dagegen hat der Schiffsverkehr mit der DDR nicht den Vorjahresstand erreicht.

Ein Luftverkehr zwischen beiden deutschen Staaten besteht nicht.

Post- und Fernmeldewesen

80. Der Postverkehr zwischen den beiden deutschen Staaten, insbesondere von Briefen, Paketen und Päckchen, wickelt sich immer noch mit langen Laufzeiten ab. Behinderungen durch Kontroll- und Beschlagnahmemaßnahmen der DDR bestehen fort.

Die Schwierigkeiten im Fernmeldeverkehr konnten im Jahr 1970 abgebaut, wenn auch noch nicht beseitigt werden. Als Ergebnis der 1969 aufgenommenen Gespräche ist am 29. April 1970 eine Vereinbarung zwischen dem Bundesministerium für das Post- und Fernmeldewesen der Bundesrepublik und dem Ministerium für Post- und Fernmeldewesen der DDR abgeschlossen worden. Darin haben sich beide Seiten verpflichtet, zusätzliche Fernsprech- und Telexleitungen zu schalten. Nach dieser Vereinbarung sind im innerdeutschen Telefonverkehr zu den bisher bestehenden 34 Leitungen zusätzlich 40 weitere Fernsprechleitungen geschaltet worden. Darüber hinaus wurden auch zwischen den beiden Teilen Berlins zusätzliche Telex- und Telegrafenleitungen angeschlossen.

Diese Verbesserungen haben zu einer spürbaren Verkürzung der Wartezeiten im innerdeutschen Telefonverkehr geführt. Gleichwohl wären weitere zusätzliche Fernsprechleitungen zur Normalisierung des Telefonverkehrs notwendig. Auch steht immer noch die Wiederaufnahme des Fernsprechverkehrs zwischen dem westlichen und östlichen Teil Berlins aus.

Darüber hinaus ist in der Vereinbarung vom 29. April 1970 eine jährliche Pauschalzahlung an die DDR-Postverwaltung vorgesehen worden. Die Pauschalzahlung beträgt bis 1973 jährlich 30 Mill. DM. Der Betrag dient der pauschalen Abgeltung der im Post- und Fernmeldeverkehr gegenseitig erbrachten Leistungen im Brief-, Paket-, Fernsprech-, Telegramm-, Telex-, Seefunk- und Rundfunkübertragungsdienst sowie der Aufwendungen für Ersatzleistungen und für Stromwege.

Kulturelle Kontakte

81. Im Jahr 1969/70 ist keine Neubelebung der kulturellen Kontakte festzustellen. Unmittelbar nach der Begegnung der Regierungschefs in Kassel wurde von seiten der DDR wiederum die Gegensätzlichkeit der kulturellen Interessen betont.

Anstelle der nicht immer im Vordergrund stehenden Forderung nach völkerrechtlicher Anerkennung wird die Behauptung, daß die Bundesrepublik über kulturelle Kontakte in die DDR „eindringen" wolle, zur Abweisung solcher Kontakte herangezogen.

Im Unterschied dazu läßt die DDR nichts unversucht, ihre Deutschlandpolitik auch in der Bundesrepublik darstellen zu lassen.

Sportbeziehungen

82. Soweit sich der Umfang der Begegnungen im innerdeutschen Sportverkehr für das Jahr 1970 übersehen läßt, ist ein Rückgang der Begegnungen festzustellen: Während es im Jahre 1969 noch 57 Begegnungen mit 992 Teilnehmern gab, sind in der ersten Hälfte des Jahres 1970 lediglich 10 Treffen mit 173 Teilnehmern gezählt worden (davon 3 Veranstaltungen in der Bundesrepublik und 7 in der DDR). Dagegen haben sich die Begegnungen bei internationalen Sportereignissen nicht vermindert. Am 2. Juli 1970 hat in Halle/Saale zum ersten Mal seit 1959 wieder ein Gespräch zwischen Vertretern des Deutschen Sportbundes (DSB) und des Deutschen Turn- und Sportbundes (DTSB) der DDR stattgefunden. Dabei erklärte der Präsident des DTSB ausdrücklich, daß der Sportverkehr nicht mehr mit politischen Vorbedingungen belastet werden soll. Die Feststellung des DTSB, daß er insoweit von internationalen Regelungen ausgehe, kann als Anerkennung des durch Entscheidungen des IOC und der internationalen Föderation abgesicherten Standpunktes des Deutschen Sportbundes aufgefaßt werden, daß West-Berlin zur Zuständigkeit der Sportorganisation der Bundesrepublik gehört. Die Fortsetzung des Gesprächs Anfang November 1970 in München führte zu der generellen Übereinkunft, die

Kapitel I

Sportbeziehungen zwischen den beiden deutschen Staaten wieder aufzunehmen. Art und Formen der Sportbeziehungen sollen nun von den verschiedenen Fachverbänden noch ausgehandelt werden.

Jugendbegegnungen

83. Auch 1970 ist es zu zahlreichen Begegnungen unter der heranwachsenden Generation gekommen. Die Begegnungen fanden überwiegend in Ost-Berlin statt, die Teilnehmer kamen jedoch aus allen Gebieten der DDR und der Bundesrepublik. Auch in den Ortschaften der DDR hat es Gespräche und Diskussionen zwischen Jugendlichen aus beiden deutschen Staaten gegeben (vgl. auch Kapitel VIII).

5. Anhang

Anmerkungen zu Kapitel I

[1] BGBl., II, 1955, S. 305.
[2] Europa-Archiv, 1954, S. 6534.
[3] GBl. der DDR, I, 1955, S. 918.
[4] Dokumente zur Berlinfrage 1944 bis 1959, München 1959, S. 183; S. 229.
[5] GBl. der DDR, I, 1967, S. 50 (Polen); S. 54 (CSSR); S. 120 (Ungarn); S. 123 (Bulgarien); GBl. der DDR, I, 1968, S. 348 (Mongolei).
[6] Vgl. VO über den Verkehr mit ausländischen Dienststellen vom 15. Dezember 1954, VOBl. von Groß-Berlin, I, 1954, S. 632.
[7] BGBl., II, 1955, S. 283.
[8] BGBl., II, 1963, S. 707.
[9] BGBl., II, 1955, S. 262; BGBl., II, 1961, S. 745.
[10] BGBl., II, 1955, S. 266.
[11] Nach NATO-Kriterien, ohne Berlin-Hilfe.
[12] Weitere Verteidigungsausgaben sind wahrscheinlich in den Etats anderer Ressorts enthalten; Kosten für die Zivilverteidigung mit etwa 300 000 Menschen befinden sich nicht in dieser Summe.
[13] Archiv der Gegenwart, 1954, S. 4765.
[14] Mampel, Der Sowjetsektor von Berlin, Frankfurt/M. — Berlin 1963, S. 383.
[15] Vgl. Politische, militärische und wirtschaftliche Zusammenschlüsse und Pakte der Welt, 9., völlig neu bearbeitete und erweiterte Auflage, Stand 30. Juni 1969, zusammengestellt von Heinrich von Siegler und Hans-Wilhelm Haefs, Bonn-Wien-Zürich 1969, S. 51 ff.
[16] Das Statut der RGW (GBl. der DDR, I, 1960, S. 283) wurde im Juni 1962 geändert. Die Neufassung wurde nicht im Gesetzblatt der DDR veröffentlicht. Die revidierte Fassung enthält die polnische Dokumentation „Rada Wzajemnej Pomocy Gospodarczej" (RGW), Warschau 1964, S. 191 bis 202. Eine deutsche Übersetzung in: J. Hacker/A. Uschakow, Die Integration Osteuropas 1961 bis 1965, Köln 1966, S. 157 bis 165.
[17] Vgl. Generalsekretariat der Europäischen Gemeinschaften (Hrsg.), Bulletin der Europäischen Gemeinschaften, Brüssel, 3. Jg. (1970), Nr. 2, S. 19 f.
[18] Hierzu wurden die Verordnungen über die Ausstellung von Gemeinschaftsursprungserzeugnissen und über das gemeinschaftliche Versandverfahren sowie Richtlinien über die zollamtliche Erfassung der Waren, über Zollage, über den Zahlungsaufschub und den aktiven Veredelungsverkehr erlassen. Vgl. Kommission der Europäischen Gemeinschaften (Hrsg.), Die deutsche Wirtschaft und die EWG, 3. erw. Aufl., Bonn 1969, S. 36.
[19] Vgl. EWG-Agrarmarktwirtschaft 1970 im Zeichen des Überschußabbaus, in: Nachrichten für den Außenhandel, Nr. 4 vom 6. Januar 1970.
[20] Vgl. Lothar Floss, Stufenplan für den Aufbau einer Wirtschafts- und Währungsunion in der Europäischen Gemeinschaft, in: Der deutsche Volks- und Betriebswirt, 16. Jg. (1970), Nr. 2, S. 21 f.
[21] Vgl. Gegensätze und Kompromisse in der europäischen Integrationsdebatte, in: DIW-Wochenbericht, Nr. 26/1970 vom 25. Juni 1970, S. 185.
[22] Vgl. J. F. Deniau, Eine neue Etappe bei der Verwirklichung der gemeinsamen Handelspolitik, in: Bulletin der Europäischen Gemeinschaften, 3. Jg. (1970), Nr. 2, S. 5 ff.
[23] Außer der Mongolischen Volksrepublik, jedoch auch mit Jugoslawien, das dem RGW teilassoziiert ist.
[24] Rocznik Polityczny i Gospodarczy, Warszawa 1969, S. 826.
[25] Vgl. Politische, militärische und wirtschaftliche Zusammenschlüsse und Pakte der Welt (Anm. 15), S. 29 f.
[26] Im Juli 1970 haben die Forschungsminister von 13 europäischen Staaten die Errichtung einer europäischen Weltraumbehörde beschlossen, in der ELDO, ESRO und CETS aufgehen sollen. Allerdings konnte man sich noch nicht über ein europäisches Weltraumprogramm einigen. Vgl. Europa hat kein Geld für Weltraumpläne, in: Süddeutsche Zeitung, Nr. 177 vom 25./26. Juli 1970.
[27] Vgl. Politische, militärische und wirtschaftliche Zusammenschlüsse und Pakte der Welt (Anm. 15), S. 32.
[28] Vgl. United Nations, Economic Bulletin for Europe, Bd. XXI, Nr. 1, S. 21.
[29] Errechnet nach: Office Statistique des Communautés Européennes, Bloc Orientale, 1969, Nr. 6, S. 15.
[30] Rocznik Polityczny i Gospodarczy, Warszawa 1969, S. 826.
[31] Cypern; Kuwait; Libanon; Mali; Marokko; Sambia; Tunesien.
[32] Brasilien; Chile, Ekuador; Kolumbien; Mexiko; Uruguay.
[33] Chile; Cypern; Irak; Kolumbien; Sudan; Syrien; VAR.
[34] „Technische Hilfe" umfaßt die „Expertenentsendung und den Aufbau des Bildungswesens in den Entwicklungsländern". „Ausbildung im weitesten Sinn" wird angestrebt. Vgl. Kurt Hesse, Das System der Entwicklungshilfen, Berlin 1969, S. 36.
[35] Unter Kapitalhilfe versteht man die Finanzierungshilfe mit bewußtem Abweichen des Geberlandes von den herrschenden Marktkonditionen zugunsten des Empfängerlandes. Vgl. A. Kruse-Rodenacker und H. Dumke unter Mitarbeit von W. v. Götz, Kapitalhilfe, Berlin 1970, S. 16.
[36] Von 1950 bis 1965 brachte die Bundesrepublik 28 728,1 Mill. DM (öffentliche Nettoleistungen) auf, die DDR 960 Mill. DM (Aufbaukredite). Die öffentlichen Nettoleistungen (öffentliche Gesamtleistungen abzüglich Rückflüsse) enthalten im Gegensatz zur „öffentlichen Entwicklungshilfe" auch die zu Marktbedingungen gegebenen öffentlichen Kredite.
[37] Zur sog. Ein-Prozent-Klausel vgl. Partners in Development, Report of the Commission on International Development (Chairman: Lester B. Pearson), New York-Washington-London 1969, S. 143 ff.
[38] UNCTAD (TD/B/128), 21. Juli 1967; UNCTAD (TD/B C. 3/61), 11. Dezember 1968; UNCTAD (TD/60), 1. Februar 1968 (Kredite im weiteren Sinn).
[39] Vgl. Memorandum der Regierung der Bundesrepublik zur DAC-Jahresprüfung 1969, S. 21, und 1970, S. 25.
[40] Die Agrarhilfe umfaßt alle Maßnahmen zur Hebung der landwirtschaftlichen Produktionsleistung, der Schaffung lebensfähiger Betriebseinheiten und einer gesunden Agrarstruktur. Vgl. Wissenschaftlicher Bei-

⁴¹ rat zur Agrarhilfe, Gutachten zur Agrarhilfe (1964), in: Handbuch der Entwicklungshilfe, II, A, 11/21.

⁴¹ Nach den Daten des Statistischen Bundesamtes, die die Dienstleistungen (1969: lieferseitig 180 Mill. DM und bezugsseitig 80 Mill. DM) nicht enthalten; erfaßt sind dagegen seit 1969 die sog. Lagerlieferungen, der Warenverkehr auf ausländische Rechnung (Ausländergeschäfte) und die Bruttowerte der Lohnveredelung.

⁴² Siehe hierzu R. Sieben, Innerdeutscher Handel — Interzonenhandel, 3. Aufl., Frankfurt am Main; H. Lambrecht, Die Entwicklung des Interzonenhandels von seinen Anfängen bis zur Gegenwart, Berlin 1965 (Sonderhefte des DIW, Nr. 72); ders., Stichwort „Interzonenhandel" im Staatslexikon für Recht, Wirtschaft, Gesellschaft, Ergänzungsband zur 6. Aufl., Freiburg 1969.

⁴³ Über das Konto I werden die „harten Waren" — auf der Bezugsseite der Bundesrepublik vor allem Bergbau- und Maschinenbauerzeugnisse, auf der Lieferseite hauptsächlich Eisen-, Stahl sowie Maschinenbauerzeugnisse —, über das Konto II die „weichen Waren" abgerechnet. Mit der Kontenzusammenlegung im Jahr 1967 wurde auch der Swing vereinigt. Seither entfällt die Notwendigkeit separaten Kontenausgleichs.

⁴⁴ Die in den letzten Jahren deutlich spürbare Liberalisierung der Bezugspolitik in der Bundesrepublik, die sich sowohl in der Überprüfung früher wertbegrenzter Bezugspositionen in die offene Ausschreibung (Kontingententlassungen) als auch in der Erhöhung ihrer Wertgrenzen (Kontingentaufstockungen) ausdrückte, hatte zur Folge, daß bei den Erzeugnissen der gewerblichen Wirtschaft gegenwärtig noch etwa 70 Warenpositionen nicht ausgeschrieben und rd. 200 kontingentiert sind.

⁴⁵ Das Jahr mit den höchsten Barzahlungskäufen war 1967 mit rd. 100 Mill. DM.

⁴⁶ Der IDH wird vom Außenhandel streng unterschieden. Materielle Folgen aus dieser Einordnung sind für die DDR neben der Zollfreiheit bei gewerblichen Erzeugnissen eine Nutznießerschaft an der EWG, da sie bei agrarischen Lieferungen in die Bundesrepublik, ohne Abschöpfungen zahlen zu müssen, in den Genuß der meist hohen EWG-Agrarbinnenpreise gelangt.

⁴⁷ 1969 stiegen die Lieferungen der Bundesrepublik um rd. 60 % und im ersten Halbjahr 1970 um rd. 30 % gegenüber den jeweiligen Vorjahreswerten.

⁴⁸ Neben den bereits erwähnten Maßnahmen gehören dazu: Finanzierungserleichterungen im Investitionsgütergeschäft durch Schaffung von Bundesgarantien, die Gründung der Gesellschaft zur Finanzierung von Industrieanlagen mbH (Gefi) und die Errichtung von Kommissionslägern. Vgl. die Wochenberichte des DIW, Berlin: Interzonenhandel zwischen Stagnation und neuen Impulsen (40/1967); Neue Impulse für den Interzonenhandel? (16/1968); Verstärkte Expansion im innerdeutschen Warenverkehr und im Außenhandel der DDR (28/1969).

⁴⁹ Bei den hier aufgeführten Kontakten handelt es sich um eine Fortschreibung des Kapitels III — innerdeutsche Beziehungen —, das in den Materialien des letzten Berichts zur Lage der Nation (Januar 1970) enthalten ist.

Kapitel II

Bevölkerungs- und Erwerbsstruktur

◆ In der Bundesrepublik lebten 1969 auf einer gut doppelt so großen Fläche (BRD: 248 571 qkm; DDR: 108 173 qkm) mehr als dreimal so viel Einwohner wie in der DDR (BRD: 60,848 Mill.; DDR: 17,076 Mill.). Die Bevölkerungsrelation verändert sich weiterhin zugunsten der Bundesrepublik, denn ihre Einwohnerzahl wächst aus natürlichen Gründen und durch Wanderungsüberschüsse.
(84—89)

◆ Die Bevölkerungsdichte der Bundesrepublik war 1969 weitaus höher als die der DDR (BRD: 245 Einwohner je qkm; DDR: 158 Einwohner je qkm). (125)

◆ Trotz ähnlichen Altersaufbaus, der durch die beiden Weltkriege entscheidend geprägt wurde, sind im Vergleich zur Bundesrepublik die Ungleichgewichte zwischen der männlichen und der weiblichen Einwohnerschaft und zwischen Erwerbsfähigen und Alten in der DDR ausgeprägter und auffallender. (90—93)

◆ In der Bundesrepublik und in der DDR besteht ein Trend zur Frühehe und zur Familienplanung. Die Geburtenziffern sind in beiden Staaten rückläufig. (94—110)

◆ In der Bundesrepublik ist die Sterblichkeit der mittleren Altersklassen bei den Männern, in der DDR bei den Frauen höher.
(111—115)

◆ In beiden Staaten zählen die Raten des natürlichen Bevölkerungswachstums (die Differenz zwischen den Geburten und den Sterbeziffern) zu den geringsten der Welt. (116)

◆ In beiden deutschen Staaten steigt die Scheidungshäufigkeit. Die Zahl der Ehescheidungen je 10 000 Einwohner lag jedoch in den letzten Jahren in der DDR um mehr als die Hälfte höher als in der Bundesrepublik. (107, 108)

◆ In der Bundesrepublik wird seit Jahren ein Ausgleich der schwachen Bevölkerungsentwicklung und der ungünstigen Altersstruktur durch den Zuzug von Ausländern erreicht. (117—120)

◆ In der DDR werden die Wirkungen der schwachen Bevölkerungsentwicklung, der ungünstigen Altersstruktur und der fehlenden Zuwanderung auf das Erwerbspotential mehr als ausgeglichen durch eine wesentlich intensivere Eingliederung nahezu aller Bevölkerungsgruppen in das Erwerbsleben. Das betrifft insbesondere die Erwerbsbeteiligung der Frauen und der Personen im Rentenalter, die in der DDR wesentlich höher ist als in der Bundesrepublik. (135—141)

◆ Die Erwerbsquote ist in der DDR im Unterschied zur Bundesrepublik in den letzten Jahren ständig gestiegen. Sie war 1969 mit 50,9 % eine der höchsten in der Welt (BRD: 44,4 %). (136, 137)

◆ In beiden Staaten steigt der Anteil der Arbeitnehmer an der Zahl der Erwerbspersonen. (131)

◆ Die Verteilung der Erwerbstätigen auf die Wirtschaftsbereiche ist in beiden Staaten ähnlich und spiegelt die Grundstruktur hochindustrialisierter Volkswirtschaften. Der Anteil der Beschäftigung in der Landwirtschaft ist in der DDR allerdings höher, der des Dienstleistungsbereichs niedriger. Die Entwicklungstendenzen sind ebenfalls ähnlich: Der Industrieanteil verharrt auf gleicher Höhe, die landwirtschaftliche Beschäftigung geht zurück, die Dienstleistungssektoren nehmen zu. (145—150)

◆ Die Berufsstrukturen zeigen im großen und ganzen in der Bundesrepublik und in der DDR mehr Ähnlichkeiten als Unterschiede. (151—157)

◆ Die Ausstattung der Bundesrepublik mit hochqualifizierten Arbeitskräften war in den sechziger Jahren besser als die der DDR, vor allem wegen der vorangegangenen Abwanderung von Akademikern aus der DDR. Inzwischen dürfte der Akademikeranteil an den Erwerbspersonen in der Bundesrepublik von dem in der DDR erreicht, wenn nicht übertroffen worden sein. Dabei fällt in der DDR besonders deutlich die bessere Ausstattung mit Fachschulabsolventen ins Gewicht. (158—166)

◆ Die Fachrichtungsstruktur der Hochqualifizierten unterscheidet sich deutlich. Im Unterschied zur Bundesrepublik ist in der DDR eine stärkere Ausrichtung auf technisch-naturwissenschaftliche Berufe erkennbar. (167—171)

1. Bevölkerung und Raum

a) Wohnbevölkerung und Altersstruktur

Bevölkerungsstand

84. Das Staatsgebiet der Bundesrepublik ist mit 248 571 qkm mehr als doppelt so groß wie das der DDR mit 108 173 qkm. Das Flächenverhältnis beträgt 100 : 44.

85. In diesen Gebieten lebten 1969 durchschnittlich 60,848 Mill. (BRD) und 17,076 Mill. (DDR) Menschen [1]. Das Bevölkerungsverhältnis beträgt demnach 100 : 28. Schon aus dem Vergleich zwischen Flächen- und Bevölkerungsrelation geht die unterschiedliche Besiedlungsdichte hervor, auf die im einzelnen noch eingegangen werden wird (vgl. Abschnitt 1 d).

Deutsche, Ausländer

86. Am Jahresende 1969 betrug die Einwohnerzahl der Bundesrepublik 61,195 Mill. Hiervon waren etwa 58,750 Mill. deutsche Staatsangehörige und 2,445 Mill. Ausländer. Die Ausländerzahl in der DDR ist nicht bekannt, darf aber wohl als vernachlässigenswerte Größe gelten. Die Relation zwischen den Wohnbevölkerungen deutscher Staatsangehörigkeit lautet demnach 100 : 29.

Konfession

87. Die Konfessionsstruktur ist unterschiedlich: Im Jahre 1964 gehörten den beiden großen Religionsgemeinschaften in der Bundesrepublik insgesamt 96,3 % der Bevölkerung an, in der DDR 67,5 %. Evangelisch waren in der Bundesrepublik 49,7 % und in der DDR 59,4 % der Bevölkerung, katholisch 46,6 % (BRD) und 8,1 % (DDR). Während die Zahl derer, die sich in der Bundesrepublik als konfessionslos bezeichneten, gering war, betrug ihr Anteil in der DDR 31,6 %.

Bevölkerungsentwicklung

88. Die Bevölkerung der Bundesrepublik nahm im Zeitraum von 1964 bis 1969 ohne Unterbrechung — wenn auch mit jährlich wechselnden Wachstumsraten — von 58,266 auf 60,848 Mill. zu, also um insgesamt 2,582 Mill. oder 4,43 % (vgl. Tabelle A 10).

Im gleichen Zeitabschnitt nahm die Bevölkerung der DDR von 16,983 auf 17,076 Mill., also um 93 000 oder 0,55 % zu. Zwischen diesen beiden Werten liegt jedoch (im Jahr 1968) ein Höchststand von 17,08 Mill., so daß von einem kontinuierlichen Bevölkerungswachstum nicht gesprochen werden kann [2].

Die Bevölkerungsrelation verändert sich weiterhin zugunsten der Bundesrepublik; denn ihre Einwohnerzahl wächst aus natürlichen Gründen und durch Wanderungsüberschüsse; diejenige der DDR stagniert.

Vorausschätzungen

89. Nach einer Schätzung des Statistischen Bundesamtes auf der Basis von 1968 wird die Wohnbevölkerung der Bundesrepublik bis zum 1. Januar 2000 auf 68,947 Mill. anwachsen (+15 % gegenüber 1968)[3].

Nach einer älteren amtlichen Schätzung auf der Basis von 1964 wird die Wohnbevölkerung der DDR am 31. Dezember 2000: 19,458 Mill. betragen [4]. Bezogen auf den damaligen und, wie sich zeigt, zu hoch angesetzten Schätzwert von 1968 (17,182 Mill.) entspräche dies einem Zuwachs von 13,2 %.

Beide Vorausschätzungen entsprechen wahrscheinlich nicht der tatsächlichen Entwicklung: In der Bundesrepublik dürfte nach den jüngsten Feststellungen des Statistischen Bundesamtes bereits 1970 die natürliche Bevölkerungsentwicklung erheblich unterhalb der Schätzungen liegen.

Die DDR-Schätzung wich bereits 1969 stark von dem tatsächlichen Wert ab (17,075 Mill. tatsächlich gegenüber 17,214 Mill. geschätzt).

Altersaufbau

90. Die Alterspyramiden sind in der Bundesrepublik und in der DDR ähnlich (vgl. Tabelle A 11). Sie werden geprägt durch:

1. eine starke Einbuchtung bei der Altersgruppe der 20- bis 25jährigen (Geburtenausfall am Ende des zweiten Weltkrieges),
2. eine Einbuchtung bei der Altersgruppe der 35- bis 40jährigen (Geburtenausfall während der Wirtschaftskrise der 30er Jahre),
3. den Männermangel bei den über 40jährigen (Folge der Verluste in beiden Weltkriegen) und
4. eine Einbuchtung bei der Altersgruppe der 50- bis 55jährigen (Geburtenausfall im ersten Weltkrieg).

91. Es bestehen jedoch Abweichungen, insbesondere folgende:

1. In der Bundesrepublik waren 1968 18,9 % der Bevölkerung 60 Jahre und älter; in der DDR 22 %.
2. In der Bundesrepublik gehörten 13,5 % zur Altersgruppe der 10- bis unter 20jährigen; in der DDR 14,9 %.
3. In der Bundesrepublik gehörten 16,9 % zur Altersgruppe der 40- bis unter 55jährigen; in der DDR 14,6 %.
4. In der Bundesrepublik kamen auf 1000 Männer 1106 Frauen; in der DDR beträgt das Verhältnis 1000 : 1179 [5].

92. In der Bundesrepublik stehen insgesamt 64 % aller Einwohner im Alter von 15 bis unter 65 Jahren; in der DDR besaß diese Altersschicht nur einen Anteil von 61 % [6]. Daraus resultiert auch eine stärkere Belastung der Erwerbstätigen durch Kinder und Alte in der DDR.

Übersicht 6

Erwerbsfähige, Kinder und Alte 1968

Altersgruppe	DDR in % der BRD		
	Insgesamt	Männer	Frauen
0 bis unter 15 Jahre	28,6	28,7	28,6
15 bis unter 65 Jahre	27,0	25,7	28,1
65 Jahre und darüber	33,8	33,6	34,0
Insgesamt	28,3	27,3	29,1

b) **Natürliche Bevölkerungsentwicklung und ihre Faktoren**

93. Die natürliche Bevölkerungsentwicklung ist das Resultat der jährlichen Differenz zwischen der Zahl der Geburten und der Zahl der Sterbefälle. Von Bedeutung sind für die Geburtenziffer die gegebenen Altersstrukturen der Bevölkerung und das „generative Verhalten" (Zahl der Geburten bei den Frauen im gebärfähigen Alter, auch „Fruchtbarkeit" genannt).

Generatives Verhalten

Geburtenquote

94. Die Geburtenquote (Lebendgeburten je 1000 Einwohner) lag 1969 in der Bundesrepublik bei 14,8 und in der DDR bei 14,0. Damit zählen beide

Schaubild 1

Altersstruktur der Bevölkerung Ende 1968

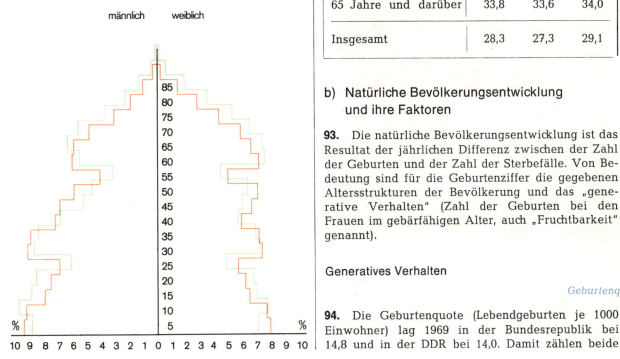

Kapitel II

Staaten gegenwärtig in Europa zu den Ländern mit den niedrigsten Geburtenquoten. Die Bundesrepublik lag 1968 an siebtletzter Stelle (unter 26 Staaten). Die DDR lag 1968 unter allen Ländern Europas zusammen mit Schweden vor Luxemburg an vorletzter Stelle. Für diese „Rangordnung" ist nicht nur das generative Verhalten, sondern auch der Altersaufbau der Bevölkerung von Bedeutung.

Geburtenrückgang

95. Im Zeitraum von 1964 bis 1969 war in beiden Staaten ein Geburtenrückgang zu verzeichnen (vgl. Tabellen A 12 und A 13).

Übersicht 7

Geburtenrückgang

Jahr	Geburten		Veränderung in %	
	BRD	DDR	BRD	DDR
1964	1 065 437	291 867		
1969	903 458	239 256	−15,2	−18,0

96. Einer der Gründe für diesen Geburtenrückgang liegt in der Veränderung der Altersstruktur der weiblichen Bevölkerung, ein anderer in der Veränderung des generativen Verhaltens.

Übersicht 8

Veränderung der Geburtenzahl aus Alter und generativem Verhalten

BRD				
	Lebendgeborene			
Jahr	Tatsächliche Zahl	Erwartungszahl [1]	Veränderung aus Alter in %	Veränderung aus generativem Verhalten in %
1964	1 065 437	1 065 437		
1969	903 458	1 051 847	−1,3	−13,9

DDR				
	Lebend- und Totgeborene			
Jahr	Tatsächliche Zahl	Erwartungszahl [1]	Veränderung aus Alter in %	Veränderung aus generativem Verhalten in %
1964	291 867	291 867		
1969	239 256	277 759	−5,2	−12,9

[1] Bei altersspezifischen Geburtenziffern im Jahre 1964 und Altersgliederung der Frauen im Jahre 1969.
Quellen: BRD: WiSta 5/1970, S. 232;
DDR: Eigene Berechnungen auf Grund der in WiSta 5/1970 angegebenen Methode und an Hand der Daten des Statistischen Jahrbuches der DDR.

97. Der auf die ungünstige Altersstruktur zurückführbare Geburtenrückgang in der Zeit von 1964 bis 1969 betrug in der Bundesrepublik lediglich 1,3 %, in der DDR dagegen 5,2 %.

98. Die Veränderung im generativen Verhalten ist ähnlicher. Hier ist ein etwas stärkerer Rückgang in der Bundesrepublik zu beobachten (13,9 % gegenüber 12,9 % in der DDR) [7].

99. Wird die Zahl der Lebendgeborenen auf die weibliche Wohnbevölkerung im Alter von 15 bis unter 45 Jahren bezogen, so errechnet sich die „allgemeine Fruchtbarkeitsziffer". Diese verändert sich mit dem generativen Verhalten; sie ist also in der Bundesrepublik und in der DDR rückläufig [8].

Übersicht 9

Allgemeine Fruchtbarkeitsziffern

Jahr	BRD	DDR
1964	86,8	87,5
1969 [1]	75,0	71,3

[1] Vorläufige Zahlen.

Geburtenziffern nach dem Alter der Mütter

100. Wird die Geburtenziffer je 1000 Frauen in den einzelnen Altersjahrgängen (altersspezifische Fruchtbarkeitsziffern) betrachtet, so zeigt sich für die Bundesrepublik, daß sich die Geburtenhäufigkeit zugunsten der jüngeren Mütter verschiebt und daß sich die Geburten immer mehr auf ganz bestimmte Jahrgänge konzentrieren. Diese Konzentration ist in der DDR auch zu beobachten, die Verschiebung jedoch nicht.

101. Die altersspezifischen Fruchtbarkeitsziffern weisen sowohl 1964 als auch 1969 zwischen beiden Staaten erhebliche Unterschiede auf. Die höchsten Geburtenziffern waren 1964 in der Bundesrepublik für die Gruppe der 24- bis 25jährigen Frauen (179 Geburten je 1000 Frauen dieses Alters) festzustellen), in der DDR dagegen schon für die Gruppe der 20- bis 21jährigen (192). Vier Jahre später waren in der Bundesrepublik die 21- bis 22jährigen die geburtenfreudigste Altersgruppe (160), in der DDR blieben es die 20- bis 21jährigen, deren spezifische Geburtenziffer noch angestiegen war (auf 205).

102. Bemerkenswert ist, daß die Familienplanung in beiden Staaten zunimmt [9].

Ehen, Scheidungen, Familienstandsstruktur

Eheschließungen

103. Die Statistiken über das durchschnittliche Erstheiratsalter (vgl. Tabellen A 15 und A 16) ergeben, daß in der Bundesrepublik später geheiratet wird als in der DDR. Dem entspricht die im Vergleich zur DDR geringere Geburtenhäufigkeit bei jungen Frauen in der Bundesrepublik.

Die Daten zum durchschnittlichen Heiratsalter enthalten auch die im höheren Alter eingegangenen Zweit- und weiteren Ehen. Genaue Aussagen über das durchschnittliche Alter bei der ersten Heirat sind ihnen daher nicht zu entnehmen.

Übersicht 10

Durchschnittliches Heiratsalter in Jahren

1968	Männer		Frauen	
	BRD	DDR	BRD	DDR
Durchschnittliches Heiratsalter	28,5	28,2	25,2	25,2
Durchschnittliches Erstheiratsalter	25,8	24,5	23,3	22,4

104. Eine Aufschlüsselung der Heiratenden nach den Altersjahren, in denen am häufigsten geheiratet wurde, ergibt: 1968 wurden in der Bundesrepublik fast 12 % aller Ehen von 19jährigen, in der DDR aber fast 16 % von 18jährigen Mädchen geschlossen. In den Jahren davor waren die Relationen ähnlich [10].

105. Ein weiterer Beleg für die Tatsache, daß in der Bundesrepublik später geheiratet wird als in der DDR: In der Bundesrepublik waren 1968 bei der Heirat 43 % der Männer und knapp 67 % der Frauen noch nicht 25 Jahre alt. Dagegen lauten diese Zahlen für die DDR: 51 % aller Männer und über 69 % aller Frauen waren bei der Heirat noch nicht 25 Jahre.

106. Die Zahl der Eheschließungen je 1000 Einwohner war in beiden Staaten wegen der ins Hei-

Übersicht 11

Anzahl der Eheschließungen

Jahr	Eheschließungen je 1000 der Bevölkerung	
	BRD	DDR
1964	8,7	8,0
1965	8,3	7,6
1966	8,1	7,1
1967	8,1	6,9
1968	7,4	7,0
1969 [1]	7,3	7,3

[1] Vorläufige Zahlen.

ratsalter kommenden Nachkriegsjahrgänge in den 60er Jahren rückläufig. Zum Ende des Jahrzehnts war allerdings in der DDR wieder ein leichter Anstieg zu verzeichnen.

Ehescheidungen

107. Das Eheverhalten in der Bundesrepublik ist noch in anderer Hinsicht von demjenigen in der DDR unterschieden: Die Scheidungsziffern je 10 000 Einwohner liegen in der Bundesrepublik weit unter denen der DDR, wobei in beiden Gebieten die Scheidungshäufigkeit ansteigt:

Übersicht 12

Anzahl der Ehescheidungen

Jahr	Ehescheidungen auf 10 000 der Bevölkerung	
	BRD	DDR
1964	9,5	16,2
1965	10,0	15,6
1966	9,8	16,4
1967	10,5	16,6
1968	10,8	16,8
1969		16,9 [1]

[1] Vorläufige Zahl.

108. Unterschiede im Scheidungsrecht, in der Konfessionsstruktur und in der verbreiteteren wirtschaftlichen Selbständigkeit der Frauen sind denkbare Ursachen für die höheren Scheidungszahlen in der DDR.

109. Der Anteil der Geschiedenen an der gleichaltrigen Bevölkerung ist in der DDR in allen Altersgruppen höher als in der Bundesrepublik.

Familienstandsstruktur

110. Das unterschiedliche Heiratsalter (vgl. Tabellen A 15 und 16) schlägt sich auch in der Familienstandsstruktur nieder. Von den 20- bis 25jährigen Männern sind in der Bundesrepublik fast 82 %, in der DDR nur fast 61 % ledig, von den gleichaltrigen Frauen ist in der Bundesrepublik genau die Hälfte, in der DDR weniger als ein Drittel ledig. Die korrespondierenden Unterschiede finden sich bei den Verheirateten in dieser Altersgruppe. Die Altersstruktur der Verwitweten weicht in beiden Staaten nur unerheblich voneinander ab.

Sterblichkeit

111. Die natürliche Bevölkerungsentwicklung ist in der Bundesrepublik gegenüber der DDR nicht nur deshalb günstiger, weil infolge einer günstigeren Altersstruktur die Geburtenziffern höher liegen,

Kapitel II

sondern auch, weil — aus den gleichen altersstrukturellen Gründen — die Sterbeziffern (Zahl der jährlichen Todesfälle je 1000 Einwohner) niedriger sind (vgl. Tabelle A 18) [11].

Säuglingssterblichkeit

112. Die Säuglingssterblichkeit ist seit 1966 in der Bundesrepublik höher als in der DDR (vgl. Tabelle A 20). Sie hat sich in der DDR von 1964 bis 1969 auch stärker verringert (um 30 %) als in der Bundesrepublik (um 9 %).

113. Noch ungünstiger stellt sich das Verhältnis für die Bundesrepublik bei der Sterblichkeit im ersten Lebensmonat. Die entscheidenden Erfolge der DDR wurden durch das ausgebaute Mütter- und Säuglingsbetreuungssystem errungen (vgl. Kapitel VI). Die Sterblichkeit der Säuglinge vom 2. Lebensmonat ab ist in der Bundesrepublik dagegen niedriger als in der DDR.

114. Unter 26 europäischen Staaten nahm die Bundesrepublik 1968 hinsichtlich der Säuglingssterblichkeit den 12. Platz ein. Die DDR nahm zusammen mit Frankreich den 9. bis 10. Platz ein.

Lebenserwartung

115. Entsprechend den Unterschieden in der geschlechts- und altersspezifischen Sterblichkeit haben in der Bundesrepublik männliche Personen von der Geburt bis ins Alter eine niedrigere Lebenserwartung als in der DDR; bei den Mädchen und Frauen verhält es sich umgekehrt (vgl. Tabelle A 21).

Geburtenüberschuß

116. Aus den Zahlen der Geborenen und der Gestorbenen ergibt sich ein Geburtenüberschuß von 159 000 (BRD) bzw. ein Gestorbenenüberschuß von 4000 (DDR) für das letzte statistisch belegte Jahr (1969; vgl. Tabelle A 13). Die relative natürliche Bevölkerungsveränderung belief sich auf + 0,3 % in der Bundesrepublik gegenüber — 0,02 % in der DDR. Damit nimmt die Bundesrepublik den viertletzten und die DDR den letzten Platz im natürlichen Bevölkerungswachstum der Welt ein [12].

c) Wanderungen

Außenwanderungen

117. Die Bevölkerung der Bundesrepublik wächst seit geraumer Zeit Jahr für Jahr auch infolge eines Überschusses der Zuzüge über die Fortzüge (positiver Wanderungssaldo). Im letzten Jahrzehnt ergab sich nur einmal (1967) ein negativer Wanderungssaldo. Die Außenwanderung ist damit eine wesentliche Komponente der Bevölkerungsentwicklung (vgl. Tabelle A 22).

Übersicht 13

Außenwanderungen der Bundesrepublik (ausgenommen Wanderungen zwischen der Bundesrepublik und der DDR sowie den Gebieten jenseits Oder-Neiße) in 1000

Jahr	Zuzüge	Fortzüge	Saldo
1962	566,5	326,3	+240,2
1963	577,0	426,8	+150,2
1964	698,6	457,8	+240,8
1965	791,7	489,5	+302,2
1966	702,3	608,8	+ 93,5
1967	398,4	604,2	—205,8
1968	657,5	404,3	+253,2

Quelle: Fachserie A, Reihe 3, II, 1967; für 1968 Auskunft des Statistischen Bundesamtes.

Ausländische Zuwanderer

118. Der bei weitem überwiegende Teil der Zuwanderer besteht aus ausländischen Arbeitskräften aus den Anwerbeländern. Im Durchschnitt des Jahres 1969 waren in der Bundesrepublik 1,365 Mill. ausländische Arbeitnehmer beschäftigt. 1970 dürfte diese Zahl auf etwa 1,8 Mill. angewachsen sein.

Ein entsprechender Vergleich mit der DDR ist nicht möglich. Gelegentliche Meldungen besagen, daß in letzter Zeit in der DDR Arbeitnehmer aus anderen Ostblockländern beschäftigt wurden und daß Überlegungen über weitere Anwerbungen angestellt worden sind.

Für die Entwicklung der Wohnbevölkerung in der DDR spielen ausländische Arbeitskräfte keine wesentliche Rolle. Dieser besondere Unterschied zwischen den beiden deutschen Staaten ist bei allen Strukturvergleichen, die sich auf die Bevölkerung und das Erwerbspotential beziehen, zu bedenken.

Zuzüge aus DDR und Polen

119. Die Wanderungen zwischen der Bundesrepublik und der DDR (vgl. Tabelle A 23) sind seit 1962 unbedeutend und nehmen weiterhin ab. Dabei überwiegen die Zuzüge ins Bundesgebiet. Bei den Zuzügen handelt es sich im wesentlichen um Personen im Rentenalter. Der Anteil der Erwerbspersonen an den Zuzügen betrug in den letzten Jahren nur etwa 16 %.

120. Auch bei den Wanderungen zwischen der Bundesrepublik und den Gebieten jenseits von Oder und Neiße ergibt sich für die Bundesrepublik ein Wanderungsgewinn, dessen Größenordnung jedoch für die Bevölkerungsentwicklung unwesentlich ist. Die Erwerbspersonen sind auch hier am Zugang unterproportional beteiligt.

Aus den Gebieten jenseits von Oder und Neiße dürften im Zuge von Familienzusammenführungsmaßnahmen auch Personen in die DDR wandern. Über den Umfang solcher Wanderungen, der vermutlich sehr gering ist, liegen keine Angaben vor.

Binnenwanderungen

121. In der Intensität der Binnenwanderungen (Wanderungen innerhalb des jeweiligen Staatsgebiets) unterscheiden sich die Bundesrepublik und die DDR.

Volumen

In der Bundesrepublik ist das Wanderungsvolumen (Wanderungen über die Kreisgrenzen) seit 1964 nahezu konstant; jährlich ziehen etwa 48 von 1000 Einwohnern in einen anderen Kreis (vgl. Tabelle A 24) [13].

In der DDR ist das Wanderungsvolumen weit geringer und zudem rückläufig. Es umfaßte 1964: 31 Fälle auf 1000 Einwohner und ging bis 1967 auf 18 Fälle zurück.

Die unterschiedlichen Tendenzen in beiden deutschen Staaten zeigen sich deutlich bei einem Vergleich der Binnenwanderungen:

Übersicht 14

Binnenwanderungsvolumen auf 1000 Einwohner

Jahr	DDR in % der BRD
1964	66,4
1965	59,2
1966	43,6
1967	37,8

Quelle: Vgl. Tabelle A 24.

122. Bis zum Jahre 1964 liegen Wanderungszahlen nach dem Geschlecht gegliedert für beide Staaten vor. Nach diesen Zahlen nahmen in der Bundesrepublik relativ mehr weibliche Personen an den Wanderungen teil.

Bevölkerungsverlagerung

123. Im Saldo findet in der Bundesrepublik durch die Wanderungsströme eine stetige Bevölkerungsverlagerung in nord-südlicher Richtung statt, im wesentlichen nach Hessen, Baden-Württemberg und Bayern [14]. Eine so eindeutige Wanderungsgravitation ist für die DDR nicht festzustellen. Gewinne erzielten vor allem die Gebiete um Berlin, andere Gebiete mit positiven Wanderungssalden sind über die DDR verstreut (vgl. Karten 1 und 2).

Randgebiete

124. Auch in anderer Hinsicht gilt, daß bestimmte Tendenzen in der Bundesrepublik deutlicher sind als in der DDR: Das an die DDR grenzende Randgebiet der Bundesrepublik hatte 1967 einen Wanderungsverlust von rd. 19 000 Personen. Von 29 Kreisen hatten 19 einen Wanderungsverlust. Der Wanderungsgewinn in 10 Kreisen konzentriert sich auf den nördlichen Teil des Randgebiets.

Für die DDR kann von einer entsprechenden Entwicklung nicht allgemein gesprochen werden. Von 26 Kreisen der DDR, die an die Bundesrepublik grenzen, hatten 12 einen Wanderungsverlust, 14 einen Wanderungsgewinn (1967). Der Wanderungssaldo (Zahl der Personen) ist aus den Unterlagen nicht zu ermitteln. Die DDR-Grenzkreise mit Wanderungsgewinn liegen vor allem im Süden (vgl. Karte 3).

d) Bevölkerungsdichte und -verteilung

125. In der Bundesrepublik stieg die Bevölkerungsdichte von 235 Einwohnern je qkm (1964) auf 245 Einwohner/qkm (1969) an; in der DDR nahm sie im gleichen Zeitraum nur von 157 auf 158 zu.

Die Bevölkerungsdichte ist also in der Bundesrepublik wesentlich höher als in der DDR, und die Differenz vergrößert sich weiter. Die Bevölkerungsdichte war 1964 in der Bundesrepublik um fast die Hälfte (um 49 %) größer als in der DDR, 1969 sogar um mehr als die Hälfte (um 55,1 %).

Übersicht 15

Bevölkerungsdichte (Einwohner je qkm)

Jahr	BRD	DDR	DDR in % der BRD
1964	235	157	67,1
1965	238	157	66,2
1966	240	158	65,8
1967	241	158	65,6
1968	242	158	65,3
1969	245	158	64,5

Kapitel II
Karte 1

Wanderungsgewinn der Kreise 1967

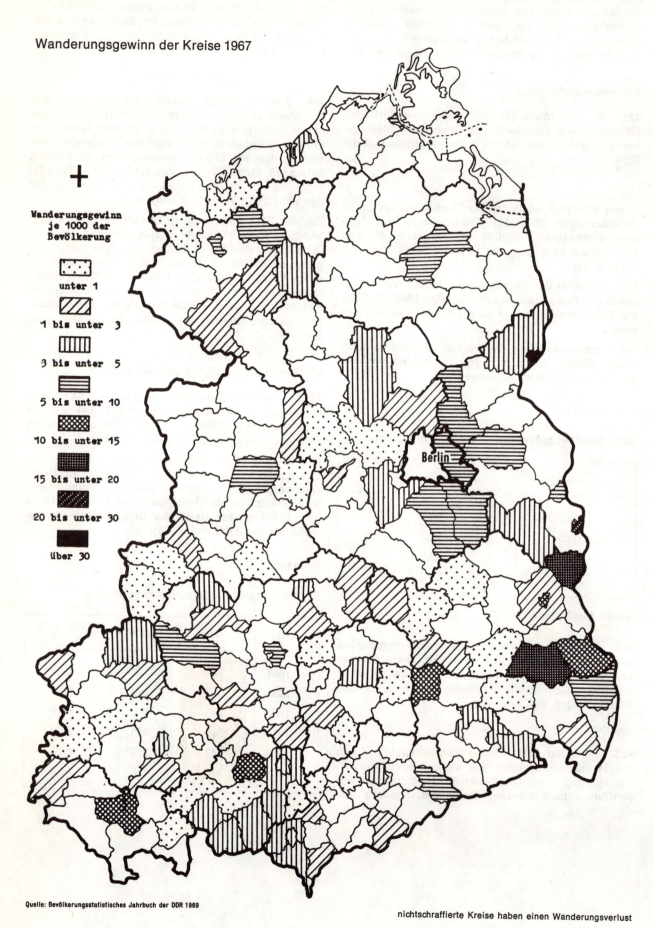

Quelle: Bevölkerungsstatistisches Jahrbuch der DDR 1969

nichtschraffierte Kreise haben einen Wanderungsverlust

Karte 2

Wanderungsverlust der Kreise 1967

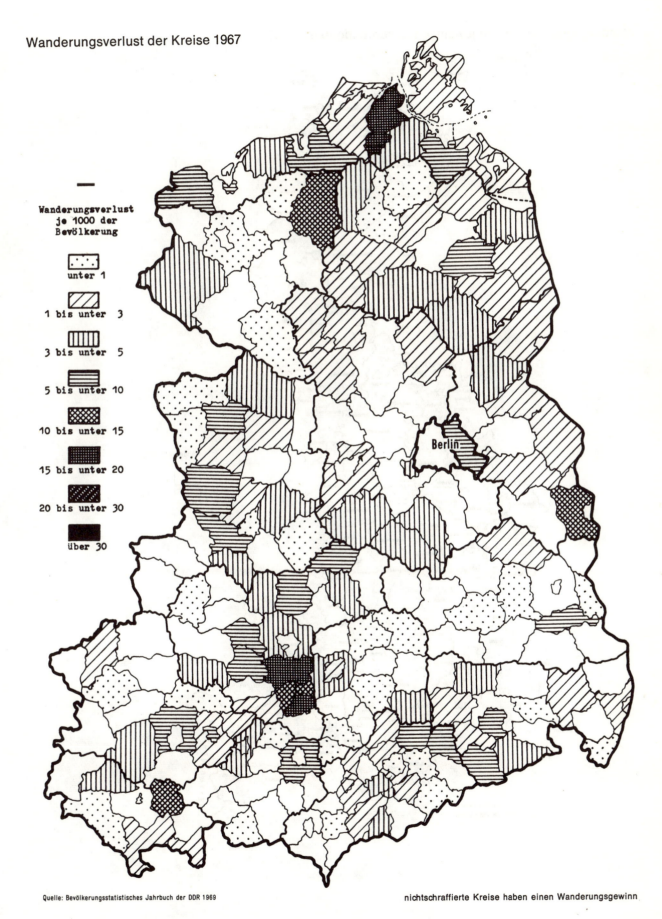

Quelle: Bevölkerungsstatistisches Jahrbuch der DDR 1969   nichtschraffierte Kreise haben einen Wanderungsgewinn

Kapitel II
Karte 3

Wanderungssalden in den jeweiligen Zonenrandgebieten 1967

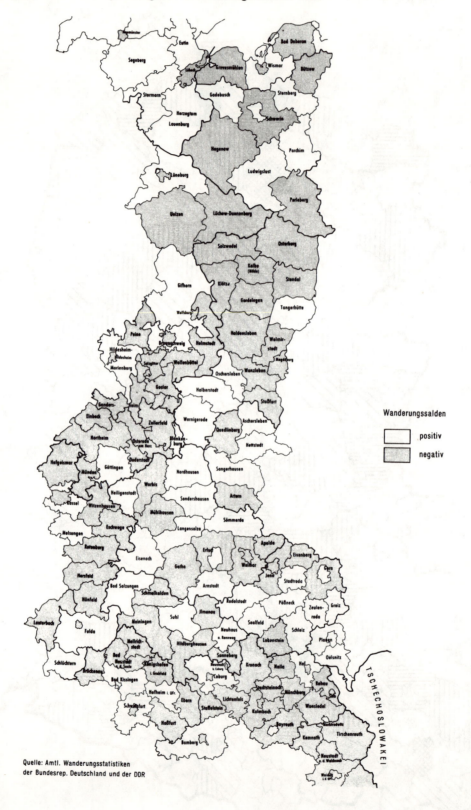

Quelle: Amtl. Wanderungsstatistiken der Bundesrep. Deutschland und der DDR

Karte 4

Verdichtungsräume in der Bundesrepublik Deutschland und der DDR

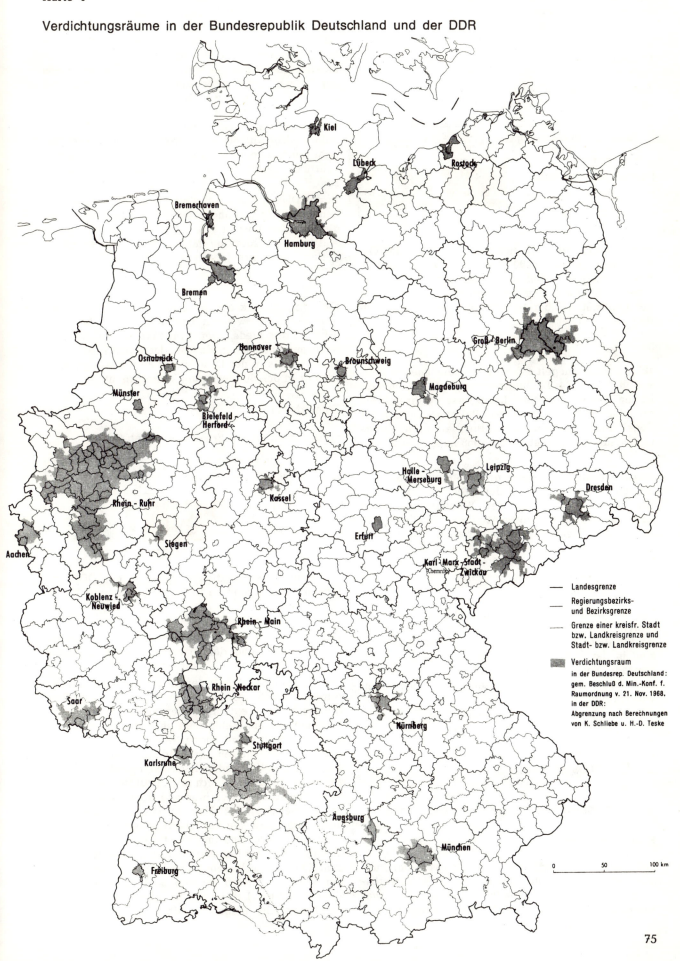

Kapitel II

126. Die DDR-Bevölkerung ist auch weniger auf die höheren Ortsklassen konzentriert als die Bevölkerung der Bundesrepublik:

Übersicht 16

Bevölkerungsanteil in Kleinstgemeinden und Großstädten in % (1968)

Anteil der Bevölkerung in Gemeinden	BRD	DDR
unter 500 Einwohner	4,8	7,6
über 100 000 Einwohner	32,1	21,9

In der Bundesrepublik nehmen vor allem die Gemeinden zwischen 10 000 und 50 000 Einwohnern an Bevölkerung zu. Abnahmen sind nicht nur für die Kleinstgemeinden, sondern auch für die Ortsklasse der Großstädte (über 100 000 Einwohner) augenfällig [15].

Ballungsräume

127. Hierin spiegelt sich u. a. die zunehmende Ausweitung von 24 Ballungsräumen auf die benachbarten Kleinstädte und Landkreise, während die großstädtischen Zentren dieser Ballungsräume in der Regel keine weitere Verdichtung erfahren, einige Großstädte nahmen aber von 1968 nach 1969 wieder zu [16].

Hinzu kommt eine relativ große Stabilität hinsichtlich der Konzentration in der DDR, wie angesichts des geringen Umfangs der Binnenwanderungen kaum anders zu vermuten ist (vgl. Tabelle A 25). In der DDR steht einer sehr geringen Abnahme in kleinen Gemeinden eine Zunahme vor allem in Städten von 20 00 bis 100 000 Einwohnern gegenüber. Eine Abwanderung aus Großstädten ist nicht zu beobachten.

Für die DDR lassen sich acht Ballungsräume definieren. Die Tendenz zunehmender Verdichtung ist für diese Gebiete nicht festzustellen. Vielmehr sind in der DDR neue Zentren (Schwedt, Eisenhüttenstadt, Senftenberg-Hoyerswerda) außerhalb der traditionellen Verdichtungszeiträume geschaffen worden (vgl. Karte 4).

2. Erwerbstätigkeit

a) Erwerbsbevölkerung und Erwerbspotential

Erwerbspersonen

128. Im Jahresdurchschnitt 1969 gab es in der Bundesrepublik 27,0 Mill. Erwerbspersonen (Erwerbstätige + registrierte Arbeitslose). In der DDR waren es im gleichen Jahr rd. 8,7 Mill. Personen. Dies entspricht einer Relation von 100 : 32 (Einwohnerverhältnis 100 : 28 (vgl. Tabelle A 26).

129. In der Bundesrepublik stagniert die Zahl der Erwerbspersonen — von konjunkturellen Schwankungen abgesehen — seit mehreren Jahren: 1969 lag sie um 0,5 % unter dem Stand von 1964, 1970 übertrifft sie ihn leicht. Ohne die starke Zuwanderung von Ausländern hätte sich die Erwerbspersonenzahl in der Bundesrepublik in diesem Zeitraum jedoch nicht auf diesem Niveau halten lassen: Die Zahl der inländischen Erwerbskräfte ging in diesem Jahrfünft um mehr als 2 % (600 000 Personen) zurück [17].

In der DDR nahm die Erwerbspersonenzahl — ohne nennenswerte Zuwanderung von Ausländern — zur gleichen Zeit um gut 4 % (340 000 Personen) zu. Der Anstieg hielt über den ganzen Zeitraum hinweg an, verlangsamte sich jedoch in der letzten Zeit.

Geschlecht

130. Im Hinblick auf die Struktur der Erwerbspersonen gibt es zwischen beiden Gebieten beträchtliche Unterschiede. Der Frauenanteil an den Erwerbspersonen ist in der Bundesrepublik erheblich niedriger als in der DDR, wo er auch ansteigt, während er in der Bundesrepublik zurückgeht.

Übersicht 17

Frauenanteil an den Erwerbspersonen (in %)

Jahr	BRD	DDR
1964	36,4	44,2
1969	35,6	45,8

Die Frauenerwerbstätigkeit spielt in der DDR seit langem eine besondere Rolle (vgl. Abschnitt 2 d) [18].

Stellung im Beruf

131. Auch die Sozialstrukturen sind — gemessen an der Verteilung der Erwerbspersonen nach der „Stellung im Beruf" — sehr verschieden.

Der prozentuale Anteil der Selbständigen ist in der Bundesrepublik weitaus höher als in der DDR. Dies gilt auch für die Gruppe der mithelfenden Familienangehörigen. Zählt man die überwiegend der Landwirtschaft zugehörigen Mitglieder von Produktionsgenossenschaften zur Kategorie der „Selbständigen und mithelfenden Familienangehörigen" hinzu, dann reduzieren sich die Strukturunterschiede zwar beträchtlich; der hier wie dort steigende Arbeitnehmeranteil ist aber in der Bundesrepublik auch dann noch spürbar niedriger als in der DDR. Auch im Handel und im Dienstleistungsbereich gibt es nämlich in der Bundesrepublik relativ mehr Selbständige und mithelfende Familienmitglieder als in der DDR. In beiden Staaten sind etwa 5 % aller Erwerbstätigen Lehrlinge. Ihr Anteil steigt in der Bundesrepublik langsamer als in der DDR.

Übersicht 18

Verteilung der Erwerbspersonen

	Anteile in %				Entwicklung		DDR in % der BRD
	1964		1968		1968 (1964=100)		
	BRD	DDR	BRD	DDR	BRD	DDR	
Selbständige	11,4	3,2	11,2	2,6	95,4	83,3	7,6
Mithelfende Familienangehörige	8,7	2,1	7,8	1,2	88,2	57,2	5,0
Mitglieder von Produktionsgenossenschaften	—	12,7	—	12,2	—	98,0	
Arbeitnehmer	79,9	82,0	81,0	84,0	99,0	104,5	34,1
darunter Lehrlinge	(4,6)	(3,7)	(5,1)	(4,9)	107,3	134,2	31,5
Erwerbstätige	100,0	100,0	100,0	100,0	97,6	102,0	32,9

Alter

132. Ferner gibt es beachtliche Unterschiede im Alter der Erwerbspersonen.

Im Bundesgebiet ist die Überalterung der Erwerbspersonen — wie die der Gesamtbevölkerung (vgl. Abschnitt 1 a) — nicht so ausgeprägt wie in der DDR. Im Jahr 1964[19] standen in der Bundesrepublik 72,4 % aller Erwerbspersonen im Alter unter 50 Jahren; in der DDR belief sich der Anteil dieser Altersgruppen dagegen nur auf 67,4 % (vgl. Tabelle A 27).

133. Der auffälligste Unterschied im Altersaufbau der männlichen Erwerbspersonen besteht darin, daß der Anteil der mittleren Altersgruppen (25- bis unter 50jährige) in der Bundesrepublik erheblich höher ist als in der DDR (51,3 % gegenüber 46,7 %). Auf der anderen Seite ist die Bedeutung der Männer im Rentenalter für die Erwerbsbevölkerung in der DDR größer als in der Bundesrepublik.

134. Die Frauenerwerbstätigkeit in den Altersgruppen über 25 Jahre — und bis über das 60. Lebensjahr hinaus — hat in der Bundesrepublik kein so großes Gewicht wie in der DDR. Zu beachten ist, daß in der DDR vor allem wegen des höheren durchschnittlichen Schulentlaßalters die unterste Altersgruppe (14 bis 17 Jahre) der Frauen einen relativ geringen Anteil an allen Erwerbspersonen darstellt.

Erwerbsbeteiligung und Erwerbspotential

135. Im Jahre 1969 lag die Erwerbsquote in der Bundesrepublik mit 44,4 % wesentlich niedriger als in der DDR mit 50,9 % (vgl. Tabelle A 26). Dabei ist zu bedenken, daß die Erwerbsquote in der Bundesrepublik ohne die hier arbeitenden Ausländer um etwa einen Punkt niedriger wäre. Die Erwerbsquote in der DDR zählt zu den höchsten der Welt. In Europa wird sie nur von Bulgarien und Rumänien übertroffen.

136. Während die Erwerbsbeteiligung der Bevölkerung in der Bundesrepublik zwischen 1964 und 1969 um insgesamt 2,2 Prozentpunkte abnahm — und dies trotz der gestiegenen Ausländerbeschäftigung —, nahm sie in der DDR im gleichen Zeitraum um 1,8 Prozentpunkte zu.

Unterschiede nach Geschlecht

137. Schon bei den Männern sind die Erwerbsquoten in beiden Staaten in diesem Zeitraum unterschiedlich: Einem kontinuierlichen Rückgang in der Bundesrepublik (durchschnittlich um 0,5 Prozentpunkte pro Jahr) steht eine nahezu konstante Quote in der DDR gegenüber. Stark gegenläufig entwickelten sich die Erwerbsquoten der weiblichen Bevölkerung: Hier steht einer Abnahme der Erwerbsbeteiligung in der Bundesrepublik um 2,1 % in den letzten fünf Jahren eine Steigerung um 3,2 % in der DDR gegenüber.

138. Bei den Männern ist die Erwerbsbeteiligung in beiden Gebieten gegenwärtig fast gleich stark (60 %). Der Vergleich von 1964, der vermutlich auch die gegenwärtige Situation noch realistisch beschreibt, zeigt allerdings, daß die durchschnittliche Erwerbslebensdauer bei den Männern in der DDR größer ist (vgl. Tabelle A 29).

Kapitel II
Übersicht 19

Erwerbsquoten 1964 nach Altersgruppen und Geschlecht (in %)

Altersgruppen von ... bis ... Jahren	BRD			DDR		
	m	w	insgesamt	m	w	insgesamt
14 bis 25	73,3	64,5	69,0	72,7	62,3	67,6
14 bis 65	89,2	46,6	66,8	89,8	60,9	73,9
25 bis 65	94,3	41,8	66,2	95,3	60,5	75,7
65 und älter	23,8	7,6	13,9	31,7	6,8	16,4
Insgesamt	62,5	32,2	46,6	60,1	39,9	49,1

139. Ausschlaggebend für den Quotenabstand insgesamt ist demnach die weitaus geringere Erwerbsbeteiligung der Frauen in der Bundesrepublik. Der Problemkreis „Frauenerwerbstätigkeit" wird seiner großen Bedeutung entsprechend gesondert erörtert. Hier sei lediglich angemerkt, daß die Erwerbsquoten der Frauen in den verglichenen Gebieten vor allem in den mittleren Altersgruppen differieren: Im Alter zwischen 25 und 65 Jahren waren 1964 in der Bundesrepublik nur 41,8 % aller Frauen erwerbstätig, in der DDR 60,5 %. Seitdem hat sich der Abstand der Quoten in diesen Altersgruppen noch vergrößert. Im Hinblick auf das Arbeitskräftepotential bedeutet dies: Wäre die Erwerbsquote der Frauen in der Bundesrepublik in diesen Altersgruppen so hoch wie in der DDR, dann wäre die Zahl der weiblichen Erwerbspersonen 1964 hier um gut 3 Millionen größer gewesen, als sie tatsächlich war. Ähnliches gilt für die Gegenwart.

Erwerbsbeteiligung nach Alter

140. Die alters- und geschlechtsspezifische Erwerbsbeteiligung in der Bundesrepublik ist im Verhältnis zur DDR noch geringer, als die Durchschnittsquote erkennen läßt. Die Altersstruktur der Wohnbevölkerung der Bundesrepublik ist, wie erwähnt, im Hinblick auf die Erwerbsfähigkeit günstiger als in der DDR. Wird also der Altersaufbau der Bundesrepublik auch für die DDR angenommen, dann ergäbe sich für diese — bei den dortigen spezifischen Erwerbsquoten — eine um 7,4 % höhere Gesamterwerbsquote als für die Bundesrepublik. Ferner: Wären Altersaufbau und spezifische Erwerbsbeteiligung in der DDR gleich denen des Bundesgebietes, dann müßte die Wirtschaft der DDR heute mit rund 0,7 Mill. Erwerbskräften weniger auskommen, als ihr tatsächlich zur Verfügung stehen.

141. Bei gleichbleibender alters- und geschlechtsspezifischer Erwerbsbeteiligung ist nach den vorliegenden Bevölkerungsprognosen [20] trotz aller methodischen Vorbehalte damit zu rechnen, daß die Erwerbsquote in der Bundesrepublik bis 1980 weiterhin leicht zurückgeht, während sie in der DDR schwach ansteigt.

Auslastung des Erwerbspotentials

Arbeitslosigkeit

142. In der Bundesrepublik wird der Auslastungsgrad des Arbeitskräftepotentials an der Zahl der registrierter Arbeitsloser bzw. an der Höhe der Arbeitslosenquote (Anteil der Arbeitslosen an den Erwerbspersonen insgesamt gemessen. Die Bundesregierung orientiert sich zur Realisierung des im Stabilitätsgesetz [21] vorgegebenen Ziels „hoher Beschäftigungsgrad" an der Höhe dieser Quote. In der DDR gibt es nach offizieller Lehre keine Arbeitslosigkeit und demzufolge keinen statistischen Nachweis der jeweils nicht am Erwerbsleben teilnehmenden, aber erwerbsbereiten Personen. In dieser Hinsicht ist der Systemvergleich also rein hypothetischer Art.

143. In der Bundesrepublik wurden im Verlauf des vergangenen Jahrzehnts (1960 bis 1970) folgende Arbeitslosenzahlen ermittelt:

Übersicht 20

Registrierte Arbeitslose in der Bundesrepublik

	1000 Personen	in % des Potentials
Durchschnitt 1960 bis 1970	216	0,8
Maximum (1967)	459	1,7
Minimum (1965)	147	0,5

Quellen: Amtliche Nachrichten der Bundesanstalt für Arbeit; Mitteilungen des Instituts für Arbeitsmarkt- und Berufsforschung, 1969, Heft 9, S. 668.

Eine durchgehende Entwicklungstendenz in der Arbeitslosigkeit ist für diesen Zeitraum nicht festzustellen, wohl aber eine zyklische Bewegung.

144. Selbst bei minimaler Saison-, also vornehmlich Winterarbeitslosigkeit wurde ein „Erwerbslosensockel" von jahresdurchschnittlich 136 000 Personen (0,5 %/o des Potentials) registriert. Diese Zahl erklärt sich vor allem durch Fluktuation, da es sich um ein Stichtagsergebnis handelt.

Darüber hinausgehende Arbeitslosigkeit in der Bundesrepublik ist — abgesehen von gelegentlich höherer Winterbeeinflussung — konjunkturell bedingt.

Würde die Arbeitslosigkeit in der DDR statistisch ermittelt werden, dann dürfte eine fluktuationsbedingte Arbeitslosenquote ausgewiesen werden; sie läge wegen der dort im ganzen vermutlich geringeren Fluktuation wohl geringfügig unter derjenigen des Bundesgebietes (etwa 0,4 %/o). Konjunkturelle Arbeitslosigkeit ist in der DDR systembedingt ausgeschlossen. Man kann aber wohl davon ausgehen, daß auch in der DDR strukturelle Verschiebungen in der Wirtschaft zu vorübergehender Freisetzung einer gewissen Zahl von Erwerbspersonen führen. Allerdings dürfte diese Zahl beträchtlich niedriger sein als die konjunkturbedingten Maximal- oder auch Durchschnittswerte in der Bundesrepublik.

b) Die Beschäftigung in den Wirtschaftsbereichen

145. Beide Staaten entsprechen in der Beschäftigung der Erwerbstätigen der Grundstruktur hochindustrialisierter Volkswirtschaften (vgl. Tabelle A 30). Bei tieferer Untergliederung werden freilich strukturelle Verschiedenheiten sichtbar, die teils systembedingt, teils historischen Ursprungs, teils aber auch das Ergebnis unterschiedlicher internationaler Verflechtungsstrukturen sind (vgl. dazu Kapitel III und IV).

Landwirtschaft

146. In der Landwirtschaft sind in der Bundesrepublik weniger Erwerbstätige (10 %/o) beschäftigt als in der DDR (13 %/o). Dieser Strukturunterschied ist durch die Zusammensetzung der als Folge des letzten Krieges Zugewanderten und durch agrarpolitische Entscheidungen (Bodenreform) zu erklären.

Industrie

147. Im warenproduzierenden Gewerbe (Industrie einschließlich Bergbau, Energiewirtschaft und produzierendem Handwerk) sind in beiden Gebieten prozentual etwa gleichviel Personen beschäftigt [22].

Handel, Verkehr, Dienstleistungen

148. Die übrigen Wirtschaftsbereiche — Handel und Verkehr, Öffentliche und Private Dienstleistungen — haben insgesamt im Bundesgebiet ein etwas höheres Gewicht als in der DDR. Dies gilt zumal für den Handel und den Dienstleistungsbereich. Im Verkehrswesen und in der Nachrichtenübermittlung sind dagegen — hauptsächlich wohl infolge des höheren Stands der privaten Automobilisierung — in der Bundesrepublik relativ weniger Personen beschäftigt als in der DDR (vgl. Abschnitt 2 d).

Übersicht 21

Erwerbstätigenstruktur 1968 nach Wirtschaftsbereichen und Geschlecht (in %/o)

Wirtschaftsbereich	BRD			DDR		
	m	w	insgesamt	m	w	insgesamt
Land- und Forstwirtschaft	7,2	15,1	10,0	13,2	13,0	13,1
Verarbeitendes Gewerbe (einschließlich Bergbau und Energie)	44,5	30,7	39,6	46,2	35,9	41,5
Baugewerbe	11,5	1,2	7,8	11,4	1,9	7,1
Warenproduzierendes Gewerbe	56,0	31,9	47,4	57,6	37,8	48,6
Handel	8,9	17,9	12,1	5,9	16,0	10,4
Verkehr und Nachrichtenübermittlung	7,4	2,6	5,7	7,5	5,2	6,5
Handel und Verkehr	16,3	20,5	17,8	13,4	21,2	16,9
Dienstleistungsbereiche	20,5	32,5	24,8	15,8	28,0	21,3
Wirtschaft insgesamt	100,0	100,0	100,0	100,0	100,0	100,0

Kapitel II

Beschäftigungsentwicklung

149. Beim Vergleich der Beschäftigungsentwicklung in beiden Gebieten zwischen 1965 und 1968 ist zu berücksichtigen, daß das Jahr 1968 in der Bundesrepublik noch stark von der Rezession geprägt war. Erst danach stieg der Beschäftigungsindex (1965 = 100) im Bundesgebiet stark und erreichte nach vollständiger Überwindung der Rezession 1970 den höchsten Stand seit 1950. In der DDR ist die Beschäftigung insgesamt dagegen zwischen 1965 und 1968 um 2 % gestiegen. Der Anstieg hat 1969 angehalten.

Strukturänderungen

150. Die Entwicklung der Beschäftigungsstruktur nach Wirtschaftsbereichen war in beiden Vergleichsgebieten ebenfalls recht ähnlich:

- In beiden Staaten schrumpfte die Beschäftigung in der Landwirtschaft, in der Bundesrepublik allerdings etwas schneller als in der DDR.

- Der Industrialisierungsgrad hielt sich — gemessen am Beschäftigungsanteil der Industrie — auf gleicher Höhe, wenn man die konjunkturellen Schwankungen in der Bundesrepublik einmal vernachlässigt.

- Während in der Bundesrepublik die Beschäftigung im Baugewerbe stagnierte, wuchs sie in der DDR rasch. Im Hinblick auf die Bedeutung des Baugewerbes in der Gesamtbeschäftigung näherten sich beide Gebiete zunehmend an: 1960 lag der Beschäftigtenanteil dieses Bereiches in der DDR noch um 1,4 %-Punkte unter der Bundesrepublik, 1968 dagegen nur noch um 0,7 %-Punkte.

- Im Handel stagnierte die Beschäftigung in beiden Staaten absolut; das Gewicht dieses Bereichs blieb in der Bundesrepublik weiterhin etwas größer.

- Die Beschäftigung im Verkehrsgewerbe nahm in der Bundesrepublik auffällig rascher ab als in der DDR.

- In beiden Gebieten ist eine Verschiebung der Beschäftigungsstruktur hin zu den übrigen Dienstleistungsbereichen festzustellen. In der DDR hat dieser — allerdings sehr heterogene — Bereich ein noch etwas geringeres Gewicht als hier; die Beschäftigungszunahme ist dort aber geringfügig stärker als in der Bundesrepublik.

c) Berufe und Ausbildung

Berufsstruktur

151. Die Aussagekraft eines Vergleiches der Berufsstrukturen nach Wirtschaftsbereichen zwischen der Bundesrepublik und der DDR ist aus klassifikatorischen und statistischen Gründen begrenzt. Hinzu kommt die Verschiedenheit in den Eigentumsformen. Dies gilt deshalb, weil Funktionen, die in der Bundesrepublik zum Teil von Selbständigen und mithelfenden Familienangehörigen ausgeübt werden, in der DDR von spezialisierten Arbeitnehmern wahrgenommen werden.

Erwerbstätige nach Berufsabteilungen

152. Bei grober Aufgliederung der Erwerbstätigen nach dem ausgeübten Beruf (9 Berufsabteilungen) zeigt sich für 1964 — mit nur wenigen Ausnahmen — eine weitgehende Ähnlichkeit der Berufsstrukturen beider Gebiete (vgl. Tabelle A 32).

- Berufe der Grundstoffindustrie (Bergbau, Eisen- und Stahlerzeugung, Chemie usw.) sind in beiden Staaten mit etwa 3 % vertreten.

- Berufe der industriellen Stoffbe- und -verarbeitung werden — analog zu dem gleich hohen Stand der Industrialisierung beider Staaten — von jeweils rd. 31 % aller Erwerbstätigen ausgeübt.

- Technische Berufe (Ingenieure, Techniker und technische Fachkräfte) haben einen Anteil von jeweils etwa 4 %. In der Bundesrepublik hatte diese Berufsabteilung allerdings 1964 mit 3,9 % ein geringeres Gewicht als in der DDR (4,7 %).

- Für die Gruppe der landwirtschaftlichen Berufe ergab dieser Vergleich für die Bundesrepublik einen nicht wesentlich geringeren Anteil als für die DDR (11,3 % zu 12,5 %).

- Handels- und Verkehrsberufe werden von jeweils etwa einem Fünftel der Erwerbstätigen ausgeübt.

- Auf Bildung, Kultur und Wissenschaft bezogene Berufe haben in der Bundesrepublik ein geringeres Gewicht (5 %) als in der DDR (7 %).

- Sonstige Dienstleistungsberufe spielen in beiden Gebieten die gleiche Rolle (6 %).

- Berufe der Abteilung Wirtschaftsleitung, Verwaltung und Rechtswesen nehmen dagegen in der Bundesrepublik einen weit größeren Raum ein (17 %) als in der DDR (12 %).

Erwerbstätige nach Berufsgruppen

153. Bei etwas tieferer Untergliederung nach 36 Berufsgruppen werden detailliertere Unterschiede zwischen den Berufsstrukturen beider Staaten deutlich.

Ein größeres Gewicht als in der DDR haben in der Bundesrepublik folgende Berufsgruppen:

Berufe des Bergbaus,
Graphische Berufe,
Handels- und Gaststättenberufe,
Vermittler und Verleiher,
Konfessionelle Berufe,
Rechtsberufe.

154. In der DDR sind dagegen — verglichen mit dem Bundesgebiet — vor allem folgende Berufsgruppen stärker vertreten:

Zellstoff- und Papiermacher, Papierverarbeiter,
Textilhersteller, Textilverarbeiter,

Glasmacher, Keramiker,
Hilfsarbeiter,
Maschinisten und zugehörige Berufe,
Sonstige technische Fachkräfte,
Berufe der Binnenfischerei und Forstwirtschaft,
Berufe des Veterinärwesens,
Berufe der Bildung und Kultur,
Wach- und Sicherheitsberufe.

155. In der Gliederung nach Geschlecht fällt insbesondere auf, daß die Berufsstrukturen der Frauen zwischen beiden Gebieten deutlich stärker differieren als die der Männer (vgl. Tabellen A 34, A 35, A 36).

Verteilung der Berufe auf Wirtschaftszweige

156. Unterschiede zwischen Bundesrepublik und DDR in der Verteilung der Berufe auf die Wirtschaftszweige sind vor allem (vgl. Tabelle A 37):

■ Technische Berufe sind in der DDR stärker über die Wirtschaftszweige verbreitet als im Bundesgebiet. Dies gilt für die Frauen wie für die Männer. Insbesondere in der Landwirtschaft, aber auch in Energiewirtschaft und Bergbau wie auch im verarbeitenden Gewerbe ist der Anteil der technischen Berufe in der DDR relativ höher als hier.

■ Erwerbstätige mit „Berufen der Wirtschaftsleitung, der Verwaltung und des Rechtswesens" steuern in der DDR ebenfalls weitaus mehr über alle Wirtschaftsbereiche als im Bundesgebiet.

Entwicklung der Berufsstruktur

157. Über die Entwicklung der Berufsstrukturen in beiden Vergleichsgebieten seit 1964 liegen nur sehr wenige Informationen vor. Am meisten Aussagekraft kommt hier noch der Entwicklung der Berufsstruktur des Berufsnachwuchses, also der Lehrlinge zu. Wie die ausführlichen Erörterungen im Kapitel VII dieses Berichts zeigen, herrscht allgemein die Tendenz zur Erhaltung oder Vergrößerung der im Ganzen gesehen jedoch nicht sehr ausgeprägten Strukturunterschiede vor. In jenen Berufsgruppen, in denen der Anteil der Erwerbspersonen bereits 1964 in der DDR größer war als in der Bundesrepublik, gilt dies in der Regel auch für die Lehrlinge.

Qualifikationsstruktur

158. Um die Qualifikationsstruktur[23] der Erwerbstätigen in der Bundesrepublik und in der DDR vergleichen zu können, wurde hier der Bestand an Hoch- und Fachschulabsolventen unter den Erwerbstätigen beider Gebiete, gegliedert nach Wirtschaftsbereichen und Geschlecht, vom Jahre 1964 gegenübergestellt. Sicherlich sind diese Daten von 1964 durch die inzwischen eingetretene Entwicklung gerade auf diesem Gebiet überholt. Jüngere Informationen dieser Art liegen jedoch nicht vor. Es kann lediglich versucht werden, diesen aufgegliederten Bestandsvergleich von 1964 durch die Analyse der wichtigsten Entwicklungstendenzen bei den hochqualifizierten Arbeitskräften zu ergänzen.

Hochschulabsolventen

159. Im Jahre 1964 waren in der Bundesrepublik 919 000 Hochschulabsolventen (im Alter bis zu 65 Jahren) erwerbstätig (vgl. Tabelle A 38). Knapp ein Viertel davon (225 000) war weiblichen Geschlechts.

In der DDR gab es zur gleichen Zeit 199 000 Akademiker unter den Erwerbstätigen. Der Frauenanteil war geringfügig niedriger als im Bundesgebiet (23 %).

Während 1964 in der Bundesrepublik damit von 1000 Erwerbspersonen 34 eine Hochschule absolviert hatten, waren es in der DDR 23.

Übersicht 22

Erwerbstätige Hochschulabsolventen nach Wirtschaftsbereichen und Geschlecht 1964
(Struktur in %)

Wirtschaftsbereich	BRD			DDR		
	m	w	insgesamt	m	w	insgesamt
Land- und Forstwirtschaft	0,8	(0,8)	0,8	4,1	1,3	3,5
Verarbeitendes Gewerbe (einschließlich Bergbau und Energieversorgung)	17,4	4,6	14,2	16,9	5,9	14,3
Baugewerbe	1,9	(0,4)	1,5	1,5	0,2	1,2
Handel	4,5	7,8	5,3	2,3	2,4	2,4
Verkehr und Nachrichtenübermittlung	1,3	(0,4)	1,1	1,9	0,7	1,6
Dienstleistungsbereiche	74,2	86,1	77,1	73,3	89,6	77,0
Wirtschaft insgesamt	100	100	100	100	100	100

Kapitel II

160. Die Verteilung der Hochschulabsolventen auf die Wirtschaftszweige war, abgesehen von wenigen Ausnahmen, in beiden Gebieten ähnlich.

Höher als in der Bundesrepublik war in der DDR der Anteil der Landwirtschaft und des Verkehrswesens an den erwerbstätigen Akademikern. Relativ niedriger lag die Vergleichszahl dagegen in Baugewerbe und Handel.

Akademikerinnen

161. Bei den Akademikerinnen war die Verteilung auf die Wirtschaftszweige in beiden Gebieten ebenfalls recht ähnlich. Eine auffallende Ausnahme bildet der Handel: Im Bundesgebiet sind mehr als ein Drittel aller im Handel beschäftigten Hochschulabsolventen Frauen; in der DDR stellen sie nur knapp ein Viertel. Fast neun Zehntel aller Akademikerinnen sind in beiden Staaten im Dienstleistungssektor konzentriert.

Fachschulabsolventen

162. An Fachschulabsolventen wurden 1964 in der Bundesrepublik unter den Erwerbstätigen 1,07 Mill. Personen gezählt. Darunter waren 21 %/o Frauen.

In der DDR gab es zur gleichen Zeit 369 000 erwerbstätige Fachschulabsolventen. Die Frauenquote betrug 31 %/o.

Während 1964 in der Bundesrepublik damit von 1000 Erwerbstätigen 40 eine Fachschule absolviert hatten, waren es in der DDR 43. Schon damals übertraf die Ausstattung der Wirtschaft der DDR mit Fachschulabsolventen die der Bundesrepublik.

Hoch- und Fachschulabsolventen

163. Infolge einiger nicht ganz zu lösender Zuordnungsprobleme ist die Aussagekraft des Bestandsvergleichs von Hoch- und Fachschulabsolventen zusammengenommen stärker als die getrennte Betrachtung beider Gruppen.

Die Zahl der erwerbstätigen Hoch- und Fachschulabsolventen betrug insgesamt 1964 in der Bundesrepublik 1,99 Mill. Personen. Darunter waren 450 000 Frauen (22,6 %/o).

Die Vergleichszahlen für die DDR lauten: 568 000 Absolventen insgesamt, darunter 160 000 Frauen (28 %/o).

Bei einer Erwerbstätigenrelation DDR : BRD von 32 : 100 betrug die Relation DDR : BRD bei den Hoch- und Fachschulabsolventen 29 : 100 (Frauen 36 : 100, Männer 27 : 100).

164. Die Versorgung der Bundesrepublik mit hochqualifizierten Erwerbspersonen war also — bei schlechterer Ausstattung mit Fachschulabsolventen und besserer mit Hochschulabsolventen — insgesamt günstiger als die der DDR. Ausschlaggebend dafür waren die innerdeutschen Wanderungen, durch die die DDR in der Nachkriegszeit etwa ein Drittel ihrer Akademiker an die Bundesrepublik verloren hat [24]. Bei ihrer besseren Fachschulausstattung wäre der Hochqualifizierten-Anteil insgesamt in der DDR ohne Wanderungen bereits 1964 höher gewesen als in der Bundesrepublik.

Inzwischen hat die Ausstattung der DDR mit Hochqualifizierten, wie eine Fortrechnung der Bestände von 1964 mit Absolventenzahlen und plausiblen Annahmen über die Abgänge ergibt, diejenige der Bundesrepublik sehr wahrscheinlich überholt. Auch die amtlichen Zielvorstellungen für den Akademikeranteil in der Bundesrepublik bis 1980 liegen unter den Planungen in der DDR.

Übersicht 23

Anteil der Hoch- und Fachschulabsolventen an den Erwerbstätigen nach Wirtschaftsbereichen (in %/o)

Wirtschaftsbereich	BRD			DDR		
	m	w	insgesamt	m	w	insgesamt
Land- und Forstwirtschaft	9,8	2,0	5,6	4,5	0,6	2,7
Verarbeitendes Gewerbe (einschließlich Bergbau und Energieversorgung)	5,8	1,9	4,6	6,0	1,0	4,0
Baugewerbe	3,5	(3,7)	3,5	3,6	1,4	3,4
Handel	5,5	3,0	4,2	3,9	0,7	1,8
Verkehr und Nachrichtenübermittlung	5,7	3,9	5,4	4,3	0,9	3,1
Dienstleistungsbereiche	22,9	9,9	16,6	28,2	13,8	19,9
Wirtschaft insgesamt	9,0	4,6	7,4	8,7	4,2	6,7

165. Der Anteil der Hochqualifizierten an den Erwerbstätigen insgesamt betrug 1964 in der Bundesrepublik 7,4 %, in der DDR 6,7 %. Der Abstand dieser Quote war bei Männern und Frauen etwa gleich groß.

Hochqualifizierte nach Wirtschaftsbereichen

166. In den einzelnen Wirtschaftsbereichen war dieser Anteil in beiden Vergleichsgebieten zum Teil etwas unterschiedlicher.

In der produzierenden Wirtschaft (Industrie, Handwerk und Baugewerbe) waren die Relationen nahezu identisch. Im Dienstleistungsbereich lag die Hochqualifiziertenquote der Bundesrepublik niedriger als in der DDR. In den restlichen Bereichen war es umgekehrt.

Hoch- und Fachschulabsolventen nach Fachrichtungen

167. In Ergänzung der Analyse der jeweiligen Berufsstrukturen wurde hier ferner die Zusammensetzung der hochqualifizierten Arbeitskräfte in beiden Gebieten nach Fachrichtungen verglichen (vgl. Tabellen A 39, A 40, A 41).

Ein relativ größeres Gewicht kommt in der DDR — Hoch- und Fachschulabsolventen zusammengenommen — im Vergleich zur Bundesrepublik vor allem folgenden Fachrichtungen zu:

    Erziehungs- und Geisteswissenschaften, namentlich Pädagogik,
    Naturwissenschaften (Schwerpunkte: Physik, Chemie, Biologie),
    Technische Wissenschaften, vor allem Bergbau- und Hüttenwesen und Maschinenbau.

Auf der anderen Seite sind in der DDR vor allem folgende Fachrichtungen bei den erwerbstätigen Hoch- und Fachschulabsolventen schwächer vertreten als in der Bundesrepublik:

    Künstlerische Fachrichtungen,
    Gewerbliche Fachrichtungen der Fachschulen,
    Rechtswissenschaft,
    Theologie,
    Gesundheitswesen,
    Landwirtschaft.

Hochschulabsolventen nach Fachrichtungen und Berufen

168. Ein Vergleich der Fachrichtungsstrukturen bei Hochschulabsolventen allein zeigt, daß auch hier Naturwissenschaften und technische Fachrichtungen in der DDR einen höheren Rang einnehmen als in der Bundesrepublik. Bei einer Reihe von Fachrichtungen unterscheidet sich jedoch die Zusammensetzung der Hochqualifizierten nach Hoch- und Fachschulabsolventen in beiden Gebieten auffällig. Relativ stark besetzt sind in der DDR, gemessen an der durchschnittlichen Akademiker-Relation zwischen beiden Gebieten (BRD : DDR 100 : 21,7) vor allem die Fachrichtungen:

Kapitel II

    Land- und Forstwirtschaft (100 : 59); der Anteil der Akademiker dieser Fachrichtung in der DDR liegt dabei entschieden stärker über dem der Bundesrepublik, als dies dem größeren Anteil dieses Wirtschaftsbereichs in der DDR entspräche,

    Bergbau und Hüttenwesen (100 : 40,0),
    Maschinenbau (100 : 37,0),
    Physik (100 : 38,4),
    Chemie (100 : 30,0),
    Biologie (100 : 57,7),
    Zahnmedizin (100 : 27,7),
    Tiermedizin (100 : 30,9).

Einen vergleichsweise geringeren Anteil hatten in der DDR dagegen vor allem die Fachrichtungen

    Elektrotechnik (100 : 18,2),
    Theologie (100 : 12,4),
    Rechtswissenschaft (100 : 17,1),
    Pharmazie (100 : 14,3),
    Künstlerische Fachrichtungen (100 : 19,5).

169. Als Maßstab für den Versorgungsstand einer Bevölkerung mit besonders wichtigen Dienstleistungen werden üblicherweise spezifische Dichteziffern — z. B. Zahl der Einwohner je Arzt oder Zahl der Schüler je Lehrer — verwendet. Einige derartige Relationen werden an anderer Stelle genannt (vgl. Kapitel V und VII).

170. Zur weiteren Vertiefung wurden hier schließlich die Berufsstrukturen der erwerbstätigen Hochschulabsolventen beider Gebiete für das Jahr 1964 verglichen (vgl. Tabelle A 42) [25]. In den Grundzügen stellten sich dabei die gleichen Unterschiede und Gemeinsamkeiten heraus wie bei dem oben erörterten Vergleich der Fachrichtungsstrukturen.

Entwicklung der Hochqualifizierten nach Fachrichtungen

171. Kapitel VII dieses Berichts informiert ausführlich über die Entwicklung der Fachrichtungsstrukturen von Hoch- und Fachschulabsolventen seit 1964. Werden die Ergebnisse dieses Entwicklungsvergleichs mit der hier erörterten Bestandsanalyse verknüpft, so wird — mehr noch als bei der entsprechenden Untersuchung über die Fortentwicklung der Berufsstrukturen — deutlich, daß sich die für 1964 festgestellten Diskrepanzen zwischen den Fachrichtungsstrukturen der Hochqualifizierten beider Staaten seitdem eher vergrößert haben. Fast ausnahmslos war der Anteil von Hoch- und Fachschulabsolventen in der DDR in den vergangenen Jahren in jenen Fachrichtungen größer als in der Bundesrepublik, die dort auch schon 1964 im Bestand stärker vertreten waren als in der Bundesrepublik. Zum Teil bestanden außerordentlich große Unterschiede: In den Fachrichtungen Bergbau- und Hüttenwesen, Maschinenbau und Land- und Forstwirtschaft war

Kapitel II

die Zahl der Hochschulabsolventen z. B. 1967 in der DDR sogar absolut beträchtlich größer als in der Bundesrepublik.

Auf der anderen Seite bilden z. B. die Fachrichtungen Rechtswissenschaft und Theologie in der DDR, verglichen mit dem Bundesgebiet, einen verschwindend geringen Anteil an der Gesamtheit der Hochschulabgänger.

d) Zur Eingliederung der Frauen in das Erwerbsleben

172. Wie schon mehrfach angedeutet, spielt die Erwerbstätigkeit der Frauen in der Bundesrepublik eine beträchtlich geringere Rolle als in der DDR [26]. Entsprechend der auch in der Bundesrepublik künftig vermutlich zunehmenden Bedeutung der Frauenerwerbstätigkeit werden im folgenden die wichtigsten Ergebnisse des Vergleichs zu diesem Fragenkomplex zusammengestellt.

173. Im Jahr 1969 betrug der Anteil der weiblichen Personen an der Gesamtbevölkerung in der Bundesrepublik 52,4 %; in der DDR lag diese Quote bei 54,0 %.

Altersstruktur und Erwerbsbeteiligung

174. Die Altersstruktur der weiblichen Bevölkerung ist in der Bundesrepublik im Hinblick auf die Erwerbsfähigkeit günstiger als in der DDR. Im Jahre 1964 standen dort nur 56,4 % aller weiblichen Einwohner im Alter von 14 bis 60 Jahren. In der Bundesrepublik betrug dieser Anteil dagegen 60,7 % (vgl. Tabelle A 28 und o. Abschnitt 1 a).

175. Trotz dieser günstigeren Altersstruktur ist die Erwerbsbeteiligung der Frauen im Bundesgebiet beträchtlich geringer als in der DDR. Während sie in der Bundesrepublik stagniert, steigt sie in der DDR kontinuierlich an.

Übersicht 24

Erwerbsquoten der Frauen (in %)

Jahr	BRD	DDR
1964	32,2	39,9
1965	31,9	41,1
1966	31,5	41,5
1967	30,3	42,1
1968	30,0	42,4
1969	30,1	43,1

176. Die Unterschiede in den Erwerbsquoten der Frauen beider Gebiete sind in den einzelnen Altersgruppen zum Teil außerordentlich groß (vgl. Tabelle A 30). Ausschlaggebend ist die viel stärkere Erwerbsbeteiligung der Frauen mittlerer und höherer Altersgruppen in der DDR (25 bis 65 Jahre). Die verfügbaren Statistiken lassen infolge ihrer groben Unterteilung die Differenzierung der Erwerbsquoten gerade in den mittleren Altersklassen (25 bis 40 Jahre) nicht erkennen. Offenbar kehren aber die Frauen in der DDR zahlreicher und rascher ins Erwerbsleben zurück, nachdem sie wegen Heirat und Niederkunft die Erwerbstätigkeit unterbrochen hatten [27].

Erwerbsbeteiligung nach Wirtschaftsbereichen

177. Der Frauenanteil an den Erwerbstätigen ist in der Bundesrepublik — mit Ausnahme der Land- und Forstwirtschaft [28] — in allen Wirtschaftsbereichen sowie in nahezu allen Industriezweigen geringer als in der DDR.

Übersicht 25

Frauenanteile nach Wirtschaftsbereichen 1968 (in % der Erwerbstätigen)

Wirtschaftsbereich	BRD	DDR
Land- und Forstwirtschaft	53,9	45,0
Verarbeitendes Gewerbe (einschließlich Bergbau und Energieversorgung)	27,6	39,2
Baugewerbe	5,3	11,9
Warenproduzierendes Gewerbe	23,9	35,2
Handel	52,6	69,2
Verkehr und Nachtrichtenübermittlung	16,2	36,6
Handel und Verkehr	41,0	56,7
Dienstleistungsbereiche	46,8	59,5
Wirtschaft insgesamt	35,6	45,3

178. Der Anstieg der Frauenbeschäftigung in der DDR ist in allen Wirtschaftsbereichen festzustellen. Lediglich die Land- und Forstwirtschaft ist davon ausgenommen. Besonders ausgeprägt war der Zuwachs in den letzten Jahren im Baugewerbe und im Dienstleistungsbereich (vgl. Tabellen A 30 und A 31). Die weitaus höhere Frauenbeschäftigung in der DDR verteilt sich nahezu auf die gesamte Skala der Berufe. Der Anteil der Frauen ist dort auch in traditionellen Männerberufen zum Teil beträchtlich (vgl. Tabellen A 30 und A 31).

Weibliche Lehrlinge

179. Die Berufsstruktur der weiblichen Lehrlinge in beiden Gebieten läßt erwarten, daß sich diese Entwicklung fortsetzt.

180. Die Berufsausbildung des weiblichen Nachwuchses ist in der Bundesrepublik offensichtlich schwächer entwickelt als in der DDR. Der Anteil der weiblichen Lehrlinge an den Lehrlingen insgesamt betrug z. B. 1969 in der Bundesrepublik 38 %, in der DDR dagegen 45 % (vgl. Tabelle A 118).

Der Anteil der weiblichen Lehrlinge war in der Bundesrepublik 1967 in allen Berufszweigen niedriger als in der DDR (vgl. Tabellen A 119 und A 120). Eine Ausnahme bildet die Berufsgruppe „Hauswirtschaftsberufe", die in beiden Staaten etwa gleiche Anteile aufweist. Während in der Bundesrepublik im gleichen Jahr lediglich bei 7 Berufsgruppen (Textilhersteller und -verarbeiter, Lederhersteller und -verarbeiter, Handelsberufe, hauswirtschaftliche Berufe, Körperpfleger, Organisations-, Verwaltungs- und Büroberufe, künstlerische Berufe) der Anteil der weiblichen Lehrlinge der Berufsgruppe über dem durchschnittlichen Anteil weiblicher Lehrlinge an sämtlichen Lehrlingen lag, ist dies in der DDR bei 20 Berufsgruppen gegeben. Dabei war der Anteil der weiblichen Lehrlinge in technischen Berufen in der Bundesrepublik erheblich geringer als in der DDR. Der Anteil der weiblichen Lehrlinge an den Lehrlingen der Berufsgruppe Metall betrug 1967 in der Bundesrepublik 2 %, in der DDR 9 %. Bei den Berufsgruppen Technische Berufe, Maschinisten und zugehörige Berufe, Elektriker beliefen sich die Relationen zwischen Bundesrepublik und DDR auf 39 % : 56 %, 0 % : 25 % und 0 % : 12 %.

Im Zeitraum von 1962 bis 1967 zeigt sich eine erhebliche Zunahme im Anteil der weiblichen Lehrlinge in der Bundesrepublik lediglich bei den Berufsgruppen Lederhersteller und -verarbeiter sowie Künstlerische Berufe. In der DDR läßt sich dagegen für den gleichen Zeitraum für 15 Berufsgruppen eine starke Zunahme feststellen. Rückläufig war die Anteilsentwicklung in der Bundesrepublik bei der Berufsgruppe Reinigungsberufe, in der DDR bei der Berufsgruppe Verkehrsberufe.

Frauen als hochqualifizierte Arbeitskräfte

181. Der Anteil der Frauen unter den hochqualifizierten Erwerbstätigen war 1964 im Bundesgebiet deutlich geringer als in der DDR (23 % gegenüber 28 %; vgl. Tabelle A 41). Die Relation zwischen Bundesrepublik und DDR betrug damit für die weiblichen Hoch- und Fachschulabsolventen 100 : 36. Die entsprechende Relation für die weibliche Bevölkerung insgesamt lautete zur gleichen Zeit nur 100 : 30.

182. In der Bundesrepublik waren 1964 von 1000 Mädchen und Frauen im Alter von 14 bis 65 Jahren 22 Hoch- und Fachschulabsolventen. Im gleichen Jahr waren es in der DDR schon 27 von 1000 Mädchen und Frauen dieses Alters.

3. Anhang

Methodische Hinweise

Für die statistischen Darstellungen im Kapitel II wurden — soweit nicht anders angegeben — amtliche Quellen der zuständigen statistischen Ämter benutzt. Nicht in allen Fällen konnte geprüft werden, ob die verwendeten Nomenklaturen identisch definiert sind. Wo dies allzu fraglich war, wurde auf Aussagen verzichtet.

Soweit vertretbar, wurden Klassifikationssysteme für erörterte Merkmale (Wirtschaftszweige, Berufe, Fachrichtungen) in Einklang gebracht. Trotz aller verbleibenden Unzulänglichkeiten dieses statistischen Vergleichs kann davon ausgegangen werden, daß die beschriebenen Gemeinsamkeiten durch Verschiedenheiten der Grundstrukturen und Entwicklungstendenzen beider Vergleichsgebiete mit dem zugrunde gelegten Material hinlänglich belegt sind.

Die für den Abschnitt „Erwerbstätigkeit" verfügbaren Statistiken beziehen sich größtenteils auf das Jahr 1964 (Volks- und Berufszählung in der DDR; Zusatzerhebung zum Mikrozensus in der Bundesrepublik). Die Fortführung des Vergleichs bis zur Gegenwart war nur zum Teil möglich.

Zu 2 a): Die Angaben über die Zahl der Erwerbspersonen in der DDR wurden vom Deutschen Institut für Wirtschaftsforschung übernommen. Für 1969 wurden die Daten aus dem Statistischen Jahrbuch der DDR durch eigene Schätzungen ergänzt.

Die entsprechenden Zahlen für die Bundesrepublik wurden dem Statistischen Jahrbuch entnommen (Inländerkonzept).

Zu 2 b): Die Angaben über die Verteilung der Erwerbstätigen nach Wirtschaftsbereichen in der DDR beruhen auf Berechnungen des DIW. Die Position „Sonstige produzierende Zweige" wurde dem Dienstleistungsbereich zugerechnet (Tabelle A 18). Die Gliederung nach Industriezweigen (Tabelle A 19) wurde aus Kapitel III übernommen.

Zu 2 c): Zum Vergleich der *Berufsstrukturen* von 1964 wurden verwendet:

Bundesrepublik: Ergebnisse der Zusatzbefragung zum Mikrozensus vom April 1964. Die Vergleichbarkeit dieser Daten ist etwas eingeschränkt, weil sich die Angaben für die Bundesrepublik nur auf Personen im Alter bis zu 65 Jahren beziehen. Für den Strukturvergleich fällt dies jedoch nicht ins Gewicht.

DDR: Ergebnisse der Volks- und Berufszählung von 1964, veröffentlicht von der Staatlichen Zentralverwaltung für Statistik der DDR.

Zum Zweck dieses Vergleichs wurden die Daten für die Bundesrepublik auf die Berufssystematik der DDR umgestellt. Dazu wurde ein Umsteigeschlüssel nach Berufsklassen (4-Steller) entwickelt, der seines Umfangs wegen hier nicht beigegeben wird. Zum Teil sind auch die kleinsten Einheiten der Berufsklassifikationen beider Gebiete (Berufsklassen) nicht mehr vergleichbar. Der Vergleich zwischen zusammengefaßten gröberen Einheiten (Berufsgruppen und Berufsabteilungen) wird von diesen wenigen Unstimmigkeiten jedoch kaum beeinträchtigt.

Zu 2 c) *Qualifikationsstruktur:* Für den Vergleich der erwerbstätigen Hoch- und Fachschulabsolventen 1964 wurden die jeweiligen Systematiken der DDR (Systematik der Hauptfachrichtungen für Hoch- bzw. Fachschulen, wie sie für die Volks- und Berufszählung 1964 verwendet wurde) auf die Systematik der Bundesrepublik (Mikrozensus) umgestellt.

Die Definition der Hochschulabsolventen in beiden Gebieten wird für 1964 als identisch angesehen. Dies gilt nicht gleichermaßen für die Gruppe der Fachschulabsolventen. Hier wurden den DDR-Daten der VBZ 1964 für die Bundesrepublik die Angaben des Mikrozensus über Absolventen von Ingenieurschulen, Technikerschulen und

Kapitel II

eines Teils der Fachschulen gegenübergestellt, die — der Definition der Fachschulabsolventen in der DDR entsprechend — in die Volks- und Berufszählung der DDR mutmaßlich einbezogen worden sind.

Anmerkungen zu Kapitel II

[1] Für das Jahresende 1969 lauten die Zahlen: 17,075 Mill. (DDR) und 61,195 Mill. (BRD). Bei den folgenden Strukturvergleichen erlaubt das statistische Material nur die Gegenüberstellung von Jahresdurchschnittsangaben für die Bundesrepublik und Jahresendzahlen für die DDR. Dies ist wegen des geringfügigen Unterschieds zwischen Jahresend- und Jahresdurchschnittszahlen in der DDR unbedenklich. Alle Bevölkerungszahlen in beiden Staaten gelten ohne Stationierungsstreitkräfte und deren Angehörige.

[2] Darüber hinaus gelten vom Quellenmaterial her Bedenken zu den angegebenen Entwicklungszahlen: Für 1964 (Volkszählungsjahr in der DDR) wurde die niedrigste Bevölkerungszahl der letzten Jahre überhaupt ausgewiesen. Gegenüber den amtlichen (Fortschreibungs-)Daten für 1963 oder 1962 wäre bis 1969 insgesamt ein Bevölkerungsrückgang zu konstatieren.

[3] Zweite koordinierte Bevölkerungsvorausschätzung Bund 1968 bis 2000, Az 06 BVB/F 68 des Statistischen Bundesamtes. In der Schätzung wurde die ausländische Wohnbevölkerung auf dem Stand vom 1. Januar 1968 konstant gehalten.

[4] Bevölkerungsstatistisches Jahrbuch der DDR von 1965, S. 220.

[5] Dieser Unterschied resultiert nicht aus der Wanderungsstruktur der 50er Jahre. Schon 1946 war die Differenz sogar größer als heute (100 : 135 im Gebiet der heutigen DDR, 100 : 124 im Bundesgebiet). Dagegen haben die binnendeutschen Nachkriegswanderungen auf die Unterschiede in der Altersstruktur Einfluß gehabt. Vgl. dazu: D. Storbeck, Soziale Strukturen in Mitteldeutschland (Wirtschaft und Gesellschaft in Mitteldeutschland, Bd. 4), hrsg vom Forschungsbeirat für Fragen der Wiedervereinigung Deutschlands beim Bundesminister für gesamtdeutsche Fragen, Berlin 1964, S. 16 ff.

[6] Da für die Frauen im Alter von 60 bis 65 Jahren in den beiden Staaten unterschiedliche Pensionierungsvorschriften bestehen, ist aus diesen Angaben nicht unmittelbar der Rentneranteil abzulesen. Unter Berücksichtigung der Rentengesetze ist der Unterschied in den demographischen Sozialleistungen noch größer. Vgl. dazu Kapitel V und VI.

[7] Für die erste Jahreshälfte 1970 meldete das Statistische Bundesamt für die Bundesrepublik erneut eine erhebliche Unterschreitung der bei Unterstellung unveränderten generativen Verhaltens zu erwartenden Geburtenziffern. Diese jüngsten Beobachtungen müssen sich auch auf künftige Schätzungen für die Geburtenüberschüsse und damit für die Bevölkerungsentwicklung auswirken.

[8] Der zwischenstaatliche Vergleich ist hier und im Folgenden allerdings nur bedingt möglich, weil den Ziffern unterschiedliche Berechnungsmethoden zugrunde liegen. In der Bundesrepublik werden Fruchtbarkeitsziffern mit dem Frauenbestand der Jahresmitte berechnet, in der DDR dagegen mit dem Bestand am Jahresanfang. Dies ist vor allem bei der Beurteilung der altersspezifischen Fruchtbarkeit zu beachten.

[9] Der jüngste Geburtenrückgang in der Bundesrepublik betrifft vor allem die Zahl der dritten und weiteren Kinder, so daß der Prozeß der Konzentrierung der Geburten auf jüngere Mütter fortschreitet. Vgl. WiSta 5/1970, S. 232 ff.

[10] Die in Tabelle A 14 ausgewiesene Altersstruktur der heiratsfähigen Männer für 1968 weist für die Bundesrepublik so erhebliche Abweichungen gegenüber dem Vorjahr auf, daß außer altersstrukturellen Einflüssen auch Sondereinflüsse vermutet werden müssen (häufigster Wert 1967: 23jährige mit 10 %; 1968: 21jährige mit 11 %).

[11] Über die Gründe für die unterschiedlichen Sterblichkeiten lassen sich keine Vermutungen anstellen, da die Todesursachen-Statistiken der beiden Staaten unvergleichbar sind.

[12] Das jahresdurchschnittliche Wachstum der Weltbevölkerung beläuft sich zur Zeit auf 1,8 %, das Europas auf 0,65 %. (Durchschnitt aus den letzten belegten fünf Jahren).

[13] Da nicht genau bekannt ist, ob „Wanderfälle" in beiden Staaten gleich definiert sind, verdienen die vorgelegten Vergleichsangaben keine zu eingehende Interpretation. Die Tendenzunterschiede dürften jedoch richtig wiedergegeben sein.

[14] Vgl. Raumordnungsbericht der Bundesregierung, 1968, Bundestags-Drucksache V/3958, S. 5; WiSta 7/1970, S. 337 ff.

[15] In letzter Zeit (1966 bis 1969) hatten von 57 Großstädten der Bundesrepublik nur noch 20 Städte (meist geringfügige) Steigerungen ihrer Einwohnerzahl zu verzeichnen. Weit mehr als die Hälfte des Einwohnerzuwachses dieser 20 Städte entfiel allein auf München.

[16] Vgl. hierzu: Schliebe/Teske, Verdichtungsräume in West- und Mitteldeutschland, in: Raumforschung und Raumordnung, 27. Jg., Heft 4 (November 1969), S. 145 ff.

[17] Vgl. Mitteilungen des Instituts für Arbeitsmarkt- und Berufsforschung, 1969, Heft 9, S. 662.

[18] Zur Bedeutung und Entwicklung der Frauenerwerbstätigkeit in der DDR vor dem hier untersuchten Zeitraum vgl. insbesondere: D. Storbeck, Soziale Strukturen in Mitteldeutschland, S. 102 ff.

[19] Hierfür wie auch für einen erheblichen Teil der nachfolgenden Vergleiche muß auf statistische Daten von 1964 zurückgegriffen werden, da keine jüngeren Informationen zur Verfügung stehen.

[20] Vgl. Mitteilungen aus der Arbeitsmarkt- und Berufsforschung, Stuttgart, 1970, Heft 1, S. 27.

[21] Gesetz zur Förderung der Stabilität und des Wachstums der Wirtschaft, § 1, BGBl., I, 1967, S. 582.

[22] Der etwas niedrigere Anteil dieses Bereichs in der Bundesrepublik im Jahre 1968 ist konjunkturbedingt. 1970 liegt die Quote auf der gleichen Höhe wie in der DDR.

[23] Zu den bildungspolitischen Tendenzen und ihren Einflüssen auf die Qualifikationsstruktur vgl. Kapitel VII. Zu den — in beiden Staaten immer mehr auf die Qualifizierung der Erwerbstätigen konzentrierten — arbeitsmarktpolitischen Tendenzen vgl. Kapitel VI.

[24] Der Hochschulabsolventen-Anteil an den Erwerbspersonen betrug 1964 in der Bundesrepublik 3,4 % und in der DDR 2,3 %. Ohne innerdeutsche Wanderungen hätte er, wie Berechnungen auf der Basis der Ergebnisse der Volks- und Berufszählung der Bundesrepublik von 1961 erkennen lassen, damals 3,2 % (BRD) bzw. 3,0 % (DDR) betragen. Die restliche Differenz ist vornehmlich durch einen relativ stärkeren Zugang von Akademikern aus den Gebieten östlich von Oder und Neiße in die Bundesrepublik entstanden.

[25] Ein entsprechender Berufsvergleich für die Fachschulabsolventen war mit den verfügbaren Statistiken nicht durchzuführen.

[26] Ein Instrument für die Anhebung der Erwerbstätigkeit und der Erwerbsbereitschaft der Frauen in der DDR wird in Kapitel VI genannt: Witwenrenten werden — im Gegensatz zur Bundesrepublik — nur bei

Erfüllung bestimmter persönlicher Voraussetzungen beim Hinterbliebenen gezählt (Alter, Berufs- bzw. Erwerbsunfähigkeit, Kinderzahl und -alter).

[27] Die Lebensplanung der Mädchen in der DDR ist, wie Befragungen ergeben haben, bereits sehr auf die möglichst wenig unterbrochene, volle Eingliederung in das Erwerbsleben hin orientiert. Am Qualifizierungsprozeß nehmen Mädchen zunehmend teil. Sie wählen häufig auch technische Berufe, von denen einige schon zu Domänen der Mädchen geworden sind (z. B. Datenverarbeitung zu 80 %, Chemiefacharbeiter zu 60 %).
Vgl. dazu: W. Friedrich, Jugend heute, Berlin (Ost) 1966; U. Siegel, Die Berufstätigkeit der Ehefrau im Meinungsbild Jugendlicher, in: Arbeit und Arbeitsrecht, 1969, Heft 11, S. 337 ff.; H. Grasse, Berufswunsch und Berufsweg weiblicher Jugend, Leipzig 1965 (Diss.); D. Bernholz, In den Oberschulen entscheidet sich: Werden mehr Mädchen Technik studieren?, in: Das Hochschulwesen, 1965, Heft 10; H. Winnig, Über das Verhältnis individueller und genereller Interessen in der Studienmotivation und Studienbewerbung bei Schülern der EOS, Potsdam 1965 (Diss.).
Ganz im Unterschied zu dieser Mentalitätswandlung in der DDR werden in der Bundesrepublik auch von den jüngeren Frauen ganz überwiegend die beruflichen Belange eindeutig denen der Familie untergeordnet. Trotz steigender Qualifikation planen auch heute Mädchen in der Bundesrepublik in ihrer großen Mehrheit nicht, lebenslang berufstätig zu sein.
Vgl. dazu: F. Weltz, Bestimmungsgrößen der Frauenerwerbstätigkeit, München 1970 (Erhebungsbericht im Auftrage des Instituts für Arbeitsmarkt- und Berufsforschung der Bundesanstalt für Arbeit).

[28] Der hohe Frauenanteil erklärt sich hier durch die mithelfenden Familienangehörigen.

Kapitel III

Produktion und Produktivität

◆ Das Wachstum des realen Sozialproduktes war — bei unterschiedlichem Niveau — von 1960 bis 1969 insgesamt nahezu gleich groß (BRD: 4,8 %/o jährlich; DDR: 4,5 %/o), der Abstand im Niveau hat sich daher noch vergrößert. Die Wachstumsschwankungen waren in der Bundesrepublik, insbesondere wegen der Rezession von 1967, stärker ausgeprägt als in der DDR. (183)

◆ Die Produktionsstrukturen der Wirtschaft der Bundesrepublik und der DDR unterscheiden sich erheblich. In der Bundesrepublik sind stärker vertreten:

   Handel, Verkehr und Dienstleistungen;

in der DDR:

   Industrie und Landwirtschaft.

Annähernd gleich sind die Produktionsanteile bei der Bauwirtschaft. (184)

◆ In beiden Staaten ist die Produktionsleistung der Industrie überdurchschnittlich stark gestiegen, während die Erzeugung in der Landwirtschaft kaum zunahm. (185)

◆ Die gesamtwirtschaftliche Arbeitsproduktivität dürfte im Durchschnitt aller Wirtschaftsbereiche in der Bundesrepublik um rund die Hälfte höher sein als in der DDR. Sie hat sich jedoch in den letzten Jahren in der Bundesrepublik und in der DDR annähernd gleich entwickelt. (186)

◆ In bezug auf das Tempo der Produktivitätssteigerung ist die Rangordnung der Wirtschaftsbereiche in der Bundesrepublik und der DDR völlig gleich, wenn man die Landwirtschaft außer Betracht läßt:

   Industrie,
   Verkehr,
   Baugewerbe,
   Handel,
   Dienstleistungen.

Während jedoch der Produktivitätsfortschritt der Landwirtschaft in der Bundesrepublik an vorderster Stelle steht, befindet er sich in der DDR an vorletzter Stelle. (187)

◆ Mit rd. 34 %/o der Beschäftigten sowie rd. 29 %/o des Brutto-Anlagevermögens hat die DDR im Schnitt der Jahre 1960 bis 1968 im Verhältnis zur Bundesrepublik (= 100) in der Industrie 24,5 %/o produziert. (189, 193, 197)

Gleichzeitig erzielte die DDR im Verhältnis zur Bundesrepublik rd. 85 %/o der Kapitalintensität, rd. 72 %/o der Arbeitsproduktivität sowie rd. 85 %/o der Kapitalproduktivität. (200, 205, 206)

◆ Vergleichsweise stärker vertreten sind in der Bundesrepublik die Industriezweige

> Metallurgie, Chemische Industrie und
> Sonstige metallverarbeitende Industrien
> (vor allem Fahrzeugbau),

dagegen in der DDR

> Energie, Bergbau, Holz- und Kulturwaren,
> Textilien, Bekleidung sowie Nahrungs-
> und Genußmittelindustrien.

In der Bundesrepublik und in der DDR haben folgende Industriezweige etwa den gleichen Anteil an der Industrieproduktion:

> Baumaterialien, Elektrotechnik, Schiffbau, Leder-, Schuh- und Pelzwaren, Zellstoff und Papier, Polygraphische Industrie sowie Glas und Keramik.

◆ Die Produktions- und Beschäftigtenstrukturen nach Industriezweigen waren in der Bundesrepublik und der DDR 1968 einander ähnlicher als 1960. Das gilt allerdings nicht für das Anlagevermögen.
(191, 194, 198)

◆ Die Kapitalintensität, die Arbeitsproduktivität und Kapitalproduktivität der Industrie in der Bundesrepublik sind bis auf wenige Ausnahmefälle höher als in der DDR. (200, 205, 207)

◆ Der Rückstand in der Industrie der DDR betrug 1968 gegenüber der Bundesrepublik, was die Kapitalintensität angeht, rd. 3 Jahre, und was die Arbeitsproduktivität angeht, rd. 7,5 Jahre.

◆ Die Berechnung des Produktionspotentials (= bei vollem Einsatz von Arbeit und Kapital zu erzielende Produktion) ergibt, daß in der Bundesrepublik im Schnitt der Jahre 1960 bis 1968 die maximale Produktion um 10 %, in der DDR um 25 % höher war als die effektive. Dies entspricht einer Ausnutzung des Potentials von 91 % in der Bundesrepublik gegenüber 80 % in der DDR. (214)

◆ Der Anteil der zukunftsträchtigen Sektoren Chemie und Metallverarbeitung am Produktionsvolumen und an den Produktionsfaktoren ist in der Bundesrepublik insgesamt höher als in der DDR. Besonders groß ist der Rückstand der DDR bei der Mineralölverarbeitung und beim Fahrzeugbau. (192, 196)

◆ Auf Grund der Bodenreform und der Schaffung von landwirtschaftlichen Produktionsgenossenschaften in der DDR ergibt sich, daß die Bundesrepublik 1969 zwar mehr als hundertmal soviel landwirtschaftliche Betriebe hatte wie die DDR, daß aber die Durchschnittsgröße der landwirtschaftlichen Betriebe in der DDR rund fünfzigmal so groß war wie der der Bundesrepublik.
(215—217)

◆ Zwischen 1957/61 und 1969 waren bei unterschiedlichem Niveau die Zuwachsraten der Agrarproduktion in der Bundesrepublik und in der DDR annähernd gleich. (222)

◆ Die Nahrungsmittelproduktion war — in Getreideeinheiten je Einwohner berechnet — 1968 in der Bundesrepublik um rund ein Sechstel niedriger als in der DDR. Der Selbstversorgungsgrad mit Agrarprodukten lag 1968 in der Bundesrepublik bei 77 % und in der DDR bei 85 %. (230)

◆ Die Rangordnung der wichtigsten Agrarprodukte war 1968 in der Bundesrepublik und in der DDR gleich.

Bei der tierischen Nahrungsmittelproduktion dominierten:
  Schlachtschweine, Milch und Schlachtrinder,
bei der pflanzlichen Nahrungsmittelproduktion:
  Getreide, Zuckerrüben und Kartoffeln. (228, 229)

◆ Im Jahre 1968 hat die Landwirtschaft der Bundesrepublik für ihre Pflanzenproduktion relativ weniger landwirtschaftliche Nutzfläche und erheblich weniger Handelsdünger benötigt als die DDR. Auch bei den tierischen Leistungen war in der Bundesrepublik der Einsatz von Futtermitteln und des Viehbestandes relativ niedriger als in der DDR. (219, 233, 234)

◆ Im Jahre 1968 erreichte die Landwirtschaft in der DDR rund vier Fünftel der Flächenproduktivität und rund drei Fünftel der auf Vollarbeitskräfte bezogenen Arbeitsproduktivität der Bundesrepublik. (232, 235)

◆ In der DDR wohnten 1968 je 100 ha landwirtschaftliche Nutzfläche 270 Einwohner, in der Bundesrepublik 434 Einwohner. Im gleichen Jahr wurden in der DDR je Einwohner 11,8 dz Getreideeinheiten, in der Bundesrepublik 9,9 dz von der Landwirtschaft produziert. Je Einwohner war die Erzeugung in der DDR um 19 % höher als in der Bundesrepublik. (230)

1. Gesamtwirtschaft [1]

183. Das reale Bruttosozialprodukt [2] hat in der Bundesrepublik und in der DDR von 1960 bis 1969 insgesamt fast mit gleichem Tempo zugenommen: Die durchschnittliche jährliche Wachstumsrate betrug in dieser Zeit in der Bundesrepublik 4,8 % und in der DDR 4,5 %. Die Entwicklung [3] in den verschiedenen Jahren wich von diesem Mittelwert vor allem in der Bundesrepublik wegen der konjunkturellen Schwankungen (vgl. Tabellen A 43 und A 44) unterschiedlich stark ab.

Produktionsstruktur

184. Die Produktionsstrukturen der Bundesrepublik und der DDR sind durch unterschiedliche Anteile der einzelnen Sektoren an der gesamten Erzeugung gekennzeichnet. In beiden deutschen Staaten dominieren die Anteile der Industrie [4], doch ist das Gewicht dieses Bereichs in der Bundesrepublik etwas geringer als in der DDR (47 % gegenüber 51 %).

Auch die Landwirtschaft trägt in der DDR zur gesamtwirtschaftlichen Leistung wesentlich mehr bei als in der Bundesrepublik. Andererseits ist der Anteil des Verkehrswesens in der DDR niedriger. Relativ weit geringer als in der Bundesrepublik sind in der DDR die Produktionsanteile des Handels und der Dienstleistungen.

185. Die Strukturveränderungen folgten in beiden Wirtschaftsgebieten einer Tendenz, die für hochentwickelte Volkswirtschaften typisch ist: Während die Industrie überdurchschnittlich expandierte, sank der Beitrag der Landwirtschaft zum Bruttoinlandsprodukt [5]. Bemerkenswert ist jedoch, daß in der DDR noch immer 9 % bis 10 % [6] der gesamtwirtschaftlichen Leistung von der Landwirtschaft erbracht werden gegenüber nur noch 4 % in der Bundesrepublik.

Infolge der verstärkten Bautätigkeit in der DDR und ihrem relativen Rückgang in der Bundesrepublik

Schaubild 2

Reales Wachstum des Bruttosozialprodukts in der Bundesrepublik und in der DDR in % gegenüber dem Vorjahr

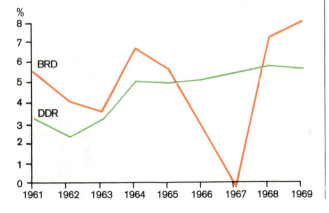

Kapitel III
Übersicht 26

Aufkommen des Bruttoinlandsprodukts in der Bundesrepublik und der DDR 1960 und 1969
(Struktur in % zu Preisen von 1967 in DM bzw. M)

Bereiche	1960 BRD	1960 DDR	1969 p BRD	1969 p DDR
Bruttoinlandsprodukt	100,0	100,0	100,0	100,0
Abschreibungen	8,2	7,4	10,7	9,7
Nettoinlandsprodukt	91,8	92,6	89,3	90,3
Beiträge zum Bruttoinlandsprodukt				
Industrie [1]	43,5	47,3	47,4	51,0
Baugewerbe	7,2	5,7	7,0	6,9
Landwirtschaft	4,8	13,1	3,8	8,9
Verkehr, Post, Fernmeldewesen	6,2	5,1	5,9	5,0
Handel [2]	14,0	10,0	13,2	9,3
Sonstige produktive Bereiche [3]	—	1,4	—	1,5
Dienstleistungen [4]	24,3	17,4	22,7	17,4

[1] Industrie einschl. Bergbau, Energie, produzierendem Handwerk.
[2] Für die DDR: Binnenhandel einschl. Beherbergungs- und Gaststättengewerbe.
[3] Forschungs- und Entwicklungsbetriebe, Wirtschaftsleitende Organe, Verlage u. ä.
[4] Einschl. Staat, privater Haushalte und Organisationen ohne Erwerbscharakter.
p Vorläufige Zahlen.

Quellen: BRD: Statistisches Bundesamt.
        DDR: unveröffentlichtes Manuskript Herbert Wilkens, DIW, Berlin.
        Zur Berechnungsmethode vgl. die Methodischen Hinweise im Anhang.

haben sich die Aufkommensanteile der Bauwirtschaft in beiden Gebieten bei 7 % einander angenähert. Möglicherweise ist diese Annäherung nur vorübergehend, da sie in der Bundesrepublik durch die Rezession beschleunigt wurde.

Arbeitsproduktivität

186. Die gesamtwirtschaftliche Arbeitsproduktivität [7] nahm in beiden Staaten beträchtlich zu und erreichte 1969 in der Bundesrepublik 148 %, in der DDR 143 % des Wertes von 1960. Der Indexabstand von rund fünf Punkten besteht seit der DDR-Wachstumspause der Jahre 1961/63 und hat sich während der Rezession in der Bundesrepublik für kurze Zeit auf zwei Punkte verringert. Mittelfristig ist die Arbeitsproduktivität in der Bundesrepublik und der DDR in den letzten Jahren gleich schnell gewachsen.

Rangordnung der Wirtschaftsbereiche

187. Die Rangordnung der Wirtschaftsbereiche in bezug auf das Tempo ihres Produktivitätsfortschritts (vgl. Tabelle A 45) ist in beiden Gebieten gleich, solange die Landwirtschaft zunächst außer acht gelassen wird:

1. Industrie,
2. Verkehr, Nachrichtenübermittlung,
3. Baugewerbe,
4. Handel,
5. Dienstleistungen (einschl. Staat).

Bemerkenswert ist das ungleiche Abschneiden der Landwirtschaft. Während sie in den westlichen Industrieländern ein traditioneller Spitzenreiter im Produktivitätswachstum ist, reiht sie sich in der DDR erst zwischen Handel und Dienstleistungen in die obige Rangfolge ein. Die Gründe hierfür werden im dritten Abschnitt dieses Kapitels näher untersucht.

188. Wenn auch die Produktivitätsveränderung in der Bundesrepublik und in der DDR ähnlich war, ist doch das Niveau sehr unterschiedlich. Es dürfte in der DDR insgesamt etwa um ein Drittel niedriger sein als in der Bundesrepublik. Während für einige Wirtschaftsbereiche keine detaillierten Untersuchungen vorliegen, werden die Produktivitäten in der Bundesrepublik und in der DDR für die Industrie und die Landwirtschaft in den folgenden Analysen ermittelt. (Für den Wohnungsbau und das Verkehrswesen vgl. Kapitel IV.)

2. Industrie [8]

a) Bruttoproduktion

189. Die Bruttoproduktion der Industrie (vgl. Tabellen A 46, A 47 und A 52) — neben den gesamten Umsätzen jeweils die Lagerveränderungen und die selbsterstellten Anlagen umfassend — ist in der DDR von 1960 bis 1965 ebenso wie in der Bundesrepublik um 31 % gestiegen. Bis 1968 nahm sie in der DDR etwas rascher zu als in der Bundesrepublik. Die absolute Bruttoproduktion stieg — in Preisen der Bundesrepublik von 1962 bewertet — in der DDR von 72 Mrd. DM (1960) auf 112,5 Mrd. DM (1968), in der Bundesrepublik von 313 Mrd. DM (1960) auf 455 Mrd. DM (1968).

Die DDR produzierte von 1960 bis 1965 jeweils 23 % bis 23,5 % der Bundesrepublik, 1966 rd. 24 %, 1967 (rezessionsbedingt) rd. 26 % und 1968 rd. 25 % der Bundesrepublik.

Veränderung der Produktionsstruktur

190. Die Produktionsstruktur hat sich in beiden Staaten seit 1960 stark verändert. Übereinstimmend gesunken sind die Anteile folgender Sektoren:

Bergbau,
Metallurgie,
Textilien,
Bekleidung,
Leder-, Schuh-, Pelzwaren,
Nahrungs- und Genußmittel.

Übereinstimmend gestiegen sind die Anteile der Sektoren:

Energie,
Chemie,
Elektrotechnik,
Fahrzeugbau.

In der Bundesrepublik ging die wichtigste der Produktionsstrukturveränderungen vom weit überdurchschnittlichen Zuwachs der chemischen Industrie aus, in der DDR trat neben das ebenfalls überdurchschnittliche (aber im Vergleich zur Bundesrepublik weit schwächere) Wachstum der Chemie noch die rasche Entwicklung der metallverarbeitenden Industrien.

Der Anteil der verbrauchsorientierten Industrien (Leichtindustrien, Nahrungs- und Genußmittelindustrien) ging in der DDR von 1960 bis 1968 von rd. 40 % auf rd. 36 % zurück. In der Bundesrepublik nahm dieser Anteil gleichzeitig ebenfalls von 32 % auf 30 % ab. Die verbrauchsnahen Industrien sind demnach in der Produktionsstruktur der DDR vergleichsweise stärker vertreten als in der Bundesrepublik [9].

Vergleichsweise niedrig sind in der DDR die Anteilziffern der metallverarbeitenden Industrie, was fast ausschließlich auf den Fahrzeugbau zurückzuführen ist [10].

Die Anteilziffern der Grundstoffindustrien differieren insgesamt wenig (1968: BRD = 39,5 %, DDR = 38,3 %). Energieversorgung und Baumaterialien erzielten in beiden Staaten ähnliche Anteile an der Produktion, während der Bergbau in der DDR wesentlich stärker vertreten ist als in der Bundesrepublik. Das Gegenteil gilt von der Metallurgie und von der Chemie; diese beiden Sektoren erzielten in der Bundesrepublik wesentlich höhere Produktionsanteile als in der DDR.

Vergleich der Produktionsstruktur 1968 : 1960

191. Die Produktionsstruktur der DDR differiert 1968 weniger von der Produktionsstruktur der Bundesrepublik, als dies 1960 der Fall war. (Auf den statistischen Nachweis dieser Tatsache wird hier verzichtet.)

Im Vergleich zur Bundesrepublik besonders stark vertreten sind in der Industriestruktur der DDR die Sektoren:

Bergbau (insbesondere Braunkohlenbergbau),
Schiffbau,
Holz- und Kulturwaren,
Textilien,
Nahrungs- und Genußmittel.

Vergleichsweise besonders schwach vertreten sind:

Fahrzeugbau,
Metallurgie.

Die zwischen der Bundesrepublik und der DDR bestehenden Unterschiede wurden bis 1968 mehr oder weniger ausgeglichen bei

Elektrotechnik,
Maschinenbau,
Metallwaren,
Feinmechanische und optische Industrie,
Leder-, Schuh- und Pelzwaren,
Glas und Keramik.

192. In der Bundesrepublik und der DDR war der Anteil wachstumsträchtiger Industrien 1968 eindeutig höher als 1960. Die DDR hat in dieser Zeit ihre metallverarbeitenden Industrien stärker entwickelt als die Bundesrepublik, umgekehrt war in der Bundesrepublik das Entwicklungstempo der chemischen Industrie höher als in der DDR.

b) Produktionsfaktoren

Produktionsfaktor Arbeit

Beschäftigte in der Industrie

193. Die Zahl der in der Industrie Beschäftigten einschließlich Lehrlingen (vgl. Tabellen A 48, A 49 und A 53) ist in der Bundesrepublik von 1960 bis 1968 leicht von 8,27 Mill. auf 8,10 Mill. Menschen zurückgegangen, in der DDR dagegen von 2,86 Mill. geringfügig auf 2,93 Mill. Menschen gestiegen [12].

Übereinstimmend verlief die Entwicklung in beiden Staaten insofern, als in nahezu allen verbrauchsnahen Sektoren die Beschäftigtenzahl abnahm und in

Kapitel III

den metallverarbeitenden Industrien insgesamt zunahm.

Bei den Grundstoffindustrien nahm die Beschäftigtenzahl der DDR zu, in der Bundesrepublik trotz starken Zuwachses in der Chemie dagegen ab. Im Bergbau blieb die Beschäftigung in der DDR fast stabil, in der Bundesrepublik ging sie stark zurück. Spitzenreiter des Beschäftigtenzuwachses waren in der Bundesrepublik die Sektoren

>Fahrzeugbau,
>Chemische Industrie,
>Druckereien,
>Elektrotechnik

und in der DDR die

>metallverarbeitenden Industrien.

Beschäftigtenstruktur

194. Werden die Anteile der einzelnen Industriezweige an der gesamten Beschäftigtenzahl der Industrie in der Bundesrepublik und in der DDR miteinander verglichen, so zeigt sich, daß die Beschäftigtenstrukturen der Industrie in der Bundesrepublik und der DDR einander im Jahr 1968 ähnlicher waren als im Jahr 1960.

195. Im Vergleich zur Bundesrepublik arbeiten relativ mehr Beschäftigte in folgenden Sektoren der DDR:

>Bergbau,
>Schiffbau,
>Baumaterialien,
>Holz- und Kulturwaren,
>Textilien,
>Leder-, Schuh- und Pelzwaren,
>Glas und Keramik,
>Nahrungs- und Genußmittelindustrie.

Relativ weniger Beschäftigte arbeiten in den DDR-Sektoren:

>Metallurgie,
>Elektrotechnik,
>Polygraphische Industrie,
>Bekleidung,
>Zellstoff- und Papierindustrie.

In den verbrauchsnahen Industrien arbeiteten in der DDR 1968 33,5 % der in der Industrie Beschäftigten, in der Bundesrepublik 30 %.

196. In den gegenwärtig in der gesamten Welt als wachstumsträchtig geltenden Zweigen (Metallverarbeitung, Chemie) waren 1968 in der DDR rd. 48 % aller Beschäftigten tätig gegenüber 53 % in der Bundesrepublik.

Produktionsfaktor Anlagevermögen

Brutto-Anlagevermögen

197. Das industrielle Brutto-Anlagevermögen (BAV), d. h. der Wiederbeschaffungswert aller in einer Periode verfügbaren Anlagen der Industrie, ist zu Preisen von 1962 im Gebiet der Bundesrepublik von 233 Mrd. DM im Jahre 1960 auf 389 Mrd. DM im Jahre 1968 gestiegen (vgl. Tabellen A 50, A 51, und A 54). Zur gleichen Zeit nahm das industrielle BAV im Gebiet der DDR — zu Preisen der Bundesrepublik von 1962 bewertet — von 70 auf 112 Mrd. DM zu. Das Entwicklungstempo war in der Bundesrepublik geringfügig höher (1968 = 167 % von 1960) als in der DDR (1968 = 160 % von 1960). In der DDR erreichte das dort zur Verfügung stehende industrielle Brutto-Anlagevermögen 1960 rd. 30 % der Bundesrepublik, 1968 rd. 29 %.

Spitzenreiter der Entwicklung waren in der Bundesrepublik die metallverarbeitenden Industrien (+ 89 %). Unterdurchschnittlich wuchsen die verbrauchsnahen Industrien (+ 64 %) und die Grundstoffindustrien (+ 60 %). Das relativ schwache Wachstum des Brutto-Anlagevermögens der Grundstoffindustrien erklärt sich in der Bundesrepublik daraus, daß der Bergbau seine Kapazitäten seit 1965 durch Stillegungen einschränkte und 1968 über ein gegenüber 1960 fast unverändertes BAV verfügte.

In der DDR wuchs das BAV der Grundstoffindustrien (+ 69 %) und der metallverarbeitenden Industrien (+ 68 %) am stärksten, gefolgt von den Leichtindustrien (+ 39 %) und von den Nahrungs- und Genußmittelindustrien (+ 25 %).

198. Während sich die Bundesrepublik und die DDR in bezug auf ihre industrielle Produktions- und Beschäftigtenstruktur Ende der 60er Jahre weniger voneinander unterschieden als zu Anfang des Jahrzehnts, gilt für die Entwicklung des Brutto-Anlagevermögens seit 1960 das Gegenteil: Die Stagnation im Bergbau ließ den Anteil dieses Sektors in der Bundesrepublik stark absinken; umgekehrt stieg der Anteil der metallverarbeitenden Industrien am gesamtindustriellen Brutto-Anlagevermögen in der Bundesrepublik wesentlich rascher als in der DDR.

Rangordnung der Sektoren

199. Die in der Bundesrepublik und in der DDR stark voneinander abweichenden Prioritäten bei der Investitionstätigkeit werden beim Vergleich der Rangordnung der Sektoren (in bezug auf das Wachstum des BAV) deutlich (1968):

BRD	DDR
1. Baumaterialien	1. Elektrotechnik
2. Sonstige metallverarbeitende Industrien	2. Bergbau
3. Elektrotechnik	3. Glas und Keramik
4. Glas und Keramik	4. Energie
5. Zellstoff- und Papierindustrie	5. Metallurgie
6. Energie	6. Sonstige metallverarbeitende Industrien

Kapitel III

BRD	DDR
7. Chemie	7. Baumaterialien
8. Polygraphische Industrie	8. Chemie
9. Holz- und Kulturwaren	9. Bekleidung, Näherzeugnisse
10. Bekleidungsindustrie	10. Polygraphische Industrie
11. Nahrungs- und Genußmittelindustrie	11. Holz- und Kulturwaren
12. Metallurgie	12. Schiffbau
13. Textilindustrie	13. Zellstoff- und Papierindustrie
14. Leder-, Schuh- und Pelzwaren	14. Textilien
15. Schiffbau	15. Nahrungs- und Genußmittelindustrie
16. Bergbau	16. Leder-, Schuh- und Pelzwaren

Auch hinsichtlich der Verteilung der Zuwachsraten bestehen erhebliche Unterschiede. Die Streuung der Zuwachsraten der 16 Sektoren ist in der Bundesrepublik viel größer als in der DDR, d. h. in der Bundesrepublik rangieren mehr Branchen in der Spitzen- und Schlußgruppe, während in der DDR die mittlere Gruppe besonders stark besetzt ist. Die Strukturveränderungen sind demnach in der Bundesrepublik tendenziell stärker erfolgt als in der DDR, wie der nachstehende Vergleich zeigt.

Übersicht 27

Zuwachsraten in 16 Sektoren der Industrie

Brutto-Anlagevermögen 1968 (1960 = 100)	Verteilung von 16 Sektoren	
	BRD	DDR
100 bis 110	1	—
110 bis 120	—	—
120 bis 130	1	2
130 bis 140	1	3
140 bis 150	1	3
150 bis 160	2	2
160 bis 170	2	3
170 bis 180	3	1
180 und mehr	5	2

c) Kombination der Produktionsfaktoren

Bedeutung der Kapitalintensität

200. Die Kapitalintensität (Brutto-Anlagevermögen je Beschäftigten; vgl. Tabelle A 55) ist von entscheidender Bedeutung für die im Produktionsprozeß zu realisierende Arbeitsproduktivität. Dies betrifft sowohl das erreichte Niveau als auch das Tempo der Veränderungen.

Absolutes Niveau der Kapitalintensität

Je Beschäftigten war in der Industrie der Bundesrepublik im Jahre 1960 ein BAV von 28 100 DM eingesetzt, 1968 dagegen 48 000 DM. In der DDR lauten die entsprechenden Zahlen: 24 600 bzw. 38 400 DM. Die Kapitalintensität ist in der Bundesrepublik von 1960 bis 1968 stärker gestiegen als in der DDR (+71 % gegen +56 %). In den Jahren 1960 bis 1962 erreichte die durchschnittliche Kapitalintensität in der DDR rd. 87 % des jeweiligen Standes in der Bundesrepublik, 1968 nur noch 80 %.

Die Abweichung der Kapitalintensitäten der einzelnen Sektoren vom Durchschnitt der gesamten Industrie ist in beiden Staaten — technologisch bedingt — sehr erheblich. In den meisten Industriezweigen bleibt die Intensität der DDR hinter der der Bundesrepublik zurück. Annähernd gleich groß war sie 1968 bei den Zweigen:

Chemie,
Leder-, Schuh- und Pelzwaren,
Zellstoff und Papier,
Glas und Keramik.

Eindeutig höher ist die Kapitalintensität der DDR beim Bergbau wegen des kapitalintensiv betriebenen Braunkohlenbergbaus, der in der DDR relativ weit mehr Gewicht hat als in der Bundesrepublik.

Entwicklung der Kapitalintensität

201. Die Entwicklung der Kapitalintensität verlief in den einzelnen Sektoren von 1960 bis 1968 sehr unterschiedlich.

Annähernd gleichmäßig entwickelte sich der Kapitaleinsatz je Beschäftigten in der Bundesrepublik und der DDR in den Zweigen:

Energie,
Bergbau,
Chemie,
Elektrotechnik,
Bekleidung,
Polygraphische Industrie.

In den übrigen Branchen nahm die Intensität in der Bundesrepublik schneller — meist erheblich schneller — zu.

202. Trotz großer Entwicklungsunterschiede sind in beiden Gebieten die technologischen Gegebenheiten ähnlich. Sie bestimmen vorwiegend das Strukturbild der Kapitalintensitäten von 1968.

Kapitel III

Rangordnung der Kapitalintensitäten

BRD	DDR
1. Energie	1. Energie
2. Bergbau	2. Bergbau
3. Chemie	3. Chemie
4. Nahrungs- und Genußmittel	4. Metallurgie
5. Baumaterialien	5. Baumaterialien
6. Metallurgie	6. Zellstoff und Papier
7. Zellstoff und Papier	7. Nahrungs- und Genußmittel
8. Schiffbau	8. Glas und Keramik
9. Textilien	9. Textilien
10. Polygraphische Industrie	10. Schiffbau
11. Sonstige metallverarbeitende Industrie	11. Polygraphische Industrie
12. Glas und Keramik	12. Sonstige metallverarbeitende Industrie
13. Holz- und Kulturwaren	13. Holz- und Kulturwaren
14. Elektrotechnik	14. Elektrotechnik
15. Leder-, Schuh- und Pelzwaren	15. Leder-, Schuh- und Pelzwaren
16. Bekleidung	16. Bekleidung, Näherzeugnisse

Bei der vorstehenden Rangordnung sind für nicht weniger als neun Branchen die jeweiligen Rangziffern gleich (1, 2, 3, 5, 9, 13, 14, 15, 16), bei drei Industrien beträgt der Rangunterschied 1968 nur 1 (7/6, 10/11, 11/12). In der DDR-Rangordnung der Kapitalintensitäten stehen die Metallurgie sowie Glas und Keramik weiter vorn als in der Bundesrepublik, die Nahrungs- und Genußmittelindustrie rangiert weiter hinten als in der Bundesrepublik.

203. Werden Rangordnungen des Wachstums der Kapitalintensität für beide Staaten aufgestellt, so zeigen sich erhebliche Unterschiede. Nur in Ausnahmefällen nehmen Industrien in der DDR und in der Bundesrepublik den gleichen Rang ein. Hier wie dort fällt das relativ schwache Wachstum der Kapitalintensität in der Chemie auf (je 47 %). Dies liegt daran, daß in diesem Bereich der kapitalsparende technische Fortschritt besonders groß ist.

d) Produktivität der Produktionsfaktoren

204. Es ist eines der Merkmale der wirtschaftlichen Entwicklung der Industrieländer, daß diese gelernt haben, durch eine sich ständig ändernde Kombination der Produktionsfaktoren (steigende Kapitalintensität) eine ständige Zunahme der Produktivität ihrer Wirtschaft zu erreichen.

Technischer Fortschritt

Wird die erzielte Produktion auf den Arbeitseinsatz bezogen, ergibt sich in der Regel ein mehr oder weniger gleichmäßiger Anstieg der Arbeitsproduktivität. Wird die Produktion auf den Kapitaleinsatz bezogen, so zeigt sich in der Regel, daß die Kapitalproduktivität sich nur langsam verändert. Wird die Produktion auf den kombinierten Faktoreinsatz bezogen, so wird die sich ergebende Restkomponente häufig „technischer Fortschritt" genannt.

Sowohl die Arbeits- als auch die Kapitalproduktivität werden zugleich vom technischen Fortschritt und von der Substitutionskomponente beeinflußt. Ersatz von Arbeit durch Kapital erhöht die Arbeitsproduktivität und ermäßigt die Kapitalproduktivität. Der technische Fortschritt erhöht — für sich allein genommen — beide Faktorproduktivitäten.

Arbeitsproduktivität

205. Der Bruttoproduktionswert je Beschäftigten ist in der Bundesrepublik von 37 900 DM (zu Preisen von 1962) im Jahre 1960 auf 56 200 DM (1968) gestiegen (vgl. Tabelle A 56). Die entsprechenden Daten für die DDR lauten: 25 200 bzw. 38 500 DM. Der Zuwachs von 1960 bis 1968 war in der DDR mit 53 % etwas stärker als in der Bundesrepublik mit 48 %.

In beiden Gebieten liegt in bezug auf den Bruttoproduktionswert je Beschäftigten die Nahrungs- und Genußmittelindustrie vor den Grundstoffindustrien an erster Stelle. Die Produktivität der metallverarbeitenden Industrie und der Leichtindustrie differiert wenig voneinander und ist hier wie dort etwa halb so hoch wie im Grundstoffbereich.

Eine Rangordnung der 16 Industriezweige nach ihrer Arbeitsproduktivität ergibt in den Spitzenrängen ein hohes Maß an Übereinstimmung zwischen beiden Ländern.

Kapitel III

BRD	DDR
1. Energie	1. Energie
2. Nahrungs- und Genußmittel	2. Nahrungs- und Genußmittel
3. Chemie	3. Chemie
4. Metallurgie	4. Polygraphische Industrie
5. Zellstoff und Papier	5. Zellstoff und Papier
6. Baumaterialien	6. Bergbau
7. Textilien	7. Baumaterialien
8. Holz- und Kulturwaren	8. Elektrotechnik
9. Bergbau	9. Metallurgie
10. Schiffbau	10. Holz- und Kulturwaren
11. Sonstige metallverarbeitende Industrie	11. Bekleidung, Näherzeugnisse
12. Elektrotechnik	12. Schiffbau
13. Polygraphische Industrie	13. Sonstige metallverarbeitende Industrie
14. Leder-, Schuh- und Pelzwaren	14. Textilien
15. Bekleidung	15. Glas und Keramik
16. Glas und Keramik	16. Leder-, Schuh- und Pelzwaren

BRD	DDR
1. Bekleidungsindustrie	1. Bekleidung, Näherzeugnisse
2. Leder-, Schuh- und Pelzwaren	2. Nahrungs- und Genußmittel
3. Holz- und Kulturwaren	3. Polygraphische Industrie
4. Elektrotechnik	4. Elektrotechnik
5. Nahrungs- und Genußmittel	5. Holz- und Kulturwaren
6. Chemie	6. Sonstige metallverarbeitende Industrie
7. Sonstige metallverarbeitende Industrie	7. Schiffbau
8. Textilien	8. Leder-, Schuh- und Pelzwaren
9. Zellstoff und Papier	9. Zellstoff und Papier
10. Polygraphische Industrie	10. Textilien
11. Glas und Keramik	11. Chemie
12. Metallurgie	12. Baumaterialien
13. Schiffbau	13. Metallurgie
14. Baumaterialien	14. Glas und Keramik
15. Bergbau	15. Bergbau
16. Energie	16. Energie

Kapitalproduktivität

206. Je 1000 DM Brutto-Anlagevermögen wurde in der Bundesrepublik im Jahre 1960 ein Bruttoproduktionswert von 1347 DM, 1968 von 1171 DM erzielt (vgl. Tabelle A 57). In der DDR lauten die entsprechenden Daten: 1026 DM für 1960 bzw. 1003 DM für 1968.

Die sektoralen Maxima lauten für die Bekleidungsindustrie 1960 bzw. 1968 in der Bundesrepublik 4017 bzw. 3227 DM Bruttoproduktion, in der DDR 8094 bzw. 6794 DM Bruttoproduktion.

Die sektoralen Minima lauten für die Energieversorgung 1960 bzw. 1968 in der Bundesrepublik 367 bzw. 361 DM Bruttoproduktion, in der DDR 456 bzw. 421 DM Bruttoproduktion.

207. Technologische Gegebenheiten formen die Rangordnung in beiden Staaten. Die Kapitalproduktivität sinkt in weitgehender Abhängigkeit von der Zunahme der Kapitalintensität: Je geringer die Kapitalausstattung je Beschäftigten, desto höher die Kapitalproduktivität (und desto niedriger die Arbeitsproduktivität).

Im Verhältnis zur Bundesrepublik hatte 1968 die DDR die niedrigste Kapitalproduktivität bei

Glas und Keramik (50 % der BRD),
Leder-, Schuh-, Pelzwaren (51 % der BRD),
Metallurgie (57 % der BRD),
Chemie (67 % der BRD)

und die höchste bei

Bekleidung (211 % der BRD),
Polygraphische Industrie (183 % der BRD),
Nahrungs- und Genußmittelindustrien (141 % der BRD).

Im Durchschnitt aller Sektoren erzielte die Industrie der DDR im Jahre 1968 eine Kapitalproduktivität von 86 % der Bundesrepublik (vgl. Tabelle A 57).

e) Berechnung des Produktionspotentials der DDR im Jahre 1968

208. Die vorstehenden Vergleiche lassen folgendes erkennen:

■ Der Produktivitätsrückstand der DDR geht über jenes Maß hinaus, das sich aus dem Investitionsrückstand (gemessen an der Kapitalintensität je Beschäftigten) ergibt.

Kapitel III

- Die Anteile der einzelnen Industriezweige an der gesamten Produktion und Beschäftigung sowie am gesamten Brutto-Anlagevermögen unterscheiden sich in der Bundesrepublik z. T. erheblich von denen in der DDR.
- Beide Unterschiede — sowohl die durchschnittliche Auslastung des jeweils verfügbaren Produktionspotentials als auch die erwähnten jeweiligen „Struktureffekte" — lassen sich rechnerisch ermitteln.

Faktorproduktivitäten und Kapitalintensität

209. Im Jahre 1968 hat die Industrie der DDR nach den vorstehenden Berechnungen mit 2,925 Mill. Beschäftigten (36,1 % der BRD) und mit einem Anlagevermögen von 112,3 Mrd. DM Wiederbeschaffungswert (28,9 % der BRD) eine Bruttoproduktion von 112,5 Mrd. DM (24,7 % der BRD) erzielt.

Bei dem Vergleich fällt besonders auf, daß sowohl der Kapitaleinsatz je Beschäftigten als auch die Produktivität der Faktoren Arbeit und Kapital in der DDR niedriger war als in der Bundesrepublik (80,0 % bzw. 68,4 % bzw. 85,7 % der BRD). Die Gegenüberstellung zeigt ferner, daß die in der DDR erzielte Arbeitsproduktivität auch in Relation zu der verfügbaren Kapitalintensität niedriger ist als in der Bundesrepublik. Die nachstehenden Daten beziehen sich auf 1968.

Strukturbedingte Differenzen

210. Die gesamte Produktion der Bundesrepublik und der DDR ist das Ergebnis des jeweiligen Einsatzes von Arbeit und Kapital und der jeweiligen Branchenstruktur, d. h. der unterschiedlichen Anteile einzelner Zweige an der gesamten Industrie.

Wie die nachstehend aufgeführten Berechnungsergebnisse zeigen, wäre die Kapitalintensität der DDR 1968 um 2220 DM niedriger als ausgewiesen gewesen, wenn die Branchenstruktur der DDR jener der Bundesrepublik entsprochen hatte. Der „echte" Abstand der Kapitalintensität war 1968 (strukturbedingt) mit 11 820 DM je Beschäftigten höher als die statistische Differenz beider Kapitalintensitäten. Die durch die Unterschiede der Produktionsstruktur bedingten Differenzen der durchschnittlichen Produktivität von Arbeit und Kapital waren 1968 im Fall der Arbeitsproduktivität minimal.

211. Der zwischen der Bundesrepublik und der DDR bestehende statistische Abstand der Kapitalproduktivität (1968: 168 DM) ist zu zwei Dritteln ein „Struktureffekt", der echte, leistungsbedingte Abstand ist mit 55 DM relativ klein. Dies erklärt sich daraus, daß in der DDR die Branchen mit niedriger Kapitalproduktivität im Jahre 1968 wesentlich stärker vertreten waren als in der Bundesrepublik.

Übersicht 28

Bruttoproduktion in Relation zum Brutto-Anlagevermögen (in DM bzw. %)

	BRD	DDR	Relation BRD : DDR
Brutto-Anlagevermögen je Beschäftigten	47 980	38 380	100 : 80,0
Bruttoproduktion je Beschäftigten	56 200	38 460	100 : 68,4
Relation	100 : 117,1	100 : 100,2	—

Übersicht 29

Strukturbedingter und echter Abstand der Leistungsfähigkeit von Bundesrepublik und DDR 1968 (in DM bzw. %)

	BRD Ist	DDR			Echter Abstand	in % von	
		Ist	Fiktiv	Struktureffekt		BRD-Ist	DDR-Ist
Brutto-Anlagevermögen je Beschäftigten	47 980	38 380	36 160[1]	−2 220	11 820	24,6	30,8
Produktivität von							
Arbeit	56 200	38 460	38 480[2]	20	17 720	31,5	46,1
Kapital	1 171	1 003	1 116[3]	113	55	4,7	5,5

[1] DDR-Branchen-Kapitalintensitäten gewichtet mit BRD-Beschäftigtenstruktur.
[2] DDR-Branchen-Arbeitsproduktivitäten gewichtet mit BRD-Beschäftigtenstruktur.
[3] DDR-Branchen-Kapitalproduktivitäten gewichtet mit BRD-Produktionsstruktur.

Die Industrie der DDR braucht aus strukturellen Gründen je produzierte Einheit eine um rd. 6 % höhere Kapitalintensität je Beschäftigten als die Bundesrepublik, um die gleiche Produktion zu erzielen. Ihre Kapitalproduktivität ist — ohne echten Leistungsunterschied — im Durchschnitt aller Zweige um fast 9 % niedriger als in der Bundesrepublik. Jedoch reichen diese Unterschiede noch nicht aus, den zwischen der DDR und der Bundesrepublik bestehenden Leistungsunterschied zu erklären. Tatsächlich ist auch die Auslastung des verfügbaren Potentials in der DDR niedriger als in der Bundesrepublik.

Ergebnisse einer Potentialrechnung

212. Der abschließende Versuch, das Produktionspotential der DDR im Jahre 1968 zu berechnen (vgl. Tabelle A 58), geht von folgender Fragestellung aus:

Wie hoch wäre die gesamte Bruttoproduktion der DDR im Jahre 1968 bei gegebener Beschäftigtenzahl und gegebener Ausstattung der einzelnen Industriezweige mit Anlagevermögen gewesen, wenn die Arbeitsproduktivität der Branchen ein der jeweils verfügbaren Kapitalintensität entsprechendes Niveau erreicht hätte?

Unter „entsprechendes Niveau" wird dabei jene Arbeitsproduktivität verstanden, die in den Sektoren der Bundesrepublik jeweils erreicht wurde, als die gleichzeitig erzielte Kapitalintensität dem jeweiligen DDR-Niveau von 1968 gleichkam.

213. Die Berechnung ergibt, daß für die DDR 1968 in 7 von 16 Branchen der Industrie keine ins Gewicht fallende Abweichung von Produktion und Kapazität feststellbar war, nämlich in den Sektoren

Energie,
Bergbau,
Elektrotechnik,
Holz- und Kulturwaren,
Bekleidung, Nährerzeugnisse,
Polygraphische Industrie,
Nahrungs- und Genußmittelindustrien.

In den anderen Sektoren blieb die DDR 1968 mehr oder weniger hinter den errechneten Kapazitäten zurück. Besonders groß war die Differenz bei den Sektoren

Glas und Keramik,
Leder-, Schuh- und Pelzwaren,
Metallurgie,

aber auch bei den Sektoren

Chemie,
Baumaterialien,
sonstige metallverarbeitende Industrie,
Textilien

war die Auslastung der nach den Standards der Bundesrepublik berechneten DDR-Kapazitäten gering.

Produktionspotential insgesamt

214. Insgesamt ergibt sich nach unserer Rechnung für die DDR 1968 ein industrielles Produktionspotential von 140 Mrd. DM bei einer effektiven Produktion von 112,5 Mrd. DM. In der Bundesrepublik bezifferte sich das Produktionspotential 1968 auf schätzungsweise 500 Mrd. DM bei einer effektiven Bruttoproduktion von 455,3 Mrd. DM.

Nach den in der DDR vorherrschenden Vorstellungen wird dort Jahr für Jahr eine relativ gleichbleibende Auslastung des Produktionspotentials erzielt. Die zeitlichen Schwankungen der Auslastung sind in der Bundesrepublik nicht unerheblich größer als in der DDR, jedoch liegt die bei gegebenem Arbeits- und Kapitaleinsatz erzielte Produktion in der Bundesrepublik näher am Potential als in der DDR. Daher belaufen sich die hier errechneten Koeffizienten der durchschnittlichen Kapazitätsauslastung von 1960 bis 1968 für die Bundesrepublik auf 91 %, für die DDR auf 80 %.

3. Landwirtschaft

a) Betriebsstruktur [13]

215. Die landwirtschaftliche Betriebsstruktur (vgl. Tabelle A 59) zeigt in beiden Staaten eine grundsätzlich unterschiedliche Entwicklung. In der Bundesrepublik war die Erhaltung und Förderung des bäuerlichen Familienbetriebs von vornherein ein erstrangiges gesellschaftspolitisches Ziel. Maßnahmen zur Verbesserung der landwirtschaftlichen Betriebsstruktur beschränkten sich hier auf den Rahmen, den die marktwirtschaftliche Ordnung, das Leitbild des bäuerlichen Familienbetriebes und das Grundrecht auf Eigentum absteckten.

Betriebsgröße

216. In der DDR wurde die landwirtschaftliche Betriebsstruktur mit den Mitteln der zentralen Wirtschaftslenkung in mehreren Etappen vollständig umgewandelt. Obwohl durch den Zusammenschluß der bäuerlichen Betriebe in landwirtschaftliche Produktionsgenossenschaften in bezug auf die Flächengröße der Betriebe günstige Voraussetzungen geschaffen wurden, gelang es in der DDR bisher nicht, eine der durchschnittlichen Flächengröße der Betriebe entsprechende optimale Faktorkombination zu erreichen.

Während in der Bundesrepublik die zu geringe durchschnittliche landwirtschaftliche Betriebsgröße das Haupthemmnis zur Nutzung des technischen Fortschritts bildet und damit der Faktor Boden eine optimale Kombination unmöglich macht, entstehen in der DDR schwerwiegende Probleme beim Einsatz der Faktoren Arbeit und Kapital.

Kapitel III
Produktionsgenossenschaften, Volkseigene Güter

217. Die Betriebsstruktur der Landwirtschaft in der DDR wird durch zwei Betriebstypen geprägt: die Landwirtschaftlichen Produktionsgenossenschaften (LPG) mit gemischt genossenschaftlich-privatem Eigentum an den Produktionsmitteln und die Volkseigenen Güter (VEG) mit staatlichem Eigentum an den Produktionsmitteln. Nach dem Grad der Vergesellschaftung der Produktionsmittel in den LPG werden drei Typen unterschieden, die LPG Typ I, II und III. Im Jahr 1969 umfaßte die landwirtschaftliche Nutzfläche (LN) der DDR 6,30 Mill. ha. Davon wurden rd. 86 % durch LPG und rd. 7 % durch VEG bewirtschaftet. Auf diese 93 % der LN entfielen lediglich 9836 LPG und 527 VEG, d. h. insgesamt nur 10 363 landwirtschaftliche Betriebe. Die durchschnittliche Betriebsgröße betrug bei den LPG rd. 550 ha LN (LPG Typ I und II rd. 257 ha, LPG Typ III rd. 767 ha), bei den VEG rd. 824 ha. Auf 349 Gärtnerische Produktionsgenossenschaften (GPG) mit einer durchschnittlichen Betriebsgröße von reichlich 5 ha entfielen 0,3 % der LN. Über die Bewirtschaftung der restlichen rd. 7 % der LN in „sonstigen sozialistischen Betrieben" (0,2 %) und in „übrigen Betrieben" (6,7 %) gibt es nur wenige Informationen. Als „sonstige sozialistische Betriebe" dürften die im Eigentum der Kreise, Gemeinden, Körperschaften und Anstalten des öffentlichen Rechts befindlichen Betriebe ausgewiesen worden sein, während es sich bei den „übrigen Betrieben" wahrscheinlich in der Mehrzahl um nicht kollektivierungsfähige Kleinbetriebe in Mittelgebirgslagen sowie zu einem geringen Teil um landwirtschaftliche Betriebe privater Institutionen (Krankenhäuser, Altenheime) und um die Betriebe der Kirchen handelt.

Einzelbetriebe

218. Die Landwirtschaft in der Bundesrepublik kennzeichnet der bäuerliche Einzelbetrieb. Im Jahre 1969 wirtschafteten in der Bundesrepublik auf 12,72 Mill. ha bzw. auf rund 92 % der insgesamt 13,85 Mill. ha umfassenden LN 1,16 Mill. über 1 ha große landwirtschaftliche Betriebe, während die restlichen 1,13 Mill. ha (8 %) auf Betriebe mit weniger als 1 ha LN und auf Landwirtschaft außerhalb der Betriebe entfielen. Die durchschnittliche Größe der Betriebe über 1 ha LN lag bei 11 ha LN.

Demnach wurden im Jahre 1969 in der Bundesrepublik 92 % der LN von 1,16 Mill. landwirtschaftlichen Betrieben mit einer Durchschnittsgröße von 11 ha LN und in der DDR 93 % der LN von 10 363 landwirtschaftlichen Betrieben mit einer Durchschnittsgröße von 564 ha LN eingenommen.

Wird die Flächenausstattung der Betriebe als Kennzeichen für die Struktur der Betriebe genommen, so zeigt sich, daß sie im Durchschnitt der Bundesrepublik unzureichend ist. Die Möglichkeiten einer Flächenaufstockung der Betriebe sind durch die Immobilität des Produktionsfaktors Boden relativ eng begrenzt. Für Betriebsvergrößerungen benötigte Flächen kommen teilweise durch Zupacht oder Zukauf aus den Betrieben, die entweder aufgelöst oder die in Zuerwerbsbetriebe und in Nebenerwerbsbetriebe umgewandelt werden, sobald sie als Vollerwerbsbetriebe kein ausreichendes Einkommen mehr ermöglichen.

Anzahl und Größe der Betriebe

219. Von 1960 bis 1969 hat sich in der Bundesrepublik die Zahl der Betriebe und kleinen Betriebseinheiten mit 1 und mehr ha LN um 228 000 oder 16,5 % verringert und die entsprechende LN um 212 600 ha oder 1,6 % verkleinert. Zwischen 1949 und 1969 nahmen die Betriebe um 490 700 oder 29,8 % und die LN um 557 000 ha oder 4,2 % ab. Im Durchschnitt der letzten 20 Jahre ist die LN um jährlich 27 900 ha kleiner geworden. Die ausgeschiedenen Flächen wurden überwiegend nichtlandwirtschaftlichen Zwecken zugeführt und zum geringen Teil in den Bereich unter 1 ha LN Betriebsgröße verlagert.

Die durchschnittliche Betriebsgröße in den Größenklassen ab 1 ha LN ist von 1949 bis 1960 von 8,1 ha auf 9,3 ha und bis 1969 auf 11,0 ha angestiegen. Werden lediglich die Betriebsgrößenklassen ab 10 ha LN berücksichtigt, so blieb die durchschnittliche Betriebsgröße auch in diesem Größenbereich fast unverändert. Sie nahm von 21,2 ha im Jahre 1949 auf 21,7 ha im Jahre 1969 zu. In den Größenklassen ab 20 ha LN hat die durchschnittliche Betriebsgröße im gleichen Zeitraum sogar von 36,0 ha auf 34,1 ha LN abgenommen.

In der DDR ist von 1960 bis 1969 die durchschnittliche Betriebsgröße aller LPG von 281 ha auf 550 ha LN, darunter die der LPG Typ III von 539 ha auf 767 ha LN und die Durchschnittsgröße der VEG von 591 ha auf 824 ha LN aufgestockt worden.

b) Faktoreinsatz in der Landwirtschaft

220. Die auf die Landwirtschaft entfallende Quote der Gesamtinvestitionen lag in den Jahren 1960 bis 1969 in der Bundesrepublik zwischen 6 % und 8 %, in der DDR zwischen 12 % und 15 %. Wenn eine Vergleichbarkeit dieser Kennzahlen auch mangels ausreichender Informationen über die Abgrenzung der Bruttoinvestitionen in der Landwirtschaft der DDR nicht gewährleistet ist, so dürfte doch die DDR in bezug auf den relativ hohen Anteil der Landwirtschaft an den Gesamtinvestitionen unter den Industrienationen an der Spitze liegen.

221. Die Substitution von Arbeit durch Kapital ist in der Landwirtschaft der DDR noch nicht so weit fortgeschritten wie in der Landwirtschaft der Bundesrepublik. In den Jahren 1964 bis 1969 betrug der landwirtschaftliche Arbeitskräftebesatz in der DDR noch ein mehrfaches des Arbeitskräftebesatzes der über 50 ha LN großen Betriebe in der Bundesrepublik.

Düngemittel

222. Die Versorgung und der Einsatz industriell hergestellter Betriebsmittel hat in der Landwirtschaft beider deutscher Staaten ständig zugenommen. Das gilt in erster Linie für Handelsdüngemittel. Die DDR gehört wie die Bundesrepublik zu

Übersicht 30

Vollarbeitskräfte (AK) je 100 ha landwirtschaftlicher Nutzfläche (1964 bis 1969)

Betriebsgröße und -form	AK je 100 ha LN					
	1964	1965	1966	1967	1968	1969
BRD [1]						
Betriebe insgesamt	16,5	15,1	14,6	14,2	13,7	13,2
darunter						
Betriebe mit einer Größe von						
0,5 bis 2 ha LN	61,2	83,2	84,9	84,4	83,7	85,6
2 bis 5 ha LN	32,0	31,9	31,3	31,1	30,4	29,9
5 bis 10 ha LN	21,1	21,2	20,3	19,9	19,4	18,7
10 bis 20 ha LN	14,3	14,2	13,6	13,4	13,1	12,7
20 bis 50 ha LN	9,2	8,7	8,6	8,3	8,0	7,8
über 50 ha LN	7,6	7,0	6,6	6,2	5,9	5,5
DDR						
Betriebe insgesamt	16,2	15,9	15,5	15,2	14,5	14,0
darunter						
LPG	15,6	15,4	15,2	14,9	14,3	13,8
VEG	16,7	16,4	16,3	16,2	15,8	15,0

[1] Wirtschaftsjahre 1963/64 bis 1968/69; ab 1964/65 in der Größenklasse 0,5 bis 2 ha LN ohne Arbeitskräfte in den Betrieben, die nicht für den Markt produzieren; 1968/69 vorläufig.

Quellen: BRD: Statistisches Jahrbuch über ELuF der BRD, 1970.
DDR: Berechnet mit der im Text erläuterten Methode nach den Angaben im Statistischen Jahrbuch der DDR, 1970.

der Gruppe der zehn düngungsintensivsten Länder der Welt. Der zahlenmäßige Aufwandsmengenvergleich zwischen den beiden deutschen Staaten (vgl. Tabelle A 60) zeigt, daß je Flächeneinheit in der DDR seit jeher mehr Kali und seit 1964/65 auch mehr Stickstoff gedüngt wird als in der Bundesrepublik. Bei Phosphat ist das Mengenniveau der Bundesrepublik erst in jüngster Zeit etwa erreicht worden.

Wesentlich schwieriger als in der Bundesrepublik gestaltet sich die Futtermittelversorgung der Landwirtschaft in der DDR (vgl. Abschnitt 3 c).

Landwirtschaftliche Maschinen

223. Der Einsatz landtechnischer Arbeitsmittel ist in beiden Teilen Deutschlands ständig vergrößert worden (vgl. Tabelle A 61). Die Gesamtzahl der Schlepper stieg bis zum Jahr 1969 ständig an. Im Jahr 1969 standen je 100 ha LN in der Bundesrepublik 238 Schlepper-Motoren-PS, in der DDR 105 Schlepper-Motoren-PS zur Verfügung. Je 10 000 ha Getreidefläche verfügte die Landwirtschaft der Bundesrepublik über 311 Mähdrescher, die Landwirtschaft der DDR über 78 Mähdrescher.

Auch wenn eine Vergleichbarkeit dieser Besatzzahlen beider Landwirtschaften auszuschließen ist, weil in der Bundesrepublik in vielen Betrieben ein unangemessen hohes Kapital in Maschinen investiert wurde, die nur schlecht ausgenutzt werden, berechtigt der Stand der landtechnischen Ausstattung in der DDR zu der Feststellung, daß in der Landwirtschaft der DDR erhebliche Reserven zur Erhöhung der Arbeitsproduktivität unausgenutzt blieben (vgl. Abschnitt 3 d). Der Grund für die ökonomisch unbefriedigende Ausstattung der Betriebe mit Schleppern und Großmaschinen ist in dem hohen Kapitalbedarf zu sehen, der für die regionale und betriebliche Umstrukturierung der DDR-Landwirtschaft besteht (vgl. Abschnitt 3 e). Trotz hoher landwirtschaftlicher Investitionsquote ist der Kapitaleinsatz im Landmaschinensektor offensichtlich unzureichend.

Kapitel III

c) Agrarproduktion

Produktionsleistungen

224. In der Mengenleistung der gesamten Agrarproduktion war das Jahr 1968 für beide deutsche Staaten das bisherige Rekordjahr (vgl. Tabelle A 62).

Brutto-Bodenproduktion

225. Die Brutto-Bodenproduktion, mit der die Gesamtmenge der pflanzlichen Erzeugung auf der landwirtschaftlichen Nutzfläche (LN) erfaßt wird, stieg in der Bundesrepublik auf 58,0 Mill. t GE, in der DDR auf 23,4 Mill. t GE. Sie war damit 1968 in der Bundesrepublik um 21 %, in der DDR um 22 % größer als im jeweiligen Fünfjahresdurchschnitt 1957/61 (48,1 bzw. 19,2 Mill. t GE). Mit einer landwirtschaftlichen Nutzfläche von rd. 45 % der entsprechenden Fläche in der Bundesrepublik wurde in der DDR eine Bodenleistung erbracht, die bei rd. 40 % der Bodenleistung in der Bundesrepublik lag.

Viehhaltung

226. Die Leistungen der landwirtschaftlichen Viehhaltung erhöhten sich insgesamt von 1957/61 bis 1968 in der Bundesrepublik (42,6 bzw. 52,5 Mill. t (GE) um 9,8 Mill. t GE, in der DDR (14,6 bzw. 17,5 Mill. t GE) um 2,9 Mill. t GE. Das entspricht in jedem der beiden Staaten einem Zuwachs von rd. 23 %. Mit einem Gesamtviehbestand, der 1957/61 bei rd. 43 % und 1968 bei rd. 40 % des jeweiligen Bestandes in der Bundesrepublik lag, wurden in der DDR rd. 34 % bzw. 33 % der tierischen Leistungen der Bundesrepublik erbracht.

Nahrungsmittelproduktion

227. Die Nahrungsmittelproduktion, die alle aus der landwirtschaftlichen Pflanzen- und Tierproduktion verfügbar gewordenen Mengen an Nahrungsmitteln und an Rohstoffen für gewerbliche Zwecke umfaßt, ist 1968 in der Bundesrepublik auf 59,8 Mill. t GE, in der DDR auf 20,1 Mill. t GE gestiegen. Das entspricht einem Zuwachs gegen 1957/61 von 13,6 Mill. t GE oder 30 % in der Bundesrepublik (46,2 bzw. 59,8 Mill. t GE) und von 3,9 Mill. t GE oder 24 % in der DDR (16,2 bzw. 20,1 Mill. t GE). Die Nahrungsmittelproduktion der DDR-Landwirtschaft erreichte damit 1957/61 rd. 35 % und 1968 knapp 34 % des entsprechenden Mengenvolumens in der Bundesrepublik.

Die Netto-Nahrungsmittelproduktion, die sich aus der Nahrungsmittelproduktion durch Abzug der eingeführten Futtermittel ergibt, ist von 1957/61 bis 1968 in der Bundesrepublik (40,8 bzw. 49,5 Mill. t GE) um 8,7 Mill. t GE oder rd. 21 %, in der DDR (14,0 bzw. 17,9 Mill. t GE) um 3,9 Mill. t GE oder rd. 28 % erhöht worden. Die Veredelung von eingeführten Futtermitteln hat von 1957/61 bis 1968 in der Bundesrepublik (5,4 bzw. 10,3 Mill. t GE) um 4,9 Mill. t GE oder rd. 92 %, in der DDR (2,2 bzw. 2,4 Mill. t GE) um 0,2 Mill. t GE oder rd. 7 % zugenommen.

Die Zunahme der gesamten Nahrungsmittelproduktion von 1957/61 bis 1968 beruhte in der Bundesrepublik (13,6 Mill. t GE) zu 36 %, in der DDR (3,9 Mill. t GE) zu 5 % auf der Veredelung von Importfuttermitteln. Sie wurde des weiteren bewirkt in der Bundesrepublik zu 29 %, in der DDR zu 45 % durch die in diesem Zeitraum erhöhte Bodenleistung sowie in der Bundesrepublik zu 35 % und in der DDR zu 50 % durch die Einsparung von Zugviehfutter und die bessere Verwertung von Nutzviehfutter.

Produktionsstruktur

228. Die Struktur der landwirtschaftlichen Produktion, worunter die Zusammensetzung der Agrarproduktion nach tierischen und pflanzlichen Erzeugnissen und die weitere Untergliederung dieser Hauptkategorien zu verstehen ist, wird in beiden deutschen Staaten durch das Vorherrschen der tierischen Produktion bestimmt (vgl. Tabelle A 63). Der Anteil der tierischen Erzeugnisse an der gesamten Nahrungsmittelproduktion betrug 1968 in der Bundesrepublik 79 %, in der DDR 75 %. Von der landwirtschaftlichen Nutzfläche dienten in der Bundesrepublik 9,8 Mill. ha oder rd. 71 %, in der DDR 4,2 Mill. ha oder rd. 67 % der Futtererzeugung. Von der gesamten pflanzlichen Eigenerzeugung (Brutto-Bodenproduktion) wurden 1968 in der Bundesrepublik rd. 70 % (40,3 Mill. t GE), in der DDR rd. 66 % (15,4 Mill. t GE) verfüttert. Gleichgültig, ob man den Flächenanteil der Futterkulturen an der landwirtschaftlichen Nutzfläche oder den Mengenanteil betrachtet, der von der gesamten pflanzlichen Urproduktion als Futter der Viehhaltung zugeführt wurde, in jedem Fall tritt die zentrale Rolle, die Futterwirtschaft und Nutzviehhaltung für den Gesamtertrag spielen, in beiden Staaten deutlich in Erscheinung.

Viehbestand und Futtermittelversorgung

229. Da sich Viehbestand und Futtermittelversorgung in ihrem Umfang gegenseitig bedingen, wir-

Schaubild 3

Entwicklung der Nahrungsmittelproduktion in der Bundesrepublik und in der DDR
(Index 1957/61 = 100)

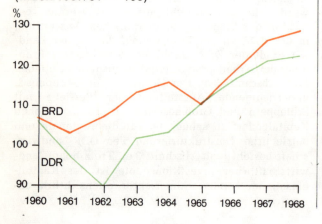

ken sich Störungen in dieser Wechselbeziehung auf die Höhe der ernährungswirtschaftlichen Gesamtleistung nachteilig aus. In der DDR ist bis 1968 ein den Gegebenheiten in der Bundesrepublik entsprechendes Verhältnis von Viehbestand zu quantitativer und qualitativer Futterversorgung nicht erreicht worden. Vom gesamten Futteraufkommen inländischer und ausländischer Herkunft (BRD = 45,4 Mill. t GE; DDR = 19,3 Mill. t GE) entfielen auf eine Großvieheinheit in der Bundesrepublik 43,8 dz GE, in der DDR 38,9 dz GE. Daß beim gegebenen Viehbestand die begrenzenden Faktoren für die Kapazität der Futterwirtschaft in der DDR im verdaulichen Rohprotein aus Eiweißfutter und den Stärkewerten aus Kraftfutter liegen, wird aus der unterschiedlichen Effektivität der Futterverwertung im Vergleich zur Bundesrepublik deutlich. In der Schweinemast wurden 1968 je kg Zuwachs im Durchschnitt der Bundesrepublik nur rd. 4 kg GE, im Durchschnitt der DDR dagegen 6 kg GE aufgewendet. Tendenziell gleichartige Unterschiede in der Futterverwertung bestanden auch in der Hähnchenmast, in der Eierproduktion und in der Kuhmilcherzeugung.

Es ist eines der entscheidenden und bisher noch nicht gelösten landwirtschaftlichen Erzeugungsprobleme der DDR, einen nach Umfang und Produktionsrichtung zweckmäßig abgegrenzten Viehbestand mit den zur besten Leistungsentfaltung notwendigen Futtermitteln zu versorgen. Im wesentlichen erwächst das Problem der Futterwirtschaft in der DDR aus dem Mangel an hochkonzentrierten Handelsfuttermitteln. Ihre Beschaffung erfordert einen hohen volkswirtschaftlichen Aufwand, da sie größtenteils nur über den westlichen Weltmarkt, also zu Preisen in Dollarwährung, zu haben sind, woher sie auch von der Bundesrepublik bezogen werden. Das gilt für hochwertige pflanzliche Eiweiße in Form verschiedener Extraktionsschrote wie Sojaschrot und Erdnußschrot genauso wie für tierisches Futtereiweiß, vor allem für Fischmehl. Obwohl die DDR solche hochwertigen Futtermittel zur Devisenersparnis hauptsächlich auf dem Wege des Innerdeutschen Handels aus der Bundesrepublik bezog, konnte bis 1968 die Disproportion zwischen Viehbeständen und Kapazitäten der Futterwirtschaft nicht so weit abgebaut werden, daß ein den Gegebenheiten in der Bundesrepublik ähnliches Aufwandsverhältnis von Erhaltungsfutter und Leistungsfutter je Tiereinheit erreicht werden konnte.

Tierische Produktion

230. Innerhalb der tierischen Produktion dominiert die Produktion von Schweinen, auf die 1968 übereinstimmend in beiden Staaten rd. 27 % der jeweiligen Nahrungsmittelproduktion (NMP) entfielen. In der weiteren Rangordnung der Nahrungsmittelproduktion tierischen Ursprungs (in bezug auf den Anteil an der gesamten Nahrungsmittelproduktion) folgte in der Bundesrepublik die Produktion von Schlachtrindern und Kuhmilch (je 20 %), von Eiern (7 %) und Schlachtgeflügel (3 %), in der DDR die Produktion von Kuhmilch (19 %), Schlachtrindern (16 %), Eiern (6 %) und Schlachtgeflügel (3 %). In der Bundesrepublik hatten die Erzeugnisse aus der Schaf- und Ziegenhaltung 1968 (mit rd. 0,5 % der Nahrungsmittelproduktion) eine geringere Bedeutung als in der DDR (rd. 3,0 % der NMP).

Pflanzliche Produktion

231. Innerhalb der pflanzlichen Produktion lag 1968 das Schwergewicht in beiden Staaten auf der Getreideproduktion (BRD: 9 % der NMP; DDR: 11 % der NMP), gefolgt von der Produktion von Zuckerrüben (BRD: 4 % der NMP; DDR: 7 % der NMP) und Kartoffeln (BRD: 3 % der NMP; DDR: 4 % der NMP). Unterschiede in der pflanzlichen Produktionsstruktur ergaben sich 1968 als Folge der zwischen den beiden Staaten bestehenden unterschiedlichen wirtschaftlichen und natürlichen Verhältnisse in der Produktion von Ölsaaten, Obst, Weinmost und anderer Sonderkulturen. Während in der Bundesrepublik die Erzeugung von Ölsaaten (0,3 % der NMP) weniger bedeutsam war als in der DDR (rd. 2 % der NMP), fiel die Produktion von Obst, Weinmost und anderer Sonderkulturen in der DDR (rd. 2 % der NMP) weniger ins Gewicht als in der Bundesrepublik (rd. 5 % der NMP).

Kapazität der Agrarproduktion

232. Wird die Produktionsmenge auf die zu versorgende Bevölkerung bezogen, ergibt sich die Versorgungskapazität der Agrarproduktion (vgl. Tabelle A 64). Diese ist, einerlei ob die Mengen der Bodenleistung oder diejenigen aller erzeugten Nahrungsmittel zugrunde gelegt werden, in der DDR als Folge der geringeren Bevölkerungsdichte größer als in der Bundesrepublik.

In der Bundesrepublik wohnten im Jahr 1968 je 100 ha LN gerechnet 434 Einwohner, in der DDR 270 Einwohner. Im gleichen Jahr wurden je Einwohner in der Bundesrepublik 9,9 dz GE, in der DDR 11,8 dz GE Nahrungsmittel von der Landwirtschaft produziert. Pro Kopf der Bevölkerung war damit die Erzeugungsleistung der Landwirtschaft (Nahrungsmittelproduktion) in der DDR um 19 % größer als in der Bundesrepublik.

233. Der Selbstversorgungsgrad, sämtliche Agrarprodukte zusammengenommen und über die Getreideeinheit gewogen, lag im Jahre 1968 in der Bundesrepublik bei 77 %, in der DDR bei 85 %.

d) Produktivität der Landwirtschaft

234. Produktivitätsvergleiche zwischen der Bundesrepublik und der DDR sind im Agrarsektor nur in beschränktem Umfang möglich. Es läßt sich die Flächenproduktivität sowie die Produktivität der Viehhaltung entsprechend vergleichen (vgl. Tabelle A 64) und eine ungefähre Größenvorstellung von der jeweiligen Arbeitsproduktivität geben, während einer vergleichenden Darstellung der Kapitalproduktivität in der Landwirtschaft unüberwindliche Hindernisse entgegenstehen. Diese ergeben sich infolge Datenmangels und unterschiedlicher Bewertung des entsprechenden Aufwandes.

Kapitel III

Flächenproduktivität

235. Wird die Brutto-Bodenproduktion auf die Flächeneinheit bezogen, ergibt sich die Flächenproduktivität der Pflanzenproduktion. Im Rekorderntejahr 1968 erreichte die Bundesrepublik eine Leistung von 41,8 dz GE je ha LN, die DDR eine solche von 36,8 dz GE je ha LN. Die DDR lag damit in der Flächenproduktivität der Pflanzenproduktion um rd. 12 % unter dem Niveau der Bundesrepublik.

Die Netto-Nahrungsmittelproduktion je ha LN drückt die Flächenproduktivität der gesamten Erzeugungsleistung der Landwirtschaft auf eigener Grundlage (d. h. ohne Importfutter) aus. Dieser ernährungswirtschaftliche Produktionsertrag aus eigener Bodenleistung betrug je ha LN im Jahre 1968 in der Bundesrepublik 35,7 dz GE, in der DDR 28,2 dz GE. Das landwirtschaftliche Produktionsniveau der DDR lag somit um 21 % unter dem der Bundesrepublik, wenn die Flächenproduktivität der Netto-Nahrungsmittelproduktion zum Maßstab genommen wird.

Produktivität der Viehhaltung

236. Wird der Bestand aller Vieharten und Altersklassen nach dem Lebendgewicht zusammengefaßt, wobei 500 kg Lebendgewicht einer Großvieheinheit (GV) entsprechen, so läßt sich mit Hilfe dieses Maßstabes die Produktivität der gesamten Viehhaltung berechnen. Auf die Großvieheinheit bezogen, betrugen die tierischen Leistungen der gesamten landwirtschaftlichen Viehhaltung im Jahre 1968 in der Bundesrepublik 42,1 dz GE, in der DDR 35,3 dz GE. In der Produktivität der Tierhaltung lag die DDR damit 16 % unter dem Stand in der Bundesrepublik.

Arbeitsproduktivität

237. Methodische Unterschiede in der landwirtschaftlichen Arbeitskräftestatistik lassen exakte Vergleiche der Arbeitsproduktivität in der Landwirtschaft nicht zu. In der Bundesrepublik wird der Arbeitskräftebestand der landwirtschaftlichen Betriebe über 2 ha LN im Durchschnitt eines Wirtschaftsjahres getrennt nach ständigen und nichtständigen Arbeitskräften erfaßt und auf Vollarbeitskräfte umgerechnet. Dabei entspricht eine Vollarbeitskraft (AK) einer vollarbeitsfähigen Person, die während des ganzen Jahres in der Landwirtschaft tätig ist, bzw. es werden 2400 Arbeitsstunden oder 280 Arbeitstage einer AK gleichgesetzt.

Eine entsprechende Umrechnung der in der Landwirtschaft der DDR Beschäftigten auf AK sowie eine Erfassung der tatsächlich zur landwirtschaftlichen Produktion beitragenden Arbeitsmengen ist nicht möglich. Deshalb lassen sich innerhalb der Fehlergrenzen nur ungefähre Annäherungswerte für die erzielten Arbeitsproduktivitäten geben.

Bei AK-Berechnungen in der DDR, wobei eine AK einer vollarbeitsfähigen Person entspricht, die mindestens 2100 Arbeitsstunden im Jahr leistet, werden die Berufstätigen in der Landwirtschaft zur Umrechnung auf AK mit dem Faktor 0,9 multipliziert.

Dementsprechend waren im Jahr 1968 in der Landwirtschaft der DDR 914 486 AK bzw. je 100 ha LN 14,5 AK vorhanden gegenüber 1 661 000 AK bzw. 13,2 AK je 1000 ha LN in der Bundesrepublik im Wirtschaftsjahr 1968/69.

Wird das Mengenvolumen der Nahrungsmittelproduktion zu den jeweiligen Vollarbeitskräften in Beziehung gesetzt, so wurden in der Landwirtschaft der Bundesrepublik 1968/69 erzeugt 360,2 dz GE je AK, in der DDR 1968 je AK 219,8 dz GE. Damit lag die landwirtschaftliche Arbeitsproduktivität in der DDR um 39 % unter dem Niveau der Bundesrepublik.

e) Strukturelle Veränderungen in der Landwirtschaft

238. Sowohl in der Bundesrepublik als auch in der DDR werden seit einigen Jahren in verstärktem Maße Anstrengungen unternommen, den Anpassungsprozeß des landwirtschaftlichen Sektors an die gesamtwirtschaftliche Entwicklung beschleunigt durchzuführen. Entsprechend den unterschiedlichen Voraussetzungen der jeweiligen Wirtschafts- und Gesellschaftsordnung zeigen jedoch auch die neuesten agrarstrukturellen Veränderungen in beiden Staaten einen divergierenden Charakter.

In der Bundesrepublik konzentrieren sich die agrarpolitischen Maßnahmen auf die Verbesserung der einzelbetrieblichen Struktur mit dem Ziel, langfristig lebensfähige Bauernbetriebe mit einem angemessenen Einkommen zu errichten und für die nicht mehr existenzfähigen Betriebe eine sozial tragbare Übergangslösung zu schaffen. Hierbei ist zu beachten, daß eine nationale Agrarpolitik der Bundesrepublik nur im abgesteckten Rahmen der Europäischen Wirtschaftsgemeinschaft betrieben werden kann. Ein besonderes Problem der Agrarpolitik der Bundesrepublik und der EWG stellt die strukturelle Überproduktion von Nahrungsmitteln dar, die zur Einschränkung von Produktionskapazitäten und damit zu strukturellen Eingriffen in die Landwirtschaft zwingt.

Im Gegensatz zur Lage der Bundesrepublik wird in der Landwirtschaft der DDR nicht nur die Verbesserung der Produktivität, sondern auch noch die Ausweitung des gesamten Produktionsvolumens angestrebt. Zur Erreichung dieser Ziele hat von neuem ein starker Konzentrationsprozeß eingesetzt.

Neue Kooperationsformen

239. Die Bildung des Teilsystems Landwirtschaft und Nahrungsgüterwirtschaft im Jahr 1968 bewirkte starke Veränderungen in der Agrarstruktur der DDR. In ihm wird der vielseitig produzierende, in sich abgerundete landwirtschaftliche Betrieb, wie ihn bisher auch noch die LPG und VEG verkörpern, allmählich umgewandelt. An seine Stelle treten auf wenige Produkte spezialisierte Produktionseinheiten. Hierzu wurden in jüngster Zeit zwei Konzentrationsprozesse eingeleitet. In einem horizontalen Konzentrationsprozeß schließen sich jeweils mehrere LPG, VEG und andere Betriebe zu Kooperationsgemeinschaften zusammen, in denen jeder Partnerbetrieb auf die Herstellung eines Erzeugnisses oder einer Erzeugnisgruppe spezialisiert sein soll. Trotz des wirtschaftlichen Zusammenschlusses in den Kooperationsgemeinschaften wird großer Wert darauf gelegt, daß die LPG und VEG rechtlich selbständig bleiben und ihre Mitarbeit in den Kooperationsgemeinschaften als eine freiwillige Zusammenarbeit verstanden wird.

In einem zweiten Konzentrationsprozeß, der allerdings gegenüber dem ersten von geringerer Bedeutung ist, erfolgt die vertikale Kooperation zwischen landwirtschaftlichen Betrieben, der weiterverarbeitenden Industrie und dem Nahrungsgüterhandel. Dadurch entsteht die Organisationsform der Kooperationsverbände, die jeweils auf ein Produkt spezialisiert sind, z. B. Kooperationsverband Milch, Kooperationsverband Fleisch u. a.

Auch in der Landwirtschaft der Bundesrepublik kommen in wachsendem Ausmaß Kooperationsformen zur Geltung. Erstrangige Ziele der Kooperation sind hier die bessere Nutzung von Produktionsmitteln und die Erhöhung der Bodenmobilität. Infolge der unterschiedlichen Eigentumsverfassung in der Bundesrepublik und der DDR haben die landwirtschaftlichen Kooperationsformen in der DDR eine vielfach größere Bedeutung erlangt als in der Bundesrepublik.

Durch das ökonomische Teilsystem Landwirtschaft und Nahrungsgüterwirtschaft soll in der DDR erreicht werden, daß die landwirtschaftlichen Produktionsmethoden denen der Industrie angenähert werden. Durch die Konzentration und die Spezialisierung der Produktion sollen neue biologische Verfahren und neue technische Maschinensysteme zur Anwendung kommen. Die Einführung industrieller Produktionsmethoden in der Landwirtschaft soll wiederum eine weitere Anpassung der Ausbildung und der sozialen Maßnahmen in der Landwirtschaft an die übrige Wirtschaft auslösen. Durch industriemäßige Produktionsmethoden in der Landwirtschaft sollen somit langfristig die ökonomischen und gesellschaftlichen Unterschiede zwischen Industrie und Landwirtschaft, zwischen Stadt und Land ausgeschaltet werden.

Eine Betrachtung der strukturellen Maßnahmen in der Landwirtschaft der Bundesrepublik und in der Landwirtschaft der DDR läßt den Schluß zu, daß die wirtschaftliche und gesellschaftliche Entwicklung in beiden Staaten weiter divergieren wird.

4. Anhang

Methodische Hinweise

Zu 1. Gesamtwirtschaft

Die Berechnung des Sozialprodukts und der gesamtwirtschaftlichen Arbeitsproduktivität war für die Bundesrepublik einfach, die ausreichend vorhandenen Daten mußten nur umbasiert werden. Für die DDR wird eine direkt vergleichbare Sozialproduktberechnung nicht offiziell erstellt und veröffentlicht; sie mußte geschätzt werden. Quellen und Schätzmethoden werden im folgenden erläutert.

Quellen

Sozialproduktrechnungen

BRD: Statistisches Bundesamt: Revidierte Volkswirtschaftliche Gesamtrechnungen, veröffentlicht in Wirtschaft und Statistik, Jahrgang 1970, Hefte 2 und 3.

DDR: Statistisches Jahrbuch, 1970 und vorhergehende Jahrgänge, sowie Schätzungen des DIW, Berlin.

Erwerbstätigenzahlen

BRD: Institut für Arbeitsmarkt- und Berufsforschung, Erlangen.

DDR: Statistische Jahrbücher und Schätzungen des DIW, Berlin.

Preisbasis

Als Preisbasis für die Darstellung der realen Entwicklung des Sozialprodukts mußte das Jahr 1967 gewählt werden, weil in der DDR sämtliche neueren Nationalproduktrechnungen nur in Preisen von 1967 veröffentlicht werden. Für die Bundesrepublik wurden die Werte von 1967 mit den realen Zuwachsraten fort- und zurückgeschrieben, die in Preisen von 1962 berechnet wurden. Soweit die Vergleichbarkeit der veröffentlichten Werte von der Übereinstimmung in der Abgrenzung der Wirtschaftsbereiche abhängt, dürfte sie im allgemeinen recht gut sein, da nur stark aggregierte Teilbereiche untersucht werden. Problematisch sind nur die Bereiche „Handel" und „Sonstige produktive Leistungen". Im Unterschied zur Berechnung in der Bundesrepublik fehlt im DDR-Ausweis des Handels der Außenhandel, während das Hotel- und Gaststättengewerbe einbezogen ist. Die dadurch verursachte Abweichung dürfte jedoch kaum ins Gewicht fallen, die Rangordnung in Produktion und Produktivität verändert sich durch sie nicht. „Sonstige produktive Leistungen" sind Aktivitäten, die im System der Bundesrepublik überwiegend der Industrie und den Dienstleistungsunternehmen zugerechnet werden.

Berechnung der Dienstleistungen

Durch Dienstleistungen werden im allgemeinen keine materiellen Werte geschaffen. Nur solche Dienstleistungen werden aber in der DDR-Sozialproduktrechnung erfaßt, da durch sie nach herrschender Lehrmeinung nur die materiellen Lebensbedingungen der Bürger dargestellt werden sollen.

Der zum Vergleich fehlende Teil der Gesamtrechnung mußte also für die DDR geschätzt werden. Dazu gehören die Bereiche „Dienstleistungsunternehmen", „Staat" sowie „Private Haushalte und Organisationen ohne Erwerbscharakter" (BRD-Definitionen).

An einer detaillierten Berechnung wird im DIW, Berlin, noch gearbeitet. Bisher hat sich erwiesen, daß der Beitrag des nichtmateriellen Bereichs zum Bruttoinlandsprodukt der DDR etwas größer ist als ein Fünftel des Beitrags der materiellen Bereiche. Dieser Anteil scheint in den letzten Jahren fast unverändert geblieben zu sein. Zwar gilt für alle hochentwickelten Industriestaaten die Tendenz des zunehmenden tertiären Sektors, doch wird dieser Tendenz in der DDR bewußt entgegengearbeitet durch

Kapitel III

vordringliche Förderung der materiell produzierten Bereiche.

Für den genannten Anteil des Dienstleistungsbereichs sprechen die Beschäftigungs- und Investitionszahlen: Von 1960 bis 1969 waren knapp 23 % der produzierend Beschäftigten zusätzlich im Dienstleistungsbereich tätig, und der entsprechende Satz bei den Investitionen betrug 22 %. Auch durch einige voneinander unabhängige Untersuchungen wird ein Zuschlag von 21 % auf die materielle Produktion gestützt.

Berechnung der Produktivität

Da Angaben über geleistete Beschäftigtenstunden nicht vorliegen, mußte als Maß für die Arbeitsproduktivität das Bruttoinlandsprodukt je Beschäftigten gewählt werden. Verzerrungen können sich beim Vergleich infolgedessen ergeben, wenn Unterschiede bestehen

- im Tempo der Arbeitszeitverkürzungen (wenn in der Bundesrepublik die Arbeitszeit schneller abnimmt, wird die Produktivitätszunahme hier zu gering ausgewiesen),
- im Ausmaß der Teilzeitarbeit (wenn in der Bundesrepublik relativ weniger Teilzeitarbeit geleistet wird, ergeben sich zu hohe Produktivitätswerte),
- in der Zahl der geleisteten Überstunden (bei Zunahme der geleisteten Überstunden wird die Steigerung der Produktivität überzeichnet, so im Konjunkturaufschwung der Bundesrepublik).

Trotz dieser Ungenauigkeiten liefert der Vergleich der Arbeitsproduktivität durchaus aussagefähige und offenbar hinreichend exakte Ergebnisse.

Zu 2. Industrie

Der Vergleich bezieht sich auf die Industrie der Bundesrepublik und der DDR in der Abgrenzung:

Grundstoffindustrien (einschließlich Energie und Bergbau) — 5 Sektoren,
Metallverarbeitende Industrien — 3 Sektoren,
Leichtindustrien — 7 Sektoren,
Nahrungs- und Genußmittelindustrien — 1 Sektor.

Zeitraum des Vergleichs sind die Jahre 1960 bis 1968. Verglichen werden:

Bruttoproduktion,
Beschäftigung,
Brutto-Anlagevermögen

sowie aus diesen Variablen zu ermittelnde Zeitreihen der

Arbeitsproduktivität,
Kapitalproduktivität,
Kapitalintensität.

Die Berechnungen werden durch Vergleichsrechnungen ergänzt, die strukturelle Unterschiede zwischen beiden Industrien nach Möglichkeit ausschließen. Ein Versuch, das Produktionspotential der DDR zu berechnen und mit vorliegenden Berechnungen für die Bundesrepublik zu vergleichen, schließt das Kapitel ab.

Der Bruttoproduktionswert ist in der Bundesrepublik und der DDR im wesentlichen in gleicher Weise abgegrenzt. Er enthält die Produktion einschließlich der Lagerveränderung und der selbsterstellten Anlagen.

Quellen

BRD: Die amtliche Statistik der Bundesrepublik legt auf die Berechnung des Bruttoproduktionswertes wegen der darin enthaltenen Doppelzählung keinen besonderen Wert. Er wird daher nicht ständig erfaßt. Die Ergebnisse des Industriezensus 1962 [14] bringen jedoch u. a. auch Daten des Bruttoproduktionswertes der Sektoren, die von uns mit Hilfe der amtlichen Indexziffern der Nettoproduktion [15] für die Jahre 1960 und 1961 sowie ab 1963 fortgeschrieben wurden. Bruttoproduktion der Energieversorgung nach Schätzung des DIW.

DDR: Statistisches Jahrbuch der DDR, 1964 bis 1968. Für 1968: Schätzung des DIW, Berlin, an Hand des Statistischen Jahrbuchs der DDR, 1969, unter Berücksichtigung der veränderten Systematik der Industriezweige.

Vergleich DDR—BRD: Querschnittsvergleich 1967: Schätzung des DIW, Berlin, an Hand von statistischen Angaben über rd. 200 Produktgruppen; vgl. Arbeitsproduktivität in der Industrie der DDR und der Bundesrepublik — ein Vergleich, bearbeitet von H. Wilkens in: Wochenbericht des DIW, Berlin, 37. Jg., Nr. 20/70. Die dort auf S. 138 gebrachten Relationen DDR : BRD wurden neu zusammengestellt gemäß der alten DDR-Systematik der Industriezweige, die hier verwendet wird. Der Vergleich 1961 bis 1966 und 1968 wurde an Hand der auf DM-Preise von 1962 umgerechneten DDR-Produktion von 1967 vorgenommen, die mit Hilfe der im Statistisches Jahrbuch der DDR veröffentlichten Indices der Bruttoproduktion fortgeschrieben wurde.

Dem Vergleich liegt das Preisniveau der Bundesrepublik im Jahre 1962 zugrunde. Zu diesem Zweck wurden die unveränderlichen Planpreise der DDR auf das Preisniveau der Bundesrepublik umgerechnet. Dies geschah mit Hilfe der Produktionsstatistik 1967. Rund 200 Produktgruppen der Bundesrepublik und der DDR wurden zu DM-Preisen bewertet und entsprechend der in der Synopsis aufgeführten Sektorengliederung geordnet. Die dabei erzielte Repräsentation erreichte — gemessen am Bruttoproduktionsvolumen der Bundesrepublik — insgesamt rd. 45 %. Die an sich erwünschte Erhöhung des Repräsentationsgrades scheitert am Informationsmangel.

Für das Jahr 1967 wurden die nachstehenden Relationen der Bruttoproduktionswerte ermittelt [16] (DDR : BRD, BRD = 100):

Energie	29,2
Bergbau	58,4
Metallurgie	14,5
Chemie	24,3
Baumaterialien	24,7
Elektrotechnische Industrie	26,0
Schiffbau	31,5
Sonstige metallverarbeitende Industrie	20,1
Holz- und Kulturwaren	30,9
Textilien	34,6
Bekleidung, Nähererzeugnisse	29,6
Leder-, Schuh- und Pelzwaren	24,9
Zellstoff, Papier	26,8
Polygraphische Industrie	23,9
Glas und Keramik	24,7
Nahrungs- und Genußmittelindustrie	32,5
Industrie insgesamt	26,1

Mit Hilfe dieser Relationen und des Bruttoproduktionsvolumens 1967 (zu Preisen von 1962) der Bundesrepublik wurde ein Bruttoproduktionsvolumen 1967 für die DDR (zu DM-Preisen des Jahres 1962) ermittelt.

Brutto-Anlagevermögen

Das Brutto-Anlagevermögen entspricht dem Wiederbeschaffungswert aller an einem Stichtag oder in einer Periode vorhandenen Bauten und Ausrüstungen (Maschinen und sonstige Anlagen, Fahrzeuge). Die Veränderung wird errechnet nach der Formel:

Anfangsbestand
+ Brutto-Anlageinvestitionen
∕. Verschrottungen
―――――――――――
= Endbestand

Kapitel III

Quellen

BRD: Industrielle Vermögensrechnung des DIW, Berlin.

DDR: Industrielle Vermögensrechnung des DIW, Berlin. Zum Vergleich wurden die im DIW für die DDR berechneten Daten auf DM-Preise von 1962 umgerechnet. Dabei wurde ein Faktor von 0,8 zugrunde gelegt, d. h. es wurde ein Preisverhältnis des Brutto-Anlagevermögens der DDR zur Bundesrepublik von 1,25 angenommen [17].

Die Berechnungen des DIW beziehen sich für die Bundesrepublik und die DDR auf Betriebe mit in der Regel mehr als 10 Beschäftigten. Den DIW-Berechnungen für die DDR liegen amtliche Angaben über den Grundmittelbestand der sozialistischen Industrie zugrunde (vgl. Statistisches Jahrbuch der DDR, 1968, S. 56). Die Grundmittel der halbstaatlichen und der privaten Betriebe wurden vom DIW, Berlin, zugeschätzt.

Beschäftigte

Sowohl in der Bundesrepublik als auch in der DDR sind die Daten als Jahresdurchschnitt errechnet und schließen die Lehrlinge mit ein.

Die Daten beziehen sich nur auf Betriebe mit in der Regel mehr als 10 Beschäftigten.

Quellen

BRD: Angaben der Industrieberichterstattung des Statistischen Bundesamts, Wiesbaden.

DDR: Angaben der Industrieberichterstattung der Staatlichen Zentralverwaltung für Statistik, Ost-Berlin.

Gliederung der Sektoren

Lfd. Nr.	BRD (41 Sektoren)	Lfd. Nr.	DDR (21 Sektoren)
	I. Grundstoffindustrien		I. Grundstoffindustrien
1.	Energieversorgung (1)	1.	Energiebetriebe (1)
2.	Bergbau (2—6)	2.	Bergbau (2)
3.	Eisenschaffende Industrie (7) Eisen-, Stahl- und Tempergießereien (8) Ziehereien und Kaltwalzwerke (9) NE-Industrie (10)	3.	Metallurgie (3) Gießereien und Schmieden (4)
4.	Chemische Industrie (11) Mineralölverarbeitung (12) Gummi- und Asbestverarbeitung (13) Kunststoffverarbeitung (14)	4.	Chemische Industrie (5)
5.	Industrie der Steine und Erden (15)	5.	Baumaterialienindustrie (6)
	II. Metallverarbeitende Industrie		II. Metallverarbeitende Industrie
6.	Elektrotechnische Industrie (16)	6.	Elektrotechnische Industrie (7)
7.	Schiffbau (17)	7.	Schiffbau (8)
8.	(Sonstige metallverarbeitende Industrie) Stahlbau (18) Maschinenbau (19) Fahrzeugbau (20, 21) ESBM-Industrie (22) Feinmechanische und optische Industrie (23)	8.	(Sonstige metallverarbeitende Industrie) Schwermaschinenbau (9) Allgemeiner Maschinenbau (10) Fahrzeugbau (11) Metallwarenindustrie (12) Feinmechanische und optische Industrie (13)
	III. Leichtindustrie		III. Leichtindustrie
9.	Sägereien und Holzbearbeitung (24) Holzverarbeitung (25) Sportwaren-, Spielwaren-, Musikinstrumentenindustrie (26)	9.	Holz- und Kulturwaren (14)
10.	Textilindustrie (28)	10.	Textilien (15)
11.	Bekleidungsindustrie (28)	11.	Bekleidung, Näherzeugnisse (16)
12.	Lederindustrie (29—31)	12.	Leder-, Schuh- und Pelzwaren (17)
13.	Zellstoff- und Papiererzeugung (32) Papierverarbeitung (33)	13.	Zellstoff und Papier (18)
14.	Druckerei- und Vervielfältigungsindustrie (34)	14.	Polygraphische Industrie (19)
15.	Feinkeramische Industrie (35) Glasindustrie (36)	15.	Glas und Keramik (20)
	IV. Nahrungs- und Genußmittelindustrie		IV. Nahrungs- und Genußmittelindustrie
16.	Nahrungs- und Genußmittelindustrien (37—41)	16.	Nahrungs- und Genußmittel (21)

Kapitel III
Zu 3. Landwirtschaft

Der Landwirtschaftsvergleich zwischen der Bundesrepublik und der DDR bezieht sich im wesentlichen auf die Betriebsstruktur, den Faktoreinsatz, die Produktion und die Produktivitäten im Zeitraum der Jahre 1957/61 bis 1968, teilweise auch der Jahre 1949 bis 1969.

Als Unterlagen dienten die Angaben der jeweiligen amtlichen Statistik. Während die Agrarstatistik der Bundesrepublik alljährlich die im Rahmen einer Gesamtrechnung aggregierten Größen der landwirtschaftlichen Produktion im Bundesgebiet ausweist, liegen für die DDR vergleichbare offizielle Angaben über summarische Produktionsdaten (Brutto-Bodenproduktion, tierische Gesamtleistungen, Nahrungsmittelproduktion, Netto-Nahrungsmittelproduktion) nicht vor. Sie mußten an Hand der verfügbaren Teilstatistiken über die Mengenerträge der verschiedenen pflanzlichen und tierischen Erzeugnisse sowie über die Bestände der Vieharten berechnet und teilweise geschätzt werden.

Quellen

Betriebsstruktur

BRD: Statistisches Jahrbuch über Ernährung, Landwirtschaft und Forsten der Bundesrepublik Deutschland, 1970 und vorhergehende Jahrgänge; Deutscher Bundestag, 6. Wahlperiode, Drucksache VI/372 (Grüner Bericht 1970), Bonn, 6. Februar 1970, S. 21—25.

DDR: Statistisches Jahrbuch der DDR 1970 und vorhergehende Jahrgänge.

Faktoreinsatz

BRD: Statistisches Jahrbuch über Ernährung, Landwirtschaft und Forsten der Bundesrepublik Deutschland, 1970 und vorhergehende Jahrgänge.

DDR: Statistisches Jahrbuch der DDR, 1970 und vorhergehende Jahrgänge.

Umrechnung der Beschäftigten auf Vollarbeitskräfte nach Institut für Agrarpolitik und Agrarstatistik der TU Berlin, Umrechnungsfaktor 0,9 entsprechend folgender DDR-Literatur: O. Krause, L. Löhrke, A. Meurer, G. Ewert, Zur Arbeitskräftesituation in der Landwirtschaft und Wege zur Lösung des Arbeitskräfteproblems in Betrieben mit geringem Arbeitskräftebesatz, in: Zeitschrift für Agrarökonomik, 7. Jg. (1964), Heft 7, S. 204. A. Ball, Technisierung und Arbeitswirtschaft im sozialistischen Landwirtschaftsbetrieb, in: Industriemäßige Produktion in der Landwirtschaft, Wissenschaftliche Zeitschrift der Martin-Luther-Universität Halle-Wittenberg, Sonderheft 1965, S. 53. R. Hüwex, Methodik und Ergebnisse einer regionalen Landwirtschaftlichen Arbeitskräfte-Entwicklungsbilanz im Bezirk Dresden für 1970, in: Wissenschaftliche Zeitschrift der Humboldt-Universität zu Berlin, Mathematisch-naturwissenschaftliche Reihe, 17. Jg. (1968), Heft 6, S. 866.

Agrarproduktion

BRD: Gesamtrechnungen der Abt. VI des Bundesministeriums für Ernährung, Landwirtschaft und Forsten, regelmäßig veröffentlicht im Statistischen Jahrbuch über Ernährung, Landwirtschaft und Forsten der Bundesrepublik Deutschland, in den Bundestagsdrucksachen der Berichte der Bundesregierung über die Lage der Landwirtschaft (Grüne Berichte) und in der Zeitschrift Agrarwirtschaft.

DDR: Berechnungen von K. Merkel, Institut für Agrarpolitik und Agrarstatistik der TU Berlin (teilweise unveröffentlicht), zuletzt veröffentlicht in: K. Merkel, Die Erzeugungsleistung der Landwirtschaft der DDR, in: Beiträge zur Entwicklung der Landwirtschaft der DDR, hrsg. von E. Schinke und H.-U. Thimm, Gießen 1970, S. 64—91. Die Vergleichbarkeit der Produktionswerte in beiden Staaten dürfte durch die Übereinstimmung in der methodischen Berechnung recht gut sein. Im Unterschied zu den Berechnungen der Bundesrepublik, die auf Wirtschaftsjahre abgestellt sind, waren die Berechnungen über die DDR nur für Kalenderjahre möglich. Dieser Unterschied fällt für die Vergleichbarkeit jedoch kaum ins Gewicht.

Getreideeinheit

Um die Naturalmengen der verschiedenen landwirtschaftlichen Erzeugnisse zusammenzuzählen und das Gesamtergebnis in einer Zahl ausdrücken zu können, wird als Maßstab die Getreideeinheit (GE) benutzt. Sie eignet sich zur Kennzeichnung der summarischen Ergebnisse der Agrarproduktion besser als eine Bewertung in Geld, weil unabhängig von den jeweiligen Preisen und Preisrelationen die einzelnen Agrarprodukte durch den Getreideeinheitenschlüssel in ein bestimmtes Verhältnis zu Getreide gebracht werden, wobei 1 dz Getreide = 1 dz GE gesetzt ist.

Die Einstufung der meisten pflanzlichen Erzeugnisse erfolgt nach ihrem Nährstoffgehalt, wobei ein Wirkungswert (Reduktionswert) von Kohlehydrat : Eiweiß : Fett im Verhältnis 1 : 2,5 : 2,4 unterstellt ist. Für pflanzliche Erzeugnisse, die nicht unmittelbar oder überhaupt nicht der menschlichen oder tierischen Ernährung dienen, wie z. B. Sämereien und Faserpflanzen, sind die Wertzahlen aus einem Ertragsvergleich mit denjenigen Ackerfrüchten abgeleitet, die ähnliche Boden- und Arbeitsansprüche stellen.

Die Bewertung der tierischen Erzeugnisse erfolgt auf Grund der für ihre Erstellung erforderlichen Nährstoffmengen im Futter. Die Wertzahlen für Tierprodukte sind also auf Getreide bezogene Reproduktionswerte.

Produktivität

Da Angaben über die zur landwirtschaftlichen Produktion geleisteten Arbeitsmengen nicht vorliegen, mußte als Maß für die Arbeitsproduktivität in der Landwirtschaft die Nahrungsmittelproduktion je Vollarbeitskraft gewählt werden. Ungenauigkeiten können im Umrechnungsverfahren der Beschäftigten auf Vollarbeitskräfte liegen, so daß der Vergleich der Arbeitsproduktivität in der Landwirtschaft zwischen Bundesrepublik und DDR nur bestmögliche Annäherungswerte liefern kann.

Demgegenüber dürften die Flächenproduktivität der Pflanzenproduktion (Brutto-Bodenproduktion je Hektar landwirtschaftlicher Nutzfläche), die Flächenproduktivität der Landwirtschaft (Netto-Nahrungsmittelproduktion je ha LN) sowie die Produktivität der Viehhaltung (Tierische Gesamtleistungen je Großvieheinheit) hinreichend exakte Vergleichswerte liefern.

Quellen

BRD: Berechnet nach den Angaben im Statistischen Jahrbuch über Ernährung, Landwirtschaft und Forsten der Bundesrepublik Deutschland, 1970 und vorhergehende Jahrgänge.

DDR: Institut für Agrarpolitik und Agrarstatistik der TU Berlin (teilweise unveröffentlicht).

Anmerkungen zu Kapitel III

[1] Nachstehend wird über die gesamtwirtschaftliche Produktion und Produktivität berichtet. Zur Verwendung des Sozialprodukts vgl. Kapitel V.

[2] Berechnet zu Preisen von 1967 in DM (BRD) bzw. M (DDR). Der Anteil der Dienstleistungen am Bruttosozialprodukt der DDR wurde mit Hilfe veröffentlichter und unveröffentlichter Vorarbeiten geschätzt. Für Produktivitätsuntersuchungen ist die Berechnung der realen Entwicklung unerläßlich. Da jedoch in der DDR die Preiskomponente im Rahmen der nominalen Entwicklung nur einen geringen Anteil hat, können die hier berechneten Daten auch für andere Vergleiche verwendet werden, solange sie sich auf die letzten Jahre beschränken (vgl. z. B. Kapitel VI).

[3] Dieses Ergebnis wurde in beiden Staaten mit einem sehr geringen Beschäftigungszuwachs erzielt (jahresdurchschnittlich BRD + 0,3 %, DDR + 0,4 %), der in der DDR die Folge der erheblich gestiegenen Erwerbsquote war (Erwerbsquote 1969 BRD: 44,4 %, DDR: 50,9 %).

[4] Industrie hier einschließlich Bergbau, Energie und Verarbeitendes Handwerk ohne Bauhandwerk.

[5] Das Bruttoinlandsprodukt umfaßt die im Inland erzielten Faktoreinkommen (Bruttolohnsumme, Sozialversicherung, Gewinne, Zinsen usw.), die indirekten Steuern und die Abschreibungen.

[6] Dieser Wert gilt mittelfristig. Der geringere Prozentsatz für 1969 wurde durch Mißernte verursacht.

[7] Arbeitsproduktivität wird hier gemessen am Bruttoinlandsprodukt zu Preisen von 1967 je Beschäftigten. Der Ausweis nach Beschäftigtenstunden wäre ökonomisch sinnvoller, ist jedoch wegen Datenmangels unmöglich.

[8] Der Beitrag beschäftigt sich nicht mit den Voraussetzungen, Zielen und Mitteln der in beiden Staaten betriebenen Industriepolitik, sondern beschränkt sich darauf, die Entwicklung an den Daten der Industriestatistik abzulesen. Die Industrie umfaßt in der hier gewählten Abgrenzung: Verarbeitende Industrie, Bergbau und Energie ohne Bauindustrie.

[9] Die Anteile der verbrauchsnahen und -fernen Industrien an der gesamten Produktion gelten als ein brauchbarer Maßstab für den Reifegrad einer Volkswirtschaft. Mit zunehmendem Reifegrad nimmt auch in hochindustrialisierten Ländern der Anteil der verbrauchsnahen Industrien noch ab. Über den Lebensstandard sagen derartige Strukturdaten allein noch nichts aus (vgl. hierzu Kapitel V).

[10] Dabei ist zu beachten, daß wegen der zwischen den sozialistischen Ländern im Rat für gegenseitige Wirtschaftshilfe (RGW) vereinbarten Arbeitsteilung die DDR bestimmte Fahrzeugtypen überhaupt nicht herstellt (Omnibusse, mittlere und schwere Pkw).

[11] Der aussagekräftigere Vergleich der jeweils geleisteten Beschäftigungsstunden ist aus Mangel an Informationen nicht möglich. Für die Bundesrepublik existieren Angaben der Industrieberichterstattung für die geleisteten Arbeitsstunden, vergleichbare Daten für die DDR wurden nicht veröffentlicht. Da die durchschnittliche Arbeitszeit in der DDR länger ist als in der Bundesrepublik, würde das Verhältnis der in der DDR im Vergleich zur Bundesrepublik geleisteten Arbeitsstunden höher sein als die ausgewiesene Beschäftigtenrelation. Andererseits ist der Einfluß der in der DDR vermutlich höheren Teilzeitarbeit zu bedenken, der, für sich gesehen, die Relation drückt.

[12] Zur Bedeutung der industriell Beschäftigten innerhalb der Gesamtwirtschaft vgl. Kap. II. Dort auch Angaben über die Verteilung der Beschäftigten nach dem Geschlecht (nur für 1964).

[13] Unter Betriebsstruktur werden hier vornehmlich die Verteilung des Bodeneigentums auf die Betriebe und die Gliederung der Betriebsgrößen, innerhalb deren sich die Agrarproduktion vollzieht, begriffen.

[14] Zensus im Produzierenden Gewerbe, Heft 2, Unternehmens- und Betriebsergebnisse für die Industrie ohne Bauindustrie nach Industriezweigen, Oktober 1966, S. 124 ff.

[15] Die Bezeichnung „Indexziffer der industriellen Nettoproduktion" ist irreführend, weil die Meßzifferreihen des Index meist auf Grund von Stückzahlen u. ä. errechnet werden, also die Doppelzählungen noch enthalten sind. Lediglich die Gewichtung der einzelnen Meßzifferreihen erfolgt mit Hilfe der Nettoproduktionswerte. Daher ist die Benutzung der Meßziffern zur Fortschreibung von Bruttoproduktionswerten erlaubt.

[16] Für die Durchführung dieser Arbeiten ist Herrn Diplom-Volkswirt H. Wilkens vom DIW, Berlin, zu danken.

[17] Ein aus verschiedenen Preisschätzungen zusammengesetzter Index ergibt eine Relation von 1,27, abgerundet 1,25.

Kapitel IV

Hauptfaktoren der Infrastruktur

◆ Das Verkehrswegenetz beider deutscher Staaten wird auch heute noch weitgehend von dem ihm zugrunde liegenden einheitlichen Wegenetz des ehemaligen Deutschen Reiches bestimmt. In der Bundesrepublik wurde das vorhandene Verkehrswegenetz seit dem zweiten Weltkrieg weit stärker erneuert und erweitert als in der DDR. (240—246)

◆ Arbeitsproduktivität und Kapitalintensität des Verkehrs sind bei etwa gleichem Wachstumstempo erheblich höher als in der DDR. (247—250)

◆ Im Güterverkehr ging der Anteil der Eisenbahn auf Grund der Strukturwandlungen im Transportaufkommen in beiden Staaten erheblich zurück. Diese Tendenzen wurden in der Bundesrepublik durch die Konkurrenz des Lastkraftwagens und der Binnenschiffahrt verstärkt. In der DDR nahm der Anteil des Lastkraftwagenverkehrs nicht so stark zu, weil dieser Bereich durch verkehrspolitische Maßnahmen auf den Nahverkehrssektor konzentriert wurde. Die Binnenschiffahrt besitzt in der DDR nur geringe Bedeutung. (251—258)

◆ Im Personenverkehr war die Entwicklung in der Bundesrepublik durch die Expansion des Individualverkehrs — vor allem im innerstädtischen Verkehr — bestimmt. Ansätze einer ähnlichen Entwicklung zeichnen sich neuerdings auch in der DDR ab. (259, 260)

◆ Die Verkehrsplanung wird in beiden Staaten künftig auf den Verkehr als Ganzes und nicht auf einzelne Verkehrsträger ausgerichtet. In der Bundesrepublik und in der DDR werden der kombinierte Verkehr gefördert und Nebenstrecken der Eisenbahnen stillgelegt. Das Grundnetz der Eisenbahn sowie das Fernstraßennetz sollen erweitert und ausgebaut werden. (216, 262)

◆ Der Primärenergiebedarf wird in der Bundesrepublik zu 50 % durch Mineralölprodukte und zu knapp 30 % durch Steinkohle, in der DDR zu 75 % durch Braunkohle gedeckt. (263—270)

◆ Die stärkere Rationalisierung des Energieeinsatzes hat in der Bundesrepublik bewirkt, daß der industrielle Energieverbrauch — auf die Produktionseinheit bezogen — um etwa 20 % unter dem der DDR liegt. Auch im Umwandlungsbereich ist der Energieverbrauch je Erzeugungseinheit in der Bundesrepublik niedriger als in der DDR; die privaten Haushalte verbrauchen in der Bundesrepublik im Durchschnitt erheblich mehr als in der DDR. (281—284)

◆ Der gesamte Energieverbrauch (Industrie, Umwandlung, private Haushalte) ist in der Bundesrepublik je Einwohner geringfügig kleiner als in der DDR, nimmt jedoch schneller zu. (272)

> ◆ Weder die Bundesrepublik noch die DDR verfügen über ausreichende Vorräte an Energieträgern, um ihren Bedarf an Primärenergie aus eigener Förderung decken zu können. Beide Staaten sind daher in steigendem Umfang gezwungen, Energieträger zu importieren. (264—270)
>
> ◆ Die Produktion neuer Wohnungen war von 1950 bis 1968 in der Bundesrepublik je Einwohner dreimal so hoch wie in der DDR. (277—282)
>
> ◆ Die Wohnungsversorgung war im Jahr 1950 — gemessen an der Zahl der Wohnungen — in der Bundesrepublik schlechter als in der DDR. Gemessen an der Wohnfläche war die Versorgung in beiden Staaten gleich. Auch 1968 standen in der Bundesrepublik je Einwohner weniger Wohnungen zur Verfügung als in der DDR. Die Wohnfläche je Einwohner erreichte dagegen 1968 in der Bundesrepublik 23 qm, in der DDR 19 qm. (283)
>
> ◆ Der Wohnungsbestand wurde in der Bundesrepublik von 1950 bis 1968 um 9,6 Mill. erhöht und damit fast verdoppelt, in der DDR nahm er in der gleichen Zeit um 0,95 Mill. bzw. um 19 % zu. (281—284)
>
> ◆ In der Bundesrepublik sind die älteren Wohnungen mit sanitären Anlagen sehr viel besser ausgestattet als in der DDR. Bei neueren Wohnungen differieren die Ausstattungsmerkmale tendenziell immer weniger. (285)
>
> ◆ Die Ausgaben der Arbeitnehmer für Mieten haben sich in der Bundesrepublik von 1950 bis 1968 mehr als vervierfacht, in der DDR sind sie kaum gestiegen. Die Mieten qualitativ vergleichbarer Wohnungen sind in der Bundesrepublik zwei- bis dreimal so hoch wie in der DDR. (286)

1. Verkehr

240. Struktur und Leistungsfähigkeit des Verkehrs in beiden deutschen Staaten werden auch heute noch in erheblichem Maße von der gemeinsamen Entwicklung bis 1945 und der Ausgangssituation bei der Teilung Deutschlands geprägt. Das vorhandene einheitliche Verkehrswegenetz konnte im Verlauf der — unter unterschiedlichen Zielsetzungen — erfolgten Wiederaufbau- und Ausbauperiode in der Nachkriegszeit nicht grundlegend umstrukturiert werden. An die Stelle einer bis zum Kriegsende vorherrschenden Ost-West-Richtung der Verkehrsströme mit einem entsprechend orientierten Eisenbahn- und Fernstraßennetz und dem Mittellandkanal als einer Hauptwasserstraßenverbindung traten zwar in beiden deutschen Staaten Verkehrsanforderungen in Nord-Süd-Richtung, denen aber das Wegenetz — insbesondere in der DDR auf Grund der Knappheit der dort für den Ausbau der Infrastruktur verfügbaren Mittel — bis heute nur bedingt angepaßt werden konnte.

241. Die Teilung Deutschlands und die sich daraus ergebenden politischen und ökonomischen Konsequenzen trugen in den Randgebieten beider Staaten dazu bei, den Wiederaufbau des Wegenetzes entweder zu verhindern oder zumindest wesentlich zu verzögern. Die Bundesrepublik und die DDR sind zur Zeit nur durch 7 Eisenbahnübergänge und 5 Übergänge für den Straßenverkehr verbunden. Für die DDR kommt einschränkend hinzu, daß der Verkehr mit Polen und der CSSR auf 2 Übergangsstellen im Eisenbahn- und je 3 im Straßenverkehr beschränkt ist.

Grundsätzlich verändert hat sich als Folge der politischen Spannungen zwischen Ost und West die Stellung Berlins, das auch innerhalb des Verkehrsnetzes der DDR seine frühere Bedeutung als Verkehrskreuz Europas nicht wieder erlangen konnte.

a) Die Angebotsstruktur des Verkehrs

Eisenbahnnetz

242. Die Streckenlänge des Eisenbahnnetzes umfaßt in der Bundesrepublik gegenwärtig rund 34 000 km, in der DDR rund 15 000 km. Etwa jeweils die Hälfte sind als Hauptbahnen anzusehen. Die Streckendichte ist damit in beiden deutschen Staaten relativ hoch. Eine Stillegung von Nebenbahnen erfolgte zwar bereits. Entscheidende Veränderungen in diesem Bereich sind jedoch erst geplant. Unterschiedlich ist der Umfang der Elektrifizierung von Strecken. Gegenwärtig sind in der Bundesrepublik rund 8600 km, in der DDR 1200 km elektrifiziert. Obwohl die Elektrifizierung zunächst auch in der DDR in gleichem Maße wie in der Bundesrepublik vorge-

Kapitel IV

sehen war, wurde sie seit 1965 zugunsten einer Umstellung auf Dieselantrieb zurückgestellt, der 1975 83 % der Betriebsleistungen erreichen soll.

Straßennetz

243. Die Entwicklung des Straßen- und insbesondere des Fernstraßennetzes verlief in der Bundesrepublik und in der DDR unterschiedlich.

Das Straßennetz im Bundesgebiet wurde erheblich ausgebaut. Das Autobahnnetz wurde allein im letzen Jahrzehnt um 1400 km auf 4000 km, die Bundesstraßen um 7000 km auf 32 000 km und die Landstraßen um 18 000 km auf 125 000 km erweitert. Dabei wurde das Netz gleichzeitig qualitativ verbessert und den gestiegenen Leistungsanforderungen angepaßt. Ähnliches gilt für die 250 000 km Gemeindestraßen.

In der DDR handelte es sich fast ausschließlich um eine Unterhaltung und Erneuerung des bestehenden Wegenetzes von 1400 km Autobahnen, 11 000 km Fern-, 33 000 km Land- und 57 000 km Gemeindestraßen.

Im öffentlichen Stadtverkehr konnte der Ausbau eines den Oberflächenverkehr entlastenden U- und S-Bahnnetzes im Bundesgebiet bereits in den sechziger Jahren in Angriff genommen werden, während hiermit in der DDR erst gegenwärtig begonnen wird.

Wasserstraßen

244. Die Binnenwasserstraßen haben für die Bundesrepublik mit über 4000 km voll schiffbarer Flüsse und Kanäle weit höhere Bedeutung als für die DDR, da sie nicht nur die wirtschaftlichen Zentren im Massengutverkehr verbinden, sondern auch die Seehäfen an diese anschließen. Das in der DDR bereits bei Kriegsende gut ausgebaute Hauptnetz von über 1700 km wurde durch die Drehung der Verkehrsströme in die Nord-Süd-Richtung, die Veränderung der Stellung Berlins, vor allem aber dadurch, daß die Elbe und die Oder zu Grenzflüssen der DDR wurden, erheblich in seiner Bedeutung reduziert.

Eine Folge der Leistungssteigerung der Binnenschiffahrt und des erweiterten Netzes in der Bundesrepublik war der Ausbau der Binnenhäfen. In der DDR wurden die Binnenhäfen kaum ausgebaut.

Ebenso wurde das Wasserstraßennetz der DDR nicht wesentlich erweitert. In der Bundesrepublik dagegen wurden nicht nur neue Verbindungen geschaffen bzw. geplant (Mosel, Rhein-Main-Donau-Kanal, Neckar, Nord-Süd-Kanal), sondern auch die vorhandenen Kanäle (Mittellandkanal, Dortmund-Ems-Kanal) den größeren Schiffseinheiten entsprechend ausgebaut.

Luftverkehr

245. Die hohen Wachstumsraten im Luftverkehr führten nicht nur in der Bundesrepublik, sondern auch in der DDR zu einem Ausbau der Verkehrsflughäfen. Schwerpunkte des Ausbaus in der Bundesrepublik waren die Flughäfen Frankfurt (Main) und Köln-Bonn. Schwerpunkt in der DDR ist der Flugplatz Berlin-Schönefeld, der als internationaler Großflughafen an das S-Bahnnetz Berlins und an das Autobahnnetz angeschlossen wurde.

Pipelines

246. In der Bundesrepublik kommt dem Transport von Erdöl eine größere Bedeutung zu als in der DDR. Schon 1958 wurden in der Bundesrepublik die ersten Fernleitungen in Betrieb genommen, während in der DDR ein Erdölfernleitungsnetz erst seit einigen Jahren ausgebaut wird. Fernleitungen waren 1969 in der Bundesrepublik in einer Länge von rund 1600 km verlegt, in der DDR von rund 650 km.

b) Die Kombination der Produktionsfaktoren

247. Ein Vergleich der Angebotsstruktur sowie der Leistungsdaten ist nur bedingt möglich (vgl. die Methodischen Hinweise im Anhang). Der Anteil des Verkehrs am Bruttoinlandsprodukt der Bundesrepublik bzw. am Nettoprodukt des produzierenden Wirtschaftsbereichs in der DDR mit Sätzen von 5 % bis 6 % weist in beiden deutschen Staaten, verursacht u. a. durch das Vordringen des Individualverkehrs sowie des Werkverkehrs, die gleiche abnehmende Tendenz auf. Sehr ähnlich ist auch der Anteil des Verkehrsbereichs an den Gesamtinvestitionen [1] — ohne Bau von Straßen und Wasserstraßen — mit jeweils 11 % sowie am Anlagevermögen der Volkswirtschaft — gleichfalls ohne die hier wichtigen Straßenkosten — mit rund 17 %. Auch die Steigerungsraten zwischen 1960 und 1968 weichen nur wenig voneinander ab.

248. Das Anlagevermögen stieg in der Bundesrepublik von 113 auf 159 Mrd. DM, in der DDR von 33 auf 43 Mrd. M, also jeweils um 30 %. Die Investitionen in konstanten Preisen nahmen in der Bundesrepublik von 6,3 auf 8,9 Mrd. DM, d. h. um rund 40 %, in der DDR von 1,6 auf 2,4 Mrd. M, d. h. um etwa die Hälfte zu.

249. Der Arbeitskräfteeinsatz war in beiden deutschen Staaten Anfang der sechziger Jahre am höchsten und zeigt seitdem vor allem in der Bundespublik abnehmende Tendenz. Rückläufig war gleichfalls, wenn auch in unterschiedlicher Intensität, der Anteil der Selbständigen und mithelfenden Familienangehörigen.

Gegenwärtig sind im Bundesgebiet rd. 1,35 Millionen Personen, davon etwa 90 000 Selbständige und mithelfende Angehörige, im Verkehr und Nachrichtenwesen tätig. In der DDR sind es insgesamt 540 000 Personen, darunter 13 000 Selbständige und mithelfende Angehörige.

Leistungskennziffern

250. Wesentlich aussagefähiger ist ein Vergleich der volkswirtschaftlichen Kennziffern, da hierdurch Unterschiede in der monetären Bewertung und in der Größenordnung des Beobachtungsobjektes eliminiert werden. Die Kapitalproduktivität (d. h. der im Verhältnis zum Kapitaleinsatz erzielte Ertrag) ist in beiden deutschen Staaten, bedingt durch die Bedeutung der Eisenbahnen innerhalb des Verkehrssektors, annähernd gleich groß. Aussagen über Veränderungstendenzen wären allerdings erst in einer Analyse möglich, die auch die Entwicklung der Einzelbereiche einbeziehen könnte. Der Kapitaleinsatz je Arbeitskraft — die Kapitalintensität — ist dagegen in der Bundesrepublik durch bereits weiter vorgeschrittene Substitution menschlicher Arbeitskraft durch Kapital fast um die Hälfte höher. Er stieg seit 1960 im Bundesgebiet von 78 000 DM auf 117 000 DM, also um etwa die Hälfte, in der DDR von 60 000 M auf 80 000 M, also um etwa ein Drittel. Die Arbeitsproduktivität in der Bundesrepublik liegt gleichfalls um fast 50 % höher als in der DDR; die Steigerungsrate war dabei im letzten Jahrzehnt aber annähernd gleich. Dieser höhere Kapitaleinsatz kommt auch in der auf die Arbeitskraft bezogenen Investitionssumme, der Investitionsintensität, zum Ausdruck, obwohl auch für diese Kennziffer die Niveauunterschiede wesentlich gravierender als die Wachstumsdifferenzen sind. Die Investitionsquote, d. h. das Verhältnis zwischen Investitionen und Einnahmen (jeweils etwa 20 %), weist dagegen fast gleiche und für den Verkehrssektor international typische Werte auf.

Ein Vergleich der Arbeitsproduktivität in realen Mengeneinheiten je Beschäftigten (ausgedrückt in Transporteinheiten als Summe von Personen- und Tonnenkilometern) bestätigt die monetären Ergebnisse und ergibt in beiden Staaten in der Nachkriegszeit eine Verdoppelung der Produktivität.

c) Die Nachfrage nach Verkehrsleistungen

Schiene und Straße

251. Bei einem Vergleich der Verkehrsleistungen in den beiden deutschen Staaten ist es notwendig, zunächst noch einmal von den Unterschieden in der Angebotsstruktur auszugehen. In der DDR dominiert — wie in fast allen Staaten des Rates für Gegenseitige Wirtschaftshilfe — der Eisenbahntransport. Ursache hierfür ist nicht nur das dichte Eisenbahnnetz, von dem — trotz Kriegszerstörungen und Demontagen — ausgegangen werden konnte, sondern auch die Tatsache, daß die Motorisierung nur langsam zunahm. Der Pkw-Verkehr wurde dabei zugunsten des Lkw-Verkehrs gezielt vernachlässigt. Ein verstärkter Einsatz des Kraftwagens hätte einen gleichzeitigen Ausbau des Straßennetzes erfordert, der bei der Knappheit der verfügbaren Ressourcen nicht zu realisieren war. Erst seitdem in den letzten Jahren die Entwicklung des kombinierten Transports mit Hilfe von Containern andere Akzente im Güterverkehr setzte und der steigende Lebensstandard die private Motorisierung begünstigte, verschoben sich auch in der DDR die Relationen zwischen Schiene und Straße.

252. Einen Überblick über Entwicklung und gegenwärtige Struktur der Verkehrsleistungen im Güter- und Personenverkehr geben die Tabellen A 66 und A 67. Im Güterverkehr ist es notwendig, zwischen den Leistungen mit deutschen Verkehrsmitteln und denen auf deutschen Verkehrswegen zu unterscheiden [2]. In der Bundesrepublik bestehen hierin erhebliche Unterschiede bei der Binnenschiffahrt und beim Güterkraftverkehr, die auf dem hohen Anteil ausländischer Fahrzeuge im grenzüberschreitenden Verkehr beruhen. Die weitgehende Liberalisierung erhöhte die Bedeutung der Rheinmündungshäfen für das Ruhrgebiet; gleichzeitig nahm der Transitverkehr auf dem Rhein erheblich zu. In der Seeschiffahrt unterscheiden sich die Leistungen der deutschen Flotte von der Entwicklung des Verkehrs in deutschen Seehäfen.

253. Im Schienenverkehr erreichen die Bundesrepublik und die DDR fast gleich hohe Beförderungsmengen. Die Leistungen in der Bundesrepublik sind davon beeinflußt, daß stärker als in der DDR der Lastkraftwagen in den Fernverkehr eingeschaltet ist, obwohl durch die Kontingentierung seiner Transportkapazitäten versucht wird, den Wettbewerb zwischen Schiene und Straße zu steuern. Diese Beeinflussung ist in der DDR im Sinne der geplanten Arbeitsteilung im Güterverkehr noch wesentlich einschneidender, da hier jeder einzelne Transport im Straßengüterfernverkehr genehmigungspflichtig ist. Legt man die Leistungen der deutschen Verkehrsmittel nach Tonnenkilometern als aussagefähigsten Indikator zugrunde, so werden von der Deutschen Reichsbahn in der DDR noch immer drei Viertel aller Güterverkehrsleistungen erbracht. Dieser Anteil, der noch vor wenigen Jahren bei rund 80 % lag, geht seitdem stetig zurück. In der Bundesrepublik entfällt auf den Schienenverkehr der Bundesbahn und der sonstigen, nichtbundeseigenen Eisenbahnen gegenwärtig nur noch ein Drittel der Gesamtleistungen, während dieser Anteil in der ersten Nachkriegszeit 60 % betragen hatte.

254. Die Binnenschiffahrt, in der DDR nur mit 4 % an den Leistungen beteiligt, erreicht in der Bundesrepublik einen Anteil von etwa 20 %.

255. Im Kraftverkehr sind in der DDR — trotz der Unterschiede zur Bundesrepublik in der durchschnittlichen Versandweite — die Leistungen im Nahverkehr rund doppelt so hoch wie im Fernverkehr (12 % bzw. 6 %), während in der Bundesrepublik ihr Anteil mit 20 % dem des Fernverkehrs entspricht.

256. Die Rohöltransporte mit traditionellen Verkehrsträgern werden in der Bundesrepublik bereits seit mehr als zehn Jahren durch Rohrleitungen substituiert, so daß auf diese Verkehrsart heute mehr als 8 % aller Verkehrsleistungen entfallen, ein Prozeß, der in der DDR erst seit 1968 eingeleitet wurde.

Kapitel IV

257. Ein Vergleich der Leistungen im Seeverkehr ist nur bedingt möglich, da die geographisch-ökonomischen Voraussetzungen hierfür in der Bundesrepublik grundsätzlich anders als in der DDR sind. Auf deren Gebiet waren in der Vorkriegszeit weder leistungsfähige Häfen vorhanden, noch stand eine entsprechende Flotte zur Verfügung. Nach den unter diesen Bedingungen sehr erheblichen Leistungssteigerungen in der DDR blieben die Beförderungsmengen der Seeschiffahrt mit rd. 7 Mill. t und der Umschlag in den Seehäfen mit rd. 10 Mill. t seit 1967 nahezu unverändert, lediglich bei den Transportleistungen der Flotte ist nach wie vor infolge der Ausweitung der Fahrgebiete eine erhebliche Steigerung zu verzeichnen.

258. Werden die Gesamtleistungen im Güterverkehr (ohne Seeschiffahrt) auf die Einwohnerzahl bezogen, so weichen trotz unterschiedlicher Gebietsgröße und Wirtschaftsstruktur die Daten in beiden Staaten kaum voneinander ab (rd. 3000 tkm/Einwohner); auch der Entwicklungstrend verläuft ähnlich.

Personenverkehr

259. Im Personenverkehr differiert zwar gegenwärtig die Struktur der Leistungen in beiden Staaten erheblich, es sind aber Tendenzen erkennbar, die künftig eine gewisse Annäherung erwarten lassen. Die Entwicklung in der Bundesrepublik wird gekennzeichnet durch die Ende der fünfziger Jahre verstärkt einsetzende private Motorisierung, die zu einer erheblichen Substitution der öffentlichen Verkehrsmittel führte. Gegenwärtig liegt — gemessen in Personenkilometern — der Anteil des Individualverkehrs im Bundesgebiet bereits bei fast drei Vierteln der Gesamtleistungen, der der Eisenbahn nur noch bei 10 % (vgl. Tabellen A 66 und A 67).

In der DDR ist, wenn auch mit einem erheblichen Zeitrückstand, eine ähnliche Tendenz zu beobachten. Hier dürfte der Anteil des Individualverkehrs an den Gesamtleistungen gegenwärtig auf etwa 50 % zu veranschlagen sein. Im Gegensatz zur Bundesrepublik sind an diesem Verkehr aber wesentlich stärker Krafträder und Mopeds beteiligt, deren Anteil im Bundesgebiet nur noch unbedeutend ist. Die Gründe für diese unterschiedliche Struktur liegen in den hohen Anschaffungs- und Unterhaltungskosten für Personenwagen in der DDR, die auch dazu führen, daß der Pkw — im Gegensatz zum Bundesgebiet — kaum im Berufsverkehr, sondern überwiegend im Wochenenderholungs- und Urlaubsverkehr eingesetzt wird. Diese Tendenz wird unterstützt durch eine Subventionierung des öffentlichen Berufsverkehrs, dessen Preise nur ein Drittel der Preise in der Bundesrepublik betragen. Der Anteil der Eisenbahn an den Personenverkehrsleistungen in der DDR ging von zwei Dritteln auf 20 % zurück.

260. Bezogen auf die Einwohnerzahlen sind die Leistungen im öffentlichen Verkehr in der Bundesrepublik gegenwärtig um etwa ein Drittel niedriger als in der DDR. Wird der Individualverkehr eingeschlossen, ergibt sich das umgekehrte Verhältnis. In der Bundesrepublik scheint sich bereits eine gewisse Sättigung der Verkehrsleistungen je Einwohner, die sich in der Nachkriegszeit mehr als verdreifachten, abzuzeichnen, während in der DDR noch hohe Wachstumsraten auftreten. Die Ausstattung der Bevölkerung mit Personenkraftwagen ist in der Bundesrepublik etwa viermal so hoch wie in der DDR.

d) Planungsziele und Prioritäten im Ausbau der Infrastruktur

261. Die Strukturwandlungen im Verkehrsaufkommen und das Auftreten neuer Verkehrsarten zwingen die verantwortlichen Instanzen in beiden Staaten auf Grund der in hochindustrialisierten Ländern ähnlichen Wirtschaftsstruktur, den Gesamtkomplex Verkehr unter einheitlichen Gesichtspunkten zu gestalten. Dies erfordert nicht nur der hohe staatliche Aufwand für die Verkehrsinfrastruktur, sondern auch die Notwendigkeit, die allgemeinen Umweltbedingungen neben Raumordnung, Siedlungs- und Wirtschaftsstruktur bei der Verkehrsplanung zu berücksichtigen.

Gesamtverkehrsplanungen

262. Sowohl in der Bundesrepublik als auch in der DDR werden hierfür gegenwärtig umfangreiche Arbeiten durchgeführt, deren Ziel eine Abstimmung der Verkehrssysteme und -arten, einbezogen in die Entwicklung aller Wirtschafts- und Lebensbereiche, ist. Hierbei zeigen sich ähnliche Entwicklungsstufen, die, ausgehend von den Verkehrsplanungen einzelner Gemeinden, über die Planungen von Bezirken und Ländern erst heute zu integrierten Planungen auf gesamtwirtschaftlicher Ebene führen. Unterschiede bestehen allerdings hinsichtlich des Umfangs, in dem in diesen Planungen den Entwicklungstendenzen einzelner Verkehrsarten Rechnung getragen oder gleichzeitig versucht wird, diese über die staatliche Infrastrukturplanung hinaus zu beeinflussen.

Im Güterverkehr steht eine Abstimmung zwischen Schiene und Straße, im Personenverkehr die zwischen Individualverkehr und öffentlichem Verkehr im Vordergrund. In beiden Staaten soll der kombinierte Verkehr gefördert und das Eisenbahnnetz eingeschränkt werden.

Eine Stillegung von schwach frequentierten Strecken der Eisenbahnen ist sowohl in der Bundesrepublik als auch in der DDR vorgesehen. Von der Reichsbahn der DDR sind hierfür rd. 3500 km in Aussicht genommen; die Deutsche Bundesbahn will auf 6000 km Streckenlänge den Personenverkehr, auf einem Teil hiervon auch den Güterverkehr einstellen.

Für die Bundesrepublik liegt durch den Bundesfernstraßenplan von 1970 für die Ausbauplanung bis 1985 ein Rahmenprogramm vor, das versucht, der erwarteten Motorisierungszunahme zumindest im Fernverkehr zu entsprechen.

115

Kapitel IV

Im Straßennetz der DDR soll nunmehr vordringlich das Autobahnnetz von 1390 km, das seit Kriegsende unverändert blieb, um 490 km erweitert werden. Darüber hinaus sollen wichtige Fernstraßenverbindungen vierspurig ausgebaut werden. Das künftige Straßengrundnetz soll etwa 7000 km umfassen.

Unterschiedlich wird auch künftig die Struktur der privaten Motorisierung in beiden Staaten sein. Während sie sich in der Bundesrepublik nach wie vor fast ausschließlich auf Personenkraftwagen erstreckt, deren Bestand bis 1985 voraussichtlich auf rd. 20 Mill. anwachsen wird, gehen die Projektionen in der DDR von einem Sättigungswert der privaten Motorisierung bei rund 3 Mill. Pkw, 1,2 Mill. Krafträdern und 1,6 Mill. Mopeds aus.

Für das Wasserstraßennetz der DDR sind gegenwärtig keine Ausbauplanungen bekannt, während in der Bundesrepublik mit dem Nord-Süd-Kanal und der Weiterführung des Rhein-Main-Donau-Kanals noch wesentliche Netzerweiterungen erfolgen werden.

Ein besonders hohes Wachstum wird in beiden deutschen Staaten für den Luftverkehr angenommen, bei dem vor allem der internationale Urlaubsreiseverkehr weiterhin die größten Steigerungsraten aufweisen wird.

2. Energiewirtschaft

263. Die Energiewirtschaften in der Bundesrepublik und der DDR haben in der Nachkriegszeit unter unterschiedlichen wirtschaftspolitischen Bedingungen gestanden, ohne daß die energiepolitischen Maßnahmen in den beiden Gebieten — vor allem im Hinblick auf die Nutzung der jeweils vorhandenen Lagerstätten von Primärenergieträgern — übermäßig stark voneinander abgewichen sind. In beiden Staaten sind vornehmlich die eigenen Vorkommen an Energieträgern genutzt worden.

Die Kostenorientiertheit und Technologie der Energiewirtschaft und des Verbrauchs haben in der Bundesrepublik wie auch in anderen westeuropäischen Ländern dazu geführt, daß energiewirtschaftliche Monokulturen zunehmend verschwinden. Der Anteil der Steinkohle am Primärenergieverbrauch ist ständig zurückgegangen.

Die DDR war demgegenüber darauf angewiesen, in sehr hohem Maße eigene Lagerstätten zu nutzen. Bislang ist die Braunkohle der entscheidende und zudem billigste Energieträger.

a) Das Angebot von Energieträgern

Mineralöl

264. In der Bundesrepublik ist das Mineralöl seit 1966 der wichtigste Energieträger; es wird jedoch nur in geringem Umfang — etwa 8 Mill. t jährlich (7 %) — in der Bundesrepublik selbst gefördert.

Der überwiegende Teil muß importiert werden. Die eigenen Vorräte sind begrenzt, die Bedingungen der Förderung sind verhältnismäßig ungünstig, und die Qualität der Rohöle ist niedrig.

Die Versorgung des Marktes erfolgt in der Bundesrepublik zu 75 % durch international organisierte und integrierte, vielfach in Westeuropa ansässige Gesellschaften. Die Preise für importierte Rohöle liegen — auf den Heizwert bezogen — gegenwärtig in der Bundesrepublik um ein Drittel unter den Förderkosten für Steinkohle.

In der DDR ist die Rohölförderung gering, so daß dort Rohölimporte in Höhe von 98 % des gesamten Angebots erforderlich sind. Das Rohöl wurde bislang vornehmlich aus der UdSSR bezogen; in letzter Zeit sind auch Rohöle aus den arabischen Ländern geliefert worden.

265. Die Raffineriekapazität in der Bundesrepublik ist seit dem Kriegsende beachtlich angestiegen; sie betrug 1968 etwas mehr als 113 Mill. t. Die ursprünglich mehr im norddeutschen Raum konzentrierten Standorte der Raffinerien sind nunmehr durch Errichtung von Neubauten und Erweiterungen stärker im Bundesgebiet gestreut.

In der DDR sind im wesentlichen zwei Raffineriestandorte vorhanden: Schwedt/Oder und Leuna im Bezirk Halle. Die Raffineriekapazität dürfte 1969/70 bei knapp 12 Mill. t gelegen haben. Während in der Bundesrepublik die Hydrierung von Steinkohle eingestellt worden ist, wird in der DDR eine verhältnismäßig umfangreiche Hydrierung von Rohbraunkohle betrieben (16 % aller Mineralölprodukte kommen aus Hydrierwerken).

Erdgas

266. Das Erdgas ist in der Bundesrepublik in den letzten Jahren immer wichtiger geworden. Die Vorräte sind erheblich angestiegen, weil Aufschlußbohrungen in immer größeren Teufen fündig geworden sind. Neben den etwa 300 Mrd. cbm betragenden sicheren Vorräten in der Bundesrepublik stehen auch Vorräte aus dem nahe der holländisch-deutschen Grenze gelegenen Erdgasvorkommen von Slochteren (in der Nähe von Groningen, Niederlande), das etwa 2300 Mrd. cbm enthält, für den deutschen Verbrauch zur Verfügung. Da die Gewinnungskosten sehr niedrig sind, ist das Erdgas ein sicherer und preisgünstiger Energieträger. Ferner kann Erdgas in steigendem Umfang aus der UdSSR importiert werden.

In der DDR ist die Erdgasgewinnung verhältnismäßig gering; die bisherigen zahlreichen Versuche, Erdgaslagerstätten zu finden, waren nur in bescheidenem Maße erfolgreich. In jüngster Zeit ist eine verstärkte Explorations- und Aufschlußtätigkeit zu beobachten. Außerdem steht der DDR nach der Verlegung der geplanten Pipeline Erdgas aus der UdSSR zur Verfügung.

Braunkohle

267. Die Braunkohlenvorkommen in der Bundesrepublik befinden sich vor allem im linksrheinischen

Revier, im Revier von Helmstedt sowie in Hessen und Bayern.

In der DDR ist die Braunkohle der wichtigste Primärenergieträger. Die Lagerstätten befinden sich in drei Hauptrevieren:

■ im „mitteldeutschen Revier" zwischen Dessau — Halle — Merseburg — Altenburg — Borna — Leipzig — Torgau,

■ im „Lausitzer Revier" im Raum Senftenberg — Cottbus, mit kleineren Vorkommen bei Görlitz und Zittau und

■ in dem wenig bedeutsamen Odergebiet im Raum von Fürstenberg — Finkenheerd — Frankfurt.

Die abbauwürdigen Vorkommen werden auf etwa 24 Mrd. t Vorrat geschätzt, davon etwa 9 Mrd. t im mitteldeutschen und etwa 15 Mrd. t im Lausitzer Revier. Der Heizwert der Braunkohle liegt bei etwa 2000 kcal/kg, geht jedoch allmählich zurück. Vorteilhaft in den beiden erstgenannten Revieren ist, daß die Kohle überwiegend in großen Feldern mit 200 Mill. t Vorrat ansteht. Dadurch können kostengünstige Großtagebaue betrieben werden. Neuerrichtete bzw. im Bau befindliche Kraftwerke mit Kapazitäten bis zu 3000 MW liegen in unmittelbarer Nähe der Braunkohlentagebaue, was künftig zu erheblichen Einsparungen bei den Transportkosten führen wird.

Steinkohle

268. Steinkohle wird in der Bundesrepublik im Ruhrrevier, dem Saarrevier und in Ibbenbüren (Niedersachsen) gefördert; daneben wird noch Pechkohle in Oberbayern gewonnen. Die in den Grubenfeldern des Ruhrreviers befindlichen Vorräte dürften mehr als 10 Mrd. t betragen, im Saarrevier etwa 1 Mrd. t. Ebenfalls 1 Mrd. t dürfte sich im Aachener Revier an Vorräten befinden, während das niedersächsische Revier Vorräte in Höhe von 200 Mill. t enthält. Die Ergiebigkeit der Vorräte ist demnach außerordentlich groß.

Die Förderungskosten differieren zwischen den einzelnen Revieren, teilweise auch zwischen den Schachtanlagen innerhalb eines Reviers. Ursächlich hierfür sind vielleicht die geologischen Gegebenheiten der Lagerstätten und damit verbunden der unterschiedliche Mechanisierungsgrad des Abbaus.

Der Steinkohlenbergbau in der Bundesrepublik hatte während der letzten zwölf Jahre krisenhafte Phasen zu überstehen, die dadurch entstanden, daß ursprünglich teurere Energieträger erheblich billiger wurden. Dadurch setzte ein Substitutionsprozeß ein, der einen allmählichen Rückgang des Steinkohlenabsatzes bewirkte. Von 1960 bis 1969 verminderte sich der Verbrauch um etwa 30 Mill. t, was zwangsläufig zu Zechenschließungen führen mußte.

Da andererseits die verbleibenden Zechen die Förderkapazität aus Gründen der Kostendegression steigerten, ergab sich im vorgenannten Zeitraum eine mehr oder minder starke Divergenz zwischen dem Angebot und den Absatzmöglichkeiten von westdeutscher Steinkohle, die sich in Aufhaldungen und Feierschichten niederschlug.

Die DDR besitzt eine Reihe kleinerer Steinkohlenreviere in Zwickau, Lugau-Ölsnitz und in Freital-Döhlen. Die Vorräte sind gering und dürften gegenwärtig nicht viel mehr als 10 bis 15 Mill. t abbauwürdiger Steinkohle betragen. Die Abbauverhältnisse sind ungünstig und bedingen hohe Betriebskosten. Hinzu kommt, daß die Qualität der Steinkohle vielfach nicht geeignet ist, „metallurgischen" Koks herzustellen. Die Förderung geht allmählich zurück.

Erdölgas

269. Bei den übrigen Energieträgern ist das Erdölgas zu erwähnen, das im Erdöl enthalten ist und nach der Förderung des Rohöls separiert wird. Es wird wie Erdgas verwendet. Die gegenwärtige Gewinnung in der Bundesrepublik beträgt 0,7 Mrd. cbm. In der DDR ist infolge der geringen Rohölförderung die Gewinnung dieses Energieträgers bedeutungslos. In beiden Staaten wird ferner Holz und Torf gewonnen. Die Gewinnung von Torf erfolgt in der Bundesrepublik überwiegend in Niedersachsen und Schleswig-Holstein und in der DDR überwiegend in Mecklenburg.

Elektrizität

270. Ein wichtiger Sekundärenergieträger ist in beiden Staaten die Elektrizität. Die Bundesrepublik verfügte 1968 über eine installierte Leistung von 47 000 Megawatt [3]; es wurden insgesamt 200,3 Mrd. Kilowattstunden (kWh) erzeugt. Die durchschnittliche Zahl der Benutzungsstunden (h/a) der Kraftwerke betrug in dem genannten Jahr 4320.

Lediglich 18,5 Mrd. kWh der insgesamt aus Steinkohle erzeugten 90,1 Mrd. kWh waren durch die Verstromungsgesetze [4] subventioniert. Die hierzu eingesetzten Kraftwerke hatten 1968 im Durchschnitt eine höhere Benutzungsstundenzahl als die übrigen Steinkohlenkraftwerke. Die höchsten Benutzungsstunden wurden bei den Kraftwerken auf Erdgas (einschließlich Erdölgas) und auf Braunkohle erreicht. Die Auslastung lag 1968 bei über 6000 Benutzungsstunden, so daß mit diesen Kraftwerken vornehmlich der Grundlastbereich bedient worden ist. Bei der Erzeugung von Strom und Wasserkraft muß beachtet werden, daß hierin auch der Pumpspeicherstrom enthalten ist. Pumpspeicherkraftwerke dienen zur Abdeckung des Spitzenlastbereiches, so daß die Benutzungsstunden hier niedrig liegen.

In der DDR waren 1968: 11 600 MW installiert; die Kraftwerke erzeugten 63,2 Mrd. kWh. Der größte Teil der Leistung ist auf Braunkohle installiert. Gemessen an der Engpaßleistung — in der DDR „höchstmögliche Leistung" — lag die durchschnittliche Benutzungsstundenzahl bei 5900 h/a jährlich. Ohne die Kapazität der Pumpspeicherkraftwerke lag die Auslastung bei 6100 Benutzungsstunden.

Da die Tagebauförderung der zur Stromerzeugung eingesetzten Braunkohle in großem Umfange den Witterungsbedingungen unterliegt, wird dadurch auch die Stromerzeugung beeinflußt.

Kapitel IV
Übersicht 31

Installierte Leistung (in MW) und Bruttostromerzeugung (in Mrd. kWh) im Jahr 1968

Energieträger	Installierte Leistung in MW		Erzeugung in Mrd. kWh	
	BRD	DDR	BRD	DDR
Wasserkraft	4 700	710 [1]	16,8	1,2
Kernenergie	900	70	1,8	— [2]
Braunkohle	8 400	10 100	50,6	53,4
Heizöl	5 300	300	24,1	1,4
Erdgas	1 000		6,4	.
Steinkohle und sonstige	26 700	420	109,6	7,2
Insgesamt	47 000	11 600	203,3	63,2

[1] Davon Pumpspeicher 610 MW.
[2] In Steinkohle und sonstige enthalten.

b) Die Entwicklung des Energieverbrauchs

271. Der Verbrauch von Primärenergieträgern setzt sich aus dem Endenergieverbrauch von Primärenergieträgern und dem Verbrauch von Primärenergieträgern im Umwandlungsbereich zusammen. Als Endenergieverbrauch ist der Verbrauch von Energie anzusehen, der bei den Verbrauchergruppen entsteht, die keine Energie abgeben, während der Umwandlungsbereich die Energieindustrie enthält, die entweder Energieträger gewinnt (z. B. Kohlenbergbau) und/oder umwandelt (Elektrizitätswirtschaft und Mineralölwirtschaft). Die Energieindustrie beseht aus der Elektrizitätswirtschaft, der Mineralölverarbeitung, der Gaswirtschaft, dem Kohlenbergbau, der erdöl- und erdgasfördernden Industrie und der Brikettherstellung.

Da die einzelnen Primärenergieträger verschiedenen Wärmeinhalt je Mengeneinheit besitzen, sind Umrechnungsfaktoren erforderlich, um auf einen vergleichbaren Wert zu gelangen. Es ist üblich, diesen in Steinkohleneinheiten auszudrücken (t SKE). In der Tabelle A 75 sind die den Berechnungen zugrunde liegenden Umrechnungsfaktoren angegeben.

Menge des Energieverbrauches

272. Der Verbrauch von Primärenergie hat sich — von wenigen Ausnahmen abgesehen — in beiden Staaten erhöht. Die Verbrauchssteigerung im industriellen Bereich der Bundesrepublik ist eine unmittelbare Folge des industriellen Wachstums. Der absolute Verbrauch je Produkteinheit, d. h. der spezifische Energieverbrauch, sinkt im Durchschnitt aller Industriezweige, liegt in der DDR aber immer

Übersicht 32

Verbrauch von Primärenergie in der Bundesrepublik und der DDR

(in Mill. t SKE)

Jahr	BRD [1]	DDR
1950	126,9	49,5
1955	173,1	69,5
1960	216,4	75,7
1965	270,9	88,3
1968	294,0	89,0
1969	320,7	94,1

[1] 1950 und 1955 ohne Saargebiet und ohne West-Berlin.

noch um 20 % bis 30 % höher als in der Bundesrepublik [5] (z. B. bei der Erzeugung von SM-Stahl um 30 % bis 35 %, von Elektrostahl um 10 % bis 15 %, von Tafelglas um 12 %, von Zement um 20 %). Die Gründe hierfür sind vielschichtig; z. T. dürfte der hohe Verbrauch durch die veralteten Anlagen, aber auch durch die Anwendung überholter Technologien verursacht werden. Außerdem scheint die Energiepreiserhöhung von 1964 nicht die erwartete größere Sparsamkeit bewirkt zu haben, so daß 1971 eine weitere Steigerung der Energiepreise erfolgen wird. Im Verbrauchssektor „Haushalte und Kleinverbraucher" ist der steigende Energieverbrauch Ausdruck des wachsenden Lebensstandards.

Die durchschnittliche Wachstumsrate des Primärenergieverbrauchs lag in der Bundesrepublik in den Jahren 1960 bis 1969 bei jährlich 4,5 %. In der DDR ist der Verbrauch von Primärenergie im gleichen Zeitraum ebenfalls angestiegen; die jährliche Zuwachsrate betrug 2,5 %. Dennoch lag der Energieverbrauch je Kopf der Bevölkerung 1969 in der DDR mit etwa 5,5 t SKE geringfügig über dem der Bundesrepublik mit 5,3 t SKE.

Struktur des Energieverbrauchs

273. Die Struktur des Verbrauchs von Primärenergie ist in den beiden Staaten unterschiedlich. Während in der Bundesrepublik der Energieverbrauch in hohem Maße durch Mineralöl und Erdgas gedeckt wird — 1969 hatten sie einen Anteil von mehr als 55 % am Primärenergieverbrauch gegenüber 22 % im Jahre 1960 —, ist dies in der DDR bisher nur in geringem Umfang erfolgt (1969 lediglich 13 %). Die starke Ausrichtung des Verbrauchs auf die Braunkohle bewirkt eine gewisse Anfälligkeit der Energiewirtschaft, da die Braunkohle bei starkem Frost wegen ihres Wassergehaltes gefrieren kann.

In der Bundesrepublik ist der Anteil der Braunkohle an der Stromerzeugung etwa konstant geblieben. Im Jahre 1969 wurden hier knapp 10 % des Primärenergieverbrauchs durch Braunkohle gedeckt (in t SKE gerechnet). In der DDR dagegen ist der anteilige Verbrauch an Braunkohle gesteigert worden. Die Braunkohle deckte dort 1969 mehr als drei Viertel des Primärenergieverbrauchs. Es ist jedoch bekannt, daß der hohe Einsatz von Braunkohle in der Elektrizitätswirtschaft der DDR auch durch den ungünstigen Wirkungsgrad (höherer spezifischer Verbrauch) bedingt ist.

274. Der Verbrauch an Steinkohle (einschließlich Steinkohlenkoks und Briketts) nahm in der Bundesrepublik ab; immerhin sind 1969 noch 31 % des Primärenergieverbrauchs durch die Steinkohle gedeckt worden. In der DDR spielt der Steinkohlenverbrauch quantitativ eine untergeordnete Rolle; er betrug 1969 weniger als 10 % des Primärverbrauchs.

275. Ein für den Endenergieverbrauch wichtiger Energieträger ist die Elektrizitätswirtschaft. Der Stromverbrauch ist in beiden Staaten angestiegen, wobei die Zuwachsraten von 1960 bis 1969 in der Bundesrepublik — ähnlich wie beim Primärenergieverbrauch — über denen der DDR lagen (7,8 % jährlich gegenüber 5,7 % in der DDR). Dabei zeigt sich, daß der industrielle Stromverbrauch (hier endverbrauchende Industrie und Energieindustrie) in der DDR verhältnismäßig schwach angestiegen ist. Der Je-Kopf-Verbrauch lag indes in der DDR 1968 und 1969 noch geringfügig über dem der Bundesrepublik.

c) Energiewirtschaftliche Entwicklungstendenzen

276. In beiden deutschen Staaten wird der Bedarf an Primärenergie in den nächsten Jahren stark ansteigen. Die Bedeutung der veredelten Energieträger (Strom, Mineralölprodukte, in der DDR auch Gas und Braunkohle) und des Erdgases nimmt zu.

In der Bundesrepublik ist die künftige Entwicklung gekennzeichnet durch den langsamer werdenden Rückgang des spezifischen Energieverbrauchs, während in der DDR noch mehr Möglichkeiten zu seiner Senkung — sowohl im Umwandlungs- als auch im Endenergiebereich — bestehen und genutzt werden können. Hierdurch bedingten Einsparungen in der DDR steht jedoch der wachsende Bedarf der Industrie und der Haushalte entgegen.

In beiden deutschen Staaten wird der Anstieg des Primärenergieverbrauchs durch den vermehrten Einsatz von Mineralöl und Erdgas bestimmt. Bei nur noch leicht steigendem Einsatz von Braunkohle geht der Verbrauch von Steinkohle weiter zurück. Die Kernenergie gewinnt dagegen an Bedeutung.

3. Wohnungsbau

a) Wohnungsbauleistungen

Wohnungsbau innerhalb der gesamten Bautätigkeit

277. Schon vor dem zweiten Weltkrieg standen pro Kopf der Bevölkerung in dem Gebiet der Bundesrepublik weniger Wohnungen zur Verfügung als in der DDR: 1939 betrug die Wohndichte im Gebiet der heutigen Bundesrepublik 3,7 Personen je Wohnung, im Gebiet der heutigen DDR dagegen 3,35 Personen je Wohnung [6].

Da das Gebiet der DDR überdies von Kriegszerstörungen an Wohngebäuden weniger stark betroffen war, verschärfte sich diese Diskrepanz noch. In die gleiche Richtung wirkten die starken Abwanderungen aus der DDR in den 50er Jahren. Die entsprechenden Kennziffern für das Jahr 1950 belaufen sich auf 4,9 für die Bundesrepublik und auf 3,6 für die DDR (vgl. Tabelle A 82).

278. Die Unterschiede in der quantitativen Wohnungsversorgung werden allerdings aufgehoben, wenn die Wohnfläche berücksichtigt wird: 1950 war die durchschnittliche Wohnung in der DDR um reichlich 20 % kleiner als in der Bundesrepublik. Da es jedoch zunächst darauf ankam, möglichst viele Haushalte in eigenen Wohnungen, unabhängig von der Größe der Wohnungen, unterzubringen, war die wohnungspolitische Ausgangslage für beide Staaten unterschiedlich.

279. Die Entwicklung des Anteils des Wohnungsbauvolumens am gesamten Bauvolumen kennzeichnet die unterschiedliche Bedeutung, die die Wohnungsbautätigkeit in den 50er Jahren in beiden Staaten hatte. In der Bundesrepublik wurden mehr als 50 % des Bauvolumens für den Wohnungsbau verwendet. In der DDR entfielen dagegen in dieser Zeit nur etwa 35 % bis 40 % des Bauvolumens auf den

Kapitel IV

Wohnungsbau, Anfang der 50er Jahre sogar noch weitaus weniger (vgl. Tabelle A 78).

Bis 1969 verringerte sich der Anteil des Wohnungsbaus in der Bundesrepublik auf reichlich 40 %, in der DDR dagegen ziemlich rasch auf gegenwärtig rd. 24 %.

280. Bezieht man die Produktionsleistung der Bauwirtschaft auf die Bevölkerung, so werden die Verschiebungen im Niveau der Bautätigkeit zwischen Bundesrepublik und DDR noch deutlicher. Während die Pro-Kopf-Produktion von Bauleistungen in der Bundesrepublik insgesamt in der zweiten Hälfte der 50er Jahre mit jährlich rd. 800 DM etwa doppelt so groß war wie in der DDR, belief sich in der DDR das Wohnungsbauvolumen pro Kopf mit rd. 150 M jährlich auf nur reichlich ein Drittel des Niveaus in der Bundesrepublik.

Etwas günstiger hat sich für die DDR das Verhältnis in den 60er Jahren entwickelt. Die Pro-Kopf-Produktion von Bauleistungen insgesamt hat sich in der DDR mit 1034 M im Jahre 1969 gegenüber 560 M im Jahre 1960 beinahe verdoppelt. Die Relation zur Bundesrepublik verbesserte sich im gleichen Zeitraum von knapp 60 % auf rd. 80 %.

Auch die Pro-Kopf-Produktion von Wohnbauten hat sich verändert: Bezogen auf das Pro-Kopf-Produktionsniveau in der Bundesrepublik stieg der Anteil von 40 % auf 47 %.

Schon in den 50er Jahren waren die Niveauunterschiede der Bautätigkeit im Nichtwohnungsbau sehr viel geringer als im Wohnungsbau. In den 60er Jahren hat die vergleichsweise starke Forcierung der Bautätigkeit in der DDR bewirkt, daß die Pro-Kopf-Produktion an Nichtwohnbauten heute in der Bundesrepublik und in der DDR etwa gleich hoch ist.

Strukturmerkmale der Wohnungsbautätigkeit

281. Von 1962 bis 1969 sind in der Bundesrepublik rd. 4,4 Millionen Wohnungen gebaut worden und damit mehr als 22 % des gesamten heutigen Wohnungsbestandes. In der gleichen Zeit sind in der DDR rund 600 000 Wohnungen neu geschaffen worden, rd. 10 % des heutigen Wohnungsbestandes.

Auch der hohe Anteil des Montagebaus an der Wohnungsbauproduktion der DDR (1969 = 73 %) hat jedoch nicht ausgereicht, den Preis je qm Wohnfläche wesentlich unter den Preis in der Bundesrepublik zu drücken. 1967 waren die Baukosten pro qm Wohnfläche in der DDR bei einer im Durchschnitt kleineren Wohnungsgröße um 10 % billiger als in der Bundesrepublik. Diese Differenz erklärt sich z. T. aus den Ausstattungsunterschieden gegenüber den Wohnungen in der Bundesrepublik; ein Indiz für einen technologischen Vorsprung auf Grund des Montagebauverfahrens ist sie sicherlich nicht. Eine Rolle mag hierbei spielen, daß — wie jedenfalls für die Bundesrepublik angenommen werden kann — die einzelnen Auftragsvolumina für einen kostengünstigeren Einsatz von Montagebauverfahren im allgemeinen noch zu gering bemessen sind.

282. In der Bundesrepublik betrug die durchschnittliche Wohnfläche [7] der Neubauten 1962 rd. 77 qm und stieg bis 1969 kontinuierlich auf rd. 84 qm an. Die durchschnittliche Größe der gebauten Wohnungen in der DDR hat sich in dem Zeitraum zwischen 1962 und 1969 kaum verändert. Lediglich Mitte der 60er Jahre waren die durchschnittlichen Wohnflächen mit rd. 52 qm um rd. 4 qm kleiner als 1969. Bezieht man die jährlich neu geschaffene Wohnfläche auf die Bevölkerung, so ergeben sich Kennziffern, die für die Bundesrepublik in der Größenordnung von 70 bis 80 qm je 100 Einwohner etwa drei- bis viermal so hoch sind wie in der DDR (vgl. Tabelle A 81).

b) Wohnungsversorgung

Quantitative Wohnungsversorgung

283. Im Jahr 1950 standen in der DDR rd. 5,1 Mill. Wohnungen zur Verfügung, mit denen eine Wohnbevölkerung von rd. 18,4 Mill. versorgt werden mußte. Je 1000 Einwohner gab es somit 276 Wohnungen, 25 % mehr als in der Bundesrepublik.

Bei einem Vergleich der Wohnungszählungen für die DDR von 1950 und 1961 fällt auf, daß bei einem Nettozugang von 510 000 Wohnungen die verfügbare Wohnfläche nur um rd. 8 Mill. qm größer ausgewiesen wird als 1950. Da die im gleichen Zeitraum geschaffene Wohnfläche der neu- und ausgebauten 630 000 Wohnungen mit etwa 36 Mill. qm beziffert wird (vgl. Statistisches Jahrbuch der DDR, 1956, S. 327; 1970, S. 158), würden sich für die Abgänge von rund 120 000 Wohnungen in diesem Zeitraum ganz unwahrscheinlich hohe Durchschnittsflächen ergeben. Die Differenz dürfte auch nur zum Teil damit zu erklären sein, daß in den 50er Jahren die Um- und Ausbauten bereits vorhandener Wohnungen, die in der DDR ein großes Gewicht hatten, zu Doppelzählungen geführt haben. Darüber hinaus ist zu vermuten, daß in den Flächenangaben für 1950 auch Ansätze für diejenigen Wohnungsteile enthalten sind, die erst im Zuge von Ausbauarbeiten in den folgenden Jahren wieder nutzbar gemacht wurden. Die Flächenangaben für den Wohnungsbestand in der DDR 1950 wurden daher für die Zwecke dieses Vergleichs von 286 Mill. qm auf 270 Mill. qm reduziert (vgl. Tabelle A 82). Pro Kopf der Wohnbevölkerung standen damit 1950 sowohl in der DDR als auch in der Bundesrepublik rd. 15 qm Wohnfläche zur Verfügung.

284. Bereits 1961 hatte sich der Abstand in der Versorgung mit Wohnungen deutlich verringert. Die Wohndichte betrug in der Bundesrepublik 3,4 Personen je Wohnung, in der DDR 3,1 Personen. Auf die Fläche bezogen verbesserte sich die Versorgung in der Bundesrepublik auf nicht ganz 20 qm und in der DDR auf 17 qm je Einwohner. Dem Nettozugang von 6,33 Mill. Wohnungen in der Bundesrepublik (63 % des Bestandes von 1950) entsprach ein Nettozugang von 510 000 Wohnungen in der DDR (10 % des Bestandes von 1950).

Ein Spiegelbild dieser Entwicklung ist die Altersstruktur des Wohnungsbestandes: In der DDR entfielen 1961 nur 10 % auf dem nach dem zweiten Weltkrieg gebaute Wohnungen, in der Bundesrepublik dagegen 37 %.

Auch 1968 bietet die Versorgung mit Wohnungen — was ihre Zahl anbelangt — in der DDR ein günstigeres Bild als in der Bundesrepublik. Die Ziffern für die Wohndichte belaufen sich auf 2,8 (DDR) bzw. 3,1 (BRD) Personen je Wohnung. Der Abstand hat sich kaum verringert. Weiter vergrößert haben sich dagegen die Divergenzen in der Versorgung mit Wohnfläche pro Kopf. In der Bundesrepublik sind es nunmehr 23 qm, in der DDR knapp 19 qm, die pro Person zur Verfügung stehen. Von den 1968 vorhandenen Wohnungen in der Bundesrepublik stammte die Hälfte aus der Bautätigkeit nach dem zweiten Weltkrieg. In der DDR ist der Anteil auf 20 % angestiegen.

Die qualitative Wohnungsversorgung

285. Weitere Einblicke in die Qualitätsstruktur erlaubt eine Gegenüberstellung der Wohnungen nach dem Baualter und dem Ausstattungstyp 1960/61 (vgl. Tabelle A 83). Dabei zeigt sich, daß nicht nur die Altersstruktur der Wohnungen, sondern auch ihre altersspezifische Ausstattung mit Heizungen und sanitären Anlagen in der Bundesrepublik und in der DDR deutlich voneinander abweichen.

So waren in der Bundesrepublik in den vor 1900 gebauten Wohnungen 40 % mit Innentoiletten und 22 % mit Bädern ausgestattet. In der DDR verfügten von diesen vor 1900 gebauten Wohnungen — sie machen fast die Hälfte aller Wohnungen in der DDR aus — nur 12 % über eine Innentoilette und nur 8 % über ein Bad.

Bei den jüngeren Wohnungen zeigt sich eine relative Angleichung der Ausstattungsmerkmale in beiden Gebieten. So waren in der Bundesrepublik von den nach 1945 gebauten Wohnungen 91 % mit Innentoilette ausgestattet (DDR 70 %), 79 % der Wohnungen hatten ein Bad (DDR 66 %). Lediglich bei den zentralbeheizten Wohnungen hatte sich der Abstand kaum verringert. Dies zeigen auch die Ziffern für den gesamten Wohnungsbestand: In der Bundesrepublik wurden 12 %, in der DDR dagegen 3 % der Wohnungen zentralbeheizt [8].

Ein sicherlich nicht unbeträchtlicher Teil der Qualitätsdifferenz, vornehmlich bei den älteren Wohnungen, dürfte darauf zurückzuführen sein, daß in der Bundesrepublik im Laufe der Zeit vergleichsweise sehr viel mehr ältere Wohnungen modernisiert und instandgesetzt worden sind als in der DDR. Auch Unterschiede in der Siedlungsstruktur spielen eine Rolle: Wohnungen in den ländlichen Gebieten sind im allgemeinen mit sanitären Anlagen schlechter ausgestattet als Wohnungen in Stadtregionen.

Bei den nach 1961 gebauten Wohnungen hat sich der Qualitätsabstand weiter verringert. Ein Indiz dafür ist das vergleichsweise raschere Vordringen der zentralbeheizten Wohnungen in der DDR. Während ihr Anteil an den jährlich fertiggestellten Wohnungen sich in der Bundesrepublik von 37 % im Jahr 1962 auf 75 % im Jahr 1966 erhöhte, stieg er im gleichen Zeitraum in der DDR von 20 % auf 46 %.

Entwicklung der Mieten

286. Für die DDR liegen nur spärliche Informationen über die Entwicklung der Mieten vor. Hier wurde von den Ergebnissen der Wirtschaftsrechnungen für die Arbeiter- und Angestelltenhaushalte in der DDR ausgegangen.

Vergleichbare Angaben für die Bundesrepublik liegen nur für 4-Personen-Arbeitnehmerhaushalte vor. Wie Kontrollrechnungen ergeben haben, dürfte das Einkommen dieser Haushaltsgruppen 1950 um etwa 15 %, 1962 und 1968 um etwa 20 % unter dem der gesamten Arbeiter- und Angestelltenhaushalte liegen (vgl. Kapitel V, 2). Wie Untersuchungen der schichtspezifischen Mietbelastungsquote ergeben haben, differieren bei solchen Einkommensunterschieden die durchschnittlichen Mietbelastungsquoten nur geringfügig um etwa 0,5 % bis 1,0 %. Werden sowohl die Einkommensangaben als auch die Mietbelastungsquoten entsprechend korrigiert, so ergeben sich die in Tabelle A 84 ausgewiesenen Mietausgaben der Arbeiter- und Angestelltenhaushalte in der Bundesrepublik.

Für die Mietausgaben der Haushalte in der DDR in der Zeit vor 1960 stehen keine Angaben zur Verfügung. Unter Berücksichtigung der Größenunterschiede sowie der Tatsache, daß kleinere Wohnungen pro Flächeneinheit im allgemeinen teurer sind, wird man die monatlichen Mietausgaben der Arbeitnehmerhaushalte in der DDR im Jahre 1950 auf etwa 30 M beziffern können.

Damit ergeben sich Größenordnungen, die verdeutlichen, zu welch unterschiedlicher Entwicklung bei den Mietausgaben die anderen mietenpolitischen Vorstellungen, aber auch das unterschiedliche Gewicht der Neubautätigkeit in der DDR und der Bundesrepublik geführt haben. In der DDR betrug die Mietbelastung des Arbeitnehmerhaushalts 1968 nur etwa ein Drittel der Mietbelastung eines vergleichbaren Haushalts in der Bundesrepublik.

Der Abstand wird etwas geringer, wenn die Unterschiede der Wohnungsgröße in die Betrachtung einbezogen werden. Unter der annehmbaren Voraussetzung, daß das Größenverhältnis der Wohnungen bei den Arbeitnehmerhaushalten mit der durchschnittlichen Gesamtwohnfläche in der DDR (53 qm) und der Bundesrepublik (71 qm) übereinstimmt, beträgt die flächenbereinigte Mietbelastung der Arbeitnehmerhaushalte in der DDR rd. 40 % der Mietbelastung in der Bundesrepublik.

4. Anhang

Methodische Hinweise

Zu 1. Verkehr

Ein Vergleich der gegenwärtigen Struktur und des Leistungspotentials des Verkehrs in beiden deutschen Staa-

Kapitel IV

ten läßt sich, ausgedrückt in Geldeinheiten, nur für den Wirtschaftsbereich in seiner Gesamtheit, nicht jedoch für einzelne Verkehrszweige vornehmen. Für diese werden in der DDR keine monetären Grunddaten über Einnahmen, Kapitaleinsatz oder Investitionen veröffentlicht. Allerdings ist hier ein Vergleich in realen Mengeneinheiten möglich, durch den Fragen unterschiedlicher Bewertung an Bedeutung verlieren. Voraussetzung für allgemeine Aussagen ist jedoch, daß der Wirtschaftsbereich Verkehr einschließlich des Nachrichtenwesens in der DDR und in der Bundesrepublik gleich abgegrenzt wird und Leistungsstruktur sowie Bedeutung der einzelnen Verkehrszweige innerhalb des Gesamtbereichs keine starken Abweichungen aufweisen. Diese Voraussetzungen liegen vor.

Die Hauptdaten der Angebotsstruktur sowie die monetären Leistungsdaten, wie sie sich aus den Volkswirtschaftlichen Gesamtrechnungen ergeben, sind in Tabelle A 65 zusammengefaßt. Dabei wurde — im Gegensatz zu dem Systemvergleich der Industrie im Kapitel III, auf den hinsichtlich der Aussagekraft volkswirtschaftlicher Koeffizienten zur Produktionsstruktur verwiesen sei — darauf verzichtet, die Daten beider deutscher Staaten in eine einheitliche Preisbasis umzurechnen, da dies im Verkehr wegen der besonderen Bedeutung des Anlagevermögens zu unvertretbaren Fehlergrenzen geführt hätte. Ein direkter Vergleich ist daher nur bedingt möglich, zumal neben der unterschiedlichen Preisbasis Bevölkerungs- und Gebietsstand berücksichtigt werden müssen.

Zu 3. Wohnungsbau

Um den Vergleich von Indikatoren für den Wohnungsbau nicht nur auf Mengen beschränken zu müssen, wurde versucht, auch die verfügbaren Informationen in Wertgrößen vergleichbar zu machen. Für die DDR stehen einheitlich abgestimmte Angaben zumeist zu Preisen von 1967 zur Verfügung, bei denen die Ergebnisse der Industriepreisreform bereits berücksichtigt worden sind. Die entsprechenden Angaben für die Bundesrepublik wurden daher ebenfalls auf den Preisstand des Jahres 1967 umgerechnet. Damit ist zwar den Unterschieden in der Preisentwicklung — soweit dies überhaupt durchführbar ist — Rechnung getragen worden, nicht aber den Unterschieden im Preisniveau des Basisjahres, in diesem Falle also des Jahres 1967.

Es hat jedoch den Anschein, als ob auch die Divergenzen in dem allgemeinen Preisniveau für Bauleistungen im Jahr 1967 relativ gering waren. Einen Anhaltspunkt dafür geben die fast übereinstimmenden Werte für die Bruttoproduktion je abhängig Beschäftigten im Bauhauptgewerbe der Bundesrepublik (31 900 DM) und in der Bauindustrie der DDR (31 100 M) (vgl. die Übersicht Anhang V, 1), die 69 % (DDR) bzw. 60 % (Bundesrepublik) des gesamten Bauvolumens produzieren.

Beide Bereiche sind zwar unterschiedlich abgegrenzt: Zum Bauhauptgewerbe zählen in der Bundesrepublik auch Handwerksbetriebe, allerdings keine Betriebe des Ausbaugewerbes; umgekehrt produziert die Bauindustrie der DDR zu einem nicht unerheblichen Teil Ausbauleistungen. Wegen ihres großen Anteils an der Produktionsleistung erscheint es jedoch gerechtfertigt, sie als repräsentativ für die Produktionsbedingungen in der gesamten Bauwirtschaft anzusehen.

Die Bauindustrie in der Bundesrepublik ist für einen Vergleich mit der DDR weniger geeignet, weil

- die Produktionsstruktur vorwiegend auf den weniger arbeitsintensiven Tiefbau ausgerichtet ist,

Übersicht Anhang IV, 1

Produktionsleistung und Kostenstruktur der Bauwirtschaft 1967

	Einheit	Bauhauptgewerbe in der BRD	Bauindustrie in der DDR
Bruttoproduktion [1]	Mill. DM/M	43 060	10 019
in % des Bauvolumens		60	69
davon			
Wohnungsbau	%	37	19
Wirtschaftsbau	%	20	36
Öffentlicher Hochbau	%	10	14 [2]
Tiefbau	%	33	31 [3]
Abhängig Beschäftigte [4]	1000 Personen	1 351	322
Bruttoproduktion je abhängig Beschäftigten	DM/M	31 900	31 100

[1] Die Reparaturen im Nichtwohnungsbau in der DDR wurden proportional zur Neubautätigkeit auf die Baubereiche verteilt.
[2] Gesellschaftliche Bauten.
[3] Bauwerke für die Wasserwirtschaft, den Verkehr und das Post- und Fernmeldewesen.
[4] Arbeiter und Angestellte ohne Lehrlinge; in den Angaben für die Bundesrepublik sind die zahlenmäßig unbedeutenden Lehrlinge in den kaufmännischen und technischen Berufen enthalten.

Quellen: BRD: Berechnungen des DIW, Berlin, auf Grund von Angaben in der Totalerhebung für das Bauhauptgewerbe.
DDR: Statistisches Jahrbuch der DDR, 1970, S. 73; S. 143; S. 149 f.

- die Bauindustrie der DDR einen vergleichsweise sehr viel höheren Anteil an arbeitsintensiveren Ausbauleistungen (rd. 20 %) produziert, die die Arbeitsproduktivität mindern,

- generell auch der fast dreimal so hohe Anteil der Bauindustrie am gesamten Bauvolumen in der DDR (69 %) im Vergleich zur Bundesrepublik (24 %) auf eine andere Abgrenzung dieses Bereichs hindeutet.

Für das gesamte Bauhauptgewerbe dagegen entspricht die Verteilung der Produktionsleistung auf Hoch- und Tiefbauten in der Bundesrepublik genau den Relationen für die Bauindustrie in der DDR.

Die Anteile der jeweiligen Hochbaubereiche differieren allerdings beträchtlich. Deutlich zeigt sich die Zielsetzung der Wirtschaftsführung der DDR, die relativ knappen Baukapazitäten zu Lasten des Wohnungsbaus in erster Linie für den Ausbau der Wirtschaft einzusetzen.

Was die Pro-Kopf-Produktion im Hochbaubereich anbelangt, so kompensieren sich vermutlich die technologischen Lücken der Bundesrepublik in der Wohnungsproduktion — in der Bundesrepublik werden nur 6 %, in der DDR dagegen rd. 75 % der Wohnungsbauten im Montagebau erstellt — mit dem Effizienzvorsprung im Wirtschaftsbau. Dies dürfte der Grund dafür sein, daß die Pro-Kopf-Produktion des Bauhauptgewerbes in der Bundesrepublik und der Bauindustrie in der DDR übereinstimmen, obwohl der vergleichsweise eher arbeitsintensivere Wohnungsbau in der Bundesrepublik, der noch zum weitaus überwiegenden Teil mit herkömmlichen Produktionsverfahren erstellt wird, ein so großes Gewicht hat.

Für die Vergleichbarkeit der Preisniveaus spricht auch die Relation der Preise je qm Wohnfläche 1967 in der DDR (544 M) und der Bundesrepublik (601 DM). Die entsprechenden Angaben sind in Tabelle A 80 zusammengestellt worden. Wenn man berücksichtigt, daß die qm-Preise kleinerer Wohnungen, wie sie in der DDR gebaut wurden, im allgemeinen höher sind, so wird festgestellt werden können, daß die um den Größeneffekt bereinigte Differenz in den qm-Preisen den Qualitätsvorsprung der im Jahres 1967 gebauten Wohnungen in der Bundesrepublik etwa richtig bemißt.

Anmerkungen zu Kapitel IV

[1] Die Aufwendungen für den Bereich der Infrastruktur im Verkehr lassen sich nur für die Bundesrepublik quantifizieren, für den DDR-Verkehr liegen keine vergleichbaren Angaben vor. In der Bundesrepublik betrugen die Investitionen für den Straßenbau zwischen 1950 und 1968 rund 70 Mrd. DM, für den innerstädtischen U-Bahnbau rd. 1,3 Mrd., für die Wasserstraßen rd. 5 Mrd., für die Seehäfen rd. 3 Mrd., für die Binnenhäfen rd. 1,3 Mrd., für die Flughäfen rd. 2 Mrd. und für das Pipelinenetz bisher rd. 1,6 Mrd. DM. Hinzu kommen die Aufwendungen für das Wegenetz und die Elektrifizierung der Eisenbahnen in Höhe von rd. 17 Mrd. DM, so daß insgesamt bis 1968 etwa 100 Mrd. DM in die Verkehrsinfrastruktur investiert wurden (Quelle: Berechnungen des DIW, Berlin).

[2] Da in der Statistik der Bundesrepublik überwiegend die Leistungen auf den Verkehrswegen bzw. in den Häfen, in der DDR die Leistungen der Verkehrsmittel erfaßt werden, ist eine Vereinheitlichung notwendig, die beiden Gesichtspunkten Rechnung trägt.

[3] Öffentliche und industrielle Kraftwirtschaft (einschl. Bundesbahn).

[4] Gesetz zur Förderung der Verwendung von Steinkohle in Kraftwerken vom 12. August 1965 und Gesetz zur Sicherung des Steinkohlenabsatzes in der Elektrizitätswirtschaft vom 1. Juli 1966.

[5] Vgl. u. a. die Wirtschaft, Nr. 39 v. 24. September 1970, S. 14; Arbeit und Arbeitsrecht, 1970, Nr. 15, S. 460.

[6] Vgl. K. Arndt, Wohnverhältnisse und Wohnungsbedarf in der sowjetischen Besatzungszone, Sonderheft des DIW, Nr. 50, Berlin 1960.

[7] Sowohl in der Bundesrepublik als auch in der DDR handelt es sich um die Gesamtfläche der Wohnung einschl. der Wohnnebenräume, jedoch ohne Keller, Dachböden und Treppen. Die Angaben sind daher vergleichbar.

[8] Bei dieser Relation konnte allerdings nicht berücksichtigt werden, daß in den Angaben für die DDR die Wohnungen mit Etagenheizung nicht enthalten sind.

Kapitel V

Einkommen, Verbrauch, Lebenshaltung

◆ Von 1960 bis 1969 ist das Wachstum des privaten Verbrauchs und der Ersparnis in der Bundesrepublik stärker gewesen als in der DDR. Der Abstand im Lebensstandard zwischen beiden deutschen Staaten hat sich weiter vergrößert. (287—291)

◆ In der Bundesrepublik gibt es keine umfassende Einkommenspolitik des Staates. In der DDR dagegen nehmen die staatlichen Planungsinstanzen entscheidenden Einfluß auf Verteilung und Verwendung des Volkseinkommens. (292—296)

◆ Die persönlichen Einkommen (nominal) sind in der Bundesrepublik im letzten Jahrzehnt weit stärker gestiegen als in der DDR. Während die Durchschnittsbruttoeinkommen der Arbeitnehmer 1960 in der DDR nur wenig niedriger als in der Bundesrepublik waren, lagen sie 1969 um ein Drittel unter denen der Bundesrepublik. Die Bruttoeinkommen der Selbständigen (in der DDR einschließlich Genossenschaftsmitgliedern) erreichten 1965 rund zwei Drittel der Selbständigeneinkommen in der Bundesrepublik. In beiden Staaten war das Durchschnittsbruttoeinkommen eines Selbständigen doppelt so hoch wie das durchschnittliche Arbeitnehmereinkommen. Dagegen erhielt 1965 ein Rentner in der DDR durchschnittlich nur ein Drittel des Einkommens eines Rentners in der Bundesrepublik. (297—304)

◆ Die auf die Bruttoeinkommen der Arbeitnehmer erhobenen gesetzlichen Abzüge sind in der Bundesrepublik höher. Beitragssatz und Beitragsbemessungsgrenze der Sozialversicherung sind in der Bundesrepublik mehrfach erhöht worden, in der DDR dagegen unverändert geblieben. Auch weist der Lohnsteuertarif der Bundesrepublik eine stärkere Progression auf als der der DDR. Außerdem bestehen in der DDR zahlreiche Kürzungsvorschriften in Fällen, in denen in der Bundesrepublik eine Regelbesteuerung vorgenommen wird. (305—310)

◆ Der Abstand der Haushaltseinkommen hat sich ebenfalls vergrößert: So erreichten die nominalen Nettoeinkommen aller Haushalte in der DDR 1969 durchschnittlich etwa zwei Drittel der Haushaltseinkommen in der Bundesrepublik (1960: 85 %). Die nominalen Nettoeinkommen in Arbeitnehmerhaushalten in der DDR fielen sogar von 90 % (1960) auf 64 % (1969) zurück. (311—315)

◆ Die Verteilung der Arbeitnehmereinkommen ist in der Bundesrepublik weniger gleichmäßig als in der DDR. (316—319)

◆ Die Verbraucherpreise in der Bundesrepublik liegen im allgemeinen für Dienstleistungen und einfache, den Grundbedarf befriedigende Waren höher, allenfalls gleich hoch wie die Preise in der DDR; dagegen sind die Preise hochwertiger Waren — vor allem dauerhafter Gebrauchsgüter — in der Bundesrepublik deutlich niedriger als in der DDR. (321—328)

◆ Da die Preise in der Bundesrepublik im letzten Jahrzehnt zum Teil beträchtlich gestiegen sind, während sie in der DDR nahezu unverändert blieben, hat sich — gemessen am Durchschnittsverbrauch von Arbeitnehmerhaushalten (gekreuzter Warenkorb) — die Kaufkraft der Mark im Verhältnis zur DM von rd. 76 (1960) auf 86 (1969) erhöht.

Die Kaufkraft der Mark ist tendenziell im Vergleich zu der DM um so geringer, je mehr sich der Verbrauch auf hochwertige, relativ teure Güter erstreckt. (329—341)

◆ Die Verbesserung der Kaufkraft der Mark der DDR hat nicht ausgereicht, um den relativ höheren Zuwachs der nominalen Nettoeinkommen in der Bundesrepublik auszugleichen. Der Abstand der Realeinkommen der Arbeitnehmerhaushalte in der DDR zu denen in der Bundesrepublik hat sich von rund 32 % (1960) auf rund 45 % (1969) vergrößert. (343)

◆ Trotz niedrigerer Einkommen entspricht heute in der DDR der mengenmäßige Pro-Kopf-Verbrauch bei den meisten Nahrungsmitteln dem in der Bundesrepublik. Fette und kohlehydratreiche Produkte wie Mehl und Kartoffeln werden in der DDR relativ mehr verzehrt. Aber bei Genußmitteln hat der Verbrauch etwa den Stand der Bundesrepublik von 1960 erreicht. (346, 347)

◆ Die Ausstattung der Haushalte mit einzelnen langlebigen industriellen Konsumgütern ist in der Bundesrepublik und in der DDR unterschiedlich. Während sie bei Fernseh- und Rundfunkgeräten gleich hoch ist, ist sie bei Personenkraftwagen in der Bundesrepublik weit höher. Bei einigen Gütern — zum Beispiel Mopeds und Fotoapparaten — ist eine höhere Ausstattung in der DDR festzustellen. (349—351)

◆ Während die Sparquote in der Bundesrepublik seit 1960 um mehr als ein Drittel gestiegen ist, hat sie sich in der DDR kaum verändert. Auch differieren Anlageform und Höhe des Vermögens: Mit mehr als 6500 DM je Einwohner übertrafen 1969 die privaten Geldvermögen in der Bundesrepublik die in der DDR um mehr als das Doppelte. (356—358)

◆ Der Unterschied im Lebensstandard der Bevölkerung der Bundesrepublik und der DDR verändert sich auch dann nicht zugunsten der DDR, wenn nicht quantifizierbare Faktoren in die Betrachtung einbezogen werden. Noch immer bestehen in der DDR deutliche Mängel in der Konsumgüterbereitstellung.

Die staatlichen Ausgaben für gemeinschaftlich genutzte Güter und Einrichtungen sind in der DDR je Einwohner etwas niedriger und in Prozent des Bruttosozialproduktes nur geringfügig höher als in der Bundesrepublik. Allerdings ist der Anteil der Staatsausgaben für Wissenschaft und Bildung in der DDR um wenigstens ein Viertel höher als in der Bundesrepublik. (344)

1. Verwendung des Sozialprodukts

287. Der Vergleich des Verbrauchs der privaten Haushalte (vgl. Tabellen A 85, A 86 und A 87) gibt einen ersten Hinweis auf den Lebensstandard in der Bundesrepublik und der DDR. Dabei ist der private Verbrauch in seiner Abhängigkeit vom gesamten Sozialprodukt (vgl. Kapitel III) zu sehen: Einerseits können — langfristig — nur Güter und Leistungen verbraucht werden, die von der Gesamtwirtschaft erbracht wurden; zum anderen beeinflussen Strukturänderungen in der privaten Nachfrage die Entwicklung der einzelnen Produktionssektoren und wirken so auf den Umfang und die Entwicklung der Wirtschaftsleistung ein.

Unterschiedliches Preisgefüge

Ein unmittelbarer Vergleich der Höhe des Sozialprodukts und der Struktur seiner Verwendung ist infolge des stark unterschiedlichen Preisgefüges und

Kapitel V

Schaubild 4

Die Entwicklung der Konsum- und Investitionsquoten in der Bundesrepublik und der DDR

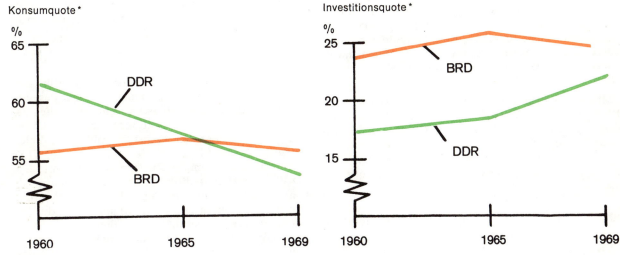

* Anteile am Bruttosozialprodukt.

-niveaus nicht möglich[1]. Verschiedene Berechnungen haben ergeben, daß Ende der 50er Jahre der tatsächliche Abstand zwischen Bundesrepublik und DDR sowohl im Niveau des privaten Verbrauchs als auch im Sozialprodukt je Einwohner auf 25 % bis 35 % zu beziffern ist[2].

Bruttsozialprodukt

288. Von 1960 bis 1969 hat sich das Bruttosozialprodukt (vgl. Tabellen A 85 und A 86) in beiden deutschen Staaten kräftig erhöht, in der Bundesrepublik um 52 % und in der DDR um 48 %. Da gleichzeitig die Bevölkerung in der Bundesrepublik um 10 % zunahm, in der DDR aber um 1 % zurückging, war das Wachstumstempo des Bruttosozialproduktes je Einwohner in der DDR mit + 50 % erheblich größer als in der Bundesrepublik. Dieser unterschiedliche Leistungszuwachs erklärt sich u. a.

daraus, daß der Anteil der Erwerbspersonen an der Gesamtbevölkerung (Erwerbsquote) im gleichen Zeitraum in der Bundesrepublik um 3,4 Punkte auf 44,4 % zurückging, während er sich in der DDR um 1,3 Punkte auf 50,9 % erhöhte.

Investitionsquote

289. Gleichzeitig hat sich in der DDR als Folge einer konsequenten Förderung der Investitionen die Struktur der Verwendung der erzeugten Güter verändert. So erhöhte sich der Anteil der Brutto-Anlageinvestitionen am Bruttosozialprodukt (Investitionsquote) vor allem in den Jahren nach dem Beginn der Wirtschaftsreformen (1964) kontinuierlich, erreichte jedoch mit 22,7 % im Jahre 1969 noch nicht die international hohe Quote der Bundesrepublik, die im letzten Jahrzehnt durchschnittlich bei 24,5 % lag.

Übersicht 33

Sozialprodukt und privater Verbrauch je Einwohner zu Preisen von 1967 in jeweiliger Währung

	1960	1963	1965	1967	1969
	BRD				
Bruttosozialprodukt	6 806	7 432	8 167	8 260	9 409
Privater Verbrauch	3 773	4 211	4 616	4 746	5 249
	DDR				
Bruttosozialprodukt	5 382	5 899	6 551	7 229	8 069
Privater Verbrauch	3 248	3 398	3 678	3 881	4 334

Kapitel V

Privater Verbrauch

290. Die forcierte Investitionstätigkeit der DDR führte zwangsläufig zu einer geringeren Konsumquote (Anteil des privaten Verbrauchs am Bruttosozialprodukt): Sie fiel von 62 % (1960) auf 54 % (1969) und damit unter die Konsumquote der Bundesrepublik, die sich im gleichen Zeitraum nicht nachhaltig änderte, sondern konjunkturell um einen Wert von 56 % schwankte.

Während der private Verbrauch (zu Preisen von 1967) in seinem Wachstum in der Bundesrepublik dem gesamtwirtschaftlichen Zuwachs (absolut: + 53 %, je Kopf + 39 %) entsprach, erhöhte er sich in der DDR absolut und je Einwohner im Vergleich zum Sozialprodukt nur unterdurchschnittlich um rd. 30 %.

291. Das insgesamt geringere Wachstum der Gesamtwirtschaft und des privaten Verbrauchs der DDR im letzten Jahrzehnt beruht hauptsächlich auf der Wachstumskrise der Wirtschaft der DDR zu Beginn der 60er Jahre.

Nach ihrer Überwindung erhöhte sich der Pro-Kopf-Verbrauch in beiden Staaten im gleichen Ausmaß: Er stieg gegenüber 1963 in der Bundesrepublik um 25 % und in der DDR um 28 % (zu Preisen des Jahres 1967; vgl. Tabelle A 87).

2. Einkommen

292. Anders als in der Bundesrepublik, die eine direkte Einkommenspolitik des Staates nicht kennt, ist in der DDR die Bildung der Einkommen und deren Verwendung weitgehend staatlicher Planung und Gestaltung unterworfen. Die Entwicklung des „Kauffonds" der Bevölkerung wird durch eine Einkommenspolitik geprägt, die nicht nur die geplanten und durch die Produktion realisierten „Warenfonds" zu berücksichtigen hat, sondern die zusätzlich Funktionen mit dem Ziel der Änderung der Gesellschaftsstruktur wahrnimmt (vgl. Tabellen A 88 und A 89).

a) Lohnpolitik und Tarifvertragssystem

293. Die Gewerkschaften sind in der Bundesrepublik und der DDR an der Gestaltung des Tarifvertragssystems beteiligt. Ihre aktive Mitwirkung in der Lohnpolitik unterscheidet sich jedoch erheblich, vor allem wegen der unterschiedlichen Dominanz des Staates.

Tarifautonomie in der Bundesrepublik

In der Bundesrepublik überläßt die im Grundgesetz verankerte Tarifautonomie die Einkommensfindung den Tarifpartnern. Ihr Interesse an autonomer Lohnfindung begrenzt die Wirksamkeit indirekten staatlichen Einflusses, z. B. in der „Konzertierten Aktion". Die Tarifautonomie gestattet in der Bundesrepublik den unbeeinflußten und nach Wirtschaftsbereichen und -zweigen sowie Regionen und Einzelunternehmen differenzierten Abschluß von Tarifverträgen. Dabei können die Arbeitnehmer ihre Einkommensforderungen nötigenfalls mit Hilfe von Streiks durchzusetzen versuchen. In der DDR ist dies nicht möglich.

Lohnpolitik in der DDR

In der DDR ist es Aufgabe der Lohnpolitik, den „Lohnfonds", der in den Plänen für die gesamte Volkswirtschaft, die Wirtschaftsbereiche, die Betriebe und sonstigen Institutionen festgelegt ist, so einzusetzen, daß er den wachstumspolitischen Zielen entspricht. „Die SED und die Regierung der DDR verwirklichen in enger Zusammenarbeit mit dem FDGB eine Lohnpolitik, die dem ökonomischen Gesetz der Verteilung nach der Arbeitsleistung und den Interessen der Werktätigen entspricht. Die Lohnpolitik zielt darauf ab: 1. den untrennbaren Zusammenhang von Plan, produktiver Leistung und Lohnentwicklung zu verwirklichen. Eine Erhöhung der Löhne ist planmäßig und nur in dem Umfang möglich, wie dafür entsprechende Voraussetzungen durch die Steigerung der Arbeitsproduktivität und Senkung der Selbstkosten geschaffen werden; 2. das sozialistische Bewußtsein zu entwickeln und die Qualifikation der Werktätigen zu erhöhen; 3. die konkreten Aufgaben, die in den Perspektiv- und Jahresvolkswirtschaftsplänen festgelegt werden, zu erfüllen [3]."

In der DDR zeigt sich der Einfluß des Staates auf die Lohnpolitik auch darin, daß grundsätzliche Fragen der Entwicklung und Gestaltung des Lohn- und Tarifvertragssystems vom Ministerrat der DDR in Übereinstimmung mit dem FDGB beschlossen werden. Auf dieser Grundlage regeln die wirtschaftsleitenden Organe in Übereinstimmung mit den zuständigen Gewerkschaftsorganen in Rahmenkollektivverträgen die Gestaltung der Tariflöhne ihres Verantwortungsbereiches. Die Lohntarife in den privaten Betrieben werden — unter Beachtung der Tariflöhne im volkseigenen Sektor — durch Verträge zwischen der Gewerkschaft und der Industrie- und Handelskammer festgelegt und treten nach staatlicher Bestätigung in Kraft.

Lohngestaltung

294. In beiden deutschen Staaten ist neben der Lohnpolitik auch die Lohngestaltung unterschiedlich. Das Verhältnis der Tariflöhne zu den Effektivlöhnen weicht voneinander ab. In der Bundesrepublik sind Tariflöhne nur als Mindestlöhne verbindlich. Die Lohndrift (Differenz zwischen Effektiv- und Tariflöhnen) wird hier — abhängig von der jeweiligen konjunkturellen Situation — durch übertarifliche Zuschläge erzeugt bzw. beeinflußt. In der DDR gelten dagegen für die Abweichung des tatsächlich gezahlten Lohnes vom eigentlichen Tariflohn andere Maßstäbe. Sie liegen in der Abhängigkeit des Lohnes vom Grad der Planerfüllung, sind in ihrem Ausmaß jedoch weitgehend durch entsprechende normative Kennziffern in den Betriebskollektivverträgen und Betriebsvereinbarungen fixiert, die zwischen den Gewerkschaftsorganen und den Betriebsleitungen abgeschlossen werden. So ist das Lohnsystem in der DDR — nach zahlreichen Veränderungen in den letzten Jahren — heute durch die überwiegende Anwendung des Leistungslohns gekennzeichnet. Er besteht zu 50 % bis 70 % des Effektivverdienstes aus dem eigentlichen Tariflohn und wird durch einen leistungsgebundenen Lohnteil (Mehrleistungslohn bzw. Mehrlohnprämie) ergänzt, der von der Erfüllung gewisser Kennziffern abhängt [4]. Hinzu treten Zuschläge bei Abweichungen von den normalen beruflichen Arbeitsbedingungen [5].

Tarifvertragssystem

295. Die Tarifvertragssysteme beider Staaten ähneln sich in ihren äußeren Merkmalen. Sie bestehen aus Tariftabellen, die nach Beschäftigungsgruppen und Wirtschaftszweigen gegliedert sind und unterschiedlich hohe Tarifsätze entsprechend dem Tätigkeitsmerkmal enthalten. Sie berücksichtigen somit generell die jeweilige Qualifikation des Arbeitnehmers.

In der DDR haben die Lohn- und Gehaltstarife jedoch daneben noch eine weitere Aufgabe. Das Tarifvertragssystem differenziert „gegenwärtig noch den Arbeitslohn nach der Stellung und Bedeutung der Wirtschaftszweige und Betriebe im gesellschaftlichen Reproduktionsprozeß. Durch ökonomisch begründete Tariflohnrelationen zwischen den Wirtschaftszweigen bzw. Betrieben wird über den Arbeitslohn in gewissem Umfange die Lenkung der Arbeitskräfte in die führenden Zweige und Betriebe unterstützt. Die Differenzierung des Tariflohns nach volkswirtschaftlichen Kriterien erfolgte, um der besonderen Bedeutung bestimmter Bereiche der Volkswirtschaft für die Durchsetzung des wissenschaftlich-technischen Fortschritts gerecht zu werden, entsprechend den gesellschaftlichen Interessen an der raschen und ständigen Erhöhung des Nutzeffektes der gesellschaftlichen Arbeit [6]."

Die Tarifgruppendifferenzierung nach Wirtschaftszweigen ist nach den verfügbaren Unterlagen in der Bundesrepublik schwächer als in der DDR ausgeprägt. In der Bundesrepublik tritt mit steigender Qualifikation — vor allem in den Angestelltenberufen — anstelle fixierter Tarifgruppen die freie Vereinbarung der Vergütung, die bei höheren Leistungen zu stark steigenden Differenzierungen führt. Auch läßt sich für die Bundesrepublik feststellen, daß sich mit zunehmender Automatisierung des Produktionsprozesses die branchenspezifischen Qualifikationsanforderungen angleichen. Sie fördern damit die Arbeitsmobilität sowie die Nivellierung der intrasektoralen Lohndifferenzen.

Prämien

296. Neben den Tarif- und Mehrleistungslöhnen, deren untere Grenze bei einem Mindestbruttolohn von monatlich 300 M (seit dem 1. Juli 1967) liegt, besteht in der DDR ein System von Prämien, die nicht aus dem Lohnfonds, sondern dem betrieblichen Prämienfonds gezahlt und dem Arbeitseinkommen zugerechnet werden. Mit den Mitteln dieses Fonds — etwa 4 % der Jahreslohnsumme in den produzierenden Bereichen — wurden ursprünglich u. a. Leistungen prämiiert, die über das normale Maß hinausgingen. Seit 1965/66 wird generell in den Betrieben, wenn Produktions- und Gewinnplan sowie andere qualitative Kennziffern erfüllt sind, eine Jahresendprämie gewährt, auf die jeder Arbeitnehmer Anspruch hat, der dem jeweiligen Betrieb mindestens ein Jahr angehört.

Der Jahresendprämie in der DDR, die mindestens ein Drittel und höchstens das Zweifache eines Monatsverdienstes beträgt [7], stehen in der Bundesrepublik Weihnachtsgratifikationen und andere Zuwendungen etwa gleicher Höhe gegenüber, die von den meisten Betrieben gezahlt werden. In der DDR ist die Weihnachtsgratifikation von untergeordneter Bedeutung; sie beträgt 35 M für Verheiratete, 25 M für Ledige und 10 M für Lehrlinge und wird nur an Arbeitnehmer mit einem Monatseinkommen unter 500 M gezahlt.

b) Persönliche Einkommen

297. Die Aufgliederung der gesamten Einkommen der Bevölkerung nach sozioökonomischen Gruppen muß mangels ausreichender Daten auf einen Querschnitt der persönlichen Einkommensverteilung des Jahres 1965 beschränkt bleiben [8]. Dennoch läßt er bereits die starken Unterschiede in beiden Gebieten erkennen. Zwar spielen zusätzliche Einkünfte sowohl in der Bundesrepublik als auch in der DDR eine Rolle. Auch sind Struktur und Anteil der gesetzlichen Abzüge ähnlich. Das in der jeweiligen Währung ausgewiesene nominale Nettoeinkommen ist jedoch für die dargestellten Gruppen außerordentlich unterschiedlich.

Durchschnittseinkommen

298. Erst nach Umwandlung der Gesamteinkommen in monatliche Durchschnittseinkommen (unter Berücksichtigung der jeweiligen Zahl der Einkommensbezieher) wird jedoch das unterschiedliche Einkommensniveau voll sichtbar: Die durchschnittlichen nominalen monatlichen Nettoeinkommen in der DDR waren 1965 mit 521 M rd. 30 % niedriger als in der Bundesrepublik. Noch größer als diese Differenz ist der Unterschied zwischen den durchschnittlichen Rentnereinkommen in der Bundesrepublik und der DDR: Der Rentner in der DDR erreichte lediglich 35 % der reinen Rentnereinkommen in der Bundesrepublik. Bezogen auf den gesamten Durchschnitt lagen demgegenüber die für Arbeitnehmer und Selbständige ermittelten Einkommen bei 78 % bzw. 63 % der Werte der Bundesrepublik. Allerdings ist hierbei zu berücksichtigen, daß der Status der Genossenschaftsmitglieder in der DDR — sie überwiegen in der ausgewiesenen Gruppe der Selbständigen für die DDR — nicht voll der Stellung der Selbständigen in der Bundesrepublik entspricht, da er auch Merkmale eines Arbeitnehmers trägt. Immerhin ist bemerkenswert, daß die Selbständigen und Genossenschaftsmitglieder in der DDR 1965 das Doppelte eines durchschnittlichen Arbeitnehmereinkommens erreichten.

Kapitel V

Übersicht 34

Die monatlichen Durchschnittseinkommen je Einkommensbezieher nach sozioökonomischen Gruppen 1965 (in DM bzw. M)

	Bruttoeinkommen				Abzüge			Nettoeinkommen
	Arbeitseinkommen	Sozialeinkommen [1]	sonstige Einkommen	zusammen	Steuern	Sozialversicherungsbeiträge	zusammen	
BRD								
Arbeitnehmer [2]	777[3]	57	18	852	70	72	142	710
Selbständige	1 810	51	206	2 067	398	8	406	1 661
Rentner	—	456	18	474	—	—	—	474
Insgesamt	677	157	35	869	83	48	131	738
DDR								
Arbeitnehmer [2]	570[3]	44	15	629	39	39	78	551
Selbständige und Genossenschaftsmitglieder	833	81	276	1 190	100	50	150	1 040
Rentner	—	164	—	164	—	—	—	164
Insgesamt	470	76	44	590	38	31	69	521

[1] Renten, Krankengeld und Hausgeld, Wochengeld, Sterbegeld, Kindergeld, Geburtenbeihilfen, Ehegattenzuschläge, Sozialfürsorgeunterstützungen, sonstige Barleistungen der Sozialversicherung.
[2] Einschließlich Lehrlinge und beschäftigte Rentner.
[3] Einschließlich der von den Betrieben an kranke Arbeitnehmer gezahlten Beträge.

Quellen: BRD: Berechnungen des DIW zur Einkommenschichtung der privaten Haushalte.
DDR: Wochenbericht 20/1970 und Sonderheft Nr. 81 des DIW, Soziale Sicherung in der DDR von Peter Mitzscherling sowie unveröffentlichte Manuskripte von P. Mitzscherling, berechnet nach: Heinrich Birner, Zur Entwicklung des materiellen Lebensniveaus der Bevölkerung der DDR im Jahre 1965, in: Statistische Praxis, 1966, Nr. 8, S. 336 ff.; Alfred Keck, Die Bilanz der Geldeinnahmen und -ausgaben der Bevölkerung der DDR, Berlin 1968; Elvir Ebert, Reale Umsatz- und Warenfondsplanung für 1969, in: Der Handel, 1968, Nr. 6, S. 240 ff.; Statistisches Jahrbuch der DDR, Erfüllungsberichte, z. T. geschätzt.

Arbeitnehmereinkommen

299. Ein Vergleich der Entwicklung der nominalen Arbeitnehmereinkommen zeigt, daß sich der Abstand zwischen Bundesrepublik und DDR im letzten Jahrzehnt dauernd vergrößert hat (vgl. zur Berechnung die Methodischen Hinweise im Anhang). Je beschäftigten Arbeitnehmer (einschließlich Lehrlinge) waren die durchschnittlichen Individualeinkommen im Jahr 1960 in der DDR (monatlich 498 DM) nur geringfügig niedriger als in der Bundesrepublik (510 DM). Doch schon 1965 lag das durchschnittliche Bruttoarbeitnehmereinkommen in der DDR um 30 % niedriger, 1969 bereits um 35 % (durchschnittliches Einkommen in der Bundesrepublik 1007 DM, in der DDR 650 M). Allerdings sind die Abzüge von Steuern und Sozialversicherungsbeiträgen schon 1960 in der DDR (13,5 % der Bruttoeinkommen) geringer als in der Bundesrepublik (15,7 %) gewesen. Bei progressiv ansteigenden Abzügen in der Bundesrepublik (1969 = 20,8 %) und konstant bleibendem Anteil in der DDR hat sich der Brutto-Netto-Effekt im gesamten Zeitabschnitt zugunsten der verfügbaren Nettoeinkommen der Arbeitnehmer in der DDR verändert.

Kapitel V

Schaubild 5

Entwicklung des monatlichen Arbeitnehmereinkommens in der Bundesrepublik und der DDR in DM bzw. Mark

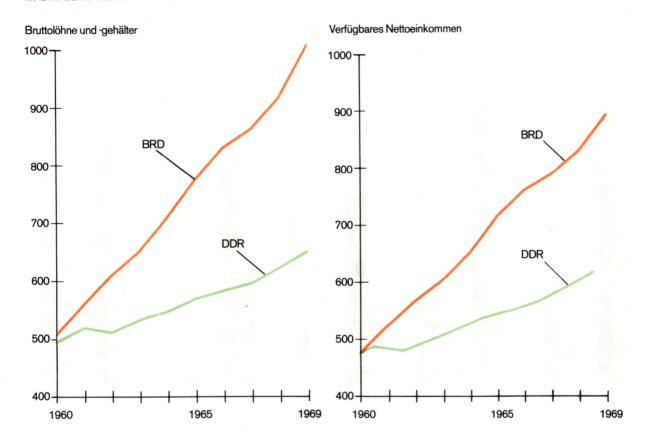

Sonstige Einkünfte

300. Die sonstigen Einkünfte der Arbeiter und Angestellten haben in beiden Staaten in allen beobachteten Jahren einen bemerkenswert konstanten Anteil am gesamten Nettoeinkommen gehabt: Mit steigender Tendenz machten sie rund ein Zehntel der verfügbaren Geldmittel aus. Ebenso auffällig ist, daß in allen Jahren mindestens zwei Drittel der sonstigen Einkünfte in beiden Staaten auf öffentliche Einkommensübertragungen an private Haushalte (Renten, Krankengeld u. ä.) entfielen. Hierzu ist allerdings anzumerken, daß die neben den Sozialeinkommen erzielten übrigen Einkünfte in der Bundesrepublik fast ausschließlich Vermögenserträge darstellen, in der DDR aber auch Einkünfte (wie Stipendien, Einkommen aus Versicherung und Lotterien, Zuwendungen des FDGB) enthalten, die in die Einkommensrechnung der Bundesrepublik nicht einbezogen sind.

301. Per Saldo haben Abzüge wie zusätzliche Einkünfte das durchschnittliche Gesamtnettoeinkommen der Arbeitnehmer in der DDR im Vergleich zur Bruttorechnung günstig beeinflußt: 1960 waren die gesamten Nettoeinkommen in der DDR sogar geringfügig höher als in der Bundesrepublik. 1969 erreichten sie dagegen nur 71 % der in der Bundesrepublik verfügbaren durchschnittlichen Nettoeinkommen der Arbeitnehmer. Von 1960 bis 1969 haben sich die nominalen durchschnittlichen Arbeitnehmereinkommen in der Bundesrepublik brutto nahezu verdoppelt, netto um neun Zehntel zugenommen. Demgegenüber sind Brutto- wie Nettoeinkommen in der DDR nur um weniger als ein Drittel (31 % bzw. 30 %) gestiegen.

Einkommen nach Wirtschaftsbereichen

302. Die Entwicklung der Arbeitnehmereinkommen nach Wirtschaftsbereichen zeigt, daß die branchenspezifischen durchschnittlichen Bruttoeinkommen der Arbeiter und Angestellten im Jahre 1960 in der Bundesrepublik und der DDR dicht beieinander gelegen haben (zur Berechnung vgl. die Methodischen Hinweise im Anhang): In der Industrie, im Verkehr und im Handel waren die Einkommen in der Bundesrepublik geringfügig höher als in der DDR, im Baugewerbe und in der Land- und Forstwirtschaft dagegen niedriger. Allerdings sind gerade die beiden letztgenannten Bereiche beeinflußt durch witterungsabhängige Einkommensschwankungen und einen von der betriebsüblichen Arbeitszeit abweichenden individuellen Arbeitseinsatz, so daß die Differenz

Kapitel V
Schaubild 6

Vergleich der durchschnittlichen Bruttomonatseinkommen der Arbeiter und Angestellten in der Bundesrepublik und in der DDR in ausgewählten Wirtschaftsbereichen 1960 und 1969 in DM bzw. Mark

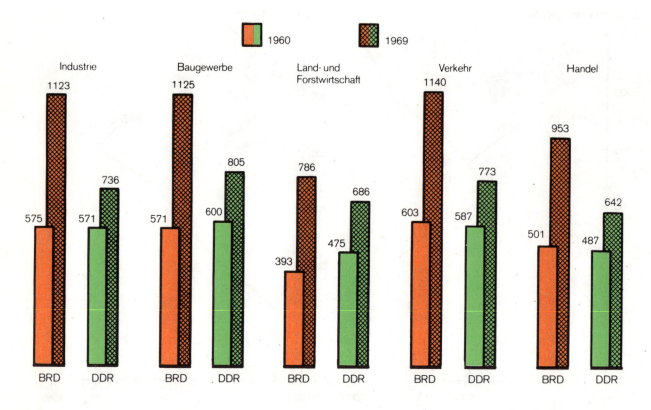

Übersicht 35

Entwicklung der durchschnittlichen Bruttomonatseinkommen der Arbeiter und Angestellten [1] in der Bundesrepublik und der DDR in ausgewählten Wirtschaftsbereichen (1960 = 100)

	Industrie		Baugewerbe		Land- und Forstwirtschaft		Verkehr [2]		Handel	
	BRD	DDR	BRD	DDR	BRD	DDR	BRD	DDR	BRD	DDR
1960	100	100	100	100	100	100	100	100	100	100
1963	129	107	127	107	136	107	124	107	130	104
1964	138	111	148	109	146	112	132	111	138	106
1965	152	115	161	114	163	121	146	114	150	110
1966	163	117	172	117	172	127	154	117	159	112
1967	166	119	170	121	176	132	162	121	167	118
1968	177	124	179	128	183	143	169	126	175	124
1969	195	129	197	134	200	144	189	132	190	132

[1] Für die BRD einschließlich Beamte.
[2] BRD einschließlich, DDR ohne Post.

Quellen: BRD: Arbeiter in Industrie und Baugewerbe: Statistisches Bundesamt, Arbeiter- und Angestelltenverdienste in Industrie und Handel, Fachserie M, Reihe 15. Für alle Angestellten und Arbeiter in den übrigen Bereichen: Berechnungen des DIW, Berlin.
DDR: Vollbeschäftigte der sozialistischen Wirtschaft.

in diesen Bereichen mit dem das tatsächliche Einkommen überhöhenden Ausweis der DDR-Daten (nach Vollbeschäftigten) zu erklären sein dürfte. Die Einkommensunterschiede zwischen den verschiedenen Wirtschaftsbereichen sind in der Bundesrepublik und DDR ähnlich. Eindeutig sind im Handel und der Land- und Forstwirtschaft die durchschnittlichen Verdienste erheblich niedriger als in den produzierenden Bereichen. Dagegen ist die scheinbar relativ schlechtere Einkommensposition der im Baugewerbe beschäftigten Arbeitnehmer in der Bundesrepublik zweifellos darauf zurückzuführen, daß in diesen Arbeitseinkommen hier die Schlechtwettergeldzahlungen an Bauarbeiter, die als öffentliche Einkommensübertragung gelten, nicht enthalten sind. Eine Zurechnung dieser Zahlungen beeinflußt die ausgewiesenen Differenzen deutlich [9].

Trotz des sehr unterschiedlichen Wachstumstempos der Einkommen in der Bundesrepublik und der DDR ist zwischen den nominalen Verdiensten in den ausgewiesenen Wirtschaftsbereichen in den Jahren 1960 bis 1969 ein bemerkenswerter Gleichlauf der Einkommensentwicklung in beiden Staaten festzustellen. Lediglich die relativ niedrigen Einkommen in der Land- und Forstwirtschaft haben leicht überdurchschnittlich expandiert.

Übersicht 36

Vergleich der durchschnittlichen Bruttomonatseinkommen nach Industriebereichen in der Bundesrepublik und der DDR im Jahr 1969 (in DM bzw. M)

	Arbeiter und Angestellte		Arbeiter	
	BRD	DDR	BRD	DDR
Energie- und Brennstoffindustrie	1 133	810	1 066	795
Chemische Industrie	1 129	763	1 031	734
Metallurgie	1 162	836	1 138	819
Baumaterialienindustrie	1 127	746	1 103	753
Maschinen- und Fahrzeugbau	1 135	765	1 091	754
Elektrotechnik/Elektronik/Gerätebau	984	740	898	690
Leichtindustrie	934	646	890	633
Textilindustrie	871	594	815	577
Lebensmittelindustrie	994	677	927	671
Zusammen	1 055	734	997	713
Alle Bereiche = 100				
Energie- und Brennstoffindustrie	107	110	107	112
Chemische Industrie	107	104	103	103
Metallurgie	110	114	114	115
Baumaterialienindustrie	107	102	111	106
Maschinen- und Fahrzeugbau	108	104	109	106
Elektrotechnik/Elektronik/Gerätebau	93	101	90	97
Leichtindustrie	86	88	89	89
Textilindustrie	83	81	82	81
Lebensmittelindustrie	94	92	93	94
Zusammen	100	100	100	100

Quellen: BRD: Statistisches Bundesamt, Arbeiter- und Angestelltenverdienste in Industrie und Handel, Fachserie M, Reihe 15, auf die Bereichsgliederung der DDR umgerechnet.
DDR: Statistisches Jahrbuch der DDR, 1970.

Kapitel V

Trotz der unterschiedlichen Lohnfindung, die in der Bundesrepublik weitgehend den Markteinflüssen, in der DDR aber staatlicher Planung unterliegt, ist die Lohnentwicklung in den einzelnen Bereichen nahezu parallel verlaufen.

Vergleich einzelner Industriebereiche

303. Einen weiteren Einblick in die Einkommensdifferenzierung gewährt ein Vergleich der Durchschnittseinkommen in einzelnen Industriebereichen. Dieser Vergleich ist für 1969 — wiederum für Vollbeschäftigte — nach der industriellen Bereichssystematik der DDR erstellt worden.

Bei den von den Planungsinstanzen der DDR ausgesprochenen Grundsätzen einer auf Förderung bestimmter Zweige ausgerichteten Lohnpolitik wäre zu vermuten, daß die Einkommensdifferenzierung von Bereich zu Bereich in der DDR eine im Vergleich zur Bundesrepublik unterschiedliche Lohnstruktur sichtbar werden läßt.

Wird der jeweilige Durchschnitt aller Bereichseinkommen als Meßbasis zugrunde gelegt, so ist jedoch festzuhalten, daß Ähnlichkeiten in der Branchendifferenzierung eindeutig überwiegen. Dies trifft schon für eine nach der Einkommensgröße geordnete Rangfolge zu, die in beiden Gebieten kaum voneinander abweicht: Metallurgie und Energie sowie Brennstoffindustrie liegen an der Spitze, Leichtindustrie und Textilindustrie bilden den Schluß. Die Übereinstimmung wird nur wenig abgeschwächt, wenn auch die Spannweite der Differenzierung miteinbezogen wird: Die Abweichungen vom Durchschnitt belaufen sich in beiden Fällen auf knapp 20 % nach unten und übersteigen das Mittel bestenfalls um gut ein Zehntel.

304. Über die Durchschnittseinkommen in anderen Wirtschaftsbereichen sind Angaben für die DDR nicht verfügbar; dies gilt sowohl für die Verdienste im privaten und halbstaatlichen Bereich als auch für die öffentlichen Dienstleistungen. Es ist jedoch bekannt, daß — anders als in früheren Jahren — in den privaten Betrieben und solchen, an denen der Staat als Gesellschafter beteiligt ist, sowie in den Genossenschaften etwas höhere Durchschnittseinkünfte erzielt werden. So wurde die Abwerbung von Arbeitskräften aus den volkseigenen Betrieben von der Wirtschaftsführung der DDR noch im Dezember 1969 scharf kritisiert. Demgegenüber dürften die im öffentlichen Dienst gezahlten Vergütungen in der DDR noch immer unter den Verdiensten in den produzierenden Bereichen, doch z. T. auch erheblich unter den vergleichbaren Gehältern in der Bundesrepublik liegen [10].

c) Die Belastung der Einkommen mit gesetzlichen Abgaben

305. Steuersystem und Sozialversicherung basieren in beiden Staaten auf schon im Vorkriegsdeutschland praktizierten Rechtsstrukturen. In der Nachkriegszeit haben Reformen in unterschiedlicher Weise die Rechtsgrundlagen zur Einkommensbesteuerung und zur Bemessung der Arbeitnehmerbeiträge zur Sozialversicherung verändert. In der Bundesrepublik ist die anfänglich sehr hohe Progression der Einkommensteuertarife öfters gemildert worden; dagegen sind Beitragssätze wie Beitragsbemessungsgrenzen der Sozialversicherung mehrfach angehoben worden. In der DDR ist der Einkommensteuertarif dagegen seit 1953 unverändert geblieben, auch im Beitragsrecht der Sozialversicherung gelten die alten Sätze noch immer.

Lohnsteuer

306. Der Lohnsteuertarif zeigt dennoch bemerkenswerte Unterschiede. Danach ist die Steuerquote in fast allen Steuerklassen in der Bundesrepublik niedriger als in der DDR. Erst bei höheren Einkommen (ab 2000 DM) führt die Progression des Steuertarifs in der Bundesrepublik zu einer stärkeren Steuerbelastung. Ein weiterer Unterschied besteht darin, daß die Steuerminderung bei größerer Kinderzahl in der Bundesrepublik einen größeren Umfang erreicht. Schließlich kommt hinzu, daß in der DDR schon bei relativ niedrigem Einkommen (700 M monatlich bei einem Grenzsteuersatz von 34 %) die Progression abbricht und allmählich in eine proportionale Besteuerung in Höhe von 20 % einmündet, die bei 1260 M (für Ledige) erreicht wird (vgl. Tabelle A 95).

Schaubild 7

Vergleich der durchschnittlichen Bruttomonatseinkommen der Arbeiter und Angestellten nach Industriebereichen in der Bundesrepublik und in der DDR — nach Bereichsgliederung der DDR — 1969

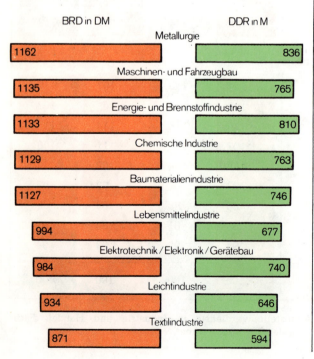

307. Allerdings widerspricht die effektive Einkommensteuerlast in beiden Staaten der in den Tabellen A 96 bis A 98 dargestellten Tarifstruktur ganz erheblich. Zunächst sei vorangeschickt, daß sowohl in der Bundesrepublik als auch in der DDR durch Geltendmachung von Werbungskosten und Sonderausgaben das steuerpflichtige Einkommen nicht unbeträchtlich gekürzt wird. Insbesondere ist der Katalog der Sonderausgaben in der Bundesrepublik sehr reichhaltig ausgestattet. In der DDR gelten jedoch zahlreiche steuerliche Kürzungsvorschriften in Fällen, in denen in der Bundesrepublik eine Regelbesteuerung vorgenommen wird. Dies gilt insbesondere für Mehrarbeitszuschläge und bestimmte Prämienzuwendungen, beschränkt auch für Sonntags- und Feiertagsentgelte. Auch der auf Planübererfüllung entfallende Lohn wird begünstigt (mit 5 %) besteuert. Insgesamt betrachtet — detailliertere Informationen fehlen — ist ein nicht unbeträchtlicher Teil des Arbeitseinkommens in der DDR entweder steuerbefreit oder -begünstigt. Hinzu kommt, daß in der Bundesrepublik grundsätzlich, wenn beide Eltern berufstätig sind, nur ein Elternteil Kinderfreibeträge in Anspruch nehmen kann, während in der DDR beiden Elternteilen, sofern erwerbstätig, Kinderfreibeträge zustehen [11].

Steigende Steuerbelastung

308. Mit expandierendem Einkommen ist die Quote der Lohnbesteuerung in der Bundesrepublik von 1960 bis 1964 kontinuierlich von 6,3 % auf 8,5 % angestiegen. Durch die Steuerreform von 1965, die eine Steuerermäßigung um rd. 10 % nach sich zog, wurde der Anstieg der Lastquote vorübergehend gestoppt. In den folgenden Jahren bis 1969 hat sich die Quote jedoch weiter auf 10,3 % erhöht. Bei schwächerer Einkommensexpansion in der DDR ist die Lohnsteuerquote in gleicher Richtung, jedoch nur von 6,0 % auf 7,1 %, gestiegen.

Ein Blick auf die direkte Steuerbelastung der gesamten Bruttoeinkommen, in der also auch die höher belasteten Einkommen der Selbständigen wie die in der Regel steuerfreien Einkommen der Rentner (Ausnahme Beamtenruhegeld) miteinbezogen sind, bestätigt in dem hier aufgestellten Vergleich der Jahre 1960, 1964 und 1967 die oben bereits genannte Tendenz: in der Bundesrepublik eine Erhöhung der Steuerbelastung von 8,1 % auf 9,8 %; in der DDR eine Zunahme der Belastungsquote von 6,2 % auf 7,0 %.

Sozialversicherung

309. Führt bei unverändertem Steuertarif die Progression des Tarifs mit expandierendem Einkommen stets zu ansteigender Belastung, so ist eine entsprechende Relation für die Belastung durch Beiträge zur Sozialversicherung nicht festzustellen. Sowohl in der Bundesrepublik als auch in der DDR sind im Sozialversicherungsrecht proportionale Beitragsquoten festgesetzt, die in der Regel durch Beitragsbemessungsgrenzen fixiert sind. Höhere Einkommen überschreiten diese Grenze, so daß sich die Gesamtbelastung mit steigendem Einkommen degressiv gestaltet. Für die Bundesrepublik kommt hinzu, daß Beitragssätze und -bemessungsgrenzen nach unterschiedlichen Leistungsträgern der Sozialversicherung (Renten-, Kranken- und Arbeitslosenversicherung) differenziert sind. Ein weiterer Unterschied ergibt sich durch den Beamten-Status in der Bundesrepublik, der für einen Teil der im öffentlichen Dienst beschäftigten Personen gilt: Sie sind von der Beitragspflicht in der Sozialversicherung befreit. In der DDR gibt es eine ähnliche Regelung nicht.

Da in der Bundesrepublik seit 1960 sowohl Sätze wie Bemessungsgrenzen einzelner Versicherungsträger mehrfach verändert (mit Ausnahme der Beiträge zur Arbeitslosenversicherung zumeist angehoben) worden sind, ergibt der Verlauf der effektiven Belastungsquote in den 60er Jahren kein einheitliches Bild. Bei geringfügigen Schwankungen von Jahr zu Jahr änderte sich die Quote bis 1965 kaum, zeigt seitdem aber stetig steigende Tendenz (1969 ohne Beamte 11,9 %). Ein fast umgekehrtes Bild zeigt sich für die DDR: Bei einem unveränderten Beitragssatz von 10 % von höchstens 600 M (Beitragsbemessungsgrenze) hat sich die Belastung allmählich verringert: Sie fiel in den Jahren 1960 bis 1969 von 7,5 % auf 6,3 % der gesamten Arbeitnehmereinkommen.

310. Aus der bis hierher getrennten Darstellung der Einkommensabzüge ist abzuleiten, daß auch die Gesamtbelastung durch Lohnsteuer und Sozialversicherungsbeiträge in der Bundesrepublik die in der DDR abgezogenen Beträge weit übersteigt. Abgesehen vom Steuerreform-Jahr 1965 hat sich die Quote der Gesamtbelastung von 1960 (einschließlich Beamte 15,7 %) bis 1969 (20,8 %) nicht unbeträchtlich erhöht. In der DDR blieb die Quote dagegen in allen beobachteten Jahren nahezu konstant bei 13,5 % (vgl. Kapitel VI).

d) Einkommen der privaten Haushalte

311. Mehr noch als die nach individuellen Einkommensbeziehern gegliederten persönlichen Einkommen sind die Haushaltseinkommen geeignet, Wohlstand und Kaufkraft der Bevölkerung zu beleuchten. Verwendung der Einkommen wie Konsumneigung sind weitgehend von den in den Haushalten getroffenen Entscheidungen abhängig. Miterwerb oder Einkommensbezug weiterer Familienmitglieder neben dem Haushaltsvorstand verändern das Einkommensbild gegenüber der personellen Verteilung erheblich (vgl. Tabellen A 88 und A 89).

Durchschnittliche Haushaltseinkommen

312. In der Entwicklung der durchschnittlichen monatlichen Haushaltseinkommen von 1960 bis 1967 zeigt sich, daß sie die persönlichen Bezüge sowohl in der Bundesrepublik als auch in der DDR in allen Jahren um rund die Hälfte übertroffen haben. Zurückzuführen ist dies auf den Miterwerb weiterer Einkommensbezieher in den Mehrpersonenhaushalten. Der Abstand wäre also noch größer, wenn man die Einzelhaushalte von den Mehrpersonenhaushalten trennen würde.

Kapitel V
Schaubild 8

Die Entwicklung des durchschnittlichen Monatshaushaltseinkommens in der Bundesrepublik und in der DDR in ausgewählten Jahren
(in DM bzw. Mark)

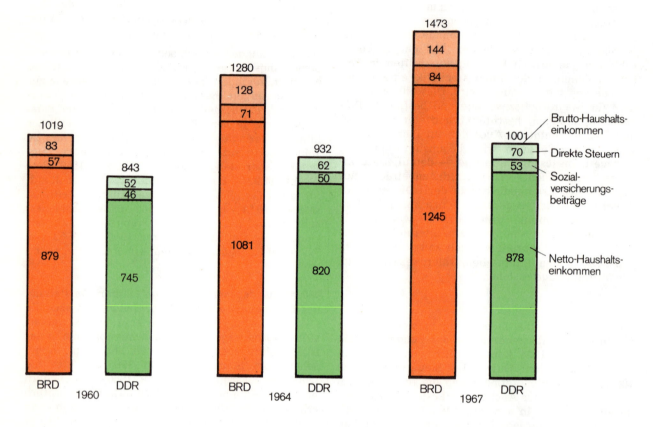

313. Gegenüber dem lediglich statischen Vergleich für 1965 weisen die für die Entwicklung zwischen 1960 bis 1967 ausgewiesenen Daten eindeutig darauf hin, daß sich der Abstand zwischen den nominalen Einkommen in der Bundesrepublik und der DDR erheblich vergrößert hat. Dies trifft sowohl für die Brutto- als auch für die verfügbaren Nettoeinkommen zu. Charakteristisch für alle Jahre ist allerdings, daß die Abzüge in der Bundesrepublik, insbesondere die direkten Steuern, höher sind. Damit wird die Nettorelation der Nominaleinkommen in der DDR etwas günstiger: Dennoch erreichen die Nettohaushaltseinkommen in der DDR 1967 nur 71 % derjenigen der Bundesrepublik (1960 : 85 %).

Nettoeinkommen in Arbeitnehmerhaushalten

314. Ein Vergleich der durchschnittlichen Nettoeinkommen in Arbeitnehmerhaushalten bestätigt im großen und ganzen die bereits im persönlichen Einkommensbereich ausgewiesene Tendenz hinsichtlich des unterschiedlichen Expansionstempos im beobachteten Zeitabschnitt. Bemerkenswert ist allerdings, daß die durchschnittlichen Haushaltseinkommen in der Bundesrepublik bereits 1960 (monatlich 852 DM) deutlich über dem entsprechenden Einkommensniveau in der DDR (monatlich 758 M) lagen. 1967 war die Differenz schon auf 1307 DM zu 899 M angestiegen (vgl. Tabelle A 100).

1969 haben die durchschnittlichen Nettohaushaltseinkommen in der Bundesrepublik bei 1450 DM und in der DDR bei 960 M monatlich gelegen. Die Durchschnittseinkommen in Arbeitnehmerhaushalten erreichten nach dieser Berechnung im gleichen Jahr in der Bundesrepublik rd. 1520 DM monatlich, in der DDR rd. 970 M. Der Abstand hat sich (nominal) somit weiter vergrößert [12].

Einkommen und Haushaltsgröße

315. Weiteren Aufschluß vermittelt die Differenzierung der Einkommen nach der Haushaltsgröße. Wenn daraus auch keine eindeutige Relation über die Miterwerbsquote weiterer Haushaltsangehöriger abgeleitet werden kann, so zeigt sich doch, daß die durchschnittliche Einkommensstruktur nach der Haushaltsgröße in beiden Gebieten in allen ausgewiesenen Jahren recht ähnlich war. Danach ist zu vermuten, daß ein annähernd gleicher Einkommensanteil von weiteren Einkommensbeziehern in der Bundesrepublik wie in der DDR zum Haushaltsbudget beigesteuert wird. Die Spannweite der durchschnittlichen Einkommen vom Ein-Personen- zum Fünf- und mehr Personen-Haushalt beträgt jeweils etwas mehr als das Doppelte des Einkommens der Einzelhaushalte. Auch die mit zunehmender Haushaltsgröße festgestellte Einkommensabstufung ist sehr gleichmäßig ausgeprägt.

Schaubild 9

Durchschnittliches monatliches Haushaltsnettoeinkommen in Arbeiter- und Angestelltenhaushalten nach Haushaltsgrößen

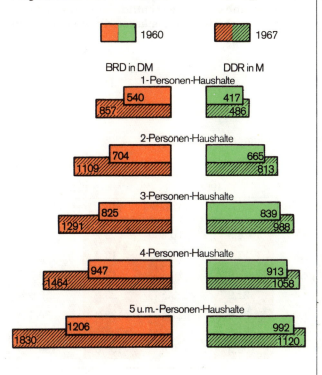

Schaubild 10

Die Verteilung der Arbeiter und Angestelltenhaushalte nach Einkommensklassen in der Bundesrepublik und in der DDR 1960

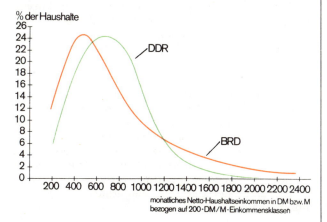

Einkommensklassen

316. Die Differenzierung nach Einkommensklassen (vgl. Tabelle A 101) läßt erkennen, daß im Jahr 1960 bei einem monatlichen Durchschnittseinkommen von rund 850 DM bzw. 760 M in der Einkommensschichtung aller Haushalte eine in der Bundesrepublik und der DDR ähnliche Verteilung im unteren und mittleren Einkommensbereich festzustellen ist.

1960 waren in der Bundesrepublik die Einkommensklassen von 400 bis 600 DM, in der DDR die von 600 bis 800 M am stärksten besetzt. Erst bei Einkommen über 1200 DM/M ist der entsprechende Anteil der Haushalte in der Bundesrepublik größer (BRD = 18,8 %; DDR = 8,8 %). Die relative Verteilung ist auch bei einer Gliederung nach der Haushaltsgröße auf niedrigerem oder höherem Niveau in ähnlicher Weise in den Haushalten der Bundesrepublik und der DDR differenziert.

Schaubild 11

Die Verteilung der Arbeiter und Angestelltenhaushalte nach Einkommensklassen in der Bundesrepublik und in der DDR 1967

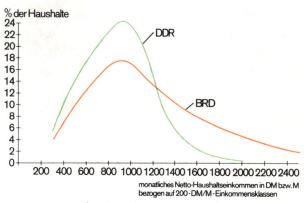

317. Mit dem Einkommensanstieg seit 1960 ist in der Bundesrepublik eine starke, in der DDR eine mäßige Aufwärtsverlagerung der Einkommen in den ausgewiesenen Klassen festzustellen: Die Unterschiede in der Einkommensverteilung sind daher 1967 deutlicher geworden. Zwar ist in diesem Jahr die stärkste Besetzung jeweils in der gleichen Einkommensklasse (800 bis 1000 DM/M) zu registrieren. Das bemerkenswerte Kennzeichen der rascheren Einkommensexpansion ist jedoch die steigende Bedeutung der oberen Bereiche: Fast die Hälfte der Haushalte hatte ein 1200 DM übersteigendes Einkommen gegenüber einem knappen Fünftel in der DDR. Die 1500 DM-Grenze wurde in der Bundesrepublik von 30 % (in der DDR von rd. 5 %) aller Haushalte überschritten. Neben der Darstellung der effektiven Verteilung ist es auch von Interesse, inwieweit, abgesehen vom absoluten Einkommensniveau, eine stärker differenzierte oder gleichmäßigere Verteilung in der Bundesrepublik oder der DDR vorliegt. Zu beantworten wäre auch die Frage nach der Veränderung der Relationen im Zeitablauf. Infolge Datenmangels kann sie jedoch nur für die Arbeitnehmer-Haushalte beantwortet werden, die in ihrer Einkommensdifferenzierung die Einkom-

Kapitel V

menslage der gesamten Bevölkerung nur beschränkt erkennen lassen [13].

Einkommensnivellierung

318. In allen drei untersuchten Jahren ist der Einkommensanteil der vier unteren Fünftel in der DDR höher, oder, anders gesagt, in der Bundesrepublik ist lediglich im obersten Quintil ein höherer Anteil (1967: 38,2 % zu 30,4 %) zu registrieren. Die Einkommen der Arbeitnehmer sind also in der DDR gleichmäßiger verteilt. Hauptgrund dafür ist der Tatbestand, daß die Angestelltengehälter in der Bundesrepublik ein wesentlich höheres Niveau erreichen und hier auch stärker differenziert sind.

Übersicht 37

Vergleich der relativen Verteilung der verfügbaren Nettoeinkommen der Angestellten- und Arbeiter-Haushalte nach Quintilen (in %)

Haushaltsquintile	1960		1964		1967	
	BRD	DDR	BRD	DDR	BRD	DDR
1. Quintil	8,4	9,8	8,6	10,4	8,7	10,5
2. Quintil	12,6	15,5	12,9	15,4	13,0	15,8
3. Quintil	16,4	19,3	17,0	19,5	17,1	19,7
4. Quintil	22,8	23,4	22,9	23,5	23,0	23,6
5. Quintil	39,8	32,0	38,6	31,2	38,2	30,4
Zusammen	100,0	100,0	100,0	100,0	100,0	100,0

Quelle: Berechnung des DIW, Berlin.

Schaubild 12

Vergleich der relativen Verteilung der verfügbaren Nettoeinkommen der Angestellten- und Arbeiterhaushalte in der Bundesrepublik und in der DDR

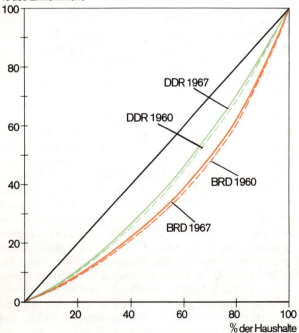

319. Der Prozeß der Einkommensnivellierung hat sich in beiden Staaten zwischen 1960 und 1967 nahezu gleichmäßig fortgesetzt.

Der aus der Grafik sichtbare Kurvenverlauf (Lorenz-Darstellung) bestätigt die genannten Aussagen: Bei gleichmäßigerer Verteilung in der DDR ist die Tendenz zu weiterer Nivellierung in beiden Gebieten unverkennbar. Die Einkommensverteilungskurven beider Gebiete haben sich seit 1960 der eine absolute Einkommensgleichheit kennzeichnenden Diagonale genähert.

Rentner-Haushalte

320. Neben einer Analyse von Höhe und Verteilung der Haushaltseinkommen in Arbeitnehmer-Haushalten wurde versucht, einige ergänzende Angaben zum Haushaltseinkommen der Rentner in der DDR zu erstellen. Wegen fehlenden Materials konnte eine Modellrechnung nur durch entsprechende Schätzungen ermittelt werden. Ausgewählt wurde dafür der gut repräsentierende 2-Personen-Rentnerhaushalt.

Für beide Gebiete handelt es sich dabei um die Gesamteinkommen dieser Haushalte. Die Renteneinkünfte sind also durch entsprechende Erwerbs- oder anderweitige Einkünfte ergänzt worden. Gegenüber dem starken Gefälle der persönlichen Renteneinkünfte sind die Unterschiede in dem hier untersuchten Rentnerhaushalt geringer. Immerhin beziehen auch 1968 die Rentner dieses Haushaltstyps in

Übersicht 38

Monatliches durchschnittliches Nettoeinkommen der 2-Personen-Rentnerhaushalte (in DM bzw. M)

	BRD	DDR
1965	695	324
1968	805	356

Quelle: Vgl. Methodische Hinweise im Anhang.

der Bundesrepublik mehr als das Doppelte der entsprechenden Einkünfte in der DDR.

3. Preise und Kaufkraft

a) Preise

321. Die vergleichende Darstellung der Entwicklung nominaler Einkommen läßt unmittelbare Schlüsse auf den Lebensstandard nicht zu. Sie ist zu ergänzen durch Ermittlung der Kaufkraft dieser Einkommen. Diese wird bestimmt durch die Preise der zu erwerbenden Waren und Dienstleistungen, die ihrerseits die Struktur der Haushaltsausgaben erheblich beeinflussen.

Verbraucherpreise

322. Die Verbraucherpreise werden in der DDR im Gegensatz zur Bundesrepublik administrativ festgesetzt. Seit der Preisreform 1964 wird die Preisbildung jedoch etwas flexibler gestaltet, um eine leichtere Anpassung an ökonomische Veränderungen zu erzielen. So gelten für einige Waren nicht mehr Fest- sondern Höchstpreise, die bei gleichzeitiger, teilweise regionaler Dezentralisierung der Festsetzungsbefugnisse unterschritten werden dürfen. Prinzipiell werden Erhöhungen der Verbraucherpreise unterbunden. Verdeckte Preissteigerungen vollziehen sich jedoch dadurch, daß geringwertige Waren aus dem Einzelhandelssortiment verschwinden, bei unveränderten Preisen Qualitätsminderungen vorgenommen werden oder die Lieferungsbedingungen sich verschlechtern. Überdies gerät das Preisniveau der Verbrauchsgüter auch durch das vermehrte Angebot hochwertiger Konsumgüter in Bewegung, obwohl die einzelnen Konsumgüterpreise in der Statistik unverändert bleiben. Bei einem Preisvergleich der für die Lebenshaltung in der Bundesrepublik und der DDR typischen Waren und Leistungen ist zu beachten, daß die teilweise erheblichen Qualitätsdifferenzen — im weitesten Sinne — kaum berücksichtigt werden können.

Nahrungs- und Genußmittel

323. Die Preisstruktur für in der DDR erzeugte Nahrungsmittel (vgl. Tabelle A 102) zeichnet sich dadurch aus, daß die Preisdifferenz zwischen den pflanzlichen und den tierischen Produkten im Durchschnitt größer ist als im Bundesgebiet. Innerhalb der verschiedenen Warengruppen ist jedoch der Preisfächer in der Bundesrepublik wegen des reichhaltigen Angebots an Sorten weiter geöffnet.

Ein Einzelpreisvergleich bei den wichtigsten Lebensmitteln zeigt, daß die Preise in der DDR für Kartoffeln, Gemüse [14] (insbesondere Grobgemüse), Brot- und Backwaren sowie Nährmittel unter den Preisen vergleichbarer Waren in der Bundesrepublik liegen. Fleisch- und Fleischwaren sowie Milch kosten etwa gleich viel, während die Preise sowohl für tierische als auch für pflanzliche Fette, für Zucker und Eier in der DDR die in der Bundesrepublik erheblich übertreffen.

Infolge eines recht unregelmäßigen und von der inländischen Ernte stark abhängigen Angebots in der DDR, das in geringerem Maße als in der Bundesrepublik durch Importwaren ergänzt wird, sind die Preise für Obst nur schwer vergleichbar.

Der von der DDR-Statistik ausgewiesene Durchschnittspreis für inländische Tafeläpfel mittlerer Qualität — der hier als repräsentativ für die Gruppe Obst angesehen werden soll — übertrifft den Durchschnittspreis der gleichen Kategorie in der Bundesrepublik um mehr als 100 %; die von beiden Staaten importierten Südfrüchte — hier repräsentiert durch Zitronen — kosten in der DDR sogar fast dreimal soviel wie in der Bundesrepublik. Ähnliche und z. T. noch stärkere Preisunterschiede sind bei weiteren Importwaren bzw. den aus ihnen produzierten Erzeugnissen festzustellen, wie z. B. bei Orangensaft, Kakaopulver, Schokolade oder Bohnenkaffee, die 270 % bis 480 % des Preises in der Bundesrepublik erzielen — mit Ausnahme des in der DDR etwas billigeren Tees, der im wesentlichen aus der UdSSR bezogen wird. Am stärksten differieren die Preise für Genußmittel: Abgesehen von dem bereits genannten Tee und dem Bier (121 %) betragen die Preise das Doppelte und mehr.

In den letzten Jahren haben sich die dargestellten Relationen im allgemeinen zugunsten der DDR verändert, da den dort konstant gehaltenen Preisen Steigerungen in der Bundesrepublik bei der größeren Zahl der Nahrungs- und Genußmittel gegenüberstanden. Bei einigen wichtigen Lebensmitteln, wie z. B. Mehl, Zucker und Eiern, blieben die Relationen unverändert oder veränderten sich zuungunsten der DDR, vor allem bei solchen Gütern, die (wie Schmalz und Schweinebauch) im Bundesgebiet sinkender Nachfrage ausgesetzt waren oder (wie Schokoladenerzeugnisse und Bohnenkaffee) einem starken Preisdruck unterlagen.

Sonstige Konsumgüter

324. Wie bei den Nahrungs- und Genußmitteln ist auch bei der Gruppe der sonstigen Konsumgüter [15] die Kaufkraft der Mark der DDR gemessen an der Kaufkraft der DM schon bei den in der Statistik erfaßten Erzeugnissen für den täglichen Bedarf breit gestreut. Bezogen auf den jeweiligen DM-Preis bewegen sich die Relationen der entsprechenden M-Preise zwischen 59 % und 415 %. Schon ein erster

Kapitel V

Überblick über die Preistabelle zeigt, daß hier die Preise in der Bundesrepublik — anders als bei Nahrungs- und Genußmitteln — zumeist von den Preisen in der DDR übertroffen werden und daß die Preisrelationen in den einzelnen Warengruppen relativ stark differieren.

325. Allgemein läßt sich feststellen, daß solche Waren, die der Befriedigung eines gehobeneren Bedarfs dienen oder aus neu entwickelten Materialien (z. B. Kunstfasern) gefertigt werden, in der DDR eine ungünstigere Preisrelation gegenüber der Bundesrepublik aufweisen als jene, die dem Grundbedarf dienen oder in einfacher Qualität angeboten werden.

Dienstleistungen

326. Das Niveau der dritten Gruppe der Verbraucherpreise, der Dienstleistungen, ist dagegen in der DDR erheblich niedriger als in der Bundesrepublik (vgl. Tabelle A 104). Hierzu zählen die in der DDR seit Ende der 50er Jahre nahezu unveränderten Strom-, Gas-, Verkehrs- und Posttarife, die in der Bundesrepublik im Laufe der Beobachtungsperiode zum Teil stark erhöht wurden. So kosteten Mitte 1969 die Leistungen im Nahverkehr in der DDR weniger als ein Drittel und der Strom nur noch reichlich die Hälfte im Vergleich zur Bundesrepublik.

Auch bei den für den Verbraucher wichtigen Entgelten für handwerkliche Leistungen, die sich im Bundesgebiet während der letzten Jahre insbesondere infolge Einkommenssteigerung beträchtlich erhöhten, wurden in der DDR nur geringfügige Preiskorrekturen zugelassen. Kostenerhöhungen, die sich aus den zunehmenden Arbeitseinkommen und aus gestiegenen Materialpreisen (als Folge der Industriepreisreform) ergeben, werden, um die Konsumentenpreise unverändert zu halten, durch Subventionen ausgeglichen. Zusammenfassend weist die Statistik der DDR in dem Preisindex für „produktive Handwerksleistungen" für das Jahr 1967 sogar einen Rückgang um 1,5 % aus. Im Vergleich zu den Preisen im Bundesgebiet betrug 1969 in der DDR z. B. der Preis für einen Haarschnitt nur 27 % und für eine Schuhbesohlung 73 %.

Eine besondere Gruppe bilden die von Kinos, Theatern und anderen Bildungseinrichtungen angebotenen Leistungen, die stärker als im Bundesgebiet subventioniert werden. Ein einwandfreier Preisvergleich ist hier kaum möglich.

Wohnungsmieten

327. Der für die Lebenshaltung der Bevölkerung wichtigste Dienstleistungspreis, die Wohnungsmiete, ist in der DDR für Altbauten seit der Währungsreform unverändert geblieben. Lediglich hinzugekommene Neu- und Umbauten sind infolge der Industriepreisreform teurer geworden und haben über gestiegene Mieten den Durchschnittspreis geringfügig erhöht. Im Verhältnis zu den stark gestiegenen Mietpreisen im Bundesgebiet braucht in der DDR infolgedessen für eine vergleichbare Wohnung nur etwa die Hälfte bis ein Drittel der Preise in der Bundesrepublik aufgewendet zu werden (vgl. Kapitel IV).

Preisvergleich

328. Zusammenfassend ergibt sich also, daß die Preise in der Bundesrepublik und in der DDR für vergleichbare Waren und Leistungen in vielen Fällen sehr stark voneinander abweichen. Im allgemeinen liegen vor allem die Preise für lebenswichtige Dienstleistungen — Miete, Strom und Gas — sowie die für die Ernährung notwendigen Nahrungsmittel und solche Industriewaren, die den Grundbedarf decken oder deren Verbrauch bzw. Gebrauch besonders gefördert werden soll (z. B. Presseerzeugnisse, Sportartikel), in der DDR weit unterhalb oder allenfalls in der Nähe des Niveaus der Preise in der Bundesrepublik. Dagegen überschreiten die Preise höherwertiger Nahrungs- und Genußmittel sowie der meisten Industriewaren, vor allem dauerhafter Gebrauchsgüter, das Niveau der Bundesrepublik deutlich, teilweise bis zu einem Mehrfachen der jeweiligen DM-Preise.

b) Verbrauch

329. Diese Preisrelationen bestimmen das zwischen beiden Staaten bestehende Verhältnis der Lebenshaltungskosten; es variiert je nach Zusammensetzung des Verbrauchs. Die Nachfrage nach Waren und Dienstleistungen ist begrenzt durch das verfügbare Einkommen, ihre Struktur ist beeinflußt durch die Dringlichkeit bestimmter Lebensbedürfnisse, das Angebot von Waren und Diensten und deren Preise. Seit 1960 haben sich bei Erhöhung der Einkommen und qualitativ sowie quantitativ verbesserter Güterversorgung die Strukturen des Verbrauchs sowohl in der Bundesrepublik als auch in der DDR deutlich verändert.

Verbrauchsstruktur

330. Über die Entwicklung der Verbrauchsstruktur geben in beiden Vergleichsgebieten regelmäßig geführte Wirtschaftsrechnungen für die Haushaltsausgaben Auskunft [16]. Ihre Ergebnisse bestätigen die allgemeine Erfahrung, daß mit wachsendem Wohlstand der Anteil der Ausgaben für Nahrungs- und Genußmittel an den Gesamtausgaben zurückgeht. Im Gegensatz zur Entwicklung in der Bundesrepublik ist in der DDR der Anteil der Genußmittel gestiegen.

331. Der Anteil der Ausgaben für Industrieerzeugnisse und für Dienstleistungen nahm in beiden Staaten zu, während er für Nahrungsmittel zurückging. In der Bundesrepublik expandierte vor allem der Sektor der Dienstleistungen. Diese Entwicklung ist vorwiegend auf die überdurchschnittlichen Preissteigerungen der Mieten zurückzuführen. Dagegen dürfte in der DDR die Erhöhung der Ausgaben für Dienstleistungen — von den Mieten abgesehen — alle Leistungsbereiche betreffen.

Übersicht 39

Ausgabenstruktur in 4-Personen-Arbeitnehmerhaushalten

	BRD		DDR	
	1960	1968	1960	1968
Verbrauchsausgaben insgesamt	100,0	100,0	100,0	100,0
Waren	75,2	69,5	86,4	84,7
Nahrungs- und Genußmittel	45,3	37,6	52,8	47,7
Nahrungsmittel	38,5	31,8	43,1	36,7
Genußmittel	6,8	5,8	9,7	11,0
Industrieerzeugnisse	29,9	31,9	33,6	37,0
Schuhe und -zubehör	2,3	2,1	2,4	2,5
Textilien und Bekleidung	10,9	9,6	12,5	13,8
Bau- und Wohnbedarf	3,8	3,8	5,0	4,0
Elektrische Erzeugnisse	2,7	1,5	3,8	3,3
Übrige Industriewaren	10,2	14,9	9,9	13,4
Leistungen und Reparaturen	24,8	30,5	13,6	15,3
Mieten	10,5	15,2	5,2	3,9
Strom, Gas, Heizung aller Art	4,6	4,9	1,6	1,9
Verkehrsleistungen	2,9	3,5	1,7	2,3
Kultur und Erholung	3,7	3,8	5,1	2,9
Übrige Leistungen und Reparaturen	3,1	3,1		4,3

Quellen: Ergebnisse aus den Aufzeichnungen buchführender Haushalte (Wirtschaftsrechnungen).
       BRD: Statistisches Bundesamt, Preise, Löhne, Wirtschaftsrechnungen, Fachserie M, Reihe 13;
       DDR: Statistisches Jahrbuch der DDR, 1962 und 1970.

332. Trotz ähnlicher Entwicklungstendenzen in beiden Gebieten war das Niveau bei einzelnen Ausgabenanteilen auch 1968 noch recht unterschiedlich. Charakteristisch für die Struktur des Verbrauchs von Arbeitnehmerhaushalten in der DDR ist der geringe Anteil der Dienstleistungsausgaben. Die Haushalte der Bundesrepublik wenden teilweise das Doppelte und mehr für diese Bedarfsgruppen auf.

333. Nach wie vor liegt der Anteil der Ausgaben für Nahrungs- und Genußmittel in der DDR erheblich höher als in der Bundesrepublik. Wesentlicher Grund hierfür dürften die relativ hohen Preise für hochwertige Nahrungsmittel sowie für Genußmittel sein; die relativ niedrigen Preise für die Grundnahrungsmittel wie Brot und Kartoffeln erbringen keinen wesentlichen Kostenausgleich.

334. Den geringen Ausgaben für Dienstleistungen stehen in den Haushalten der DDR mehr als doppelt soviel Ausgaben für Industrieerzeugnisse gegenüber. Ihr Anteil am Verbrauch ist somit in der DDR erheblich höher als bei den Haushalten der Bundesrepublik. Dennoch wurde bisher das Verbrauchsniveau der Bundesrepublik nicht erreicht, wie z. B. aus den Unterschieden in der Ausstattung der Haushalte mit Konsumgütern zu erkennen ist (vgl. Tabelle A 105).

Kapitel V
Übersicht 40

Ausgabenstruktur in 2-Personen-Rentnerhaushalten

	BRD		DDR	
	1964[1]	1968	1964[1]	1968
Verbrauchsausgaben insgesamt	100,0	100,0	100,0	100,0
Waren	69,6	63,8	83,1	82,9
Nahrungs- und Genußmittel	51,1	46,3	61,6	59,2
Nahrungsmittel	43,3	38,5	49,0	45,8
Genußmittel	7,8	7,8	12,6	13,4
Industrieerzeugnisse	18,5	17,5	21,5	23,7
Schuhe und -zubehör	1,0	1,0	1,2	1,2
Textilien und Bekleidung	7,2	6,3	8,2	8,1
Bau- und Wohnbedarf	2,1	2,0	1,2	1,7
Elektrische Erzeugnisse	1,6	0,8	1,4	2,8
Übrige Industriewaren	6,6	7,4	9,5	9,9
Leistungen und Reparaturen	30,4	36,2	16,9	17,1
Mieten	14,7	19,4	7,3	6,2
Strom, Gas, Heizung aller Art	7,5	7,8	2,2	2,4
Verkehrsleistungen	2,7	3,2	2,0	2,5
Kultur und Erholung	2,4	2,5	1,0	1,6
Übrige Leistungen und Reparaturen	3,1	3,3	4,4	4,4

[1] Daten für Jahre vor 1964 sind in der DDR nicht veröffentlicht worden.

Quellen: Ergebnisse aus den Aufzeichnungen buchführender Haushalte (Wirtschaftsrechnungen).
    BRD: Statistisches Bundesamt, Preise, Löhne, Wirtschaftsrechnungen, Fachserie M, Reihe 13;
    DDR: Statistisches Jahrbuch der DDR, 1966 und 1970.

c) Kosten der Lebenshaltung – Kaufkraftvergleich

335. Die Kosten der Lebenshaltung in beiden Währungsgebieten können mit Hilfe von Warenkorbvergleichen einander gegenübergestellt werden. Um realistische Größenordnungen über die für die Verbraucher bestehende Relation zwischen der jeweiligen Kaufkraft der M in der DDR zur Kaufkraft der DM zu erhalten, müssen jedoch die in den letzten zehn Jahren teilweise nicht unwesentlichen Änderungen in der Konsumgüterversorgung und der Zusammensetzung des Verbrauchs berücksichtigt werden. Erst das relative Kaufkraftverhältnis ermöglicht dann einen realen Vergleich der Einkommen in der DDR mit denen im Bundesgebiet.

Entsprechende Berechnungen wurden für einzelne Stichjahre in der Vergangenheit angestellt. Dabei war es aus Mangel an Informationen aus der DDR nicht möglich, gesamtwirtschaftliche Daten für alle privaten Haushalte zu ermitteln. Es wurden statt dessen für beide deutsche Staaten die Berechnungen am Beispiel eines Arbeitnehmerhaushalts (4 Personen) mit einer durchschnittlichen Verbrauchsstruktur sowie einem Haushalt mit einem nur dem lebensnotwendigen Bedarf nahekommenden Verbrauch (2-Personen-Rentnerhaushalt) durchgeführt (zur Erstellung der Warenkörbe vgl. die Methodischen Hinweise im Anhang). Bei allen Vorbehalten gegenüber solchen Berechnungen vermitteln sie doch wertvolle Einblicke in Größenordnungen, Differenzierungen und Entwicklungstendenzen der Kaufkraftrelationen zwischen der Bundesrepublik und der DDR.

Für die Beurteilung der Untersuchungsergebnisse sind die bereits im Abschnitt a) über die Preise erwähnten Vorbehalte eines Preisvergleichs zwischen verschiedenen Volkswirtschaften zu beachten (Qualität, Versorgungsschwierigkeiten).

Arbeitnehmerhaushalte

336. Die nach den jeweiligen Verbrauchsverhältnissen in der DDR zusammengestellten Warenkörbe des Arbeitnehmerhaushalts erforderten — bewertet mit den Mitte 1960, Anfang 1966 und Mitte 1969 geltenden Preisen — Beträge in Höhe von 649, 879 bzw. 905 M. Für den gleichen Verbrauch an Waren und Diensten hätte der Haushalt im Bundesgebiet nur 499, 740 bzw. 802 DM bezahlen müssen, d. h. es mußten 30 % bzw. 19 % bzw. 13 % M mehr ausgegeben werden als DM.

Die Kaufkraft der M betrug somit

Mitte 1960   77 %,
Anfang 1966   84 %,
Mitte 1969   89 %

der Kaufkraft der DM. Die relative Kaufkraft der M der DDR ist also 1960 bis 1969 beträchtlich gestiegen, vor allem als Folge von teilweise hohen Preissteigerungen in der Bundesrepublik.

337. Nach wie vor differiert die relative Kaufkraft bei den Ausgaben für die einzelnen Bedarfsgruppen stark, da die Preisrelationen zwischen der Bundesrepublik und der DDR auch 1969 noch bei den einzelnen Waren sehr breit gestreut sind (vgl. Abschnitt 3 a). Den bei der Preisbetrachtung festgestellten Tendenzen entsprechend liegt der für die lebensnotwendigen Dienste (Mieten, Strom und Gas) erforderliche Betrag in der DDR weit unter dem Ausgabenbetrag in der Bundesrepublik. Diese Differenz hat sich seit 1960 infolge der Preissteigerungen in der Bundesrepublik ständig vergrößert. Eine ähnliche Entwicklungstendenz zeigt die Bedarfsgruppe „Bildung und Unterhaltung"; hier ergibt sich wegen des hohen Anteils von staatlich subventionierten Kulturdiensten und Verlagserzeugnissen in der DDR trotz der auch dort wachsenden individuellen Nachfrage ein deutlich geringerer Ausgabenbetrag in Mark. Ungefähr gleich große Ausgabenbeträge in beiden Gebieten errechnen sich seit 1960 für die Gruppe „Reinigung und Körperpflege", die z. B. neben den preisgünstigen Friseurleistungen auch teure kosmetische Artikel umfaßt, für die die Nachfrage mit wachsendem Einkommen auch in der DDR zunimmt.

Der Ausgabenbetrag in der Gruppe „Hausrat" ist in der DDR im Vergleich zur Bundesrepublik ungleich höher und von 1960 bis 1969 noch gestiegen, denn das Sortiment von Industriegütern ist in der DDR differenzierter geworden. Durch die zunehmende Nachfrage nach vergleichsweise teuren höherwertigen, dauerhaften Erzeugnissen ist hier eine Verschlechterung der relativen Kaufkraft der Mark der DDR eingetreten.

Übersicht 41

Relative Kaufkraft der Mark [1]
berechnet für einen 4-Personen-Arbeitnehmerhaushalt (in %)

Bedarfsgruppe	nach Verbrauchsstruktur				
	in der BRD [2]		in der DDR [2]		
	Mitte 1960	Mitte 1969	Mitte 1960	Anfang 1966	Mitte 1969
Ernährung	75	82	76	89	89
Genußmittel	47	49	49	49	50
Wohnung	133	227	133	189	227
Heizung und Beleuchtung	135	189	137	159	189
Hausrat	66	61	67	55	55
Bekleidung	51	65	52	64	67
Reinigung und Körperpflege	101	83	100	98	100
Bildung und Unterhaltung	96	79	105	102	115
Verkehr	103	66	105	91	95
Verbrauchsausgaben, gesamt	75	83	77	84	89

[1] Die Kaufkraft der M in der DDR im Verhältnis zur Kaufkraft der DM in der BRD.
[2] Die in diesen Berechnungen verwendeten Warenkörbe wurden auf der Grundlage der Ergebnisse der laufenden Wirtschaftsrechnungen in beiden Vergleichsgebieten, der den amtlichen Preisindices zugrunde liegenden Warenkörbe und Verbrauchsstrukturen sowie der aus der Verbrauchsstatistik verfügbaren Informationen über die Versorgung in der DDR mit Gütern und Diensten aufgestellt.

Kapitel V

Eine ähnliche Entwicklungstendenz zeigt die Gruppe „Verkehr" wegen der allmählich zunehmenden privaten Motorisierung; sie fällt allerdings bisher so wenig ins Gewicht, daß zunächst noch vor allem die Preisverhältnisse bei den Ausgaben für öffentliche Verkehrs- und Nachrichtenleistungen die relative Kaufkraft bestimmen. Ungünstige Kaufkraftrelationen für die Mark ergeben sich auch noch bei der Beschaffung von Bekleidung und Genußmitteln. Während die letztere Gruppe seit 1960 kaum Veränderungen aufweist, hat die allmähliche Verstärkung des Bekleidungs- und Textilwarenangebots mittlerer Preislagen in der DDR bei vereinzelten Preissenkungen — z. B. für einzelne Erzeugnisse aus Kunstfasern — die Relation leicht verbessert.

Die Stärkung der relativen Kaufkraft bei Nahrungsmitteln ist vor allem den Preissteigerungen in der Bundesrepublik zuzuschreiben.

338. Diese Differenzierung der Kaufkraftparität bei verschiedenen Waren- und Leistungsgruppen erklärt, daß die durchschnittliche Kaufkraft der Mark bei höherem Verbrauch — der sich ja vorwiegend auf den weniger notwendigen Bedarf erstreckt — im Vergleich zur DM sinkt. Aus dem gleichen Grund ergibt sich eine Verschlechterung der Kaufkraftparität der Mark, wenn den Berechnungen statt eines Warenkorbes der DDR ein Warenkorb der Bundesrepublik zugrunde gelegt wird. Infolge des in der Warenauswahl und z. T. auch in den Mengen sehr viel reichhaltigeren Verbrauchs in der Bundesrepublik errechnet sich dann eine durchschnittliche Kaufkraft der Mark in der DDR von 83 % der DM im Jahr 1969 (1960: 75 %).

Rentnerhaushalte

339. Die dargestellten Tendenzen werden auch durch Berechnungen für Haushalte bestätigt, deren Verbrauch in stärkerem Maße auf den lebensnotwendigen Bedarf begrenzt ist. Seine Befriedigung ist, wie die Preisbeobachtungen zeigen, in der DDR zu relativ niedrigen Preisen möglich. Die für Anfang 1966 und Mitte 1969 angestellten Ermittlungen für 2-Personen-Rentnerhaushalte zeigen, daß im Rahmen ihres bescheidenen Warenkorbs die Kaufkraft der Mark in der DDR — gemessen an der Kaufkraft der DM in der Bundesrepublik — in fast jeder Bedarfsgruppe günstiger als bei den Arbeitnehmern war. Eine Ausnahme bildeten lediglich die Genußmittel, weil hier der in der DDR sehr viel teurere Kaffee zu Buche schlägt, und die Bekleidung, weil bei Rentnern, abgesehen von dem geringen Anteil der Käufe hochwertiger Erzeugnisse, die preisgünstige Kinderkleidung entfällt. Allerdings mußte für die Nahrungsmittel noch immer etwas mehr als für gleiche Waren im Bundesgebiet bezahlt werden, weil im Durchschnitt die relativ „teuren" Nährmittel, Süßwaren, Milchprodukte und Fette gegenüber den relativ „billigen" Kartoffeln, Gemüsen und Backwaren überwiegen. Im Gesamtdurchschnitt war bei diesem Beispiel eines Haushalts mit geringem Lebensstandard und einem Verbrauch im Werte von 374 M die Kaufkraft der Mark in der DDR Mitte 1969 etwa ebenso groß wie die der DM im Bundesgebiet. Bei einem noch stärker auf den nur lebensnotwendigen Bedarf abgestellten Verbrauch war sie sogar beträchtlich, nämlich um 11 % größer als die der DM. Gegenüber 1966 haben sich somit diese Relationen infolge der divergierenden Preisentwicklung bedeutend zugunsten der DDR verändert. Bei

Übersicht 42

Relative Kaufkraft der Mark [1]
berechnet für einen 2-Personen-Rentnerhaushalt
(in %)

Bedarfsgruppe	Anfang 1966	Mitte 1969
nach Verbrauchsstruktur in der BRD [2]		
Ernährung	89	92
Genußmittel	44	44
Wohnung	208	333
Heizung und Beleuchtung	159	204
Hausrat	57	61
Bekleidung	58	61
Reinigung und Körperpflege	104	106
Bildung und Unterhaltung	139	152
Verkehr	135	154
Verbrauchsausgaben, gesamt	88	99
nach Verbrauchsstruktur in der DDR [2]		
Nahrungsmittel	92	94
Genußmittel	65	63
Textilien und Schuhe	56	62
Sonstige Waren	91	98
Leistungen und Reparaturen	167	227
darunter: Mieten	208	333
Verbrauchsausgaben, gesamt	97	111

[1] Die Kaufkraft der M in der DDR im Verhältnis zur Kaufkraft der DM in der BRD.
[2] Die in diesen Berechnungen verwendeten Warenkörbe wurden auf der Grundlage der Ergebnisse der laufenden Wirtschaftsrechnungen in beiden Vergleichsgebieten, der den amtlichen Preisindices zugrunde liegenden Warenkörbe und Verbrauchsstrukturen sowie der aus der Verbrauchsstatistik verfügbaren Informationen über die Versorgung mit Gütern und Diensten in der DDR aufgestellt.

diesem Beispiel der Rentnerhaushalte betrug die Kaufkraft der M in der DDR

nach BRD-Verbrauchsstruktur:

Anfang 1966   88 %
Mitte 1966   99 %

nach DDR-Verbrauchsstruktur:

Anfang 1966   97 %
Mitte 1969   111 %

der Kaufkraft der DM im Bundesgebiet.

Realeinkommen

340. Zusammenfassend bleibt festzustellen, daß sich die relative Kaufkraft je Währungseinheit der DDR im privaten Verbrauch seit 1960 erhöht hat.

341. Im Durchschnitt aus Bundesrepublik- und DDR-Verbrauchsstruktur (gekreuzter Warenkorb) stieg die Kaufkraft der M in % der DM nach dieser Berechnung in den Arbeitnehmerhaushalten (1960 bis 1969) von 76 auf 86 und in den Rentnerhaushalten (1966 bis 1969) von 93 auf 105.

342. In Rentnerhaushalten mit geringem Einkommen (300 bis 375 DM/M) und einem auf den lebensnotwendigen Bedarf abgestellten Verbrauch hat sich die Kaufkraftparität für die DDR so verbessert, daß der Wert der M etwas höher ist als der der DM. Da die durchschnittlichen Einkommen der Rentnerhaushalte in der Bundesrepublik 1969 jedoch tatsächlich über 800 DM monatlich betrugen, dürften heute die „Realeinkommen" in 2-Personen-Rentnerhaushalten in der DDR nur bei etwas mehr als einem Drittel der Rentnereinkommen in der Bundesrepublik liegen.

343. In den Arbeitnehmerhaushalten der DDR hat die Verbesserung der Kaufkraftparität ebenfalls nicht ausgereicht, um den weit höheren Zuwachs der nominalen Einkommen in der Bundesrepublik auszugleichen: Der Abstand der „Realeinkommen" der Arbeitnehmerhaushalte in der DDR zu denen in der Bundesrepublik hat sich deshalb von rund 32 % (1960) auf rund 45 % (1969) vergrößert.

4. Indikatoren der Lebenshaltung

344. Die Ausstattung der Haushalte mit langlebigen industriellen Konsumgütern, der Pro-Kopf-Verbrauch von ausgewählten Erzeugnissen, der Umfang des Tourismus sowie die Ersparnis sind Indikatoren, in denen sich die Verwendung der Einkommen und ihre Kaufkraft, die Struktur des Verbrauchs und schließlich der Verbleib der nichtverbrauchten Einkommen widerspiegelt.

Lebensstandard

Der Lebensstandard der Bevölkerung eines Landes wird aber nicht nur geprägt durch diese Merkmale der Lebenshaltung, sondern u. a. auch durch die ungestörte, regional gleichmäßige und in Sortiment und Qualität befriedigende Bereitstellung von Gütern, für die eine Nachfrage besteht. Eine Bewertung auch dieser Faktoren würde die Ergebnisse des Lebenshaltungsvergleichs weiterhin zuungunsten der DDR beeinflussen, denn noch immer bestehen in der Versorgung der Bevölkerung der DDR deutliche Mängel, die angesichts des hohen Industrialisierungsgrades kaum verständlich und nur mit systemimmanenten Schwächen zu erklären sind. Unabhängig hiervon bleibt festzustellen, daß

■ der Pro-Kopf-Verbrauch bei

Nahrungsmitteln bei den meisten Erzeugnissen in der DDR dem in der Bundesrepublik entspricht,

Genußmitteln in der DDR etwa den Stand der Bundesrepublik von 1960 erreicht hat,

industriellen Verbrauchsgütern noch stark differiert;

■ die Ausstattung der Haushalte mit einzelnen langlebigen industriellen Gütern gleich hoch (z. B. Fernseh- und Rundfunkgeräte), bei der Mehrzahl in der DDR jedoch deutlich niedriger ist (z. B. Pkw);

■ die Bedeutung des Tourismus sich zwar in beiden Staaten ständig erhöht, aber in der DDR durch einen hohen Anteil der Inlandsreisen (85 %) gekennzeichnet ist, während sich in der Bundesrepublik In- und Auslandsreisen die Waage halten;

■ die Ersparnis in beiden Staaten ständig steigt, Sparquote, Höhe und Anlage des Vermögens jedoch erheblich voneinander abweichen.

Öffentliche Leistungen

345. Doch nicht nur Gebrauch und Verbrauch gekaufter Güter bestimmen den Lebensstandard, sondern auch Art, Umfang und Qualität öffentlicher Leistungen, die von den privaten Haushalten in Anspruch genommen werden. Wenn — wie in der DDR — die wachsende Bedeutung kollektiven Verbrauchs zum politischen Ziel erhoben wird, so wäre zu erwarten, daß sich detaillierte Angaben über diesen gesellschaftlichen Konsum auch in den amtlichen Statistiken finden. Doch leider bleibt gerade die Berichterstattung über die Staatsausgaben für kulturelle, wissenschaftliche und soziale Zwecke deutlich hinter der Finanzstatistik der Bundesrepublik zurück. Trotz der unterschiedlichen Qualität des statistischen Materials und aller methodischen Vorbehalte wurde versucht, den Einfluß öffentlicher Leistungen (vgl. Kapitel IV, VI und VII) auf die Lebenshaltung wenigstens annähernd zu bestimmen (vgl. die Methodischen Hinweise im Anhang).

Der gesellschaftliche Konsum im engeren Sinne (Staatsausgaben für kulturelle, wissenschaftliche und soziale Zwecke) ist danach in der DDR wahrscheinlich — anders, als bisher vermutet — je Einwohner (in M bzw. DM) etwas niedriger und in Prozent des Bruttosozialprodukts kaum höher als in der Bundesrepublik, wenn seine „Kaufkraft" auch die des gesellschaftlichen Konsums in der Bundesrepu-

Kapitel V

blik leicht übersteigen dürfte. Angesichts der in der DDR deutlich niedrigeren Einkommen ist seine Bedeutung für die Lebenshaltung in der DDR aber höher zu veranschlagen als in der Bundesrepublik.

Die Struktur dieses gesellschaftlichen **Konsums** näher zu analysieren, ist kaum möglich. Mit einiger Sicherheit läßt sich aber feststellen, daß der Anteil der Staatsausgaben für Wissenschaft und Bildung am Bruttosozialprodukt in der DDR um wenigstens ein Viertel höher als in der Bundesrepublik sein dürfte. Über qualitative Unterschiede des kollektiven Verbrauchs sagt dieser Vergleich allerdings nichts aus.

a) Pro-Kopf-Verbrauch ausgewählter Güter

Nahrungsmittel

346. In beiden deutschen Staaten ist seit Jahren eine deutliche Tendenz zum Kauf höherwertiger Konsumgüter festzustellen, die allerdings in der DDR schwächer ausgeprägt ist. Dies gilt auch für den Verbrauch von Nahrungsmitteln. Wenn hierbei auch in der DDR nach wie vor Kohlehydrate und Fette eine große Rolle spielen (vgl. Tabelle A 105) — 1968 war der Pro-Kopf-Verbrauch von Fetten (28,2 kg), Mehl (91,8 kg) und Kartoffeln (150 kg) erheblich höher als in der Bundesrepublik (25,5 kg; 65,4 kg; 110 kg) —, so sinkt doch der Verbrauch z. B. von Brot, Hülsenfrüchten und Kartoffeln, wenn auch langsamer als in der Bundesrepublik, allmählich zugunsten eiweißreicher, teurer Nahrungsmittel wie Fleisch, Eier und Milch. Bei den meisten der übrigen Nahrungsmittel ist der Pro-Kopf-Verbrauch annähernd gleich hoch, lediglich bei Obst liegt er in der Bundesrepublik höher. Dabei schwankt der Pro-Kopf-Verbrauch von Frischobst in der DDR — in Abhängigkeit von den jeweiligen Inlandsernten — von Jahr zu Jahr stark, weil vorwiegend Südfrüchte, allerdings nur in begrenztem Umfang, importiert werden.

Genußmittel

347. Der Pro-Kopf-Verbrauch von Genußmitteln hat sich in den letzten Jahren auch in der DDR ständig erhöht und heute bei den meisten Gütern etwa den Verbrauch der Bundesrepublik im Jahr 1960 erreicht. Die Ursache für diesen geringeren Konsum ist angesichts des in der DDR niedrigeren Einkommensniveaus einmal in den z. T. erheblich höheren Preisen zu suchen, die in der DDR für diese Güter zu zahlen sind. Zum anderen aber beruht der noch bestehende Unterschied darauf, daß gerade in den letzten Jahren der Genußmittelverbrauch in der Bundesrepublik besonders kräftig gestiegen ist.

Industrielle Güter

348. Ähnlichkeiten im Verbrauch und Gebrauch industrieller Güter sind zwar festzustellen, doch wird der Vergleich gerade hier durch noch bestehende qualitative Unterschiede erschwert. Er läßt sich noch am ehesten hinsichtlich der Ausstattung der Haushalte mit langlebigen Konsumgütern anstellen.

b) Bestand an langlebigen Haushaltsgütern

349. Ein Vergleich läßt erkennen, daß die Haushalte in der DDR bei vielen industriellen Konsumgütern heute den Bestand in der Bundesrepublik zu Mitte der 60er Jahre erreicht haben. Deutlich ist der Unterschied noch immer in der Motorisierung, die in der DDR zu vier Fünfteln von Motorrädern und Mopeds getragen wird, in der Bundesrepublik jedoch im gleichen Ausmaß von Personenkraftwagen. Allerdings hat sich auch in der DDR der Pkw-Bestand in den letzten zehn Jahren mehr als vervierfacht.

Ausstattung nach Einkommen

350. Bei einem Vergleich der Ausstattung der Haushalte nach Einkommensgruppen [17] fällt auf, daß die unteren Gruppen in der DDR an der Motorisierung — anders als in der Bundesrepublik — kaum beteiligt sind. Dagegen sind Fernsehgeräte und Radios in der Bundesrepublik und der DDR in allen Einkommensschichten stark verbreitet, weniger dagegen Plattenspieler und Tonbandgeräte, die in den unteren Einkommensgruppen in der Bundesrepublik stärker als in der DDR vertreten sind. Auffallend ist die Übereinstimmung bei Fotoapparaten, wahrscheinlich auch deshalb, weil die Preise dieser Erzeugnisse in der DDR im Verhältnis zu anderen relativ niedrig sind; allerdings ist die Altersstruktur des Bestandes an diesen Erzeugnissen in der Bundesrepublik günstiger. Trotz des in der DDR erheblich höheren Preises einzelner dieser Haushaltsgüter gleicht ihr Bestand in der DDR in den höheren Gruppen dem in der Bundesrepublik. Eine Erklärung hierfür findet sich in der weitaus häufigeren Beschäftigung von Frauen in der DDR, die eine Haushaltsführung mit größerer Reservehaltung und höherem Mechanisierungsgrad erzwingt.

Qualitätsunterschiede

351. Die Gleichartigkeit des Ausstattungsgrades läßt allerdings bestehende Qualitätsunterschiede nicht erkennen; so werden Waschvollautomaten in der DDR erst seit kurzem angeboten, während sie in der Bundesrepublik schon seit Jahren zunehmend im Bestand vertreten sind. Diese Unterschiede sind — weniger ausgeprägt — auch für andere Erzeugnisse festzustellen, während über die Reparturanfälligkeit der Haushaltsgüter keine exakte Aussage möglich ist. Zwar ist erst im Frühjahr 1970 von der Wirtschaftsführung der DDR die hohe Ausschußquote bei Farbfernsehgeräten und Waschautomaten kritisiert worden, doch ist auch in der Bundesrepublik eine deutliche Zunahme der Störanfälligkeit vieler Geräte nicht zu übersehen. In der DDR wirken sich diese Erscheinungen jedoch deshalb weit unangenehmer für die Bevölkerung aus, weil es an Ersatzteilen mangelt und ausreichende Reparaturkapazitäten nicht zur Verfügung stehen.

c) Tourismus

352. Mit wachsendem Wohlstand und zunehmender Motorisierung ist in beiden deutschen Staaten die Reisefreudigkeit der Bevölkerung stark angewachsen. Wenn auch die für die Bundesrepublik und die DDR vorliegenden statistischen Angaben nur gröbere Vergleiche gestatten, so sind doch gleichartige Tendenzen unverkennbar. So ist im Jahr 1968 sowohl in der Bundesrepublik als auch in der DDR mehr als ein Drittel der Bevölkerung während des Urlaubs verreist gewesen. Die Reiseintensität (Anteil der Urlaubsreisenden über 15 Jahre an der Gesamtbevölkerung) betrug 1966 in der Bundesrepublik 39 % [18] und in der DDR 35 % und dürfte 1969 über 40 % gelegen haben.

Ähnlichkeiten zeigen sich auch in der Beteiligung (1966) der verschiedenen sozioökonomischen Gruppen der Bevölkerung am Reisen, wobei die soziale Zugehörigkeit zwar nicht immer gleich abgegrenzt, aber doch gut vergleichbar ist.

Rd. 85 % aller Urlauber der DDR — gegenüber rd. 50 % der Urlauber der Bundesrepublik — verbringen ihre Ferien im jeweiligen Staat [19]. Bevorzugte Reiseziele in der DDR sind die Ostseeküste und der Thüringerwald, in der Bundesrepublik die (Vor-)Alpen, der Schwarzwald sowie die Nord- und Ostseeküste [20].

Übersicht 43

Anteil der Urlaubsreisenden in % ihrer Gruppe (1966)

BRD		DDR	
Facharbeiter	37	Facharbeiter	38
Arbeiter	33	Angelernte Arbeiter	34
Angestellte, Beamte	67	Ungelernte Arbeiter	30
Freie Berufe und Selbständige	48	Angestellte	50
In der Landwirtschaft Tätige	8	Intelligenz	65
Hausfrauen	40	Selbständige	38
Berufslose, Rentner, Studenten	49	PGH-Mitglieder [1]	51
		LPG-Mitglieder [2]	18
		Hausfrauen	31
		Rentner	18
		Studenten	41

[1] Mitglieder von Produktionsgenossenschaften des Handwerks.
[2] Mitglieder der Landwirtschaftlichen Produktionsgenossenschaften.
Quellen: DIVO, Urlaubsreisen der westdeutschen Bevölkerung, Frankfurt a. M. 1966, S. 100.
Die Wirtschaft, 1968, Nr. 13, Beilage, Prognosen über den Fremdenverkehr.

Kapitel V
Auslandsreisen

353. Auslandsreisen können Bürger der DDR grundsätzlich nur in sozialistische Länder — ausgenommen Jugoslawien — unternehmen, wobei die Zahl der privat organisierten Reisen 1968 mehr als doppelt so hoch war wie die der vom DER-Reisebüro vermittelten. Allerdings werden für Privatreisen Devisen nur in begrenztem Umfang zur Verfügung gestellt; diese Beträge reichen in der Regel nur bei recht bescheidenen Ansprüchen (Campingreisen) aus.

Bevorzugtes Reiseziel der Touristen aus der DDR war bis 1967 — und dürfte es auch jetzt wieder sein — die CSSR, gefolgt von der UdSSR, Polen und Bulgarien. Von den Auslandsreisenden der Bundesrepublik fuhr 1968 jeweils etwa ein Viertel nach Österreich und Italien, ein Zehntel jeweils in die Beneluxländer und nach Spanien [21].

Flugreisen

354. In den letzten Jahren steigt in der DDR das Angebot an Flugpauschalreisen in sozialistische Länder deutlich. Allerdings sind diese Reisen noch so teuer, daß sie nur von wenigen Bürgern der DDR in Anspruch genommen werden dürften [22]. Von einem Massentourismus wie in der Bundesrepublik, der auch durch das rapide Anwachsen preisgünstiger Flugpauschalreisen in alle Länder gekennzeichnet ist, kann in der DDR noch nicht gesprochen werden.

Reiseausgaben

355. Bei weiteren Einkommenserhöhungen wird auch in der DDR mit ähnlichen Entwicklungen wie in der Bundesrepublik zu rechnen sein. Für 1966 wurden die Durchschnittsausgaben je Reisenden in der DDR auf 285 M und in der Bundesrepublik auf 520 DM geschätzt. 1969 gab der Reisende aus der Bundesrepublik im Durchschnitt 530 DM aus, ein Betrag, mit dem Marktforscher für die DDR frühestens 1980 rechnen.

Der mit diesen Ausgaben erworbene Gegenwert an Reisekomfort und sonstigen Leistungen ist quantitativ nicht zu erfassen.

d) Ersparnis und Vermögensbildung

356. Die Ersparnis der Bevölkerung in beiden deutschen Staaten ist im letzten Jahrzehnt deutlich gestiegen. Doch während sie sich in der Bundesrepublik nicht nur absolut erhöhte und mit 747 DM je Einwohner 1969 fast den dreifachen Betrag des Jahres 1960 erreichte, sondern mit 12 % der Nettoeinkommen auch relativ höher als 1960 (8,5 %) lag, sind 1969 in der DDR ebenso wie 1960 nur knapp 7 % gespart worden.

Die Ersparnis betrug damit 1969 in der DDR je Einwohner 322 Mark (1960: 238 M), eine Entwicklung, die angesichts der vergleichsweise schwachen Einkommensexpansion und des steigenden Ausstattungsgrades der Haushalte mit hochwertigen industriellen Konsumgütern bemerkenswert ist. Eine

Kapitel V

Erklärung hierfür findet sich darin, daß sich die Ersparnis und Vermögensbildung ebenso wie in der Bundesrepublik auf die Bezieher höherer Einkommen, vor allem auf Selbständige (und in der DDR auf Genossenschaftsbauern und -handwerker) konzentriert hat. So läßt sich errechnen[23], daß der Anteil der Arbeiter und Angestellten an der laufenden Ersparnis 1963 50 % betrug, bis 1965 bei stark gestiegenem gesamten Sparaufkommen auf rund ein Drittel zurückging und bis 1968 wieder auf etwas über 40 % anstieg. In der gleichen Zeit erhöhte sich der auf Arbeiter und Angestellte entfallende Anteil an der gesamten Ersparnis in der Bundesrepublik von 55 % auf 57 %.

Sparmotive

357. Die Sparmotive sind im einzelnen empirisch nicht bestimmbar. Für die DDR lassen sie sich jedoch mit einigen für Planwirtschaften typischen Erscheinungen erklären:

■ Die noch unzureichende Reagibilität des Warenangebots auf verändertes und nicht vorhergesehenes Konsumverhalten führt zu einem latenten Kaufkraftüberhang.

■ Das Warenangebot kann der plötzlich steigenden Nachfrage, die aus unplanmäßigen Einkommenserhöhungen (z. B. gute Ernte, Sonderschichten) resultiert, nicht schnell genug angepaßt werden.

■ Die hohen Preise einzelner Güter erfordern eine längere Ansparzeit.

■ Unregelmäßigkeiten in der Belieferung mit hochwertigen Konsumgütern zwingen zu höherer Bestandshaltung kurzfristig verfügbarer Mittel.

Zwar dürften die Motive der Sparer in der Bundesrepublik zu einem großen Teil auch von dem Wunsch nach Anschaffung teurer Konsumgüter und nach größeren Urlaubsreisen bestimmt worden sein, jedoch weit stärker als in der DDR von der Absicht einer zusätzlichen Altersversorgung und damit der langfristigen Bildung von Geld- und Sachvermögen.

Sparformen

358. Die Sparformen in beiden Staaten unterscheiden sich deutlich. So entfielen 1969 in der Bundesrepublik rd. 60 % der Ersparnis auf Spareinlagen (davon 8 % auf Bauspareinlagen), 25 % auf Wertpapiere und 15 % auf Versicherungen, dagegen in der DDR rd. 10 % auf Versicherungen, 2 % auf Wertpapiere und 88 % auf Spareinlagen. Das Bausparen spielt mit einem Anteil von rd. 3 % eine untergeordnete Rolle — ein Hinweis darauf, daß in der DDR nur

Übersicht 44

Ersparnis der privaten Haushalte

Ersparnis	1960	1961	1962	1963	1964	1965	1966	1967	1968	1969
BRD										
in Mrd. DM	16,1	18,2	19,9	23,9	29,3	35,7	35,0	35,4	40,8	45,5
in % der Nettoeinkommen	(8,5)	(8,8)	(8,8)	(9,9)	(11,1)	(12,1)	(11,2)	(11,1)	(11,9)	(12,0)
je Einwohner in DM	290	323	349	415	502	604	586	591	677	747
1960 = 100	(100)	(111)	(120)	(143)	(173)	(208)	(202)	(204)	(233)	(258)
1963 = 100	(70)	(78)	(84)	(100)	(121)	(146)	(141)	(142)	(163)	(180)
DDR										
in Mrd. M	4,1	2,9	2,1	2,7	4,1	4,8	4,5	4,6	5,2	5,5
in % der Nettoeinkommen	(6,9)	(4,7)	(3,5)	(4,4)	(6,3)	(7,0)	(6,4)	(6,3)	(6,8)	(6,9)
je Einwohner in M	238	169	123	157	241	282	264	269	304	322
1960 = 100	(100)	(71)	(52)	(66)	(101)	(119)	(111)	(113)	(128)	(135)
1963 = 100	(152)	(108)	(78)	(100)	(154)	(180)	(168)	(171)	(194)	(205)

Quelle: Vgl. Tabellen A 88 und A 89.

Kapitel V

Übersicht 45

Private Geldvermögen [1] in beiden deutschen Staaten Ende 1969

Anlageform	BRD			DDR		
	Mrd. DM	DM je Einwohner	in %	Mrd. DM	M je Einwohner	in %
Spareinlagen [2]	240	3 945	60	48	2 810	88
Wertpapiere	100	1 645	25	1 [3]	60	2
Versicherungsguthaben [4]	60	985	15	6	335	10
Zusammen	400	6 575	100	55	3 205	100

[1] BRD: Geldanlagen von Privatpersonen;
DDR: Spareinlagen der Bevölkerung bei den Kreditinstituten und Sparguthaben der Versicherungsnehmer, ohne Berücksichtigung der Veränderungen im Geldumlauf.
[2] BRD: Spar- und Bauspareinlagen, Terminanlagen u. a. Forderungen.
DDR: Konten- und Bauspareinlagen und Sichteinlagen.
[3] Geschätzt an Hand der für 1967 veröffentlichten Angaben über die Geldfonds der Bevölkerung aus dem Buch-, Wertpapier- und Versicherungssparen. Vgl. Statistisches Jahrbuch der DDR, 1968, S. 415.
[4] BRD: Ansprüche gegen Lebensversicherungen und Pensionskassen.
DDR: Sparguthaben der Versicherungsnehmer.

Quellen: BRD: Monatsbericht der Deutschen Bundesbank, August 1970, S. 31.
DDR: Statistisches Jahrbuch der DDR, 1970, S. 332 f.

geringe Möglichkeiten der Umwandlung von Geld- in Sachvermögen bestehen. So hat der Eigenheimbau auch nicht annähernd die gleiche Bedeutung wie in der Bundesrepublik (vgl. Kapitel IV).

Die Vermögensbildung ist somit in der DDR fast vollständig auf Bildung von Geldvermögen beschränkt. Mit rd. 3200 M je Kopf der Bevölkerung erreichte es 1969 etwa die Hälfte des Betrages in der Bundesrepublik. Dabei ist zu berücksichtigen, daß die Kaufkraft dieser zum Teil für den Erwerb teurer Konsumgüter angelegten Ersparnisse im Verhältnis zur DM noch erheblich niedriger ist.

5. Anhang

Methodische Hinweise

Zu 2 b) Persönliche Einkommen

Eine Gegenüberstellung von Einkommen und Lebensstandard zwischen der Bevölkerung der Bundesrepublik und der DDR wird dadurch erschwert, daß die amtliche Statistik in der DDR nur wenig Einkommensdaten veröffentlicht, die überdies wegen abweichender Einkommensdefinitionen mit denen der Bundesrepublik nicht voll vergleichbar sind. Auch fehlt eine kurzfristige Berichterstattung über die Einkommensentwicklung. Schließlich werden die Einkommensangaben in der DDR im wesentlichen auf Arbeiter und Angestellte beschränkt, während der Lebensstandard der Selbständigen und Genossenschaftsmitglieder nicht durch offizielle Angaben belegt wird. Hinsichtlich des Einkommens der Rentner liegen detailliertere Daten über die im Rahmen der Sozialversicherung gewährten Durchschnittsrenten vor; über die Struktur und Entwicklung der Gesamteinkommen der nicht mehr erwerbstätigen Personen — insbesondere also der Rentnerhaushalte — steht jedoch ebenfalls kein amtliches Material zur Verfügung.

Die detaillierten Einkommensangaben für die Bundesrepublik beruhen auf Eckdaten der volkswirtschaftlichen Gesamtrechnung, die an die von der DDR ausgewiesenen Informationen angepaßt und — wenn erforderlich — durch Schätzungen ergänzt wurden.

Der Übersicht über die monatlichen Durchschnittseinkommen nach sozioökonomischen Gruppen im Jahre 1965 liegen folgende Zahlen der Einkommensbezieher zugrunde:

	In 1000 Personen	
	BRD	DDR
Arbeitnehmer (einschließlich beschäftigte Rentner)	21 780	7 045
Selbständige (und Genossenschaftsmitglieder in der DDR)	3 080	1 330
Rentner	8 355	2 535

Die durchschnittlichen Einkommen aller Arbeitnehmer werden von der Statistik der DDR nicht ausgewiesen; sie wurden deshalb — einschl. der in dieser Statistik nicht erfaßten Beschäftigungsgruppen — geschätzt. Grundlage hierfür waren die Makrodaten der Einkommensverteilungsrechnung des DIW. Sie fußen auf der für 1965 veröffentlichten Struktur der Geldeinnahmen der Bevölkerung der DDR nach sozioökonomischen Gruppen und zahlreichen Einzelangaben in der Fachliteratur der DDR. Die Ergeb-

Kapitel V

nisse liegen — beginnend 1960 — geringfügig (rd. 5 %) über früheren Schätzungen (Vgl. Bruno Gleitze, Die Industrie der Sowjetzone unter dem gescheiterten Siebenjahrplan, Berlin 1964, S. 90 ff.). Dabei ist zu beachten, daß das durchschnittliche Arbeitnehmereinkommen einer Volkswirtschaft durch den Umfang der Teilzeitbeschäftigung beeinflußt wird. Die Zahl der Teilzeitbeschäftigten in der Bundesrepublik dürfte relativ niedriger sein als in der DDR.

Die durchschnittlichen Arbeitnehmereinkommen für ausgewählte Wirtschaftsbereiche werden in der DDR durch Einkommensangaben für vollbeschäftigte Arbeiter und Angestellte in der sozialistischen Wirtschaft repräsentiert. Diese Daten werden durch Umwandlung des gesamten Arbeitsvolumens auf betriebsübliche Arbeitszeit zu Vollerwerbspersonen ermittelt. In der Bundesrepublik werden derartige Umrechnungen auf Vollbeschäftigte nur gelegentlich für die Landwirtschaft vorgenommen, in der mehr als in anderen Bereichen unständige, saisonabhängige und andere Teilzeitbeschäftigung üblich ist.

Ein Vergleich von effektiven Gesamteinkommen in der Bundesrepublik mit Vollarbeitsverdiensten in der DDR führt zwangsläufig zu einem für Westdeutschland ungünstigen Bild. Es mußte daher zumindest eine Anpassung gefunden werden, die zu einer annähernden Übereinstimmung der zugrunde gelegten Einkommensdefinitionen führte. Soweit statistisch möglich, wurden deshalb für die Arbeiterverdienste in der Bundesrepublik repräsentative Verdiensterhebungen herangezogen, die in ihrer Begriffsabgrenzung dem vollbeschäftigten Arbeitnehmereinkommen der DDR weitgehend entsprechen. Für die Angestellten sind dagegen effektive Verdiensterhebungen ohne Rücksicht auf unterschiedlichen Arbeitseinsatz verwendet worden. In diesem branchenspezifischen Vergleich fehlen öffentliche und private Dienstleistungen sowie die Verdienste im privaten und halbstaatlichen Bereich, für die in der DDR keine Angaben veröffentlicht werden.

Zu 2 d) Einkommen der privaten Haushalte

Der Berechnung der Zahl der Haushalte in der Bundesrepublik liegen Angaben des Statistischen Bundesamtes zugrunde. Die Haushaltszahl für die DDR wurde, ausgehend von der Volks- und Berufszählung 1964 und weiteren demographischen Daten, geschätzt.

Zahl der Haushalte (in 1000)

	BRD	DDR
1960	17 875	6 690
1964	20 370	6 635
1967	21 385	6 890

Die Einkommensstatistik in der DDR gibt zwar auch über die Nettoeinkommen der privaten Haushalte keine umfassende Auskunft für alle Bevölkerungsgruppen, stellt aber die Einkommenssituation der Arbeiter- und Angestelltenhaushalte (zusammengefaßt) recht deutlich dar. Für diese Bevölkerungsgruppe wird auch eine Einkommensschichtung (bis 1967) vorgelegt, die weit eher als die Angaben über durchschnittliche Einkommenswerte die Charakteristika der Einkommensverteilung widerspiegelt. Da die geschichteten Einkommensangaben auch nach der Größe der Haushalte gegliedert sind, werden vergleichende Analysen zu den Indikatoren der Lebenshaltung erleichtert. Den in der Bundesrepublik bisher veröffentlichten Ergebnissen sind die im DIW erstellten Einkommensschichtungen für die Bundesrepublik gegenübergestellt worden. Kontrollrechnungen haben ergeben, daß auf Grund der Konsistenz der verfügbaren Daten ein Einkommensvergleich auch mit geschichteten Einkommensgruppen für vertretbar gehalten werden konnte.

Der Berechnung für die Bundesrepublik liegen die im DIW ständig durchgeführten Untersuchungen zugrunde, über die in den Vierteljahrsheften zur Wirtschaftsforschung berichtet wird.

Die Schätzung des Haushaltseinkommens der Rentner in der DDR für 1968 erfolgte nach der von Mitzscherling (Soziale Sicherung in der DDR, Berlin 1968, S. 86) angewandten Methode. Dem Rechengang wurden folgende Daten zugrunde gelegt:

Sozialeinkommensbezieher (in 1000)

Männer	1 150
Frauen	2 300
Zusammen	3 450

Beschäftigte Rentner (in 1000)

Männer	310
Frauen	390
Zusammen	700

Durchschnittliche Arbeitseinkünfte der beschäftigten Rentner (monatlich in M)	265
verheiratete Altersrentner (in 1000)	760
Rentnerehefrauen ohne eigene Einkünfte (in 1000)	230
Rentnerehefrauen mit Einkünften (in 1000)	530
Monatliche Durchschnittsrente der Rentnerehefrauen mit eigenen Einkünften (in M)	150

Quellen: Statistisches Jahrbuch der DDR, 1970;
Schätzungen des DIW, Berlin.

Zu 3 c) Kosten der Lebenshaltung — Kaufkraftvergleich

Dem Kaufkraftvergleich liegen — den Wandlungen der Verbrauchsverhältnisse angepaßt — für die Stichjahre verschiedene Warenkörbe zugrunde, von denen jeder einzelne sowohl mit Preisen der Bundesrepublik als auch mit Preisen der DDR bewertet wurde. Diese Berechnungen wurden im DIW durchgeführt. Der Inhalt dieser Warenkörbe wurde für die Berechnungen nach der Verbrauchsstruktur der Bundesrepublik an Hand der Ergebnisse aus den laufenden Wirtschaftsrechnungen für 4-Personen-Arbeitnehmerhaushalte mit mittlerem Einkommen sowie 2-Personen-Rentnerhaushalten und der der amtlichen Preisindexziffer für die Lebenshaltung von 4-Personen-Arbeitnehmerhaushalten zugrunde gelegten Verbrauchsgliederung zusammengestellt. Für 1960 wurde der Warenkorb Basis 1958, für 1966 der Warenkorb der Basis 1962 und für 1969 der neue Warenkorb der Basis 1962 — aber in der mit Hilfe der Preisveränderung auf 1968 fortgerechneten Struktur — verwendet. Die Anzahl der Einzelpositionen mußte dabei mit Rücksicht auf das verfügbare Preismaterial in den verschiedenen Bedarfsbereichen etwas zusammengefaßt werden. Immerhin war das beschaffte Vergleichsmaterial so reichhaltig, daß die wichtigen Waren und Dienste der Lebenshaltung berücksichtigt und als repräsentativ für ihre Gruppe eingesetzt werden konnten.

Für die Berechnungen nach der DDR-Verbrauchsstruktur standen nicht so reichhaltige Informationen über den Verbrauch von Haushalten zur Verfügung; es wurden nur die Anteile einiger weniger Bedarfsgruppen am Gesamtverbrauch einzelner Haushaltstypen und der gesamte volkswirtschaftliche Pro-Kopf-Verbrauch von einigen Konsumwaren veröffentlicht. Gestützt auf die im Statistischen Jahrbuch der DDR für 4-Personen-Arbeitnehmerhaushalte und 2-Personen-Rentnerhaushalte veröffentlichten Verbrauchsstrukturen und ergänzt durch weitere Informationen aus der Verbrauchsgüterstatistik wurden mit Hilfe der Erfahrungen aus den Wirtschaftsrechnungen der Bundesrepublik die Warenkörbe nach der Verbrauchsstruktur der DDR aufgestellt. Für das Jahr 1969 wurde bei der Verbrauchsstruktur der Bundesrepublik mit rd. 285 und der Verbrauchsstruktur der DDR mit rd. 220 Positionen gerechnet.

Die zur Bewertung verwendeten Preise wurden, soweit möglich, der jeweiligen offiziellen Preisstatistik entnommen; ferner wurden Informationen aus der Presse und aus Versandkatalogen gesammelt sowie Preisbeobachtungen verschiedener Institutionen in der Bundesrepublik und der DDR herangezogen. Bei einer Reihe von Positionen mußte allerdings eine gewisse Ungenauigkeit des Vergleichs hingenommen werden, weil Differenzen in Qualität und Verfügbarkeit der angebotenen Waren und Dienste, die nicht in Zahlen auszudrücken sind, einen exakten Preisvergleich erschweren. Als unvertretbar in diesem Zusammenhang erschien der Vergleich der Ausgaben für Dienste des Bank- und Versicherungswesens, des Beherbergungs- und Reisegewerbes und der Handwerksdienste des Baugewerbes; sie wurden von den Berechnungen ausgenommen.

Zu 4) Indikatoren der Lebenshaltung

Der Vergleich der jeweiligen Staatsausgaben für kulturelle, wissenschaftliche und soziale Zwecke, die den „gesellschaftlichen Konsum" im engeren Sinne repräsentieren, war erst nach Bereinigung vereinzelter systembedingter Abweichungen möglich. Dagegen konnten grundsätzliche Erfassungsunterschiede nur zu einem Teil (Erstattungen der Sozialversicherungen an den Haushalt des Gesundheitswesen in der DDR, vgl. Kapitel VI) bereinigt werden. Da der Haushalt der DDR die Bruttoausgaben, der der Bundesrepublik die Nettoausgaben enthält, sind die Ausgaben für die DDR in nicht quantifizierbarem Umfang als überhöht anzusehen.

Es wurden nur die nicht durch Beitragseinnahmen finanzierten Ausgaben erfaßt (vgl. auch Tabelle A 110). Von den aus öffentlichen Mitteln finanzierten Beamtenpensionen der Bundesrepublik wurde deshalb auch nur ein Betrag einbezogen, der dem Anteil der Bundeszuschüsse an den Ausgaben der Rentenversicherung der Angestellten entspricht. Von den Kinderzuschlägen im öffentlichen Dienst der Bundesrepublik blieben 50 % unberücksichtigt, um eine Annäherung an den Kreis der nach dem Bundeskindergeldgesetz Berechtigten zu erreichen.

Kosten der betrieblichen Berufsausbildung wurden 1967 in der Bundesrepublik vom Staat nur in geringem Umfang (unter 100 Mill. DM institutioneller Förderung) getragen.

Übersicht Anhang V, 1

Vergleich der Staatsausgaben für kulturelle, wissenschaftliche und soziale Zwecke im Jahre 1967

Ausgabenart	BRD	DDR	BRD	DDR
	in Mill. DM bzw. M		in % des Bruttosozialprodukts	
Soziale Sicherung [1] (Gesundheits- und Sozialwesen)	30 309 [2]	7 040 [3]	6,1	5,7
Allgemeinbildende Schulen	10 427 [4]	2 762 [5]	2,1	2,3
Berufsbildende Schulen, Fach- und Hochschulen, Wissenschaft [6]	8 067	2 736 [7]	1,6	2,2
Kunst und Kultur [8]	1 577 [9]	743 [10]	0,4	0,6
Sport	466	151	0,1	0,1
Insgesamt	50 846	13 432	10,3	10,9
(je Kopf der Bevölkerung in DM bzw. M)	(849)	(786)		

[1] Einschl. Sozialversicherung, Sozialhilfe, Jugendhilfe, öffentlicher Gesundheitsdienst, Kriegsopferversorgung, LAG, Arbeitslosenversicherung. — Vgl. Kap. VI, Tab.
[2] Reinausgaben (93 997) ./. Beitragseinnahmen (47 675 ./. Pensionen und die Hälfte des Kindergeldes im öffentlichen Dienst (12 560) + fiktive Staatszuschüsse zur Altersversorgung der Beamten (1350) ./. Vermögenserträge und sonstige Mittel (4803) = öffentliche Mittel für die soziale Sicherung (30 309).
[3] Reinausgaben (15 121) ./. Beitragseinnahmen (8181) + Investitionen (100) = öffentliche Mittel für die soziale Sicherung (7040).
[4] Einschl. Schulverwaltung und übriges Unterrichtswesen.
[5] Einschl. Internate, Institute, Kabinette und Einrichtungen der Lehrerweiterbildung sowie anderer Schulzwecke, Schul- und Kinderspeisung, Pionierhäuser und -stationen sowie zentrale Pionierlager, Feriengestaltung.
[6] Einschl. sonstige Ausgaben für wissenschaftliche Zwecke.
[7] Einschl. wissenschaftliche Aus- und Fortbildung im Gesundheitswesen sowie 50 % der Kosten der betrieblichen Berufsbildung.
[8] Einschl. Volkshochschulen.
[9] Einschl. kirchliche Angelegenheiten.
[10] Einschl. kulturelle Massenarbeit abzüglich der durch Eigeneinnahmen finanzierten Institutionen wie Kinos, Filmbetriebe, Fernsehen, Rundfunk (700).

Quelle: BRD: Statistisches Bundesamt, Finanzen und Steuern, Reihe 1/II, Öffentliche Finanzwirtschaft, 1967.
DDR: Statistisches Jahrbuch der DDR, 1970.

Kapitel V

Da in der DDR die Betriebsberufsschulen dominieren, in der Bundesrepublik dagegen die vom Fiskus finanzierten Berufsschulen, wurde die Hälfte der in der DDR für betriebliche Berufsausbildung entstehenden Ausgaben, d. h. 325 Mill. M, einbezogen.

Die Position „Sonstige Ausgaben für kulturelle Zwecke" im Staatshaushalt der DDR enthält fast ausschließlich Ausgaben für Leistungen, die in der Bundesrepublik nicht vom Staat finanziert werden (Kinos, Filmateliers, Verleihfirmen, Nachrichtenbüros, Fernsehen, Rundfunk u. a.). Von den hier ausgewiesenen 762 Mill. M wurde nur ein Betrag in Höhe von 62 Mill. M für eigentliche „Sonstige kulturelle Zwecke" berücksichtigt (Zuweisungen an Religionsgemeinschaften usw.).

Aus dem Statistischen Jahrbuch der DDR, 1967, S. 413, ergibt sich, daß in den Staatsausgaben für 1964 und 1965 Investitionen enthalten sind. In den Statistischen Jahrbüchern der Folgejahre ist das Fehlen der Investitionen ausdrücklich vermerkt, ohne daß die Zeitreihen korrigiert worden wären. Weitere Widersprüche über die Investitionen in den kulturellen und sozialen Bereichen finden sich in der Investitionsberichterstattung. So werden für 1967 sowohl 391 Mill. M (Statistisches Jahrbuch der DDR, 1969, S. 44) als auch 975 Mill. M (Statistisches Jahrbuch der DDR, 1970, S. 44; ohne Wissenschaft und Forschung) genannt.

Da in den Staatsausgaben der Bundesrepublik Ausgaben für Investitionen enthalten sind, wurde für die DDR eine Investitionssumme von 1 Mrd. M angenommen und wie folgt verteilt: Soziale Sicherung = 100 Mill. M, Allgemeinbildende Schulen und sonstige Schulen (einschl. Wissenschaft) = je 350 Mill. M, Kunst und Kultur = 150 Mill. M, Sport = 50 Mill. M.

Zu 4 b) Bestand an langlebigen Haushaltsgütern

Untersuchungszeitpunkte: Bundesrepublik: Januar 1969; DDR: August 1969.

Für die Bundesrepublik wurde der Ausstattungsgrad, nicht der Bestand je 100 Haushalte ermittelt, d. h. mehrfach in einem Haushalt vorhandene Geräte werden nur einmal erfaßt. Um vergleichbare Zahlen zu erhalten, wurde der Ausstattungsgrad bei einigen Gütern (wenn mehr als 5 % mit den betreffenden Geräten ausgestattete Haushalte mehrere dieser Geräte besaßen) mit einem Koeffizienten erhöht, der die Mehrfachbesetzung wiedergibt. Diese Koeffizienten wurden wie folgt geschätzt:

	insgesamt	Einkommensgruppen		
		untere	mittlere	obere
Pkw	1,07	1,00	1,07	1,15
Fahrrad	1,50	1,50	1,60	1,50
Radio	1,10	1,05	1,10	1,15
Fotoapparat	1,10	1,00	1,10	1,15

Die Einkommensgruppen wurden für die DDR nach dem Haushaltsbruttoeinkommen gebildet, jedoch sind die Einkommensgrenzen der drei Gruppen nicht veröffentlicht. Für die Bundesrepublik wurden einigermaßen gleich stark besetzte Gruppen nach dem Haushaltsnettoeinkommen gebildet. Die Grenzen sind:

untere Gruppe: weniger als 800 DM (41,3 %),
mittlere Gruppe: zwischen 800 und 1200 DM (29,6 %),
obere Gruppe: mehr als 1200 DM (29,1 %).

Die Ermittlung der DDR-Bestände je 100 Haushalte weicht von der nach Einkommensgruppen gegliederten ab. Ersterer wird kumulativ aus dem jährlichen Inlandsverbrauch, dividiert durch die Zahl der Haushalte, berechnet und enthält somit auch unbrauchbare oder bereits ausgesonderte Geräte (Ausnahme: Kraftfahrzeuge, Radios und Fernsehgeräte). Demgegenüber wird der Ausstattungsgrad nach Einkommensgruppen durch repräsentative Haushaltsbefragungen erfaßt.

Anmerkungen zu Kapitel V

[1] Die Mark der DDR ist eine Binnenwährung, deren Kaufkraft von der zentralen Wirtschaftsverwaltung festgelegt ist und für die kein allgemein anerkannter Wechselkurs besteht. Auch sind die Preise der Güter fixiert und weichen in unterschiedlichem Maße von den Weltmarktpreisen ab.
Die gesamtwirtschaftliche Leistung, das Sozialprodukt, wird in der DDR grundsätzlich zu Marktpreisen bewertet, so daß die unterschiedliche Wirkung der indirekten Steuern, die hauptsächlich auf Konsumgüter erhoben werden, zu Verzerrungen der Preisstruktur auf der Verwendungsseite des Sozialprodukts führt.

[2] Vgl. hierzu insbesondere H. Seidler, Die gegenwärtigen Grundtendenzen der Wirtschaft Mitteldeutschlands, in: Vierteljahreshefte zur Wirtschaftsforschung 1965, Heft 2, S. 231, sowie P. Mitzscherling, Zunehmender Dirigismus oder Ausbau des neuen ökonomischen Systems?, in: Vierteljahreshefte zur Wirtschaftsforschung, 1969, Heft 2, S. 227.

[3] Vgl. Wörterbuch der Ökonomie, Sozialismus, Berlin (Ost) 1969, S. 506.

[4] Mehrleistungslohn wird also schon bei Erfüllung der vorgegebenen Norm gezahlt. Bei einer Mindererfüllung der Norm ist der „Abzug" vom geplanten Mehrleistungslohn bei einer Leistung von 100 in der Regel weitaus höher als der „Zuschlag" bei einer Übererfüllung: Der im Schwermaschinenbau der DDR 1966 gezahlte Prämienstücklohn nach Plannorm sah bei einer Untererfüllung um 5 % einen Abzug von 0,45 M je Stunde von der Mehrleistungsprämie vor, bei einer Übererfüllung um 7 % aber nur einen Zuschlag von 0,14 M. Vgl. Arbeit und Arbeitsrecht, Berlin (Ost) 1966, Heft 6, S. 129 ff.

[5] Da sich der leistungsgebundene Teil des Lohns infolge veränderter Normen immer weiter vom Tariflohn entfernt hat, sind vor allem die an den Tariflöhnen ausgerichteten Löhne und Gehälter in den Dienstleistungsbereichen zurückgeblieben. Das Tarifvertragssystem in der DDR wird deshalb gegenwärtig mit dem Ziel überarbeitet, Basislöhne zu bilden, die sich aus den Tariflöhnen und wesentlichen Teilen der bisherigen Mehrlöhne zusammensetzen. Sie werden innerhalb der Lohngruppen für die Produktionsarbeiter nach dem Niveau der Automatisierung, Mechanisierung und Produktionsorganisation differenziert. Vgl. Politische Ökonomie des Sozialismus und ihre Anwendung in der DDR, Berlin (Ost) 1969, S. 813 f.

[6] Vgl. Ökonomie der Arbeit, Berlin (Ost) 1968, S. 578.

[7] Zur Jahreswende 1969/70 erhielten 1,7 Mill. Arbeiter und Angestellte in den zentralgeleiteten VEB im Durchschnitt eine Jahresprämie in Höhe von zwei Dritteln eines Monatsverdienstes.

[8] Anstelle der den Lebensstandard besser kennzeichnenden Haushaltseinkommen konnten hierzu lediglich die persönlichen Einkommen einschl. der zusätzlich gezahlten Sozialeinkommen und sonstigen Nebeneinkünfte nach ihrer sozioökonomischen Struktur herangezogen werden.

[9] Unter Einschluß der Schlechtwettergeldzahlungen errechnet sich als durchschnittliches Arbeitnehmereinkommen im Baugewerbe für 1960 ein Betrag von 577 DM (1969: 1174 DM).

[10] Die an Hochschullehrer gezahlten Vergütungen sind in der Bundesrepublik und in der DDR durch Gesetze bzw. Verordnungen geregelt. Während 1970 ein ordentlicher Professor (verheiratet, 2 Kinder, Endgehalt) an der Humboldt-Universität in Ost-Berlin ein Monatsgehalt von insgesamt rd. 3700 M bezog, erhielt sein in West-Berlin tätiger Kollege eine Vergütung von 3600 DM, zuzüglich einer als durchschnittlich angenommenen monatlichen Unterrichtsgeldpauschale von 1000 DM. Ein frischbestallter wissenschaftlicher Assistent (ledig) bezog im Osten der Stadt rd. 800 M, im Westen 1700 DM. Sondergehälter für hochqualifizierte Wissenschaftler werden, nach Zustimmung der zuständigen Minister bzw. Senatoren, in beiden Staaten gewährt; sie erreichten in der DDR 1970 höchstens 4000 M, in West-Berlin rd. 6500 DM monatlich. Ob Hochschullehrern in der DDR Nebenleistungen gewährt werden, ist nicht bekannt.

[11] Eine die Progression mildernde Steuerbelastung in der Ehegattenbesteuerung wird allerdings in der Bundesrepublik durch das „Splitting-Verfahren" erreicht.

[12] Nach Berechnungen des DIW, Berlin.

[13] In der nach Quintilen — also Fünftln aller Haushalte — geordneten Übersicht wird die Struktur über den jeweils verfügten Anteil am Gesamteinkommen ausgewiesen. Eine Einkommensverteilung ist um so gleichmäßiger, je besser die Haushalts- und Einkommensteile einander entsprechen, d. h. je mehr sich die Lorenzkurve der Diagonalen im Schaubild nähert (vgl. Schaubild 12).

[14] Für Kartoffeln, Gemüse und Obst wurden wegen der starken saisonalen Einflüsse Jahresdurchschnittspreise herangezogen.

[15] Diese Gruppe umfaßt alle Waren, die nicht Nahrungs- und Genußmittel sind, also eine Fülle industrieller Erzeugnisse unterschiedlichster Bedarfskategorien. Ihre Qualität differiert zwischen den Vergleichsgebieten zum Teil stark und erschwert einen Preisvergleich. Dies gilt z. B. bei textilen Erzeugnissen und Bekleidung, sowohl hinsichtlich der verwandten Gewebe als auch der Paßform und Verarbeitung, wo sich Unterschiede auf Haltbarkeit, Trageeigenschaften und Aussehen auswirken.
Bei Haushaltsartikeln und sonstigen technischen Erzeugnissen sind außer teilweise unterschiedlichem Einsatz und unterschiedlicher Verarbeitung von Rohstoffen Abweichungen in der technischen Ausstattung zu beachten. Während z. B. für Fotoapparate, Rundfunkgeräte und elektrische Kleingeräte vergleichbare Waren zu ermitteln sind, können bei elektrischen Großgeräten z. B. nur Waren mit ähnlichen technischen Daten herangezogen werden. Vgl. auch Tabelle A 103.

[16] In der Statistik der DDR werden die Ergebnisse nur nach wenigen Bedarfsgruppen gegliedert für verschiedene Haushaltstypen veröffentlicht. Hier werden die Daten von 4-Personen-Arbeitnehmerhaushalten wiedergegeben. Sie repräsentieren zwar nicht in jedem Fall den Durchschnitt für die gesamte Bevölkerung, kommen aber doch den durchschnittlichen Verbrauchsverhältnissen aller Arbeitnehmer sehr nahe.

[17] Der von der amtlichen Statistik der DDR veröffentlichte Ausstattungsgrad der Haushalte ist nur unter Vorbehalten verwendbar, wie der Vergleich des Bestandes je 100 Haushalte mit dem nach Einkommensgruppen gegliederten erkennen läßt. Der im Ausweis von Fernsehgeräten und Radios sichtbar werdende Widerspruch beruht vermutlich darauf, daß die oberen Einkommensgrenzen weit nach oben geschoben sind, während die untere Einkommensgruppe ein breites Einkommensspektrum umfassen dürfte. Die Diskrepanzen sind damit allein jedoch nicht zu erklären; sie beruhen möglicherweise darauf, daß beiden Bestandsausweisen unterschiedliche Ermittlungsverfahren zugrunde liegen.

[18] Für die Bundesrepublik: Mitteilung des Deutschen Wirtschaftswissenschaftlichen Instituts für Fremdenverkehr an der Universität München; für die DDR: Die Wirtschaft, 1968, Heft 13, Beilage.

[19] Mehr als die Hälfte dieser Reisen ist individuell organisiert, rd. 10 % werden vom Reisebüro DER vermittelt, 15 % von den Betrieben und etwa ein Viertel vom FDGB. Damit erhalten jährlich etwa 1,1 Mill. von rd. 7 Mill. FDGB-Mitgliedern die Vergünstigungen des gewerkschaftlichen Reisedienstes. Die Preise für einen ein- bis zweiwöchigen Aufenthalt in betriebseigenen und FDGB-Heimen betragen je nach Jahreszeit, Qualität der Unterkunft und Höhe des Einkommens zwischen 30 und 110 M; für 1968 läßt sich ein Durchschnittspreis von rd. 80 M errechnen. (Vgl. Statistisches Jahrbuch der DDR, 1970, S. 410 und S. 495.)

[20] Der innerdeutsche Reiseverkehr nimmt eine Sonderstellung ein: Während 1968 rd. 1,3 Mill. Bürger der Bundesrepublik nach Erteilung einer Aufenthaltserlaubnis in die DDR (einschließlich Ost-Berlins) z. T. nur wenige Tage reisten, besuchten etwas mehr als 1 Mill. Einwohner der DDR — fast ausschließlich Rentner — für höchstens vier Wochen ihre Verwandten in der Bundesrepublik. Diese Rentnerreisen sind offensichtlich bei den in Übersicht 43 erfaßten Reisen unberücksichtigt geblieben.

[21] 1969 behielten Österreich (27 %) und Italien (25 %) ihre dominierende Stellung, gefolgt von Spanien/Portugal (15 %), Schweiz (7 %), Frankreich (5 %) und Jugoslawien (4 %).

[22] So kostet z. B. eine 8tägige Flugreise nach Moskau und Leningrad für DDR-Bürger (Touristenkategorie) 650 M, für Bürger der Bundesrepublik (ab Berlin; Touristenkategorie) 589 DM, EZ 717 DM. Der Preis für eine 21tägige Flugreise nach Sonnenstrand/Bulgarien (ab Berlin; Luxus-Kategorie) beträgt für DDR-Bürger 1350 M, für Bürger der Bundesrepublik (EZ, HS) 875 DM. — Vgl. DDR-Reisetips 1970, Berlin (Ost), Versandhauskataloge der Bundesrepublik.

[23] Vgl. Statistisches Jahrbuch der DDR, 1970, S. 363, sowie Statistische Praxis, 1966, Heft 8, S. 337.

Kapitel VI

Hauptaspekte der Sozialen Sicherung

◆ Das System der sozialen Sicherung in der Bundesrepublik ist institutionell sehr stark differenziert, während das System in der DDR stark zentralisiert ist. In der DDR sind die Betriebe stärker in die Soziale Sicherung einbezogen als in der Bundesrepublik. Der Anteil der versicherten Personen ist in der DDR höher als in der Bundesrepublik. (360—368)

◆ In der Bundesrepublik wird zwischen den Haushalten der Sozialversicherung und den Haushalten der Gebietskörperschaften streng getrennt. In der DDR ist der Haushalt der Sozialversicherung als selbständiger Bestandteil in den Staatshaushalt einbezogen. Der Anteil der öffentlichen Mittel an den Reineinnahmen der Sozialen Sicherung in der Bundesrepublik ist von 43 % im Jahre 1965 auf 40 % im Jahre 1969 zurückgegangen. In der DDR stieg dieser Anteil im gleichen Zeitraum von 45,5 % auf 50 %. (369—379)

◆ In beiden Staaten erbringen die Unternehmen bzw. Betriebe finanzielle Leistungen, vor allem zur zusätzlichen Sicherung kranker Arbeitnehmer. (363)

◆ Steigende soziale Aufwendungen wurden in der Bundesrepublik durch Beitragserhöhungen für die Versicherten und durch Steigerungen der staatlichen Zuschüsse finanziert. In der DDR blieben dagegen der Beitragssatz von 20 % und die Beitragsbemessungsgrenze von 600 Mark seit Jahren konstant; der Finanzausgleich wurde fast vollständig über den Staatshaushalt hergestellt. (370—373)

◆ Während in der Bundesrepublik sowohl auf der Leistungsseite als auch auf der Aufbringungsseite ein der Entwicklung der Einkommen folgendes dynamisches System besteht, zeigt sich in der DDR eine geringe Flexibilität bei den Leistungen, die lediglich in größeren Abständen erhöht worden sind.
(371, 372, 392)

◆ Der Anteil der Barleistungen zur Sozialen Sicherung am Bruttosozialprodukt zu jeweiligen Preisen betrug im Durchschnitt der Jahre 1965 bis 1969 in der Bundesrepublik 13,4 %, in der DDR dagegen nur 8,6 % des Bruttosozialprodukts in Preisen von 1967. Ungefähr 70 % dieser Leistungen entfallen in beiden Staaten auf Renten an Alte, Invalide und Hinterbliebene. (380—385)

◆ Der Anteil der Sachleistungen am Bruttosozialprodukt und deren Strukturen sind in beiden Systemen der sozialen Sicherung einander sehr ähnlich. (376)

◆ Die Reinausgaben der Sozialen Sicherung (Barleistungen, Sachleistungen, Verwaltungskosten) betrugen im Durchschnitt der Jahre 1965 bis 1969 für die Bundesrepublik 18,0 % des Bruttosozialprodukts („Sozialleistungsquote"), für die DDR 12,4 % infolge der geringeren Aufwendungen für die Renten, die durch niedrige Durchschnittsbeträge und geringe Kumulationsmöglichkeiten begründet sind. (377)

◆ In beiden Staaten erhalten arbeitsunfähig Erkrankte einen Ausgleich für entgangene Arbeitseinkommen. Dieser Ausgleich wird in beiden Staaten durch Zahlungen der Sozialversicherungsträger und der Unternehmen bzw. Betriebe vorgenommen.

In der Bundesrepublik werden die Löhne für je sechs Wochen auch bei verschiedenen Krankheiten fortgezahlt, in der DDR dagegen jeweils nur einmal im Kalenderjahr für sechs Wochen. Von der siebenten Woche der Arbeitsunfähigkeit ab werden in beiden Staaten nach der Kinderzahl gestufte Leistungen gezahlt; in der Bundesrepublik sind die Regelungen günstiger als in der DDR.
(380, 381)

◆ Die kurzfristigen Geldleistungen bei Arbeitsunfähigkeit infolge Unfall oder Berufskrankheit entsprechen den Leistungen im Krankheitsfall. Die Quote der Arbeitsunfälle ist in der Bundesrepublik doppelt so groß wie in der DDR. (383)

◆ Für Schwangere und Wöchnerinnen bestehen in beiden deutschen Staaten gleiche Schutzfristen und weitgehend übereinstimmende Regelungen für den Ausgleich des Einkommens. Darüber hinaus wird in der DDR eine einmalige Staatliche Beihilfe in progressiver Staffelung für jedes Kind gewährt, die beträchtlich höher ist als die entsprechende Leistung in der Bundesrepublik. (382)

◆ Sachleistungen der Krankenversicherung werden in der Bundesrepublik von privaten Einrichtungen und vom öffentlichen Gesundheitswesen angeboten. In der DDR überwiegt dagegen die Betreuung durch den staatlichen Gesundheitsdienst. (386)

◆ Die Zahl der Krankenhausbetten je Einwohner unterscheidet sich in beiden deutschen Staaten kaum. Das gilt auch für die Verweildauer, die in beiden deutschen Staaten sinkt. Die Versorgung der Bevölkerung mit Ärzten ist in der Bundesrepublik und in der DDR ungefähr gleich. Bei Zahnärzten ist sie jedoch in der DDR erheblich schlechter. (387)

◆ In der Bundesrepublik werden im Gegensatz zur DDR die Versicherten im Falle der Inanspruchnahme von Versicherungsleistungen an den Kosten beteiligt. (388)

◆ Der grundlegende Unterschied beider Systeme der Alterssicherung besteht darin, daß es im Unterschied zur Bundesrepublik in der DDR keine jährliche Anpassung der Ruhegelder an die allgemeine Einkommensentwicklung gibt. Damit bleiben die Rentner in der DDR zunehmend hinter der Wohlstandsmehrung der aktiven Bevölkerung zurück. (390—392)

◆ Die Berechnungsfaktoren sind in beiden Rentensystemen ähnlich. Ihre Bemessung und Kombination in den jeweiligen Berechnungsformeln ist jedoch so unterschiedlich, daß sich für das Jahr 1970 theoretische Höchstrenten für die Arbeitnehmer in der Bundesrepublik (ohne Knappschaftsversicherung) von über 1300 DM, in der DDR von 363 Mark ergeben. Die rechnerisch möglichen und tatsächlich gewährten Altersrenten streuen in der Bundesrepublik weit mehr als in der DDR. Auch in der DDR ist seit der Rentenreform des Jahres 1968 eine freiwillige Zusatzversicherung möglich. (393—394)

◆ Für die Barleistungen im Falle der Invalidität gelten grundsätzlich die gleichen Berechnungsmethoden wie für die Altersruhegelder. (402—405)

◆ In der Bundesrepublik reicht ein niedrigerer Invaliditätsgrad zur Gewährung von Renten aus als in der DDR, soweit es sich nicht um eine Unfallrente handelt. (403, 404)

◆ Rehabilitationsmaßnahmen werden in der Bundesrepublik entsprechend der Dezentralisierung des Systems der sozialen Sicherung von verschiedenen Trägern angeboten. In der DDR liegt die Verantwortung weitgehend bei der Sozialversicherung. Hier wird auch mehr Gewicht auf die rasche Wiedereingliederung in das Erwerbsleben gelegt. (407)

◆ Leistungen für die Familie werden in der DDR anders als in der Bundesrepublik in hohem Maße unter arbeitsmarktpolitischen Gesichtspunkten bemessen. Vor allem soll den Frauen der Eintritt in den Beruf und die Berufstätigkeit selbst erleichtert werden. Die Leistungen für Hinterbliebene von versicherten Arbeitnehmern sind in der Bundesrepublik wesentlich besser als in der DDR. (408—414)

◆ Zum Schutz der Arbeitnehmer gegen Erwerbsrisiken gibt es nur in der Bundesrepublik ein eigenständiges und voll ausgebautes System von Maßnahmen und Leistungen. Dies ist in erster Linie darauf gerichtet, Schäden vorbeugend zu verhüten, anstatt wie früher Folgen von Schäden zu beseitigen. Tarifverträge zwischen Gewerkschaften und Unternehmerorganisationen sowie Betriebsvereinbarungen zwischen Betriebsräten und Unternehmensleitungen sichern in der Bundesrepublik Arbeitnehmer zusätzlich gegen nachteilige Folgen des technisch-organisatorischen Wandels. (415—420)

◆ In der DDR gibt es nach offizieller Lesart keine Arbeitslosigkeit. Arbeitsmarktpolitik im Sinne der Arbeitskräftelenkung verbindet als wichtiger Teil der ökonomischen Planung das Bildungssystem mit der Wirtschaft. Die Gewährung von Arbeitslosengeld beruht noch immer auf einer Verordnung aus dem Jahre 1947. (421, 422)

◆ Die Einrichtungen der Sozialhilfe bzw. Sozialfürsorge gewähren in beiden deutschen Staaten subsidiäre Hilfe für diejenigen Personen, die trotz der umfangreichen Sicherungssysteme in materielle Not geraten und sich zeitweise oder dauernd nicht aus eigener Kraft helfen können. Der Vergleich müßte, um vollständig zu sein, auch die freien, halb- oder ganzstaatlichen Organisationen und Verbände umfassen. Sieht man von diesen ab, da ihre Erfassung nicht möglich ist, so kann festgestellt werden, daß die Leistungen in der Bundesrepublik höher sind als die in der DDR. (426)

◆ Für die Beamtenversorgung in der Bundesrepublik gibt es in der DDR kein Gegenstück. Nur für die wissenschaftliche und künstlerische Intelligenz gibt es eine über die allgemeine Alterssicherung hinausgehende Zusatzversorgung.

Die Kriegsbeschädigten werden in der Bundesrepublik besser versorgt als in der DDR.

Den vielfältigen Entschädigungen, die in der Bundesrepublik an die Geschädigten des NS-Regimes und des Krieges samt seiner direkten Folgen geleistet werden, stehen in der DDR die Ehrenpensionen für Antifaschisten gegenüber. (427)

359. Der Vergleich der Sozialpolitik in der Bundesrepublik und in der DDR wird auf die Systeme der sozialen Sicherung in den beiden Staaten beschränkt. Als Systeme der sozialen Sicherung werden dabei jene Einrichtungen und Maßnahmen verstanden, die auf Grund gesetzlicher Vorschriften oder sonstiger staatlicher Normen dazu dienen, bei besonderen als sozial anerkannten Tatbeständen wie Krankheit, Unfall, Invalidität, Arbeitslosigkeit, Mutterschaft, Familiengröße und Tod

■ den Ausfall von Erwerbseinkommen durch Geldleistungen zumindest teilweise auszugleichen und/oder

■ durch die Gewährung von Dienst-, Sach- und Geldleistungen eine zusätzliche finanzielle Be-

Kapitel VI

lastung der von diesen Tatbeständen betroffenen Personen weitgehend einzuschränken bzw.

■ den Eintritt der genannten Schadensfälle möglichst zu verhindern.

Von der Untersuchung ausgenommen sind somit das Arbeitsrecht, die Betriebs- und Unternehmensverfassung sowie die Arbeits- und Sozialgerichtsbarkeit, soweit sie nicht in engem Zusammenhang mit der Sozialen Sicherung stehen.

1. Organisation der Systeme der sozialen Sicherung

a) Die funktionale Gliederung der Sicherungssysteme

360. Obwohl beide Systeme der sozialen Sicherung einen gemeinsamen historischen Ausgangspunkt haben und sich auch heute noch zahlreiche Gemeinsamkeiten feststellen lassen, hat doch eine rege sozialpolitische Gesetzgebungstätigkeit in beiden Staaten zu grundsätzlichen Unterschieden in der Struktur — sowohl was die Aufgaben als auch was die einbezogenen Personenkreise betrifft — geführt. Zwar lassen sich in der Bundesrepublik wie in der DDR in grober Aufteilung jeweils drei Sozialleistungsträgergruppen abgrenzen, nämlich die öffentliche Hand, Sozialversicherung und Unternehmen bzw. Betriebe, aber die ihnen zugewiesenen Aufgaben unterscheiden sich beträchtlich.

Versicherungsträger

Dem in der Bundesrepublik räumlich, funktional und bezüglich der Versichertenkreise differenzierten System der sozialen Sicherung steht in der DDR ein stark zentralisiertes System weniger Träger mit komplexen Aufgabenbereichen gegenüber.

In der Bundesrepublik waren 1969 rd. 1850 Krankenkassen, 22 Einrichtungen der Rentenversicherung der Arbeiter und Angestellten, eine Bundesanstalt für Arbeit mit 9 Landesarbeitsämtern, 94 Träger der Unfallversicherung, 19 landwirtschaftliche Alterskassen und zahlreiche auf Landesgesetzen beruhende Versicherungs- und Versorgungseinrichtungen für freie Berufe allein für die Soziale Sicherung im Falle der Arbeitslosigkeit, der Krankheit, der Invalidität, des Alters und des Todes sowie bei Berufsunfällen zuständig.

In der DDR werden diese Aufgaben von zwei Sozialversicherungsträgern, der Sozialversicherung der Arbeiter und Angestellten und der Staatlichen Versicherung der DDR[1], sowie von wenigen Sonderversorgungseinrichtungen für Deutsche Volkspolizei, NVA, Zollverwaltung, Bedienstete der Deutschen Reichsbahn und der Deutschen Post und — soweit es das Gebiet der Berufsberatung und Arbeitsvermittlung betrifft — von den Ämtern für Arbeit und Berufsberatung bei den Räten der Bezirke und Kreise wahrgenommen. Die Sozialversicherung der Arbeiter und Angestellten, die vom FDGB geleitet wird, und die Staatliche Versicherung der DDR fassen also jeweils — als Einheitsversicherung — weitgehend die Aufgaben zusammen, die in der Bundesrepublik funktional, regional und/oder nach Versichertengruppen getrennt von den Einrichtungen der gesetzlichen Krankenversicherung, der gesetzlichen Rentenversicherung der Arbeiter und Angestellten, der gesetzlichen Unfallversicherung, von der Bundesanstalt für Arbeit (soweit es die Arbeitslosenversicherung betrifft) und von Einrichtungen für bestimmte Berufsgruppen erfüllt werden.

361. Das in beiden Staaten staatlich finanzierte Kindergeld wird in der Bundesrepublik über einen Träger der Sozialversicherung, nämlich durch die Bundesanstalt für Arbeit, in der DDR über die Betriebe ausgezahlt. Die Auszahlung der Mutterschaftsleistungen erfolgt in beiden Staaten über das Sozialversicherungssystem. Außerdem obliegt der Sozialversicherung der Arbeiter und Angestellten und der Staatlichen Versicherung der DDR im Auftrage des Staates die Sicherung ehemaliger Beamter[2], ehemaliger Volkspolizisten sowie der Kriegsinvaliden und Kriegshinterbliebenen. Die Sozialversicherung nimmt damit Aufgaben wahr, die in der Bundesrepublik dem Bereich der staatlichen Versorgung zugeordnet werden.

Versorgungseinrichtungen

Direkt von staatlichen Einrichtungen werden in der DDR als Versorgungsleistungen „Ehrenpensionen" an Verfolgte des Faschismus und Kämpfer gegen den Faschismus sowie an verdiente Staatsbürger gewährt. Wie in der Bundesrepublik sind für die Sozialhilfe bzw. Sozialfürsorge die Gemeinden organisatorisch zuständig.

Eine Maßnahme, die der Zusatzversorgung der Arbeiter und Angestellten im öffentlichen Dienst der Bundesrepublik ähnelt, stellt die zusätzliche Altersversorgung der Intelligenz an wissenschaftlichen, künstlerischen, pädagogischen und medizinischen Einrichtungen der DDR dar. Sie erfolgt über Versicherungsverträge dieser Einrichtungen mit der Staatlichen Versicherung der DDR. Eine ähnliche Regelung besteht für die technische Intelligenz in den volkseigenen und ihnen gleichgestellten Betrieben und wird aus Beiträgen der Betriebe finanziert.

Gesundheitswesen

362. Staat und Sozialversicherung arbeiten in der DDR auf dem Gebiet des Gesundheitsschutzes eng zusammen: Es werden nicht nur die Krankenhausbetten zu über 90 % von staatlichen Krankenhäusern bereitgestellt, sondern auch die überwiegende Zahl der Polikliniken, Ambulatorien und Apotheken sowie die meisten Arzt- und Zahnarztpraxen gehören zum öffentlichen Gesundheitswesen.

Im Jahr 1969 gab es in der DDR 444 Polikliniken; davon wurden 62 als „selbständig" ausgewiesen, jedoch ohne Angabe der Eigentumsform. Bei der Aufgliederung von insgesamt 819 Ambulatorien wird die Eigentumsform nicht erwähnt; die meisten (606) sind Land- und Betriebsambulatorien, also mit Sicherheit unter staatlicher Verwaltung. Von den insgesamt 1458 Apotheken waren 73 in privatem Besitz.

Dieser kurze Überblick zeigt, daß schon in der Organisation eine klare Trennung zwischen Versorgung und Sozialversicherung in der DDR nicht gegeben ist, sondern die Sozialversicherung in erheblich größerem Umfang als in der Bundesrepublik Aufgaben der staatlichen Versorgung wahrnimmt. Enge funktionale Beziehungen zwischen der staatlichen Verwaltung und der Verwaltung der Sozialversicherung bestehen auf allen Verwaltungsebenen, angefangen bei der Ebene der Ministerien und des FDGB-Bundesvorstandes bzw. der Zentrale der Staatlichen Versicherung der DDR bis hinunter zur Ebene der Kreise und der Betriebe. Diese Situation einer engen Integration des Gesamtsystems der sozialen Sicherung in der DDR wird durch den Tatbestand unterstrichen, daß auch die Betriebe sehr viel enger in dieses System einbezogen sind, als dies in der Bundesrepublik der Fall ist.

Aufgaben der Betriebe

363. Sieht man von den betrieblichen Sozialleistungen ab, so beschränkt sich die Funktion der Unternehmen in der Bundesrepublik im Rahmen der Sozialen Sicherung weitgehend auf die Fortzahlung von Lohn und Gehalt in den ersten sechs Wochen der Arbeitsunfähigkeit und auf eine Beteiligung an Unfallverhütungsmaßnahmen der Berufsgenossenschaften. Eine den Verhältnissen in der DDR ähnliche enge Beziehung zwischen Betrieben und Krankenversicherungssystem besteht in der Bundesrepublik lediglich im Bereich der Betriebskrankenkassen.

In der DDR obliegt dagegen nicht nur den volkseigenen und halbstaatlichen Betrieben und Verwaltungen, sondern auch zahlreichen privaten Betrieben die Auszahlung kurzfristiger Barleistungen. Die Betriebe tragen mit eigenen Polikliniken und Ambulatorien zum Krankenversicherungsschutz der Bevölkerung bei. Ein wesentlich größeres Gewicht als in der Bundesrepublik kommt ihnen bei der vorbeugenden Gesundheitsfürsorge und bei der Unfallverhütung zu. Diese enge Verbindung mit dem System der sozialen Sicherung wird organisatorisch durch Räte, Kommissionen und Bevollmächtigte der Sozialversicherung in den Betrieben erreicht.

b) Mitgliederstruktur der Sicherungseinrichtungen und Versicherungspflicht

364. Die Zuordnung verschiedener Personengruppen zu den Versicherungseinrichtungen geht in der DDR, anders als in der Bundesrepublik, von der Grundkonzeption einer getrennten Versicherung der Arbeitnehmer einerseits (Sozialversicherung des FDGB) und der sonstigen Erwerbstätigen andererseits (Sozialversicherung bei der Staatlichen Versicherung der DDR) aus. Zwar ist diese Konzeption nicht vollständig verwirklicht; sie prägt jedoch deutlich die Struktur.

Sozialversicherung des FDGB

Bei der Sozialversicherung des FDGB sind alle Arbeiter und Angestellten, Ärzte, Zahnärzte, Tierärzte sowie Studenten, Hoch- und Fachschüler, Jugendliche in Jugendwerkhöfen und in Ausbildung befindliche Ausländer pflichtversichert.

Staatliche Versicherung der DDR

Der Staatlichen Versicherung der DDR obliegt die Pflichtversicherung der in der Handwerksrolle eingetragenen Handwerker, sonstiger Selbständiger mit nicht mehr als fünf Beschäftigten, Mitglieder landwirtschaftlicher und sonstiger Produktionsgenossenschaften und Rechtsanwaltskollegien sowie der mithelfenden Familienangehörigen. Diese Pflichtversicherung umfaßt den Schutz bei Krankheit, Invalidität, Unfall, Arbeitslosigkeit, Mutterschaft, Alter und Tod des Ernährers. Lediglich für die Angehörigen der Volkspolizei, der Volksarmee und des Zolls sowie für die Bediensteten der Reichsbahn und Post bestehen für Alters-, Invaliditäts- und Unfallversorgung Sondereinrichtungen, deren Leistungen nach einer bestimmten Mindestbeschäftigungszeit an die Stelle der Sozialversicherung treten.

Versicherungssystem der Bundesrepublik

365. Demgegenüber weist das System der sozialen Sicherung in der Bundesrepublik zahlreiche Differenzierungen zwischen den einzelnen Versicherungszweigen hinsichtlich der Versicherungspflicht und der Möglichkeit zur freiwilligen Weiterversicherung auf. Der grundsätzlichen Versicherungspflicht aller Arbeiter in allen Sozialversicherungsbereichen steht die durch Einkommensgrenzen und Sonderregelungen modifizierte Versicherungspflicht für Angestellte, insbesondere in der Krankenversicherung, gegenüber. Äußerst unsystematisch ist die Regelung der Pflichtversicherung für Selbständige, die teils als „arbeitnehmerähnliche Personen" in der Arbeiterrenten- und Angestelltenversicherung und in der Krankenversicherung pflichtversichert sind, teils als Handwerker mit beschränkter Versicherungsdauer Pflichtmitglied der Arbeiterrentenversicherung sind, als Landwirte ohne obere Einkommensgrenzen speziellen landwirtschaftlichen Alterskassen angehören oder als Angehörige freier Berufe landesgesetzlich versicherungspflichtig sind, wobei Art und Umfang der Versicherungspflicht von Bundesland zu Bundesland variieren können.

Anzahl der Versicherten

366. Zahlenangaben über die versicherten Personen oder deren prozentualen Anteil an der Gesamtbevölkerung liegen für die DDR nicht vor. Schätzungen des Anteils der durch die Sozialversicherung und die Sondereinrichtungen gesicherten Personen an der Gesamtbevölkerung liegen bei 97 % bis 99 %. Von der Versicherungspflicht befreit sind lediglich ohne Entgelt beschäftigte Ehegatten, gelegentlich Erwerbstätige und solche mit geringem Einkommen, Geistliche und Kirchenangestellte sowie alle Selbständigen (mit Ausnahme der Hand-

Kapitel VI

werker und der in Betrieben mit staatlicher Beteiligung tätigen Gesellschafter), die mehr als fünf Personen beschäftigen.

Für die Bundesrepublik sind lediglich für die gesetzliche Krankenversicherung ausreichende statistische Angaben über den gesicherten Personenkreis (Versicherte einschl. mitversicherte Familienangehörige) vorhanden. Sein Anteil an der Gesamtbevölkerung betrug 1968: 86,8 %. In der gesetzlichen Unfallversicherung waren 1967 schätzungsweise 96 % aller Erwerbstätigen versichert. An die Bundesanstalt für Arbeit zahlten im Oktober 1969: 18 620 000 Personen Beiträge; beitragsfrei versichert waren 1 155 000 Personen. Bezogen auf die jahresdurchschnittliche Erwerbstätigenzahl 1969 war dies ein Anteil von rd. 74 %. Die Arbeitnehmer (ohne Beamte) waren fast zu 100 % versichert.

Trotz der mangelhaften statistischen Unterlagen läßt sich zweifelsfrei feststellen, daß der Kreis der Sozialversicherten in der DRR nicht nur durch die Versicherungspflicht weiter gezogen ist als in der Bundesrepublik, sondern daß auch einschließlich der freiwilligen Weiterversicherung das Sicherungssystem der Bundesrepublik einen relativ geringeren Personenkreis einschließt als das der DDR. Allerdings erhalten in der Bundesrepublik Beamte bei Krankheit Beihilfen zu den Krankheitskosten. Im übrigen sind die nicht von der Sozialversicherung erfaßten Personen im allgemeinen durch eine private Versicherung gegen soziale Risiken geschützt.

c) Die Organisation der Sozialversicherungsträger

367. Die Träger der Sozialversicherung in der Bundesrepublik und die Bundesanstalt für Arbeit sind Körperschaften des öffentlichen Rechts, die einem staatlichen Aufsichtsrecht unterliegen. Im Rahmen der gesetzlichen Vorschriften obliegt ihnen die Festlegung und der Einzug der Beiträge sowie die Bewilligung von Leistungen, die über die gesetzlichen Pflichtleistungen hinausgehen.

Auch in der DDR haben die beiden Sozialversicherungsträger, die Sozialversicherung der Arbeiter und Angestellten beim FDGB und die Staatliche Versicherung der DDR, die Rechtsstellung von juristischen Personen. Da die Haushalte der beiden Einrichtungen jedoch Bestandteil des Staatshaushalts der DDR sind, steht ihnen grundsätzlich nicht das Recht zu, über Beiträge und Leistungen zu beschließen und ihre Haushalte festzusetzen. Der Ermessensspielraum für die eigentliche Leistungsgewährung ist erheblich begrenzter als in der Bundesrepublik.

Selbstverwaltungsorgane

368. Die Sozialversicherungsträger der Bundesrepublik besitzen als Selbstverwaltungsorgane einen Vorstand und eine Vertreterversammlung, die — in der Regel paritätisch — von gewählten Vertretern der Arbeitgeber und der Versicherten besetzt werden. Der Vorstand wird von der Vertreterversammlung gewählt und vertritt den Versicherungsträger gerichtlich und außergerichtlich. Die Vertreterversammlung beschließt die Satzung und den Haushalt des Versicherungsträgers, bestellt und entlastet den Vorstand und setzt den Beitragssatz sowie Leistungen, die über Pflichtleistungen hinausgehen, fest. Die Selbstverwaltung der Bundesanstalt für Arbeit weicht hiervon ab. Die Organe der Bundesanstalt sind Vorstand und Verwaltungsrat sowie die Verwaltungsausschüsse der Landesarbeitsämter und Arbeitsämter. Die Verwaltungsausschüsse setzen sich zu je einem Drittel aus Vertretern der Arbeitnehmer, der Arbeitgeber und öffentlicher Körperschaften zusammen. Diese Vertreter werden nicht gewählt, sondern von den Gewerkschaften, den Arbeitgeberverbänden und von Bund, Ländern und Gemeinden benannt.

In der DDR ist die Selbstverwaltung der vom FDGB verwalteten Sozialversicherung auf FDGB-Mitglieder beschränkt; Arbeitgeber und nicht im FDGB organisierte Versicherte sind von den Wahlen der betrieblichen Organe sowie der Bezirks- und Kreisvorstände des FDGB, die die Verwaltung der Sozialversicherung auf betrieblicher und regionaler Ebene durchführen, ausgeschlossen. Die Staatliche Versicherung der DDR führt die Sozialversicherung für die oben erwähnten Personenkreise neben der allgemeinen Personen- und Sachversicherung durch. Für diese Personengruppen werden bei der Sozialversicherung Fonds gebildet, für deren Verwaltung Beiräte bestehen, die von den jeweiligen Fachverbänden (Handwerkskammer) besetzt werden; Wahlen finden nicht statt.

2. Die Finanzierung der Sozialen Sicherheit

a) Das Finanzierungssystem

Das Finanzierungssystem in der Bundesrepublik

369. In der Bundesrepublik sind im Unterschied zur starken Integration der Sozialversicherung der DDR in das staatliche Finanzwesen die Haushalte der Sozialversicherungsträger streng von den öffentlichen Haushalten getrennt. Soweit Bundeszuschüsse an die Sozialversicherung geleistet werden, erscheinen nur diese auf der Ausgabenseite des Bundeshaushalts.

Die Verwaltung der Finanzierungsmittel der Sozialversicherung in der Bundesrepublik liegt, angefangen vom Beitragseinzug bis zur Mittelverwendung, im Organisationsbereich der Sozialversicherung, deren einzelne Träger innerhalb gesetzlicher Grenzen nicht nur über den Leistungsrahmen entscheiden können, sondern auch — mit Ausnahme der Rentenversicherungsträger — über die Beitragssätze beschließen.

Neben den über den Staat und die Sozialversicherungsträger finanzierten Leistungen werden in beiden Systemen Sozialaufwendungen auf Grund gesetzlicher Vorschriften direkt vom Unternehmen bzw. vom Betrieb erbracht, wie z. B. die Lohn- und Gehaltszahlung für arbeitsunfähig Erkrankte in der Bundesrepublik und die Zuschüsse zum Krankengeld in der DDR.

Verankerung im Staatshaushalt der DDR

Wesentliche Teile des Finanzaufkommens der Sozialversicherung beim FDGB und der Staatlichen Versicherung der DDR bestehen zwar aus Beiträgen der Versicherten und der Betriebe. Doch sind Staat und Sozialversicherung organisatorisch und finanzpolitisch eng miteinander verbunden. Dies zeigt sich darin, daß die Haushaltspläne der Sozialversicherung seit 1951 in den Staatshaushalt einbezogen sind, wenn auch als selbständiger Bestandteil.

Auch der Beitragseinzug erfolgt über die staatliche Finanzverwaltung, und zwar in dem Umfang, in dem die in den Betrieben eingezogenen Beiträge die von den Betrieben gezahlten kurzfristigen Geldleistungen übersteigen. Diese von der staatlichen Finanzverwaltung eingezogenen Beiträge wurden bis Ende 1967 über das Ministerium für Finanzen an die Abteilung Sozialversicherung beim FDGB bzw. an die Staatliche Versicherung der DDR (damals DVA) überwiesen und dort zentral verwaltet. Anfang 1968 wurde damit begonnen, die Finanzverwaltung der Sozialversicherung zu dezentralisieren und den Räten der Kreise sowie den FDGB-Kreisvorständen größere verwaltungsmäßige Befugnisse bei der Mittelverwendung einzuräumen.

Neben dem selbständigen Teil der Sozialversicherung weist die Ausgabenseite des Staatshaushaltes der DDR noch eine Gruppe „Gesundheits- und Sozialwesen" aus, in der die Aufwendungen für die stationäre und ambulante medizinische Versorgung der Bevölkerung, für Hygiene- und Gesundheitserziehung, medizinische Wissenschaft sowie für Heime des Sozialwesens, Kinderkrippen, Unterstützungen für Mutter und Kind und zahlreiche andere Leistungen aufgeführt sind.

Diese beiden Teile überschneiden sich insofern, als Ausgaben für von der Sozialversicherung finanzierte Leistungen, die von staatlichen Einrichtungen, insbesondere dem Gesundheitswesen, erbracht werden, sowohl unter „Sozialversicherung" als auch unter der Gruppe „Gesundheits- und Sozialwesen" ausgewiesen werden (vgl. die Methodischen Hinweise im Anhang).

b) Das Finanzierungsverfahren

370. Die Finanzierung der Sozialleistungen vollzieht sich in beiden deutschen Staaten grundsätzlich nach dem Umlageverfahren, d. h. die Ausgaben einer Periode werden durch die gleichzeitigen Einnahmen gedeckt, eine Kapitaldeckung künftiger Leistungen findet nicht statt. Die freiwilligen Zusatzversicherungen bilden eine Ausnahme.

Dieses Verfahren galt immer für staatliche Leistungen, dagegen hat es sich in der Sozialversicherung, insbesondere in der Rentenversicherung der Bundesrepublik erst allmählich durchgesetzt.

Unterschiede in der Finanzierung

Unterschiede zwischen der Bundesrepublik und der DDR bestehen bei der Finanzierung der Sozialversicherung in zwei Punkten:

- Während in der Bundesrepublik neben steigenden staatlichen Zuschüssen in der Regel die Heraufsetzung der Beiträge zur Deckung der Ausgaben herangezogen wurde, wurden in der DDR Beitragssätze und Beitragsbemessungsgrenze der Sozialversicherung konstant gehalten, und der Einnahmen-Ausgaben-Ausgleich erfolgte über den Staatshaushalt.

- Die finanzielle Selbständigkeit der Versicherungsträger in der Bundesrepublik erfordert die Ansammlung von Liquiditätsreserven, da eine Deckungsgarantie der öffentlichen Hand nur in Sonderfällen vorgesehen ist. In der DDR bestehen derartige Reservefonds nicht. In Verbindung mit der geplanten größeren finanziellen Verantwortung einzelner Teilbereiche der Sozialversicherung und der verstärkten Kontrolle der Ausgaben der Sozialversicherung wird eine Bildung von Reservefonds jedoch erwogen.

Beitrags- und Staatsfinanzierung

371. Bei der Aufbringung der Finanzmittel für das System der sozialen Sicherung zeigen sich im Vergleich der beiden deutschen Staaten große Übereinstimmungen: Es werden an Versorgungs- und Fürsorgeleistungen aus Mitteln der öffentlichen Haushalte finanziert

in der Bundesrepublik: Kriegsopferversorgung, Lastenausgleich, Wiedergutmachung, Unterhaltssicherung, Sozialhilfe, Jugendhilfe;

in der DDR: Kriegsopferrenten, Ehrenpensionen an Verfolgte des Faschismus und Kämpfer gegen den Faschismus, Sozialfürsorge, Jugendhilfe.

Zwar nicht übereinstimmend, aber doch ähnlich geregelt ist die Beamtenversorgung. Wenn es auch in der DDR keine Berufsbeamten mehr gibt, so besteht doch eine staatliche Altersversorgung für die Beschäftigten von Post und Bahn.

Familienleistungen wie das Kindergeld und Kinderzuschläge im öffentlichen Dienst in der Bundesrepublik und die staatliche Unterstützung für Mutter und Kind in der DDR werden aus Mitteln der öffentlichen Haushalte aufgebracht.

Ähnlichkeiten sind auch bei der Finanzierung der Sozialversicherung festzustellen: Sie erfolgt aus Beiträgen und Staatszuschüssen. Die Beiträge werden in der Regel zu gleichen Teilen von den Arbeitnehmern und von den Unternehmen bzw. Betrieben aufgebracht und proportional zum Einkommen der

Kapitel VI

Versicherten bis zu bestimmten Einkommensobergrenzen erhoben. Zur Finanzierung der Unfallversicherung werden spezielle risikoabhängige Beiträge von den Betrieben erhoben. Für die im Bergbau Beschäftigten gelten in beiden Staaten Regelungen, die höhere Gesamtbeiträge vorsehen, den Beitragsanteil der Arbeitnehmer jedoch auf ein Drittel beschränken (Bundesrepublik: Beiträge zur Knappschaftlichen Rentenversicherung; DDR: Beiträge zur Sozialversicherung insgesamt).

Finanzierung der Sozialversicherung

372. Zahlreiche Unterschiede ergeben sich insbesondere bei der Finanzierung der Sozialversicherung:

In der Bundesrepublik variieren die Beitragssätze nicht nur zwischen Versicherungsbereichen, sondern bei der gesetzlichen Krankenversicherung sogar zwischen den einzelnen Kassen. In der DDR wird ein Gesamtbeitrag für alle Sozialversicherungsleistungen, ausgenommen die Unfallversicherung, erhoben.

In der Bundesrepublik divergieren dagegen die Beitragsbemessungsgrenzen zwischen der Rentenversicherung der Arbeiter und Angestellten (1971: monatlich 1900 DM), der Knappschaftlichen Rentenversicherung (2300 DM) und der Krankenversicherung (1425 DM). Die Bemessungsgrenze der Beiträge zur Bundesanstalt für Arbeit (1900 DM) ist seit dem 1. Januar 1970 gleich derjenigen der Arbeiterrenten- und Angestelltenversicherung. Außerdem werden die Beitragsbemessungsgrenzen automatisch oder durch gesetzliche Einzelregelungen von Zeit zu Zeit der Entwicklung der Einkommen angepaßt. In der DDR besteht dagegen seit über 20 Jahren für alle Versicherten eine einheitliche Beitragsbemessungsgrenze von 600 M Monatseinkommen oder 7200 M Jahreseinkommen.

In beiden Systemen garantiert letztlich der Staat die finanzielle Funktionsfähigkeit der Sozialversicherung. In der Bundesrepublik zahlt der Staat Zuschüsse für besondere Leistungen und/oder allgemeine, quantitativ begrenzte Zuschüsse.

In der DDR dagegen finanziert der Staat die Deckungslücke zwischen Ausgaben und Einnahmen, ohne daß dies von Fall zu Fall gesetzlich sanktioniert zu werden braucht. Dieses Verfahren führte in der DDR zu einer langfristigen Konstanz der Beitragssätze (z. B. für Arbeiter und Angestellte einschl. Arbeitgeberbeitrag 20 % seit über 20 Jahren) bei ständig steigenden Staatszuschüssen. In der Bundesrepublik werden dagegen die wachsenden Aufwendungen auch durch erhöhte Beitragssätze in der Renten- und Krankenversicherung [3] finanziert. Im Jahr 1969 betrugen die Beitragssätze (Arbeitnehmer- und Arbeitgeberanteil) bei der Rentenversicherung der Arbeiter und Angestellten 16 %, bei der Bundesanstalt für Arbeit 1,3 % und im Durchschnitt der Krankenkassen für Angestellte 8,5 %, für Arbeiter ohne Lohnfortzahlungsanspruch 10,5 %. Die Beitragssätze für Angestellte, deren Einkommen innerhalb der (niedrigen) Beitragsbemessungsgrenze der Krankenversicherung lag, betrugen damit insgesamt 25,8 % und bei Arbeitern mit sofortigem Anspruch auf Barleistungen 27,8 %. Der entsprechende Beitragssatz dürfte 1970 für beide Gruppen etwa bei 26,8 % gelegen haben.

Besondere Berufsgruppen

373. Im Grundsatz ähnlich wie z. B. in der Handwerkerversicherung der Bundesrepublik gelten für die in der Staatlichen Versicherung der DDR Pflichtversicherten nach Berufsgruppen differenzierte Beitragsregelungen, die von denen der Sozialversicherung der Arbeiter und Angestellten abweichen. Diese Abweichungen beruhen teilweise auf der Notwendigkeit anderer Bemessungsgrundlagen oder auf eingeschränkten Leistungsansprüchen (z. B. kein Krankengeld), zum Teil jedoch auch auf der gesellschaftspolitischen Zielsetzung der Förderung bestimmter Berufsgruppen. Das letztere dürfte auf die Mitglieder landwirtschaftlicher Produktionsgenossenschaften zutreffen, für die ohne Leistungseinschränkung ein Beitragssatz von 9 %, bezogen auf ihre Geld- und Naturaleinkünfte, gilt und für die keine Beiträge der LPG abgeführt werden. Selbständige Erwerbstätige und Unternehmer zahlen für die Sozialversicherung ohne Krankengeldansprüche 14 %, wenn sie keine fremden Arbeitskräfte beschäftigen, 17 %, wenn sie fremde Arbeitskräfte beschäftigen. Nicht nur aus diesen Beitragsunterschieden, sondern auch als Folge der gesonderten Versicherung für eine Versichertengruppe, die eine rückläufige Zahl von beitragzahlenden Mitgliedern aufweist, dürfte sich erklären, daß die Staatszuschüsse zur Sozialversicherung bei der Staatlichen Versicherung der DDR relativ zu den Gesamteinnahmen weitaus höher sind als zur Sozialversicherung des FDGB.

c) Die Aufwendungen für die Soziale Sicherung und ihre Finanzierung

374. Die Gesamtaufwendungen für die soziale Sicherung und ihre Finanzierung über Beiträge und Staatszuschüsse lassen sich für die DDR nicht ohne Schwierigkeiten ermitteln. Es wurde daher versucht, über die Schätzung einzelner Aufwandsarten und der Beitragszahlungen als Differenz den staatlichen Finanzierungsanteil festzustellen.

Aufwendungen

Die Gesamtaufwendungen für die Soziale Sicherung sollen im folgenden in zwei Gruppen gegliedert werden, nämlich in Barleistungen (Einkommensübertragungen) und Sachleistungen (einschl. Verwaltungskosten) des Staates und der öffentlich-rechtlichen Körperschaften. Die freiwilligen und die auf gesetzlicher Grundlage direkt vom Unternehmen bzw. Betrieb erbrachten Leistungen bleiben wegen ihrer mangelhaften Erfaßbarkeit außer Ansatz. Im Auftrage des Staates oder der Sozialversicherung vom Betrieb ausgezahlte Leistungen werden dagegen erfaßt.

Barleistungen in der Bundesrepublik

375. Auf die Barleistungen entfallen im Sozialbudget der Bundesrepublik mehr als drei Viertel

Schaubild 13

Barleistungen insgesamt
1965 = 100

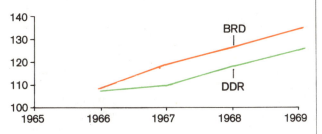

Schaubild 14

Anteile der Barleistungen an den Gesamtaufwendungen 1969

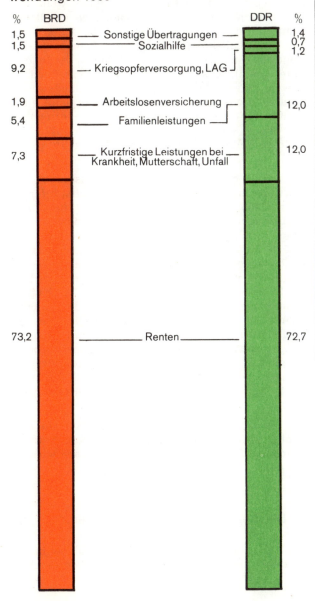

aller Leistungsaufwendungen. Dieser Anteil ging zwar in den letzten Jahren ständig, aber nur in kleinen Schritten zugunsten der Sachleistungen zurück. Über 70 % dieser Barleistungen stellten 1969 Alters-, Invaliden- und Unfallrenten sowie Bezüge aus der Beamtenversorgung, aus der Zusatzversorgung des öffentlichen Dienstes und aus der Altershilfe für Landwirte dar. Mit Ausnahme der letzteren sind diese Renten und Pensionen in ihrer Entwicklung an die Einkommensentwicklung der Arbeiter und Angestellten oder an die der Beamten gebunden; aus diesem Grunde und wegen des steigenden Anteils der Rentner an der Bevölkerung nahmen sie daher rasch zu und vergrößerten ihren Anteil an den Barleistungen insgesamt. Die restlichen rd. 30 % der Barleistungen splittern sich auf zahlreiche Leistungsarten wie Kranken-, Haus-, Verletztengeld, Kindergeld, Arbeitslosengeld, Kriegsopferrenten, Sozialhilfe und sonstige Übertragungen auf. Insgesamt beträgt der Anteil der Barleistungen der Sozialen Sicherung am Bruttosozialprodukt zu jeweiligen Preisen in der Bundesrepublik im Durchschnitt der Jahre 1965 bis 1969: 13,4 % (vgl. die Methodischen Hinweise im Anhang).

Barleistungen in der DDR

Demgegenüber betrug der Anteil der Barleistungen in der DDR am Bruttosozialprodukt zu konstanten Preisen im Durchschnitt dieser Jahre nur 8,6 % (vgl. Kapitel III). Dieses im Vergleich zur Bundesrepublik relativ niedrige Niveau trotz eines höheren Rentneranteils an der Bevölkerung ist zu einem wesentlichen Teil durch vergleichsweise niedrige Alters-, Invaliditäts- und Kriegsopferrenten bedingt. Ein wenig fällt auch ins Gewicht, daß in der DDR für zwar grundsätzlich als sozial anerkannte Risiken (Arbeitslosigkeit) Leistungen kaum anfallen oder aber Risiken, wie sie in der Bundesrepublik vorhanden sind (hohe Mietbelastung), fehlen und eine sozialpolitische Absicherung deshalb überflüssig ist.

In der Struktur gleichen sich die Barleistungen in der Bundesrepublik und in der DDR insoweit, als in beiden Staaten die Renten an Alte, Invalide und Hinterbliebene im Durchschnitt der Jahre 1965 bis 1969 rd. 70 % der Barleistungen betragen, wobei dieser Anteil auch in der DDR tendenziell ansteigt. Dagegen ergeben sich bei den rechtlichen vergleichbaren Positionen der Barleistungen erhebliche strukturelle Unterschiede. Während in der DDR die Aufwendungen für Kranken-, Haus- und Taschengeld (seit 1968 Hausgeld) der Sozialversicherung und die staatliche Unterstützungen für Mutter und Kind (einschl. Ehegattenzuschläge) mit jeweils 12 % bis 13 % Schwerpunkte darstellen, entfällt in der Bundesrepublik rd. ein Drittel der rechtlichen Barleistungen auf die Kriegsopferversorgung und den Lastenausgleich. Bezogen auf das Bruttosozialprodukt, ergaben sich bei den kurzfristigen Barleistungen bei Krankheit, Mutterschaft und Unfall die gleichen Quoten (1 %) in beiden Staaten, während sich die Quote der Familienleistungen in der Bundesrepublik mit einer Abnahme in den letzten fünf Jahren (1,0 % bis 0,7 %) allmählich von der der DDR (1,1 %) in negativer Richtung entfernte (vgl. Abschnitt 3 a).

Kapitel VI
Sachleistungen

376. Beim Vergleich der Sachleistungen zeigt sich hinsichtlich der Struktur und des relativen Niveaus

Schaubild 15

Sachleistungen insgesamt
1965 = 100

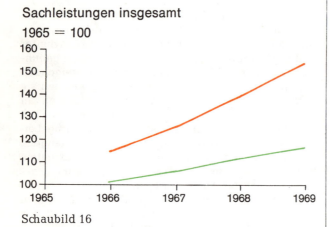

Schaubild 16

Verteilung der Leistungsaufwendungen 1969

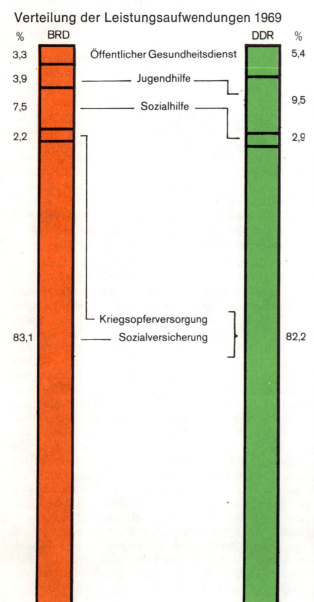

sehr weitgehende Übereinstimmung. Bezieht man die Sachleistungen (für die Bundesrepublik ohne Verwaltungskosten, für die DDR einschließlich eines sehr geringen Verwaltungskostenanteils der Sozialversicherung) auf das jeweilige Bruttosozialprodukt (für die Bundesrepublik: zu laufenden Preisen; für die DDR: zu konstanten Preisen von 1967), so ergibt sich im Durchschnitt der Jahre 1965 bis 1969 eine Quote für die Bundesrepublik von 3,8 %, für die DDR von 3,9 %. Dabei sind die Sachleistungen im Verhältnis zum Bruttosozialprodukt in der Bundesrepublik leicht angestiegen, während sie in der DDR etwa konstant geblieben sind.

In beiden Staaten werden über 80 % der Sachleistungen über die Einrichtungen der Sozialversicherung erbracht. Bezieht man für die Bundesrepublik in die Sachleistungen der Sozialversicherung aus Vergleichsgründen die Kriegsopferversorgung ein, so standen einem durchschnittlichen Anteil an den gesamten Sachleistungen von rd. 85 % in der Bundesrepublik rd. 81 % in der DDR gegenüber.

Der Strukturvergleich der rechtlichen Sachleistungen zeigt ein relatives Übergewicht der Sozialhilfe der Bundesrepublik gegenüber der Position „Heime des Sozialwesens" in der DDR, insbesondere wenn man hier nur die staatlichen Aufwendungen erfaßt und nicht auch die in der Statistik der DDR mitenthaltenen Unterhaltskostenbeiträge der Heimbewohner. Dagegen kann die DDR auf den Gebieten der Jugendhilfe einschl. Kinderkrippen und Kinderheimen sowie im Bereich des öffentlichen Gesundheitswesens (ohne stationäre und ambulante Versorgung) einen relativen Vorsprung gegenüber der Bundesrepublik vorweisen, auch wenn man die eingeschränkte Vergleichbarkeit einzelner Positionen berücksichtigt.

377. Faßt man Barleistungen, Sachleistungen und Verwaltungskosten zusammen, so ergibt sich für die Jahre 1965 bis 1969 eine durchschnittliche Sozialleistungsquote (Reinausgaben der Sozialen Sicherung in Prozent des Bruttosozialprodukts) von 18,0 % für die Bundesrepublik, von 12,4 % für die DDR, wobei der Niveauunterschied überwiegend durch die unterschiedlichen Barleistungen bedingt ist. In beiden Staaten ergibt sich dieser Durchschnitt aus unterschiedlichen Entwicklungen in diesem Fünf-Jahres-Zeitraum. In der Bundesrepublik wies die Sozialleistungsquote im Jahr 1967 einen Höhepunkt auf, da einmal die Bezugsgröße Bruttosozialprodukt stagnierte, zum anderen aber die Summe der Leistungen weiterhin anstieg. Die Sozialleistungsquote bewegte sich also in diesem Zeitraum antizyklisch.

Für die DDR ergibt sich im gleichen Jahr ein Tiefpunkt, weil die durch die Rentenreform verfügte Erhöhung der Altrenten erst im Jahre 1968 wirksam wurde.

d) Die Einnahmen der Sozialen Sicherung

378. Die oben ausgeführten Unterschiede in der Beitrags- und Staatsfinanzierung zwischen der Bundesrepublik und der DDR zeigen sich trotz zahlreicher Mängel in der Vergleichbarkeit des statistischen Materials in der folgenden Gegenüberstellung (vgl. dazu die Methodischen Hinweise im Anhang).

Rentenreform

Während in der Bundesrepublik der Anteil der öffentlichen Mittel an den gesamten Reineinnahmen (ohne Verrechnungen) von 43 % im Jahr 1965 auf unter 40 % im Jahr 1969 zurückging, stieg in der gleichen Zeit der Anteil der öffentlichen Mittel an der Finanzierung der Ausgaben in der DDR von 45 % auf 50 %. Dieser kräftige Anstieg hat seine wesentliche Ursache in der Rentenreform, die bei konstanten Beitragssätzen zu höheren Leistungen und damit zu einem höheren vom Staat zu finanzierenden Ausgabenüberschuß führte.

Diese Strukturänderung in der Finanzierung wird in ihren Auswirkungen noch deutlicher, wenn die Wachstumsraten der Beiträge und der öffentlichen Mittel von 1965 bis 1969 gegenübergestellt werden. Während in der DDR die Beitragseinnahmen in diesem Zeitraum um annähernd 10 % und die öffentlichen Mittel um über 30 % anstiegen, erhöhten sich die Beiträge in der Bundesrepublik um 44 %, die öffentlichen Mittel dagegen nur um 22 %.

Beitragssteigerung

Die Ursache für die sehr geringe Steigerung der Beitragseinnahmen in der DDR ist nur zu einem kleinen Teil in der langsameren Entwicklung der Einkommen zu suchen. Sie beruht überwiegend auf dem langjährigen Festhalten des Beitragssatzes und der Beitragsbemessungsgrenze. Demgegenüber ist die erhebliche Steigerung der Beitragseinnahmen in der Bundesrepublik zu einem hohen Teil durch steigende Beitragssätze, steigende Beitragsbemessungsgrenzen, weniger durch die Erweiterung der Versicherungspflicht in der Kranken- und Angestelltenversicherung bedingt, weil in der Regel für einen großen Teil neuer Pflichtversicherter bereits vorher Beiträge zur freiwilligen Kranken- und Angestelltenversicherung entrichtet worden waren.

Werden die beiden Finanzierungskomponenten Beiträge und öffentliche Mittel in Beziehung zum Sozialprodukt gesetzt, so zeigt sich im Vergleich 1965/1969 eine Annäherung der Quoten der öffentlichen Mittel zwischen den beiden Staaten durch die Abnahme der Quoten in der Bundesrepublik und durch deren Ansteigen in der DDR, während sich bei den Beiträgen noch wesentlich ausgeprägter die umgekehrte Tendenz ergibt.

Zusatzrentenversicherung in der DDR

379. In Verbindung mit der Rentenreform 1968 wurde in der DDR eine freiwillige Zusatzrentenversicherung im Rahmen der Sozialversicherung eingeführt, die allein aus Beiträgen der Versicherten finanziert wird. Maßgebend für die Wahl dieser Sicherungsform war die Absicht, das Rentenniveau ohne zusätzliche Belastung des Staatshaushalts zu erhöhen, gleichzeitig aber auch am fixen Sozialversicherungsbeitrag und an der bestehenden Beitragsbemessungsgrenze festzuhalten, weil mit deren Anhebung eine Erhöhung auch anderer Barleistungen verbunden gewesen wäre. Angaben über den Umfang, in dem von der Zusatzversicherung schon Gebrauch gemacht wird, liegen bis jetzt noch nicht vor.

3. Leistungen der Systeme der sozialen Sicherung

a) Krankheit, Mutterschaft und Unfall

380. In beiden Staaten werden bei Krankheit, Mutterschaft und Unfall je nach Dauer der Tatbestände unterschiedliche Leistungen gewährt [4].

Barleistungen bei Krankheit

Im Falle ärztlich festgestellter Arbeitsunfähigkeit wird die wirtschaftliche Sicherung der Arbeiter und Angestellten in der Bundesrepublik durch Weiterzahlung des Arbeitsentgelts für die Dauer von sechs Wochen innerhalb von zwölf Monaten bei verschiedenen Krankheiten gewährleistet.

Krankengeld

Besteht dieser Anspruch auf Gehalts- bzw. Lohnfortzahlung nicht, so erhält der Pflichtversicherte bei ambulanter Behandlung Krankengeld ohne zeitliche Begrenzung, wegen derselben Krankheit jedoch höchstens 78 Wochen innerhalb von drei Jahren. Während der ersten sechs Wochen beträgt das Krankengeld je nach Familienstand 65 % bis 75 % des wegen der Arbeitsunfähigkeit entgangenen regelmäßigen Arbeitsentgelts (Regellohn), wobei die Höchstgrenze des zu berücksichtigenden Regellohnes seit dem 1. Januar 1971 1425 DM monatlich beträgt. Das Krankengeld ist in seiner Höhe nach dem Familienstand gestaffelt. Von der 7. Woche der Arbeitsunfähigkeit an beträgt es 75 % bis 85 % des Regellohnes. Dabei dürfen 100 % des Nettolohnes nicht überschritten werden.

In der DDR wird Krankengeld im Falle ambulanter Behandlung vom ersten Tag der Arbeitsunfähigkeit (bei SV/FDGB-Versicherten) bzw. vom vierten Tag an (bei durch die Staatliche Versicherung der DDR Versicherten) gezahlt. Das Krankengeld beträgt 50 % des beitragspflichtigen Bruttodurchschnittsverdienstes (Leistungsbemessungsgrenze 600 M monatlich) und wird für jeden Arbeitstag gezahlt. Die Mitglieder der Sozialversicherung der Arbeiter und Angestellten erhalten außerdem eine Ausgleichszahlung vom Betrieb in Höhe der Differenz zwischen dem Krankengeld der Sozialversicherung und 90 % des Nettodurchschnittsverdienstes bei Arbeitsunfähigkeit bis zu sechs Wochen im Kalenderjahr. Für die 7. bis 13. Woche der Arbeitsunfähigkeit erhalten Arbeiter und Angestellte mit zwei und mehr Kindern seit dem 1. Juli 1967 ein erhöhtes Krankengeld

Kapitel VI

(65 % bis 90 % des Nettodurchschnittsverdienstes). Das Krankengeld wird von der 14. bis 26. Woche der Arbeitsunfähigkeit in Höhe von 50 % des beitragspflichtigen Durchschnittsverdienstes gezahlt, darüber hinaus in der gleichen Höhe bis zur 39. Woche der Arbeitsunfähigkeit jedoch nur dann, wenn in dieser Zeit mit dem Wiedereintritt der Arbeitsfähigkeit zu rechnen ist.

Hausgeld

381. Bei stationärer Behandlung (Krankenhauspflege, auch Aufenthalt in Genesungs-, Erholungs- und Kurheimen) wird statt des Krankengeldes sowohl in der Bundesrepublik als auch in der DDR Hausgeld gezahlt. Ab 1. Januar 1971 wird in der

Übersicht 46

Krankengeld

BRD			DDR		
Zeitraum	Zahl der überwiegend unterhaltenen Familienangehörigen	Leistungen an alleinstehende Versicherte bzw. an Versicherte mit Angehörigen	Zeitraum	Zahl der Kinder	Leistungen an Ledige bzw. an Versicherte mit Kindern
1.–6. Woche	— / 1 / 2 / 3 und mehr	Lohn- bzw. Gehaltsfortzahlung = 100 % des Arbeitsentgeltes; bei Wiedererkrankung infolge verschiedener Krankheiten je 6 Wochen innerhalb von 12 Monaten. Bei Nicht-Bestehen dieses Anspruchs Zahlung von Krankengeld in folgender Staffelung: 65 % / 69 % / 72 % / 75 % des Regellohnes	1.–6. Woche		50 % des beitragspflichtigen Durchschnittsverdienstes zuzüglich einer betrieblichen Ausgleichszahlung in Höhe der Differenz zwischen Krankengeld und 90 % des Nettodurchschnittsverdienstes für 6 Wochen im Kalenderjahr
7.–78. Woche	— / 1 / 2 / 3 und mehr	75 % / 79 % / 82 % / 85 % des Regellohnes	7.–13. Woche	— / 1 / 2 / 3 / 4 / 5 und mehr	50 % / 50 % des beitragspflichtigen Durchschnittsverdienstes; 65 % / 75 % / 80 % / 90 % des Nettodurchschnittsverdienstes (pro Kalenderjahr)
			14.–26. Woche		50 % des beitragspflichtigen Durchschnittsverdienstes
			27.–39. Woche		50 % des beitragspflichtigen Durchschnittsverdienstes. Wird nur gewährt, wenn in dieser Zeit mit der Wiederherstellung der Arbeitsfähigkeit gerechnet werden kann

Bundesrepublik Hausgeld in Höhe des Krankengeldes gezahlt.

In der DDR wird bei stationärer Behandlung Hausgeld in Höhe von 80 % des Krankengeldes bis zum Ablauf der 52. Woche gezahlt, wenn die Wiederherstellung der Arbeitsfähigkeit in dieser Zeit zu erwarten ist. Bei Arbeitsunfällen, Berufskrankheiten, Tbk-Erkrankungen, Kuren wegen Staublungenerkrankungen sowie an Kämpfer gegen den Faschismus und Verfolgte des Faschismus wird bei stationärer Behandlung anstelle von Hausgeld das volle Krankengeld gezahlt. Diese Regelungen gelten für Arbeiter, Angestellte und Mitglieder von Genossenschaften, nicht jedoch für Handwerker und Selbständige; diese können eine Zusatzversicherung bei der Staatlichen Versicherung der DDR abschließen.

Für beide Staaten läßt sich demnach eine gewisse Ähnlichkeit im Barleistungssystem bei Krankheit feststellen, wobei besonders der Abfall der finanziellen Sicherung nach Ablauf der ersten sechs Wochen der Arbeitsunfähigkeit hervorzuheben ist, zu dessen Kompensation u. a. die Höherverdienenden der beiden Staaten zusätzliche private Vorsorge treffen müssen.

Barleistungen bei Mutterschaft

382. In beiden Staaten wird Schwangerschaftsurlaub (6 Wochen vor der Niederkunft) und Wochenurlaub (8 Wochen nach der Entbindung) gewährt; die finanzielle Sicherung in diesem Zeitraum entspricht dem jeweils erzielten Nettoarbeitsentgelt.

Übersicht 47

Mutterschaftsleistungen

Personenkreis	BRD	DDR
Erwerbstätige Frauen	6 Wochen Schwangerschaftsurlaub vor der Entbindung — 6 Wochen 8 Wochen Wochenurlaub nach der Entbindung — 8 Wochen Laufendes Mutterschaftsgeld 3,50 DM bis 25,— DM + Arbeitgeberzuschuß = Höhe des Differenzbetrages zum Nettoarbeitsentgelt	Schwangeren- bzw. Wochengeld in Höhe des durchschnittlichen Nettoverdienstes
Andere Versicherte	Mutterschaftsgeld in Höhe des Krankengeldes	6 Wochen vor 75 % des beitragspflichtigen Durchschnittsverdienstes 8 Wochen nach 50 % des beitragspflichtigen Durchschnittsverdienstes
Versicherte ohne einen Anspruch auf laufende Leistung Familien-Vers.	Mutterschaftsgeld als einmalige Leistung 150 DM 35 DM	
Alle Versicherten	Pauschalbetrag anläßlich der Entbindung 50 bis 100 DM	Einmalige staatliche Beihilfe, gestaffelt nach der Kinderzahl: für das 1. Kind 500 M für das 2. Kind 600 M für das 3. Kind 700 M für das 4. Kind 850 M für das 5. Kind und mehr je 1 000 M 6 Monate lang erhalten stillende Mütter eine Beihilfe von monatlich 10 M

Kapitel VI

In der Bundesrepublik wird Mutterschaftsgeld gewährt, und zwar

- als laufende Leistung,
- in Höhe des Krankengeldes,
- als einmalige Leistung.

Mutterschaftsgeld aus Mitteln der gesetzlichen Krankenversicherung erhalten Versicherte, die bei Beginn der Schutzfrist nach dem Mutterschutzgesetz (6 Wochen vor der Niederkunft) in einem Arbeits- bzw. Beschäftigungsverhältnis standen bzw. deren Arbeitsverhältnis während der Schwangerschaft zulässig aufgelöst wurde. Es ist das um die gesetzlichen Abzüge verminderte durchschnittliche kalendertägliche Arbeitsentgelt zu zahlen, das mindestens 3,50 DM, höchstens 25 DM pro Kalendertag beträgt. Übersteigt das Nettoarbeitsentgelt 25 DM pro Kalendertag, so ist der Arbeitgeber verpflichtet, den Differenzbetrag bis zur Höhe des tatsächlichen Nettoverdienstes als Zuschuß zum Mutterschaftsgeld zu zahlen.

Mutterschaftsgeld in Höhe des Krankengeldes erhalten andere Versicherte, die bei Arbeitsunfähigkeit Anspruch auf Krankengeld haben. Anderenfalls wird Mutterschaftsgeld als einmalige Leistung in Höhe von 150 DM (für Familienversicherte in Höhe von mindestens 35 DM) gezahlt.

Außerdem gewähren die Kassen im Zusammenhang mit der Entbindung einen Pauschalbetrag von mindestens 50 DM, höchstens 100 DM (anstelle des früher gezahlten Stillgeldes).

In der DDR erhalten berufstätige Frauen grundsätzlich 6 Wochen vor und 8 Wochen nach der Entbindung Schwangeren- bzw. Wochengeld in Höhe ihres durchschnittlichen Nettoverdienstes. Für Selbständige, Studenten u. a. gelten Ausnahmeregelungen; sie erhalten für 6 Wochen vor der Entbindung 75 % und für 8 Wochen danach 50 % ihres beitragspflichtigen Durchschnittsverdienstes als Barleistung der Wochenhilfe.

Staatliche Beihilfen in der DDR

Außerdem erhalten die Mütter einmalige staatliche Beihilfen in Höhe von 500 M für das erste, 600 M für das zweite, 700 M für das dritte, 850 M für das vierte und 1000 M für jedes weitere Kind in Teilbeträgen vor und nach der Geburt gezahlt. Diese Beihilfen werden gekürzt, wenn sich die Schwangere bzw. die Mutter nicht mindestens zweimal vor der Geburt und viermal nach der Geburt in der Schwangerenberatungsstelle bzw. in der Mütterberatungsstelle vorstellt. Nicht zuletzt diese finanzielle Regelung dürfte dazu geführt haben, daß 1968: 89 % der Schwangeren bis zum 4. Schwangerschaftsmonat und 10 % bis zum 7. Monat die staatlichen Schwangerenberatungsstellen aufgesucht haben und rund 95 % der Säuglinge in den ersten 7 Wochen mindestens einmal in der Mütterberatungsstelle betreut wurden.

Diese hohe Beteiligung an der Schwangerschaftsvorsorge- und Mütterberatung in der DDR dürfte eine wesentliche Ursache für die in der DDR niedrigere Säuglingssterblichkeit im ersten Lebensmonat sein.

Dagegen zeigen sich bei der Müttersterblichkeit (Todesfälle durch Komplikationen in der Schwangerschaft, bei Entbindung und im Wochenbett, bezogen auf Lebendgeborene) keine signifikanten Unterschiede zwischen der Bundesrepublik und der DDR. In beiden Staaten ist die Müttersterblichkeit seit 1965 erheblich zurückgegangen und war 1968 annähernd gleich hoch.

Übersicht 48

Müttersterblichkeit

Jahr	Gestorbene [1] je 100 000 Lebendgeborene	
	BRD	DDR
1955	157	137
1960	106	98
1965	69	63
1966	65	58
1967	58	63
1968	52	51

[1] Todesfälle durch Komplikationen in der Schwangerschaft, bei Entbindung und im Wochenbett.

Quellen: Statistisches Jahrbuch der BRD, 1970;
Statistisches Jahrbuch der DDR, 1970.

Stillende Mütter erhalten in der DDR bis zur Dauer von 6 Monaten nach der Geburt eine Beihilfe von 10 M je Monat.

Barleistungen bei Unfall oder Berufskrankheit

383. Wie in der Bundesrepublik sind auch in der DDR die sozialen Risiken Arbeitsunfall, Wegeunfall

Übersicht 49

Meldepflichtige Arbeitsunfälle (ohne Wegeunfälle)

Jahr	BRD in ‰ der Erwerbstätigen	DDR in ‰ der Berufstätigen
1964	99,9	45,5
1965	97,8	45,2
1966	93,9	43,1
1967	83,0	41,2
1968	88,0	41,2

Quellen: Statistisches Jahrbuch der BRD, 1970;
Statistisches Jahrbuch der DDR, 1970.

und Berufskrankheit gesondert geregelt, nicht nur hinsichtlich der Finanzierung, sondern auch hinsichtlich der Leistungen.

Ein auffallender Unterschied zeigt sich zwischen beiden Staaten bei der Häufigkeit der Arbeitsunfälle. Nach der amtlichen Statistik ist die Anzahl der gemeldeten Arbeitsunfälle in der DDR, bezogen auf die Berufstätigen, nur etwa halb so hoch wie in der Bundesrepublik.

Diese Differenz kann nicht allein mit erhebungsmethodischen Ursachen erklärt werden; denn auch die Relation von Unfallrenten je 1000 Berufstätige in der DDR zu Renten an Kranke und Verletzte je 1000 Erwerbstätige in der Bundesrepublik beträgt rd. 1 : 1,7. Die niedrige Unfallquote in der DDR ist sicherlich zu einem großen Teil auf das offenbar besser funktionierende und intensiver kontrollierte Arbeitsschutzsystem zurückzuführen. Betriebsräte als Organe des Staatlichen Gesundheitswesens und gewerkschaftliche Arbeitsschutzinspektionen wirken durch Kontrolle, Beratung und Abschluß von Kollektivverträgen bei der sicherheitsgerechten Gestaltung der Arbeitsplätze und Arbeitsmittel mit. Ein umfangreicher Katalog von allgemeinen Arbeitsschutzanordnungen, verbunden mit auf den Betrieb bezogenen Arbeitsschutzinstruktionen, das betriebliche Gesundheitswesen, die Unfallforschung und die starke Kontroll- und Mitwirkungsfunktion des FDGB haben in der DDR zu einem System geführt, das dem in der Bundesrepublik bestehenden hinsichtlich seiner Schutzwirkung überlegen sein dürfte.

Die Regelung für die kurzfristigen Geldleistungen bei unfall- oder berufskrankheitsbedingter Arbeitsunfähigkeit ist in beiden Staaten an die Vorschriften der Sicherung im Krankheitsfall angeglichen. In der Bundesrepublik erhält der arbeitsunfähige Verletzte in den ersten 6 Wochen Lohn- und Gehaltsfortzahlung, danach Verletztengeld nach den Vorschriften für Kranken- und Hausgeld, wobei jedoch eine Leistungsbemessungsgrenze von 36 000 DM jährlich anstelle der in der Krankenversicherung vorgeschriebenen von 1425 DM monatlich gilt. Das Verletztengeld wird bis zum Ende der Arbeitsunfähigkeit oder bis zur Festsetzung einer Unfallrente gezahlt.

In der DDR werden dem durch Unfall oder Berufskrankheit Arbeitsunfähigen vom Eintritt der Arbeitsunfähigkeit an bis zur Wiederherstellung oder bis zur Festsetzung einer Unfallrente Krankengeld (auch bei stationärer Behandlung) und Lohnausgleich, d. h. 90 % des Nettodurchschnittsverdienstes, gezahlt.

Beihilfen

384. Im öffentlichen Dienst der Bundesrepublik beschäftigte Beamte erhalten für sich und pensionsberechtigte Angehörige sowie für Hinterbliebene Beihilfen für ambulante und stationäre ärztliche und zahnärztliche Behandlung und bei Geburten. Beihilfen werden auch den im öffentlichen Dienst beschäftigten Angestellten und Arbeitern gewährt.

Pflege kranker Kinder

385. Alleinstehende Werktätige können in der DDR zur Pflege ihrer erkrankten Kinder von der Arbeit freigestellt werden. Sie erhalten von der Sozialversicherung eine Unterstützung in Höhe des Krankengeldes und vom Betrieb die Differenz zwischen dieser Unterstützung und 90 % des Nettodurchschnittsverdienstes bis zu zwei Werktagen. Müssen diese zwei Tage überschritten werden, weil eine Pflege durch andere nicht möglich ist, so zahlt die Sozialversicherung eine Unterstützung in Höhe des Krankengeldes, deren maximale Bezugsdauer nach der Zahl der Kinder differenziert wird und für ein Kind längstens 4 Wochen, für zwei Kinder 6 Wochen, für drei Kinder 8 Wochen, für vier Kinder 10 und für fünf und mehr Kinder längstens 13 Wochen beträgt.

Gesundheitswesen der Bundesrepublik

386. Für Krankenbehandlung und Gesundheitsvorsorge stehen in der Bundesrepublik sowohl private Institutionen als auch ein umfangreiches öffentliches Gesundheitswesen zur Verfügung. Die Krankenanstalten bzw. Heilstätten werden sowohl von öffentlichen Trägern (Gemeinden, Länder, Sozialversicherungsträger) als auch von privaten Trägern (freie gemeinnützige und kirchliche Träger, Privateinrichtungen) unterhalten.

Die in den Stadt- und Landkreisen der Bundesrepublik bestehenden öffentlichen Gesundheitsämter sind zuständig für die Aufgaben der Gesundheitspolizei, für Schulgesundheitspflege, Mütterberatung, Säuglings- und Kleinkinderfürsorge, Tuberkulosefürsorge, Bekämpfung von Suchtgefahren, Schutzimpfungen gegen die Verbreitung übertragbarer Krankheiten, Bekämpfung der sog. Volkskrankheiten, Durchführung von Reihenuntersuchungen, Erfassung und Bekämpfung der Geschlechtskrankheiten usw. Für Blinde, Hör- und Sprechgeschädigte, für körperlich und geistig Behinderte und Kinder mit Gliedermißbildungen bestehen private und öffentliche Sonderschulen und -anstalten. Das Bundesministerium für Jugend, Familie und Gesundheit und das Bundesministerium des Innern sowie die entsprechenden Länderministerien sind zuständig für alle Fragen des Gesundheitswesens einschließlich der Reinhaltung der Luft, der Lärmbekämpfung, der Wassergüte, der Hygiene des Wassers und Abwassers, des Gesundheitsschutzes gegen die Gefahren ionisierender Strahlen sowie des Verbraucherschutzes bei Arzneimitteln und Lebensmitteln. Das Bundesgesundheitsamt führt Forschungsarbeiten und Untersuchungen auf dem Gebiet des öffentlichen Gesundheitswesens durch.

Gesundheitswesen der DDR

Diese Aufgaben nimmt im wesentlichen auch das Gesundheitswesen in der DDR wahr. Außer in wenigen privaten Einrichtungen wird die medizinische Betreuung jedoch in Institutionen des staatlichen Gesundheitswesens durchgeführt. Die stationäre Behandlung erfolgt in Krankenhäusern und Spezialeinrichtungen wie in der Bundesrepublik. Für die ambulante medizinische Versorgung stehen staatliche

Kapitel VI

und private Arzt- und Zahnarztpraxen, spezielle Beratungsstellen, Ambulatorien und Polikliniken zur Verfügung. Es besteht eine Aufgliederung der Städte und Kreise in Arztbereiche zur Sicherung der medizinischen Versorgung. Besonders im Hinblick auf die schwerpunktmäßig vorbeugende ärztliche Tätigkeit wird dem „Dispensaireprinzip" Bedeutung beigemessen. Darunter versteht man die in medizinischen Beratungs- und Behandlungsstellen angewandte Methode, prophylaktisch medizinische Aufklärung mit Diagnostik und Behandlung zu kombinieren, wobei mittels gesetzlicher Meldepflicht die Kranken nach bestimmten Krankheiten bzw. nach typischen krankheitsgefährdeten Bevölkerungsgruppen erfaßt werden und ihre Behandlung und weitere gesundheitliche Entwicklung überwacht wird.

Aufgaben der Betriebe

Dem Betriebsgesundheitswesen obliegen die ambulante Behandlung, Aufgaben der Prophylaxe, der Arbeitshygiene und des Arbeitsschutzes. Je nach der Betriebsgröße werden durch gesetzliche Bestimmungen folgende Einrichtungen vorgeschrieben:

- In Betrieben mit bis zu 200 Beschäftigten: Gesundheitsstube (Betreuung ehrenamtlich durch DRK-Helfer);
- in Betrieben mit 200 bis 500 Beschäftigten: Schwesternsanitätsstelle (Leitung durch staatlich geprüfte Krankenschwester);
- in Betrieben mit 500 bis 2000 Beschäftigten: Arztsanitätsstelle (Leitung durch nebenamtlich tätigen Arzt, ebenfalls mit Krankenschwester besetzt);
- 2000 bis 4000 Beschäftigte: Betriebsambulatorium (Leitung durch hauptamtlich tätigen Arzt, zusätzlich Labor und weitere Einrichtungen sowie Behandlungsräume je nach Bedarf und Möglichkeit);
- von 4000 Beschäftigten an: Betriebspoliklinik.

Ende 1968 gab es 183 Betriebe mit mehr als 2500 Beschäftigten.

Die medizinische Betreuung der Landbevölkerung erfolgt im wesentlichen durch Landambulatorien, Ambulanzen und Gemeindeschwesternstationen.

Kapazität des Gesundheitswesens

387. Eine Gegenüberstellung der quantitativen Kapazitäten des Gesundheitswesens ist an Hand der Zahlen für Krankenhausbetten, der Ärzte und Zahnärzte möglich, womit jedoch keine Aussage über die Effizienz dieser Einrichtungen verbunden sein kann. In der Bundesrepublik stagniert die Zahl der Krankenhäuser seit 1960 auf einem Niveau von etwas über 3600 Einrichtungen, deren durchschnittliche Bettenzahl jedoch ständig zugenommen hat (vgl. Tabelle A 112). Damit war auch eine leichte Erhöhung der Bettenzahl je 100 000 Einwohner verbunden, die 1968 1101 betrug. In der DDR standen 1968 je 100 000 Einwohner 1140 Krankenhausbetten zur Verfügung.

Stärker als in der Bundesrepublik ist in der DDR die durchschnittliche Verweildauer im Krankenhaus gesenkt worden, die 1960 noch über der der Bundesrepublik, 1968 dagegen mit 24,3 Tagen gegenüber 25,9 Tagen in der Bundesrepublik darunter lag.

Bei der Versorgung der Bevölkerung mit Ärzten wies die DDR 1960 eine weitaus ungünstigere Situation auf als die Bundesrepublik (vgl. Tabelle A 113). Bis 1968 ist es der DDR gelungen, diesen Rückstand nahezu aufzuholen. Weniger günstig verlief die Entwicklung bei den Zahnärzten. Während in der Bundesrepublik 1968 für 100 000 Einwohner 52 Zahnärzte verfügbar waren, ergab sich für die DDR eine Quote von nur 39.

Sowohl in der Bundesrepublik als auch in der DDR gewährt die Krankenversicherung neben den Geldleistungen Sachleistungen, und zwar ärztliche und zahnärztliche Behandlung, Arzneien, Heil- und Hilfsmittel, Haus- und Krankenhauspflege und Kuren. Die Sachleistungen werden den Versicherten und ihren Familienangehörigen in der Regel ohne zeitliche Begrenzung gewährt.

Ambulante Behandlung

388. Die ambulante ärztliche und zahnärztliche Behandlung in beiden Systemen umfaßt Beratung, Besuche, Operationen und sonstige ärztliche Leistungen, die zur Heilung oder Linderung nach dem Stand der Medizin zweckmäßig und ausreichend sind.

Dazu gehören in der Bundesrepublik die Behandlung durch Kassenärzte und Kassenzahnärzte, unter denen der Versicherte freie Wahlmöglichkeit hat, Überweisungen an andere Ärzte (Fachärzte, Krankenhausärzte) sowie die Verordnung von Heilmitteln und Arzneien. Bei Abnahme von Arznei-, Verband- und Heilmitteln sind 20 % der Kosten, höchstens jedoch 2,50 DM pro Rezeptblatt vom Versicherten selbst zu zahlen. Von der Zahlung dieser Gebühr befreit sind Rentner, Schwerbeschädigte sowie Versicherte, denen Kranken-, Haus-, Verletzten- oder Übergangsgeld gewährt wird.

Kleine Heilmittel werden gegen Zahlung eines geringen Kostenbeitrags abgegeben. Die Gewährung von größeren Heil- und Hilfsmitteln sowie von Zahnersatz ist keine Pflicht-, sondern eine Ermessensleistung der Kassen. Je nach Satzung der verschiedenen Versicherungseinrichtungen müssen die Mittel dazu sowohl von der Kranken- und der Rentenversicherung als auch vom Versicherten selbst aufgebracht werden.

Die ärztliche Behandlung erfolgt nach Vorlage eines besonderen Krankenscheins. Für die Nichtinanspruchnahme von ärztlicher Behandlung werden den Versicherten für jedes Kalendervierteljahr 10 DM, jedoch höchstens 30 DM für ein Kalenderjahr, rückerstattet.

In der DDR besteht ebenfalls freie Wahl der ambulanten oder stationären Behandlungsstelle des staatlichen Gesundheitswesens bzw. der Ärzte und Zahnärzte in eigener Praxis. Der Leistungsanspruch wird bei Behandlungsbeginn durch Vorlage des Ausweises für Arbeit und Sozialversicherung (bei Versicherten) bzw. des Versicherungsausweises (bei Familienangehörigen) nachgewiesen.

Die Kosten für die Versorgung mit Arzneien, Heil- und Hilfsmitteln (letztere in Normalausführung) werden von der Sozialversicherung in voller Höhe getragen. Lediglich bei orthopädischem Schuhwerk ist eine geringe Zuzahlung zu leisten; Sehhilfen und Zahnersatz bedürfen der Genehmigung durch die Betriebsgewerkschaftsleitung bzw. den Rat für Sozialversicherung im Betrieb, größere Hilfsmittel (Prothesen u. a.) durch die Verwaltung der Sozialversicherung des Kreisvorstandes.

Stationäre Behandlung

389. In der Bundesrepublik wird Krankenhauspflege zeitlich unbegrenzt, für dieselbe Krankheit jedoch höchstens 78 Wochen innerhalb von drei Jahren gewährt. Unbegrenzte Krankenhauspflege übernimmt die Sozialversicherung in der DDR für die gesamte Dauer des stationären Aufenthalts, sofern damit gerechnet werden kann, daß die Krankheit geheilt, gebessert oder gelindert wird. Anderenfalls wird geprüft, ob die Verwaltung der Sozialversicherung beim FDGB-Kreisvorstand zuständig ist oder Angehörige für die weitere Übernahme der Kosten heranzuziehen sind. Die Sozialversicherung übernimmt aber auch in diesen Pflegefällen die Kosten für die Behandlung akuter Krankheiten. Für verschiedene Versicherte bei der Staatlichen Versicherung der DDR (insbesondere die Selbständigen) ist die Krankenhauspflege im allgemeinen auf 26 Wochen beschränkt; sie kann auf 52 Wochen verlängert werden, wenn bis dahin mit einer Wiederherstellung der Arbeitsfähigkeit zu rechnen ist. Es besteht freie Wahl unter den Einrichtungen des staatlichen Gesundheitswesens und der privaten oder konfessionellen Krankenanstalten, die mit der Sozialversicherung im Vertragsverhältnis stehen.

Ist eine stationäre Behandlung zwar erforderlich, jedoch auf Grund besonderer Umstände nicht sofort möglich, so kann sowohl in der Bundesrepublik als auch in der DDR Hauskrankenpflege durch ausgebildetes Personal gewährt werden. Die Satzungen der Krankenkassen in der Bundesrepublik können gestatten, dafür bis zu einem Viertel des Krankengeldes abzuziehen. In der DDR ist die Übernahme der Kosten für Hauskrankenpflege auf längstens 26 Wochen beschränkt.

Kuren werden von den Sozialversicherungsträgern beider Staaten als Vorbeugungs- wie als Rehabilitationsmaßnahmen gewährt. Auf sie wird im Abschnitt „Invalidität" näher eingegangen.

b) Altersversorgung

390. In der Altersversorgung der Bevölkerung weichen die Sozialversicherungssysteme in der Bundesrepublik und der DDR beträchtlich voneinander ab. Dies betrifft nicht nur die eingangs dargestellten Unterschiede des gesicherten Personenkreises und die institutionellen Verschiedenheiten, sondern auch die Arten der Altersversorgung, deren Berechnungsgrundlagen und deren Höhe.

In der Bundesrepublik erfolgt die Alterssicherung durch die Altersruhegelder der Rentenversicherungsträger und der Knappschaft, durch die Zusatzrenten der Zusatzversorgung für Arbeiter und Angestellte im öffentlichen Dienst, durch die Pensionen der Beamtenversorgung und die Altersgelder der Altershilfe für Landwirte.

In der DDR besteht die Alterssicherung aus den Altersrenten der Sozialversicherung, der Altersversorgung der Bediensteten der Deutschen Reichsbahn und der Deutschen Post, den Altersrenten der bewaffneten Organe der DDR und der Zollverwaltung, den Ehrenpensionen für verdiente Staatsbürger und aus der zusätzlichen Altersversorgung der Intelligenz. Die Altersversorgung der ehemaligen Beamten erfolgt über die Sozialversicherung nach deren Vorschriften. Auch die Ehrenpensionen für Kämpfer gegen den Faschismus und für Verfolgte des Faschismus erfüllen Funktionen der Alterssicherung, wegen ihres speziellen Charakters werden sie jedoch im Abschnitt „Sonstige Leistungen" behandelt.

Rentenalter

391. In der Bundesrepublik liegen die Altersgrenzen zwar überwiegend bei 65 Jahren (außer bei speziellen Beamtengruppen) für beide Geschlechter; in der Rentenversicherung besteht jedoch für Frauen ab 60 Jahren die Möglichkeit, ein vorgezogenes Altersruhegeld zu beantragen, soweit die Versicherte in den letzten 20 Jahren überwiegend versicherungspflichtig beschäftigt war und keine Erwerbstätigkeit mehr ausübt.

In der DDR liegen die Altersgrenzen, außer für Empfänger von Ehrenpensionen (60 und 55 Jahre) für Männer bei 65, für Frauen bei 60 Jahren.

Rentenanpassung

392. Der grundlegende Unterschied zwischen den Systemen der Alterssicherung liegt in der Anpassung der Renten an die allgemeine Wohlfahrtsmehrung. In der Bundesrepublik werden die Altersrenten seit 1957 jährlich dynamisch an die Einkommensentwicklung angepaßt. In der DDR werden zwar seit der Reform des Jahres 1968 die meisten Renten an den Erwerbseinkommen orientiert. Sie werden jedoch nicht analog der allgemeinen Einkommensentwicklung dynamisiert. Damit ist zwar bei der relativen Konstanz der Lebenshaltungskosten in der DDR in der Regel kein allmählicher Kaufkraftverlust verbunden, jedoch ein zunehmendes Zurückbleiben hinter der Wohlstandsentwicklung der erwerbstätigen Bevölkerung.

Die Rentenreform in der DDR hat außerdem dazu geführt, daß die Bezieher von Neurenten nach dem 1. Juli 1968 gegenüber denjenigen Rentnern, deren Ruhegelder vor diesem Termin berechnet wurden, deutlich bevorzugt werden.

Die Altersrenten der Sozialversicherung

393. Die Altersruhegelder der Arbeiterrenten- und der Angestelltenversicherung in der Bundesrepublik

Kapitel VI

und die Altersrenten der Sozialversicherungsträger der DDR werden unter ähnlichen Voraussetzungen gewährt: Erreichung der Altersgrenze und Mindestversicherungszeit von 180 Monaten bzw. 15 Jahren. Ihrer Berechnung liegen ähnliche Faktoren zugrunde:

- die anrechnungsfähige Versicherungsdauer, bestehend aus Zeiten der Beitragszahlung und sonstiger anrechnungsfähiger Zeiten,
- ein Steigerungssatz,
- das persönliche versicherungspflichtige Einkommen des Rentenantragstellers, in der Bundesrepublik — abgesehen von Sonderregelungen — für das gesamte Berufsleben, in der DDR für die letzten 20 Kalenderjahre vor Beendigung der letzten versicherungspflichtigen Tätigkeit.

Die wesentlichen Unterschiede in der Rentenhöhe ergeben sich aus der Bemessung der genannten Faktoren und ihrer Kombination in der Berechnungsformel.

Versicherungszeiten

394. Von zahlreichen abweichenden Detailregelungen abgesehen, ergibt sich beim Vergleich der anrechnungsfähigen Versicherungszeiten ein grundsätzlicher Unterschied. In der DDR erhalten Frauen als Zurechnungszeiten 1 Jahr für jedes von ihnen vor Rentenbeginn geborene bzw. vor Vollendung des 3. Lebensjahres an Kindes Statt angenommene Kind angerechnet, außerdem werden auch kinderlosen Frauen beim Nachweis einer versicherungspflichtigen Tätigkeit von mindestens 20 Jahren 1 bis 5 Versicherungsjahre je nach der Dauer der versicherungspflichtigen Tätigkeit zugerechnet. Einschließlich dieser Zurechnungszeiten darf die anrechenbare Versicherungszeit 50 Jahre nicht übersteigen. Diese Zurechnungszeiten fördern nicht nur eine stärkere Erwerbsbeteiligung der Frau, sie tragen auch dazu bei, die Nachteile im Versicherungsverlauf der Frau durch Mutterschaft, Kindererziehung sowie schlechtere Berufsausbildung und geringere Aufstiegschancen zu kompensieren.

Steigerungssatz

395. Der Steigerungssatz beträgt für das Altersruhegeld in der Bundesrepublik bei der Arbeiterrenten- und der Angestelltenversicherung 1,5 %, in der Knappschaftlichen Rentenversicherung 2 %. In der DDR beträgt der Steigerungssatz für Zeiten der versicherungspflichtigen Tätigkeit ab 1. Januar 1946 1 %, für davor liegende Zeiten 0,7 %, für Bergmannsaltersrenten in den entsprechenden Zeiten 2 % bzw. 1,4 %. Die niedrigeren Steigerungssätze gelten auch für die Bewertung von Zurechnungszeiten.

Beitragsbemessungsgrenze

396. Bei der Höhe der versicherungspflichtigen Einkommen ist im Rentenvergleich zwischen der Bundesrepublik und der DDR ausschlaggebend, daß die Beitragsbemessungsgrenze für die Rentenversicherung in der Bundesrepublik seit 1952 höher lag als in der DDR und seitdem laufend angehoben wurde, während in der DDR diese Grenze noch auf dem unmittelbar nach dem Krieg festgelegten Niveau von 600 M verharrt.

Ein entscheidender Unterschied bei der Berechnung von Neurenten besteht in der Bewertung der Einkommen des Versicherten. In der DDR werden die tatsächlichen versicherungspflichtigen Einkommen der letzten 20 Jahre zugrunde gelegt. In der Bundesrepublik wird demgegenüber ein aktualisierter Einkommenswert ermittelt, der einerseits das allgemeine Einkommensniveau unmittelbar vor Eintritt des Rentenfalles und andererseits die relative Position des Versicherten in der Einkommensschichtung aller Versicherten widerspiegelt. Durch eine derartige Umrechnung früherer Einkommen auf das aktuelle Einkommensniveau wird bei einer dynamischen Entwicklung der Durchschnittseinkommen eine Unterbewertung früherer Einkommen vermieden.

Diese ungünstigen Berechnungsgrundlagen in der DDR werden zu einem Teil dadurch kompensiert, daß zu der so ermittelten Rente eine Grundrente von 110 M monatlich gewährt wird. Für 1970 errechnen sich nach den jeweiligen Rentenformeln theoretische Maximalrenten für Arbeiter und Angestellte (außerhalb des Bergbaus) in der Bundesrepublik von über 1300 DM und in der DDR von 363 M, wobei jeweils mögliche Höher- oder Zusatzversicherung nicht berücksichtigt sind.

Rentenhöhe

397. Im Unterschied zur Rentenversicherung der Bundesrepublik, die Mindestrenten nicht (mehr) kennt, werden die Renten in der DDR nach unten durch Mindestrenten von 150 M begrenzt.

Diese Gegenüberstellung, die für die DDR nur für Renten gilt, die erstmals nach dem 1. Juli 1968 gewährt werden, zeigt eine beträchtliche Spannweite der möglichen Rentenbeträge in der Bundesrepublik und eine starke Nivellierung der Altersrenten der Sozialversicherung in der DDR, die nach unten durch Mindestrenten und nach oben durch die Rentenberechnung eng begrenzt sind. Entsprechend diesem Prinzip in der DDR wurden auch die Altrenten, d. h. vor dem 1. Juli 1968 erstmals gewährte Renten, im Zusammenhang mit der Rentenreform umgestellt. Dabei wurden die niedrigeren Renten stärker angehoben.

Insgesamt haben sich zwischen 1967 und 1969 (jeweils Dezember) die durchschnittlichen monatlichen Altersrenten der Sozialversicherung des FDGB um 12 % von 175 M auf 196 M und die der Staatlichen Versicherung der DDR um annähernd 17 % erhöht: Die durchschnittliche Altersrente erreichte 1969 einen Betrag von 176 M (1967: 151 M). Die starke Steigerung bei der Staatlichen Versicherung der DDR kann im wesentlichen auf eine Heraufsetzung der Mindestrente zurückgeführt werden.

Beamtenversorgung — Altersversorgung

398. Für die Beamtenversorgung in der Bundesrepublik gibt es in der DDR kein Pendant. Allerdings weisen die Altersversorgung der Bediensteten bei der Deutschen Reichsbahn und bei der Deutschen

Kapitel VI

Post ähnliche versorgungsrechtliche Merkmale auf wie die Beamtenversorgung in der Bundesrepublik.

Das Ruhegehalt für Beamte in der Bundesrepublik wird bestimmt durch die ruhegehaltsfähigen Dienstbezüge zum Zeitpunkt des Eintritts in den Ruhestand sowie nach der anrechnungsfähigen Dienstzeit. Das Ruhegehalt beträgt mindestens 35 % der ruhegehaltsfähigen Dienstbezüge (im Bund nach Erfüllung der Wartezeit von mindestens 10 Dienstjahren) und steigert sich anschließend jährlich um 2 % bis zum 25. Dienstjahr und weiter um jährlich 1 % bis höchstens 75 % der ruhegehaltsfähigen Dienstbezüge. Diese Ruhegehälter werden entsprechend den Besoldungserhöhungen für Beamte erhöht. Die Bediensteten der Deutschen Reichsbahn der DDR erhalten nach den Vorschriften der Sozialversicherung und nach einer mindestens 10jährigen ununterbrochenen Tätigkeit bei der Deutschen Reichsbahn eine Altersversorgung in Höhe von 20 % des Monatsgrundlohnes der letzten fünf Jahre. Dieser Prozentsatz erhöht sich für jedes weitere Jahr der ununterbrochenen Beschäftigungsdauer bis zu einer Beschäftigungsdauer von 25 Jahren um 2 Prozentpunkte, danach um jeweils jährlich 1 Prozentpunkt bis zum Höchstsatz von 70 % des Monatsgrundlohnes oder höchstens 800 M monatlich (einschließlich Zuschlägen). Eine ähnliche Regelung gilt für die Bediensteten der Deutschen Post.

Zusatzversorgung

399. In beiden Staaten gibt es für den Bereich des öffentlichen Dienstes eine Zusatzversorgung. In der Bundesrepublik betrifft sie alle Arbeiter und Angestellten des öffentlichen Dienstes und hat die Aufgabe, die Sozialversicherungsrenten der Arbeiter und Angestellten durch zusätzliche beitragsfinanzierte Versicherungsleistungen und durch Versorgungsleistungen auf ein der Beamtenversorgung entsprechendes Niveau anzuheben.

In der DDR wird eine zusätzliche Alters- und Invalidenversorgung an die „Intelligenz an wissenschaftlichen, künstlerischen, pädagogischen und medizinischen Einrichtungen der DDR" gewährt. Diese Altersversorgung beträgt 60 % bis 80 % des im letzten Jahr vor Eintritt des Versorgungsfalles bezogenen durchschnittlichen monatlichen Bruttogehaltes, jedoch höchstens 800 M monatlich. Zusammen mit anderen Rentenbezügen darf die Altersversorgung 90 % des bisherigen Netto-Arbeitseinkommens nicht übersteigen.

Eine zusätzliche betrieblich finanzierte Altersversorgung nach fast gleichen Vorschriften erhält die technische Intelligenz in den volkseigenen und ihnen gleichgestellten Betrieben. Diese Rente wird uneingeschränkt neben anderen Renten gewährt und weist keine Höchstgrenze auf.

Der Anspruch auf betriebliche Zusatzrenten für Arbeiter und Angestellte in den wichtigsten volkseigenen Betrieben der DDR, der jedoch eher den betrieblichen Sozialleistungen in der Bundesrepublik gegenüberzustellen wäre, sei hier der Vollständigkeit halber erwähnt. Die monatliche Zusatzrente beträgt bei Alter und Invalidität 5 % des monatlichen Nettodurchschnittsverdienstes der letzten fünf Jahre, mindestens jedoch 10 M monatlich.

Höherversicherung — Zusatzversicherung

400. Die Zusatzversicherung der DDR ist ähnlich geregelt wie die Höherversicherung in der gesetzlichen Rentenversicherung der Bundesrepublik, wo allerdings eine Differenzierung nach männlichen und weiblichen Versicherten fehlt und nur ein Tarif besteht.

Mit der Rentenreform in der DDR wurde eine freiwillige Versicherung auf Zusatzrente bei der Sozialversicherung geschaffen. Sie erfolgt allein aus Beiträgen der Versicherten, für die Versicherungsfonds bei den Sozialversicherungsträgern gebildet wurden. Die Fondseinlagen werden mit 5 % verzinst. Die Bemessung der Beiträge und der Leistungen erfolgt nach versicherungsmathematischen Grundsätzen.

Für den Versicherten besteht die Wahl zwischen zwei Versicherungsmöglichkeiten:

Tarif A: freiwillige Versicherung auf zusätzliche Alters-, Invaliden-, Hinterbliebenenrente,

Tarif B: freiwillige Versicherung auf zusätzliche Alters- und Invalidenrente.

Der monatliche Beitrag beträgt mindestens 10 M oder jeweils 5 M mehr bis zur Höchstgrenze von 200 M. Der Versicherte kann die Höhe seines Beitrages selbst festlegen, mit Beginn eines neuen Kalenderjahres ändern und nach Zahlung von 60 Monatsbeiträgen die Zahlung vorübergehend oder ganz einstellen. Der erworbene Rentenanspruch bleibt in voller Höhe bestehen.

Die Höhe der Leistungen richtet sich nach fünf Faktoren:

Wahl des Tarifs,
Höhe der Beiträge,
Dauer der Beitragszahlung,
Lebensalter zum Zeitpunkt der Beitragszahlung,
Geschlecht des Versicherten.

Die Höherversicherung in der Bundesrepublik und die Zusatzversicherung in der DDR weisen damit auch den Nachteil auf, daß die Renten nicht dynamisch an die Einkommens- oder Preisentwicklung angepaßt werden und damit im Laufe der Leistungsdauer real oder zumindest relativ zur Wohlstandsentwicklung der erwerbstätigen Bevölkerung entwertet werden.

Mehrfachbezug von Renten

401. Erhebliche Unterschiede ergeben sich zwischen den beiden Staaten beim Vergleich der Regelungen des Mehrfachbezugs von Renten. Da in beiden Staaten zahlreiche Regelungen bestehen, können hier nur einige besonders wichtige exemplarisch angeführt werden.

■ Während in der Bundesrepublik in der Regel eine Witwenrente aus der Sozialversicherung uneingeschränkt neben einer Versichertenrente (Alters- oder Invalidenrente) gezahlt wird, erhält eine Versicherte in der DDR nur die höhere

Kapitel VI

der beiden Renten voll, die andere lediglich zu 25 % (ohne Zuschläge).

■ Trifft in der Bundesrepublik eine Versichertenrente aus der gesetzlichen Rentenversicherung mit einer Unfallrente zusammen, so ruht die Versichertenrente insoweit, als sie zusammen mit der Unfallrente sowohl 85 % des Jahresarbeitsverdienstes als auch 85 % der für ihre Berechnung maßgebenden Bemessungsgrundlage übersteigt.

In der DDR wird beim Zusammentreffen einer Unfallrente mit einer zweiten Rente die höhere voll, die niedrigere zur Hälfte gezahlt. Dies gilt nicht, wenn die niedrigere eine Invalidenrente ist, die durch Unfallfolgen verursacht wurde. In diesem Fall wird allein die höhere der beiden Renten gezahlt.

■ Kriegsopferrenten werden in der Bundesrepublik uneingeschränkt (Grundrenten) und unter bestimmten Voraussetzungen gekürzt (Ausgleichsrente) neben anderen Renten gewährt.

In der DDR wird demgegenüber beim gleichzeitigen Anspruch auf Kriegsbeschädigtenrente und auf Alters- oder Invalidenrente lediglich die höhere der beiden Renten gewährt, der zweite Rentenanspruch ruht.

c) Invalidität

402. Im Sinn der funktionalen Abgrenzung werden im folgenden Leistungen zusammengefaßt, die auf Grund eines langfristigen oder dauernden Leidens, Gebrechens oder einer sonstigen körperlichen oder geistigen Schädigung in Sach- oder Geldform gewährt werden. Dabei zeigt sich, daß insbesondere die Geldleistungen in beiden deutschen Staaten nach Ursachen differenziert gewährt werden. So ergeben sich zum Beispiel für Leistungsminderungen infolge eines Arbeitsunfalls oder einer Berufskrankheit in der Regel bedeutend günstigere Leistungen als für Minderungen der Erwerbsfähigkeit, die sich als Folge einer Verschleißkrankheit oder eines privaten Unfalls ergeben, zumal zu den Leistungen aus der Unfallversicherung oft diejenigen aus der Invalidenversicherung — wenn auch gekürzt — hinzutreten. In dieser Beziehung stehen beide Systeme noch unter dem Grundgedanken der unternehmerischen Gefährdungshaftung für Unfälle und Berufskrankheiten, woraus sich auch die oben dargestellte gesonderte Finanzierung erklärt.

Als Barleistungen im Invaliditätsfall werden im folgenden für die Bundesrepublik erfaßt:

> Berufs- und Erwerbsunfähigkeitsrenten der Arbeiterrentenversicherung, der Angestelltenversicherung und der Knappschaftlichen Rentenversicherung;
> Unfallrenten der gesetzlichen Unfallversicherung;
> Grundrenten und Ausgleichsrenten der Kriegsopferversorgung;
> Altershilfe für Landwirte.

Für die DDR:

> Invalidenrenten, Unfallrenten und Kriegsbeschädigtenrenten der Sozialversicherung beim FDGB und bei der Staatlichen Versicherung der DDR.

Die Berufs- und Erwerbsunfähigkeitsrenten in der Bundesrepublik und die Invalidenrenten in der DDR werden weitgehend nach den jeweiligen Berechnungsmethoden für die Altersrenten ermittelt. Die dort getroffenen Aussagen über Niveauunterschiede und das Problem der dynamischen Anpassung der Renten an die Lebensstandardentwicklung der erwerbstätigen Bevölkerung gelten auch hier.

Anrechenbare Versicherungszeiten

403. Abweichend von der Regelung für die Altersrenten ist in beiden Staaten die Ermittlung der für die Rentenhöhe entscheidenden anrechenbaren Versicherungszeit. Da bei vorzeitiger invaliditätsbedingter Erwerbsminderung die Berücksichtigung der effektiv geleisteten Berufsjahre zu unzureichenden Renten führen würde, werden in beiden Staaten fiktive Versicherungszeiten zugerechnet (Zurechnungszeiten).

In der Bundesrepublik wird bei Invaliditätsfällen vor dem 55. Lebensjahr in der Regel die Differenz zwischen dem Jahr des Versicherungsfalles und dem 55. Lebensjahr als Zurechnungszeit voll anerkannt, in der Knappschaftlichen Rentenversicherung jedoch nur zu zwei Dritteln. In der DDR werden die Zeiten zwischen dem Invaliditätsfall und der jeweiligen Altersgrenze der Männer (65 Jahre) und der Frauen (60 Jahre) zu 70 % als Zurechnungszeit berücksichtigt.

Invaliditätsgrad

404. Unterschiede zwischen der Bundesrepublik und der DDR bestehen hinsichtlich des Invaliditätsgrades, der Voraussetzung für eine Rente ist. In der Bundesrepublik wird Berufsunfähigkeitsrente gewährt, wenn die Erwerbsfähigkeit eines Versicherten auf weniger als die Hälfte derjenigen eines vergleichbaren Versicherten absinkt. Erwerbsunfähigkeitsrente erhält ein Versicherter, der auf nicht absehbare Zeit eine Erwerbstätigkeit in gewisser Regelmäßigkeit nicht mehr ausüben kann oder nur geringfügige Einkünfte erzielen kann. Diesen beiden Rentenarten steht in der DDR die Invalidenrente gegenüber, die Versicherten gewährt wird, deren Leistungsvermögen und Verdienst um mindestens zwei Drittel gemindert sind oder die nicht mehr als 150 M monatlich verdienen können.

Bei gleichen Voraussetzungen bezüglich der anrechenbaren Versicherungszeit und der der Berechnung zugrunde liegenden Einkommen entsprechen die Erwerbsunfähigkeitsrente in der Bundesrepublik und die Invalidenrente in der DDR in ihrer Höhe den jeweiligen Altersruhegeldern. Die Berufsunfähigkeitsrente in der Bundesrepublik beträgt — bei sonst gleichen Voraussetzungen — zwei Drittel der Erwerbsunfähigkeits- bzw. Altersrente. Wie bei den Altersrenten betragen in der DDR die Mindestinvalidenrente und die Mindestunfallrente 150 M monatlich.

Unfallrenten

405. Für die Unfallrenten gleichen sich die Berechnungsmethoden in beiden Staaten stark. Berechnungsgrundlage ist jeweils der im letzten Jahr vor dem Unfall erzielte Verdienst, wovon im Falle der Vollinvalidität zwei Drittel als Rente gewährt werden. Die starken Niveauunterschiede in der Höhe der Rente resultieren aus der Vorschrift, daß der Jahresarbeitsverdienst in der Bundesrepublik bis zu einer gesetzlichen Bemessungsgrenze von 36 000 DM berücksichtigt wird, soweit die Unfallversicherungsträger nicht durch die Satzung eine höhere Grenze einräumen, während in der DDR das höchste zu berücksichtigende Monatseinkommen bei 600 M liegt, was einem Jahresarbeitsverdienst von 7200 M entspricht. Der hierdurch insbesondere bei Beziehern höherer Einkommen entstehende Niveauunterschied zwischen beiden Staaten wird auch nicht dadurch ausgeglichen, daß in der DDR zusätzlich zu dem einkommensabhängigen Rentenbetrag Festbeträge von 80 M bei einer Erwerbsminderung von mindestens $66^2/_3\%$ und von 20 M bei Erwerbsminderungen zwischen 50 % und $66^2/_3\%$ gewährt werden. Teilrenten bei einer geringeren Erwerbsminderung als 100 % werden entsprechend dem Invaliditätsgrad bezogen auf die Vollrente in beiden Staaten bei einer Schädigung von mindestens 20 % gewährt.

Die Unfallrenten in der Bundesrepublik werden ähnlich wie die Renten der Rentenversicherung laufend an die Einkommensentwicklung angepaßt, wofür die Veränderung der durchschnittlichen Bruttolohn- und -gehaltssumme als Grundlage dient. Eine entsprechende Renten-Dynamisierung existiert in der DDR nicht.

Kriegsopferversorgung

406. Einen weiteren Bestandteil der monetären Sicherung bei Invalidität stellen die Renten der Kriegsopferversorgung in der Bundesrepublik und die Kriegsbeschädigtenrenten in der DDR dar. In der Bundesrepublik haben Kriegsbeschädigte mit einer Minderung der Erwerbsfähigkeit von mindestens 25 % einen Anspruch auf eine Grundrente, die 1970 je nach dem Grad der Beschädigung 61 DM bis 313 DM beträgt. Schwerbeschädigte (Minderung der Erwerbsfähigkeit mindestens 50 %) können zusätzlich eine ebenfalls nach dem Schädigungsgrad gestaffelte Ausgleichsrente zwischen 139 DM und 313 DM erhalten, worauf jedoch Einkommen aus Erwerbstätigkeit und sonstige Einkünfte unter bestimmten Bedingungen anzurechnen sind. Ab 1971 werden die Kriegsopferrenten ebenfalls dynamisiert. In der DDR wird erst bei kriegsbedingten Körperschäden von mindestens $66^2/_3\%$ eine Kriegsbeschädigtenrente von 150 M gewährt, worauf nach bestimmten Vorschriften Einkommen aus Erwerbstätigkeit oder sonstige Einkünfte anzurechnen sind, soweit der Kriegsbeschädigte die Altersgrenze in der Sozialversicherung nicht überschritten hat. Mindestens 30 % der Rente werden ausgezahlt.

Sachleistungen

407. Als Sachleistungen werden außer Hilfsmitteln, deren Regelung bereits unter dem Abschnitt „Krankheit, Mutterschaft, Unfall" behandelt wurde, in beiden Staaten Vorbeugungs- und Rehabilitationsmaßnahmen zur Erhaltung, Besserung und Wiederherstellung der Gesundheit und Leistungsfähigkeit gewährt.

Entsprechend der Vielgliedrigkeit der Sozialversicherung in der Bundesrepublik kommen je nach der Ursache der Gesundheitsschädigung (z. B. Unfall), nach der Versichertengruppe (Arbeiter, Angestellte, Nichtversicherte) oder nach der Art der erforderlichen Maßnahmen als Leistungsträger die Krankenkassen, die Rentenversicherungsträger, die Unfallversicherungsträger, die Bundesanstalt für Arbeit, die Kriegsopferversorgung, die Sozialhilfe sowie gemeinnützige Einrichtungen in Frage.

Demgegenüber liegt die Rehabilitation in der DDR weitgehend im Aufgabenbereich der Sozialversicherung, wobei eine enge Verbindung mit dem staatlichen und betrieblichen Gesundheitswesen angestrebt wird.

Über die Gewährung von Heilmaßnahmen entscheidet bei Versicherten der Sozialversicherung des FDGB die Kurkommission, bei Sozialversicherten der Staatlichen Versicherung der DDR deren beratungsärztliche Dienststelle. Die Kurkommission besteht auf Kreis- oder Betriebsebene und setzt sich aus Gewerkschaftsmitgliedern und Ärzten zusammen. Ihre Aufgabe besteht in der Auswahl der für Kuren in Frage kommenden Personen, in deren Vorbereitung auf die Kurbehandlung, in der Einweisung in die Kureinrichtungen und in der Vorbereitung und Kontrolle der Nachsorge. Für Kurbehandlungen bei Silikose, Diabetes, Geschwulsterkrankungen, Hauterkrankungen, Tuberkulose, bei Genesungskuren für Schwangere sind nach dem Dispensaire-Prinzip die jeweiligen besonderen Beratungsstellen zuständig.

Abgesehen von organisatorischen Unterschieden wird die Rehabilitation in beiden Staaten mit ähnlichen Maßnahmen im medizinischen und beruflichen Bereich betrieben, in der DDR wird jedoch eine rasche Wiedereingliederung ins Erwerbsleben stärker betont. Hierzu wie zur Vorbeugung gegen Arbeitsunfähigkeit kann in der DDR „Schonarbeit" ärztlich angeordnet werden, die es dem Rehabilitanden ermöglichen soll, im Arbeitsprozeß allmählich seine alte Leistungsfähigkeit wieder zu erlangen. Für die Zeit der Schonarbeit wird mindestens der Durchschnittsverdienst der letzten 12 Monate vom Betrieb weitergezahlt. Eine der Schonarbeit vergleichbare Rehabilitationsmaßnahme besteht in der Bundesrepublik nicht.

d) Familie

408. Der wirtschaftlichen Mehrbelastung, die der Familie infolge der Zahl der Kinder entsteht, wird in beiden Staaten durch die Gewährung von direk-

Kapitel VI

ten und indirekten [5] Familienleistungen Rechnung getragen.

Kindergeld, Kinderzuschlag

409. In der Bundesrepublik wird Kindergeld gezahlt für das zweite Kind und jedes weitere Kind bis zu dessen 18. Lebensjahr, darüber hinaus für in Ausbildung stehende bis zum 25. Lebensjahr; für behinderte und gebrechliche Kinder kann auch über das 25. Lebensjahr hinaus Kindergeld gewährt werden. Die Zahlung für das zweite Kind an Personen mit nicht mehr als zwei Kindern erfolgt nur unter der Voraussetzung, daß das Jahreseinkommen der Eheleute 13 200 DM nicht übersteigt. Im übrigen wird Kindergeld unabhängig vom Einkommen gezahlt. Seit 1955 ist das Kindergeld mehrfach erhöht worden. Die Aufwendungen für das Kindergeld einschließlich der Verwaltungskosten trägt der Bund. Im öffentlichen Dienst beschäftigte Personen erhalten statt des Kindergeldes Kinderzuschläge.

Altersruhegeld sowie Renten wegen Berufs- und Erwerbsunfähigkeit eines Versicherten erhöhen sich für jedes Kind um einen Kinderzuschuß, der grundsätzlich bis zum 18., für in Ausbildung stehende oder behinderte Kinder bis zum 25. Lebensjahr gewährt wird. Die Höhe des Kinderzuschusses ist unabhängig von Rentenhöhe und Rentengrund und beträgt einheitlich für alle Rentenempfänger ein Zehntel der für die Berechnung der Rente maßgebenden allgemeinen Bemessungsgrundlage; das sind für die im Jahre 1970 eintretenden Versicherungsfälle monatlich 86 DM (allgemeine Bemessungsgrundlage 10 318 DM).

In der DDR erhalten Arbeiter und Angestellte, Mitglieder von Produktionsgenossenschaften u. ä. für ihre Kinder einen staatlichen Kinderzuschlag in Höhe von 20 M monatlich je Kind bis zum 15. bzw. 18. Lebensjahr. Handwerker, Selbständige und Freiberufliche erhalten 15 M monatlich je Kind.

Zur Verbesserung der sozialen Lage von Familien mit vier und mehr Kindern wird staatliches Kindergeld gezahlt. Es beträgt für das 3. Kind monatlich 50 M, für das 4. Kind monatlich 60 M, für das 5. und jedes weitere Kind monatlich 70 M; in diesen Beträgen sind die laufende staatliche Unterstützung und der staatliche Kinderzuschlag enthalten.

Ehegattenzuschlag

410. Einen Ehegattenzuschlag erhalten in der DDR Arbeiter und Angestellte und Mitglieder von Produktionsgenossenschaften mit einem Bruttodurchschnittsverdienst bis zu 800 M in Höhe von 5 M monatlich, sofern der Ehegatte kein eigenes Einkommen hat. Für Studierende und Sozialeinkommensbezieher mit unter 600 M Einkommen beträgt der Ehegattenzuschlag 9 M monatlich. Der Ehegattenzuschlag wurde, wie auch der Kinderzuschlag, nach der Abschaffung der Lebensmittelkarten, die zu einer Preisanhebung vieler Konsumgüter führte, im Jahre 1958 eingeführt. Auch zu den Alters- und Invalidenrenten werden unter bestimmten Voraussetzungen Ehegatten- und Kinderzuschläge gewährt. Zuschläge in Höhe von 40 M monatlich erhalten Rentner, deren Ehegatten keinen eigenen Rentenanspruch und das Rentenalter erreicht haben bzw. bei denen Invalidität vorliegt. Anspruch auf Ehegattenzuschlag besteht auch, wenn der Ehegatte ein Kind unter drei bzw. zwei Kinder unter acht Jahren hat. Der Kinderzuschlag in Höhe von 40 M monatlich wird bis zum 16. bzw. 18. Lebensjahr ausgezahlt.

Zu den Leistungen müssen noch die in beiden Staaten gewährten einmaligen Beihilfen an Mütter bei der Entbindung hinzugerechnet werden (Pauschalbetrag in der Bundesrepublik, staatliche Beihilfe in der DDR; vgl. o. Abschnitt 3 a).

Wohngeld

411. In der Bundesrepublik wird auch Wohngeld gewährt, wenn das Familieneinkommen 9600 DM jährlich (Erhöhung dieser Grenze um 2400 DM für jedes weitere zum Haushalt gehörende Familienmitglied) nicht übersteigt.

Unterstützungsleistung

412. Alleinstehende Werktätige erhalten in der DDR eine Unterstützung zur Pflege ihrer erkrankten Kinder.

Hinterbliebenenrente

413. Stirbt der Ernährer, so werden in der Bundesrepublik und in der DDR Hinterbliebenenrenten gezahlt.

Übersicht 50

Kindergeld/Kinderzuschläge

Für das ... Kind	BRD Leistungen in DM pro Monat	DDR Leistungen in M pro Monat
1.	—	20
2.	25 [1]	20
3.	60	50
4.	60	60
5. und weitere	70	70

[1] Zweitkindergeld wird nur gewährt, wenn das Jahreseinkommen der Eltern 13 200,— DM nicht übersteigt oder wenn die Eltern drei oder mehr Kinder haben.

Quellen: BRD: Bundeskindergeldgesetz vom 14. April 1964 (BGBl., I, 1964, S. 265), zuletzt geändert durch das Zweite Gesetz zur Änderung und Ergänzung des Bundeskindergeldgesetzes vom Dezember 1970. DDR: VO über die Zahlung eines staatlichen Kinderzuschlages vom 28. Mai 1958 (GBl., I, 1958, S. 437; GBl., II, 1967, S. 248; GBl., II, 1969, S. 485).

In der Bundesrepublik sind Hinterbliebenenrenten nach dem Gesetz Witwenrenten und Witwerrenten, Renten an frühere Ehemänner/Ehefrauen der/des Versicherten sowie Waisenrenten. Witwen-(Witwer-)Renten werden unabhängig von Alter, Erwerbsfähigkeit und -tätigkeit des Rentenberechtigten gezahlt. Jedoch wird Witwerrente nur dann gewährt, wenn die verstorbene Versicherte überwiegend den Familienunterhalt bestritten hat. Für die ersten drei Monate wird die Witwen-(Witwer-)Rente in voller Höhe (ohne Kinderzuschuß) der Rente gezahlt, die dem Versicherten zum Zeitpunkt seines Todes zustand. Danach beträgt sie im Normalfalle 60 % der Rente, die dem Versicherten zum Zeitpunkt seines Todes als Altersrente oder Erwerbsunfähigkeitsrente (ohne Kinderzuschlag) zugestanden hätte. Soweit die Witwe das 45. Lebensjahr noch nicht vollendet hat, nicht berufs- oder erwerbsunfähig ist und kein waisenrentenberechtigtes Kind erzieht, beträgt die Hinterbliebenenrente lediglich 60 % der Rente, die dem Verstorbenen zugestanden hätte, wenn er zum Zeitpunkt seines Todes berufsunfähig gewesen wäre. Die Wartezeit gilt in der Regel als erfüllt, wenn zum Zeitpunkt des Todes eine Versicherungszeit von 60 Kalendermonaten nachweisbar ist. Bei Witwen unter 45 Jahren, die keine Kinder zu versorgen haben, wird die Hinterbliebenenrente um ein Drittel gekürzt.

Waisenrenten werden unter den gleichen Voraussetzungen gewährt wie der Kinderzuschuß. Halbwaisen erhalten ein Zehntel, Vollwaisen ein Fünftel der Versichertenrente wegen Erwerbsunfähigkeit. Hinzu kommt der volle Kinderzuschuß (1970 = 86 DM pro Monat). Zusätzlich wird das Kindergeld nach dem Bundeskindergeldgesetz gewährt.

Auch in der DDR werden die Hinterbliebenenrenten von der Rente des verstorbenen Versicherten abgeleitet. Anspruch auf Witwen-(Witwer-)Rente besteht allerdings für die Witwe erst nach Vollendung des 60. Lebensjahres, für den Witwer nach Vollendung des 65. Lebensjahres, bei Vorliegen der Invalidität bzw. wenn die Witwe ein Kind unter drei Jahren oder zwei Kinder unter acht Jahren hat. Die Witwen-(Witwer-)Rente beträgt 60 % der Rente des Verstorbenen, mindestens jedoch 150 M monatlich. Die Hinterbliebenen in der DDR sind also wesentlich schlechter gestellt als ihre Schicksalsgefährten in der Bundesrepublik.

Die Zahlung der Waisenrente erfolgt unter den gleichen Voraussetzungen, die für die Zahlung des Kinderzuschlages maßgebend sind. Sie beträgt für Halbwaisen 30 % (mindestens 55 M), für Vollwaisen 40 % monatlich (mindestens 80 M) der Rente des verstorbenen Versicherten. Ähnliche Regelungen gelten im Falle freiwilliger Versicherung auf Zusatzrenten.

Sterbegeld

414. Beim Tod des Versicherten oder eines seiner Angehörigen wird in der Bundesrepublik und in der DDR in unterschiedlicher Höhe Sterbegeld gezahlt.

e) Erwerbsrisiken

Konzeption der Sicherung gegen Erwerbsrisiken

415. In der Bundesrepublik hat sich in den letzten Jahren ein deutlicher Wandel der Maßnahmen und der Instrumente zur Sicherung der Arbeitnehmer gegen den Verlust und die Gefährdung der Arbeitsplätze vollzogen: War das Gesetz über Arbeitsvermittlung und Arbeitslosenversicherung (AVAVG) in erster Linie darauf gerichtet, Erwerbsminderungen infolge des Verlustes von Arbeitsmöglichkeiten im Nachhinein zu mindern und durch Unterstützungszahlungen zu kompensieren, so legen die neue Gesetzgebung und die Praxis den Akzent auf die vorbeugende Verhütung von Erwerbsrisiken. Die klassischen Instrumente der Arbeitsmarktpolitik werden mehr und mehr in den Dienst präventiver Maßnahmen gestellt. Im Rahmen einer solchen aktiven Arbeitsmarktpolitik kommt den Bereichen der allgemeinen und der beruflichen Bildung eine große Bedeutung zu.

In der DDR gibt es die Verhinderung und Kompensierung von Erwerbsrisiken als eigenständigen Teilbereich des Systems der sozialen Sicherung nicht. Offiziell wird von Arbeitslosigkeit nicht gesprochen. Sie wird aber, wie in jeder wachsenden und Strukturwandlungen unterworfenen Volkswirtschaft, in Form friktionaler und Fluktuationsarbeitslosigkeit dennoch vorhanden sein. Arbeitsmarktpolitik, vor allem in Form von Arbeitskräftelenkung, ist ein wichtiger Teil des umfassenden ökonomischen Planungssystems. Sie bildet das Bindeglied zwischen dem Bildungssystem (vgl. Kapitel VIII, Abschnitt 2) und der Wirtschaft.

Der Vergleich der Maßnahmen und Leistungen zur Sicherung gegen Erwerbsrisiken in beiden deutschen Staaten wird durch den Mangel an Daten aus der DDR erschwert und teilweise sogar unmöglich gemacht.

Da es in der DDR Erwerbsrisiken und Arbeitslosigkeit per definitionem nicht gibt, fehlt es auch völlig an statistischen Daten über diese Tatbestände [6].

Arbeitsförderungsgesetz

416. In der Bundesrepublik enthält das Arbeitsförderungsgesetz (AFG), seit dem 1. Juli 1969 in Kraft, ein ganzes Bündel von Sicherungsmaßnahmen. Es markiert den vollzogenen Übergang von der „Folgenbeseitigung" zur aktiven Gestaltung des Arbeitsmarktes. Der Arbeitslosenversicherung und ihren Leistungen kommt gegenüber den präventiven Maßnahmen nur noch ein subsidiärer Charakter zu. Vorrang vor allen anderen Maßnahmen genießt die Arbeitsvermittlung, d. h. dem Arbeitsuchenden soll zunächst ein angemessener Arbeitsplatz nachgewiesen werden. An zweiter Stelle steht die Berufsberatung, die auch die Möglichkeiten beruflicher Bildung und Förderung umfaßt. Diese letzteren Maßnahmen bilden einen Schwerpunkt der Arbeitsmarktpolitik. Sie umfassen die berufliche Ausbildung, Fortbildung und Umschulung. Weiterhin wird nach dem AFG die Arbeitsaufnahme gefördert; hier handelt es sich vor allem um die Erleichterung der beruflichen und räumlichen Mobilität der Arbeitnehmer. Auch der beruflichen Rehabilitation soll die Arbeitsverwaltung vermehrte Aufmerksamkeit widmen.

Die finanzielle Unterstützung von Arbeitnehmern, deren Arbeitsverdienste durch Kurzarbeit, Entlassung oder Witterungseinflüsse — hier rückt als aktive Maßnahme die Produktive Winterbauförderung in den Vordergrund — geschmälert werden, bleibt durch das AFG gesichert.

Berufsbildungsgesetz

417. Das Berufsbildungsgesetz vom 14. August 1969 muß ebenso wie das Erste Gesetz über individuelle Förderung der Ausbildung vom 19. Juni 1969 im Zusammenhang mit der Sicherung gegen Erwerbsrisiken genannt werden: Beide Gesetze sind auf die Erhöhung der Qualifikation und der Mobilität der Arbeitnehmer, vor allem der auszubildenden Jugendlichen gerichtet (vgl. Kapitel VII). Auf die Verzahnung der Maßnahmen nach dem AFG und den beiden Ausbildungsgesetzen im Hinblick auf die Erfordernisse des Arbeitsmarktes wird amtlicherseits nachdrücklich hingewiesen.

Arbeitsrechtsbereinigungsgesetz

418. Das Erste Arbeitsrechtsbereinigungsgesetz vom 1. September 1965 brachte eine gewisse Angleichung des Kündigungsschutzes für gewerbliche Arbeitnehmer an die schon seit langem üblichen Bestimmungen für Angestellte. Kriterium für die Verlängerung der Kündigungsfristen der Arbeiter ist die Dauer der Betriebszugehörigkeit. Für die Bemessung von Abfindungen bei sozial ungerechtfertigter Kündigung durch den Arbeitgeber wird zusätzlich das Lebensalter des betroffenen Arbeiters berücksichtigt.

Rationalisierungsschutzabkommen

419. Zur Sicherung der Arbeitnehmer gegen die sozialen Konsequenzen des technischen und organisatorischen Wandels werden zwischen den Gewerkschaften und den Arbeitgeberverbänden bzw. einzelnen Unternehmensleitungen als autonomen Tarifvertragsparteien in zunehmendem Umfang sogenannte Rationalisierungsschutzabkommen in Form von Tarifverträgen abgeschlossen. Sie sehen Verlängerung der Kündigungsschutzfristen für Arbeiter und Angestellte, Zahlung von Abfindungen bei unvermeidbarer Entlassung sowie Sicherung gegen Erwerbsminderungen bei innerbetrieblichen Umsetzungen vor. Dauer der Betriebszugehörigkeit und Lebensalter bilden auch hier die Maßstäbe, nach denen der Umfang der Maßnahmen und Leistungen bemessen wird.

Sozialpläne

420. Schließlich sind noch die Sozialpläne zu nennen, die häufig in Form von Betriebsvereinbarungen zwischen Betriebsräten und Unternehmensleitungen fixiert werden. Auch sie sollen den von betrieblichen Umstellungsmaßnahmen betroffenen Arbeitnehmern eine gewisse Beschäftigungs- und Einkommensgarantie bieten. Bei der Praktizierung solcher Sozialpläne ist eine enge Zusammenarbeit mit den örtlichen und regionalen Dienststellen der Arbeitsverwaltung zu beobachten. Soweit es sich um ältere Arbeitnehmer handelt, tritt die Abstimmung mit dem Träger der Rentenversicherung hinzu.

Pflichtversicherung gegen Arbeitslosigkeit

421. In der DDR werden die Maßnahmen gegen Erwerbsausfall durch Verlust des Arbeitsplatzes in der Verordnung über die Pflichtversicherung gegen Arbeitslosigkeit vom 28. Januar 1947 geregelt. In diese Verordnung sind zwei Durchführungsverordnungen vom 28. März 1947 bzw. vom 27. Dezember 1947 und eine Anordnung vom 22. Juni 1959 eingearbeitet worden, die lediglich eine Anpassung der Nomenklatur an den wechselnden Sprachgebrauch bezweckten. Im Vordergrund steht die Beschaffung von Arbeitsplätzen. Bei vorübergehendem unverschuldetem Verlust des Arbeitsplatzes wird Unterstützung der Sozialversicherung gezahlt (vgl. §§ 27 bis 46 SVO und § 102 GBA). Die Unterstützung wird durch die Kreisvorstände des FDGB, Verwaltungen der Sozialversicherung, ausgezahlt.

Es wird darauf hingewiesen, daß die praktische Bedeutung dieser Verordnung lediglich noch darin liege, den Arbeitnehmern beim nicht „nahtlosen" Wechsel von einem Arbeitsverhältnis in ein anderes für die Übergangszeit eine materielle Sicherung zu garantieren.

Die Sicherung der Arbeitnehmer gegen die Gefährdung und den Verlust von Arbeitseinkommen tritt zurück gegenüber den Maßnahmen der Arbeitskräftelenkung.

422. In der DDR stellen sich Probleme aus der Planung des „Faktors Arbeit" als eines Teilsystems der Gesamtplanung der sozialistischen Wirtschaft. Arbeitskräfteplanung zur Sicherung der Erfüllung der allgemeinen wirtschaftlichen Planziele ist zunächst abgestellt auf die Steigerung der Arbeitsproduktivität.

Als Mittel der Planung des Arbeitskräftebedarfs und der plangemäßen Versorgung der Wirtschaft mit Arbeitskräften werden genannt: die Berufsausbildung, die Ausbildung von Fach- und Hochschulkadern, die Mobilisierung und Einbeziehung von neuen Arbeitskräften aus der nicht berufstätigen Bevölkerung (vor allem Hausfrauen), die Umsetzung von Arbeitnehmern, deren Arbeitsplätze im Zuge des technischen Wandels „wegrationalisiert" wurden. Zum Planungssystem gehören die Gestaltung der Lohn- und Prämienfonds der Betriebe und die sonstigen Formen der „materiellen Interessiertheit", wie schließlich auch die Bemühungen, Leistungen und Einkommen optimal aufeinander abzustimmen.

Ämter für Arbeit und Berufsberatung

Die Ämter für Arbeit und Berufsberatung sollen auf den verschiedenen Verwaltungsebenen prognostisch die Entwicklung des „Arbeitsvermögens" planen, worunter die Summe der Fähigkeiten, Fertigkeiten und Tätigkeiten der Arbeitskräfte in der Volkswirtschaft verstanden wird. Sie unterstützen aus der Sicht der jeweiligen Gebietskörperschaft die Ausarbeitung und Realisierung der Arbeitskräftepläne, die von den Betrieben in eigener Verantwortung aufgestellt werden, einschließlich betrieblicher Rationalisierungsvorhaben. Sie koordinieren die Verwendung der verfügbaren Arbeitskräfte.

Eine wichtige Aufgabe der Ämter ist die Aufstellung von Plänen für die optimale Ausbildung des beruflichen Nachwuchses. Sie leiten den Volksbildungsabteilungen der Räte, den Betriebsleitungen und der Öffentlichkeit Informationen zu über die bedarfsgerechte Berufsorientierung, Berufsaufklärung und Berufsvorbereitung der Jugend.

Den Ämtern für Arbeit und Berufsberatung stehen als beschließende und vollziehende Organe der Volksvertretungen die Ständigen Kommissionen für Arbeit und Berufsberatung gegenüber. Sie setzen sich zusammen aus Mitgliedern der Räte und weiteren sachkundigen Mitgliedern. Ihre wesentlichen Aufgaben sind:

- Beratung der Arbeitskräftepläne;
- Kontrolle des rationellen Einsatzes der Arbeitnehmer;
- Vorbereitung und Verwirklichung von Maßnahmen der Arbeitskräftelenkung;
- Einschränkung der Fluktuation der Arbeitnehmer;
- Verbesserung der Nutzung der Arbeitszeit und der Arbeitsbedingungen;
- Förderung der Polytechnischen Bildung, der Berufsausbildung, der Qualifikation, der Kapazitätsentwicklung der Ausbildungsstätten.

Enge Bezüge bestehen zwischen dem System der allgemeinen und beruflichen Bildung und den Maßnahmen der Arbeitsmarktpolitik. Die institutionelle und inhaltliche Verbindung zwischen der Arbeitswelt und dem Bereich der Erziehung ist durch die entsprechenden gesetzlichen Bestimmungen gewährleistet (vgl. Kapitel VII).

Kurzarbeitsgeld

423. In der Bundesrepublik wird bei vorübergehendem teilweisem Arbeitsausfall nach dem AFG in der Regel für höchstens sechs Monate Kurzarbeitsgeld gewährt. Es bemißt sich nach dem potentiellen Arbeitsentgelt und nach den potentiell zu leistenden Arbeitsstunden entsprechend einer im Gesetz enthaltenen Tabelle. Je Ausfallstunde wird ein Familienzuschuß von 0,30 DM gezahlt.

Schlechtwettergeld

Zur Förderung der ganzjährigen Beschäftigung in der Bauwirtschaft wird zwischen dem 1. November und dem 31. März an die Bauarbeiter Schlechtwettergeld gezahlt, wenn die Witterung die Einstellung der Arbeit erzwingt. Damit soll die Entlassung der Bauarbeiter in der Schlechtwetterperiode verhindert werden. Die Arbeiter können kurzfristig ihre Tätigkeit wieder aufnehmen, wenn die Witterung sich bessert. Das Schlechtwettergeld bemißt sich für die ausgefallenen Arbeitstage nach den Regelungen bei Kurzarbeit. Zusätzlich werden 5 % des Stundeneck-lohnes gewährt. Bei einem Arbeitsentgelt je Arbeitsstunde bis 2,05 DM und einer Wochenarbeitszeit von höchstens 60 Stunden beträgt das Kurzarbeiter-/Schlechtwettergeld zwischen 1,07 DM und 1,43 DM. Es erhöht sich auf 6,06 DM bei einem Stundenlohn von 9,69 DM und mehr bei 40stündiger Wochenarbeitszeit.

Winterbauförderung

Zuschüsse zu den im Januar und Februar witterungsbedingt entstehenden Mehrkosten werden den Bauunternehmern als Produktive Winterbauförderung gezahlt. Hinzu kommen Subventionen aus den Mitteln der Bundesanstalt für Arbeit für Anlageinvestitionen und für Fahr- und Unterhaltskosten der Bauarbeiter.

Arbeitslosengeld

Arbeitslose, die mindestens 26 Wochen beschäftigt waren, erhalten Arbeitslosengeld aus der Arbeitslosenversicherung für die Dauer von 78 bis 312 Tagen. Der Hauptbetrag ist von wöchentlich höchstens 7,80 DM bei einem wöchentlichen Arbeitsentgelt bis 12,49 DM bis zu höchstens 242,40 DM bei einem Arbeitsentgelt von 390 DM und mehr gestaffelt. Der Familienzuschlag für Ehegatten und Kinder beträgt wöchentlich 12 DM.

Arbeitslosenhilfe

Bedürftige Arbeitslose, die die Anwartschaft auf Arbeitslosengeld nicht erfüllen oder die mindestens ein Jahr lang beschäftigungslos waren, haben Anspruch auf Arbeitslosenhilfe. Deren Höchstbeträge staffeln sich von wöchentlich 7,80 DM bis 134,40 DM. Der Familienzuschlag ist der gleiche wie bei Empfängern von Arbeitslosengeld.

Zuschüsse für Dauerarbeitsplätze

Aus Mitteln der Bundesanstalt werden Zuschüsse zur Schaffung von Dauerarbeitsplätzen gezahlt, die durch Strukturwandlungen betroffenen Arbeitnehmern angeboten werden müssen. Zuschüsse zu den Lohnkosten bis zu 50 % der Tariflohnsätze und Investitionshilfen sollen den Unternehmern Anreize zur Beschäftigung älterer Arbeitnehmer bieten.

Individuelle berufliche Förderung

Im Arbeitsförderungsgesetz wird der individuellen Förderung der beruflichen Bildung großes Gewicht beigemessen. Sie soll in Form der Ausbildung, der Fortbildung und der Umschulung vermittelt werden. Wegen der großen Vielfalt der Leistungen auf Grund von Tarifverträgen oder Betriebsvereinbarungen und wegen fehlender Daten über den Kreis der von diesen Maßnahmen begünstigten Personen ist eine detaillierte Darstellung nicht möglich.

Arbeitslosenunterstützung

424. In der DDR wird nach der Verordnung über die Pflichtversicherung gegen Arbeitslosigkeit von 1947 Arbeitslosenunterstützung nur dann gewährt, wenn in den letzten 12 Monaten 26 Wochen lang Beiträge gezahlt worden sind. Die Unterstützung beträgt 1,20 M bis 2,— M täglich. Für jedes Familienmitglied werden 0,35 M täglich gewährt. Hinzu kommt ein monatlicher Mietzuschuß von 18 M. Liegt

Kapitel VI

die Arbeitslosenunterstützung unterhalb der von der Sozialhilfe gewährten Beträge, so wird ein Ausgleich aus Mitteln der Sozialfürsorge gewährt.

Über den Umfang der individuellen Förderung der beruflichen Qualifikation und Mobilität liegen keine Angaben vor. Die Maßnahmen sollen friktionale und Fluktuationsarbeitslosigkeit verhüten oder zumindest so gering wie möglich halten. Soweit es sich um Maßnahmen der Berufsbildung im weitesten Sinne handelt, sei auf Kapitel VII verwiesen.

Umfang der Leistungen

425. In der Bundesrepublik lassen sich die Ausgaben der Bundesanstalt für Arbeit zur Finanzierung der ihr durch das AFG zugewiesenen Aufgaben wie folgt aufgliedern:

Die Umstellung der Arbeitsmarktpolitik von der Schadensheilung zur Schadensverhütung kommt in der Steigerung der Ausgaben für bildungsbezogene und mobilitätsfördernde Maßnahmen zum Ausdruck. Deren Anteil an den Gesamtausgaben der Arbeitsverwaltung wird in den kommenden Jahren weiter steigen.

Der Anstieg der Ausgaben für Produktive Maßnahmen ist allein auf die witterungsbedingte Steigerung des Schlechtwettergeldes zurückzuführen.

Für die DDR finden sich weder in den Statistischen Jahrbüchern noch in der Fachliteratur Zahlenangaben, die einen Vergleich mit der Bundesrepublik gestatten. Aber auch hier ist das Vordringen von Qualifikationsmaßnahmen zu beobachten.

f) Sozialhilfe — Sozialfürsorge

426. Die Sozialhilfe bzw. Sozialfürsorge hilft in beiden deutschen Staaten denjenigen Personen, die trotz der umfangreichen sozialen Sicherungssysteme in Not geraten und sich zeitweise oder dauernd nicht aus eigener Kraft helfen können.

In der Bundesrepublik wird Sozialhilfe als „Hilfe in besonderen Lebenslagen" gewährt. Aufgabe dieser Hilfe ist es, dem Empfänger die Führung eines menschenwürdigen Lebens zu ermöglichen. Anspruchsberechtigt ist der einzelne unabhängig von seinem Alter.

Die laufende Hilfe zum Lebensunterhalt außerhalb von Anstalten wird überwiegend nach Regelsätzen gewährt, die nach dem Alter, der Art der Haushaltszugehörigkeit und nach örtlichen Bedingungen gestaffelt sind. Hinzu kommen Mehrbedarfszuschläge für Alte, Erwerbsunfähige, werdende Mütter u. a. sowie die volle Miete und gegebenenfalls einmalige Leistungen zur Deckung eines Sonderbedarfs. Im Bundesdurchschnitt betrug der monatliche Regelsatz für den Haushaltsvorstand am 1. August 1970 rd. 155 DM, für Haushaltsangehörige über 18 Jahren 120 DM. Bei der Hilfe in Anstalten wird neben den Pflegekosten ein angemessenes Taschengeld gewährt.

Der Hilfe zum Lebensunterhalt in der Bundesrepublik entsprechen in der DDR die Leistungen der allgemeinen Sozialfürsorge, die seit dem 1. Juli 1968 eine Hauptunterstützung von 110 M, einen Sozialfürsorgesatz von 50 M an mitunterstützte Angehörige und von 40 M an Kinder sowie ebenfalls Mietbeihilfen gewährt. Der Höchstsatz der Unterstützung je Familie beträgt 260 M monatlich ohne Mietbeihilfen und Zuschläge.

Als „Hilfen in besonderen Lebenslagen" werden in der Bundesrepublik Hilfen zum Aufbau oder zur Sicherung der Lebensgrundlage, Ausbildungshilfen, vorbeugende Gesundheitshilfe, Krankenhilfe, Hilfe für werdende Mütter, Eingliederungshilfe für Behinderte, Tuberkulosenhilfe, Blindenhilfe, Hilfe zur Pflege und zur Weiterführung des Haushalts sowie Hilfe für Gefährdete und Altenhilfe gewährt. Empfänger dieser Hilfen oder die zum Unterhalt Verpflichteten haben im Gegensatz zur Hilfe zum Lebensunterhalt ihr Einkommen nicht voll, sondern nur in zumutbarem Umfang einzusetzen. Diese Hilfen werden im Bedarfsfalle auch in Anstalten gewährt.

Einige der Unterstützungsarten in der Bundesrepublik sind in der DDR von geringer Bedeutung, da der Umfang der Sozialversicherung weiter gezogen ist und Mindestrenten gewährt werden. Krankenversicherungsschutz wird dem Sozialfürsorgeempfänger durch Versicherung bei der Sozialversicherung gewährt, für pflegebedürftige Personen außer-

Übersicht 51

Ausgaben der Bundesanstalt für Arbeit

Art der Ausgaben	1967		1968		1969	
	Mill. DM	in %	Mill. DM	in %	Mill. DM	in %
Ausgaben insgesamt	3 139	100	2 954	100	2 853	100
darunter für:						
Bildungsbezogene Maßnahmen	154	4,9	237	8,0	450	15,8
Produktive Maßnahmen	432	13,8	704	23,9	912	32,1
Lohnausfall bei Arbeitslosigkeit	1 959	62,4	1 379	46,6	760	26,6

halb von Anstalten werden Pflegegelder geleistet. An Tuberkulose-, Geschwulst- und Zuckerkranke werden Beihilfen gewährt. Weiterhin werden Blindengeld, staatliches Kindergeld und Taschengeld bei Krankenhausaufenthalt gewährt. Für alte und pflegebedürftige Personen stellt die Sozialfürsorge Plätze in staatlichen Feierabend- und Pflegeheimen bereit oder unterstützt die Unterbringung in nichtstaatlichen Heimen. Soweit die Heimbewohner über eigene Einkünfte oder Vermögen verfügen, haben sie zu den Unterhaltskosten beizutragen. Soweit sie mittellos sind, erhalten sie ein monatliches Taschengeld, das für Hilfsbedürftige 38 M und für Rentner 48 M beträgt. Während seit 1964 die Anzahl der Plätze in Feierabendheimen leicht rückläufig ist, nahm die Anzahl der Pflegeheime (einschl. Blindenanstalten) und deren Plätze kontinuierlich zu.

Abschließend sei darauf hingewiesen, daß gerade auf dem Gebiet der Sozialhilfe die Gegenüberstellung besonders problematisch ist, da einerseits in der Bundesrepublik die freien Wohlfahrtsverbände eine bedeutende Rolle spielen, während andererseits in der DDR die Arbeit der Organisation „Volkssolidarität" auf dem sozialen Sektor nicht unberücksichtigt bleiben darf. Im Rahmen der Abgrenzung des Systems der sozialen Sicherung kann darauf jedoch nicht näher eingegangen werden.

g) Sonstige Leistungen

427. Neben den Leistungen, die durch bestimmte soziale Tatbestände ausgelöst werden, gibt es in beiden deutschen Staaten eine Reihe staatlicher Maßnahmen, die kriegsbedingte oder andere staatlich verursachte Schäden in der Vergangenheit ausgleichen sollen. Sie sind nicht ganz problemlos dem System der sozialen Sicherung zuzuordnen und werden daher hier nur der Vollständigkeit halber erwähnt.

In der Bundesrepublik werden an Vertriebene, Kriegssachgeschädigte, Spätheimkehrer aus der Kriegsgefangenschaft, Flüchtlinge aus der DDR sowie an Personen, die aus Gründen der Rasse, des Glaubens oder der Weltanschauung Schäden durch das nationalsozialistische Regime erlitten haben, Entschädigungen gezahlt bzw. Maßnahmen der Eingliederungshilfe gewährt. Die Entschädigungen lassen sich nicht aufschlüsseln und auf Durchschnittsbeträge umrechnen.

In der DDR erhalten Kämpfer gegen den Faschismus und Verfolgte des Faschismus Ehrenpensionen, die an Frauen mit Vollendung des 55. Lebensjahres und an Männer mit Vollendung des 60. Lebensjahres oder bei Invalidität im Sinne der Sozialversicherungsgesetze gewährt werden. Es handelt sich um rund 30 000 Personen einschließlich der Witwen verstorbener Antifaschisten. Darin ist eine unbekannte Zahl von Ehrenpensionen für verdiente Staatsdiener enthalten. Die Ehrenpensionen betragen für Kämpfer gegen den Faschismus 800 M monatlich und für Verfolgte des Faschismus 600 M monatlich. An Personen, die in die DDR ziehen, können Überbrückungshilfen geleistet werden.

Diese beiden Leistungsarten in der Bundesrepublik und in der DDR sind nur bedingt vergleichbar, da die Leistungen in der Bundesrepublik eindeutig Entschädigungscharakter tragen, während für die Gewährung der Ehrenpensionen nicht nur politisch bedingte Schädigungen in der Vergangenheit, sondern auch gleichzeitig das Lebensalter bzw. der Invaliditätsgrad Voraussetzung sind.

4. Anhang

Methodische Hinweise

Soweit nicht anderes angemerkt ist, werden für die Bundesrepublik die Statistischen Jahrbücher der Bundesrepublik, der Sozialbericht 1970 der Bundesregierung und die Hauptergebnisse der Arbeits- und Sozialstatistik, herausgegeben vom Bundesministerium für Arbeit und Sozialordnung, herangezogen. Für die DDR werden die Statistischen Jahrbücher der DDR 1960 bis 1970 verwendet.

Für die Bundesrepublik werden unter „Renten" alle Barleistungen der gesetzlichen Rentenversicherung, der Unfallversicherung (ohne Verletztengeld), der Beamtenversorgung, der Zusatzversorgung im öffentlichen Dienst und der Altershilfe für Landwirte zusammengefaßt. Unter „Kurzfristige Leistungen bei Krankheit, Mutterschaft und Unfall" werden die Barleistungen der Krankenversicherung einschließlich Mutterschutz und das Verletztengeld der Unfallversicherung erfaßt. In den „Familienleistungen" sind das staatliche Kindergeld und die Kinderzuschläge im öffentlichen Dienst enthalten. Nicht erfaßt sind hier die Kinderzuschläge zu Renten der Sozialversicherung und zu Unterstützungen der Sozialhilfe, die sich aus diesen beiden Positionen nur schwierig eliminieren lassen. Die Position „Sonstige Übertragungen" enthält Leistungen der Wiedergutmachung, der Unterhaltssicherung und sonstige Entschädigungsleistungen sowie das Wohngeld, das 1969: 50 % dieser Position ausmacht.

Für die DDR werden unter der Position „Renten" die Alters-, Invaliden- und Hinterbliebenenrenten der Sozialversicherung des FDGB und der Staatlichen Versicherung der DDR, die Altersversorgung der Deutschen Reichsbahn und Deutschen Post und der Intelligenz sowie die Ehrenpensionen erfaßt. Dabei handelt es sich zum Teil um Schätzungen, die durch Fortschreibung älterer Strukturangaben und Berücksichtigung von Trends erfolgten. Insbesondere fehlen ausreichende statistische Angaben für die Ausgaben der Sozialversicherung bei der Staatlichen Versicherung der DDR. Über die „Kurzfristigen Leistungen" liegen Angaben über das Kranken-, Haus- und Taschengeld und über „Sonstige Ausgaben für soziale Zwecke" für die Sozialversicherung des FDGB vor, die entsprechenden Angaben der Staatlichen Versicherung der DDR wurden geschätzt. Die Position „Familienleistungen" ist identisch mit den Angaben über „Staatliche Unterstützung für Mutter und Kind" im Staatshaushalt der DDR. Darin sind die einmaligen Geburtenbeihilfen, die laufenden Unterstützungen für das vierte und die folgenden Kinder sowie die staatlichen Kinderzuschläge enthalten. In dieser Position sind auch die staatlichen Ehegattenzuschläge erfaßt. Die Leistungen der Kriegsopferversorgung sind ebenso wie die Leistungen der Sozialfürsorge geschätzt. Die „Sonstigen Übertragungen" ergeben sich als Restposten nach Abzug der Barleistungen für Sozialfürsorge von der Position „Soziale Geldleistungen (ohne Renten)" einschließlich eines in den Jahren 1967 und 1969 nicht aufgegliederten Betrages von 31,2 Mill. bzw. 39,9 Mill. M unter der Position „Sozialwesen" in der Statistik des Staatshaushalts der DDR (Statistisches Jahrbuch der DDR, 1970, S. 325).

Kapitel VI

Bei der Ermittlung der Sachleistungen stellen sich einige spezielle methodische Schwierigkeiten:

1. In der Statistik des Staatshaushalts der DDR werden Ausgaben unter der Position „Gesundheitswesen" für ambulante und stationäre Versorgung erfaßt, die zu einem nicht bestimmbaren Teil auch unter „Leistungen für gesundheitliche Zwecke" der Sozialversicherung ausgewiesen werden. Es wurde daher nur diese letzte Position einbezogen.

2. Eine erhebliche Einschränkung der Angaben über „Ausgaben im Staatshaushalt für kulturelle, gesundheitliche und soziale Zwecke" seit 1967, die zu nicht näher erläuterten Zusammenfassungen geführt hat, erschwert nicht nur den Zeitreihenvergleich für die DDR, sondern macht auch erhebliche Schätzungen erforderlich, um einigermaßen vergleichbare Daten zu entsprechenden Angaben für die Bundesrepublik zu erhalten.

3. Während im Sozialbericht der Bundesregierung die Verwaltungsaufwendungen getrennt von den Leistungsaufwendungen aufgeführt werden, sind Angaben über Verwaltungskosten in der DDR nur für die Sozialversicherung des FDGB bekannt. Da sie mit 0,5 % des Leistungsaufwandes der Sozialversicherung des FDGB äußerst gering sind, wurden sie nicht aus den Sachleistungen ausgegliedert. Dagegen werden die Verwaltungskosten für die Bundesrepublik getrennt erfaßt, da sie — bezogen auf die Reinausgaben — insgesamt mehr als 4 % betragen und ihre Einbeziehung in die Sachleistungen zu einer erheblichen Verfälschung des Strukturbildes führen würde.

Im einzelnen wurden folgende Abgrenzungen getroffen: Für die Bundesrepublik werden entsprechend der Gliederung des Sozialbudgets die „Sachleistungen"[7] und „Sonstigen Leistungen"[8] erfaßt.

Für die DDR werden in der Tabelle unter „Sozialversicherung" die „Leistungen für gesundheitliche Zwecke" sowie die „Sonstigen Ausgaben der Sozialversicherung" erfaßt. Die „Sonstigen Ausgaben" umfaßten bis einschließlich 1965 die Kuren und sonstigen Leistungen sowie die Verwaltungsausgaben. Seit 1966 wird diese Position ohne Erläuterungen insgesamt für die Sozialversicherung des FDGB und die Staatliche Versicherung der DDR niedriger ausgewiesen als an anderer Stelle allein für den FDGB (vgl. Statistisches Jahrbuch der DDR, 1970, S. 325; S. 330). Aus diesem Grund wird abweichend von den Haushaltsangaben mit der Ausgabenstruktur der Sozialversicherung von 1965 weitergerechnet und die Position dementsprechend in den Jahren 1966 bis 1969 um jeweils rd. 140,0 Mill. DM erhöht. Die der Kriegsopferversorgung in der Bundesrepublik entsprechenden Leistungen werden in der DDR von der Sozialversicherung erbracht und sind dort enthalten. Unter „Sozialhilfe" sind in der DDR die Ausgaben (ohne Investitionen) für „Heime des Sozialwesens", d. h. für Feierabend-, Pflege- und Sozialheime erfaßt. Diese Position wird gekürzt, da die Heimbewohner, soweit sie eigene Einkommen haben, Beiträge zu den Unterbringungskosten zahlen müssen.

Unter „Jugendhilfe" werden die Ausgaben für Kinderkrippen und Dauerheime für Säuglinge und Kleinkinder sowie für Jugendhilfe, d. h. insbesondere für Kinderheime, Jugendwerkhöfe und Jugendwohnheime zusammengefaßt.

Die oben erwähnte Zusammenfassung des sozialstatistischen Teils des Statistischen Jahrbuchs der DDR bringt besondere Schwierigkeiten bei der Erstellung einer Zeitreihe für das öffentliche Gesundheitswesen in einer Abgrenzung, die der für die Bundesrepublik im Sozialbudget getroffenen etwa entspricht. Für die Jahre 1965 und 1966 wurden erfaßt: Blutspendezentralen usw., Jugendgesundheitsschutz, Impfwesen, Tbk-Beratung, Betreuungsstellen für Geschwulstkranke, Hygieneaufsicht, Desinfektion und Seuchenberatung, sonstige Ausgaben für Gesundheitsschutz und -kontrolle. Für 1967 wurden die Aufwendungen für „Hygiene- und Gesundheitserziehung" eingesetzt. In welchem Umfang sich diese beiden Abgrenzungen entsprechen, läßt sich aus der amtlichen Statistik der DDR nicht feststellen.

Zu 2. Die Finanzierung der Sozialen Sicherung

Für die Bundesrepublik wurden die Beiträge, die öffentlichen Mittel und die Vermögenserträge einschließlich sonstiger Mittel dem Sozialbericht entnommen.

Für die DDR wurden die Beitragseinnahmen nur für die Sozialversicherung des FDGB veröffentlicht. Für die Staatliche Versicherung der DDR mußten dagegen die in den Staatshaushaltsplänen der DDR eingesetzten Soll-Zahlen verwendet werden. Angesichts des geringen Gewichtes (10 %) der Beitragseinnahmen der Staatlichen Versicherung an den gesamten Beitragseinnahmen der Sozialversicherung können Schätzfehler vernachlässigt werden.

Übersicht Anhang VI, 1

Umrechnung der statistischen Angaben der DDR im vorliegenden Vergleich für das Jahr 1969 (in Mill. DM)

Angaben des Stat. Jahrbuches der DDR	1969
Gesundheits- und Sozialwesen	5 918
Sozialversicherung	14 012
Jugendhilfe	162
Insgesamt	20 092
./. Stationäre Versorgung [1]	1 943
./. Ambulante Versorgung [1]	935
./. Wissenschaft, Aus- und Fortbildung (im Gesundheitswesen)	115
./. Leistungsfinanzierung, Einrichtungen des Gesundheitswesens [1]	16
./. Sonstige staatl. Einrichtungen und Maßnahmen [2]	61
	17 022
Geschätzte Korrekturen	
Heime des Sozialwesens [1]	./. 80
Sonstige Ausgaben der Sozialversicherung [3]	+ 142
Ausgaben für soziale Sicherung	17 084

[1] Wegen Doppelzählung abgezogen.
[2] Wegen mangelnder Vergleichbarkeit mit Angaben für die BRD eliminiert.
[3] Wegen nicht erklärlicher Brüche in der Zeitreihe durch Verkettung geschätzt.

Quellen

Im Textteil dieses Kapitels wurde auf Hinweise zur sozialpolitischen Gesetzgebung verzichtet. Da aber beide Systeme der sozialen Sicherung auf Gesetzen und Verordnungen beruhen, ist es notwendig, im folgenden die entsprechenden Quellenhinweise zu geben. Es handelt sich dabei um eine Auswahl der wichtigsten Quellen.

Bundesrepublik

Reichsversicherungsordnung vom 19. Juli 1911 (RGBl., S. 509), in der Fassung vom 15. Dezember 1924 (RGBl., I, S. 779)
(BGBl., III, S. 820—1)

Angestelltenversicherungsgesetz (AVG) vom 20. Dezember 1911 (RGBl., S. 989), in der Fassung vom 28. Mai 1924 (RGBl., I, S. 563)
(BGBl., III, S. 821—1)

Gesetz zur Neuregelung des Rechts der Rentenversicherung der Arbeiter (Arbeiterrentenversicherungs-Neuregelungsgesetz — ArVNG) vom 23. Februar 1957 (BGBl., I, S. 45)
(BGBl., III, S. 823 2—4)

Gesetz zur Neuregelung des Rechts der Rentenversicherung der Angestellten (Angestelltenversicherung-Neuregelungsgesetz — AnVNG) vom 23. Februar 1957 (BGBl., I, S. 88)
(BGBl., III, S. 821—2)

Reichsknappschaftsgesetz vom 23. Juni 1923 (RGBl., I, S. 431), in der Fassung vom 1. Juli 1926 (RGBl., I, S. 369)
(BGBl., III, S. 822—1)

Gesetz zur Neuregelung der Knappschaftlichen Rentenversicherung (Knappschaftsrentenversicherungs-Neuregelungsgesetz — KnVNG) vom 21. Mai 1957 (BGBl., I, S. 533)
(BGBl., III, S. 822—8)

Gesetz zur Änderung der Vorschriften der gesetzlichen Rentenversicherungen und über die Zwölfte Anpassung der Renten aus den gesetzlichen Rentenversicherungen sowie über die Anpassung der Geldleistungen aus der gesetzlichen Unfallversicherung (3. Rentenversicherungsänderungsgesetz — 3. RVÄnG) vom 28. Juli 1969 (BGBl., I, S. 956)

Bundesbeamtengesetz (BBG) vom 14. Juli 1953 (BGBl., I, S. 551), in der Fassung vom 22. Oktober 1965 (BGBl., I, S. 1776)

Gesetz über eine Altershilfe für Landwirte vom 27. Juli 1957 (BGBl., I, S. 1063), in der Fassung vom 14. September 1965 (BGBl., I, S. 1448)

Gesetz über eine Rentenversicherung der Handwerker (Handwerkerversicherungsgesetz) vom 8. September 1960 (BGBl., I, S. 737)
(BGBl., III, S. 8250—1)

Gesetz zur Neuregelung des Rechts der gesetzlichen Unfallversicherung (Unfallversicherungs-Neuregelungsgesetz — UVNG) vom 30. April 1963 (BGBl., I, S. 241)

Gesetz zum Schutze der erwerbstätigen Mutter (Mutterschutzgesetz) vom 24. Januar 1952 (BGBl., I, S. 69), in der Fassung vom 18. April 1968 (BGBl., I, S. 315)

Bundeskindergeldgesetz (BKGG) vom 14. April 1964 (BGBl., I, S. 265)

Gesetz über den Lastenausgleich (Lastenausgleichsgesetz — LAG) vom 14. August 1952 (BGBl., I, S. 446), in der Fassung vom 1. Oktober 1969 (BGBl., I, S. 1909)

Kapitel VI

Gesetz über die Versorgung der Opfer des Krieges (Bundesversorgungsgesetz) vom 20. Dezember 1950 (BGBl., S. 791),
in der Fassung vom 20. Januar 1967 (BGBl., I, S. 141, ber. S. 180)

Gesetz über die Versorgung für die ehemaligen Soldaten der Bundeswehr und ihre Hinterbliebenen (Soldatenversorgungsgesetz — SVG) vom 26. Juli 1957 (BGBl., I, S. 785),
in der Fassung vom 20. Februar 1967 (BGBl., I, S. 201)

Bundessozialhilfegesetz (BSHG) vom 30. Juni 1961 (BGBl., III, S. 2170—1), zuletzt geändert durch Zweites Gesetz zur Änderung des Bundessozialhilfegesetzes vom 14. August 1969 (BGBl., I, S. 1153)

Gesetz über die Fortzahlung des Arbeitsentgelts im Krankheitsfalle und über Änderungen des Rechts der gesetzlichen Krankenversicherung (Lohnfortzahlungsgesetz) vom 27. Juli 1969 (BGBl., I, S. 946)

Gesetz zur Weiterentwicklung des Rechts der gesetzlichen Krankenversicherung (Zweites Krankenversicherungsänderungsgesetz — 2. KVÄG) vom 4. November 1970 (Drucksachen VI/726, VI/1130, VI/1297)

Gesetz zur Änderung und Ergänzung des Gesetzes zur Verbesserung der wirtschaftlichen Lage der Arbeiter im Krankheitsfalle vom 12. Juli 1961 (BGBl., I, S. 913)

Wohngeldgesetz vom 29. Juli 1963 (BGBl., I, S. 508),
in der Fassung vom 1. April 1965 (BGBl., I, S. 177)

Entwurf eines zweiten Wohngeldgesetzes, Bundestagsdrucksache VI/1310

Arbeitsförderungsgesetz (AFG) vom 25. Juni 1969 (BGBl., I, S. 582)

Berufsbildungsgesetz vom 14. August 1969 (BGBl., I, S. 1112)

Erstes Gesetz über individuelle Förderung der Ausbildung (Ausbildungsförderungsgesetz) vom 19. September 1969 (BGBl., I, S. 1719)

DDR

VO über die Sozialversicherung der Arbeiter und Angestellten — SVO — vom 21. Dezember 1961 (GBl., II, S. 533; Ber. GBl., II, 1962, S. 4)
    VO vom 15. März 1962, GBl., II, S. 126
    1. DB vom 10. September 1962, GBl., II, S. 625
    VO vom 5. September 1963, GBl., II, S. 636
    2. DB vom 5. September 1963, GBl., II, S. 639
    VO vom 5. Dezember 1963, GBl., II, 1964, S. 14
    ÄndVO vom 4. Februar 1967, GBl., II, S. 91
    VO vom 3. Mai 1967, GBl., II, S. 248
    4. DB vom 27. Juli 1967, GBl., II, S. 525
    2. VO vom 25. Juni 1968, GBl., II, S. 537

Gesetzbuch der Arbeit der DDR vom 12. April 1961 (GBl., I, S. 27)
    VO vom 24. Januar 1962, GBl., II, S. 49
    VO vom 22. September 1962, GBl., II, S. 703
    ÄndGes. vom 17. April 1963, GBl., I, S. 63
    RL Nr. 21 vom 28. September 1966, GBl., II, S. 707
    2. ÄndGes. vom 23. November 1966, GBl., I, S. 111
    Bkm. vom 23. November 1966, GBl., I, S. 125
    Ges. vom 26. Mai 1967, GBl., I, S. 89
    VO vom 25. August 1967, GBl., II, S. 577
    VO vom 25. August 1967, GBl., II, S. 579
    EinfGes. vom 12. Januar 1968, GBl., I, S. 97
    Ges. vom 11. Juni 1968, GBl., I, S. 229
    VO vom 6. November 1968, GBl., II, S. 997,
    Ber. GBl., II, S. 1055

AO über die Beiträge zur Sozialversicherung bei der Deutschen Versicherungsanstalt vom 7. März 1956 (GBl., I, S. 259)
    AO vom 27. März 1957, GBl., II, S. 157

Kapitel VI

VO über die Bildung und Verwendung des Prämien-, Kultur- und Sozialfonds in den staatlichen Einrichtungen des Gesundheits- und Sozialwesens vom 25. März 1968 (GBl., II, S. 233)

VO über das Statut der Staatlichen Versicherung der DDR vom 19. November 1968 (GBl., II, S. 941)

Statut der Zentralstelle für Spezialheime der Jugendhilfe zur Anordnung über die Spezialheime der Jugendhilfe vom 22. April 1965 (GBl., II, S. 368)

VO über die Pflichtversicherung der in eigener Praxis tätigen Ärzte, Zahnärzte und Tierärzte bei der Sozialversicherung der Arbeiter und Angestellten vom 15. März 1962 (GBl., II, S. 125)

VO über die Pflichtversicherung der Studenten und Aspiranten bei der Sozialversicherung der Arbeiter und Angestellten vom 15. März 1962 (GBl., II, S. 125)
    VO vom 5. September 1963, GBl., II, S. 636
    VO vom 5. Dezember 1963, GBl., II, 1964, S. 14

VO über die Erhöhung der Renten der Sozialversicherung der Arbeiter und Angestellten und der Renten für Mitglieder sozialistischer Produktionsgenossenschaften und Mitglieder der Kollegien der Rechtsanwälte vom 9. April 1959 (GBl., I, S. 313)
    1. DB vom 9. April 1959, GBl., I, S. 314
    VO vom 8. Juli 1959, GBl., I, S. 618
    VO vom 15. März 1968, GBl., II, S. 135

VO zur Übertragung der Sozialversicherung für Bauern, Handwerker, selbständige Erwerbstätige und Unternehmer sowie freiberuflich Tätige auf die Deutsche Versicherungsanstalt vom 2. März 1956 (GBl., I, S. 257)
    1. DB vom 7. März 1956, GBl., I, S. 258
    AO vom 7. März 1956, GBl., I, S. 259
    2. DB vom 19. Juni 1956, GBl., I, S. 530
    AO vom 27. März 1957, GBl., II, S. 157
    VO vom 5. Dezember 1963, GBl., II, 1964, S. 14
    VO vom 6. Januar 1966, GBl., II, S. 33
    2. VO vom 25. Juni 1968, GBl., II, S. 537

VO über die Altersversorgung der Intelligenz an wissenschaftlichen, künstlerischen, pädagogischen und medizinischen Einrichtungen der DDR vom 12. Juli 1951 (GBl., S. 675)
    VO vom 28. Juni 1952, GBl., S. 510
    Ber. GBl., 1953, S. 67
    VO vom 13. Mai 1959, GBl., I, S. 521
    VO vom 1. März 1962, GBl., II, S. 116

VO über die zusätzliche Altersversorgung der technischen Intelligenz in den volkseigenen und ihnen gleichgestellten Betrieben vom 17. August 1950 (GBl., S. 844)
    2. DB vom 24. Mai 1951, GBl., S. 487
    VO vom 1. März 1962, GBl., II, S. 116

VO über die Sozialpflichtversicherung der in Betrieben mit staatlicher Beteiligung tätigen persönlich haftenden Gesellschafter vom 22. September 1966 (GBl., II, S. 779)

VO über Ehrenpensionen für Kämpfer gegen den Faschismus und für Verfolgte des Faschismus sowie für deren Hinterbliebene vom 8. April 1965 (GBl., II, S. 293)
    1. DB vom 8. April 1965, GBl., II, S. 295
    2. DB vom 1. November 1965, GBl., II, S. 779
    2. VO vom 21. Oktober 1966, GBl., II, S. 1253
    VO vom 15. März 1968, GBl., II, S. 135

VO über die Fortsetzung bestehender freiwilliger Versicherungsverhältnisse auf Alters- und Invalidenrente der Sozialversicherung vom 15. März 1968 (GBl., II, S. 166)

VO über die freiwillige Versicherung auf Zusatzrente bei der Sozialversicherung vom 15. März 1968 (GBl., II, S. 165)
    VO vom 15. März 1968, GBl., II, S. 135
    1. DB vom 15. März 1968, GBl., II, S. 161
    VO vom 15. März 1968, GBl., II, S. 162

VO über die Umrechnung und Erhöhung der Renten der Sozialversicherung der Arbeiter und Angestellten und der Sozialversicherung bei der Deutschen Versicherungsanstalt vom 15. März 1968 (GBl., II, S. 166)

Erlaß des Staatsrates der DDR über die Weiterentwicklung des Rentenrechts und zur Verbesserung der materiellen Lage der Rentner sowie zur Verbesserung der Leistungen der Sozialfürsorge vom 15. März 1968 (GBl., I, S. 187)
    VO vom 15. März 1968, GBl., II, S. 135
    VO vom 15. März 1968, GBl., II, S. 154, S. 162, S. 166
    VO vom 15. März 1968, GBl., II, S. 167
    VO vom 15. März 1968, GBl., II, S. 178
    VO vom 15. März 1968, GBl., II, S. 179

4. VO über die Verbesserung der Leistungen der Sozialversicherung vom 6. Dezember 1968 (GBl., II, S. 1083)

VO über die Erweiterung des Versicherungsschutzes bei Unfällen vom 15. März 1962 (GBl., II, S. 123)
    AO Nr. 1 vom 21. Dezember 1962, GBl., II, 1963, S. 2
    VO vom 5. Dezember 1963, GBl., II, 1964, S. 14
    AO Nr. 2 vom 16. Juni 1965, GBl., II, S. 494
    VO vom 22. Dezember 1965, GBl., II, 1966, S. 5
    AO Nr. 3 vom 27. Dezember 1965, GBl., II, 1966, S. 10
    AO vom 29. Mai 1968, GBl., II, S. 357
    2. VO vom 25. Juni 1968, GBl., II, S. 537
    AO vom 26. Juni 1968, GBl., II, S. 669

VO zur Erhaltung und Förderung der Gesundheit der Werktätigen im Betrieb — Arbeitsschutz-Verordnung — vom 22. September 1962 (GBl., II, S. 703; Ber. S. 721)
    1. DB vom 4. Februar 1963, GBl., II, S. 95
    2. VO vom 5. Dezember 1963, GBl., II, 1964, S. 15
    2. DB vom 23. Juli 1964, GBl., II, S. 698
    3. DB vom 14. Dezember 1964, GBl., II, 1965, S. 17
    VO vom 13. Juni 1968, GBl., II, S. 363

VO über die Melde- und Entschädigungspflicht bei Berufskrankheiten vom 14. November 1957 (GBl., I, 1958, S. 1)

VO über die weitere Erhöhung des staatlichen Kindergeldes vom 27. August 1969 (GBl., II, S. 485)

VO über die Zahlung eines staatlichen Kinderzuschlages vom 28. Mai 1958 (GBl., I, S. 437)
    1. DB vom 28. Mai 1958, GBl., I, S. 439
    2. DB vom 29. Oktober 1958, GBl., I, S. 842
    3. DB vom 12. Mai 1959, GBl., I, S. 557
    4. DB vom 14. Juni 1962, GBl., II, S. 392
    5. DB vom 5. Mai 1964, GBl., II, S. 481
    6. DB vom 30. Dezember 1965, GBl., II, 1966, S. 36
    VO vom 3. Mai 1967, GBl., II, S. 248
    AO 5. Juni 1967, GBl., II, S. 349
    1. DB vom 10. Juni 1967, GBl., II, S. 345
    2. DB vom 7. August 1967, GBl., II, S. 567
    VO vom 15. März 1968, GBl., II, S. 167
    AO vom 1. Juli 1968, GBl., II, S. 532
    GBl., II, 1969, S. 485

VO über die Zahlung eines Ehegattenzuschlags vom 28. Mai 1958 (GBl., I, S. 441)
    1. DB vom 28. Mai 1958, GBl., I, S. 442
    AO vom 5. Juni 1967, GBl., II, S. 349
    VO vom 15. März 1968, GBl., II, S. 135

Familiengesetzbuch der DDR vom 20. Dezember 1965 (GBl., I, 1966, S. 1)
    VO vom 17. Februar 1966, GBl., II, S. 171
    1. DB vom 17. Februar 1966, GBl., II, S. 180
    VO vom 3. März 1966, GBl., II, S. 215

Gesetz über den Mutter- und Kinderschutz und die Rechte der Frau vom 27. September 1950 (GBl., S. 1037)
    DB vom 20. Januar 1951, GBl., S. 37; Ber. S. 234
    DB vom 31. Januar 1951, GBl., S. 118
    Änd. vom 16. September 1952, GBl., S. 872
    1. DB vom 10. Februar 1953, GBl., S. 390
    DB vom 3. Juni 1953, GBl., S. 818

2. DB vom 1. März 1954, GBl., S. 233
AO vom 12. Juli 1956, GBl., II, S. 257
ÄndAO vom 24. Mai 1957, GBl., II, S. 194
Ges. vom 28. Mai 1958, GBl., I, S. 416
6. DB vom 28. Mai 1958, GBl., I, S. 446
AO Nr. 2 vom 8. April 1960, GBl., I, S. 251
EinfGes. z. GBA vom 12. April 1961, GBl., I, S. 49
VO vom 5. September 1963, GBl., II, S. 636
VO vom 3. Mai 1967, GBl., II, S. 248

VO über die Verbesserung der Leistungen der Sozialversicherung für Arbeiter und Angestellte mit 2 und mehr Kindern vom 3. Mai 1967 (GBl., II, S. 248)
    1. DB vom 9. Juni 1967, GBl., II, S. 343
    2. VO vom 25. Juni 1968, GBl., II, S. 537

VO über die Pflichtversicherung gegen Arbeitslosigkeit vom 28. Januar 1947, in: Arbeit und Sozialfürsorge, Berlin (Ost), S. 103

VO zur Verbesserung der Arbeitskräftelenkung und Berufsberatung vom 24. August 1961 (GBl., II, S. 347)
    1. DB vom 4. Juli 1962, GBl., II, S. 432
    2. DB vom 15. Oktober 1962, GBl., II, S. 732

VO über die Verbesserung der Fürsorge in den staatlichen Feierabend- und Pflegeheimen vom 15. März 1968 (GBl., II, S. 178)

VO über die Verbesserung der staatlichen Leistungen der Sozialfürsorge für hilfsbedürftige Bewohner nichtstaatlicher Einrichtungen vom 15. März 1968 (GBl., II, S. 179)

VO über die allgemeine Sozialfürsorge vom 15. März 1968 (GBl., II, S. 167)
    1. DB vom 15. März 1968, GBl., II, S. 172
    AO vom 15. März 1968, GBl., II, S. 175

Sonstige Quellen

Büro des Ministerrates der DDR (Hrsg.), Das geltende Recht — Chronologischer und systematischer Teil, Ausgabe 1969, Berlin (Ost)

Adomeit, Heinz, Gesetzes-Generalregister-Ausgabe 1959, 1. Chronologischer Teil, 2. Alphabetischer Teil, Berlin (Ost) 1959

Staatliches Amt für Arbeit und Löhne beim Ministerrat (Hrsg.), Gesetzbuch der Arbeit und andere ausgewählte rechtliche Bestimmungen, Berlin (Ost) 1969

Hartnick, Kurt, und Otfried Schmack, Das Recht der Sozialversicherung der Arbeiter und Angestellten, Berlin (Ost) 1969

Richter, Hans, und Heinz Reichert, Sozialfürsorgerecht 2. Die materiellen staatlichen Leistungen der Sozialfürsorge der DDR, Berlin (Ost) 1970

Bundesvorstand des FDGB, Verwaltung der Sozialversicherung (Hrsg.), Handbuch des Bevollmächtigten für Sozialversicherung, Berlin (Ost) 1970

Weser, Horst, Die gesetzliche Rentenversicherung in der sowjetischen Besatzungszone Deutschlands, Stand vom 1. 1. 1964 (Schriftenreihe der Bundesversicherungsanstalt für Angestellte 28), Berlin 1965

Luber, Franz (Hrsg.), Deutsche Sozialgesetze. Sammlung des gesamten Arbeits- und Sozialrechts der Bundesrepublik, 2. Aufl., München 1970

Anmerkungen zu Kapitel VI

[1] Bis 1969: Deutsche Versicherungsanstalt (DVA).

[2] Eine Beamtenversorgung besteht nicht, da der Status des Beamten in der damaligen Sowjetischen Besatzungszone schon im Jahr 1945 abgeschafft wurde.

[3] Abgesehen von der durch das Lohnfortzahlungsgesetz im Jahre 1970 bedingten Sonderentwicklung bei der Krankenversicherung von Versicherten mit sofortigem Anspruch auf Barleistungen.

[4] Hier werden die bei einem kurzfristigen Verlauf der Gesundheitsminderung vorgeschriebenen Leistungen dargestellt; die bei langfristiger oder dauernder Erwerbsminderung gewährten Maßnahmen werden im Abschnitt „Invalidität" erörtert.

[5] Die wichtigsten „indirekten" Familienleistungen sind die in beiden Staaten gewährten Sozialleistungen an mitversicherte Familienangehörige und die Berücksichtigung der Kinderzahl bei der Gestaltung der Lohn- bzw. Einkommensteuertarife.

[6] Zur Darstellung ist zu bemerken, daß arbeitsmarktrelevante Sachverhalte in mehreren Kapiteln des Gesamtberichts behandelt werden. Wegen der einheitlichen Systematik des Berichtes ist die geschlossene Darstellung der Wechselbeziehungen etwa zwischen der Bildungs- und der Arbeitsmarktpolitik nicht möglich.

[7] In der Rentenversicherung: Maßnahmen zur Erhaltung, Besserung und Wiederherstellung der Erwerbsfähigkeit; direkte Zuschüsse an Rentner zu deren Krankenversicherungsbeiträgen.
In der Krankenversicherung: Ärztliche und zahnärztliche Leistungen; Krankenhauskosten; Arzneimittel; Zahnersatz; Wochenhilfe.
In der Unfallversicherung, Kriegsopferversorgung, Kriegsopferunterstützung: Heilbehandlung; Berufshilfe.
In der Sozialhilfe: Lebensunterhalt in Anstalten; vorbeugende Gesundheitshilfe; Krankenhilfe; Eingliederung von Behinderten; Anstaltspflege; Krankenversorgung nach LAG.
In der Jugendhilfe: Unterbringung in Heimpflege und Kindertagesstätten; freiwillige Erziehungshilfe und Fürsorgeerziehung.
Im öffentlichen Gesundheitsdienst: Aufwendungen für die ärztlichen Dienste, die heilender und vorbeugender Natur sind.

[8] In der Unfallversicherung: Verluste aus Vermögensanlagen; Soll-Zinsen; Gebühren; Abgaben.
In der Arbeitslosenversicherung: Bildungsausgaben; Rehabilitation; Schaffung von Arbeitsplätzen; Eingliederung von Ausländern; Bergbauhilfe.
In den anderen Bereichen der Sozialen Sicherung nur geringfügige Positionen.

Kapitel VII

Bildung und Ausbildung

- In der Bundesrepublik liegt neuerdings die Steuerung der Berufsausbildung überwiegend gemeinsam bei den Arbeitgeber- und Arbeitnehmerorganisationen.

  In der DDR wird die Berufsausbildung nach staatlichen Grundsätzen festgelegt; dabei haben Betriebe und Berufsfachkommissionen ein Mitwirkungsrecht. (435)

- In der Bundesrepublik und der DDR ist eine Konzentration der Lehrlinge auf eine Reihe von Ausbildungsberufen festzustellen. Die Zahl der Ausbildungsberufe insgesamt ist rückläufig. (432)

- In der Bundesrepublik und der DDR konzentrieren sich die Lehrlinge auf nahezu identische Berufsgruppen. (437)

- In der Bundesrepublik ist der Anteil der Lehrlinge im Handwerk erheblich höher, in der Industrie erheblich niedriger als in der DDR. (436)

- In der Bundesrepublik ist der Anteil der von Reformen erfaßten Berufsanfänger (Stufenausbildung) wesentlich geringer als in der DDR (Grundberufe).

  Die bisher anerkannten Stufenausbildungsordnungen in der Bundesrepublik konzentrieren sich nicht prioritätsmäßig wie die Grundberufe in der DDR auf wachstumsbestimmende Industriezweige. (448—450)

- In der Bundesrepublik besteht das duale System weiter fort. In der DDR ist eine immer stärkere Ablösung vom dualen System festzustellen. (430, 439, 441, 442)

- In der Bundesrepublik beträgt der Anteil der schulischen Ausbildungszeit in der Berufsausbildung etwa die Hälfte des Anteils in der DDR. (439)

- In der Bundesrepublik sind seit Kriegsende etwa 40 % der Berufsordnungsmittel überarbeitet worden. In der DDR wurden die Berufsbilder seit Kriegsende vollständig überarbeitet. (443)

- In der Bundesrepublik ist die Ausbildungsdauer länger als in der DDR. (445)

- In der Bundesrepublik sind die Durchfallquoten in den Lehrabschlußprüfungen um rund die Hälfte höher als in der DDR. (446)

- In der Bundesrepublik sind die Fachschulen weniger spezialisiert als in der DDR.

  Die Verteilung der im Bereich Technik Studierenden nach Fachrichtungen ergab (1968) für die Bundesrepublik die Rangfolge: Maschinenwesen, Elektrotechnik, Bauwesen. Für die DDR: Maschinenwesen, Ingenieurökonomik, Elektrotechnik, Bauwesen.

◆ In der Bundesrepublik besuchten 1968 1 % der 18- bis 45jährigen Fachschulen, in der DDR 2,4 %. Der Anteil der Frauen an der Zahl der Fachschüler ist in der Bundesrepublik niedriger als in der DDR.
(455)

◆ In der Bundesrepublik ist an den Hochschulen nur im Bereich der Medizin ein Konzentrationsprozeß festzustellen. In der DDR erfolgte eine Konzentration auf jeweils wenige Fachrichtungen. In der Bundesrepublik wurden bei Neugründungen alle Wissenschaften berücksichtigt. In der DDR entstanden neue Hochschulen nur im naturwissenschaftlich-technischen Bereich. (466)

◆ In der Bundesrepublik bestand 1968 bei der Verteilung der Studierenden an Hochschulen die Rangfolge: „Pädagogische Grundstudienrichtungen", „Medizin und Agrarwissenschaften", „Philosophisch-historische Wissenschaften und Staats- und Rechtswissenschaften". In der DDR besteht die Rangfolge: „Pädagogische Grundstudienrichtungen", Technische Wissenschaften, Wirtschaftswissenschaften.
(467)

◆ In der Bundesrepublik besuchten anteilmäßig weniger 18- bis 45jährige eine Hochschule als in der DDR. Der Anteil der Frauen an der Gesamtzahl der Studierenden ist in der Bundesrepublik niedriger als in der DDR.
(465)

◆ In der Bundesrepublik wird vorläufig noch der Fernunterricht von privaten, auf diese Unterrichtsform spezialisierten Schulen angeboten, die keine allgemein anerkannten Berechtigungen verleihen.

In der DDR ist das Fernstudium voll integrierter Bestandteil des Bildungssystems, das zu allgemein anerkannten gleichwertigen Abschlüssen führt.
(470)

428. Die Bundesregierung hat in den am 11. Januar 1970 dem Bundestag zugeleiteten Materialien zum Bericht zur Lage der Nation festgestellt, daß in den von der Bundesregierung der Großen Koalition am 4. August 1969 und am 8. September 1969 vorgelegten Berichten (Drucksachen V/4608; V/4631) über die Entwicklung von Bildung, Wissenschaft und Forschung im geteilten Deutschland gute Ansätze für den Vergleich gemacht worden sind.

In der DDR sind seitdem keine prinzipiellen Veränderungen eingetreten. Aus inzwischen erlassenen Bestimmungen [1] ergibt sich, daß unter Beibehaltung der Gliederung des Bildungssystems angestrebt wird, dessen einzelne Bereiche den gewandelten Bedürfnissen anzupassen.

Die Bundesregierung hat am 8. Juni 1970 den Bericht zur Bildungspolitik vorgelegt. Der Bericht enthält Perspektiven bis 1980. Die Bundesregierung bietet auf Grund ihrer Initiativkompetenz den Ländern eine weitgehende Kooperation an [2]. Im Juli 1970 wurde eine Bund-Länder-Kommission für Bildungsplanung geschaffen, die die Bildungs- und Wissenschaftspolitik zwischen Bund und Ländern koordinieren und bis Mai 1971 einen „Bildungsgesamtplan" und ein „Gesamtbudget" vorlegen soll.

Ein weiterer Schritt zur Realisierung der Zielvorstellungen der Bundesregierung ist der am 3. Dezember 1970 beschlossene Regierungsentwurf eines Hochschulrahmengesetzes.

Gegenwärtig bereitet die Bundesregierung neue vergleichende Untersuchungen über Bildung, Wissenschaft und Forschung vor. Ein detaillierter und gleichermaßen umfassender Vergleich mit der DDR wird jedoch durch die breite Fächerung des Bildungssystems in der Bundesrepublik (vgl. Schaubild 17) und durch die wegen der Kompetenz der Bundesländer in der Bundesrepublik vorhandenen Unterschiede erheblich erschwert.

Hier werden lediglich zwei Teile des Bildungs- und Ausbildungssystems vergleichend behandelt: Die schulische und betriebliche Berufsausbildung sowie die Fach- und Hochschulausbildung [3].

1. Schulische und betriebliche Berufsausbildung

a) Ausgangspunkte der Berufsbildungspolitik

429. In der beruflichen Bildung gibt es grundlegende Unterschiede zwischen den beiden deutschen Staaten. Den unterschiedlichen gesellschaftspolitischen Leitbildern in der Bundesrepublik und der DDR entsprechen auch unterschiedliche Zielvorstellungen für die Berufsausbildung. Jedoch haben Bundesrepublik und DDR aus der gemeinsamen Tradition noch eine Reihe von übereinstimmenden Ausgangspunkten zur Berufsbildungspolitik.

Das duale System

430. Zentraler gemeinsamer Ausgangspunkt ist das „duale System", das in der Bundesrepublik und der DDR allerdings unterschiedlich ausgeprägt ist. Es ist im Unterschied zu den meisten ausländischen Systemen dadurch gekennzeichnet, daß die Berufsausbildung institutionell getrennt, in Schule und Betrieb, erfolgt. Hierbei wird die berufspraktische Ausbildung vornehmlich im Betrieb, die berufstheoretische überwiegend von der obligatorischen Berufsschule vermittelt. Gemeinsam ist der Berufsausbildung in der Bundesrepublik und DDR ferner, daß sie auf der Basis eines Lehr- oder Anlernvertrages in staatlich anerkannten Ausbildungsberufen erfolgt.

Ausbildungsberufe

431. Die Ausbildungsberufe sind ein gemeinsames Erbe aus den 30er und 40er Jahren, als insbesondere im „Reichsinstitut für Berufsausbildung in Handel und Gewerbe" die sog. Ordnungsmittel für die Berufsausbildung (Berufsbild, Berufsbildungsplan, Prüfungs- und Berufseignungsanforderungen) für eine Vielzahl, z. T. sehr spezialisierter Ausbildungsberufe geschaffen wurden. Darauf geht die hohe Zahl von Ausbildungsberufen zurück, die nach dem Kriege in der Bundesrepublik und der DDR bestanden. 1949 betrug die Zahl der Ausbildungsberufe in der Bundesrepublik 719, die DDR hatte noch 1957 über 972 Ausbildungsberufe.

432. In beiden Staaten ging seit den 50er Jahren nach Abschluß der Wiederaufbauphase die Zahl der Ausbildungsberufe zurück (vgl. Tabelle A 116). Zugleich konzentrierten sich die Lehrlinge auf eine Reihe von Ausbildungsberufen. In der Bundesrepublik fielen 1965 bei insgesamt 535 Ausbildungsberufen im Bereich der Industrie-, Handels- und Handwerkskammern rd. 70 % aller Ausbildungsverhältnisse auf 34 Ausbildungsberufe; in der DDR waren 1966 bei insgesamt 655 Ausbildungsberufen 75 % der Lehrlinge auf rd. 65 Ausbildungsberufe konzentriert. Gemeinsames Merkmal ist jedoch, daß sowohl in der Bundesrepublik als auch in der DDR die Besetzung der Lehrlinge in den Ausbildungsberufen von 1962 bis 1967 rückläufig war (vgl. Tabelle A 117).

Kapitel VII

Dem Rückgang der Zahl der Ausbildungsberufe und der Konzentration der Lehrlinge auf eine Reihe von Ausbildungsberufen entspricht nicht gleichermaßen eine wachsende Konzentrationstendenz in dem Sinne, daß auch die Besetzung der wichtigeren Berufsgruppen mit Lehrlingen automatisch im Zeitablauf zunähme. Dies dürfte einer der Gründe für die in beiden deutschen Staaten eingeleiteten reformpolitischen Maßnahmen gegen die starke Zersplitterung der Berufsausbildung sein.

In der Bundesrepublik konkurrieren die Interessengruppen um Einfluß auf Ziele und Inhalte der Berufsausbildung. In der DDR ist das System der Berufsausbildung auf einheitlich festgelegte Normen — auch Normen für das Klassenbewußtsein und Verhalten bei Facharbeitern — orientiert [4].

Bildungspolitische Zielvorstellungen

433. In den bildungspolitischen Zielvorstellungen ergeben sich starke Übereinstimmungen — soweit es um Berufsqualifikation, lebenslanges Lernen und Mobilität bzw. Disponibilität geht, d. h. um Ziele, die heute allen Industriegesellschaften gemeinsam sind. Gleichzeitig bestehen aber unterschiedliche gesellschaftspolitische Zielsetzungen.

Der Schriftliche Bericht des Ausschusses für Arbeit zum Entwurf eines Berufsbildungsgesetzes fordert, daß die Berufsausbildung in der Bundesrepublik „den arbeitenden Menschen in den Stand setzen [soll], sich unter den technischen und ökonomischen Bedingungen der hochrationalisierten Wirtschaft alle beruflichen und sozialen Chancen zu erschließen" [5], wobei die Berufsausbildung als lebenslanger Qualifizierungsprozeß aufgefaßt wird.

Das „Gesetz über das einheitliche sozialistische Bildungssystem" in der DDR fordert, daß die Berufsausbildung „einen qualifizierten sozialistischen Facharbeiternachwuchs heranzubilden [hat], der fähig und bereit ist, im Beruf hochwertige Qualitätsarbeit zu leisten und aktiv an der Durchsetzung der technischen Revolution mitzuwirken" [6].

In den „Grundsätzen für die Weiterentwicklung der Berufsausbildung als Bestandteil des einheitlichen sozialistischen Bildungssystems" wird ferner gefordert, daß die Facharbeiter über „hohe Allgemeinbildung und gefestigtes politisches Wissen, umfassende berufliche Kenntnisse, Fähigkeiten, Fertigkeiten verfügen, daß sie vielseitig im Arbeitsprozeß einsetzbar sind [und] sich ständig weiterbilden".

b) Entwicklung der Berufsausbildungssysteme

Der gesetzliche Rahmen

434. Im Unterschied zur Bundesrepublik bestimmt die Verfassung der DDR von 1968 in Artikel 25 Absatz 4, daß — ein Novum in der Geschichte der deutschen Berufsausbildung — alle Jugendlichen das Recht und die Pflicht haben, einen Beruf zu erlernen.

Kapitel VII

Schaubild 17

Gliederung des Bildungssystems

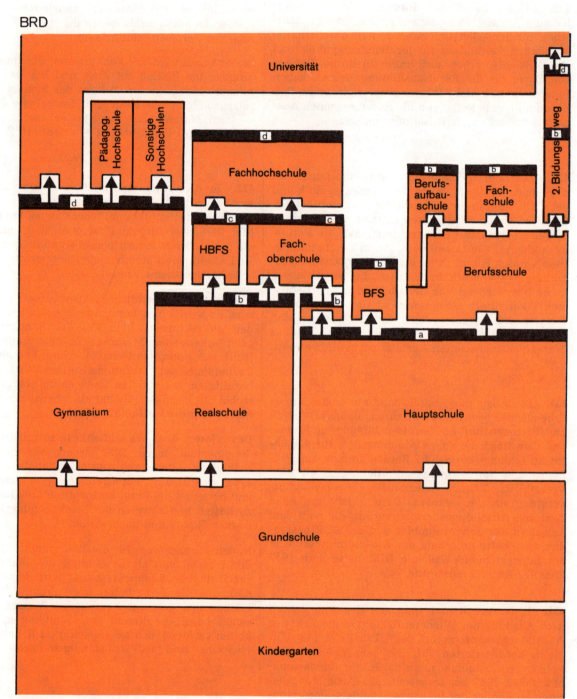

Abkürzungen:
1. Schulformen: (H)BFS = (Höhere) Berufsfachschule
2. Abschlüsse: ▬▯▬ a = Hauptschulabschluß; b = Mittlerer Abschluß
   c = Fachhochschulreife; d = Hochschulreife

Die Flächen sind nicht proportional den Quantitäten.

Kapitel VII

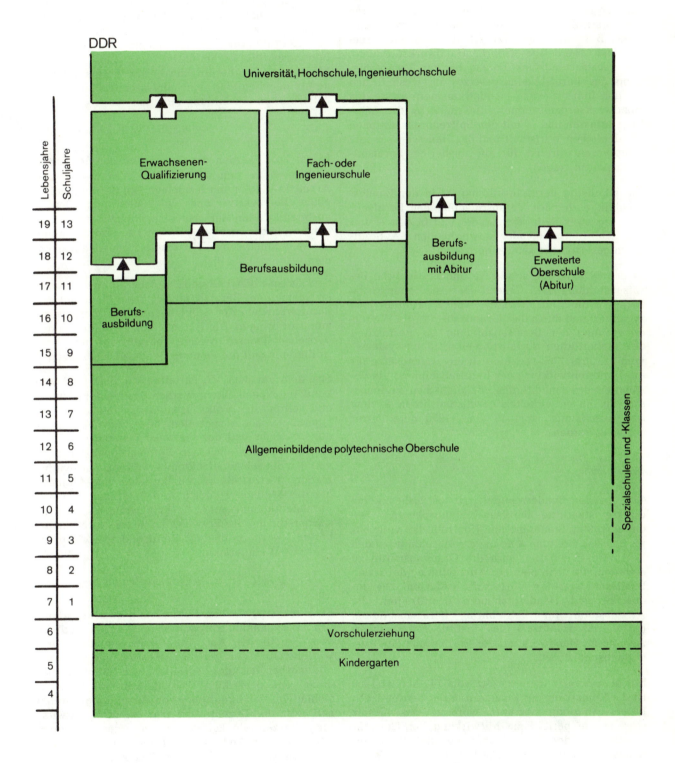

Kapitel VII

Eine entsprechende Bestimmung kennen weder das Grundgesetz noch die Länderverfassungen in der Bundesrepublik.

In der Bundesrepublik ist die betriebliche Berufsausbildung durch das Berufsbildungsgesetz vom 14. August 1969 geregelt worden. Bis dahin waren die Vorschriften für die Berufsausbildung im wesentlichen Bestandteil des Wirtschaftsrechts (Gewerbeordnung, Handelsgesetzbuch, Handwerksordnung). Die Rechtsetzungsfunktion lag bis zur Verabschiedung des Berufsbildungsgesetzes im wesentlichen bei den Industrie- und Handelskammern sowie den Handwerksorganisationen, die rd. 90 % der Lehrlinge erfassen und — mit den Spitzenorganisationen der deutschen Wirtschaft und des Handwerks — die Hauptverantwortung für die bisherige Berufsbildungspolitik tragen.

Die schulische Berufsausbildung ist in der Bundesrepublik auch nach Verabschiedung des Berufsbildungsgesetzes Sache der Länder und in den — nur unerheblich voneinander abweichenden — Schulpflichtgesetzen der Länder geregelt.

In der DDR ist die schulische und betriebliche Berufsausbildung im „Gesetz über das einheitliche sozialistische Bildungssystem" vom 25. Februar 1965 verankert und durch die „Grundsätze für die Weiterentwicklung der Berufsausbildung als Bestandteil des einheitlichen sozialistischen Bildungssystems" vom 11. Juni 1968 sowie durch die „Grundsätze für die Weiterentwicklung der Berufsausbildung als Bestandteil des einheitlichen sozialistischen Bildungssystems im entwickelten gesellschaftlichen System des Sozialismus" vom 19. Juni 1970 detaillierter geregelt worden.

Gesellschaftspolitische Einordnung der Berufsbildung

435. In der Bundesrepublik gab es bisher keine direkte staatliche Berufsausbildungsplanung. Die Organisation, Steuerung und Kontrolle lag vielmehr als Selbstverwaltungsaufgabe der Wirtschaft bei den Kammern. Sie hatten auch die Ordnungsmittel zu erstellen, die dann noch der Anerkennung durch den Bundesminister für Wirtschaft bedurften. Die Industrie- und Handelskammern beauftragten die Arbeitsstelle für Betriebliche Berufsausbildung (ABB), das Handwerk das Institut für Berufserziehung im Handwerk mit der Erarbeitung der Ausbildungsunterlagen.

Mit dem Berufsbildungsgesetz vom 14. August 1969 ist die Kompetenz der Kammern in der betrieblichen Berufsausbildung begrenzt worden: Das Gesetz schreibt die paritätische Mitwirkung der Gewerkschaften in der Berufsausbildung und Berufsbildungsforschung vor und schafft zugleich neue Kompetenzen und Institutionen in Berufsbildung und Berufsbildungsforschung (Bundesinstitut für Berufsbildungsforschung). Ferner müssen die Berufsordnungsmittel nunmehr durch den Bundeswirtschaftsminister im Einvernehmen mit dem Bundesarbeitsminister als Rechtsverordnungen erlassen werden.

Eine Abstimmung der Berufsbildungsplanung der Wirtschaft mit den in den verschiedenen Bundesländern vorhandenen Ansätzen zur staatlichen Bildungsplanung besteht bisher nicht. Nach dem Berufsbildungsgesetz liegt die Berufsbildung einschließlich der Berufsbildungsforschung überwiegend gemeinsam bei den Arbeitgeber- und Arbeitnehmerorganisationen, jedoch will die Bundesregierung eine Koordinierung von allgemeiner und beruflicher Bildungspolitik herbeiführen [7] und „mit Hilfe der Möglichkeiten, die ihr durch das Berufsbildungsgesetz gegeben sind, eine umfassende Planung der betrieblichen Ausbildung einleiten" [8].

Berufsausbildungsplanung in der DDR

In der DDR werden die Grundsätze der Berufsausbildung nach den Zielen der Wirtschafts- und Arbeitskräfteplanung festgelegt. Die Betriebe haben einen Perspektiv- und Jahresplan der Berufsausbildung (Plan der „Neueinstellung von Schulabgängern in die Berufsausbildung") zu erarbeiten und mit den Staats- und Wirtschaftsorganen abzustimmen.

Kreisämter für Arbeit und Berufsberatung versuchen im Rahmen der Berufsberatung, diese Pläne mit den Berufswünschen der Schulabgänger in Übereinstimmung zu bringen. Die Ämter bilanzieren die bei den Betrieben abgeschlossenen Lehrverträge und kontrollieren damit die Planung der Berufsausbildung.

Seit dem auf dem VI. Parteitag der SED 1963 verkündeten Neuen Ökonomischen System der Planung und Leitung der Volkswirtschaft ist aber eine Verlagerung von der zentralen Steuerung des Ausbildungssystems und der zentralen Planung der Lehrlingsquoten der einzelnen Berufsgruppen zu einer von den Betrieben gelenkten beruflichen Nachwuchsplanung festzustellen. Den Betrieben und Organen hat der Ministerrat durch ihre Beteiligung an den Berufsfachkommissionen [9] ein erweitertes Mitwirkungsrecht bei der Entwicklung neuer Ausbildungsberufe (Berufsanalysen, Berufsbilder, Lehrpläne, Lehrmittel) eingeräumt.

Staatliches Amt für Berufsausbildung

Bei ihrer Arbeit haben sie sich auf gesamtwirtschaftliche Berufsbildungsprognosen zu stützen und die vom Staatlichen Amt für Berufsausbildung entwickelte „Richtlinie zur Inhaltsbestimmung von Ausbildungsberufen der sozialistischen Berufsausbildung" aus dem Jahr 1968 als Leitlinie heranzuziehen. Bei der Einführung von Ausbildungsberufen soll trotz der Dezentralisierung bei ihrer Entwicklung die zentrale Leitung und Koordination durch das Staatliche Amt für Berufsausbildung nicht geschwächt werden. Zu diesem Zweck hat das Amt auch Hinweise und Beispiele zur Ausarbeitung von Berufsanalysen, Berufsbildern, Lehrplänen und Stundentafeln publiziert, die sicherstellen sollen, daß die Berufsausbildung einheitlich auf der Basis der dezentral konzipierten, aber vom Staat für verbindlich erklärten Rahmenausbildungsunterlagen erfolgt.

436.

Übersicht 52

Anteil der Lehrlinge nach Wirtschaftsbereichen (in %)

Wirtschafts-bereich	BRD 1965	BRD 1969	DDR 1965	DDR 1969
Industrie	24,7	25,2	43,0	43,5
Handwerk	16,0	15,3	7,8	6,1
Baugewerbe	9,8	9,6	11,9	16,7
Land- und Forstwirtschaft	1,6	1,5	13,1	6,9
Verkehr	4,0	3,9	5,8	6,2
Handel	28,1	27,8	9,7	9,5
Dienstleistungen	15,8	16,7	8,7	11,1
Insgesamt	100,0	100,0	100,0	100,0

Lehrlinge nach Berufsgruppen

437. In der Bundesrepublik und der DDR konzentrierte sich in den Jahren 1962 bis 1967 die Ausbildung von 80 % bis 90 % aller Lehrlinge auf jeweils neun Berufsgruppen (vgl. Tabellen A 117, A 119 und A 120).

7 Berufsgruppen standen in beiden Staaten im Vordergrund:

    Handelsberufe,
    Metallerzeuger und -verarbeiter,
    Elektriker,
    Bauberufe,
    Körperpfleger,
    Nahrungs- und Genußmittelhersteller,
    Textilhersteller und -verarbeiter.

In der Bundesrepublik kommen die Organisations-, Verwaltungs- und Büroberufe sowie die technischen Sonderkräfte hinzu, in der DDR die Ackerbauer, Tierzüchter, Gartenbauer sowie die graphischen Berufe (1962), seit 1967 die Verkehrsberufe anstelle der graphischen Berufe.

In den Strukturanteilen zeigen sich auffällige Unterschiede bei den Handelsberufen, bei den Bauberufen und bei den Textilherstellern und -verarbeitern. Dagegen sind bei den Metallerzeugern und -verarbeitern, den Elektrikern, den Gesundheitsdienst- und Körperpflegeberufen sowie bei den Nahrungs- und Genußmittelherstellern kaum Unterschiede in den Strukturanteilen (1967) festzustellen (für die weiblichen Lehrlinge vgl. Kapitel II).

Kapitel VII

c) Die Entwicklung des dualen Systems

Schulische Berufsausbildung

438. In beiden deutschen Staaten besteht eine gesetzliche Berufsschulpflicht. In der Bundesrepublik müssen alle Jugendlichen, die nach Beendigung der Vollzeitschulpflicht die Haupt- und Sonderschulen verlassen und keine weiterführenden Schulen mit einem Vollzeitunterricht von wenigstens 24 Wochenstunden besuchen (Lehr- und Anlernlinge, mithelfende Familienangehörige, Noch-Nicht-Erwerbstätige, Jungarbeiter und Jungangestellte), in der Regel drei Jahre die Berufsschule besuchen. Berufsschulpflichtig sind alle Jugendlichen bis zur Vollendung des 18. Lebensjahres. Lehrlinge müssen unabhängig vom Alter bis zum Abschluß der Lehre die Berufsschule besuchen.

In der DDR erstreckt sich die Berufsschulpflicht generell bis zum Abschluß der Lehrausbildung. Nicht berufsschulpflichtig sind Absolventen der 10. Klasse der Allgemeinbildenden Polytechnischen Oberschule, die keinen Ausbildungsvertrag abschließen. Jugendliche ohne Ausbildungsvertrag mit Abschluß der 8. Klasse der Oberschule unterliegen einer zweijährigen Berufsschulpflicht. Jugendliche, die das Ziel der 8. Klasse der Oberschule nicht erreicht haben und auch keinen Ausbildungsvertrag abschließen, unterliegen nicht der Berufsschulpflicht; mit diesen Jugendlichen haben die Betriebe entsprechend den Schulpflichtbestimmungen der DDR Qualifizierungsverträge abzuschließen.

In der Bundesrepublik gibt es neben den öffentlichen Berufsschulen auch betriebseigene Werkberufsschulen als private Ersatzschulen. In der DDR gibt es kommunale, medizinische und Betriebsberufsschulen. Mit den in Großbetrieben eingerichteten Betriebsberufsschulen hat sich in der DDR ein völlig neuer Berufsschultyp herausgebildet.

Berufsschultag, Lehrermangel

439. In der Bundesrepublik besteht gegenwärtig für die berufsschulpflichtigen Jugendlichen die Pflicht, an einem Tag in der Woche die Berufsschule zu besuchen. Der Anteil der Ausbildungszeit in der Berufsschule an der Gesamtausbildung im Rahmen des dualen Systems beträgt 20 %. In der Bundesrepublik fehlen allerdings gegenwärtig rund 15 000 Berufsschullehrer (39 % unbesetzte Stellen); das Soll von 8 Wochenstunden wurde 1964 im Bundesdurchschnitt nur knapp zur Hälfte erreicht.

Zwischen 1964 und 1967 ist eine weitere Verschlechterung der Situation der Berufsschulen eingetreten. Positiv muß aber vermerkt werden, daß es in der Bundesrepublik im Unterschied zur DDR Berufsfachschulen gibt, die sowohl berufspraktische als auch berufstheoretische Ausbildung vermitteln. Sie sind freiwillig besuchte Vollzeitschulen von ein- bis dreijähriger Dauer, die der betrieblichen Berufsausbildung vorausgehen oder sie ganz oder teilweise ersetzen. Sie dienen also entweder der Vorbereitung der betrieblichen Lehre (Berufsfindung) oder können auf die Lehrzeit angerechnet werden bzw. die Lehre völlig ersetzen. 1964 entfielen in der Bundesrepublik rd. 154 000 Berufsfachschüler auf 1,3 Mill. Lehr- und Anlernlinge. Auf 12 Lehr- und Anlernlinge kam also ein Berufsfachschüler. Das Verhältnis Berufsfachschüler (176 000) zu Berufsschüler (1,3 Mill.) belief sich 1966 auf 1 : 9; rd. 88 % aller berufsschulpflichtigen Jugendlichen waren Lehrlinge, rd. 12 % Berufsfachschüler.

In der DDR beträgt die Ausbildungszeit in der Berufsschule im 1. Lehrjahr rd. die Hälfte, im 2. und 3. Lehrjahr jeweils rd. ein Drittel der Ausbildungszeit. Der Unterricht in Tagen pro Woche beträgt in der Bundesrepublik (Soll) 1 Tag, in der DDR 3 Tage im ersten Lehrjahr und 2 Tage im 2. und 3. Lehrjahr. Der Anteil der Ausbildungszeit in der Berufsschule an der Gesamtausbildungszeit beträgt in der DDR rd. 40 %, ist also fast doppelt so hoch wie in der Bundesrepublik. Die DDR legt damit ein größeres Gewicht auf die Vermittlung theoretischer Grundkenntnisse in der Berufsausbildung, da man langfristig steigende Qualifikationsanforderungen in den Berufen erwartet. Dies ist auch der Grund, daß in der Bundesrepublik gleichfalls seit längerem die Forderung nach einem 2. Berufsschultag pro Woche erhoben wird.

Die Bundesregierung sieht in ihrem Bericht zur Bildungspolitik unter den Aspekten der Mobilität, der Chancengleichheit und der Theoretisierung der Berufe eine stärkere Ausdehnung der theoretischen, vielseitig verwendbaren Unterweisung in der Lehrlingsausbildung vor. Die DDR besitzt auf diesem Gebiet einen zeitlichen Vorsprung. Die Ablösung vom klassischen dualen System mit seinem traditionell starken Anteil der berufspraktischen Unterweisung ist damit in der DDR weiter fortgeschritten.

Klassenfrequenzen

440. In der Bundesrepublik betrug 1968 die Schüler-Lehrer-Relation in den Berufsschulen 70, in der DDR rd. 31. In den Klassenfrequenzen zeigen sich dagegen nur geringfügige Unterschiede: Die Schüler-Klassen-Relation betrug in 1968 in der Bundesrepublik rd. 20, in der DDR rd. 22.

Betriebsberufsschulen

441. Wie eingangs erwähnt, hat sich mit den in Großbetrieben eingerichteten Betriebsberufsschulen in der DDR ein völlig neuer Berufsschultyp herausgebildet. Der Anteil der Betriebsberufsschulen (23) an der Gesamtzahl der Berufsschulen (1783) beträgt in der Bundesrepublik 1,3 %, in der DDR (684 : 1172) dagegen 58,4 % (1967).

Der Anteil der Betriebsberufsschüler an den Berufsschülern beläuft sich in der Bundesrepublik auf 0,4 %, in der DDR auf 48,4 %. Da der Betriebsleiter in der DDR die volle Verantwortung für die Betriebsberufsschule trägt, ist für fast die Hälfte aller Berufsschüler in der DDR das duale System zumindest organisatorisch aufgegeben worden, da die Betriebsberufsschule eine Vereinheitlichung von schulischer und betrieblicher Berufsausbildung anstrebt.

Kritik in Fachzeitschriften der DDR zeigt, daß damit nicht immer und sofort eine Integration von schulischer und betrieblicher Ausbildung erfolgt [10]. Insgesamt scheint aber die Ablösung des dualen Systems auch unter diesem Aspekt in der DDR weiter fortgeschritten zu sein als in der Bundesrepublik. Die Tatsache, daß in der Bundesrepublik — wie eine Betriebsumfrage ergab — mit zunehmender Betriebsgröße die Bereitschaft von Unternehmer- und Unternehmensseite wächst, ihren Lehrlingen Bildungsmöglichkeiten über das in den Ordnungsmitteln festgelegte Ausbildungssoll hinaus anzubieten, ist dabei durchaus mitberücksichtigt [11].

Detaillierte Informationen über den betrieblichen Zusatzunterricht liegen in der Bundesrepublik nicht vor. Anhaltspunkte über den betrieblichen Zusatzunterricht gibt aber die letzte Lehrwerkstättenerhebung der ABB aus dem Jahr 1953, derzufolge im Bereich der industriellen Lehrberufe 86 % aller Betriebe, die Lehrwerkstätten unterhielten, betrieblichen Zusatzunterricht erteilten. Der Anteil der Lehr- und Anlernlinge mit Lehrwerkstättenausbildung (118 640) an der Gesamtzahl der industriellen Ausbildungsverhältnisse (258 239) betrug im gleichen Jahr 46 %. Im Handwerk belief sich dieser Anteil auf rd. 16 % (66 000 Lehrlinge von insgesamt 430 840 handwerklichen Ausbildungsverhältnissen). Der Anteil der Lehr- und Anlernlinge mit Lehrwerkstättenausbildung an der Gesamtzahl der industriellen und handwerklichen Ausbildungsverhältnisse stellt sich damit in der Bundesrepublik auf rd. 26 %.

d) Betriebliche Berufsausbildung und Ausbildungsordnungen

442. Die betriebliche Berufsausbildung in beiden deutschen Staaten soll gleichfalls an Hand von quantitativen Kennziffern verglichen werden. Eingehende qualitative Analysen der in der betrieblichen Berufsausbildung in sämtlichen Ausbildungsberufen vermittelten Inhalte liegen gegenwärtig nicht vor.

Die betriebliche Berufsausbildung hängt zunächst vor allem von den Ordnungsmitteln der Berufsausbildung (Ausbildungsordnungen) ab, die den zentralen Bestandteil der Berufsausbildung darstellen.

443. Um die Berufsausbildung den gegenwärtigen und zukünftigen Anforderungen anzupassen, bedarf es einer permanenten Überarbeitung bzw. Neuerarbeitung der Ausbildungsordnungen (Ausbildungsziele und Ausbildungsinhalte). In der Bundesrepublik sind im Bereich der Industrie- und Handelskammern von 1949 bis 1969 nur 43 %, im Bereich der Handwerkskammern nur 42 % der Ausbildungsberufe über- oder neuerarbeitet worden. 1967 waren von den 40 am stärksten besetzten Lehrberufen, die einen Anteil von rd. 82 % aller Lehrlinge hatten, im Bereich der Industrie- und Handelskammern zwei Drittel, im Bereich der Handwerkskammern gut die Hälfte der Ausbildungsberufe über- oder neubearbeitet.

In der DDR sind seit 1968 die großenteils aus den 50er Jahren stammenden Ausbildungsunterlagen erneut für alle Berufe einschließlich der bisher eingeführten Grundberufe überarbeitet worden. Darüber hinaus ist entsprechend der „Verordnung über die Systematik der Ausbildungsberufe" vom 7. Mai 1970 eine neue Systematik der Ausbildungsberufe erarbeitet worden, die für den Perspektivplanzeitraum 1971 bis 1975 gültig ist.

Lehrwerkstätten

444. Neben den Ordnungsmitteln hängt die betriebliche Ausbildung ferner von der Qualifikation der Ausbilder und der Einrichtung von Lehrwerkstätten ab. Ein quantitativer Vergleich der Ausbildung der Ausbilder ist jedoch nicht möglich, da in der Bundesrepublik im Gegensatz zur DDR bisher die Ausbilder von den Kammern nicht nach der Qualifikation im Gesamtbestand ausgewiesen wurden (vgl. die Methodischen Hinweise im Anhang).

Durch die Ausbildung in Lehrwerkstätten kann die Effizienz der betrieblichen Berufsausbildung gegenüber der ausschließlichen Ausbildung am Arbeitsplatz gesteigert werden. In der Bundesrepublik bestanden 1963 nach der letzten Lehrwerkstättenerhebung der ABB in der Industrie insgesamt 2069 einzelbetriebliche Lehrwerkstätten mit 105 229 Ausbildungsplätzen und 9050 Ausbildern. Neuere Zahlen liegen nicht vor; nach Schätzungen dürfte sich die Zahl der einzelbetrieblichen Lehrwerkstätten in der Industrie 1967 auf rd. 2300 Lehrwerkstätten belaufen. 1967 gab es in der Industrie außerdem 38 überbetriebliche Lehrwerkstätten.

Im Handwerk bestanden 1966 rd. 1400 überbetriebliche Lehrwerkstätten und Unterrichtsräume, in denen rd. 100 000 handwerkliche Lehr- und Anlernlinge Ergänzungslehrgänge absolvierten.

In der DDR betrug 1967 die Zahl der Lehrwerkstätten 2650; Zahl und Anteil der Lehrlinge mit Lehrwerkstättenbildung weist die DDR nicht aus.

Ausbildungsdauer

445. Die Ausbildungsdauer beträgt in der Bundesrepublik bei den Lehrberufen in der Regel zwischen drei und dreieinhalb Jahren, bei den Anlernberufen ist eine zweijährige oder kürzere Ausbildungsdauer gegeben. Im neuen Berufsbildungsgesetz ist die Ausbildungsdauer auf maximal drei Jahre begrenzt worden.

In der DDR dauert die Ausbildung zwei bis zweieinhalb Jahre. Diese durchschnittlich kürzere Ausbildungsdauer dürfte teils auf die dort längere allgemeine Schulpflicht, teils auf die stärkere Einbeziehung der vorberuflichen Bildung (polytechnischer Unterricht) in das allgemeinbildende Schulsystem zurückzuführen sein.

Durchfallquoten

446. In der Bundesrepublik betrug die Durchfallquote im Bereich der Industrie- und Handelskammern im Jahr 1967 15 %. Sie ist seit längerem relativ konstant. Im Bereich der Handwerkskammern betrug die Durchfallquote 1967 rd. 18 %. In der DDR belief sich die Durchfallquote im gleichen Jahr auf 4,3 % (vgl. die Methodischen Hinweise im Anhang).

Die Durchfallquoten in der Bundesrepublik weisen die Wiederholungsprüfungen nicht aus. Wird davon ausgegangen, daß rd. zwei Drittel aller durchgefallenen Prüfungsteilnehmer die Prüfung wiederholen und davon wiederum rd. zwei Drittel erfolgreich sind, so dürfte sich die bereinigte Durchfallquote in der Bundesrepublik im Bereich der Industrie-, Handels- und Handwerkskammern zusammen auf rd. 6,3 % belaufen. Die Durchfallquote ist damit in der Bundesrepublik — ohne die Bereiche Landwirtschaft und öffentlicher Dienst — um rd. die Hälfte höher als in der DDR.

Ungelernte

447. Unter dem Aspekt der in beiden deutschen Staaten heute geforderten Mobilität bzw. Disponibilität im gesamten Arbeitsleben muß auch die Entwicklung des Anteils der Ungelernten an den Berufsschülern in die Betrachtung der Ausbildungssysteme einbezogen werden. In der Bundesrepublik lag 1967 der Anteil der berufsschulpflichtigen arbeitenden Jugendlichen ohne Ausbildungsvertrag (Jungarbeiter, Jungangestellte, mithelfende Familienangehörige) an der Gesamtzahl der Berufsschüler (1 780 205) mit 262 823 bei 14 %, so daß sich der Anteil der Berufsschüler mit Lehrverhältnis auf 86 % beläuft.

Demgegenüber hat sich in der DDR der Anteil der Berufsschüler mit Lehrverhältnis von 87,9 % im Jahr 1962 auf 98,2 % im Jahr 1967 erhöht, so daß in der DDR nur noch knapp 3 % aller Berufsschüler ohne Ausbildungsvertrag sind. Der Anteil der berufsschulpflichtigen arbeitenden Jugendlichen ohne Ausbildungsvertrag ist damit in der Bundesrepublik fast fünfmal so hoch wie in der DDR. Bei diesem Wert ist zu berücksichtigen, daß in der DDR für die Jugendlichen eine gesetzliche Pflicht besteht, einen Beruf zu erlernen.

e) Reformansätze: Stufenausbildung und Grundberufe

448. Die sozioökonomische Entwicklung zwingt beide deutsche Staaten immer nachdrücklicher dazu, ihre jeweiligen Systeme der Berufsausbildung an die Erfordernisse der modernen Industriegesellschaft anzupassen und gleichzeitig durch die Gestaltung der zukünftigen Berufsausbildung aktiv auf die technische, ökonomische und gesellschaftliche Entwicklung einzuwirken. Es sind deshalb Reformbestrebungen im Gange und Reformansätze in der Erprobung. Diese Ansätze lassen sich für die Bundesrepublik insbesondere unter dem Begriff der „Stufenausbildung" und für die DDR unter dem Begriff des „Grundberufes" zusammenfassen.

Für die Durchsetzung von Reformbestrebungen gilt, daß jeder Vergleich über das Tempo der Verwirklichung von Reformen durch die unterschiedlichen staatlichen Strukturen und die Verteilung der Kompetenzen beeinflußt wird.

449. Die Konzeption der Stufenausbildung gelangte vor allem seit Mitte der 60er Jahre in der Bundes-

Kapitel VII
Schaubild 18

Pläne zur Stufenausbildung

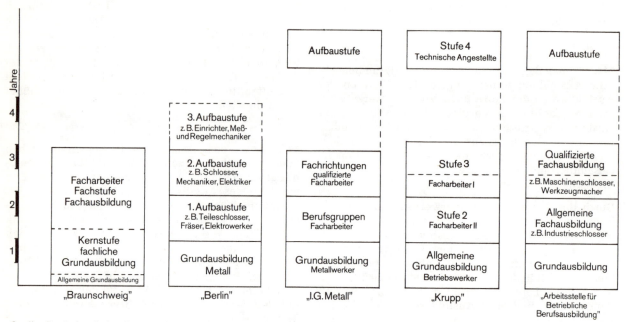

Quelle: Deutscher Industrie- und Handelstag, Berufsausbildung 1964, Schriftenreihe H. 96, Bonn 1965.

republik in die Diskussion einer breiteren Öffentlichkeit, und zwar insbesondere durch den Rahmenplan zur Stufenausbildung der Firma Friedrich Krupp (1962, 1964, 1965) für Schlosser, Elektriker und metallverarbeitende Berufe (Dreher, Fräser, Hobler), die Pläne der IG Metall sowie die experimentelle Erprobung des Rahmenstufenplans der ABB seit dem 1. April 1965 bei rd. 850 Lehrlingen in einer Reihe von Kammerbezirken bei fünf verwandten schlosserischen Berufen [12].

Pläne zur Stufenausbildung

Stufenpläne

Ausgangspunkt der Stufenpläne in der Bundesrepublik ist die Erkenntnis, daß in vielen Ausbildungsberufen heute gleiche oder verwandte Grundfertigkeiten und -kenntnisse vermittelt werden müssen. In einer gestuften Berufsausbildung sollen deshalb in einer Grundstufe für eine größere Zahl von Berufen eine gemeinsame allgemeine Grundausbildung, in einer Kernstufe eine anschließende fachliche Grundausbildung für mehrere Berufe und in einer Aufbaustufe eine spezifische Ausbildung für einen bestimmten Beruf vermittelt werden. Einen Überblick über die Stufenpläne vermittelt die folgende synoptische Darstellung der wichtigsten Pläne zur Stufenausbildung.

Gemeinsam ist den Stufenplänen, daß 1. die Berufsausbildung in mehrere in sich abgeschlossene Stufen zerlegt wird, 2. nach jeder Stufe die Berufsausbildung mit einem vollwertigen Berufsabschluß entsprechend der unterschiedlichen Begabung der Jugendlichen beendet werden soll, 3. das Erreichen der nächsthöheren Qualifikationsstufe von der Abschlußprüfung auf der nächstniedrigen Stufe abhängig ist und 4. die Berufsausbildung jederzeit bei entsprechender Eignung zu einem späteren Zeitpunkt fortgeführt werden kann.

Unterschiede zwischen den Stufenplänen ergeben sich einerseits nach der Weite (sämtliche Phasen der beruflichen Bildung im Vergleich zum Teilstück „Lehre") und andererseits nach den Grundintentionen der Pläne (Systematisierung der Berufsausbildung mit oder ohne horizontale Konzentration der Berufe sowie vertikale Gliederung der Ausbildung durch Qualifikationsstufen).

Grundberufe

450. In der DDR wurden 1967 erstmalig vier Grundberufe eingeführt. Dabei handelt es sich um folgende Grundberufe: Baufacharbeiter, Zerspanungsfacharbeiter, Metallurge für Formgebung und Metallurge für Erzeugung. Der Grundberuf stellt eine Synthese von allgemeinen und beruflichen Kenntnissen, von berufstheoretischen und berufspraktischen Bildungsinhalten, von Erstausbildung (Grundausbildung, berufliche Spezialisierung) und Berufsweiterbildung dar.

Der wichtigste Unterschied gegenüber den traditionellen Lehrberufen wird in der Neubestimmung des Ausbildungsinhalts gesehen, wobei der beruflichen Grundlagenbildung der Primat eingeräumt werden soll [13].

Die berufliche Grundlagenbildung ist durch drei Elemente bestimmt. Der erste umfaßt Bildungsinhalte, die vorwiegend allen Ausbildungsberufen zugehören, der zweite berufliche Inhalte, die mehreren

Kapitel VII

Schaubild 19

Strukturschema des Grundberufes

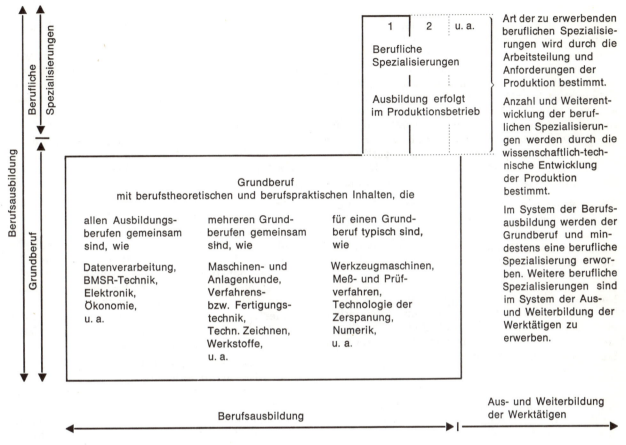

Quelle: Staatliches Amt für Berufsausbildung, Sozialistische Berufsausbildung – Moderne Ausbildungsberufe, Berlin 1968, S. 26.

Ausbildungsberufen gemeinsam sind. Das dritte Element der Grundlagenbildung spiegelt das Spezifische des jeweiligen Grundberufes wider und prägt in der Regel seinen Namen.

Diese drei Elemente ergeben die berufliche Grundlagenbildung, auf der die berufliche Spezialisierung aufbaut. Im Grundberuf wird mindestens eine berufliche Spezialisierung vermittelt, um den friktionslosen Übergang aus der Berufsausbildung in den Beruf sicherzustellen.

Terminologische Ähnlichkeiten in den Konzeptionen von Stufenausbildung und Grundberufen können jedoch nicht darüber hinwegtäuschen, daß mit der Einführung der Grundberufe in der DDR „etwas anderes gemeint ist" [14].

Im Unterschied zur Stufenausbildung dominieren in der DDR bei der Entwicklung von Grundberufen langfristige Prognosen. Kurzfristige Arbeitskräfteanforderungen sollen dahinter zurücktreten. Ferner wird im Gegensatz zu dem bei der Stufenausbildung befürchteten zu frühzeitigen Ausbildungsabbruch nach Abschluß der 1. Stufe (Betriebswerker) oder der 2. Stufe (Fachwerker) die Erwerbstätigkeit erst nach Abschluß der 10. Klasse der Oberschule und der zweijährigen Ausbildung im Grundberuf aufgenommen, da für das Erlernen des Grundberufs der Abschluß der 10. Klasse erforderlich ist.

Schulabgänger der 8. Klasse der Oberschule können in der DDR nur zum Facharbeiter in herkömmlichen Ausbildungsberufen, Schulabgänger, die das Ziel der 8. Klasse nicht erreicht haben, nur auf Teilgebieten eines Ausbildungsberufes (außer Grundberufen) ausgebildet werden. Hier zeigt sich eine Parallele zu Problemen, die auch die ersten beiden Qualifikationsstufen der Stufenausbildung für retardierte und leistungsschwache Hauptschul- bzw. Sonderschulabgänger in der Bundesrepublik aufweisen.

Im Grundberuf sind aber im Unterschied zur Stufenausbildung keine gestuften, vollwertigen Qualifikationsabschlüsse vorgesehen. Darüber hinaus enthält der Grundberuf die Verbindung zur beruflichen Weiterbildung. Sie soll nach den Bestimmungen des

Kapitel VII

"Gesetzbuchs der Arbeit" durch Qualifizierungsverträge der Betriebe mit dem Jugendlichen nach der Facharbeiterprüfung gesichert werden. Die Stufenpläne beschränken sich dagegen in der Regel auf die Berufsausbildung im engeren Sinne.

451. Für den Vergleich der beiden Reformkonzepte ist ferner bedeutsam, daß nach Auffassung der Bundesregierung eine Reihe grundsätzlicher Fragen der Stufenausbildung, insbesondere die Abstimmung des betrieblichen mit dem gesamtwirtschaftlichen Arbeitskräftebedarf, noch der wissenschaftlichen Klärung bedarf [15]. Trotz der gesetzlichen Verankerung der Stufenausbildung im Berufsbildungsgesetz von 1969 ist sie bisher nicht zum verbindlichen Reformkonzept der Berufsausbildung in der Bundesrepublik erklärt worden. Die Stufenausbildung wird eher als eine Möglichkeit der Reform angesehen.

Die DDR hat dagegen seit Mitte der 60er Jahre den Grundberuf zur verbindlichen Konzeption der Berufsausbildungsreform und der langfristigen und perspektivischen Zukunftsplanung in der Berufsbildung der DDR erklärt [16]. 1969 lagen 21 Grundberufe mit Berufsbildern und Lehrplänen vor [17]

Nach Angaben der DDR wurden damit 9 % der in die Berufsausbildung übernommenen Jugendlichen in Grundberufen ausgebildet; bis Ende 1970 soll sich dieser Anteil auf 35 % [18] und im Prognosezeitraum bis 1980 auf rd. 75 % erhöht haben.

Stufenausbildungsordnungen

Als Stufenausbildungsordnung existiert gegenwärtig in der Bundesrepublik nur der "Textilveredler", der im Juli 1969 als erste Stufenausbildungsordnung im industriellen Bereich staatlich anerkannt wurde.

Unabhängig von der staatlichen Anerkennung wurde vor Verabschiedung des Berufsbildungsgesetzes die Stufenausbildung in einer Reihe von Großbetrieben der Bundesrepublik experimentell erprobt oder eingeführt. Hierfür liegen jedoch — mit Ausnahme der durch das Experiment der ABB erfaßten rd. 850 Lehrlinge — keine quantifizierten Informationen vor. Der Anteil der durch die Stufenausbildung erfaßten Berufsanfänger ist gegenwärtig in der Bundesrepublik sehr gering [19]. Dieser Anteil dürfte sich zukünftig aber erhöhen, da z. Z. eine Reihe von Stufenausbildungsordnungen in unmittelbarer Vorbereitung ist [20].

In beiden deutschen Staaten hat sich bei den Reformansätzen ergeben, daß die Reform der beruflichen Bildung, insbesondere in den Betrieben, erhebliche Umstellungen erfordert. Diese werden nötig, da Reformen in der Berufsausbildung nicht nur entsprechend eingerichtete Ausbildungs- bzw. Lehrwerkstätten, sondern auch die Entwicklung detaillierter Zeit- und Stoffpläne der Ausbildung und Richtzeiten für die Ausbildungsdauer, eine Modernisierung der Ausbildungsmethoden in den Betrieben sowie die Weiterbildung der Ausbilder voraussetzen. Aus den Umstellungen haben sich Anlauf- und Übergangsschwierigkeiten in der Erprobung der Stufenpläne [21] bzw. bei der Einführung der Grundberufe [22] ergeben.

2. Fach- und Hochschulausbildung

a) Fachschulausbildung

Stellung der Fachschulen im Bildungssystem

452. Fachschulen sind in der Bundesrepublik Schulen, die nach dem vollendeten 18. Lebensjahr von nicht mehr Berufsschulpflichtigen besucht werden und Vollzeitkurse von halb- bis dreijähriger Dauer anbieten, außerdem die Ingenieur- und höheren Fachschulen sowei Teilzeitschulen mit Lehrgängen, die mindestens 600 Unterrichtsstunden umfassen (vgl. Statistisches Jahrbuch der BRD, 1970, S. 70). In der DDR zählen zu den Fachschulen alle Schulen mit einer mindestens zweijährigen Vollzeitausbildung im Direktstudium (vgl. Statistisches Jahrbuch der DDR, 1966, S. 458).

In der Bundesrepublik werden für den Fachschulbesuch — mit Ausnahme der Technikerschulen — ein mittlerer Schulabschluß (mittlere Reife, Fachschulreife) und eine zweijährige Berufstätigkeit mit Lehrabschluß gefordert. In der DDR werden der Abschluß der 10jährigen allgemeinbildenden Polytechnischen Oberschule, die Facharbeiterprüfung und eine einjährige praktische Tätigkeit verlangt. Die Schüler treten somit in der Bundesrepublik und in der DDR in vergleichbarem Alter und mit vergleichbarer Qualifikation in die Fachschule ein.

Die Fachschulen bilden in der Bundesrepublik und in der DDR qualifizierte Arbeitskräfte für vergleichbare Funktionen aus. Der Fachschulabsolvent nimmt in Betrieb und Verwaltung mittlere Positionen ein. Die Qualifikation hängt in beiden Staaten von der Dauer des Studiums ab. Nach einem dreijährigen Fachschulstudium wird in der Bundesrepublik bei Prädikatsexamen die fachgebundene Hochschulreife zuerkannt. In der DDR wird mit Abschluß dieses Studiums die allgemeine Hochschulreife erworben, die sich faktisch jedoch auch als fachgebunden erweist.

Schwerpunkte der Fachschulausbildung

453. In der Bundesrepublik und in der DDR haben Fachschulen der Fachbereiche Technik, Pädagogik/Sozialpädagogik, Land- und Forstwirtschaftswissenschaften, Wirtschaftswissenschaften — in dieser Rangordnung — die meisten Schüler. Auf den Bereich Technik [23], für den sich ein quantitativer Vergleich durchführen läßt, entfielen 1968 in der Bundesrepublik 39,2 %, in der DDR 41 % aller Fachschüler (ohne Ingenieurökonomik).

Schulen

454. In der Bundesrepublik gab es 1968: 3170 Fachschulen. In Relation zu den Schülerzahlen hat sich die Zahl der Fachschulen von 1960 bis 1968 stärker erhöht. Fachschulen werden von den Ländern, Kommunen, Kirchen, Verbänden und privaten Trägern unterhalten [24]. Das erklärt zum Teil die zahlreichen Neugründungen.

In der DDR gab es 1968: 189 Fachschulen [25]. Ihre Zahl hat sich seit 1960 (256) ständig verringert, obwohl die Schülerzahlen seit 1964 wieder anstiegen.

Kapitel VII

Der große Unterschied in der Zahl der Fachschulen in den beiden deutschen Staaten spiegelt sich in den durchschnittlichen Schülerzahlen je Schule wider (Schulgröße). 1968 betrugen sie in der Bundesrepublik bei Fachschulen ohne technischen Schwerpunkt 51, für Techniker und Ingenieurschulen 207 Schüler. In der DDR betrug die durchschnittliche Schülerzahl je Schule (ohne Fernschüler) 461 [26].

In der DDR erlaubt die durchschnittliche Schulgröße bei der vorgesehenen Klassenstärke von 30 Schülern und einem dreijährigen Studiengang fünf Parallelklassen pro Studienjahr und eine effizientere Nutzung von Fach- und Laborräumen als in der Bundesrepublik.

Fachschüler

455. In der Bundesrepublik stieg von 1960 bis 1968 die Zahl der Fachschüler um 20,3 %. Da die Altersgruppe der 18- bis 30jährigen, aus der die meisten Fachschüler stammen, im gleichen Zeitraum nur um 0,8 % zunahm [27], hat sich der relative Fachschulbesuch erhöht. Das entspricht dem Trend zu einer längeren und höher qualifizierenden Ausbildung, der auch in anderen Teilsystemen des Bildungssystems festzustellen ist. Von 1964 bis 1968 nahm die Zahl der Fachschüler um 11,8 % zu.

In der DDR nahm von 1960 bis 1968 die Zahl der Fachschüler um 11,6 % zu. Die Expansion im Fachschulwesen der DDR setzte 1965 ein. Von 1964 bis 1969 erhöhte sich die Zahl der Fachschüler um 19,8 %.

In der DDR werden im Unterschied zur Bundesrepublik auch die Lehrer der Unterstufe der allgemeinbildenden polytechnischen Oberschulen an Fachschulen ausgebildet (1968: 8616).

Die Werte für die DDR des Jahres 1968 liegen im Vergleich zur Bundesrepublik zu niedrig, da als Fachschüler dort nur zählt, wer einen mindestens zweijährigen Lehrgang besucht. Die Daten für die Bundesrepublik enthalten dagegen auch sämtliche Teilnehmer von halb- und einjährigen Vollzeitkursen.

Übersicht 54

Anteil der Fachschüler an der Wohnbevölkerung (18- bis 45jährig)

	1960	1968
BRD		
Wohnbevölkerung, 18- bis 45jährig	19 926 000	22 232 400
Fachschüler insgesamt	183 018	220 132
Anteil in %	0,9	1,0
DDR		
Wohnbevölkerung, 18- bis 45jährig	5 753 411	5 856 113
Fachschüler insgesamt	126 000	140 600
Anteil in %	2,2	2,4

Übersicht 53

Fachschüler [28]

	1960	1964	1968	1969
BRD				
Fachschüler insgesamt	183 018	197 144	220 132	
davon weiblich	65 444	49 415	86 673	
Anteil in %	35,7	35,2	39,4	
DDR				
Fachschüler insgesamt	126 000	110 900	140 600	151 000
davon weiblich	36 000	31 900	53 400	67 800
Anteil in %	28,6	28,8	41,7	44,9

Kapitel VII

456. Der Fachschulbesuch von Frauen zeigt in der Bundesrepublik und der DDR unterschiedliche Tendenzen: Von 1964 bis 1969 stieg der Anteil der Frauen in der DDR erheblich stärker als in der Bundesrepublik. Er nähert sich in der DDR der Verteilung der Geschlechter im Bevölkerungsaufbau. Dabei ist allerdings zu bedenken, daß die Unterstufenlehrer, die in der DDR an Fachschulen ausgebildet werden, überwiegend Frauen sind.

Fachrichtungen

457. In der Bundesrepublik üben in der Regel die Minister bzw. Senatoren für Unterricht und Kultur der Bundesländer die Aufsicht über die Fachschulen aus. In der DDR sind die Fachschulen gemäß ihren Fachrichtungen verschiedenen Institutionen zugeordnet: Die Landwirtschaftsschulen unterstehen den Bezirkslandwirtschaftsräten, die Handelsfachschulen entweder dem Ministerium für Handel und Versorgung oder dem Ministerium für Außenwirtschaft und die Ingenieurschulen dem Ministerium für das Hoch- und Fachschulwesen.

458. In der Bundesrepublik wie in der DDR sind die einzelnen Fachschulen auf eine oder wenige Fachrichtungen spezialisiert. Allerdings ist in der DDR die Konzentration auf eine Fachrichtung weiter vorangeschritten als in der Bundesrepublik. So gibt es in der DDR z. B. unter den Landwirtschaftsschulen Spezialschulen für Finanzwirtschaft, Pflanzenschutz, Gartenbau, Saatzucht und Pflanzengut, Landtechnik und Meliorationswesen. Unter den technischen Fachschulen der DDR gibt es Spezialschulen für Gastechnik, Gummi- und Plasttechnologie, Chemieanlagen und Automatisierungstechnik. Daneben bestehen wie in der Bundesrepublik zahlreiche Fachschulen für Maschinenbau und Elektrotechnik. Diese stärker spezialisierten Schulen haben einen Standort, an dem der für sie bestimmende Wirtschaftszweig vorherrscht.

459. Ein detaillierter Vergleich des Lernangebots der Fachschulen in den beiden deutschen Staaten läßt sich gegenwärtig nur für den Fachbereich Technik durchführen. In der Bundesrepublik gab es 1966 jeweils 19 verschiedene Spezialisierungen an Ingenieur- und Technikerschulen, die zum großen Teil identisch sind. Ihnen entsprachen 1968 in der DDR 35 Fachrichtungen an Fachschulen mit technischem Schwerpunkt. Für die DDR gilt, daß die einzelnen Fachrichtungen stärker differenziert sind.

In beiden Staaten studierten 1968 mehr als die Hälfte aller Fachschüler des Bereichs Technik Fachrichtungen des Maschinenbaus, der Elektrotechnik (vgl. Tabelle A 121) und des Bauwesens. Die Dominanz dieser Fachrichtungen ist in der Bundesrepublik stärker als in der DDR. In der DDR hat sich der Anteil der Schüler der Fachrichtung Ingenieurökonomik seit 1964 so erhöht, daß diese Fachrichtung 1968 in der Rangfolge den zweiten Platz einnahm. Dieser Zuwachs geht vermutlich auf die Einführung des NÖS im Jahr 1963 zurück.

Die Struktur der Fachschulabsolventen in der Bundesrepublik und in der DDR deckt sich mit der Verteilung der Schülerzahlen auf die einzelnen Fachrichtungen des Bereichs Technik (vgl. Tabelle A 122).

Studiengänge

460. Für die Bundesrepublik lassen sich allgemeine Aussagen über die Studiengänge kaum machen, da die Ausbildung sehr unterschiedlich ist. Kosmetikerinnen, die in einem halbjährigen Lehrgang ausgebildet werden, zählen z. B. ebenso zu den Fachschülern wie die Sozialarbeiter nach dreijähriger Ausbildung und einem Anerkennungsjahr. Den dreijährigen Lehrgängen ist die Unterteilung in ein mehr allgemeines am Anfang und ein auf Schwerpunkte ausgerichtetes Studium gegen Ende der Ausbildungszeit gemeinsam. In der Regel werden die allgemeinbildenden Fächer — Deutsche Sprache, Literatur, Fremdsprachen, Sozialkunde — und die jeweiligen Grundlagenfächer mit einer Zwischenprüfung nach dem dritten Halbjahr abgeschlossen.

In der DDR dauert die Ausbildung an Fachschulen in der Regel drei Jahre. Sie bietet eine Grundlagenausbildung und eine Spezialausbildung in der jeweils gewählten Fachrichtung. Die Lehrpläne für die Grundlagenausbildung werden vom Minister für das Fach- und Hochschulwesen vorgelegt, die Stufenpläne für die Spezialausbildung von dem jeweils zuständigen Fachministerium. Die Grundlagenausbildung umfaßt die Fächer Mathematik, Naturwissenschaften, Ökonomie, Marxismus/Leninismus, deutsche Sprache und Sport. Zur Spezialausbildung gehört ein Praktikum. Gemäß den Vorstellungen über das Praktikum, wie sie im Gesetz über das einheitliche sozialistische Bildungssystem niedergelegt sind, soll es im letzten Studienabschnitt abgeleistet werden. Dies ist für alle Fachschulen, die Ingenieurökonomen ausbilden, bereits verbindlich. An sieben Fachschulen des naturwissenschaftlich-technischen Bereichs wird erprobt, den Studiengang mit einem halbjährigen Praktikum in ausgewählten Betrieben abzuschließen. Während der Tätigkeit im Betrieb, die 30 Wochenstunden umfaßt, wird die Ingenieurabschlußarbeit angefertigt. Praktika bestimmen auch die Studiengänge anderer Fachrichtungen, z. B. für Erzieher oder Agrarökonomen. In der Bundesrepublik unterscheiden sich die Studiengänge in den Bereichen Naturwissenschaft/Technik und Wirtschaftswissenschaften von denen der DDR durch die fehlenden Praktika während des Studiums.

Lehrer, Dozenten

461. 1960 betrug die Relation hauptamtliche Lehrkraft zu Fachschüler in der Bundesrepublik 1 : 19,2, in der DDR 1 : 24,9. In der DDR sind gut ein Drittel der Fachschüler Fernstudenten.

Eingangsvoraussetzungen und Ausbildungsgang von Lehrern bzw. Fachschuldozenten ähneln sich in Bundesrepublik und DDR. In der Bundesrepublik muß der Lehrer/Dozent eine abgeschlossene Berufsausbildung in seiner Fachrichtung oder ein Praktikum, die fachgebundene oder volle Hochschulreife, ein achtsemestriges Studium an Pädagogischer Hochschule oder Universität und ein ein- bis zweijähriges Referendariat vorweisen. An Ingenieurschulen wird auf eine erziehungswissenschaftliche Ausbildung der Dozenten weniger Gewicht gelegt als auf ihre fachwissenschaftliche Qualifikation.

In der DDR muß der Fachlehrer ein abgeschlossenes Hochschulstudium seines Faches, eine meist ein- bis zweijährige Tätigkeit in einem seiner Lehrtätigkeit entsprechenden Beruf und ein pädagogisches Hochschulzusatzexamen nachweisen.

In der Bundesrepublik und in der DDR besteht ein Mangel an voll ausgebildeten Lehrkräften.

Entwicklungstendenzen

462. In der Bundesrepublik befindet sich das Fachschulwesen, sofern es aus dreijährigen Ausbildungsgängen besteht, in einer Umwandlung. Eine der beiden unterschiedlichen Konzeptionen sieht die Umwandlung von Fachschulen in Akademien vor; die Fachschulen würden dabei ihre jetzige Stellung gegenüber den Hochschulen behalten, obwohl sie in der Ausbildungsfunktion neben die Hochschulen träten (vgl. Akademiegesetz Nordrhein-Westfalen 1969). Dagegen sehen das Berliner Fachhochschulgesetz und der Hochschulgesamtplan für Baden-Württemberg die Anhebung entsprechend qualifizierter Fachschulen zu Fachhochschulen vor, die den Bewerbern bei höheren Eingangsvoraussetzungen Kurzstudiengänge von sechs Semestern anbieten sollen, so wie sie auch für die Universität geplant sind. Diese Fachhochschulen, nach Schwerpunkten gebildet, sollen in die integrierte Gesamthochschule einbezogen werden.

In der DDR hat die Vorausschätzung des in den nächsten Jahren ständig steigenden Bedarfs an Fachkräften für elektronische Datenverarbeitung, die chemische Industrie, den Maschinenbau und den Bau wissenschaftlicher Geräte dazu geführt, daß im September 1969 zehn Ingenieurschulen [29] mit der Ingenieurhochschulausbildung begonnen haben. Der neue Studiengang verlangt von den Bewerbern die Hochschulreife, wendet sich also an andere Gruppen als die Fach- und Ingenieurschulen (vgl. Abschnitt 2 b).

In der DDR besteht der zweite Schwerpunkt der Reform in einer Änderung des Studiengangs. In Fortführung des an sieben Fachschulen durchgeführten Experiments mit halbjährigem Praktikum soll die Spezialausbildung als einjähriger Studienabschnitt in ausgewählten Betrieben durchgeführt werden. In diesem praktischen Jahr soll nach dem Erwerb grundlegender theoretischer Kenntnisse die Einarbeitung in die vorgesehene Funktion im Betrieb erfolgen. Die Ingenieurabschlußarbeit soll ein Problem des Ausbildungsbetriebes betreffen. Das Grundlagenstudium soll um die Wissensgebiete Kybernetik, Kommunikations-, Informations- und Systemtheorie, Matrizenrechnung, Linearoptimierung, mathematische Statistik und EDV erweitert werden.

b) Hochschulausbildung

Voraussetzung für den Hochschulbesuch

463. Voraussetzung für den Besuch der Hochschule ist in beiden deutschen Staaten die Hochschulreife, die durch den Besuch verschiedener Institutionen erworben werden kann. Sie wird in der Bundesrepublik vorwiegend durch den Abschluß des Gymnasiums und in der DDR vorwiegend durch den Abschluß der EOS erlangt.

Hochschulen

464. In der Bundesrepublik gelten als Hochschulen: Universitäten, Technische Hochschulen, Philosophisch-Theologische und Kirchliche Hochschulen, Pädagogische Hochschulen, Kunsthochschulen und Sporthochschulen. Ihre Gesamtzahl hat sich von 1960 bis 1968 wie folgt entwickelt:

	1960	1968
Universitäten und Technische Hochschulen [1]	31	39
Philosophisch-Theologische und Kirchliche Hochschulen [2]	17	16
Pädagogische Hochschulen [3]	77	113
Kunsthochschulen, Sporthochschulen [4]	25	28

[1] Deutscher Hochschulführer, Bonn 1960/61, S. 53 ff.; 1969, S. 7 ff.
[2] Statistisches Jahrbuch der BRD, 1961, S. 106; 1969, 1969, S. 80 f.
[3] Pädagogische Hochschulen und lehrerbildende Einrichtungen, vgl. Statistisches Jahrbuch der BRD, 1962, S. 109; 1970, S. 70 f.
[4] Statistisches Jahrbuch der BRD, 1961, S. 106; 1969, S. 81.

Da die Zahl der Studierenden in diesem Zeitraum stark anstieg, sind viele Fachrichtungen der Hochschulen überfüllt.

In der DDR sind von 1960 bis 1968 keine neuen Hochschulen gegründet worden. Ihre Zahl betrug 44. Im Jahr 1969 stieg sie um 10 auf 54 an. Der Zuwachs ergibt sich aus den zehn Ingenieurschulen, an denen der Studiengang Hochschulingenieur eingeführt wurde [30].

Studierende

465. Von 1960 bis 1969 stieg die Zahl der Studierenden (ohne Ausländer) in der Bundesrepublik [31] um 49,3 %, in der DDR [32] um 20,7 % (vgl. Tabelle A 123). Das Anwachsen der Studentenzahlen in der Bundesrepublik ist nicht nur eine Folge der erhöhten Abiturientenquote pro Schülerjahrgang, sondern auch der Verlängerung der Studienzeit, die in der DDR vergleichsweise gering sein dürfte.

Die Frauen machten 1968 erstmals in beiden Staaten mehr als 30 % der Studierenden aus. Im Unterschied zur Bundesrepublik sind für die DDR dabei die Unterstufenlehrerinnen nicht mitgezählt. In der DDR

Kapitel VII

hat sich der Frauenanteil noch etwas weiter vergrößert (vgl. Tabelle A 123). Diese Entwicklung wird durch Maßnahmen der Regierung unterstützt. In der Bundesrepublik veränderte sich der Frauenanteil von 1968 auf 1969 nicht.

Pro 1000 Einwohner im Alter von 18 bis 45 Jahren [33] entwickelten sich die Studentenzahlen von 1960 bis 1968 wie folgt: In der Bundesrepublik von 11 auf 14, in der DDR von 18 auf 17. Diese Gewichtung durch die Altersgruppe, aus der in der DDR die Hochschüler stammen, zeigt, daß der relative Hochschulbesuch in der DDR größer ist als in der Bundesrepublik.

Fachrichtungen

466. In der Bundesrepublik läßt sich keine einheitlichen Tendenz zur Spezialisierung des Lernangebots der Hochschulen erkennen. Nur die neu gegründeten medizinischen Akademien Ulm, Hannover, Lübeck haben Schwerpunkte. Die Neugründungen in Bielefeld, Bochum, Konstanz und Regensburg bieten mannigfaltige Fachrichtungen an [34].

Bislang auf wenige Fachrichtungen begrenzte Hochschulen wie Gießen oder Mannheim haben das Angebot an Fachrichtungen so erweitert, daß sie in den Rang von Volluniversitäten gelangten.

In der DDR setzt sich die Spezialisierung der Hochschulen sowohl für die neueren Ingenieurhochschulen als auch für bereits bestehende Hochschulen zunehmend durch. Die Schwerpunktbildung ist durch die Standorte der Hochschulen bestimmt.

An der Universität Jena — einer Modellhochschule für die Universitätsreform der DDR — wurden, in enger Verbindung zu den Carl-Zeiss-Werken, 1968 die Sektionen Chemie, Physik, Mathematik und Ökonomische Kybernetik gebildet. Drei Viertel des Forschungspotentials sind auf den wissenschaftlichen Gerätebau konzentriert. Die juristische und die landwirtschaftliche Fakultät sollen an andere Hochschulen verlagert werden.

In der Technischen Hochschule Magdeburg ist seit 1968 auf Beschluß der zuständigen Fachministerien die Ausbildung und Forschung für Schwermaschinen- und Anlagenbau konzentriert. Sie hat zu diesem Zweck einen Koordinierungsvertrag mit der VVB dieses Industriezweiges geschlossen. In ihm ist auch festgelegt, daß für ein Studium an der TH Magdeburg in Betrieben und erweiterten allgemeinbildenden Oberschulen geworben wird. Die Ausbildungskapazität der TH Magdeburg soll auf den Nachwuchsbedarf des Industriezweiges Schwermaschinen- und Anlagenbau ausgerichtet werden. Magdeburg ist Zentrum dieser Industrie.

Schwerpunkte des Hochschulstudiums

467. In der Bundesrepublik sind, gemessen an der Verteilung der Studierenden auf einzelne Fachbereiche [35], Pädagogik, „Medizin und Agrarwissenschaften" sowie „Philosophisch-historische und Staats- und Rechtswissenschaften" bevorzugt (vgl. Tabelle A 124). Der Anteil der Technische Wissenschaften Studierenden ging von 13,4 % im Jahre 1960 auf 9,8 % im Jahre 1968 zurück (vgl. Tabelle A 124). In der DDR nahm die Zahl der Technische Wissenschaften Studierenden ständig zu: 1960: 23,3 %; 1969: 29,7 % aller Hochschüler.

In der DDR sind die bevorzugten Fächer Technische Wissenschaften, Pädagogik, Wirtschaftswissenschaften sowie „Medizin und Agrarwissenschaften" (vgl. Tabelle A 125). Rechnet man die künftigen Unterstufenlehrer zu den Hochschülern, so entfällt auch in der DDR der größte Anteil aller Hochschüler auf die Pädagogik Studierenden (1968: BRD: 32,4 %; DDR: 32,8 %).

Studienplätze

468. In der Bundesrepublik entspricht die Verteilung der Studierenden auf die Fachrichtungen im wesentlichen den Studienwünschen der Studenten, ausgenommen die Fälle — vorwiegend in den naturwissenschaftlichen-medizinischen Fächern — in denen ein Numerus clausus besteht.

In der DDR ist die Zahl der Studienplätze der jeweiligen Fachrichtung durch den Perspektivplan und die in diesen eingegangene Projektion des Arbeitskräftebedarfs festgelegt: Die Freiheit der Studienwahl ist daher sehr eingeschränkt.

Den größten Anteil an den Hochschulabsolventen (vgl. Tabelle A 125) insgesamt stellten 1967 in der Bundesrepublik Absolventen mit dem Schwerpunkt Pädagogik; Absolventen der „Medizin und Agrarwissenschaften" und der Wirtschaftswissenschaften haben den zweit- und drittgrößten Anteil unter den Hochschulabsolventen der Bundesrepublik.

In der DDR stellten die Hochschulabsolventen der Pädagogik 1967 ebenfalls den größten Anteil an den Hochschulabsolventen. Mit dem zweit- und drittgrößten Anteil folgen Absolventen der Bereiche „Medizin und Agrarwissenschaften" und des Bereiches Technische Wissenschaften.

Rechnet man die künftigen Oberschullehrer für untere Klassen in der DDR zu den Hochschulabsolventen, so erhöht sich der Anteil der Absolventen in Pädagogik und entspricht etwa dem Anteil der Bundesrepublik (1967: BRD 41,9 %; DDR 43,4 %).

Am kennzeichnendsten ist der Unterschied zwischen der Bundesrepublik und der DDR hinsichtlich der Absolventenanteile in den technischen Wissenschaften. Hier zeigt sich in beiden deutschen Staaten ein gegenläufiger Trend. In der Bundesrepublik sank der Anteil der Hochschulabsolventen der technischen Wissenschaften von 10,5 % im Jahr 1962 auf 9,3 % im Jahr 1967, in der DDR stieg dieser Anteil von 14,9 % auf 20,4 % im gleichen Zeitraum (vgl. Tabelle A 125).

Entwicklungstendenzen

469. In der Bundesrepublik ist die Reform des Hochschulwesens verknüpft mit einer beträchtlichen Kapazitätserweiterung. Seit 1961 werden ständig neue Hochschulen gegründet. Die Umwandlung von Fachschulen in Fachhochschulen mit höheren Eingangsvoraussetzungen für die Studierenden ist in Vorbereitung und teilweise bereits gesetzlich vollzogen (Fachschulgesetzgebung der Bundesländer). Für die weitere Entwicklung der Neuordnung des

Hochschulwesens ist die integrierte Gesamthochschule das erklärte Ziel der Bundesregierung.

Ein Kernpunkt der Hochschulreform der Bundesrepublik ist die Neustrukturierung der Studien- und Ausbildungsgänge. Sie sollen für den gesamten Hochschulbereich entwickelt werden, so daß die Integration aller Hochschularten zu Gesamthochschulen auch inhaltlich möglich wird. Nach einheitlichen Kriterien sollen für Universitäten, Pädagogische Hochschulen und Fachhochschulen Studiengänge entwickelt werden, die sich in Studienabschnitte gliedern und so zu gestalten sind, daß für die Studierenden auch ein Überwechseln zwischen Studiengängen der Gesamthochschule möglich ist. Für den ersten Hochschulabschluß ist eine einheitliche Bezeichnung vorgesehen. Erreicht werden sollen angemessene Studienzeiten (Studienzeitverkürzung) und höhere Erfolgsquoten.

Für die innere Struktur des Hochschulwesens werden Organisationsformen angestrebt, die sich nach dem Prinzip der funktionsgerechten Mitwirkung aller Hochschulangehörigen in den Organen der Hochschulen richten. Die Fakultäten werden ähnlich wie in der DDR aufgelöst und durch Fachbereiche ersetzt, die aus aufeinander bezogenen Disziplinen gebildet werden; dadurch soll eine bessere Koordination von Forschung und Lehre und die Erhöhung der Effektivität der Hochschule erreicht werden.

Hochschulreform der DDR

In der DDR sind die Kapazitäten der Hochschulen in Forschung und Lehre eine feste Größe im staatlichen Planungssystem. Dies kommt auch in der Dritten Hochschulreform, die bis 1975 abgeschlossen sein soll, deutlich zum Ausdruck.

Die Konzentration von Ausbildung und Forschung auf die führenden Industriezweige ist eine der Schwerpunkte der Hochschulreform. Der technisch-naturwissenschaftliche Bereich wird bevorzugt ausgebaut. Das zeigen sowohl die Modellhochschulen der DDR wie Jena und Magdeburg als auch die Umwandlung von Ingenieurschulen zu Ingenieurhochschulen durch die Einführung des Studiengangs Hochschulingenieur. Der Hochschulingenieur soll ein Studium von nur $3^{1}/_{2}$ Jahren (Diplomingenieur: 5 Jahre) durchlaufen, einschließlich eines sechsmonatigen Praktikums in einem ausgewählten Betrieb. Die Abschlußprüfung soll der der Technischen Hochschule entsprechen. Nach $1^{1}/_{2}$jähriger praktischer Tätigkeit soll der Hochschulingenieur mit einer Arbeit aus seinem Tätigkeitsfeld im Betrieb das Diplom erwerben können. Die „Profilierung" der Hochschulen soll ihre verstärkte Nutzung für auftragsgebundene Forschung ermöglichen.

Ein weiterer wichtiger Punkt der Reform ist die Verbesserung der Ausbildung durch neue, präzisiertere Grund- und Fachstudienpläne und die Einbeziehung neuer Medien (programmiertes Material, Film, Fernsehen). Außerdem sollen die Studierenden mehr und besser begleitete Praktika absolvieren, um zur Umsetzung wissenschaftlicher Erkenntnisse in die Praxis befähigt zu werden. Ferner wird die Veränderung der Organisation der Hochschule angestrebt. Dazu gehören die Ausrichtung von Hochschulen auf thematische Schwerpunkte sowie die Zusammenfassung von Disziplinen zu neugebildeten Sektionen, um sachlich miteinander verbundene wissenschaftliche Disziplinen zu integrieren.

c) Fernunterricht und Fernstudium

470. In der Bundesrepublik wird Fernunterricht von mehr als 100 privaten Fernschulen erteilt [36]. Die Zahl der Fernschüler wird auf 200 000 bis 300 000, davon 13 % bis 14 % Frauen, geschätzt [37]. Fernschüler wollen vor allem ihre berufliche Qualifikation erhöhen (80 %) oder einen höheren Schulabschluß (4 %) erreichen [38]. Im berufsbildenden Fernunterricht werden vor allem Lehrgänge für kaufmännische und technische Fachrichtungen angeboten. Allgemein anerkannte Berechtigungen können bei den Fernschulen nicht erworben werden.

In der Bundesrepublik wird die Bedeutung des Fernunterrichts seit 1967 zunehmend erkannt. Die Bundesregierung hat eine Rechtsverordnung für Fernschulen, die Sicherung der Qualität des Unterrichts und die Anerkennung der Abschlußzeugnisse vorgeschlagen. Der Fernunterricht soll durch die Zentralstelle für Fernunterricht, das Bundesinstitut für Berufsbildungsforschung und die Bundesanstalt für Arbeit gefördert werden.

Im Hochschulbereich der Bundesrepublik haben erste Versuche für spezielle weiterbildende Lehrveranstaltungen mit Mitteln des Fernstudiums stattgefunden. Außerdem wird seit einiger Zeit ein breit angelegtes Fernstudium im Medienverbund erarbeitet.

In der DDR ist der Fernunterricht eine der drei als gleichberechtigt anerkannte Formen des Studiums an Hoch- und Fachschulen (neben Direkt- und Abendstudium). Er wurde 1950 an Hochschulen und 1951 an Fachschulen eingeführt.

Fernstudenten sind 25 % aller Hochschüler; der Anteil der Frauen beträgt 16,4 %, ist also niedriger als im Direktstudium (43,7 %), aber höher als im Abendstudium (5,5 %).

Überdurchschnittlich hoch ist der Anteil der Fernstudenten in den Wirtschaftswissenschaften, den philosophisch-historischen Wissenschaften, den Staats- und Rechtswissenschaften, den Kultur-, Kunst- und Sportwissenschaften und in den pädagogischen Grundstudienrichtungen aller Wissenschaftszweige. Mit Ausnahme der Pädagogik übertrifft er bei allen diesen Studienrichtungen den Anteil der Direktstudenten.

Unter den Hochschulabsolventen machten die Fernstudenten im Jahr 1969: 21,9 % aus.

Erheblich größer als unter den Hochschülern ist der Anteil der Fernschüler an den Fachschülern. Er zählte 1969: 59 400 (39,3 %) aller Fachschüler; davon waren 42,8 % Frauen. Ihr Anteil an den Fachschulfernschülern ist jedoch immer noch niedriger als im Direktstudium, aber höher als im Abendstudium.

In den Kultur- und Sportwissenschaften, der Medizin, den Agrarwissenschaften, den Wirtschaftswis-

Kapitel VII

senschaften sowie den Dokumentations- und Bibliothekswissenschaften übersteigt der Anteil der Fernschüler den der Direktstudenten.

Die DDR hat auf dem Gebiet des Fernstudiums gegenüber der Bundesrepublik einen 20jährigen Planungs- und Erfahrungsvorsprung. Sie hat durch das Fernstudium viele zusätzliche hochqualifizierte Fachkräfte gewonnen.

3. Anhang

Quellen

Die aufgeführten quantitativen Daten und Berechnungen beruhen, soweit sie nicht auf den jeweiligen Statistischen Jahrbüchern der Bundesrepublik und der DDR sowie den Statistischen Jahrbüchern des Bildungswesens der DDR 1966 und 1968 basieren, auf folgenden Quellen:

Arbeitsstelle für Betriebliche Berufsausbildung, Die industriellen Lehrwerkstätten 1964, Auswertung einer Lehrwerkstättenerhebung im Bereich der Industrie- und Handelskammern des Bundesgebietes und West-Berlins, Bielefeld 1966.

Arbeitsstelle für Betriebliche Berufsausbildung, Neustrukturierung der beruflichen Bildung, Berlin-Köln-Frankfurt 1969.

Battelle-Institut, Untersuchung zur Klärung der methodischen Möglichkeiten einer quantitativen und qualitativen Vorausschau auf dem Arbeitsmarkt in der Bundesrepublik, Bericht für das Bundesministerium für Arbeit und Sozialordnung, Frankfurt a. M. 1968 und 1969.

Berufliche Ausbildung wissenschaftlich leiten, in: Die Wirtschaft, 1970, Heft 23.

Bundesministerium für Arbeit und Sozialordnung, Lehrlinge und Anlernlinge in der Bundesrepublik Deutschland 1968, in: Arbeits- und sozialstatistische Mitteilungen, Beilage zu Heft 11, 1969.

Deutscher Bildungsrat, Statistiken zur Information der Mitglieder der Bildungskommission des Deutschen Bildungsrates, Stand: September 1969.

Deutscher Bildungsrat, Empfehlungen der Bildungskommission, Strukturplan für das Bildungswesen, 1970.

Deutscher Bundestag, 5. Wahlperiode, Drucksache V/1422, Bonn 1967.

Deutscher Bundestag, 5. Wahlperiode, Drucksache V/4609, Bonn 1969.

Deutscher Industrie- und Handelstag, Berufsausbildung 1967/68, Schriftenreihe, Heft 111, Bonn 1968.

Deutscher Industrie- und Handelstag, Berufsausbildung 1968/69, Schriftenreihe, Heft 117, Bonn 1969.

H. Fenger, Betriebsberufsschulen in der Bundesrepublik Deutschland, in: Jahrbuch für Wirtschafts- und Sozialpädagogik, Bd. 6 (1969).

H. Holfeld, Die Erfahrungen aus der Einführung der ersten Grundberufe im neuen Lehrjahr nutzen, in: Berufsbildung, 23. Jg., 1969, Heft 7/8.

A. Knauer, Bildungsökonomische Probleme der Berufsbildung, in: A. Knauer, H. Maier, W. Wolter, Bildungsökonomie, Berlin 1967.

A. Knauer, Die Dynamik des Inhalts der Ausbildungsberufe der sozialistischen Berufsausbildung, in: Berufsbildung, 23. Jg., 1969, Heft 7/8.

Ständige Konferenz der Kultusminister der Länder, Kulturpolitik der Länder 1967 bis 1968, Bonn 1969.

Statistisches Bundesamt, Fachserie A, Reihe 10, Berufsbildende Schulen, Stuttgart und Mainz 1966.

Zentralverband des Deutschen Handwerks, Die Berufsausbildung im Handwerk, Schriftenreihe, Heft 9, Bonn 1969.

Methodische Hinweise

Zur Qualifikation der Ausbilder

In der Bundesrepublik liegen lediglich Angaben über zentrale Seminare und Lehrgänge sowie Förderungsveranstaltungen für Ausbilder, also über Zugänge, vor. Demgegenüber weist die DDR sowohl die Lehrkräfte in der praktischen als auch in der theoretischen Berufsausbildung nach der Qualifikation (ohne pädagogischen Abschluß, mit pädagogischem Abschluß, mit staatlicher Lehrmeisterprüfung; ohne pädagogische Qualifikation, mit 2. Lehrerprüfung, mit pädagogischem Hochschulabschluß) für 1960 bis 1967 bzw. für 1967 aus.

Zu den Durchfallquoten

Da die Lehrabschlußprüfungen keine Schulprüfungen sind, werden die Durchfallquoten mit in die Betrachtung der betrieblichen Berufsausbildung einbezogen. Der Vergleich wird hier gleichfalls an Hand von quantitativen Kennziffern vorgenommen, da einerseits detailliertere Angaben etwa über den Anteil der Prädikate in den Lehrabschlußprüfungen in beiden deutschen Staaten fehlen und andererseits eingehende qualitative Analysen der Prüfungsanforderungen in der Berufsausbildung noch ausstehen.

Die Durchfallquote der DDR ist eine Gesamtquote. Die Durchfallquote der Bundesrepublik bezieht sich auf die Industrie-, Handels- und Handwerkskammern. Über die Durchfallquote im Bereich der Landwirtschaftskammern und der sonstigen Bereiche (öffentlicher Dienst) liegen keine Informationen vor; infolge des geringen Anteils der Lehrlinge in diesen Bereichen an sämtlichen Ausbildungsverhältnissen verändern sie die Bundesrepublik-Quote nicht.

Über die Ursachen der Durchfallquoten in der Bundesrepublik besteht auch bei den Kammern keine Klarheit. So bemerkt der Deutsche Industrie- und Handelstag: „Die Öffentlichkeit widmet den Prüfungsergebnissen große Aufmerksamkeit. Diese werden vielfach als Maßstab für die Güte und den Erfolg der betrieblichen Ausbildung gewertet. Bis zu einem gewissen Grad ist dies auch berechtigt. Dabei darf allerdings nicht unberücksichtigt bleiben, daß Prüfungsergebnisse durch eine Vielzahl von Faktoren bestimmt werden." (Berufsausbildung 1967/68, Schriftenreihe, Heft 111, Bonn 1968, S. 51). Der Zentralverband des Deutschen Handwerks führt aus: „Für das Absinken der Erfolgsquote bei den Gesellenprüfungen dürften mehrere Ursachen ausschlaggebend sein. Neben den erhöhten Prüfungsanforderungen der Innungsausschüsse dürfte dabei auch die Ausdehnung und Vertiefung des Prüfungsgebietes eine Rolle spielen. Ob und inwieweit auch das behauptete Nachlassen der schulischen Leistungen mitwirkt, kann nicht gesagt werden" (Die Berufsausbildung im Handwerk, Schriftenreihe, Heft 9, Bonn, 1969, S. 39 f.).

Anmerkungen zu Kapitel VII

[1] Vgl. Verordnung über die Aufgaben der Universitäten, wissenschaftlichen Hochschulen und wissenschaftlichen Einrichtungen mit Hochschulcharakter vom 25. Februar 1970, in: GBl., II, 1970, S. 189 ff.; Beschluß des Staatsrates der DDR vom 12. März 1970 zur weiteren Durchführung der Akademiereform bei der Ge-

staltung des entwickelten gesellschaftlichen Systems des Sozialismus in der DDR vom 12. März 1970, in: GBl., I, 1970, S. 19 ff.; Anordnung über das Forschungsstudium vom 1. Juni 1970, in: GBl., II, 1970, S. 410—414.

[2] Seit Mai 1969 ist das Verhältnis Bund-Länder in bezug auf das Bildungssystem modifiziert. Nach Artikel 91 b GG können nunmehr „Bund und Länder ... auf Grund von Vereinbarungen bei der Bildungsplanung und bei der Förderung von Einrichtungen und Vorhaben der wissenschaftlichen Forschung von überregionaler Bedeutung zusammenwirken". Ferner wirkt der Bund mit beim „Ausbau und Neubau von wissenschaftlichen Hochschulen einschließlich der Hochschulkliniken" (Artikel 91 a, Ziff. 1). Außerdem hat er nunmehr das Recht, im Rahmen der konkurrierenden Gesetzgebung Rahmenvorschriften zu erlassen „über die allgemeinen Grundsätze des Hochschulwesens" (Artikel 75, Abs. 1 Nr. 1 a).

[3] Der quantitative Vergleich kann in einigen Unterabschnitten des Kapitels VII auf Grund der Materiallage nur so durchgeführt werden, daß Klassifikationen der DDR-Statistik zum Ausgang genommen und die Daten der Bundesrepublik entsprechend umgerechnet werden.

[4] Vgl. Grundsätze für die Weiterentwicklung der Berufsausbildung als Bestandteil des einheitlichen sozialistischen Bildungssystems, in: Aus der Tätigkeit der Volkskammer und ihrer Ausschüsse, 5. Wahlperiode (1968), Heft 10, S. 72 ff.

[5] Bundestagsdrucksache V/4260, 1969, S. 2.

[6] Gesetz über das einheitliche sozialistische Bildungssystem vom 25. Februar 1965, § 32, Abs. 4.

[7] Vgl. hierzu den Sozialbericht 1970, Bundestagsdrucksache VI/643, S. 20.

[8] Bericht der Bundesregierung zur Bildungspolitik, Bundestagsdrucksache VI/925, 1970, S. 40.

[9] Die Berufsfachkommissionen, die sich aus Experten, Praktikern, Berufspädagogen und Vertretern gesellschaftlicher Organisationen zusammensetzen, sind Organe des betreffenden Ministeriums, der VVB oder der Kombinate. Sie sind den Leitern der für die Ausbildungsberufe verantwortlichen Betriebe, Staats- und wirtschaftsleitenden Organe sowie Territorialorgane unmittelbar rechenschaftspflichtig.

[10] Vgl. hierzu z. B.: Berufliche Ausbildung wissenschaftlich leiten, in: Die Wirtschaft, 1970, Heft 23, S. 2.

[11] Vgl. B. Tolkötter, Bildungsmaßnahmen in der Wirtschaft. Eine Untersuchung des Ettlinger Kreises über zusätzliche Bildungseinrichtungen in Industrie und Handel, Weinheim 1966, S. 12.

[12] Daneben ist insbesondere auch auf den „Braunschweiger Plan" (1948), den Berliner Stufenplan (1961), den Stufenplan für schlosserische Berufe und für Maschinenberufe der ABB (1963, 1965), den „Stufenplan für die gewerbliche Ausbildung Metall" der IG-Metall (1964) und den Daimler-Benz-Plan (1966) hinzuweisen. Weitere Stufenpläne im gewerblichen Bereich bestehen bei der Firma Kraus-Maffei, der Pittler AG, Langen, im graphischen Bereich und in der Textilindustrie. Auch für den kaufmännischen Bereich liegen Stufenpläne vor.

[13] Vgl. A. Knauer, Die Dynamik des Inhalts der Ausbildungsberufe der sozialistischen Berufsausbildung, in: Berufsbildung, 23. Jg., 1969, Heft 7/8, S. 352 ff.

[14] Bericht der Bundesregierung: Vergleichende Darstellung des Bildungswesens im geteilten Deutschland, Bundestagsdrucksache V/4609, 1969, S. 32.

[15] Vgl. Kleine Anfrage von Abgeordneten zur Berufsausbildung an den Bundesarbeits- und Bundeswirtschaftsminister, Bundestagsdrucksache V/1422, 1967, S. 7.

[16] Ein quantitativer Vergleich der durch die Stufenausbildung in der Bundesrepublik und durch die Grundberufe in der DDR erfaßten Jugendlichen wird dadurch erschwert, daß entsprechend den Bestimmungen des am 1. September 1969 in Kraft getretenen Berufsbildungsgesetzes nur diejenigen Ausbildungsberufe fortgelten, die vor Inkrafttreten des Berufsbildungsgesetzes vom 14. August 1969 (§ 108, 1) vergleichbar geregelt wurden. Betriebsvereinbarungen über Stufenausbildung sind damit vom Gesetzgeber nicht mehr zugelassen.

[17] Dabei handelt es sich um folgende Grundberufe: Facharbeiter für Datenverarbeitung, Baufacharbeiter, Zerspanungsfacharbeiter, Metallurge für Formgebung, Metallurge für Erzeugung, Elektromonteur, Facharbeiter für BMSR-Technik, Facharbeiter für automatisierte Produktionssysteme, Facharbeiter für Anlagentechnik, Elektronikfacharbeiter, Facharbeiter für Fertigungsmittel, Maschinen- und Anlagenmonteur, Instandhaltungsmechaniker, Maschinist, Facharbeiter für chemische Produktion, Laborant, Agrotechniker, Zootechniker, Facharbeiter für Umschlagsprozesse und Lagerwirtschaft, Wartungsmechaniker für Datenverarbeitungs- und Büromaschinen, Meliorationstechniker.

[18] Ab September 1970 wird zugleich die Ausbildung in den beruflichen Grundlagenfächern Elektronik, BMSR-Technik und elektronische Datenverarbeitung für alle Lehrlinge mit Abschluß der 10. Klasse der Oberschule eingeführt.

[19] Nach Angaben der Abteilung Berufsausbildung des Bundesministeriums für Wirtschaft gab es 1969 rd. 100 Berufsanfänger im Ausbildungsberuf „Textilveredler". Bezogen auf sämtliche rd. 360 000 Berufsanfänger würden damit in der Bundesrepublik rd. 0,03 % aller Berufsanfänger durch die Stufenausbildung erfaßt. In dieser Zahl sind nicht enthalten die (gleichfalls nach Angaben des Bundeswirtschaftsministeriums) rd. 45 000 Berufsanfänger im Einzelhandel, die nach der seit März 1968 anerkannten gestuften Form der Ausbildung im Ausbildungsberuf „Verkäufer(in)/Einzelhandelskaufmann" ausgebildet werden. Entschließt man sich, auch dieses — allerdings nicht unter dem Aspekt der breiten berufstheoretischen Grundlagenbildung entwickelte — Berufsbild unter dem Konzept der Stufenausbildung zu subsumieren, so würde sich der Anteil der 1969 durch die Stufenausbildung erfaßten Berufsanfänger auf etwa 12 % erhöhen.

[20] Dazu gehören nach Angaben der Abteilung Berufliche Bildung des Bundesministeriums für Arbeit und Sozialordnung folgende Stufenausbildungsordnungen: Die Stufenausbildungsordnungen für die maschenwarenproduzierende Industrie sowie für die Bekleidungsindustrie, die verabschiedungsreif sind. Unmittelbar vor der Verabschiedung steht eine Stufenausbildungsordnung für sämtliche Berufe im Bereich der Elektroindustrie. Eine Anerkennung von Stufenausbildungsordnungen ist 1971 für folgende Berufe zu erwarten: für feinschlosserische Berufe, Werkzeugmaschinenberufe und Berufe in der Hohlglasindustrie.

[21] Vgl. Deutscher Industrie- und Handelstag, Berufsausbildung 1965, Schriftenreihe, Heft 99, Bonn 1966, S. 56.

[22] Vgl. hierzu z. B.: Die Ausarbeitung der Konzeption der Berufsausbildung — Leitungsaufgabe des Werkdirektors, in: Prognose — Leitung — Berufsausbildung. Ergebnisse, Erfahrungen und Probleme bei der Verwirklichung der Grundsätze für die Berufsausbildung, Berlin (Ost) 1969, S. 17 f.

[23] Umfaßt bis 1968 für die DDR die Fachrichtungen Bergbau und Energie, Hüttenwesen, Maschinenwesen, Elektrotechnik, Verkehrswesen, Bauwesen, Leichtindustrie, Ingenieurökonomik; entsprechende Fachrichtungen mit Ausnahme der Ingenieurökonomik gibt es auch in der Bundesrepublik in diesem Bereich.

Kapitel VII

[24] 1964 waren 37 % aller Fachschulen private Schulen.

[25] Von den Fachschulen sind in der DDR die Fachhochschulen zu unterscheiden, die den Rang von wissenschaftlichen Hochschulen haben und im Abschnitt über die Hochschulausbildung behandelt werden.

[26] Eigene Berechnungen nach Daten des Statistischen Jahrbuches der Bundesrepublik, 1970; Statistisches Jahrbuch der DDR, 1969.

[27] In der Bundesrepublik betrug der Anteil der 18- bis 30jährigen an der Wohnbevölkerung 1960: 10 010 000 und 1968: 10 093 900 Personen.

[28] Die Angaben für Fachschüler liegen im Statistischen Jahrbuch der DDR, 1960/61, mit 171 362 und im Statistischen Jahrbuch der DDR, 1965, mit 128 700 sehr viel höher als im Statistischen Jahrbuch der DDR von 1970 für diese Jahre angegeben. Das liegt daran, daß 1970 nur noch Schüler mit einem mindestens zweijährigen Fachschulbesuch erfaßt werden und Schüler der Meisterschulen und medizinischen Schulen nicht mehr enthalten sind.

[29] Ingenieurhochschule Dresden, vormals Ingenieurschule für Maschinenbau und Elektrotechnik, Ingenieurschule für Polygrafie, für Automatisierungstechnik, Maschinenbau, Elektrotechnik und Bauwesen, für Elektrotechnik, für chemische Technik, für Maschinenbau und Elektrotechnik, für Werkstofftechnik, für Energiewirtschaft, für Bau- und Straßenwesen, für Schiffstechnik, für Landtechnik, Seefahrtsschule; außerdem an der Humboldt-Universität und an der Technischen Hochschule Karl-Marx-Stadt.

[30] Diese Ingenieurschulen werden — bis auf eine Ausnahme — doppelt gezählt: als Fachschule und als Hochschule.

[31] Bundesrepublik: Studierende an wissenschaftlichen Hochschulen, Kunst- und Sporthochschulen, lehrerbildenden Einrichtungen (ohne Hamburg und Bayern, da die Studierenden der dortigen lehrerbildenden Einrichtungen in der Zahl der Studierenden an wissenschaftlichen Hochschulen enthalten sind).

[32] DDR: Hochschüler im Direkt-, Fern- und Abendstudium. Das „kombinierte Studium" als Studienform war 1969 zahlenmäßig ohne Bedeutung.

[33] Da die Zulassung zum Fernstudium in der DDR bis zum Alter von 45 Jahren erfolgen kann, über den Altersaufbau der Studierenden jedoch keine Angaben vorliegen, mußte diese ungewöhnliche Gruppierung gewählt werden.

[34] Vgl. Empfehlungen des Wissenschaftsrats zum Ausbau wissenschaftlicher Hochschulen bis 1970, Tübingen 1967, S. 35 ff.

[35] Der Einteilung in Fachbereiche liegt die Klassifizierung zugrunde, wie sie im Statistischen Jahrbuch der DDR, 1970, verwendet wird.

[36] Erst in den letzten Jahren wurden mit dem Telekolleg und dem Funk-Kolleg andere Wege beschritten.

[37] H. G. Haagmann, Die deutschen Fernschulen, Stuttgart 1968, S. 146 f. Haagmann hat nach Angaben von nur 31 Fernschülern ermittelt.

[38] K. Sommer, Der Fernunterricht, Köln 1965, S. 40 ff.

Kapitel VIII

Zur Situation der Jugend

◆ Die bürgerliche Volljährigkeit erreichen Jugendliche in der Bundesrepublik mit 21 Jahren; in der DDR mit 18 Jahren. (472)

◆ Das aktive Wahlrecht beginnt in beiden deutschen Staaten mit 18 Jahren. Das passive Wahlrecht für den Bundestag und die Ländervertretungen erhalten Bürger der Bundesrepublik mit 21 Jahren — ausgenommen die Länder Berlin, Hamburg, Nordrhein-Westfalen und Saarland, in denen Bürger erst mit 23 Jahren wählbar sind. In der DDR beginnt das passive Wahlrecht für die Volkskammer mit 21 Jahren, für die Regionalvertretungen mit 18 Jahren. (472)

◆ In der Bundesrepublik gibt es neben der staatlichen Jugendpolitik zahlreiche gesellschaftliche Gruppen (z. B. Parteien, Kirchen, Gewerkschaften), die ihrerseits eigene jugendpolitische Zielsetzungen verfolgen. In der DDR ergibt sich die Jugendpolitik aus den gesellschaftlichen Zielsetzungen der SED. Sie sind der verbindliche Rahmen der Jugendpolitik, für deren Durchführung die anderen gesellschaftlichen Gruppen und Organisationen (z. B. die Schul-, Hochschul- und Betriebsleitungen sowie vor allem die FDJ) verantwortlich gemacht werden. (476, 477)

◆ In der Bundesrepublik beabsichtigt staatliche Jugendpolitik vor allem die Förderung der Jugend in den Bereichen, in denen über die Aktivitäten der gesellschaftlichen Gruppen hinaus zusätzliche staatliche Maßnahmen notwendig erscheinen. In der DDR zielt staatliche Jugendpolitik in einer umfassenden und direkten Weise auf die Aktivierung der Jugend als soziale Gruppe. Sie legt die besonderen Rechte und Pflichten der Jugend in allen gesellschaftlichen Bereichen fest. (474—476)

◆ In der Bundesrepublik spiegelt sich in der Vielzahl von Jugendorganisationen der Pluralismus politisch-gesellschaftlicher Ziele und Interessen. In der DDR erhebt die von der SED gesteuerte einzige Jugendorganisation den Anspruch, die Jugend für die von der SED jeweils vorgegebenen, in allen Bereichen der Gesellschaft verbindlich gemachten politischen, gesellschaftlichen und ideologischen Ziele zu aktivieren. (481—484)

◆ Die Jugendorganisationen in der Bundesrepublik erreichen 20 % bis 25 % der Jugendlichen. In der DDR sind mehr als 60 % der Jugendlichen zwischen 14 und 25 Jahren in der FDJ organisiert. (481, 482)

◆ Die Zugehörigkeit zu Jugendorganisationen spielt in der Bundesrepublik keine wesentliche Rolle für den sozialen Aufstieg. In der DDR ist, zumindest in Schule und Hochschule, die Zugehörigkeit zur FDJ eine fast unabdingbare Voraussetzung für das Fortkommen. (482)

◆ In der Bundesrepublik wie in der DDR gibt es Bestimmungen, die den Schutz der Jugendlichen am Arbeitsplatz regeln. (486)

◆ Die gesetzlich festgelegten Mitspracherechte der Jugendlichen im Betrieb sind in der Bundesrepublik weniger ausgebaut als in der DDR. (487)

◆ In der Bundesrepublik wie in der DDR gibt es Leistungswettbewerbe für Jugendliche. In der Bundesrepublik sprechen sie die Jugendlichen überwiegend als Individuen an, laufen neben der Arbeit im Betrieb und haben nur mittelbare Auswirkungen auf den beruflichen Aufstieg. In der DDR handelt es sich zumeist um Wettbewerbe zwischen Kollektiven. Sie sind Teil des betrieblichen Arbeitsprozesses und fördern unmittelbar den sozialen Aufstieg. (488, 489)

◆ In der Bundesrepublik ist der Anteil der 21- bis 40jährigen in den parlamentarischen Gremien relativ klein. In der DDR ist die FDJ nach festen Schlüsseln in Volkskammer und Bezirks- bzw. Kreistagen repräsentiert; die junge Generation ist stärker vertreten als in der Bundesrepublik. (491)

◆ In der Bundesrepublik wie in der DDR fördert der Staat Begegnungen der Jugend mit der jungen Generation anderer Länder. In der Bundesrepublik sind Bestrebungen im Gange, die bisher bestehenden Austauschprogramme auf die Länder Ost- und Südosteuropas auszudehnen. In der DDR werden durch die staatliche Förderung vor allem Kontakte mit dem sowjetischen Jugendverband Komsomol, den Jugendorganisationen anderer kommunistischer Länder und der Dritten Welt unterstützt. (499)

◆ In beiden Staaten sind männliche Jugendliche stärker politisch interessiert als weibliche, und in beiden Systemen steigt das Maß an politischem Interesse mit der beruflichen Qualifikation. (501, 502)

◆ Im Freizeitverhalten der Jugendlichen in der Bundesrepublik und in der DDR zeigen sich beträchtliche Übereinstimmungen. Unterschiede bestehen vor allem in dem Maß an Zeit, das für gesellschaftspolitische Tätigkeiten und außerschulische, nebenberufliche Weiterbildung aufgewandt wird. (504—508)

471. Der nachfolgende Vergleich der Jugendsituation in der Bundesrepublik und in der DDR beschränkt sich wegen der schwierigen Materiallage in diesem Bereich auf einige ausgewählte Aspekte (vgl. dazu die Methodischen Hinweise im Anhang). Im Vordergrund stehen die jugendpolitischen Konzepte und Zielvorstellungen in beiden Gesellschaftssystemen und die Institutionen, mit deren Hilfe diese Ziele verwirklicht werden sollen.

Darüber hinaus werden Verhalten und Einstellungen der Jugend in Politik und Freizeit, so wie sie sich in empirischen Untersuchungen darstellen, verglichen.

Rechtliche Festlegungen

472. Dabei ist zu berücksichtigen, daß in der Bundesrepublik und in der DDR, vor allem was die rechtlichen Festlegungen betrifft, Jugend verschieden definiert wird. In der Bundesrepublik werden Jugendlichen in den einzelnen Bereichen der Gesellschaft in abgestufter Form und zu verschiedenen Zeitpunkten Erwachsenenrechte übertragen:

■ die bürgerliche Volljährigkeit und damit die uneingeschränkte Geschäftsfähigkeit erhalten junge Menschen mit 21 Jahren;

■ die Ehemündigkeit beginnt für den Mann bei 21 Jahren, für die Frau bei 16 Jahren;

■ das aktive Wahlrecht erhalten die Bürger nach den Verfassungsänderungen der letzten Zeit für Bundestags-, Landtags- und Kommunalwahlen mit 18 Jahren; das passive Wahlrecht für den Bundestag, für die meisten Landtage und Kommunalvertretungen beginnt bei 21 Jahren, in Berlin, Hamburg, Nordrhein-Westfalen und Saarland bei 23 Jahren.

In der DDR gilt zwar einerseits das „Jugendgesetz"[1] generell für junge Menschen bis zum 25. Lebensjahr; andererseits liegen die Zeitpunkte, zu denen Ju-

Kapitel VIII

gendlichen die bürgerliche und politische Mündigkeit zugesprochen wird, im allgemeinen niedriger als in der Bundesrepublik:

- die bürgerliche Volljährigkeit erhalten Jugendliche mit 18 Jahren;
- die Ehemündigkeit beginnt für Mann und Frau mit 18 Jahren;
- das aktive Wahlrecht erhalten Jugendliche mit 18 Jahren; wählbar sind 21jährige, wobei zu berücksichtigen ist, daß bei Wahlen für Bezirks- oder Kreisparlamente bereits 18jährige das passive Wahlrecht besitzen.

Altersgruppen

Die nachfolgenden Ausführungen beziehen sich, wenn nichts anderes vermerkt ist, auf die 14- bis 25-jährigen. Sie verteilen sich in beiden Gesellschaftssystemen auf die einzelnen Jahrgänge wie Übersicht 55 zeigt.

Übersicht 55

Jugendliche Wohnbevölkerung (Ende 1968)

Altersgruppen	BRD		DDR	
	in 1000	in % der gesamten Wohnbevölkerung	in 1000	in % der gesamten Wohnbevölkerung
14 bis unter 16 Jahre	1 580	2,6	526	3,1
16 bis unter 18 Jahre	1 574	2,6	521	3,1
18 bis unter 21 Jahre	2 422	4,0	657	3,8
21 bis unter 25 Jahre	2 876	4,8	690	4,0
Insgesamt	8 452	14,0	2 394	14,0

Quellen: BRD: Statistisches Jahrbuch der BRD, 1970, S. 35 f. (Die Aufschlüsselung der Wohnbevölkerung nach Jahrgängen ist in diesem Jahrbuch auf den Stand vom 21. Dezember 1968 bezogen). DDR: Statistisches Jahrbuch der DDR, 1969, S. 433; S. 440.

1. Jugend und Gesellschaft

a) Jugendpolitik, Jugendförderung, Jugendgesetzgebung

Begriff Jugendpolitik

473. Sowohl in der Bundesrepublik als auch in der DDR gibt es einen Komplex von Maßnahmen, Bestrebungen und Gesetzen, der unter dem Begriff Jugendpolitik zusammengefaßt wird. Diese Maßnahmen dienen sowohl dem Schutz und der Förderung der Jugend als auch ihrer Integration in die jeweilige Gesellschaft.

Der Vergleich jugendpolitischer Konzeptionen und Tendenzen in der Bundesrepublik und in der DDR muß allerdings davon ausgehen, daß der Begriff Jugendpolitik in beiden Gesellschaftssystemen konkret unterschiedliche Sachverhalte bezeichnet.

Für die Bundesrepublik ist grundlegend, daß in der Jugendpolitik zwar staatliche Initiativen und insofern eine staatliche Jugendpolitik bestehen, daß aber daneben jugendpolitische Bestrebungen verschiedener gesellschaftlicher Gruppen, wie der Kirchen, der Parteien, der Gewerkschaften, der Jugendorganisationen sowie der Arbeitgeber wirksam sind. Die genannten Gruppen verfolgen auch im Hinblick auf die Frage, wie die Jugend zu fördern und in die Gesellschaft zu integrieren sei, unterschiedliche Ziele und Interessen. Die staatliche Jugendpolitik ist in hohem Maße von dieser Auseinandersetzung mitbestimmt. Sie versteht sich ihrerseits in ihren eigenen Initiativen und Impulsen weitgehend subsidiär. Dem Gedanken des sozialen Rechtsstaates entsprechend erlangt staatliche Jugendpolitik überall da Bedeutung, wo über die Wirksamkeit gesellschaftlicher Gruppen hinaus zusätzliche staatliche Hilfen notwendig erscheinen.

In der DDR stellt Jugendpolitik einen integrierten Bestandteil der Gesamtpolitik dar. „Die Jugendpolitik wird so gestaltet, daß sie übereinstimmt mit den Aufgaben, die von der gesamten Gesellschaft zu lösen sind. Sie wurde und wird immer entsprechend der gesamtgesellschaftlichen Zielstellung ausgerichtet [2]." Ihr Aufgabe besteht demnach darin, in Entsprechung zu den jeweiligen politischen Zielen, in umfassender Weise die Richtlinien für die Steuerung der Integration der Jugend in die Gesellschaft zu liefern. Die allgemeinen politischen Ziele sollen in jugendpolitische Leitvorstellungen übersetzt und institutionelle Bedingungen für deren Durchsetzung geschaffen werden.

Konzepte

474. Sowohl in der Bundesrepublik als auch in der DDR zielen Jugendgesetze und jugendpolitische Maßnahmen darauf, die Jugend in allen Lebensbereichen zu fördern, sie vor schädlichen Einflüssen zu schützen und optimale Bedingungen für ihre Integration in die Gesellschaft zu schaffen. Dem entspricht, daß die Jugendgesetze der Bundesrepublik wie der DDR [3] ähnliche Materien regeln; sie sind dabei allerdings von unterschiedlichen Konzepten bestimmt.

In der Bundesrepublik zielt Jugendpolitik, vor allem soweit sie als staatliche Aktivität in Erscheinung tritt, primär darauf, die für die Entfaltung der jugendlichen Persönlichkeit als notwendig erachteten Bedingungen zu schaffen. Dem entspricht, daß Jugendgesetze in der Bundesrepublik in erster Linie der Förderung und dem Schutz der Jugend dienen. Dabei ist die Tendenz vorherrschend, das Schwergewicht vom Konzept des Schutzes auf das der Förderung zu verschieben.

Kapitel VIII

In der DDR zielen die Jugendgesetze zwar ebenfalls darauf, optimale Bedingungen für die Ausbildung der Jugend zu schaffen; sie verfolgen darüber hinaus jedoch das Ziel, die Mitwirkung der Jugend in den verschiedenen gesellschaftlichen Bereichen (in Schule, Betrieb, Wissenschaft, Kultur) zu regeln und zu sichern. Dementsprechend enthalten so gut wie alle jugendgesetzlichen Bestimmungen in der DDR die ausdrückliche Verpflichtung für alle staatlichen Organe und gesellschaftlichen Organisationen, die Jugend an Entscheidungen zu beteiligen.

475. Obwohl in beiden Gesellschaften auf das Individuum zielende Maßnahmen der Jugendförderung und des Jugendschutzes [4] bestehen, unterscheiden sich doch die jugendpolitischen Konzepte in der Bundesrepublik und der DDR durch die Art, wie Jugendliche insgesamt oder Gruppen von Jugendlichen angesprochen werden.

In der Bundesrepublik werden Gruppen von Jugendlichen für konkrete Ziele einzelner gesellschaftlicher Gruppen (kirchlicher, politischer, kultureller Art) angesprochen; staatliche Aktivität beschränkt sich darauf, die Bemühungen der gesellschaftlichen Gruppen um die Aktivierung der Jugend zu fördern oder die Gruppierungen der Jugend selbst, die nach selbstgewählten Zielsetzungen Aktivitäten entfalten, zu unterstützen.

In der DDR sprechen Partei und Staat über die individuelle Förderung hinaus die Jugend als soziale Gruppe direkt und im ganzen an und stellen sie vor konkrete, inhaltlich festgelegte Forderungen.

Weiterhin zielt Jugendpolitik in der Bundesrepublik darauf, das Jugendalter als eine Lern- und Vorbereitungsphase durch fördernde und schützende Maßnahmen zu sichern. Dem entspricht auch, daß in der Bundesrepublik die traditionelle Trennung in eine in sich geschlossene Phase des Lernens und der Vorbereitung im Kindes- und frühen Jugendalter einerseits und eine darauf folgende Phase der Integration in Politik und Gesellschaft andererseits weitgehend beibehalten wird. In jüngster Zeit allerdings sind Bestrebungen erkennbar, die auf eine Verwischung dieses Phasenunterschiedes, vor allem auf eine Ausdehnung der Lernphase, hinauslaufen.

Die Trennung des Kindes- und frühen Jugendalters in eine Lern- und Vorbereitungsphase sowie eine Produktions- und politische Mitsprachephase ist in der DDR demgegenüber so gut wie aufgehoben. Die Mitwirkung in der Produktion und die Beteiligung an gesellschaftspolitischen Prozessen erfolgt schon während der Lernphase; andererseits wird eine ständige systematische Fortsetzung der Lernprozesse vorausgesetzt (vgl. dazu auch Kapitel VII).

476. Diese unterschiedlichen jugendpolitischen Konzepte spiegeln die Verschiedenartigkeit der Stellung der Jugend in beiden Gesellschaftssystemen:

In der Bundesrepublik befindet sich die Jugend im Spannungsfeld widersprüchlicher, zumindest vielfältiger Erwartungen, Anforderungen und Angebote, die ihr die Chance bieten, in produktiver Auseinandersetzung mit dem Vorgefundenen die eigene Identität zu finden. Damit ist ihr einerseits ein relativ großer Spielraum eröffnet, andererseits ergeben sich aus dieser Situation Integrations- und Anpassungskonflikte, die bis zu einem gewissen Grade als unvermeidlich angesehen werden.

In der DDR wird der Jugend im Rahmen der übergreifenden und allgemein verbindlichen politischen Ziele eine inhaltlich konkret festgelegte, aus gesamtgesellschaftlichen Vorstellungen unmittelbar abgeleitete Aufgabe zugesprochen. In Formeln wie „Jugend — Schrittmacher, nicht Mitmacher" oder „Jugend — Hausherren von morgen" liegen eindeutige Verhaltenserwartungen.

Dabei werden nicht ausschließlich politisch-ideologische Ziele verfolgt. Der Jugend wird zwar eine wichtige Rolle bei der Verwirklichung der sozialistischen Moral, der Weiterentwicklung des marxistisch-leninistischen Klassenbewußtseins und der Verteidigung der „sozialistischen Heimat" zugesprochen. Darüber hinaus sind jedoch auch Gesichtspunkte entscheidend, die sich aus dem Ziel der Steigerung der Produktivität herleiten. Die individuelle und kollektive Meisterung der jeweiligen Aufgaben in Ausbildung und Beruf wird den Jugendlichen — qua Gesetz — zur Pflicht gemacht.

Organisationsformen

477. Jugendpolitische Aktivitäten vollziehen sich in der Bundesrepublik und in der DDR in unterschiedlichen Organisationsformen.

In der Bundesrepublik begrenzen die föderative Struktur und die Verwaltungshoheit der Länder und Kommunen die jugendpolitische und jugendgesetzgeberische Aktivität des Bundes. Die Zuständigkeit für Jugendfragen liegt, soweit sie sich auf Bildung und Erziehung im schulischen und außerschulischen Bereich bezieht, primär bei den Bundesländern. Diese Tatsachen führen dazu, daß vom Bund erlassene Rahmengesetze in den einzelnen Ländern unterschiedlich realisiert werden und daß jugendpolitische Aktivitäten in den einzelnen Bundesländern unterschiedlich akzentuiert sein können [5].

Der Bund verwirklicht auf der Grundlage des Artikel 74 Nr. 7 GG jugendpolitische Aktivitäten auf den Ebenen der konkurrierenden Gesetzgebung und einer begrenzten Verwaltungskompetenz. Die Förderungskompetenz des Bundes erstreckt sich nach Auslegung des Bundesverfassungsgerichts (Urteil vom 18. Juli 1967) nur auf Aufgaben mit eindeutig überregionalem Charakter; so fördert der Bund überregionale Maßnahmen der politischen Bildung, ferner Programme, die der Jugend die Problematik der Teilung Deutschlands verdeutlichen sollen, sowie internationale Begegnungen.

Für die Kompetenzverteilung auf der Ebene der Bundesministerien ist wesentlich, daß es in der Bundesrepublik zwar seit 1957 (bis dahin war das Innenministerium für Jugendfragen zuständig) ein Bundesministerium für Jugend (bis 1969 für Familie und Jugend; seit 1969 für Jugend, Familie und Gesundheit), gibt, daß daneben jedoch eine Reihe anderer Ressorts bei jugendpolitisch wichtigen Maßnahmen beteiligt bzw. federführend ist (z. B. das

Justizministerium bei Teilen der Jugendgesetzgebung, die Ministerien für Wirtschaft und für Arbeit und Sozialordnung in Berufsbildungsfragen und in Fragen des Jugendarbeitsschutzes).

Kennzeichnend für die DDR ist die Tatsache, daß alle jugendpolitischen Maßnahmen zentral gesteuert, durchgeführt und kontrolliert werden. Es gibt keine konkurrierende Gesetzgebung, und außerhalb der SED bestehen keine Organisationen, die eigene Zielsetzungen im Bereich der Jugendförderung verfolgen.

Die für den Bereich der Jugendförderung wichtigste Koordinierungs- und Kontrollfunktion kommt dem Amt für Jugendfragen beim Ministerrat der DDR zu. Gemäß seinem Statut [6] ist das Amt zuständig für die Ausarbeitung und Weiterentwicklung der Grundsätze der staatlichen Jugendpolitik sowie die Organisation und Kontrolle ihrer Verwirklichung durch die zentralen und örtlichen Organe des Staatsapparates. Unter Anleitung der Abteilung Jugend im Zentralkomitee der SED und in enger Zusammenarbeit mit der FDJ hat das Amt ein wesentliches Mitspracherecht bei der Jugendgesetzgebung.

Das Amt für Jugendfragen besitzt jedoch keine Kompetenzen im Bereich der Jugendhilfe. Diese liegen auf der zentralen Ebene beim Ministerium für Volksbildung. Auf der örtlichen Ebene sind die Referate Jugendhilfe und die Jugendhilfeausschüsse bei den Räten der Kreise zuständig [7].

Ähnlich wie in der Bundesrepublik sind auch in der DDR weitere Ministerien mit jugendpolitischen Problemen befaßt; im Unterschied zur Bundesrepublik sind zusätzlich die Leitungen der Betriebe zur Durchsetzung der jugendpolitischen Bestimmungen verpflichtet. Allerdings dürfte durch die Aktivität der Betriebe die zentral gesteuerte staatliche Jugendpolitik kaum eingegrenzt werden, wie dies etwa durch das Verhältnis Länder—Bund in der Bundesrepublik gegeben ist.

Instrumente

478. Auch die Instrumente der Jugendpolitik spiegeln die unterschiedlichen jugend- und gesellschaftspolitischen Konzeptionen [8]:

In der Bundesrepublik ist das Jugendförderungssystem wesentlich dadurch charakterisiert, daß Organisationen und gesellschaftliche Gruppen, die ihrerseits die Jugend fördern, subventioniert werden. Es handelt sich also um eine mittelbare Form staatlicher Aktivität und Förderung. Der Staat wird nicht selbst unmittelbar tätig, sondern ermöglicht Jugendorganisationen und gesellschaftlichen Gruppen mit Hilfe finanzieller Zuwendungen, die Jugend zu fördern. Diese Gruppen arbeiten in eigener Verantwortung und auf Grund selbstgewählter Zielsetzungen. Die Vergabe von Mitteln ist lediglich an die Voraussetzung gebunden, daß die subventionierten Verbände und Organisationen in einer Weise arbeiten, die „den Zielen des Grundgesetzes förderlich" ist [9]. Dementsprechend erstreckt sich auch die Kontrolle der Verwendung der Mittel nur auf die haushaltsrechtliche Seite.

Auf dieser Basis haben sich in der Bundesrepublik Jugendförderungspläne sowohl auf Bundes- als auch auf Landesebene und auf kommunaler Ebene entwickelt [10]. Auf allen Ebenen sollen die Jugendförderungspläne wechselnden Erfordernissen Rechnung tragen können. Dementsprechend haben sich die Schwerpunkte der Jugendförderung vor allem auf Bundes- und Länderebene im Laufe der Zeit stark gewandelt:

Aus einem „Sozialplan", der im wesentlichen die Beseitigung der Notstände der Nachkriegszeit anzielte und deshalb ein Schwergewicht im Bau von Jugendwohnheimen hatte, entwickelte sich ein „Bildungsplan", der primär die Bildungsarbeit im außerschulischen Bereich fördert. So besitzt der 21. Bundesjugendplan (1970) seine Schwerpunkte in der Förderung der politischen Bildung und der internationalen Begegnung; ferner in der Förderung der Arbeit der Jugendorganisationen, in Beiträgen für „Berufshilfen" und soziale Dienste und schließlich in der Förderung des Baus von Jugendbildungs- und Begegnungsstätten und von Studentenwohnheimen.

Instrumente der Jugendpolitik in der DDR sind ebenfalls die Jugendförderungspläne [11]. Nach der 6. Durchführungsbestimmung zum Jugendgesetz vom 19. August 1970 (GBl., II, S. 519) sind von den Vorsitzenden der örtlichen Gremien (Räte der Kreise, Städte, Stadtbezirke und Gemeinden) und den Leitern der Betriebe bzw. Genossenschaften jährlich Jugendförderungspläne auszuarbeiten und die Voraussetzungen für deren organisatorische und materielle Verwirklichung zu schaffen.

Entsprechend den Zielen der Jugendpolitik in der DDR sind die in den Jugendförderungsplänen zu treffenden Maßnahmen vorgegeben. Die 6. Durchführungsbestimmung verpflichtet die Vorsitzenden der örtlichen Gremien und die Leiter der Betriebe bzw. Genossenschaften, Maßnahmen sowohl zur politischen Erziehung der Jugend als auch zu ihrer Einbeziehung in die Leitungs- und Entscheidungsprozesse der Staats- und Wirtschaftsorgane festzulegen. Jugendförderungspläne sollen darüber hinaus die Mitwirkung der Jugend an der Lösung volkswirtschaftlicher Aufgaben ermöglichen, der ideologischen und fachlichen Aus- und Weiterbildung der Jugend dienen, das geistig-kulturelle Leben der Jugend sowie den Kinder- und Jugendsport und schließlich die Kinder- und Jugenderholung organisieren. Ein beachtlicher Teil dieser Aufgaben wird der FDJ übertragen und in der Form von Zuwendungen an ihre jeweiligen Gremien geregelt.

Jugendförderungspläne werden auf der Ebene der Räte der Kreise, Städte, Stadtbezirke und Gemeinden koordiniert und im Zusammenhang mit den jeweiligen Jahresplänen beschlossen. Sie werden aus Mitteln des Staatshaushaltes und der Betriebe finanziert [12].

Ein zusätzliches Unterscheidungsmerkmal im System der Jugendförderung in beiden deutschen Gesellschaften besteht somit darin, daß Jugendförderungspläne in der DDR auch auf betrieblicher Ebene organisiert werden, d. h. Teil der Betriebskollektivver-

Kapitel VIII

träge sind und damit die Eingliederung der Jugendlichen in den Arbeitsprozeß regeln.

Entwicklungstendenzen

479. In der Bundesrepublik läßt sich — nicht zuletzt als Folge der Studentenproteste und Jugendunruhen der vergangenen Jahre — an vielen Stellen beobachten, daß die Rolle der Jugend als auslösender Faktor für gesellschaftliche Veränderungen und Verbesserungen gesehen und mehr und mehr erkannt wird. Dies gilt in unterschiedlichem Ausmaß für politische Parteien, Universitäten, Schulen und Jugendorganisationen. Es wird stärker als bisher akzeptiert, daß zahlreiche Konflikte im Verhältnis zwischen Jugend und Gesellschaft auf der Veränderungsbedürftigkeit der gesellschaftlichen Wirklichkeit beruhen, also nicht der Jugend angelastet werden können.

Hinzu kommt die starke jugendpolitische Aktivität der Bundesregierung. Sie läßt sich von dem Gedanken leiten, daß Reformen und Verbesserungen in diesem Bereich im Gespräch mit der Jugend und mit den in diesem Bereich tätigen Organisationen und Gruppen vorbereitet und durchgeführt werden müssen, und verfolgt insbesondere folgende Ziele (vgl. Regierungserklärung vom 28. Oktober 1969):

■ wirksamere Förderung der Jugend in der Ausbildung;

■ stärkere Beteiligung der Jugend an allen sie betreffenden Entscheidungen.

Der wirksameren Förderung der Ausbildung dienen im einzelnen folgende jugendpolitische und jugendgesetzgeberische Vorhaben der Bundesregierung: Weiterentwicklung des Ausbildungsförderungsgesetzes und des Berufsbildungsgesetzes; wirksamere und gezieltere Vergabe von Mitteln im Rahmen des Bundesjugendplans; Reform des Jugendwohlfahrtgesetzes mit dem Ziel, den Rechtsanspruch des Kindes und Jugendlichen auf Erziehung bei Ausfall oder Minderung der Erziehungsleistung der Familie konkret festzulegen und zu sichern.

Dem Ziel, die Mitspracherechte und Entscheidungsmöglichkeiten der Jugend und damit die Emanzipation der Heranwachsenden zu fördern, dienen vor allem die Bestrebungen, im Rahmen des neuen Betriebsverfassungsgesetzes die Stellung des Jugendsprechers im Betrieb zu verstärken, ferner die Herabsetzung des Wahlalters von 21 auf 18 Jahre und die Diskussion um die Herabsetzung der Volljährigkeitsgrenze sowie schließlich die angestrebte Modernisierung der Jugendschutzgesetze.

In der DDR wurde mit der Einführung des „Neuen Ökonomischen Systems" (1963) ein Prozeß der Versachlichung der Jugendpolitik eingeleitet. Die Jugend soll so gut wie möglich fachlich gefördert und in die Lösung der gesamtgesellschaftlichen Aufgaben einbezogen werden. Seit 1967 wird allerdings auch die ideologische Seite der Erziehung wieder stärker betont. Insbesondere geht es der SED dabei um die Gewinnung der Jugend für den Staat der DDR. Den Jugendlichen soll das deutschlandpolitische Konzept der SED — und damit die DDR als „sozialistisches Vaterland" — zur Selbstverständlichkeit werden.

Für die nächsten Jahre kann davon ausgegangen werden, daß folgende Entwicklungstendenzen in der Jugendpolitik der DDR vorherrschen werden:

■ die weitere Verbesserung der Voraussetzungen für die fachliche Ausbildung gemäß den Anforderungen, die sich aus der gesamtgesellschaftlichen Planung ergeben;

■ die Verstärkung und/oder Verbesserung der politisch-ideologischen Erziehung im weitesten Sinne;

■ die Vergrößerung des Kreises von Jugendlichen, denen verantwortliche Funktionen in Staat und Gesellschaft übertragen werden.

b) Integration und Mitwirkung der Jugend

480. Die gesellschaftlichen Erwartungen an die junge Generation und die jugendpolitischen Konzeptionen werden unter anderem an der gesellschaftlichen Stellung und den Aufgaben der Jugendorganisationen in der Bundesrepublik und der DDR deutlich; sie zeigen sich ferner in den institutionell geregelten und vorgegebenen Formen der Teilnahme und Mitwirkung Jugendlicher am Arbeitsprozeß und an politischen Prozessen und Instanzen [13].

Jugendorganisationen

Mitgliederzahlen

481. In der Bundesrepublik existieren etwa 80 Jugendverbände politischer, religiöser und kultureller Prägung [14]. Sie sind in Zielsetzungen, Organisationsformen und Größe allerdings sehr verschieden.

In den Dachorganisationen der konfessionellen Jugendverbände — „Arbeitsgemeinschaft der Evangelischen Jugend Deutschlands" (AGEJD) e. V. und „Bund der Deutschen Katholischen Jugend" (BDKJ) — sind nach eigenen Angaben rd. 1,4 Mill. bzw. rd. 1,1 Mill. Jugendliche erfaßt. Die Mitgliederzahlen der anderen Verbände reichen von einigen Hundert bis zu 600 000 (Gewerkschaftsjugend/DGB). Insgesamt geben die im Bundesjugendring und im Ring Politischer Jugend zusammengefaßten Organisationen die Zahl ihrer Mitglieder mit 3,4 Mill. an [15].

In der DDR sind die Freie Deutsche Jugend (FDJ) und die von ihr geleitete Pionierorganisation „Ernst Thälmann" — für Kinder von 6 bis 14 Jahren — die einzigen Jugendverbände. Beide sind organisatorisch und politisch-ideologisch eng an die SED gebunden. Andere gesellschaftliche Organisationen und Verbände (etwa der FDGB oder die Kirchen) besitzen keine Jugendorganisationen.

Die Pionierorganisation hatte 1969 über 1,8 Mill. Mitglieder. Die Altersgruppe der 6- bis 14jährigen — 1969 rd. 2,2 Mill. — war damit fast völlig erfaßt, wenn man berücksichtigt, daß die Pioniergruppen in den 8. Klassen aufgelöst werden, um die Jugendlichen bereits für die FDJ gewinnen zu können. Die FDJ hatte Ende 1969 rd. 1,67 Mill. Mitglieder. Die Altersgruppe der 14- bis 25jährigen — 1969 rd. 2,4 Mill. — war damit zu rd. 65 % organisiert [16].

Mitgliederstruktur

482. Wie sich in der Bundesrepublik die Mitglieder der Jugendverbände auf Bildungsgruppen bzw. soziale Schichten verteilen, ist weitgehend unbekannt. Vermutlich sind vor allem Jugendliche aus der Mittelschicht organisiert.

Die Teilnahme an Jugendverbänden ist in der Bundesrepublik meist von den spezifischen Bedürfnissen und Interessen der Jugendlichen und den korrespondierenden Angeboten der Verbände bestimmt. Die Verbände bieten vorwiegend „Freizeitgestaltung" an, zunehmend allerdings auch politische Aktivitäten. Die Teilnahme ist ohne unmittelbaren Einfluß auf den sozialen Aufstieg im Bildungs- oder Berufsbereich. Lediglich Karrieren in den entsprechenden Erwachsenenorganisationen — Kirchen, Gewerkschaften, Parteien — werden oft in den betreffenden Jugendorganisationen begonnen.

In der DDR sind die einzelnen Bildungsgruppen in der FDJ sehr unterschiedlich vertreten. Studenten, Oberschüler, Lehrlinge sowie Offiziere und längerdienende Soldaten der Nationalen Volksarmee (NVA) sind zu mindestens 80 % organisiert, junge Arbeiter nach Lehrabschluß etwa zur Hälfte, ungelernte Arbeiter zu etwa 40 %, junge LPG-Bauern und Arbeiter auf den Volkseigenen Gütern (VEG) zu etwa 20 % [17].

Es ist anzunehmen, daß es gegenwärtig kaum Jugendliche gibt, die nicht während ihrer Ausbildungszeit einmal in der Pionierorganisation und/oder der FDJ organisiert waren. Nach Beendigung der Ausbildung [18] nimmt der Grad der Organisiertheit allerdings ab [19]. Berufstätige Jugendliche sind eher im FDGB als in der FDJ organisiert [20].

Ferner kann vermutet werden, daß Jugendliche mit geringerem Aufstiegsehrgeiz weniger stark in der FDJ vertreten sind als aufstiegsorientierte; denn die Mitgliedschaft in der FDJ, die grundsätzlich freiwillig ist, gilt als Voraussetzung für sozialen und beruflichen Aufstieg.

Selbstverständnis / gesellschaftliche Stellung

483. Die Jugendverbände der Bundesrepublik verstehen sich als selbständige Organisationen. Sie bestimmen ihre Tätigkeitsziele und -bereiche weitgehend selbst. Ihr Spielraum ist durch die gesellschaftliche Stellung der ihnen entsprechenden Erwachsenenverbände im religiösen, politischen, kulturellen oder Freizeitbereich und deren allgemeine Zielsetzungen begrenzt. Die Jugendverbände werden von staatlicher Seite und in verschiedenem Ausmaß von ihren Erwachsenenverbänden materiell unterstützt; diese verbinden ihre Förderung mit diffusen Erwartungen an die Jugendverbände, Nachwuchs zu gewinnen, die verbandsspezifischen Werte und Ideen unter der Jugend zu verbreiten und die Verbandsaktivitäten zu unterstützen.

Dem Inhalt der Zielsetzungen nach kann man von politischen, berufsständischen, kirchlich-religiösen oder kulturellen Jugendverbänden sprechen. Die Grenzen sind hier jedoch fließend. In den letzten Jahren ist eine Tendenz zur „Politisierung" der Jugendverbände im Sinne einer verstärkten Aufnahme politischer Erziehung und politischer Aktionen zu beobachten. Zunehmend streben die Jugendorganisationen der Bundesrepublik, vor allem auch ihre Dachorganisation, der Deutsche Bundesjugendring, sowie die einzelnen Landesjugendringe, die Rolle einer Interessenvertretung der Jugend gegenüber Politik, Gesetzgebung und Öffentlichkeit an. In dieser Rolle sind die Jugendverbände jedoch noch nicht allgemein anerkannt.

Ziele und Aktivitäten der Jugendverbände in der Bundesrepublik sind damit relativ wenig durch gesamtgesellschaftliche Erwartungen vorbestimmt. Das bedeutet, daß die Jugendverbände einerseits Freiheitsräume haben, andererseits vor der Gefahr stehen, sozial isoliert und wirkungslos zu bleiben.

In der DDR ist dagegen die gesellschaftliche Stellung der FDJ durch ihre Abhängigkeit von der SED und ihre Rolle als einzige Organisation der Jugend bestimmt. Die FDJ (zusammen mit der Pionierorganisation) erhebt den Anspruch, Vertreter der gesamten Jugend zu sein, und leitet daraus ihre Erziehungs-, Führungs- und Kontrollfunktion ab. Gemäß diesem Selbstverständnis ist sie — und durch sie die SED — eine die Sozialisation des Kindes bzw. Jugendlichen in der DDR mitgestaltende Kraft.

Aktivitäten

484. Die relative Ungebundenheit der Jugendverbände in der Bundesrepublik, die sich im Fehlen von Aufgaben und präzisen Erwartungen von seiten der Erwachsenenverbände und der Gesellschaft äußert, führt dazu, daß sich Jugendverbände in der Bundesrepublik vorwiegend darauf beschränken, in verbandsspezifischen Formen und unter pädagogischen Zielsetzungen zur Freizeitgestaltung ihrer Mitglieder beizutragen. Gezielte erzieherische Einflüsse von oben bzw. außen, die für die Jugendarbeit in früherer Zeit typisch waren, weichen dabei zunehmend einer Konzeption der Jugendverbände als „Experimentierfeld" für die Auseinandersetzung der Jugendlichen mit ihrer sozialen Umwelt. In den letzten Jahren versuchen die Jugendverbände zunehmend, in ihrer angestrebten Rolle als Interessenvertreter durch politische Aktionen politische Entscheidungen und Instanzen auf kommunaler, Landes- und Bundesebene zu beeinflussen.

Im Zusammenhang damit entwickeln die Jugendverbände, vor allem die politisch orientierten, zunehmend Alternativen zu den Zielen und Programmen der Erwachsenen-Verbände oder setzen zumindest neue Akzente in deren Aktivitäten. Dies führt zu Konflikten, Gegenaktionen, aber auch zu Veränderungen im Bereich der Parteien, Kirchen sowie der Gewerkschaften. Auf diese Weise wird in der Bundesrepublik in Ansätzen die Rolle der Jugend als Mutationspotential realisiert.

Kapitel VIII

In der DDR beziehen sich die Aktivitäten der FDJ und der Pionierorganisation vor allem auf die Unterstützung der Lehrtätigkeit der Erzieher in Schulen und Hochschulen. Schwerpunkt der FDJ-Arbeit ist dabei die ideologische Schulung. So beteiligt sich die FDJ an den Vorbereitungskursen zur Jugendweihe, den sog. Jugendstunden, und organisiert Schulungskurse, in denen Schüler der 7. und 8. Klassen auf den Eintritt in die FDJ vorbereitet werden. Fortgesetzt wird das Programm der ideologischen Schulung mit den „Zirkeln junger Sozialisten" (s. S. 178 u. Anm. 37). Gemäß ihrem umfassenden pädagogischen Anspruch erstreckt sich das Tätigkeitsfeld der FDJ jedoch auch auf die fachliche Ausbildung. So werden etwa für Schüler der 6. bis 10. Klassen schulische und außerschulische Arbeitsgemeinschaften organisiert, in denen naturwissenschaftliche, mathematische und technische Kenntnisse vermittelt werden.

Ähnlich wie in den Schulen unterstützt und organisiert die FDJ auch in anderen Ausbildungseinrichtungen und in den Betrieben Lernprozesse sowohl für die ideologische als auch für die berufliche Qualifikation der Jugendlichen.

Weiterhin ist die FDJ — zusammen mit der GST — an der vormilitärischen Ausbildung der Jugendlichen in den Ausbildungseinrichtungen und im Wohngebiet beteiligt.

Über kulturelle Veranstaltungen, Ferienfahrten und andere Formen des Gemeinschaftslebens, in denen auch spezifisch jugendliche Wünsche berücksichtigt werden (z. B. Motorklubs), ist die FDJ stark in die Freizeit- und Feriengestaltung der Jugendlichen eingeschaltet. Um ihre Attraktivität auch für Nicht-Mitglieder zu erhöhen, kommt die FDJ in ihren Freizeitprogrammen den Wünschen der Jugendlichen mehr und mehr entgegen.

In vielfältiger Form ist die FDJ zudem an gesellschaftlichen und politischen Entscheidungen, Organisations- und Kontrollprozessen beteiligt. Sie vertritt die Studenten und Schüler in den Leitungsgremien und Hochschulen. In den regionalen Volksvertretungen und in der Volkskammer ist sie durch Fraktionen repräsentiert. FDJ-Kontrollposten sind an den Maßnahmen der Arbeiter-und-Bauern-Inspektionen (ABI) beteiligt. FDJ-Ordnungsgruppen arbeiten im komplexen System sozialer Kontrolle mit.

Jugend in Arbeit und Beruf

485. Sowohl in der Bundesrepublik als auch in der DDR gibt es gesetzliche Regelungen, die den Schutz der Jugend am Arbeitsplatz sichern sollen; darüber hinaus sind in beiden Gesellschaften Institutionen entwickelt worden, die die Mitwirkung der Jugend im Betrieb regeln. Ferner gibt es in beiden Systemen verschiedene Formen jugendspezifischer Wettbewerbe, mit deren Hilfe Jugendliche gefördert und zu besonderen Leistungen angeregt werden sollen.

Arbeitsrechtliche Bestimmungen

486. Der Schutz der Jugendlichen am Arbeitsplatz wird in der Bundesrepublik durch das Jugendarbeitsschutzgesetz, in der DDR durch Bestimmungen im Gesetzbuch der Arbeit geregelt [21].

Das Jugendarbeitsschutzgesetz der Bundesrepublik von 1960 setzt Mindestbestimmungen fest, welche die Beschränkung der Arbeitszeit, ein Verbot von Akkord- und Fließbandarbeit, Urlaub und Ruhepausen für die Jugendlichen, ferner Unfallschutz und Gesundheitsfürsorge regeln.

Untersuchungen über die Einhaltung des Jugendarbeitsschutzgesetzes in der Bundesrepublik [22] lassen vermuten, daß die Bestimmungen nur teilweise befolgt werden. Am ehesten werden, diesen Untersuchungen zufolge, die Bestimmungen über den Berufsschulbesuch sowie über den Urlaub eingehalten; am schlechtesten werden die Vorschriften über die ärztliche Betreuung und über die Einrichtung von Aufenthaltsräumen beachtet.

Die Chancen für die Einhaltung des Jugendarbeitsschutzgesetzes scheinen um so größer, je ausbildungsbezogener die Tätigkeit von Jugendlichen im Betrieb ist und je mehr sie von Erwachsenentätigkeiten getrennt stattfindet.

Die Jugendlichen selbst wissen den Ergebnissen der Untersuchung zufolge wenig über die Bestimmungen des Gesetzes. Am besten sind die Regelungen, die sich auf Urlaub, Arbeitszeit und Pausen beziehen, bekannt. Allgemein ist jedoch das Bewußtsein der Jugendlichen über ihre eigenen Rechte im Betrieb schwach entwickelt.

Das Gesetzbuch der Arbeit der DDR regelt einerseits die „Förderung der Jugend im Betrieb" und enthält andererseits Bestimmungen zum „besonderen Schutz der werktätigen Jugend".

Unter die Schutzbestimmungen fallen: Verbot der Kinderarbeit, Verbot von schweren und gesundheitsgefährdenden Arbeiten sowie die Regelungen für die Beschäftigungszeiten, den Urlaub, die Kündigung und die gesundheitliche Betreuung.

Während diese Bestimmungen sich nur hinsichtlich Einzelregelungen von denen in der Bundesrepublik unterscheiden, sind die im Gesetzbuch der Arbeit verankerten Jugendförderungsmaßnahmen in den arbeitsrechtlichen Bestimmungen der Bundesrepublik nicht enthalten. Zu den Förderungsbestimmungen in der DDR gehören im einzelnen:

■ Vorschriften über die Berufsausbildung;

■ Vorschriften für den Betriebsleiter, die Jugend in seinem Bereich zu fördern (etwa Aufstellung der Jugendförderungspläne) und der Jugend verantwortliche Aufgaben (etwa Jugendobjekte, Leitungsfunktionen) zu übertragen;

■ Vorschriften über die Zusammenarbeit des Betriebsleiters vor allem mit der FDJ.

Obwohl somit der Jugendliche in der DDR innerhalb des Arbeitsrechts eine Sonderstellung einnimmt, ist dennoch seine arbeitsrechtliche Situation (soweit er nicht Lehrling ist) stärker der des Erwachsenen angeglichen als in der Bundesrepublik. So gibt es beispielsweise keine altersspezifische Entlohnung.

Mitwirkung im Betrieb

487. In der Bundesrepublik ist die Mitwirkung der Jugend im Betrieb durch die Institution der Jugendvertretung geregelt, die im Betriebsverfassungsgesetz bzw. im Personalvertretungsgesetz verankert ist. Die Jugendvertreter nehmen gegenüber dem Arbeitgeber und im Betriebsrat die Interessen der Jugendlichen im Rahmen der Möglichkeiten, die das BetrVG bzw. PersVG bietet, wahr. Die Reformbestrebungen auf diesem Gebiet sehen eine Stärkung der Stellung der Jugendvertretung vor. Insbesondere sollen die Jugendvertreter im Gegensatz zu den bisherigen Bestimmungen voll berechtigte Mitglieder des Betriebsrates werden.

In der Wirtschaft der DDR vollzieht sich die Mitwirkung der Jugendlichen vor allem in den Kontroll- und Beratungsgremien der Wirtschaftsorgane. Sie wird in zweifacher Form realisiert:

- einmal über die FDJ, die Mitglieder in die Produktionsberatungen, die Produktionskomitees und die Gesellschaftlichen Räte bei den VVB delegiert sowie mit eigenen Kontrollorganen, den FDJ-Kontrollposten, in das System der betrieblichen Kontrolle einbezogen ist;
- zum anderen über den FDGB (vor allem durch Jugendvertrauensleute in den Betrieben).

Berufliche Wettbewerbe (Bundesrepublik)

488. Sowohl in der Bundesrepublik als auch in der DDR nehmen Jugendliche an beruflichen Wettbewerben teil.

Entsprechend dem Grundverständnis der Gesellschaftsordnung der Bundesrepublik sind Jugendliche am Wettbewerb um Einkommen, Prestige und Aufstiegschancen als Einzelpersonen beteiligt. Sie werden individuell beansprucht und bewertet, erhalten individuelle Förderung und gewinnen durch Einzelleistungen Einkommen, Prestige und Aufstiegschancen. Darüber hinaus haben Jugendliche in der Bundesrepublik die Gelegenheit zur Teilnahme an speziellen Leistungswettbewerben, die von Gewerkschaften und Berufsverbänden veranstaltet werden und allgemein die Förderung des beruflichen Aufstiegs der einzelnen Jugendlichen zum Ziel haben [23]. Die Wettkämpfe beginnen in der Regel auf regionaler Basis und werden mit den Siegern auf Landes- und Bundesebene fortgesetzt.

Das Bildungswerk der Deutschen Angestellten-Gewerkschaft (DAG) führt seit 1949 jährlich Berufswettkämpfe für Lehrlinge und junge Angestellte durch („Europäischer Berufswettkampf"). Mit diesen Wettkämpfen sollen Jugendlichen Anreize gegeben werden, ihr Fachwissen, ihre Allgemeinbildung und ihren politischen Informationsstand zu überprüfen und zu vertiefen; Jugendliche sollen in ihren Aufstiegschancen gefördert werden. Mit den Wettkämpfen sind Berufsberatungen, Trainingsprogramme und europäische Begegnungen verbunden. Insgesamt beteiligten sich 1970 rd. 25 000 Jugendliche. Es bestehen Bestrebungen, die Wettkämpfe zusammen mit anderen westeuropäischen Ländern durchzuführen. Der Deutsche Handels- und Industrie-Angestellten-Verband e. V. veranstaltet jährlich einen Berufswettstreit für Lehrlinge aus dem kaufmännischen und dem Verwaltungsgewerbe sowie für Jungkaufleute im 1. bis 3. Gehilfsjahr. Durchschnittlich nehmen jährlich 22 000 Jugendliche teil.

Außerdem führt die Industriegewerkschaft Bau, Steine, Erden jährlich einen Berufsleistungswettbewerb für gewerbliche Lehrlinge und junge Arbeiter durch, an dem sich — nach Angaben der Gewerkschaft — jährlich rd. 20 000 Jugendliche beteiligen [24].

Wettbewerbe (DDR)

In der DDR nehmen die Jugendlichen über die „sozialistischen Jugendkollektive" am Wettbewerb teil. Diese Art des Wettbewerbs wird als „Hauptfeld für die Bewährung der Jugend" betrachtet. Die Jugendkollektive partizipieren, wie die anderen Betriebskollektive, an dem differenzierten System von Prämien und Auszeichnungen, das den sozialistischen Wettbewerb kennzeichnet.

Die gesetzlichen Grundlagen für die Bildung von Jugendkollektiven sind in § 3 des Jugendgesetzes und in § 134 des Gesetzbuches der Arbeit festgelegt worden. Beide Paragraphen finden in Privatbetrieben keine Anwendung, während die Verpflichtung der Leiter in den VEB, LPG und staatlichen Einrichtungen zur Bildung von Jugendkollektiven besonders hervorgehoben wird. Die nach Umfang und Bedeutung wichtigsten Formen der Jugendkollektive sind die Jugendbrigaden und die Jugendobjekte.

Jugendbrigaden werden definiert als „Kollektive junger Menschen, die längere Zeit in der Produktion, im produktionsvorbereitenden Bereich oder in den Dienstleistungseinrichtungen einen fest umrissenen Teil des Reproduktionsprozesses verantworten". Bei den Jugendobjekten wird „eine zeitlich begrenzte Planungs-, Leitungs- oder Produktionsaufgabe bzw. ein gesellschaftlich nützliches Objekt, an denen mehrere Bereiche, Abteilungen bzw. Betriebe beteiligt sein können, der Jugend verantwortlich übertragen" [25]. In der Regel sollen 50 % der Mitglieder der Jugendkollektive unter 26 Jahre alt sein. Diese Vorschrift wird jedoch offensichtlich nicht genau befolgt.

Jugendbrigaden und -objekte gibt es sowohl im industriellen als auch im landwirtschaftlichen Bereich. Ihre Zahl schwankt ständig. Im Jahr 1969 dürften an die 10 000 Jugendbrigaden und 15 000 bis 20 000 Jugendobjekte bestanden haben. Die Zahl der Mitglieder lag für die Jugendbrigaden zwischen 120 000 und 150 000, für die Jugendobjekte zwischen 150 000 und 200 000. Wird davon ausgegangen, daß eine beachtliche Anzahl der in Jugendkollektiven Tätigen älter als 25 Jahre ist und wird ferner berücksichtigt, daß in den offiziell angegebenen Zahlen Doppelmitgliedschaften enthalten sein können (daß also ein Jugendlicher als Mitglied einer Jugendbrigade sowie als Mitglied eines Jugendobjektes gezählt wird), so ist die Anzahl der in Jugendbrigaden und -objekten tätigen Jugendlichen nicht sehr hoch. Von den insgesamt 1,1 Mill. jungen Arbeitern, Technikern, Genossenschaftsbauern und den Lehrlingen

Kapitel VIII

arbeiten kaum mehr als 10 % in Jugendkollektiven [26].

Jugendkollektive dienen in erster Linie der Steigerung der Produktion und der Produktivität. Mithin haben sie völligen Ernstcharakter, keinesfalls noch Elemente des Spielerisch-Experimentierenden, das Gemeinschaftsarbeiten Jugendlicher in der Bundesrepublik kennzeichnet. Daneben haben sie den Auftrag, „Stätten der massenhaften Erziehung sozialistischer Persönlichkeiten" zu sein. Insbesondere Werte und Normen der kollektiven Arbeit sollen verinnerlicht werden. Jugendkollektive als altersgleiche, relativ selbständige Gruppen, die durch feste Zielsetzungen und mannigfache Beziehungen zum Betrieb und zur FDJ an die Gesellschaft gebunden sind, verstärken die Sozialisationswirkung der Erziehungsinstitutionen. Für die Jugendlichen bedeutet die Arbeit in den Kollektiven die frühe Übernahme von Verantwortung; mithin die Chance der Erprobung, der Bewährung und des beruflichen Aufstiegs. Die besonderen Aufgaben dieser Kollektive verleihen ihren Mitgliedern Bedeutung im Produktionsprozeß; sie bieten zudem Möglichkeiten des Prestigegewinns sowie der Identifikation mit Zielen, die in engem Zusammenhang mit den propagierten Werten der Gesellschaft der DDR stehen.

Eine weitere Form des Wettbewerbs, an dem sich die Jugendlichen beteiligen, ist die Neuererbewegung, deren alljährlicher Höhepunkt die von der FDJ organisierte (zentrale) „Messe der Meister von Morgen" (MMM) ist. Im Jahr 1969 sind 600 000 Mädchen und Jungen in Bezirks-, Kreis-, Betriebs-, Schulmessen usw. von der Neuererbewegung erfaßt worden [27]. Die Anzahl der jugendlichen Neuerer, d. h. der Jugendlichen unter 26 Jahren, die Neuerungsvorschläge einreichten, lag im Jahr 1967 bei über 90 000. Seit 1961 ist sie ständig gestiegen. Ebenfalls gestiegen ist der Anteil jugendlicher Neuerer an der Gesamtzahl der jugendlichen Beschäftigten [28].

Vergleich der Wettbewerbe

489. Ein Vergleich der jugendspezifischen Leistungswettbewerbe in der Bundesrepublik mit den jugendspezifischen Formen des „sozialistischen Massenwettbewerbs" in der DDR zeigt einige wesentliche Unterschiede in der Festlegung der Rolle der Jugend sowie in den jugendpolitischen Konzeptionen in der Bundesrepublik und DDR:

■ In der Bundesrepublik werden die Jugendlichen als Einzelpersonen angesprochen; die Leistungen werden individuell erbracht und die „Belohnungen" fallen den einzelnen Personen zu. In der DDR werden die Jugendlichen als Einzelpersonen und als Gruppe angesprochen; die Leistungen in den Jugendkollektiven werden gemeinsam erbracht, Prämien und Auszeichnungen fallen auch der Gruppe insgesamt zu.

■ In der Bundesrepublik werden die Wettbewerbe von einzelnen privaten und halböffentlichen Institutionen auf Grund eigener Initiative veranstaltet; sie erreichen nur einen geringen Teil der Jugendlichen. In der DDR werden Wettbewerbe — als Instrumente von Partei und Staat — von den Betriebsleitungen, der FDJ, dem FDGB und anderen Institutionen organisiert und unterstützt. Sie erreichen einen nicht unerheblichen Teil der berufstätigen Jugendlichen.

■ In der Bundesrepublik finden die Wettbewerbe außerhalb der Arbeitszeit und außerhalb der Betriebe statt; sie sind nicht in die Berufsarbeit der Jugendlichen integriert und haben nur mittelbar Einfluß auf den beruflichen Erfolg. In der DDR sind die Wettbewerbe in Form der Jugendbrigaden und Jugendobjekte spezifische Organisationsformen der alltäglichen Berufsarbeit; sie dienen einerseits zur Mobilisierung der Jugend für die Produktion, andererseits bieten sie unmittelbar Chancen für den beruflichen und sozialen Aufstieg.

■ In der Bundesrepublik sind im allgemeinen mit den Wettbewerben keine ausgesprochen politischen Zielsetzungen verbunden. In der DDR stehen die Jugendkollektive dagegen ausdrücklich unter politischen Zielsetzungen. Nach Auffassung der Partei sollen durch ein gutes Arbeits- und Leistungsverhalten und die damit verbundenen Belohnungen und Auszeichnungen gerade auch die politisch-ideologische Haltung der Jugendlichen und ihre Solidarität mit dem politischen System gestärkt werden.

Jugend und Politik

490. Die unterschiedlichen jugendpolitischen Konzeptionen lassen sich auch an den Formen, in denen die Mitwirkung der jungen Generation in politischen Entscheidungsgremien geregelt ist, erkennen.

Mitwirkung in der Politik

491. In der Bundesrepublik zeigt sich in den Bemühungen um die Herabsetzung des Wahlalters die Tendenz, Jugendlichen mehr Möglichkeiten zur Teilnahme an den institutionell geregelten politischen Prozessen zu geben. Allerdings gibt es keine Einrichtungen, durch die die Jugend als soziale Gruppe eine Sonderstellung im politischen Bereich erhielte.

In der DDR wird der Jugend dagegen als sozialer Gruppe entsprechend der ihr zugedachten Bedeutung beim Aufbau des Sozialismus auch im politischen Bereich eine Sonderstellung eingeräumt. Die Jugendpolitik der SED erklärt die Teilnahme der Jugend an der staatlichen Leitungstätigkeit im Bereich von Staat und Verwaltung, von Arbeit und Wirtschaft als ausdrückliches Ziel. Verschiedene Kontroll-, Mitsprache- und Vertretungsrechte werden überwiegend von der FDJ als sozialistischer Massenorganisation der Jugend wahrgenommen. Als Mitglied der Nationalen Front ist sie durch feststehende Kontingente von Delegierten in der Volkskammer und in den örtlichen Volksvertretungen repräsentiert.

Wie aus der folgenden Tabelle zu ersehen ist, ist der Anteil jüngerer Mitglieder in der Volkskammer und in den Bezirkstagen erheblich größer als im Bundestag und in den Landtagen.

Übersicht 56

Junge Abgeordnete

	absolut	in %
BRD		
Bundestag [1]		
Abgeordnete insgesamt	518	100
darunter: 25 bis 30 Jahre	2	0,4
31 bis 40 Jahre	60	11,7
Landtage [2]		
Abgeordnete insgesamt	1 356	100
darunter: 25 bis 30 Jahre	27	2,0
31 bis 40 Jahre	245	18,2
DDR		
Volkskammer [3]		
Abgeordnete insgesamt	500	100
darunter: 21 bis 25 Jahre	33	6,6
26 bis 30 Jahre	33	6,6
31 bis 40 Jahre	164	32,8
Bezirkstage [4]		
Abgeordnete insgesamt	2 838	100
darunter: 21 bis 25 Jahre	81	2,9
26 bis 30 Jahre	339	12,0
31 bis 40 Jahre	713	25,0

[1] Stichtag: Beginn der VI. Legislaturperiode, 1969; errechnet aus Kürschners Volkshandbuch Deutscher Bundestag, Darmstadt 1970, S. 258.
[2] Stichtage: Beginn der jeweils letzten Legislaturperiode; ohne Ergebnisse der Landtagswahlen in Hessen (Oktober 1970) und in Bayern (November 1970); errechnet aus Mitteilungen der Landtagsverwaltungen.
[3] Stichtag: Beginn der 5. Wahlperiode, 1967; nach: Statistisches Jahrbuch der DDR, 1970, S. 487.
[4] Stichtag: 31. März 1970; nach: Statistisches Jahrbuch der DDR, 1970, S. 488 f.

Summiert man die Zahl der Abgeordneten in den Altersgruppen von 21 bis 40 Jahren, so ergeben sich für die Volkskammer und die Bezirkstage bzw. für den Bundestag und die Landtage folgende Prozentanteile:

Bundestag:	12,1 %,
Landtage:	20,2 %,
Volkskammer:	46,0 %,
Bezirkstage:	39,9 %.

Es ist allerdings zu berücksichtigen, daß die sehr unterschiedlichen Formen der Kandidatenauswahl und -aufstellung und die verschiedenen Wahlformen, die hier im einzelnen nicht erläutert werden können, großen Einfluß auf die Altersstruktur der politischen Vertreter haben.

492. In der Bundesrepublik existieren für die Jugend in verschiedenen Institutionen Mitsprache- und Mitwirkungsrechte an Entscheidungen, die für sie unmittelbar von Bedeutung sind. So wird der Bundesjugendring als Dachverband der Jugendorganisationen in Gremien einbezogen, die jugendpolitische Entscheidungen vorbereiten; die Studentenschaft nahm über den VDS Mitspracherechte an hochschulpolitischen Entscheidungen wahr. Die in Parteien und Gewerkschaften organisierten Jugendlichen sind durch ihren Einfluß in den jeweiligen Erwachsenenverbänden, zum Teil auch durch direkte Aktionen, an politischen Entscheidungen beteiligt. Im allgemeinen läßt sich jedoch erst in jüngerer Zeit eine Tendenz erkennen, die Jugend stärker an für sie unmittelbar relevanten politischen Vorgängen zu beteiligen.

In der DDR wird von den politischen Organen eine Anzahl von Funktionären und Mitgliedern der FDJ in Beratungsgremien des Staatsapparates einbezogen, die sich mit jugendpolitischen Fragen beschäftigen. Dazu gehören vor allem die Ständigen Kommissionen der örtlichen Volksvertretungen und die Jugendarbeitsgruppen der zentralen und örtlichen Organe des Staatsapparates. Zu den weiteren Tätigkeiten der Jugend in den gesellschaftlichen Organisationen der DDR zählen in erster Linie ihre Mitarbeit in den Gremien der Betriebe (s. oben) sowie gewerkschaftliche Funktionen [29].

Politische Erziehung

493. Für die Prozesse der Integration und Mobilisierung der Jugend haben diejenigen Institutionen und Maßnahmen zentrale Bedeutung, die durch „politische Erziehung" oder „Erziehung zum sozialistischen Bewußtsein" versuchen, bei der Jugend die den jeweiligen politischen Ordnungen, ihren Werten und Institutionen entsprechenden Bewußtseinsformen und Einstellungen zu schaffen, zu sichern und zu verstärken.

Ziele und Institutionen

Die politische Erziehung in der Bundesrepublik gilt als ein spezifischer Teilbereich des Erziehungssystems. Träger der entsprechenden Bemühungen sind vor allem die Schulen mittels des gesellschaftskundlichen Unterrichts; sie werden von Jugendorganisationen und zahlreichen Jugendbildungsstätten unterstützt, die ihrerseits von gesellschaftlichen Gruppen (Kirchen, Gewerkschaften, Verbänden) getragen werden.

Allgemeines Ziel der pädagogischen Arbeit in diesem Bereich ist es, die Jugendlichen zur Wahrnehmung ihrer Rechte und Pflichten als „Staatsbürger" zu befähigen.

Zu diesem Zweck sollen vermittelt werden: Kenntnisse über politische Institutionen und Prozesse,

Kapitel VIII

über die das Grundgesetz tragenden politischen Werte, ein positives Staatsbewußtsein und ein Bewußtsein für gesellschaftliche Probleme und Konflikte. Die verschiedenen Träger — die Schulsysteme der Länder wie vor allem die außerschulischen Institutionen — setzen innerhalb dieser allgemeinen Ziele recht unterschiedliche Akzente. Diese spiegeln die verschiedenen politischen Interessen und Standpunkte wider, die die Gesellschaft der Bundesrepublik kennzeichnen.

Die politische Erziehung der Jugend in der DDR ist zentraler Bestandteil aller Erziehungs- und Bildungsprozesse. Sie ist Aufgabe aller Jugend-Institutionen [30].

Insbesondere werden als Träger der staatsbürgerlichen Erziehung das Schulsystem und die sozialistischen Massenorganisationen, hier in erster Linie die FDJ und die Pionierorganisation, betrachtet.

Ziel der politischen Erziehung in der DDR ist die Vermittlung eines festen Klassenstandpunktes an die Jugendlichen. Er wird als konstitutiv für das gesamte Denken, Fühlen, Wollen und Handeln und als Grundlage einer sozialistischen Persönlichkeit angesehen [31].

Im einzelnen setzt sich — einschlägigen Veröffentlichungen zufolge — das Programm der politischen Erziehung aus folgenden Aufgabenstellungen zusammen: Neben der Schulung in der Lehre des Marxismus-Leninismus stehen die Vermittlung eines Vaterlandsbewußtseins und eines sozialistischen Weltbildes, welche die Anerkennung der Stellung der DDR im Ostblock ebenso enthalten wie die Abwehr des imperialistischen Feindes [32].

Zu vermittelnde Grundwerte

494. Der föderalistische Aufbau des Bildungssystems der Bundesrepublik, vor allem auch die Bemühungen zahlreicher freier Verbände der Jugendarbeit auf der Grundlage des Subsidiaritätsprinzips, bewirken, daß den Jugendlichen in der politischen Erziehung die Chance gegeben ist, die vielfältigen und divergierenden politischen Standpunkte und Ideologien der Bundesrepublik kennenzulernen. Neben Engagement wird demgemäß Toleranz als Wert politischen Handelns betont. Politische Erziehung wird ferner als Erziehung für einen spezifischen Gesellschafts- und Lebensbereich begriffen, der durch die Institutionen und Werte der politischen Ordnung bestimmt ist und andere Lebensbereiche — Beruf, Freizeit, Familie — zwar tangiert, ihnen gegenüber aber nicht dominant sein soll.

Die politische Erziehung in der DDR basiert auf der umfassenden Ideologie des Marxismus-Leninismus, die das Monopol der Welt- und Lebensdeutung beansprucht. Ihr entspricht die Parteilichkeit als zentrales pädagogisches Ziel, womit eindeutige Stellungnahme im Sinne dieser Ideologie gemeint ist. Entsprechend der Tendenz, alle Gesellschafts- und Lebensbereiche zu ideologisieren, zielt die politische Erziehung auf die umfassende Formung und Beeinflussung der Gesamtpersönlichkeit des Jugendlichen.

Gesellschaftskundlicher Unterricht

495. In beiden Schulsystemen haben die gesellschaftskundlichen Fächer etwa den gleichen Anteil am Gesamtstundenplan. Ein exakter Vergleich Bundesrepublik — DDR stößt jedoch auf Schwierigkeiten, da die politische Erziehung in den Schulen der Bundesländer sehr unterschiedlich organisiert ist.

Ein Vergleich Nordrhein-Westfalens mit der DDR zeigt folgende Relationen: Ein Jugendlicher, der nach acht Jahren die Schule verläßt, hat in NRW insgesamt 8 Jahreswochenstunden, in der DDR insgesamt 9 Jahreswochenstunden gesellschaftskundlichen Unterrichts [33] gehabt. Beim Erreichen der mittleren Reife — Grundschule und Realschule — hat ein Jugendlicher in NRW 15 Stunden einschlägigen Unterrichts gehabt, sein Altersgenosse in der DDR — nach Verlassen der 10klassigen polytechnischen Oberschule — 16 Stunden. Bis zum Abitur erhöht sich diese Fächer-Jahreswochenstundenzahl in Nordrhein-Westfalen auf 23, in der DDR auf 22 Stunden [34].

Außerschulische politische Erziehung

496. In der Bundesrepublik verfolgen auf dem Feld der außerschulischen Bildung vor allem die Mitgliederverbände des Ringes Politischer Jugend und des Deutschen Bundesjugendringes politische Erziehung als ein Ziel ihrer Arbeit. Sie wollen die Jugend „für die Verwirklichung einer demokratischen Ordnung gewinnen" [35]. Der Stellenwert der politischen Erziehung im Gesamtprogramm ist von Verband zu Verband sehr unterschiedlich. Verbände des Bundesjugendringes, in denen nach eigenen Angaben die politische Arbeit dominiert, sind vor allem die Gewerkschaftsjugend (DGB), die Jugend der Deutschen Angestellten-Gewerkschaft (DAG), die nach Eigendarstellungen 600 000 bzw. 133 000 Mitglieder umfassen, ferner die Sozialistische Jugend Deutschlands Die Falken mit 110 000 Mitgliedern. Die anderen Verbände sind sehr unterschiedlich an politischen Erziehungsprozessen engagiert. Vor allem bei Verbänden mit spezifischer Zielsetzung im Freizeitbereich tritt die politische Bildung gegenüber anderen Tätigkeiten deutlich zurück.

In der DDR sind FDJ und Pionierorganisation innerhalb wie außerhalb der Schulen in die Erfüllung der Ziele und Aufgaben der politischen Erziehung eingeschaltet.

Als wichtigstes Mittel dafür wird die ideologische Wissensvermittlung in Gestalt des „FDJ-Studienjahres" angesehen [36]. Die Schulung wird alljährlich auf Grund der Beschlüsse und Programme des Sekretariats des FDJ-Zentralrats in systematisch aufeinander aufbauenden „Zirkeln junger Sozialisten" durchgeführt.

Die Inhalte der Massenschulung sind festgelegt. Sie umfassen in erster Linie das Studium des Kommunistischen Manifestes, der Geschichte der deutschen Arbeiterbewegung und des Programms der SED sowie einiger Schriften von Lenin und Ulbricht. Die Teilnahme an den „Zirkeln junger Sozialisten" hat in den letzten Jahren erheblich zugenommen [37]. Neben diesen gibt es mehr indirekte Formen der politisch-ideologischen Erziehung, in die auch Jugendliche, die nicht in der FDJ sind, einbezogen werden. Den Ferienlagern kommt in diesem Zusammenhang eine besondere Bedeutung zu.

Wirksamkeit

497. Untersuchungen [38] über die Wirksamkeit politischer Erziehung in der Bundesrepublik ergaben, daß durch den politischen Unterricht an den Schulen zwar vorhandene politische Interessen der Schüler verstärkt und entwickelt werden, politische Apathie aber nicht überwunden wird. Allein durch politische Erziehung scheint offenbar kein demokratisches Potential unter den Schülern zu entstehen. Das mag damit zusammenhängen, daß im politischen Unterricht vorwiegend Wissen über Institutionen gelehrt wird und die Vermittlung dieses Wissens mit der persönlichen Situation der Schüler und mit täglichen gesellschaftlichen Konflikten nur selten gelingt.

Für die DDR liegen kaum Untersuchungen über den Erfolg der politischen Erziehung vor. Es ist jedoch anzunehmen, daß die politische Erziehung nicht ohne Wirkung geblieben ist, zumal für die Jugendlichen in der DDR so gut wie keine Möglichkeiten zu alternativer Information und selbständiger Urteilsbildung bestehen. Andererseits lassen immer wieder auftauchende Klagen über die mangelnde Identifikation mit dem politischen System vermuten, daß die Ziele der politischen Erziehung häufig nicht voll erreicht werden.

Perspektiven

498. Die Situation der politischen Erziehung in der Bundesrepublik wird in jüngster Zeit von Reformbestrebungen belebt, die, von der studentischen Reformbewegung stark beeinflußt, vor allem die außerschulischen Institutionen, an verschiedenen Stellen aber auch die Schulen erreichen. Die isolierte Betrachtung politischer Prozesse, wie sie etwa in der Institutionenlehre zum Ausdruck kommt, soll dadurch überwunden werden, daß stärker als bisher gesellschaftliche Konflikte thematisiert und die konkreten sozialen Situationen der Jugendlichen, ihre Bedürfnisse und Interessen, in die Lernprozesse einbezogen werden. Zudem soll die für die bisherige politische Bildung kennzeichnende Trennung von politischer Aktion und politischem Lernen durch stärkere Hereinnahme politischer Aktionen in die politische Erziehung verringert werden.

Gerade in der Perspektive dieser Bestrebungen zeigen sich deutlich die Unterschiede der Intentionen und Funktionen der politischen Erziehung in der Bundesrepublik und der DDR:

In der Bundesrepublik sollen durch die politische Erziehung Jugendliche befähigt werden, ihre soziale Situation zu erkennen und sie durch eigene politische Aktion zu beeinflussen; die Jugend soll dazu gebracht werden, ihre Rolle als Mutationspotential gegenüber traditionellen gesellschaftlichen Verhältnissen wahrzunehmen.

In der DDR soll politische Erziehung Jugendliche für festgelegte Ziele mobilisieren; die Jugend soll befähigt werden, innerhalb des ihr vorgegebenen Rahmens ihre Rolle als „Schrittmacher" für den Aufbau des Sozialismus zu verwirklichen.

Internationale Kontakte Jugendlicher

499. In der Bundesrepublik und in der DDR gibt es staatlich geförderte Jugendprogramme, die internationalen Begegnungen mit der Jugend anderer Länder dienen [39]. In beiden Gesellschaften werden diese Programme auch als Mittel politischer Erziehung gewertet.

In der Bundesrepublik [40] ist es das erklärte Ziel internationaler Begegnungen, die Erziehung zu internationaler Verständigung und Kooperation zu fördern. Die Austauschprogramme stehen häufig im Zusammenhang mit bilateralen Kulturabkommen oder umfassenden politischen Verträgen (Deutsch-Französisches Jugendwerk als Bestandteil des Deutsch-Französischen Freundschaftsvertrages).

Die Veranstaltungen werden von öffentlichen und privaten Institutionen und von Organisationen der Jugendarbeit und des Jugendtourismus getragen und von Bund, Ländern, Gemeinden und internationalen Organisationen (Europarat, Europäische Gemeinschaften) finanziert [41].

1967 nahmen an rd. 3800 aus Bundesmitteln geförderten Begegnungen (Studien- und Informationsreisen, Internationale Freizeiten, Jugendarbeitslager, Arbeits- und Studienaufenthalte Einzelner, Sprachkurse) rd. 115 000 Jugendliche, Deutsche und Ausländer, teil; 1969 nahmen an rd. 5000 Veranstaltungen rd. 150 000 Jugendliche teil.

In der Häufigkeit der Begegnungen, gemessen an den Teilnehmerzahlen deutscher Jugendlicher im Ausland, steht Frankreich an der Spitze, gefolgt von Großbritannien, Italien, den Niederlanden, Österreich und Schweden.

Das 1963 gegründete Deutsch-Französische Jugendwerk (DFJW) nimmt eine Sonderstellung ein. Sein Gesamthaushalt belief sich 1967 auf rd. 40 Mill. DM, die je zur Hälfte von der Bundesrepublik und Frankreich getragen wurden. Mit diesen Mitteln fördert das DFJW den Austausch von Jugendgruppen (34 %), von Schülern und Studenten (13 %), von Sportlern (13 %), von Berufstätigen (11 %), ferner längerfristige Studien- und Arbeitsaufenthalte, Sprachkurse und Städtepartnerschaften. 1967 wurden 7700 Programme mit rund 270 000 Teilnehmern, davon die Hälfte deutsche Jugendliche, gefördert. 1969 stieg die Zahl der Teilnehmer auf 350 000 und fiel 1970 auf 270 000 Teilnehmer (bei rund 7000 Programmen) zurück.

In der Regierungserklärung der Bundesregierung vom 28. Oktober 1969 wird die Schaffung des seit langem beim Europarat diskutierten Europäischen Jugendwerkes als jugendpolitisches Ziel herausgehoben, das der Förderung der internationalen Jugendarbeit zwischen allen europäischen Ländern,

Kapitel VIII

insbesondere auch mit den ost- und südosteuropäischen, dienen soll.

In der DDR [42] werden internationale Jugendbegegnungen im Rahmen der internationalen Arbeit der FDJ organisiert. Den Prinzipien der DDR-Außenpolitik und den Zielen politischer Erziehung entsprechend bestehen besonders enge Beziehungen mit dem sowjetischen Jugendverband Komsomol. In jüngster Zeit bemüht sich die Verbandsführung verstärkt darum, im Produktionsbereich Leistungsvergleiche und den Austausch von Erfahrungen zwischen FDJ- und entsprechenden Komsomol-Gruppen durchführen zu lassen. Daneben werden Beziehungen zu den Jugendverbänden der anderen sozialistischen Länder und zu Jugendverbänden kommunistischer Parteien Westeuropas gepflegt. Zunehmend werden auch Jugendorganisationen in Ländern der Dritten Welt in die internationale Arbeit einbezogen. Schließlich ist die FDJ nach wie vor — über ihre Kontakte mit der SDAJ und dem Spartakus-AMS hinaus — an Verbindungen zu Jugendverbänden in der Bundesrepublik, etwa zur Gewerkschaftsjugend, den Falken und den Jungsozialisten, interessiert.

Die FDJ ist seit 1948 Mitglied des Weltbundes der Demokratischen Jugend, seit 1949 des Internationalen Studentenbundes. Sie unterhält — nach offiziellen Angaben aus dem Jahr 1967 [43] — zu mehr als 500 Jugend-, Studenten- und Kinderorganisationen in mehr als 100 Ländern freundschaftliche Beziehungen. Im Jahr 1969 haben die FDJ und die Pionierorganisation zusammen 202 Delegationen aus 44 Ländern empfangen und 121 Delegationen in 24 Länder entsandt [44].

Als Teilnehmer an Kontakten und Begegnungen werden in der Regel FDJ-Funktionäre (bis zur untersten Leitungsebene, der Grundorganisation) bevorzugt. Die Masse der DDR-Jugendlichen kann an der internationalen Arbeit der FDJ, vor allem soweit es sich um Reisen in westliche Länder und Länder der Dritten Welt handelt, nur mittelbar teilnehmen — etwa durch Einbeziehung in Aktivitäten, die, auf lokaler Ebene, der Vorbereitung und/oder Nacharbeit von internationalen Kontakten der Verbandsvertreter dienen.

2. Verhalten und Einstellungen der Jugend

500. Die beiden folgenden Abschnitte beruhen auf Ergebnissen sozialwissenschaftlich-empirischer Untersuchungen. Verglichen werden also Aussagen über das Verhalten und die Einstellungen Jugendlicher, so wie sie sich auf Grund dieser Studien formulieren lassen. Selbst wenn dadurch keine absolut zuverlässigen Rückschlüsse auf das tatsächliche Verhalten und die tatsächlichen Einstellungen der Jugend möglich sind, stellen solche Aussagen doch einen Teil der politisch relevanten Wirklichkeit in der Bundesrepublik und der DDR dar [45].

a) Politischer Bereich

501. In beiden Gesellschaftssystemen besteht ein großes Interesse an der Frage nach der politischen Informiertheit und den politischen Einstellungen der Jugendlichen. Soziologische Untersuchungen sowie Meinungsumfragen, die diesen Fragenkomplex zum Gegenstand haben, sind sowohl in der Bundesrepublik als auch in der DDR durchgeführt worden.

In der Bundesrepublik sind in den letzten Jahren von verschiedenen Institutionen und im Rahmen von Doktorarbeiten Untersuchungen über die politischen Orientierungen der Jugend veranstaltet worden [46]. Zielgruppen der Untersuchungen waren die Jugend insgesamt oder spezifische Gruppen wie Schüler, Abiturienten, Studenten, junge Arbeiter und Jugendliche auf dem Land. Für diese Gruppen waren die Untersuchungen meist repräsentativ angelegt. Vorwiegend mit Fragebogen wurden Meinungen der Jugendlichen über die Bundesrepublik insgesamt, über das demokratische System, über die Parteien oder über partikulare Ereignisse und Sachverhalte, wie etwa die Demonstrationen der letzten Jahre, erhoben.

In der DDR ist seit Mitte der 60er Jahre vom Zentralinstitut für Jugendforschung unterschiedlichen Gruppen Jugendlicher (u. a. Neuerern) ein Komplex von Fragen „zur Lebensanschauung" zur schriftlichen Beantwortung vorgelegt worden [47]. Mindestens 10 % aller Jugendlichen in der DDR dürften durch diese Befragungen, die u. a. auch das politische Interesse und die politische Einstellung zum Gegenstand hatten, erfaßt worden sein. Einige Ergebnisse aus diesen auch als Trenduntersuchungen durchgeführten Befragungen sind an verstreuten Stellen veröffentlicht [48].

Politisches Interesse

502. Was das politische Interesse und die politische Informiertheit angeht [49], so lassen sich auf Grund der vorliegenden Untersuchungen aus der Bundesrepublik und der DDR im einzelnen folgende Gemeinsamkeiten feststellen:

■ In beiden Gesellschaften finden sich politisches Interesse wie Informiertheit und politisch-gesellschaftliche Tätigkeiten sowie Mitgliedschaften relativ häufiger bei den männlichen als bei den weiblichen Jugendlichen. Dies gilt für die studierende Jugend in erheblich geringerem Maße.

■ In beiden Gesellschaften steigen Art und Ausmaß des politischen Interesses, der politischen Informiertheit und der politischen Aktivität mit Länge und Qualifikation der Ausbildungszeit.

■ In beiden Gesellschaften besteht ein positiver Zusammenhang zwischen sozialem Status der Eltern und politischer Informiertheit/Interesse: Je höher der Sozialstatus der Eltern, um so stärker sind politisches Interesse und Informiertheit bei den Jugendlichen ausgeprägt.

■ In beiden Gesellschaften stellen Tageszeitungen, Fernsehen und Rundfunk (in der genannten Reihenfolge) die wichtigsten Informationsquellen für

Politik dar. In beiden Gesellschaften besteht ferner ein positiver Zusammenhang zwischen der Häufigkeit der Lektüre politischer Texte und dem Grad des politischen Interesses.

Es kann davon ausgegangen werden, daß in beiden Gesellschaften eine „Kerngruppe" politisch Interessierter besteht und daneben eine Gruppe, die als mittelmäßig interessiert, informiert und aufgeschlossen angesehen werden kann. Schließlich ist eine weitere Gruppe von politisch Desinteressierten und Indifferenten zu unterscheiden.

Während die Gruppe politisch Interessierter in der Bundesrepublik vergleichsweise kleiner ist als in der DDR, gehört in der Bundesrepublik ein größerer Teil aller Jugendlichen zu den Gruppen der mittelmäßig Interessierten und Indifferenten.

In beiden Gesellschaften sind in der Gruppe der Desinteressierten und Indifferenten junge Menschen aus unteren sozialen Schichten relativ häufiger vertreten.

Politische Einstellungen

503. Wesentliche Aufschlüsse für den Vergleich Bundesrepublik : DDR ergeben sich schließlich, wenn die Differenzierungen, die mit verstärktem politischen Interesse und Engagementbereitschaft in beiden Gesellschaften verknüpft sind, beachtet werden: Für die Bundesrepublik zeigt sich, daß ein positiver Zusammenhang gegeben ist zwischen politischem Interesse, Informiertheit und politischer Aktivität einerseits und Einstellungskomplexen, die als progressiv, systemkritisch, auf Realisierung der grundgesetzlichen Normen und Werte drängend, zum Teil auch als oppositionell und systemkonträr bezeichnet werden können.

Für die DDR läßt sich ein entsprechender Zusammenhang konstatieren, der inhaltlich mit einer sozialistischen Einstellung und mit dem Drängen auf Verwirklichung und Ausbau des Sozialismus verbunden ist.

b) Freizeit-Bereich [50]

504. In allen Industriegesellschaften findet das Freizeitverhalten der Jugend zunehmendes Interesse.

In der Bundesrepublik bemühen sich vor allem Jugendorganisationen und Jugendfreizeitstätten darum, Jugendlichen ein Angebot für die Gestaltung der Freizeit zu machen, das deren Interessen- und Bedürfnislage entspricht. Diese Angebote stehen unter einem massiven Konkurrenzdruck von seiten der kommerziellen Freizeitindustrie, die sich ihrerseits mit einem attraktiven Angebot an die Jugendlichen wendet.

Die staatliche Tätigkeit beschränkt sich darauf, durch Förderung der Aktivität der genannten Gruppen geeignete Voraussetzungen für ein qualifiziertes Freizeitangebot zu schaffen.

In der DDR ist Jugendfreizeitpolitik ein integrierter Bestandteil der staatlichen Jugendpolitik. Sie zielt vor allem darauf, Freizeittätigkeiten im gesellschaftspolitischen Bereich, bei der Weiterbildung und im Sport zu fördern. Sie ist umgekehrt darauf bedacht, zu verhindern, daß Freizeitgruppierungen Jugendlicher zu Zentren abweichenden Verhaltens werden.

505. Ein Vergleich der Freizeitwünsche [51] und des Freizeitverhaltens Jugendlicher in der Bundesrepublik und der DDR stößt auf zahlreiche methodische Schwierigkeiten, da die vorliegenden Untersuchungen [52] unterschiedlich angelegt und, zumal für die DDR, nicht repräsentativ sind. So ist es im folgenden nur möglich, auf bestimmte Trends in beiden Gesellschaften hinzuweisen, die durch zahlreiche Erhebungen als gesichert gelten können.

Zeitbudgeterhebungen

506. Ergebnisse von Zeitbudgeterhebungen lassen vermuten, daß Mädchen bzw. Frauen in der Bundesrepublik wie in der DDR im Durchschnitt weniger Freizeit haben als Jungen bzw. Männer.

Die Zugehörigkeit zu Berufsgruppen hat in der Bundesrepublik und der DDR großen Einfluß auf den Umfang der Freizeit. Für die Bundesrepublik ergab eine repräsentative Untersuchung Jugendlicher im Alter von 14 bis 25 Jahren [53] 1964 folgende Mittelwerte an „Feierabendfreizeit":

	Freizeitdauer „gestern"
Schüler und Studenten	5 Stunden 30 Minuten
Arbeiter, Landarbeiter, Handwerker	5 Stunden 10 Minuten
Angestellte, Beamte, Behördenangestellte	4 Stunden 50 Minuten
Lehrlinge in Handwerk, Handel und Industrie	4 Stunden 30 Minuten
Selbständige Landwirte	3 Stunden 50 Minuten

Für die DDR ist keine Erhebung über die Freizeitdauer von Jugendlichen bekannt. Bisher nicht veröffentlichte Zeitbudgeterhebungen in Haushalten der DDR aus dem Jahre 1965 zeigen, daß Haushalte der „Intelligenz" am meisten Freizeit hatten; ihnen folgten die Haushalte von Arbeitern, Angestellten, Handwerkern und zuletzt die Haushalte von Bauern. Damit sind ähnliche Verteilungen wie in der Bundesrepublik erkennbar.

Freizeitwünsche

507. In der Bundesrepublik wie in der DDR wurden Jugendliche in Untersuchungen nach ihren „liebsten" Freizeittätigkeiten gefragt. Die Ergebnisse sagen zwar kaum etwas über das tatsächliche Freizeitverhalten aus, sie geben aber instruktive Hinweise auf die im Bewußtsein der Jugendlichen vorhandenen Vorlieben.

Kapitel VIII

Es zeigen sich sowohl Gemeinsamkeiten wie Unterschiede in den Freizeitwünschen. Sport, Lesen, Handarbeiten und Basteln gehören in der Bundesrepublik und der DDR zu den am meisten genannten Freizeitwünschen; Sport und Basteln werden dabei vor allem von männlichen, Lesen und Handarbeiten von weiblichen Jugendlichen genannt. Freizeitgestaltung mit Hilfe der Massenmedien scheint in der DDR stärker zu interessieren; Weiterbildung, soweit sie in der arbeitsfreien Zeit geschieht, wird kaum genannt, ebensowenig wie gesellschaftspolitische und kirchliche Tätigkeiten. Diese Tatsache ist damit zu erklären, daß die Befragten diese Aktivitäten nicht dem Bereich „Freizeit" zuordnen. Ferner scheinen Tätigkeiten wie das Zusammensein mit Freunden und Freundinnen, die einen großen Teil der Freizeit beanspruchen, so selbstverständlich, daß sie nicht erwähnt werden.

Freizeittätigkeiten

508. Untersuchungen über die tatsächlichen Freizeittätigkeiten Jugendlicher in der Bundesrepublik und der DDR lassen ebenfalls eine Reihe von Gemeinsamkeiten erkennen:

- Weibliche Jugendliche betreiben im Vergleich zu männlichen Jugendlichen sowohl in der Bundesrepublik als auch in der DDR entsprechend der Tatsache, daß sie über ein kleineres Freizeitbudget verfügen, im Durchschnitt wesentlich weniger Weiterbildung neben der Arbeitszeit; sie lesen weniger, treiben weniger Sport, gehen seltener ins Kino, sehen weniger fern und erhalten weniger Taschengeld.

- Die vorliegenden Erhebungen lassen ferner vermuten, daß in der Bundesrepublik wie in der DDR junge Arbeiter ihre Freizeit stärker mit Geselligkeit, Kinobesuchen und Fernsehen zubringen. Schüler und Studenten widmen dagegen einen höheren Teil ihrer Freizeit der Lektüre, der Weiterbildung, dem Sport und Tätigkeiten in Verbänden und Vereinen.

- Jugendliche auf dem Land, vor allem junge Landwirte, nehmen in der Bundesrepublik wie in der DDR im Vergleich zu den Jugendlichen in der Stadt länger am Fernsehen teil; sie lesen weniger, gehen seltener ins Kino und scheinen auch gesellschaftspolitisch — in Verbänden und Vereinen — in ihrer Freizeit weniger aktiv zu sein.

- Mit zunehmendem Alter der Jugendlichen lassen sich in der Bundesrepublik und der DDR ähnliche Veränderungen in der Freizeitgestaltung feststellen wie die Abnahme von sportlichen Aktivitäten oder kirchlichen Tätigkeiten; zugleich widmen sich die Jugendlichen stärker der Weiterbildung, sie widmen sich etwas mehr den gesellschaftspolitischen Tätigkeiten, sie gehen häufiger in Theater, Konzerte, zum Tanzen und in Gaststätten.

Neben diesen Gemeinsamkeiten im Freizeitverhalten zeigen sich vor allem Unterschiede in zwei Punkten: im Ausmaß der Tätigkeiten in Verbänden und Vereinen, der gesellschaftspolitischen Tätigkeiten, und im Ausmaß der außerschulischen, nebenberuflichen Weiterbildung.

- Die vorliegenden Erhebungen zeigen, daß in der Bundesrepublik Jugendliche einen, im Vergleich zu DDR-Jugendlichen, geringeren Zeitaufwand für Tätigkeiten in Verbänden und Vereinen, Jugendorganisationen, Parteien u. ä. aufwenden. Allgemein ist der Organisationsgrad der Jugendlichen in der Bundesrepublik geringer als in der DDR. In der DDR ist die gesellschaftspolitische Betätigung bei jungen Arbeitern geringer als bei Schülern und Studenten.

- Jugendliche in der Bundesrepublik und in der DDR zeigen auf Fragen nach ihrer Weiterbildungsbereitschaft eine ähnlich hohe verbale Bildungsbereitschaft. Tatsächlich wenden die Jugendlichen in der Bundesrepublik jedoch weniger Zeit für Weiterbildung auf als die Jugendlichen in der DDR.

- In der DDR verwenden Jugendliche über 18 Jahre, Stadtbewohner, besser Ausgebildete und Mitglieder höherer sozialer Schichten einen größeren Teil ihrer Freizeit für Weiterbildung als schulpflichtige Jugendliche, junge Bauern und junge Arbeiter.

3. Anhang

Methodische Hinweise

Wegen der ungleichmäßigen Materiallage in der Bundesrepublik und in der DDR beschränkt sich der Vergleich der Jugendsituation in den beiden Gesellschaften auf einige wenige Aspekte.

So können insbesondere Probleme, die mit der Einstellung der Jugend zu Beruf und Arbeit zu tun haben, nicht behandelt werden. Darüber hinaus mußte völlig darauf verzichtet werden, die Jugendkriminalität in der Bundesrepublik und der DDR miteinander zu vergleichen. Die Unterschiedlichkeit der strafrechtlichen Normen und der Aufklärungsquote in der Bundesrepublik und der DDR und schließlich die Unbekanntheit des Ausmaßes der latenten Kriminalität in beiden Gesellschaftssystemen legen den Verzicht auf eine vergleichende Darstellung nahe. Entsprechendes gilt für den Vergleich der Resozialisierungsmaßnahmen. Schließlich wurde auch die Organisation und Konzeption der Jugendhilfe im engeren Sinn nicht in den Vergleich einbezogen. Der 3. Jugendbericht der Bundesregierung, der im Jahr 1971 erscheinen wird, behandelt dieses Thema; er wird auch eine Darstellung der Organisation der Jugendhilfe in der DDR enthalten.

Ferner wurde hier — entsprechend den für den Bericht insgesamt vorgenommenen Abgrenzungen (s. Einleitung) — der Problemkomplex der militärischen — und, für die DDR, vormilitärischen — Ausbildung nicht behandelt.

In den Abschnitten, die sich mit jugendpolitischen Konzepten und Strategien beschäftigen, bestand die Schwierigkeit des Vergleichs darin, daß es weder für die Bundesrepublik noch für die DDR empirisch-sozialwissenschaftliche Analysen der jugendpolitischen Entscheidungsprozesse gibt.

Das Schwergewicht mußte deshalb auf der Darstellung von Konzepten und Zielvorstellungen als Bestandteilen der sozialen Realität liegen.

In dem Abschnitt „Integration und Mitwirkung der Jugend" kommen vorwiegend komplexe soziale Phänomene — Institutionen, Organisationen, Ideologien — zur Sprache, die nicht in eindeutigen und einfach registrierbaren Fakten abgebildet werden können, sondern durch vielfältige Methoden erschlossen werden mußten.

Die Arbeit an diesem Kapitel konnte nicht auf vorhandene systematische Analysen zurückgreifen. Eine große Zahl von Materialien mußte erstmals erhoben werden. Zugleich war es notwendig, Kategorien für die Analyse zu entwickeln.

Relevante Zahlen, etwa über Jugendorganisationen, die Aussagen über Teilbereiche oder -aspekte erlauben würden, werden in der Bundesrepublik kaum systematisch erfaßt. Im Bereich der Jugendorganisationen und der Jugendförderung im außerschulischen Bereich gibt es in der Bundesrepublik so gut wie keine Statistik; Vorbereitungen zu einer stärkeren statistischen Erfassung haben erst begonnen.

Im allgemeinen ist die Materiallage für diesen Bereich für die DDR besser: Die verbindliche Festlegung normativer Strukturen durch zentrale Instanzen, die straffere Organisation weiter Bereiche und im Zusammenhang damit die größere Einheitlichkeit und die Übersichtlichkeit der Institutionen ermöglichen eher generelle Aussagen als die Pluralität der Institutionen in der Bundesrepublik. Jedoch fehlen auch hier, etwa für die FDJ, zusammenfassende Darstellungen und Übersichten.

In den Abschnitten, die sich mit Einstellungen und Verhaltensweisen der Jugend beschäftigen, ergeben sich bei der Durchführung des Vergleichs ebenfalls erhebliche Schwierigkeiten.

Durchgehend sind sie auf die ungenügende Materialbasis zurückzuführen; im Falle der DDR sind die Probleme dadurch verschärft, daß in vielen Fällen Ergebnisse von Jugend-Untersuchungen nur zum Teil veröffentlicht werden. Die vorliegenden Ergebnisse wurden deshalb mit besonderer Vorsicht erarbeitet, wobei die tatsächlichen Tendenzen weitgehend aus vielfältigen unübersichtlichen Einzeldaten erschlossen werden mußten. Dies gilt insbesondere für Untersuchungen zum Themenbereich Jugend — Politik — Ideologie — Staatsbewußtsein; wichtige und repräsentativ angelegte Untersuchungen zu diesem Thema sind nicht publiziert worden.

Das methodische Niveau der Untersuchungen und damit ihr Aussagegehalt und dessen Verbindlichkeit sind in den Publikationen der Bundesrepublik wie der DDR gleichermaßen unterschiedlich.

So zwingt die Materiallage zur Gleichbehandlung von Meinungsumfragen verschiedenen Strukturiertheitsgrades. In diesem Zusammenhang ist auch der Begriff der „Einstellung", vor allem in den auf Meinungsumfragen basierenden Untersuchungen, kaum im wissenschaftlich definierten Sinne zu verstehen, da es sich bei den verwendeten Fragebogen kaum um Instrumente zur Einstellungsmessung i. e. S. handelt, die den Ansprüchen sozialwissenschaftlicher Objektivität, Exaktheit und Verläßlichkeit gerecht werden. Ihre Aussagen gelten daher primär für die untersuchte Population selbst und lassen einen völlig zweifelsfreien Vergleich nur bis zu einem bestimmten Maß zu.

In Meinungsumfragen und ähnlichen Erhebungen beschränken sich die Untersuchungsergebnisse in der Regel auf Häufigkeitsauszählungen und Prozentangaben zu Einzelfragen. Der Aussagewert dieser Prozentangaben ist relativ gering und mehr oder weniger zufällig, wenn er nicht in Zusammenhang zu anderen verwandten Fragen gesetzt wird bzw. wenn nicht wenigstens grobe Differenzierungen zwischen verschiedenen Bevölkerungsgruppen mittels solcher Einzelfragen aufgedeckt werden. Außerdem sind derartige Einzelfragen relativ empfindlich gegenüber Antwortverfälschungen durch die befragten Jugendlichen; deren Kontrolle ist nur im Rahmen komplexer Untersuchungsverfahren möglich.

Die Untersuchungs- und statistischen Auswertungsmethoden sind in der Bundesrepublik und der DDR die gleichen, wenn auch in den DDR-Publikationen bisher noch ein gewisser Rückstand in der Übernahme der international gebräuchlichen Methoden zu verzeichnen ist. Sowohl in den Untersuchungsmaterialien der DDR als auch der Bundesrepublik sind bisher sämtliche Niveaustufen zu finden, so daß unter Beachtung dieser Niveauunterschiede lediglich mit Vorsicht gewisse deutlich feststellbare Haupttendenzen herausgestellt werden können.

Auf Grund dieser Sachlage geben die beiden Abschnitte, die sich mit Einstellungen und Verhaltensweisen der Jugend beschäftigen, nur einen zusammenfassenden Überblick über diejenigen Ergebnisse, die auf Grund einer sorgfältigen Analyse der vorliegenden Untersuchungen als gesichert gelten können.

Anmerkungen zu Kapitel VIII

[1] Vgl. Anm. 3.
[2] 20 Jahre Jugendgesetz in der DDR, Beilage der „Presse-Informationen", hrsg. vom Ministerrat der DDR, Nr. 10 (3318) vom 23. Januar 1970.
[3] Vgl. im einzelnen
für die Bundesrepublik:
Gesetz für Jugendwohlfahrt vom 11. August 1961 (BGBl., I, S. 1193);
Gesetz zum Schutze der Jugend in der Öffentlichkeit in der Fassung vom 27. Juli 1957 (BGBl., I, S. 1058);
Gesetz zum Schutz der arbeitenden Jugend (Jugendarbeitsschutzgesetz) vom 9. August 1960 (BGBl., I, S. 665);
Jugendgerichtsgesetz vom 4. August 1953 (BGBl., I, S. 71) in der Fassung des Einführungsgesetzes zum Wehrstrafrecht vom 30. März 1957 (BGBl., I, S. 306) und des Gesetzes zur Änderung und Ergänzung des Reichsjugendwohlfahrtsgesetzes vom 11. August 1961 (BGBl., I, S. 1193);
Erstes Gesetz über individuelle Förderung der Ausbildung (Ausbildungsförderungsgesetz) vom 19. September 1969 (BGBl., I, S. 1719).
Für die DDR:
Gesetz über die Teilnahme der Jugend der DDR am Kampf um den umfassenden Aufbau des Sozialismus und die allseitige Förderung ihrer Initiative bei der Leitung der Volkswirtschaft und des Staates, in Beruf und Schule, bei Kultur und Sport — Jugendgesetz der DDR vom 4. Mai 1964 (GBl., I, S. 75); Erste DB hierzu — Messen der Meister von Morgen — vom 26. März 1965 (GBl., II, S. 301) in der Fassung der Fünften DB vom 25. April 1968 (GBl., II, S. 272); Zweite DB hierzu — Woche der Jugend und Sportler — vom 17. Mai 1965 (GBl., II, S. 381); Dritte DB hierzu — Berufswettbewerb — vom 16. September 1965 (GBl., II, S. 679); Vierte DB hierzu — Feriengestaltung der Schüler und Lehrlinge — vom 15. Juni 1967 (GBl., II, S. 500); Sechste DB hierzu — Die Planung der Aufgaben zur

Verwirklichung der Sozialistischen Jugendpolitik — vom 19. August 1970 (GBl., II, S. 519);
Gesetzbuch der Arbeit der DDR in der Fassung vom 23. November 1966 (GBl., I, S. 127, §§ 134—141);
Verordnung zum Schutz der Kinder und Jugendlichen vom 26. März 1969 (GBl., II, S. 219);
Verordnung über die Aufgaben und die Arbeitsweise der Organe der Jugendhilfe (Jugendhilfeverordnung) vom 3. März 1966 (GBl., II, S. 215);
Beschluß des Staatsrats der Deutschen Demokratischen Republik „Jugend und Sozialismus" vom 31. März 1967 (GBl., I, S. 31).

[4] Einen ausführlichen Bericht über den Stand der Maßnahmen auf dem Gebiet der individuellen Förderung von Ausbildung und Fortbildung (mit einem Vergleich der entsprechenden Förderungsmaßnahmen in der DDR) enthält die Bundestagsdrucksache V/1580 vom 20. März 1967.

[5] Dies spiegelt sich vor allem in den Jugendförderungsplänen der einzelnen Bundesländer; vgl. dazu die von der Jugendbehörde der Freien und Hansestadt Hamburg herausgegebene „Übersicht der Förderungsprogramme der Bundesländer im Rahmen der Jugendarbeit 1967/1968/1969" (hektogr. Manuskr., Hamburg 1969).

[6] Vom 17. Mai 1962 (GBl., II, 367).

[7] Vgl. Ministerium für Volksbildung (Hrsg.), Leitfaden für Jugendhilfekommissionen, Berlin 1968.

[8] Die vergleichende Analyse der Jugendhilfegesetze soll hier ausgespart werden. Der dritte Jugendbericht der Bundesregierung, der im Sommer 1971 vorliegen wird, behandelt dieses Thema für die Bundesrepublik. Er wird auch einen Vergleich mit der Jugendhilfegesetzgebung und der örtlichen Organisation der Jugendhilfe in der DDR bringen.

[9] Vgl. Gesetz für Jugendwohlfahrt vom 11. August 1961 (Anm. 3), § 9. Ferner dazu den Entwurf für die Neufassung der Richtlinien für den Bundesjugendplan vom Juli 1970.

[10] Einen Überblick über die Entwicklung des Bundesjugendplans, insbesondere über die Verlagerung von Förderungsschwerpunkten, gibt Willy Busch, 20 Jahre Bundesjugendplan, in: Deutsche Jugend, November 1970, S. 489—507; demnach betrugen die Aufwendungen des Bundes in den vergangenen 20 Jahren rd. 1,2 Mrd. DM; die jährlichen Aufwendungen betrugen im Durchschnitt der vergangenen 5 Jahre rd. 70 Mill. DM (ohne Deutsch-Französisches Jugendwerk, s. unter „Internationale Kontakte"). Einen Überblick über die Aufwendungen der einzelnen Bundesländer im Rahmen ihrer Landesjugendpläne gibt die bereits erwähnte, von der Jugendbehörde Hamburg herausgegebene Übersicht; demnach beliefen sich die Aufwendungen der Länder im Jahr 1969 auf insgesamt 165 Mill. DM. Bund und Länder wenden deshalb pro Jahr insgesamt rd. 235 Mill. DM auf. Über die Aufwendungen der Kommunen liegen keine zusammenfassenden Zahlenangaben vor.

[11] Die Jugendförderungspläne haben ihre gesetzliche Grundlage im § 39 des Jugendgesetzes und im § 135 des Gesetzbuches der Arbeit (vgl. Anm. 3).

[12] Konkrete Angaben über finanzielle Aufwendungen im Rahmen der Jugendförderungspläne liegen allerdings nicht vor.

[13] In den folgenden Abschnitten konnte nur ein geringer Teil des Komplexes „Integration und Mitwirkung der Jugend" abgehandelt werden (vgl. dazu die Methodischen Hinweise oben S. 183).

[14] H. Westphal, Handbuch der deutschen Jugendarbeit, München 1968. — Die meisten Jugendverbände haben sich im Deutschen Bundesjugendring, die Jugendorganisationen der politischen Parteien im Ring Politischer Jugend zusammengeschlossen. — Die Deutsche Sportjugend, die 1970 die Zahl ihrer Mitglieder mit 4,1 Mill. angibt, nimmt eine Sonderstellung ein. Sie ist seit 1969 nicht mehr Mitglied des Bundesjugendringes.

[15] Die genannten Zahlen gelten für 1970. Sie sind mit Vorsicht zu beurteilen, da einmal die Jugendorganisationen unterschiedliche Altersgruppen (z. T. nur Jugendliche, z. T. Kinder und Jugendliche) umfassen. Ferner definieren die einzelnen Verbände „Mitgliedschaft" verschieden: Jugendliche etwa, die nur gelegentlich an Veranstaltungen teilnehmen, gelten in einigen Verbänden als Mitglieder, in anderen nicht. Da zudem viele Jugendliche in mehreren Verbänden Mitglied sind, läßt sich nicht sagen, in welchem Ausmaß die Jugend in der Bundesrepublik von Jugendverbänden erfaßt ist. Immerhin geben 26 % einer repräsentativen Stichprobe von 14- bis 21jährigen 1965 an, Mitglied einer oder mehrerer Jugendorganisationen zu sein. (Vgl. EMNID, Jugend, Bildung und Freizeit, 1966.)

[16] Zahlen für die Pionierorganisation nach: Statistisches Jahrbuch der DDR, 1970, S. 495; für die FDJ nach: G. Jahn, Unsere Bilanz 1969, in: Junge Welt vom 30. Dezember 1969, S. 6. — Außerdem haben die Jugendlichen die Möglichkeit, in anderen Massenorganisationen (etwa der GST, dem FDGB oder dem DTSB) Mitglied zu werden. Obwohl diese Möglichkeiten stark wahrgenommen werden, bilden Jugendliche keine spezielle Jugendorganisation innerhalb dieser Massenorganisationen.

[17] Vgl. R. Maerker, Jugend im anderen Teil Deutschlands, München 1969; Junge Generation, 1967, Heft 12, S. 12.

[18] Beim Übergang von der Lehrwerkstatt in die Produktion, bei Rückkehr der Hoch- und Fachschulabsolventen in die Betriebe sowie bei Beendigung des Militärdienstes (vgl. Junge Generation, 1967, Heft 12, S. 12 bis 13).

[19] Anfang 1967 waren 56,7 % der FDJ-Mitglieder unter 18 Jahre alt (vgl. Junge Generation, 1967, Heft 6, S. 43).

[20] Im FDGB waren im Jahr 1969 rd. 1 Mill. Jugendliche organisiert (vgl. Statistische Praxis, 1969, Heft 6, S. 328—329; Junge Generation, 1969, Heft 8, S. 80). D. h., daß so gut wie alle in sozialistischen Betrieben beschäftigten Jugendlichen im Alter von 15 bis 25 Jahren Mitglied des FDGB waren (vgl. Jugendforschung, 1969, Heft 11, S. 46).

[21] Vgl. Anm. 3.

[22] Vgl. B. Lutz, B. C. Seyfarth, Informationen zur Situation des Jugendarbeitsschutzes, Forschungsbericht (Deutsches Jugendinstitut, München), Nr. 02/1969.

[23] Auf einer anderen Ebene liegen Wettbewerbe, die die Zeitschrift „Stern" unter dem Titel „Jugend forscht" veranstaltet. Jugendliche unter 21 Jahren, die noch kein Studium begonnen haben, werden aufgefordert, sich mit Leistungen auf dem Gebiet der Naturwissenschaften auf regionaler, Landes- und Bundesebene an einem Vergleich zu beteiligen. Die Zahl der Teilnehmer stieg von 150 zu Beginn des Wettbewerbs im Jahr 1966 auf 600 im Jahr 1969.

[24] Andere Gewerkschaften haben ihre Bemühungen auf diesem Gebiet eingestellt, nachdem diese Wettbewerbe nicht mehr mit öffentlichen Mitteln gefördert werden. — Leistungswettbewerbe werden weiterhin von den Landesinnungsverbänden des Handwerks für die Jugendlichen, die ihre Gesellenprüfung bestanden haben, durchgeführt.

[25] Junge Generation, 1967, Heft 12, S. 20.

[26] Die Zahlenangaben über Jugendbrigaden und -objekte sind zusammengestellt aus: Junge Generation, 1969, Heft 4, S. 81. Sozialistische Demokratie, 26. Sep-

²⁷ tember 1969, Beilage S. 7 und 9; Der Neuerer (A), 1969, Heft 10, S. 333; Einheit, 1970, Heft 6, S. 835.
²⁷ Junge Generation, 1969, Heft 11, S. 23.
²⁸ H. Ebert, Jugend — sozialistische Hilfe und Schöpfertum, Berlin 1969, S. 119. — Jugendforschung, 1969, Heft 11, S. 46.
²⁹ Ungefähr jedes vierte jugendliche Mitglied im FDGB übt eine gewerkschaftliche Funktion aus (vgl. Statistische Praxis, 1969, Heft 6, S. 328—329; Neues Deutschland, 19. September 1970, S. 2).
³⁰ Vgl. Gesetz über das einheitliche sozialistische Bildungssystem vom 25. Februar 1965 (GBl., I, 83), § 5, § 7.
³¹ Aufgabenstellung des Ministeriums für Volksbildung und des Zentralrates der FDJ zur weiteren Entwicklung der staatsbürgerlichen Erziehung der Schuljugend der DDR vom 9. April 1969, in: Neuer Weg, 1969, Heft 12, Beilage.
³² Vgl. z. B. H. Müller, Zur Entwicklung sozialistischer Einstellungen im Jugendalter, in: Jugendforschung, 1970, Heft 13, S. 23—27.
³³ „Gesellschaftskundliche" Fächer sind in diesem Zusammenhang in Nordrhein-Westfalen: Gemeinschaftskunde, politischer Unterricht und Geschichte; in der DDR: Staatsbürgerkunde und Geschichte.
³⁴ Vergleichende Darstellung des Bildungswesens im geteilten Deutschland, Bundestagsdrucksache V/4609 vom 4. August 1969. — Bei diesem Vergleich ist jedoch einschränkend zu berücksichtigen, daß in der DDR der Unterricht in allen Fächern einheitlich politisch-ideologisch ausgerichtet ist.
³⁵ H. Westphal, Handbuch der Deutschen Jugendarbeit, München 1968.
³⁶ Von der Massenschulung der Mitglieder ist die Kaderschulung der Funktionäre des Verbandes, die in gesonderten Lehrgängen erfolgt, zu unterscheiden.
³⁷ Teilnehmer an den „Zirkeln junger Sozialisten" pro FDJ-Studienjahr (Neuer Weg, 1970, Nr. 13, 3. Umschlags.):

```
1966/67    423 653
1967/68    531 183
1968/69    742 810
1969/70    885 429
```

³⁸ E. Becker., S. Herkommer, J. Bergmann, Erziehung zur Anpassung, Eine soziologische Untersuchung der politischen Bildung in den Schulen, Frankfurt a. M. 1967; M. Teschner, Politik und Gesellschaft im Unterricht, Frankfurt a. M. 1968.
³⁹ Über das Ausmaß der Urlaubs- und Ferienreisen Jugendlicher ins Ausland lassen sich weder für die Bundesrepublik noch für die DDR genaue Angaben machen. Wieviele Jugendliche aus der Bundesrepublik in den letzten Jahren auf eigene Faust oder über die zahlreichen kommerziellen Reisebüros ins Ausland reisen, ist unbekannt. Es ist jedoch zu vermuten, daß die Jugend der Bundesrepublik in weit stärkerem Maß als die Jugend der DDR ihre Ferien außerhalb des eigenen Landes verbringt.
1969 organisierte die Abteilung Jugendtourist des Reisebüros der DDR für rd. 65 000 Jugendliche Reisen in überwiegend sozialistische Länder (vgl. Junge Generation, 1969, Heft 8, S. 27—28). Die Zahl der privat reisenden Jugendlichen ist unbekannt.
⁴⁰ Als Quellen sind u. a. herangezogen worden die Richtlinien und Durchführungsbestimmungen zum jeweiligen Bundesjugendplan; der Zehnjahresbericht des Deutsch-Französischen Jugendwerkes 1958/68; die Zeitschrift Jugendpolitischer Dienst, Adenau; sowie H. Ott, Handbuch der Internationalen Jugendarbeit, Köln 1968.
⁴¹ 1969 förderte der Bund mit 12 Mill. DM über den Bundesjugendplan (außer Deutsch-Französisches Jugendwerk) internationale Begegnungen und Jugendaustausch (42 %), internationale Jugendgemeinschaftsdienste (13 %), sonstige Maßnahmen im Rahmen von Kulturabkommen und Entwicklungsdiensten (45 %).
⁴² Als Quellen sind vor allem die von der FDJ herausgegebenen Organe „Junge Welt" und „Junge Generation" herangezogen worden.
⁴³ Junge Generation, 1967, Heft 5, S. 45. — Junge Generation, 1967, Heft 6, S. 43 ff.
⁴⁴ Junge Welt, 30. Dezember 1969, S. 5.
⁴⁵ Vgl. die Methodischen Hinweise oben im Anhang.
⁴⁶ K. L. Baker, Politische Kultur, Köln o. J.; EMNID II, Junge Intelligenzschicht 1968/69; H. Hartmann, Weltanschauliche Einstellungen heutiger westdeutscher Primaner, München DJI 1969; W. Jaide, Jugend und Demokratie, München 1970; R. Klockhaus, Junge Arbeiter als Staatsbürger, Nürnberg 1968; H.-M. Stimpel, Schüler, Lehrer, Studenten und Politik, Göttingen 1970; R. Wildenmann, M. Kaase, Die unruhige Generation, Mannheim 1968; D. H. Wissler, Das Verhältnis der westdeutschen Landjugend zur Politik, Hohenheim 1969.
⁴⁷ Die wichtigsten acht Fragen, die immer wieder gestellt wurden, sind abgedruckt in: Jugendforschung, 1968, Heft 5, S. 59.
⁴⁸ Vgl. W. Friedrich, Jugend heute, 2. Aufl., Berlin 1967, S. 128—131; P. Förster, W. Hennig, Was charakterisiert das politische Profil unserer Jugend?, in: Junge Generation, 1968, Heft 7, S. 46—49; W. Gerth, Das politisch-ideologische Bewußtsein junger Neuerer, in: Berufsbildung, 1968, Heft 7—8, S. 367—371; W. Gerth, Verhaltensweisen und Einstellungen junger Neuerer, in: Jugendforschung, 1968, Heft 8, S. 27—46; W. Gerth, Die Rolle der Arbeiterjugend . . ., Jugendforschung, 1969, Heft 11, S. 59—76; K. Starke, Wie denken junge Leute?, in: Sonntag vom 15. Dezember 1970, S. 3—5. — Ferner sind in diesem Zusammenhang heranzuziehen: R. Johne, u. a., Zur Entwicklung des Klassenstandpunktes bei Hochschulstudenten, in: Jugendforschung, 1969, Heft 10, S. 5—24; H. Müller, Jugend und Demokratie, in: Jugendforschung, 1969, Heft 11, S. 45—58; Junger Neuerer: was machst du mit deiner Freizeit?, in: Der Neuerer, 1968, Heft 6, S. 192 bis 194; U. Siegel, Die Berufstätigkeit der Ehefrau im Meinungsbild Jugendlicher, in: Arbeit und Arbeitsrecht, 1969, Heft 11, S. 337—340.
⁴⁹ Bei der Interpretation der Ergebnisse, soweit sie Art und Ausmaß des politischen Interesses der DDR-Jugendlichen betreffen, ist zu berücksichtigen, daß zwar die Mehrheit bei direkten Fragen nach dem politischen Interesse positiv antwortete, daß jedoch bei Untersuchungen, in denen Interessentests verwendet wurden, der Interessenbereich Politik im Vergleich zu anderen einen niedrigeren Rangplatz erhielt (vgl. W. Hennig, Interessenstrukturen von Jugendlichen, in: Jugendforschung, 1968, Heft 5, S. 19—33; sowie P. Förster, W. Hennig, Die Freizeitinteressen und der Jugendverband, in: Junge Generation, 1968, Heft 4, bes. S. 26—27). — Für die Bundesrepublik liegen vergleichbare Untersuchungen bisher nicht vor. Es gibt allerdings keinen Grund anzunehmen, daß deren Ergebnisse sich wesentlich von den aus der DDR bekannten unterscheiden würden.
⁵⁰ Der Abschnitt über Freizeit beruht auf den Ergebnissen einer noch nicht abgeschlossenen Dissertation von Jürgen Micksch (Institut für Soziologie und Sozialanthropologie der Universität Erlangen-Nürnberg). Die Arbeit behandelt — an Hand einschlägiger, z. T. unveröffentlichter Materialien aus der DDR und der Bundesrepublik — das Freizeitverhalten Jugendlicher in beiden deutschen Gesellschaften.
⁵¹ Der Begriff Freizeit wird im folgenden so verwendet werden, wie er den meisten hier herangezogenen Un-

Kapitel VIII

tersuchungen zugrunde liegt. Im Anschluß an die Zeitbudgetforschung gilt danach „Freizeit" als der Zeitbereich, der den Menschen vom gesamten Zeitbudget übrigbleibt, wenn 1. die berufsbezogene Arbeitszeit, 2. die mit der Arbeit zusammenhängende Zeit (Arbeitsweg, Umkleiden), 3. der Zeitaufwand für die Befriedigung physiologischer Bedürfnisse und 4. Hausarbeiten und andere Alltagsarbeiten abgezogen werden.

„Freizeit" bezeichnet also Tätigkeiten, deren Ausübung hinausgeschoben oder teilweise sogar ganz aufgehoben werden kann, wie z. B. Weiterbildung, Tätigkeiten in Verbänden und Vereinen, künstlerische Betätigungen, Sport, Geselligkeit, Lesen, Fernsehen, Hobby usw. Über diese Zeitaufwendungen kann der Mensch mehr oder weniger frei disponieren.

[52] Für die Bundesrepublik: V. Graf v. Blücher, Die Generation der Unbefangenen, Düsseldorf 1966; EMNID, Jugend, Bildung und Freizeit, 1966. — Für die DDR: W. Friedrich, Jugend heute, 2. Aufl., Berlin 1967; ders., Jugend und Freizeit, in: Junge Generation, 1968, Heft 2, S. 47—52; G. Lippold, Strukturanalyse des Zeitbudgets der Bevölkerung, in: Die Wirtschaft, 1967, Nr. 6, S. 14—15; W. Otto, Über das Verhältnis der Jugend zum Film, in: Jugendforschung, 1967, Heft 3—4; G. Röblitz, Probleme des Freizeitlebens der Jugend, in: H. Schwarz (Hrsg.), Jugendprobleme in pädagogischer, medizinischer und juristischer Sicht, Jena 1967; H. Scholz, Zum Umfang und zur Struktur der Freizeit in der DDR, in: Mitteilungen des Instituts für Bedarfsforschung, 1966, Heft 4; ders., Unsere Freizeit — Ein Problem, in: Urania, 1967, Heft 8. — Heranzuziehen sind ferner die bei E. K. Scheuch (Soziologie der Freizeit, in: R. König, Hrsg., Handbuch der empirischen Sozialforschung, Bd. II, Stuttgart 1969, S. 735 bis 833) mitgeteilten Ergebnisse der international vergleichenden Erhebungen über Zeitbudgets. Es handelt sich bei diesen Erhebungen um einen Ost-West-Vergleich, in den neben den USA und der UdSSR sowie Belgien, Frankreich und Bulgarien, Jugoslawien, Polen, Ungarn auch die Bundesrepublik (aber nicht die DDR) einbezogen war.

[53] Blücher, a. a. O. (Anm. 52).

Kennziffernübersicht

(DDR : BRD; BRD = 100; Stand 1968)

	a	b
Kapitel II — Bevölkerungs- und Erwerbsstruktur		
Fläche	43,6	
Bevölkerung	**28,4**	
0 bis 15 Jahre	28,6	
15 bis 65 Jahre	27,0	
65 Jahre und mehr	33,8	
Bevölkerungsdichte		65,2
Geburten	25,3	
Todesfälle	33,0	
Eheschließungen	26,9	
Erwerbstätige insgesamt	**32,9**	
Männer	27,9	
Frauen	41,8	
Land- und Forstwirtschaft	43,2	
Verarbeitendes Gewerbe	34,5	
Baugewerbe	29,9	
Handel	28,3	
Verkehr und Nachrichtenübermittlung	37,2	
Sonstige Dienstleistungen	28,3	
Erwerbstätige Akademiker (1964)	**28,5**	
Hochschulabsolventen	21,7	
Fachschulabsolventen	34,4	
Naturwissenschaftler und Ingenieure	32,8	
Akademikerinnen	35,5	

Kapitel III — Produktion und Produktivität

	a	b
Bruttoproduktion, insgesamt	**24,7**	
Grundstoffindustrien	23,9	
Metallverarbeitende Industrien	20,8	
Leichtindustrien	27,5	
Nahrungs- und Genußmittelindustrien	32,8	
Beschäftigte, insgesamt	**36,1**	
Grundstoffindustrien	37,5	
Metallverarbeitende Industrien	32,1	
Leichtindustrien	40,4	
Nahrungs- und Genußmittelindustrien	41,5	
Brutto-Anlagevermögen, insgesamt	**28,9**	
Grundstoffindustrien	32,0	
Metallverarbeitende Industrien	22,5	
Leichtindustrien	31,8	
Nahrungs- und Genußmittelindustrien	23,3	
Produktionspotential, insgesamt	28,0	

	a	b
Kapitalintensität je Beschäftigten		80,0
Arbeitsproduktivität je Beschäftigten		**68,4**
Kapitalproduktivität		85,7
Landwirtschaftliche Nutzfläche	**45,4**	
Beschäftigte (AK)	55,0	
Viehbestand (GV)	39,9	
Handelsdünger (Reinnährstoffe)	52,0	
Futtermittel (GE)	36,0	
Schlepperbestand (PS)	20,0	
Brutto-Bodenproduktion	40,3	
Tierische Leistungen	33,3	
Nahrungsmittelproduktion	**33,6**	
Flächenproduktivität (Netto-NMP)		79,0
Produktivität der Viehhaltung		83,8
Arbeitsproduktivität (AK)		**61,0**

Kapitel IV — Hauptfaktoren der Infrastruktur

	a	b
Beförderte Menge (t)	**27,2**	
Eisenbahn	76,7	
Binnenschiffahrt	9,7	
Kraftverkehr	21,5	
Seeschiffahrt	6,1	
Pipelines	13,4	
Eingelieferte Briefe	14,5	
Ortsgespräche	15,8	
Beförderte Personen (Personenkilometer)	**20,6**	
Eisenbahn	48,6	
Straßenbahnen	50,0	
Omnibusse	39,5	
Luftverkehr	11,6	
Individualverkehr	13,1	
Beschäftigte	**40,0**	
Eisenbahn	59,9	
Binnenschiffahrt	31,8	
Seeschiffahrt	28,9	
Straßenverkehr	33,4	
Luftverkehr	18,6	
Post	29,1	
Anlagevermögen		
Eisenbahnstreckennetz (km)	44,6	
darunter		
elektrifiziert (1967)	15,6	

a Relationen absoluter Daten (z. B. Einwohner)
b Relationen von Kennzahlen (z. B. Einwohner je qkm)

	a	b
Schiffbare Flüsse und Kanäle (km)	57,1	
Straßennetz (km)		
Autobahn	35,0	
Fernstraßen	34,4	
Landstraßen I. und II. Ordnung	26,4	
Lastkraftwagen	17,8	
Straßenbahnwagen	57,1	
Omnibusse	36,5	
Personenkraftwagen	7,9	
Motorräder, Mopeds	203,6	
Telefon-Hauptanschlüsse	12,9	
Pipelines (km)	28,5	
Arbeitsproduktivität		**80,6**
Eisenbahn		96,8
Binnenschiffahrt		20,8
Seeschiffahrt		22,0
Straßenverkehr		33,9
Städtischer Nahverkehr		138,6
Förderung von Primärenergieträgern	44,4	
Mineralöl	1,9	
Erdgas, Erdölgas	1,9	
Braunkohle	243,4	
Steinkohle	1,4	
Wasserkraft	7,1	
Verbrauch von Primärenergie (t SKE)	30,3	
Elektrizitätswirtschaft		
Installierte Leistung	24,7	
Stromerzeugung	31,1	
Stromverbrauch	30,1	
Industrie	34,4	
Haushalte und Kleinverbraucher	21,3	
Verkehr	20,3	
Fertiggestellte Wohnungen	14,6	
darunter:		
In Montagebauweise errichtet	182,5	
Wohnfläche der fertiggestellten Wohnungen	9,5	
Wohnfläche je Wohnung		65,0
je 1000 Einwohner		33,5
Wohnungsbestand	30,6	
Verfügbare Wohnfläche, insgesamt	22,9	
je Wohnung		75,0
je Einwohner		81,0

Kapitel V — Einkommen, Verbrauch, Lebenshaltung

	a	b
Durchschnittseinkommen (nominal, 1969)		
Bruttoarbeitseinkommen der Arbeitnehmer		65
Nettoarbeitseinkommen der Arbeitnehmer		70
Nettoeinkommen der Arbeitnehmerhaushalte		64
Nettoeinkommen der Rentnerhaushalte (1968)		44
Realeinkommen (1969) (Durchschnittsnettoeinkommen der Arbeitnehmerhaushalte, kaufkraftbereinigt)		55
Kaufkraftrelation M : DM (Mitte 1969)		
Arbeitnehmerhaushalte, gekreuzter Warenkorb		**86**
Arbeitnehmerhaushalte, DDR-Warenkorb		89
Ernährung		89
Genußmittel		50
Wohnung		227
Heizung und Beleuchtung		189
Hausrat		55
Bekleidung		67
Reinigung und Körperpflege		100
Bildung und Unterhaltung		115
Verkehr		95
Pro-Kopf-Verbrauch ausgewählter Güter		
Rind- und Kalbfleisch		80
Schweinefleisch		103
Geflügel		65
Eier		87
Milch		95
Butter		152
Getreideerzeugnisse		138
Kartoffeln		136
Gemüse (frisch)		90
Obst (frisch)		43
Südfrüchte		54
Zucker		102
Bohnenkaffee		49
Spirituosen		85
Bier		67
Wein und Sekt		30
Zigaretten		69
Schuhe		89
Fotoapparate		117
Kalorienverbrauch je Einwohner		105
Haushaltsausstattung mit langlebigen Konsumgütern (1969)		
Pkw		34
Motorrad oder Moped		570
Fernsehgerät		94
Radio		102
Elektrische Waschmaschine		57
Kühlschrank		79

Kapitel VI — Hauptaspekte der Sozialen Sicherung

	a	b
Reinausgaben für die Soziale Sicherung	16,0	
Anteil am Sozialprodukt		65,8
je Einwohner		56,3
Durchschnittliches Altersruhegeld je Rentner		45,1
Arbeitsunfälle, bezogen auf Erwerbstätige		46,7
Krankenhausbetten	29,3	
Ärzte	27,1	
Zahnärzte	21,5	

a Relationen absoluter Daten (z. B. Einwohner)
b Relationen von Kennzahlen (z. B. Einwohner je qkm)

Tabellenanhang

Zeichenerklärung — nichts

0 weniger als die Hälfte der kleinsten Einheit

. kein Nachweis

× Nachweis nicht sinnvoll bzw. Fragestellung trifft nicht zu

Tabelle A 1

Die Entwicklung des innerdeutschen Handels 1960 bis 1969 [1]

Jahr	in Mill. VE [2]				Veränderungen gegenüber dem Vorjahr in % [3]		
	Bezüge der BRD [4]	Lieferungen der BRD [4]	Umsatz	Saldo	Bezüge der BRD	Lieferungen der BRD	Umsatz
1960	1 123	960	2 082	−163	.	.	.
1961	941	873	1 814	− 68	−16	− 9	−13
1962	914	853	1 767	− 61	− 3	− 2	− 3
1963	1 022	860	1 882	−162	12	1	7
1964	1 027	1 151	2 178	124	0	34	16
1965	1 260	1 206	2 466	− 54	23	5	13
1966	1 345	1 625	2 971	280	7	35	20
1967	1 264	1 483	2 747	219	− 6	− 9	− 8
1968	1 440	1 432	2 872	− 8	14	− 3	5
1969	1 565	2 272	3 837	707	9	59	34

[1] Warenverkehr, ohne Dienstleistungen.
[2] Verrechnungseinheiten = DM (West), gerundet.
[3] Ermittelt auf Grund der gerundeten Ziffern.
[4] Einschl. West-Berlin.

Quelle: Statistisches Bundesamt, Fachserie F, Reihe 6, Warenverkehr zwischen den Währungsgebieten der DM-West und der DM-Ost, mehrere Jahrgänge.

Tabelle A 2

Bezüge der Bundesrepublik im innerdeutschen Handel 1955 bis 1969 [1]

Erzeugnisse	1955	1960	1961
	in Mill. VE		
Bergbauerzeugnisse	166,2	266,7	209,7
Grundstoffe und Produktionsgüter	166,2	353,5	325,5
darunter: Mineralölerzeugnisse	58,7	212,9	189,4
Chemische Erzeugnisse [2]	71,9	77,4	67,5
Investitionsgüter	69,9	106,4	98,5
darunter: Maschinenbauerzeugnisse	58,0	74,6	64,8
Verbrauchsgüter	121,6	212,9	196,0
darunter: Textilien und Bekleidung	90,4	147,2	137.1
Erzeugnisse der Landwirtschaft und Ernährungsindustrie [3]	56,6	180,3	108,5
darunter: Getreide	9,6	72,6	9,2
Schweinefleisch	.	48,4	36,1
Sonstige Erzeugnisse	0,2	2,8	2,7
Insgesamt	580,7	1 122,5	940,9
darunter: Bezüge West-Berlins [4]	126,2	184,3	165,4
	Struktur in %		
Bergbauerzeugnisse	28,6	23,8	22,3
Grundstoffe und Produktionsgüter	28,6	31,5	34,6
darunter: Mineralölerzeugnisse	10,1	19,0	20,1
Chemische Erzeugnisse [2]	12,4	6,9	7,2
Investitionsgüter	12,0	9,5	10,5
darunter: Maschinenbauerzeugnisse	10,0	6,6	6,9
Verbrauchsgüter	20,9	19,0	20,8
darunter: Textilien und Bekleidung	15,6	13,1	14,6
Erzeugnisse der Landwirtschaft und Ernährungsindustrie [3]	9,7	16,1	11,5
darunter: Getreide	1,7	6,5	1,0
Schweinefleisch	.	4,3	3,8
Sonstige Erzeugnisse	0,2	0,1	0,3
Insgesamt	100,0	100,0	100,0
darunter: Bezüge West-Berlins [4]	21,7	16,4	17,6

[1] Einschl. West-Berlin.
[2] Einschl. Kunststofferzeugnisse sowie Gummi- und Asbestwaren.
[3] Einschl. der Erzeugnisse der Forst-, Jagdwirtschaft und Fischerei sowie Genußmittel.
[4] Ohne Streckengeschäfte, nur direkte Lieferungen und Bezüge.
[5] Ohne Ausgleichszahlungen der Bundesregierung (75 Mill. VE).

Quelle: Statistisches Bundesamt, Fachserie F, Reihe 6, Warenverkehr zwischen den Währungsgebieten der DM-West und der DM-Ost.

1962	1963	1964	1965	1966	1967	1968	1969
			in Mill. VE				
240,5	255,9	252,4	213,9	171,0	122,5	113,7	101,1
306,5	341,8	211,9	274,8	275,2	247,3	322,1	334,0
202,3	215,8	65,6 [5]	69,3	67,5	20,7	18,4	36,5
51,7	58,8	75,6	101,4	83,6	105,4	124,9	135,5
84,4	83,3	122,1	152,0	150,4	133,3	184,5	227,2
58,5	50,0	61,6	71,1	70,9	56,8	68,1	105,5
162,9	197,9	260,2	326,9	369,0	356,8	460,1	509,1
103,1	129,1	180,7	221,5	244,4	230,1	289,1	314,3
117,7	140,5	177,2	288,6	375,7	397,5	351,1	390,6
33,9	59,1	61,5	95,0	149,6	148,7	101,1	72,3
25,2	21,7	44,2	83,7	89,8	81,2	48,3	5,0
2,5	2,9	3,6	4,2	4,1	6,5	8,0	3,3
914,5	1 022,3	1 027,4	1 260,4	1 345,4	1 263,9	1 439,5	1 565,3
165,9	197,2	224,6	278,4	312,9	287,7	310,3	346,2
			Struktur in %				
26,3	25,0	24,6	17,0	12,7	9,7	7,9	6,5
33,5	33,4	20,6	21,8	20,5	19,6	22,4	21,3
22,1	21,1	6,4	5,5	5,0	1,6	1,3	2,3
5,7	5,8	7,4	8,0	6,2	8,3	8,7	8,7
9,2	8,1	11,9	12,1	11,2	10,5	12,8	14,5
6,4	4,9	6,0	5,6	5,3	4,5	4,7	6,7
17,8	19,4	25,3	25,9	27,4	28,2	32,0	32,5
11,3	12,6	17,6	17,6	18,2	18,2	20,1	20,1
12,9	13,7	17,2	22,9	27,9	31,5	24,4	25,0
3,7	5,8	6,0	7,5	11,1	11,8	7,0	4,6
2,8	2,1	4,3	6,6	6,7	6,4	3,4	4,3
0,3	0,4	0,4	0,3	0,3	0,5	0,5	0,2
100,0	100,0	100,0	100,0	100,0	100,0	100,0	100,0
18,1	19,3	21,9	22,1	23,3	22,8	21,6	22,1

Tabelle A 3

Lieferungen der Bundesrepublik im innerdeutschen Handel 1955 bis 1969 [1]

Erzeugnisse	1955	1960	1961
	in Mill. VE		
Bergbauerzeugnisse	26,7	34,2	39,8
Grundstoffe und Produktionsgüter	170,5	465,6	490,4
darunter: Eisen und Stahl [2]	70,5	271,9	335,5
Chemische Erzeugnisse [3]	81,0	136,3	112,3
Investitionsgüter	136,8	251,3	199,4
darunter: Maschinenbauerzeugnisse	33,1	139,4	112,4
Verbrauchsgüter	46,8	87,7	69,5
Erzeugnisse der Landwirtschaft und Ernährungsindustrie [4]	140,3	115,9	70,9
Sonstige Erzeugnisse	—	4,8	2,9
Insgesamt	521,1	959,5	872,9
darunter: Lieferungen West-Berlins [5]	42,9	74,3	64,6
	Struktur in %		
Bergbauerzeugnisse	5,1	3,6	4,6
Grundstoffe und Produktionsgüter	32,7	48,5	56,2
darunter: Eisen und Stahl [2]	13,5	28,3	38,4
Chemische Erzeugnisse [3]	15,5	14,2	12,9
Investitionsgüter	26,3	26,2	22,8
darunter: Maschinenbauerzeugnisse	6,4	14,5	12,9
Verbrauchsgüter	9,0	9,1	8,0
Erzeugnisse der Landwirtschaft und Ernährungsindustrie [4]	26,9	12,1	8,1
Sonstige Erzeugnisse	—	0,5	0,3
Insgesamt	100,0	100,0	100,0
darunter: Lieferungen West-Berlins [5]	8,2	7,7	7,4

[1] Einschl. West-Berlin.
[2] Einschl. Gießereierzeugnisse sowie Erzeugnisse der Ziehereien und Stahlverformung.
[3] Einschl. Kunststofferzeugnisse sowie Gummi- und Asbestwaren.
[4] Einschl. der Erzeugnisse der Forst-, Jagdwirtschaft und Fischerei sowie Genußmittel.
[5] Ohne Streckengeschäfte, nur direkte Lieferungen und Bezüge.

Quelle: Statistisches Bundesamt, Fachserie F, Reihe 6, Warenverkehr zwischen den Währungsgebieten der DM-West und der DM-Ost.

1962	1963	1964	1965	1966	1967	1968	1969
			in Mill. VE				
40,1	71,5	86,9	29,9	32,8	30,0	22,2	73,6
450,0	418,4	500,2	648,3	768,6	668,7	712,8	1 171,1
328,8	268,9	234,0	286,2	343,3	206,8	192,8	350,2
71,4	103,9	204,3	282,1	352,8	353,8	364,8	469,6
127,6	122,6	215,6	190,6	302,2	343,6	324,4	500,3
63,7	73,2	153,6	146,0	222,7	250,4	188,0	356,0
64,4	65,2	92,7	94,0	149,3	158,8	134,7	186,7
169,4	180,6	253,9	239,5	364,4	274,8	231,9	337,8
1,2	1,3	1,7	3,8	8,0	7,1	6,1	2,3
852,7	859,5	1 151,0	1 206,1	1 625,3	1 483,0	1 432,1	2 271,8
64,4	44,1	44,4	38,8	85,2	112,4	113,5	172,6
			Struktur in %				
4,7	8,3	7,5	2,5	2,0	2,0	1,6	3,2
52,8	48,7	43,5	53,8	47,3	45,1	49,8	51,5
38,6	31,3	20,3	23,7	21,1	13,9	13,5	15,4
8,4	12,1	17,7	23,4	21,7	23,9	25,5	20,7
15,0	14,3	18,7	15,8	18,6	23,2	22,7	22,0
7,5	8,5	13,3	12,1	13,7	16,9	13,1	15,7
7,6	7,6	8,1	7,8	9,2	10,7	9,4	8,2
19,9	21,0	22,1	19,9	22,4	18,5	16,2	14,9
—	0,1	0,1	0,2	0,5	0,5	0,3	0,2
100,0	100,0	100,0	100,0	100,0	100,0	100,0	100,0
7,6	5,1	3,9	3,2	5,2	7,6	7,9	7,6

Tabelle A 4

Exporte der Bundesrepublik nach Warengruppen [1] und Regionen [2] 1958, 1968 und 1969 in Mill. DM

Warengruppe [1]	Jahr	Exporte insgesamt	EWG				
			Insgesamt	F	IT	NL	B/L
Exporte insgesamt	1958	36 998,1	9 465,4	2 164,3	1 853,4	2 994,8	2 452,9
	1968	99 551,4	37 367,7	12 241,5	7 568,0	10 114,4	7 443,8
	1969	113 556,7	45 176,8	15 118,1	9 260,3	11 521,5	9 276,9
Nahrungs- und Genußmittel	1958	881,7	322,8	64,2	74,4	94,8	59,4
	1968	2 984,6	1 683,4	386,1	704,3	389,6	203,4
	1969	3 656,6	2 130,8	529,1	879,6	476,4	245,7
Industrielle Produkte	1958	35 998,3	9 132,3	2 091,7	1 772,2	2 884,7	2 383,7
	1968	96 098,3	35 471,0	11 785,3	6 834,3	9 658,9	7 192,5
	1969	109 308,2	42 750,0	14 491,4	8 338,7	10 954,9	8 965,1
Rohstoffe	1958	1 710,0	1 054,4	359,0	155,0	296,1	244,3
	1968	3 162,7	2 104,4	639,4	335,8	581,1	498,1
	1969	3 079,6	2 080,6	613,6	457,1	525,1	484,8
Brennstoffe	1958	1 072,8	822,9	326,5	114,1	198,6	183,7
	1968	1 409,6	1 187,2	461,6	165,2	289,3	271,0
	1969	1 217,1	1 058,6	430,0	165,4	205,6	257,6
Erze	1958	34,3	13,0	0,5	0,3	9,3	2,9
	1968	145,2	97,6	14,4	2,7	29,6	51,0
	1969	115,3	72,4	6,6	5,4	33,4	27,0
Halbwaren	1958	3 890,3	1 464,6	511,0	231,6	256,9	465,1
	1968	8 562,5	3 785,7	1 105,0	877,4	931,5	871,9
	1969	8 900,4	4 334,9	1 311,9	956,1	1 008,7	1 058,2
Textilhalbwaren	1958	305,8	44,8	4,4	7,4	25,7	7,3
	1968	1 346,9	514,1	125,3	101,6	173,8	113,5
	1969	1 748,2	728,7	200,7	142,8	240,7	144,5
Metalle	1958	787,8	326,1	86,6	122,5	54,3	62,7
	1968	2 488,6	1 249,8	373,5	513,6	181,4	181,3
	1969	2 359,4	1 438,1	473,2	582,2	169,4	213,3

[1] Warengruppen der Ernährungs- und der gewerblichen Wirtschaft.
[2] Verbrauchsländer.

	EFTA			USA	Kanada	Sonstige Bündnis-länder	Übrige Länder
Insgesamt	Mitglieder des Bündnissystems		Sonstige				
	GB	Andere					
10 194,6	1 460,1	2 559,2	6 175,3	2 642,4	437,5	744,6	13 513,6
22 662,4	4 027,9	4 656,9	13 977,6	10 835,3	1 106,4	1 698,3	25 881,3
25 674,3	4 591,1	5 285,1	15 798,1	10 633,0	1 259,3	1 796,5	29 016,3
292,6	76,4	55,3	160,9	82,7	7,2	4,3	172,1
604,5	97,3	108,3	398,9	184,8	18,7	9,4	483,8
632,4	107,7	112,9	412,8	147,7	22,8	34,8	660,1
9 859,8	1 373,8	2 498,7	5 987,3	2 545,7	429,4	739,2	13 093,9
21 919,5	3 889,7	4 534,7	13 495,1	10 606,1	1 085,1	1 687,0	25 329,6
24 882,0	4 433,9	5 155,0	15 293,1	10 405,6	1 233,6	1 758,9	28 278,1
330,0	36,8	48,0	245,2	73,7	2,2	9,0	240,7
574,5	90,4	75,8	403,3	134,0	2,8	33,9	313,2
559,8	49,5	82,5	427,8	86,7	3,1	36,3	313,1
157,7	—	10,6	147,1	0,0	—	1,3	90,9
205,4	43,9	4,3	157,2	0,0	—	0,3	16,7
133,0	0,0	1,5	131,5	—	—	0,0	25,5
12,2	0,3	0,5	11,4	1,7	—	0,0	7,4
27,8	8,6	1,3	17,9	10,7	—	0,0	9,1
36,1	10,5	0,1	25,5	1,9	—	0,0	4,9
1 004,8	117,2	291,4	596,2	124,3	9,3	55,0	1 232,3
1 950,7	385,5	350,2	1 215,0	712,9	32,7	105,8	1 974,7
2 086,3	423,6	353,5	1 309,2	377,1	37,7	109,7	1 954,7
109,5	4,1	24,1	81,3	17,2	1,7	4,9	127,7
343,0	46,7	77,1	219,2	95,9	5,0	31,1	357,8
399,6	54,6	79,0	266,1	119,2	14,6	27,5	458,5
131,2	26,7	21,1	83,4	47,6	1,3	22,2	259,4
371,8	139,9	37,6	194,3	494,1	15,0	10,4	347,5
397,5	103,1	42,0	252,4	164,6	10,2	11,2	337,8

noch Tabelle A 4

Warengruppe [1]	Jahr	Exporte insgesamt	EWG				
			Insgesamt	F	IT	NL	B/L
Fertigwaren	1958	30 398,0	6 613,5	1 221,8	1 385,6	2 331,8	1 674,3
	1968	84 373,1	29 580,8	10 040,9	5 571,2	8 146,3	5 822,5
	1969	97 328,2	36 334,4	12 565,9	6 925,4	9 421,0	7 422,0
Textilien und Bekleidung	1958	1 481,3	265,5	19,2	44,5	123,3	78,5
	1968	4 567,9	2 132,0	522,3	289,6	974,9	345,3
	1969	5 437,1	2 677,1	730,8	375,5	1 133,4	437,4
Eisen- und Metallwaren	1958	5 754,9	1 175,7	166,6	186,3	599,3	223,5
	1968	12 481,5	4 888,2	1 743,9	663,8	1 682,7	797,8
	1969	14 504,6	6 145,1	2 218,0	881,4	1 961,4	1 084,2
Maschinen	1958	7 559,5	1 930,0	545,7	481,0	478,7	424,6
	1968	20 785,9	6 710,9	2 741,3	1 559,4	1 422,2	988,0
	1969	23 285,1	7 692,1	3 239,2	1 762,7	1 511,1	1 179,0
Fahrzeuge	1958	5 919,4	915,8	152,7	63,5	336,1	363,5
	1968	16 183,6	4 609,9	1 457,5	670,4	858,9	1 623,1
	1969	18 802,9	5 940,8	1 858,0	916,8	976,0	2 190,0
Elektrotechnische Erzeugnisse	1958	3 182,8	726,8	76,1	187,5	273,0	190,2
	1968	8 746,3	3 283,8	936,1	718,1	1 002,0	627,6
	1969	10 467,5	4 200,4	1 261,3	905,8	1 206,7	826,8
Feinmechanische und optische Erzeugnisse	1958	1 015,2	184,7	25,4	53,4	62,7	43,2
	1968	2 364,9	752,2	273,4	161,7	201,6	115,6
	1969	2 705,4	903,0	349,4	197,0	226,7	129,9
Pharmazeutische und chemische Erzeugnisse	1958	3 363,2	820,9	163,0	235,6	253,6	168,7
	1968	12 384,8	4 144,6	1 315,4	1 093,4	1 011,0	724,9
	1969	14 309,2	5 103,3	1 614,4	1 372,0	1 228,0	889,0

[1] Warengruppen der Ernährungs- und der gewerblichen Wirtschaft.
[2] Verbrauchsländer.

Insgesamt	EFTA		Sonstige	USA	Kanada	Sonstige Bündnisländer	Übrige Länder
	Mitglieder des Bündnissystems						
	GB	Andere					
8 525,0	1 219,8	2 159,3	5 145,9	2 347,7	417,9	675,2	11 818,7
19 394,2	3 413,8	4 108,6	11 871,8	9 759,1	1 049,6	1 247,2	23 342,2
22 236,0	3 960,8	4 719,0	13 556,2	9 941,8	1 192,8	1 613,0	26 010,2
644,2	72,9	160,2	411,1	105,0	27,4	20,7	418,5
1 226,7	124,0	210,6	892,1	256,8	50,5	46,4	855,5
1 289,9	118,1	233,2	938,6	330,3	44,2	61,4	1 034,2
1 161,5	94,7	312,6	754,2	372,1	61,7	148,2	2 835,7
2 584,0	320,0	658,3	1 605,7	1 515,2	142,8	155,5	3 195,8
3 126,9	315,9	809,0	2 002,0	1 251,0	152,2	184,6	3 644,8
1 832,6	385,9	343,1	1 103,6	334,0	65,3	186,5	3 211,1
4 421,3	1 212,3	807,6	2 401,4	1 645,5	253,4	490,1	7 264,7
4 769,0	1 180,4	886,1	2 702,5	1 794,4	320,8	481,4	8 227,4
1 989,7	181,5	784,0	1 024,2	838,5	132,5	113,7	1 929,7
3 398,2	536,5	890,7	1 971,0	4 339,4	251,3	273,0	3 311,8
4 152,7	1 000,4	1 014,4	2 137,9	4 351,2	264,2	294,9	3 799,1
965,3	103,8	193,5	668,0	123,4	31,2	88,1	1 248,0
2 370,9	283,3	519,4	1 568,2	433,1	91,1	215,8	2 351,6
2 812,2	322,8	609,3	1 880,1	472,7	97,8	218,5	2 665,9
285,7	56,2	59,1	170,4	173,7	29,8	8,3	333,0
531,7	105,0	113,0	313,7	366,2	49,5	28,1	537,2
637,0	111,3	129,3	396,4	434,1	54,9	26,7	649,7
943,0	202,1	196,4	544,5	146,7	30,0	76,8	1 345,8
2 896,7	580,5	563,1	1 753,1	594,3	138,3	236,4	4 374,5
3 357,7	648,5	654,5	2 054,7	657,7	163,3	246,7	4 780,5

Quellen:
Statistisches Bundesamt: Der Außenhandel der Bundesrepublik Deutschland, Teil 3: Bezugs- und Absatzgebiete nach Warengruppen und -untergruppen, 1958, Nr. 4;
Außenhandel, Reihe 3: Spezialhandel nach Ländern und Warengruppen, 1968 und 1969.

Tabelle A 5

Exportstruktur der Bundesrepublik nach Warengruppen[1] und Regionen[2] 1958, 1968 und 1969 in %, insgesamt = 100

Warengruppe[1]	Jahr	Exporte insgesamt		EWG									
				Insgesamt		F		IT		NL		B/L	
		a	b	a	b	a	b	a	b	a	b	a	b
Exporte insgesamt	1958	100	100,0	25,6	100,0	5,8	100,0	5,0	100,0	8,1	100,0	6,6	100,0
	1968	100	100,0	37,5	100,0	12,3	100,0	7,6	100,0	10,2	100,0	7,5	100,0
	1969	100	100,0	39,8	100,0	13,3	100,0	8,2	100,0	10,1	100,0	8,2	100,0
Nahrungs- und Genußmittel	1958	100	2,4	36,6	3,4	10,7	3,0	8,4	4,0	10,8	3,2	6,7	2,4
	1968	100	3,0	56,4	4,5	12,9	3,2	23,6	9,3	13,1	3,9	6,8	2,7
	1969	100	3,2	58,3	4,7	14,5	3,5	24,1	9,5	13,0	4,1	6,7	2,6
Industrielle Produkte	1958	100	97,3	25,4	96,5	5,8	96,6	4,9	95,6	8,0	96,3	6,6	97,2
	1968	100	96,5	36,9	94,9	12,3	96,3	7,1	90,3	10,1	95,5	7,5	96,6
	1969	100	96,3	39,1	94,6	13,3	95,9	7,6	90,0	10,0	95,1	8,2	96,6
Rohstoffe	1958	100	4,6	61,7	11,1	21,0	16,6	9,1	8,4	17,3	9,9	14,3	10,0
	1968	100	3,2	66,5	5,6	20,2	5,2	12,2	5,1	18,4	5,7	15,7	6,7
	1969	100	2,7	67,6	4,6	19,9	4,1	14,8	4,9	17,1	4,6	15,7	5,2
Brennstoffe	1958	100	2,9	76,7	8,7	30,4	15,1	10,6	6,2	18,5	6,6	17,1	7,5
	1968	100	1,4	84,2	3,2	32,7	3,8	11,7	2,2	20,5	2,9	19,2	3,6
	1969	100	1,1	87,0	2,3	35,3	2,8	13,6	1,8	16,9	1,8	21,2	2,8
Erze	1958	100	0,1	37,9	0,1	1,5	0,0	0,9	0,0	27,1	0,3	8,5	0,1
	1968	100	0,1	67,2	0,3	9,9	0,1	1,9	0,0	20,4	0,3	35,1	0,7
	1969	100	0,1	62,8	0,2	5,7	0,0	4,7	0,1	29,0	0,3	23,4	0,3
Halbwaren	1958	100	10,5	37,6	15,5	13,1	23,6	6,0	12,5	6,6	8,6	12,0	19,0
	1968	100	8,6	44,2	10,1	12,9	9,0	10,2	11,6	10,9	9,2	10,2	11,7
	1969	100	7,8	48,7	9,6	14,7	8,7	10,7	10,3	11,3	8,8	11,9	11,4
Textilhalbwaren	1958	100	0,8	14,7	0,5	1,4	0,2	2,4	0,4	8,4	0,9	2,4	0,3
	1968	100	1,4	38,2	1,4	9,3	1,0	7,5	1,3	12,9	1,7	8,4	1,5
	1969	100	1,5	41,7	1,6	11,5	1,3	8,2	1,5	13,8	2,1	8,3	1,6
Metalle	1958	100	2,1	41,4	3,4	11,0	4,0	15,5	6,6	6,9	1,8	8,0	2,6
	1968	100	2,5	50,2	3,3	15,0	3,1	20,6	6,8	7,3	1,8	7,3	2,4
	1969	100	2,1	61,0	3,2	20,1	3,1	24,7	6,3	7,2	1,5	9,0	2,3

[1] Warengruppen der Ernährungs- und der gewerblichen Wirtschaft.
[2] Verbrauchsländer.

Insgesamt		EFTA				Sonstige		USA		Kanada		Sonstige Bündnis-länder		Übrige Länder	
		Mitglieder des Bündnissystems													
		GB		Andere											
a	b	a	b	a	b	a	b	a	b	a	b	a	b	a	b
27,6	100,0	3,9	100,0	6,9	100,0	16,7	100,0	7,1	100,0	1,2	100,0	2,0	100,0	36,5	100,0
22,8	100,0	4,0	100,0	4,7	100,0	14,0	100,0	10,9	100,0	1,1	100,0	1,7	100,0	26,0	100,0
22,6	100,0	4,0	100,0	4,7	100,0	13,9	100,0	9,4	100,0	1,1	100,0	1,6	100,0	25,6	100,0
33,2	2,9	8,7	5,2	6,3	2,2	18,2	2,6	9,4	3,1	0,8	1,6	0,5	0,6	19,5	1,3
20,3	2,7	3,3	2,4	3,6	2,3	13,4	2,9	6,2	1,7	0,6	1,7	0,3	0,6	16,2	1,9
17,3	2,5	2,9	2,3	3,1	2,1	11,3	2,6	4,0	1,4	0,6	1,8	1,0	1,9	18,1	2,3
27,4	96,7	3,8	94,1	6,9	97,6	16,6	97,0	7,1	96,3	1,2	98,1	2,6	99,3	36,4	96,9
22,8	96,7	4,0	96,6	4,7	97,4	14,0	96,5	11,0	97,9	1,1	98,1	1,8	99,3	26,4	97,9
22,8	96,9	4,1	96,6	4,7	97,5	14,0	96,8	9,5	97,9	1,1	98,0	1,6	97,9	25,9	97,5
19,3	3,2	2,2	2,5	2,8	1,9	14,3	4,0	4,3	2,8	0,1	0,5	0,5	1,2	14,1	1,8
18,2	2,5	2,9	2,2	2,4	1,6	12,9	2,9	4,2	1,2	0,1	0,3	1,1	2,0	9,9	1,2
18,2	2,2	1,6	1,1	2,7	1,6	13,9	2,7	2,8	0,8	0,1	0,2	1,2	2,0	10,2	1,1
14,7	1,5	—	—	1,0	0,4	13,7	2,4	0,0	0,0	—	—	0,1	0,2	8,5	0,7
14,6	0,9	3,1	1,1	0,3	0,1	11,2	1,1	0,0	0,0	—	—	0,0	0,0	1,2	0,1
10,9	0,5	0,0	0,0	0,1	0,0	10,8	0,8	—	—	—	—	0,0	0,0	2,1	0,1
35,6	0,1	0,9	0,0	1,5	0,0	33,2	0,2	5,0	0,1	—	—	0,0	0,0	21,6	0,1
19,1	0,1	5,9	0,2	0,9	0,0	12,3	0,1	7,4	0,1	—	—	0,0	0,0	6,3	0,0
31,3	0,1	9,1	0,2	0,1	0,0	22,1	0,2	1,6	0,0	—	—	0,0	0,0	4,2	0,0
25,8	9,9	3,0	8,0	7,5	11,4	15,3	10,0	3,2	4,7	0,2	2,1	1,4	7,4	31,7	9,1
22,8	8,6	4,5	9,6	4,1	7,5	14,2	8,7	8,3	6,6	0,4	3,0	1,2	6,2	23,1	7,6
23,4	8,1	4,8	9,2	4,0	6,7	14,7	8,3	4,2	3,5	0,4	3,0	1,2	6,1	22,0	6,7
35,8	1,1	1,3	0,3	7,9	0,9	26,6	1,3	5,6	0,7	0,6	0,4	1,6	0,7	41,8	0,9
25,5	1,5	3,5	1,2	5,7	1,7	16,3	1,6	7,1	0,9	0,4	0,5	2,3	1,8	26,6	1,4
22,9	1,6	3,1	1,2	4,5	1,5	15,2	1,7	6,8	1,1	0,8	1,2	1,6	1,5	26,2	1,6
16,7	1,3	3,4	1,8	2,7	0,8	10,6	1,4	6,0	1,8	0,2	0,3	2,8	3,0	32,9	1,9
14,9	1,6	5,6	3,5	1,5	0,8	7,8	1,4	19,9	4,6	0,6	1,4	0,4	0,6	14,0	1,3
16,8	1,5	4,4	2,2	1,8	0,8	10,7	1,6	7,0	1,5	0,4	0,8	0,5	0,6	14,3	1,2

noch Tabelle A 5

Warengruppe [1]	Jahr	Exporte insgesamt		EWG									
				Insgesamt		F		IT		NL		B/L	
		a	b	a	b	a	b	a	b	a	b	a	b
Fertigwaren	1958	100	82,2	21,8	69,9	4,0	56,5	4,6	74,8	7,7	77,9	5,5	68,3
	1968	100	84,8	35,1	79,2	11,9	82,0	6,6	73,6	9,7	80,5	6,9	78,2
	1969	100	85,7	37,3	80,4	12,9	83,1	7,1	74,8	9,7	81,8	7,6	80,0
Textilien und Bekleidung	1958	100	4,0	17,9	2,8	1,3	0,9	3,0	2,4	8,3	4,1	5,3	3,2
	1968	100	4,6	46,7	5,7	11,4	4,3	6,3	3,8	21,3	9,6	7,6	4,6
	1969	100	4,8	49,2	5,9	13,4	4,8	6,9	4,1	20,8	9,8	8,0	4,7
Eisen- und Metallwaren	1958	100	15,6	20,4	12,4	2,9	7,7	3,2	10,1	10,4	20,0	3,9	9,1
	1968	100	12,5	39,2	13,1	14,0	14,2	5,3	8,8	13,5	16,6	6,4	10,7
	1969	100	12,8	42,4	13,6	15,3	14,7	6,1	9,5	13,5	17,0	7,5	11,7
Maschinen	1958	100	20,4	25,5	20,4	7,2	25,2	6,4	26,0	6,3	16,0	5,6	17,3
	1968	100	20,9	32,3	18,0	13,2	22,4	7,5	20,6	6,8	14,1	4,8	13,3
	1969	100	20,5	33,0	17,0	13,9	21,4	7,6	19,0	6,5	13,1	5,1	12,7
Fahrzeuge	1958	100	16,0	15,5	9,7	2,6	7,1	1,1	3,4	5,7	11,2	6,1	14,8
	1968	100	16,3	28,5	12,3	9,0	11,9	4,1	8,9	5,3	8,5	10,0	21,8
	1969	100	16,6	31,6	13,2	9,9	12,3	4,9	9,9	5,2	8,5	11,6	23,6
Elektrotechnische Erzeugnisse	1958	100	8,6	22,8	7,7	2,4	3,5	5,9	10,1	8,6	9,1	6,0	7,8
	1968	100	8,8	37,5	8,8	10,7	7,6	8,2	9,5	11,5	9,9	7,2	8,4
	1969	100	9,2	40,1	9,3	12,0	8,3	8,7	9,8	11,5	10,5	7,9	8,9
Feinmechanische und optische Erzeugnisse	1958	100	2,7	18,2	2,0	2,5	1,1	5,3	2,9	6,2	2,1	4,3	1,8
	1968	100	2,4	31,8	2,0	11,6	2,2	6,8	2,1	8,5	2,0	4,9	1,6
	1969	100	2,4	33,4	2,0	12,9	2,3	7,3	2,1	8,4	2,0	4,8	1,4
Pharmazeutische und chemische Erzeugnisse	1958	100	9,1	24,4	8,7	4,8	7,5	7,0	12,7	7,5	8,5	5,0	6,9
	1968	100	12,4	33,5	11,1	10,6	10,7	8,8	14,4	8,2	10,0	5,9	9,7
	1969	100	12,6	35,7	11,3	11,3	10,7	9,6	14,8	8,6	10,7	6,2	9,6

[1] Warengruppen der Ernährungs- und der gewerblichen Wirtschaft.
[2] Verbrauchsländer.

		EFTA													
Insgesamt		Mitglieder des Bündnissystems				Sonstige		USA		Kanada		Sonstige Bündnis-länder		Übrige Länder	
		GB		Andere											
a	b	a	b	a	b	a	b	a	b	a	b	a	b	a	b
28,0	83,6	4,0	83,5	7,1	84,4	16,9	83,3	7,7	88,8	1,4	95,5	2,2	90,7	38,9	87,5
23,0	85,6	4,0	84,8	4,9	88,2	14,1	84,9	11,6	90,1	1,2	94,9	1,5	73,4	27,7	90,2
22,8	86,6	4,1	86,3	4,8	89,3	13,9	85,8	10,2	93,5	1,2	94,7	1,7	89,8	26,7	89,6
43,5	6,3	4,9	5,0	10,8	6,3	27,8	6,6	7,1	4,0	1,8	6,3	1,4	2,8	28,3	3,1
26,9	5,4	2,7	3,1	4,6	4,5	19,5	6,4	5,6	2,4	1,1	4,6	1,0	2,7	18,7	3,3
23,7	5,0	2,2	2,6	4,3	4,4	17,3	5,9	6,1	3,1	0,8	3,5	1,1	3,4	19,0	3,6
20,2	11,4	1,6	6,5	5,4	12,2	13,1	12,2	6,5	14,1	1,1	14,1	2,6	19,9	49,3	21,0
20,7	11,4	2,6	7,9	5,3	14,1	12,9	11,5	12,1	14,0	1,1	12,9	1,2	9,2	25,6	12,3
21,6	12,2	2,2	6,9	5,6	15,3	13,8	12,7	8,6	11,8	1,0	12,1	1,3	10,3	25,1	12,6
24,2	18,0	5,1	26,4	4,5	13,4	14,6	17,9	4,4	12,6	0,9	14,9	2,5	25,0	42,5	23,8
21,3	19,5	5,8	30,1	3,9	17,3	11,6	17,2	7,9	15,2	1,2	22,9	2,4	28,9	35,0	28,1
20,5	18,6	5,1	25,7	3,8	16,8	11,6	17,1	7,7	16,9	1,4	25,5	2,1	26,8	35,3	28,4
33,6	19,5	3,1	12,4	13,2	30,6	17,3	16,6	14,2	31,7	2,2	30,3	1,9	15,3	32,6	14,3
21,0	15,0	3,3	13,3	5,5	19,1	12,2	14,1	26,8	40,0	1,6	22,7	1,7	16,1	20,5	12,8
22,1	16,2	5,3	21,8	5,4	19,2	11,4	13,5	23,1	40,9	1,4	21,0	1,6	16,4	20,2	13,1
30,3	9,5	3,3	7,1	6,1	7,6	21,0	10,8	3,9	4,7	1,0	7,1	2,8	11,8	39,2	9,2
27,1	10,5	3,2	7,0	5,9	11,2	17,9	11,2	5,0	4,0	1,0	8,2	2,5	12,7	26,9	9,1
26,9	11,0	3,1	7,0	5,8	11,5	18,0	11,9	4,5	4,4	0,9	7,8	2,1	12,2	25,5	9,2
28,1	2,8	5,5	3,8	5,8	2,3	16,8	2,8	17,1	6,6	2,9	6,8	0,8	1,1	32,8	2,5
22,5	2,3	4,4	2,6	4,8	2,4	13,3	2,2	15,5	3,4	2,1	4,1	1,2	1,7	22,7	2,1
23,5	2,5	4,1	2,4	4,8	2,4	14,7	2,5	16,0	4,1	2,0	4,4	1,0	1,5	24,0	2,2
28,0	9,2	6,0	13,8	5,8	7,7	16,2	8,8	4,4	5,6	0,9	6,9	2,2	10,3	40,0	10,0
23,4	12,8	4,7	14,4	4,5	12,1	14,2	12,5	4,8	5,5	1,1	12,5	1,9	13,9	35,3	16,9
23,5	13,1	4,5	14,1	4,6	12,4	14,4	13,0	4,6	6,2	1,1	13,0	1,7	13,7	33,4	16,5

Quellen:
Statistisches Bundesamt: Der Außenhandel der Bundesrepublik Deutschland, Teil 3: Bezugs- und Absatzgebiete nach Warengruppen und -untergruppen, 1958, Nr. 4;
Außenhandel, Reihe 3: Spezialhandel nach Ländern und Warengruppen, 1968 und 1969.

Tabelle A 6

Importe der Bundesrepublik nach Warengruppen[1] und Regionen[2], 1958, 1968 und 1969
in Mill. DM

Warengruppe [1]	Jahr	Importe insgesamt	EWG				
			Insgesamt	F	IT	NL	B/L
Importe insgesamt	1958	31 133,1	7 202,7	1 595,1	1 697,5	2 500,2	1 409,9
	1968	81 179,2	33 452,9	9 778,0	8 066,2	8 810,3	6 798,5
	1969	97 972,4	42 430,7	12 697,3	9 490,7	11 255,9	8 986,9
Nahrungs- und Genußmittel	1958	9 408,5	2 245,5	291,0	750,7	1 099,8	104,0
	1968	17 083,1	7 044,6	2 011,3	1 461,3	2 969,8	602,2
	1969	19 331,2	8 759,4	2 843,1	1 644,8	3 561,4	710,1
Industrielle Produkte	1958	21 437,6	4 870,1	1 285,2	944,8	1 360,1	1 280,0
	1968	63 035,2	26 012,5	7 625,3	6 541,6	5 721,4	6 124,2
	1969	77 403,8	33 156,5	9 661,0	7 779,3	7 516,5	8 199,6
Rohstoffe	1958	7 685,3	558,0	199,3	69,1	123,5	166,1
	1968	13 644,7	1 221,1	430,6	154,7	362,7	273,2
	1969	14 487,4	1 292,6	481,2	144,2	330,1	337,0
Brennstoffe	1958	2 258,7	49,6	29,9	0,0	12,8	6,9
	1968	6 119,5	212,2	39,4	20,2	130,4	22,1
	1969	6 063,5	101,1	26,6	—	46,3	28,2
Erze	1958	1 647,8	96,6	47,4	15,9	16,1	17,2
	1968	2 583,7	175,9	91,8	15,2	45,2	23,6
	1969	1 478,9	215,9	104,0	13,5	65,2	33,2
Halbwaren	1958	5 252,2	1 167,0	219,7	90,5	512,1	344,7
	1968	13 629,9	4 980,8	1 164,7	906,6	1 522,6	1 386,9
	1969	16 720,0	6 133,0	1 382,1	866,3	2 138,4	1 746,2
Textilhalbwaren	1958	562,6	325,0	119,2	45,1	68,0	92,7
	1968	1 391,7	1 012,0	288,6	222,3	229,1	272,0
	1969	1 578,3	1 178,5	310,5	257,6	296,2	314,2
Metalle	1958	1 918,2	403,9	49,2	12,1	187,3	155,3
	1968	5 665,2	1 614,4	409,3	103,1	392,4	709,6
	1969	7 408,9	1 872,8	519,3	79,8	467,2	806,5

[1] Warengruppen der Ernährungs- und der gewerblichen Wirtschaft.
[2] Herstellerländer.

	EFTA			USA	Kanada	Sonstige Bündnis-länder	Übrige Länder
Insgesamt	Mitglieder des Bündnissystems		Sonstige				
	GB	Andere					
6 517,4	1 360,7	1 662,7	3 494,0	4 192,5	964,7	453,0	11 812,8
12 694,5	3 406,9	2 553,5	6 734,1	8 849,5	1 124,5	872,9	24 184,9
15 266,5	3 912,6	3 124,9	8 229,0	10 253,1	1 239,7	1 046,8	27 735,6
1 168,4	62,0	912,1	194,3	1 013,6	319,6	304,5	4 356,9
1 125,1	179,0	730,6	215,5	1 956,0	157,1	515,2	6 285,1
1 181,9	123,7	820,7	237,5	1 923,0	140,3	594,0	6 732,6
5 215,2	1 285,6	713,8	3 215,8	3 161,7	643,1	144,9	7 402,6
11 159,7	3 157,9	1 764,4	6 237,4	6 830,4	956,7	350,0	17 725,9
13 687,6	3 723,5	2 250,4	7 713,7	8 245,8	1 087,0	441,4	20 785,5
950,7	147,1	168,7	634,9	1 337,1	162,6	104,9	4 572,0
1 257,5	187,6	319,9	750,0	734,5	356,5	174,4	9 900,7
1 433,5	233,2	371,2	829,1	721,2	381,3	169,9	10 488,9
21,5	13,4	6,7	1,4	843,5	—	—	1 344,1
35,3	31,7	3,3	0,3	198,9	0,0	0,5	5 672,6
61,7	55,8	3,0	2,9	175,9	0,0	0,1	5 724,7
562,8	12,8	105,4	444,6	28,9	117,4	35,8	806,3
685,6	19,1	131,4	535,1	81,1	263,5	23,7	1 353,9
762,2	24,5	150,2	587,5	101,9	276,8	31,2	90,9
1 502,6	348,7	224,5	929,4	617,1	170,8	17,2	1 777,5
2 709,4	885,1	610,6	1 213,7	1 419,0	400,0	57,2	4 063,5
3 353,9	941,0	781,4	1 631,5	1 609,4	499,4	98,1	5 026,2
182,7	75,0	3,8	103,9	26,3	0,2	0,0	28,4
163,3	75,4	5,0	82,9	77,0	0,3	23,7	115,4
169,9	83,5	5,9	80,5	68,4	0,2	40,0	121,3
454,7	160,7	151,7	142,3	219,2	157,2	15,0	668,2
1 249,5	401,4	505,7	342,4	361,2	243,3	26,3	2 170,5
1 523,1	467,1	625,3	430,7	694,0	299,8	51,4	2 967,8

noch Tabelle A 6

Warengruppe [1]	Jahr	Importe insgesamt	EWG				
			Insgesamt	F	IT	NL	B/L
Fertigwaren	1958	8 500,1	3 145,2	866,2	785,2	724,5	769,3
	1968	35 760,6	19 810,6	6 030,1	5 480,4	3 836,1	4 464,0
	1969	46 196,4	25 730,9	7 797,7	6 768,8	5 048,0	6 116,4
Textilien und Bekleidung	1958	1 513,8	770,3	126,2	331,8	170,6	141,7
	1968	6 283,6	4 135,4	951,8	1 774,6	730,1	678,9
	1969	8 132,9	5 257,2	1 127,5	2 380,5	895,2	853,9
Eisen- und Metallwaren	1958	1 630,7	803,9	296,5	29,1	116,1	362,2
	1968	5 403,5	3 912,5	1 052,5	620,5	559,5	1 679,9
	1969	7 011,3	4 973,0	1 290,4	734,7	759,8	2 188,2
Maschinen	1958	1 211,4	278,4	68,8	81,2	79,1	49,3
	1968	5 013,6	2 071,8	834,8	684,2	336,6	216,2
	1969	6 557,3	2 700,2	1 096,3	808,7	477,6	317,6
Fahrzeuge	1958	779,1	348,3	113,8	192,4	20,0	22,1
	1968	3 817,1	2 677,0	1 090,4	683,6	156,8	746,2
	1969	4 917,7	3 623,0	1 414,7	783,6	273,3	1 151,5
Elektrotechnische Erzeugnisse	1958	475,1	209,9	53,1	15,2	120,0	21,6
	1968	3 114,3	1 540,9	380,1	536,2	465,2	139,5
	1969	4 261,0	2 077,2	538,3	690,6	616,4	231,9
Feinmechanische und optische Erzeugnisse	1958	155,7	22,6	13,0	3,6	4,7	1,3
	1968	796,2	244,8	97,0	69,0	66,6	12,3
	1969	1 001,9	298,5	120,0	69,4	89,3	19,7
Pharmazeutische und chemische Erzeugnisse	1958	983,0	279,8	74,4	57,3	94,0	54,1
	1968	4 727,3	2 601,1	837,3	436,7	854,4	472,7
	1969	6 083,5	3 453,7	1 124,1	538,2	1 129,1	662,2

| | EFTA | | | USA | Kanada | Sonstige Bündnisländer | Übrige Länder |
| Insgesamt | Mitglieder des Bündnissystems | | Sonstige | | | | |
	GB	Andere					
2 761,9	789,8	320,6	1 651,5	1 207,5	309,8	22,8	1 052,7
7 192,7	2 085,1	833,9	4 273,7	4 677,0	200,2	118,3	3 761,8
8 900,1	2 549,2	1 097,8	5 253,1	5 915,2	206,3	173,4	5 270,5
435,1	154,4	22,2	258,5	29,6	0,2	4,0	274,6
676,2	187,5	43,0	445,7	114,6	6,8	74,7	1 275,9
753,6	221,0	53,6	479,0	139,2	13,5	110,9	1 858,5
392,3	38,1	96,0	238,2	136,0	1,5	0,1	296,9
997,1	175,0	119,2	702,9	173,2	10,8	3,2	306,7
1 297,5	234,8	130,2	932,5	236,6	10,1	7,3	486,8
601,9	177,1	80,1	344,7	286,7	6,6	0,2	37,6
1 625,7	531,3	156,0	938,4	1 060,7	13,4	2,2	239,8
2 079,7	701,0	206,9	1 171,8	1 380,1	19,4	1,6	376,3
180,5	96,7	19,1	64,7	206,2	8,3	0,2	35,6
423,5	285,9	37,4	100,2	572,3	9,3	0,2	134,8
557,1	297,2	108,5	151,4	529,5	5,6	0,3	202,2
153,0	54,1	15,1	83,8	93,5	0,2	0,1	13,4
679,5	235,8	70,6	373,1	599,1	30,8	6,1	257,9
906,3	296,2	121,2	488,9	837,5	23,4	11,0	405,6
97,2	10,9	5,2	81,1	24,2	0,2	0,0	11,5
296,6	89,0	21,8	185,8	136,6	3,3	0,6	114,3
384,4	114,0	29,8	240,6	167,5	6,5	0,2	144,8
258,2	87,1	14,3	156,8	351,8	36,0	0,5	56,7
897,6	287,4	91,4	518,8	845,9	33,1	2,6	347,0
1 062,9	331,2	104,0	627,7	1 033,6	36,5	7,5	489,3

Quellen:
Statistisches Bundesamt: Der Außenhandel der Bundesrepublik Deutschland, Teil 3: Bezugs- und Absatzgebiete nach Warengruppen und -untergruppen, 1958, Nr. 4;
Außenhandel, Reihe 3: Spezialhandel nach Ländern und Warengruppen, 1968 und 1969.

Tabelle A 7

Importstruktur der Bundesrepublik nach Warengruppen[1] und Regionen[2] 1958, 1968 und 1969 in %, insgesamt = 100

Warengruppe [1]	Jahr	Importe insgesamt		EWG									
				Insgesamt		F		IT		NL		B/L	
		a	b	a	b	a	b	a	b	a	b	a	b
Importe insgesamt	1958	100	100,0	23,1	100,0	5,1	100,0	5,5	100,0	8,0	100,0	4,5	100,0
	1968	100	100,0	41,2	100,0	12,0	100,0	9,9	100,0	10,9	100,0	8,4	100,0
	1969	100	100,0	43,3	100,0	13,0	100,0	9,7	100,0	11,5	100,0	9,2	100,0
Nahrungs- und Genußmittel	1958	100	30,2	23,9	31,2	3,1	18,2	8,0	44,2	11,7	44,0	1,1	7,4
	1968	100	21,0	41,2	21,1	11,8	20,6	8,6	18,1	17,4	33,7	3,5	8,9
	1969	100	19,7	45,3	20,6	14,7	22,4	8,5	17,3	18,4	31,6	3,7	7,9
Industrielle Produkte	1958	100	68,9	22,7	67,6	6,0	80,6	4,4	55,7	6,3	54,4	6,0	90,8
	1968	100	77,6	41,3	77,8	12,1	78,0	10,4	81,1	9,1	64,9	9,7	90,1
	1969	100	79,0	42,8	78,1	12,5	76,1	10,1	82,0	9,7	66,8	10,6	91,2
Rohstoffe	1958	100	24,7	7,3	7,7	2,6	12,5	0,9	4,1	1,6	4,9	2,2	11,8
	1968	100	16,8	8,9	3,7	3,2	4,4	1,1	1,9	2,7	4,1	2,0	4,0
	1969	100	14,8	8,9	3,0	3,3	3,8	1,0	1,5	2,3	2,9	2,3	3,7
Brennstoffe	1958	100	7,3	2,2	0,7	1,3	1,9	0,0	0,0	0,6	0,5	0,3	0,5
	1968	100	7,5	3,5	0,6	0,6	0,4	0,3	0,3	2,1	1,5	0,4	0,3
	1969	100	6,2	1,7	0,2	0,4	0,2	—	—	0,8	0,4	0,5	0,3
Erze	1958	100	5,3	5,9	1,3	2,9	3,0	1,0	0,9	1,0	0,6	1,0	1,2
	1968	100	3,2	6,8	0,5	3,6	0,9	0,6	0,2	1,7	0,5	0,9	0,3
	1969	100	1,5	14,6	0,5	7,0	0,8	0,9	0,1	4,4	0,6	2,2	0,4
Halbwaren	1958	100	16,9	22,2	16,2	4,2	13,8	1,7	5,3	9,8	20,5	6,6	24,4
	1968	100	16,8	36,5	14,9	8,5	11,9	6,7	11,2	11,2	17,3	10,2	20,4
	1969	100	17,1	36,7	14,5	8,3	10,9	5,2	9,1	12,8	19,0	10,4	19,4
Textilhalbwaren	1958	100	1,8	57,8	4,5	21,2	7,5	8,0	2,7	12,1	2,7	16,5	6,6
	1968	100	1,7	72,7	3,0	20,7	3,0	16,0	2,8	16,5	9,2	19,5	4,0
	1969	100	1,6	74,7	2,8	19,7	2,4	16,3	2,7	18,8	2,5	19,9	3,5
Metalle	1958	100	6,2	21,1	5,6	2,6	3,1	0,6	0,7	9,8	7,5	8,1	11,0
	1968	100	7,0	28,5	4,8	7,2	4,2	1,8	1,3	6,9	15,7	12,5	10,4
	1969	100	7,6	25,3	4,4	7,0	4,1	1,1	0,8	6,3	4,2	10,9	9,0

[1] Warengruppen der Ernährungs- und der gewerblichen Wirtschaft.
[2] Herstellerländer.

Insgesamt		EFTA				USA		Kanada		Sonstige Bündnisländer		Übrige Länder	
		Mitglieder des Bündnissystems				Sonstige									
		GB		Andere											
a	b	a	b	a	b	a	b	a	b	a	b	a	b	a	b
20,9	100,0	4,4	100,0	5,3	100,0	11,2	100,0	13,5	100,0	3,1	100,0	1,4	100,0	37,9	100,0
15,6	100,0	4,2	100,0	3,1	100,0	8,3	100,0	10,9	100,0	1,4	100,0	1,1	100,0	29,8	100,0
15,6	100,0	4,0	100,0	3,2	100,0	8,4	100,0	10,5	100,0	1,3	100,0	1,1	100,0	28,3	100,0
12,4	17,9	0,7	4,6	9,7	54,9	2,1	5,6	10,8	24,2	3,4	33,1	3,2	67,2	46,3	36,9
6,6	8,9	1,0	5,3	4,3	28,6	1,3	3,2	11,4	22,1	0,9	14,0	3,0	59,0	36,8	26,0
6,1	7,7	0,6	3,2	4,2	26,3	1,2	2,9	9,9	18,8	0,7	11,3	3,1	56,7	34,8	24,3
24,3	80,0	6,0	94,5	3,3	42,9	15,0	92,0	14,7	75,4	3,0	66,7	0,7	32,0	34,5	62,7
17,7	87,9	5,0	92,7	2,8	69,1	9,9	92,6	10,8	77,2	1,5	85,1	0,6	40,1	28,1	73,3
17,7	89,7	4,8	95,2	2,9	72,0	10,0	93,7	10,7	80,4	1,4	87,7	0,6	42,2	26,9	74,9
12,4	14,6	1,9	10,8	2,2	10,1	8,3	18,2	17,4	31,9	2,1	16,9	1,4	23,2	59,5	38,7
9,2	9,9	1,4	5,5	2,3	12,5	5,5	11,1	5,4	8,3	2,6	31,7	1,3	20,0	72,6	40,9
9,9	9,4	1,6	6,0	2,6	11,9	5,7	10,1	5,0	7,0	2,6	30,8	1,2	16,2	72,4	37,8
1,0	0,3	0,6	1,0	0,3	0,4	0,1	0,0	37,3	20,1	—	—	—	—	59,5	11,4
0,6	0,3	0,5	0,9	0,1	0,1	0,0	0,0	3,3	2,2	0,0	0,0	0,0	0,1	92,7	23,5
1,0	0,4	0,9	1,4	0,0	0,1	0,0	0,0	2,9	1,7	0,0	0,0	0,0	0,0	94,4	20,6
34,2	8,6	0,8	0,9	6,4	6,3	27,0	12,7	1,8	0,7	7,1	12,2	2,2	7,9	48,9	6,8
26,5	5,4	0,7	0,6	5,1	5,1	20,7	7,9	3,1	0,9	10,2	23,4	0,9	2,7	52,4	5,6
51,5	5,0	1,7	0,6	10,2	4,8	39,7	7,1	6,9	1,0	18,7	22,3	2,1	3,0	6,1	0,3
28,6	23,1	6,6	25,6	4,3	13,5	17,7	26,6	11,7	14,7	3,3	17,7	0,3	3,8	33,8	15,0
19,9	21,3	6,5	26,0	4,5	23,9	8,9	18,0	10,4	16,0	2,9	35,6	0,4	6,6	29,8	16,8
20,1	22,0	5,6	24,1	4,7	25,0	9,8	19,8	9,6	15,7	3,0	40,3	0,6	9,4	30,1	18,1
32,5	2,8	13,3	5,5	0,7	0,2	18,5	3,0	4,7	0,6	0,0	0,0	0,0	0,0	5,0	0,2
11,7	1,3	5,4	2,2	0,4	0,2	6,0	1,2	5,5	0,9	0,0	0,0	1,7	2,7	8,3	0,5
10,8	1,1	5,3	2,1	0,4	0,2	5,1	1,0	4,3	0,7	0,0	0,0	2,5	3,8	7,7	0,4
23,7	7,0	8,4	11,8	7,9	9,1	7,4	4,1	11,4	5,2	8,2	16,3	0,8	3,3	34,8	5,7
22,1	9,8	7,1	11,8	8,9	19,8	6,0	5,1	6,4	4,1	4,3	21,6	0,5	3,0	38,3	9,0
20,6	10,0	6,3	11,9	8,4	20,0	5,8	5,2	9,4	6,8	4,0	24,2	0,7	4,9	40,1	10,7

noch Tabelle A 7

Warengruppe [1]	Jahr	Importe insgesamt		EWG							
				Insgesamt		F		IT		NL		B/L
---	---	---	---	---	---	---	---	---	---	---	---	---
Fertigwaren	1958	100	27,3	37,0	43,7	10,2	54,3	9,2	46,3	8,5	29,0	9,1	54,6
	1968	100	44,1	55,4	59,2	16,9	61,7	15,3	67,9	10,7	43,5	12,5	65,7
	1969	100	47,2	55,7	60,6	16,9	61,4	14,7	71,3	10,9	44,8	13,2	68,1
Textilien und Bekleidung	1958	100	4,9	50,9	10,7	8,3	7,9	21,9	19,5	11,3	6,8	9,4	10,1
	1968	100	7,7	65,8	12,4	15,1	9,7	28,2	22,0	11,6	8,3	10,8	10,0
	1969	100	8,3	64,6	12,4	13,9	8,9	29,3	25,1	11,0	8,0	10,5	9,5
Eisen- und Metallwaren	1958	100	5,2	49,3	11,2	18,2	18,6	1,8	1,7	7,1	4,6	22,2	25,7
	1968	100	6,7	72,4	11,7	19,5	10,8	11,5	7,7	10,4	6,4	31,1	24,7
	1969	100	7,2	70,9	11,7	18,4	10,2	10,5	7,7	10,8	6,8	31,2	24,3
Maschinen	1958	100	3,9	23,0	3,9	5,7	4,3	6,7	4,8	6,5	3,2	4,1	3,5
	1968	100	6,2	41,3	6,2	16,7	8,5	13,6	8,5	6,7	3,8	4,3	3,2
	1969	100	6,7	41,2	6,4	16,7	8,6	12,3	8,5	7,3	4,2	4,8	3,5
Fahrzeuge	1958	100	2,5	44,7	4,8	14,6	7,1	24,7	11,3	2,6	0,8	2,8	1,6
	1968	100	4,7	70,1	8,0	28,6	11,2	17,9	8,5	4,1	1,8	19,5	11,0
	1969	100	5,0	73,7	8,5	28,8	11,1	15,9	8,3	5,6	2,4	23,4	12,8
Elektrotechnische Erzeugnisse	1958	100	1,5	44,2	2,9	11,2	3,3	3,2	0,9	25,3	4,8	4,5	1,5
	1968	100	3,8	49,5	4,6	12,2	3,9	17,9	6,9	14,9	5,3	4,5	2,1
	1969	100	4,3	48,7	4,9	12,6	4,2	16,2	7,3	14,5	5,5	5,4	2,6
Feinmechanische und optische Erzeugnisse	1958	100	0,5	14,5	0,3	8,3	0,8	2,3	0,2	3,0	0,2	0,8	0,1
	1968	100	1,0	30,7	0,7	12,2	1,0	8,7	0,9	8,4	0,8	1,5	0,2
	1969	100	1,0	29,8	0,7	12,0	0,9	6,9	0,7	8,9	0,8	2,0	0,2
Pharmazeutische und chemische Erzeugnisse	1958	100	3,2	28,5	3,9	7,6	4,7	5,8	3,4	9,6	3,8	5,5	3,8
	1968	100	5,8	55,0	7,8	17,7	8,6	9,2	5,4	18,1	9,7	10,0	7,0
	1969	100	6,2	56,8	8,1	18,5	8,9	8,8	5,7	18,6	10,0	10,9	7,4

Insgesamt	EFTA			Sonstige		USA		Kanada		Sonstige Bündnisländer		Übrige Länder	
	Mitglieder des Bündnissystems													
		GB		Andere										
32,5	42,4	9,3	58,0	3,8	19,3	19,4	47,3	14,2	28,8	3,6	32,1	0,3	5,0	12,4	8,9
20,1	56,7	5,8	61,2	2,3	32,7	12,0	63,5	13,1	52,9	0,6	17,8	0,3	13,6	10,5	15,6
19,3	58,3	5,5	65,2	2,4	35,1	11,4	63,8	12,8	57,7	0,4	16,6	0,4	16,6	11,4	19,0
28,7	6,7	10,2	11,3	1,5	1,3	17,1	7,4	2,0	0,7	0,0	0,0	0,3	0,9	18,1	2,3
10,8	3,0	3,0	5,5	0,7	1,7	7,1	6,6	1,8	1,3	0,1	0,6	1,2	8,6	20,3	5,3
9,3	4,9	2,7	5,6	0,7	1,7	5,9	5,9	1,7	1,4	0,2	1,9	1,4	10,6	22,9	6,7
24,1	6,0	3,6	4,3	5,9	5,8	14,6	6,8	8,3	3,2	0,1	0,2	0,0	0,0	18,2	2,5
18,5	7,9	3,2	5,1	2,2	4,7	13,0	10,4	3,2	2,0	0,2	1,0	0,1	0,4	5,7	1,3
18,5	8,5	3,3	6,0	1,9	4,2	13,3	11,3	3,4	2,3	0,1	0,8	0,1	0,7	6,9	1,8
49,7	9,2	14,6	13,0	6,6	4,8	28,5	9,9	23,7	6,8	0,5	0,7	0,0	0,0	3,1	0,3
32,4	12,8	10,6	15,6	3,1	6,1	18,7	13,9	21,2	12,0	0,3	1,2	0,0	0,3	4,8	1,0
31,7	13,6	10,7	17,9	3,2	6,6	17,9	14,2	21,0	13,5	0,3	1,6	0,0	0,2	5,7	1,4
23,2	2,8	12,4	7,1	2,5	1,1	8,3	1,9	26,5	4,9	1,1	0,9	0,0	0,0	4,6	0,3
11,1	3,3	7,5	8,4	1,0	1,5	2,6	1,5	15,0	6,5	0,2	0,8	0,0	0,0	3,5	0,6
11,3	3,6	6,0	7,6	2,2	3,5	3,1	1,8	10,8	5,2	0,1	0,5	0,0	0,0	4,1	0,7
32,2	2,3	11,4	4,0	3,2	0,9	17,6	2,4	19,7	2,2	0,0	0,0	0,0	0,0	3,9	0,2
21,8	5,4	7,6	6,9	2,3	2,8	12,0	5,5	19,2	6,8	1,0	2,7	0,2	0,7	8,3	1,1
21,3	5,9	7,0	7,6	2,8	3,9	11,5	5,9	19,7	8,2	0,5	1,9	0,3	1,1	9,5	1,5
62,4	1,5	7,0	0,8	3,3	0,3	52,1	2,3	15,5	0,6	0,1	0,0	0,0	0,0	7,4	0,1
37,3	2,3	11,2	2,6	2,7	0,9	23,3	2,8	17,2	1,5	0,4	0,3	0,0	0,1	14,4	0,5
38,4	2,5	11,4	2,9	3,0	1,0	24,0	2,9	16,7	1,6	0,6	0,5	0,0	0,0	14,5	0,5
26,3	4,0	8,9	6,4	1,5	0,9	16,0	4,5	35,8	8,4	3,7	3,7	0,1	0,1	5,8	0,5
19,0	7,1	6,1	8,4	1,9	3,6	11,0	7,7	17,9	9,6	0,7	2,9	0,1	0,3	7,3	1,4
17,5	7,0	5,4	8,5	1,7	3,3	10,3	7,6	17,0	10,1	0,6	2,9	0,1	0,7	8,0	1,8

Quellen:
Statistisches Bundesamt: Der Außenhandel der Bundesrepublik Deutschland, Teil 3: Bezugs- und Absatzgebiete nach Warengruppen und -untergruppen, 1958, Nr. 4;
Außenhandel, Reihe 3: Spezialhandel nach Ländern und Warengruppen, 1968 und 1969.

Tabelle A 8

Außenhandel der DDR nach Regionen und Ländern 1960 bis 1969
in Mill. Valuta-Mark

	1960	1961	1962	1963
	Umsatz			
Gesamt	18 487,4	19 034,6	20 098,6	21 182,9
RGW [1]	12 457,9	13 449,6	15 001,9	15 713,7
davon				
UdSSR	7 907,4	8 327,1	9 823,5	10 287,2
CSSR	1 592,0	1 878,1	1 855,9	1 871,4
Polen	1 229,6	1 304,3	1 433,8	1 506,0
Ungarn	788,3	853,5	886,5	912,1
Bulgarien	519,5	628,3	587,4	716,3
Rumänien	421,1	458,3	414,8	420,7
Kapitalistische Industrieländer [2]	3 897,3	3 842,4	3 497,1	3 823,3
	Ausfuhr			
Gesamt	9 270,8	9 581,9	9 987,4	11 394,6
RGW [1]	6 351,6	6 683,3	7 453,7	8 564,1
davon				
UdSSR	3 883,6	3 830,2	4 589,7	5 361,4
CSSR	806,8	962,2	912,4	964,3
Polen	772,6	874,8	979,1	1 050,1
Ungarn	395,8	417,5	472,6	511,8
Bulgarien	289,9	351,6	267,9	410,9
Rumänien	202,9	247,0	232,0	265,6
Kapitalistische Industrieländer [2]	1 869,3	1 881,3	1 754,2	2 024,5
	Einfuhr			
Gesamt	9 216,6	9 452,7	10 111,2	9 788,3
RGW [1]	6 106,3	6 766,3	7 548,2	7 149,6
davon				
UdSSR	4 023,8	4 496,9	5 233,8	4 925,8
CSSR	785,2	915,9	943,5	907,1
Polen	457,0	429,5	454,7	455,9
Ungarn	392,5	436,0	413,9	400,3
Bulgarien	229,6	276,7	319,5	305,4
Rumänien	218,2	211,3	182,8	155,1
Kapitalistische Industrieländer [2]	2 022,0	1 961,1	1 742,9	1 799,3

[1] Ohne Albanien und Mongolei.
[2] Alle kapitalistischen Industrieländer Europas sowie Australien, Japan, Kanada, Neuseeland und USA.
1 Valuta-Mark = 0,24 US-$.
Quelle: Statistisches Jahrbuch der DDR 1970.

1964	1965	1966	1967	1968	1969
			Umsatz		
23 373,6	24 693,3	26 963,8	28 286,1	30 123,0	34 682,1
16 825,9	17 057,8	18 298,2	19 512,6	21 472,3	23 720,2
10 897,8	10 565,7	11 175,9	11 866,8	12 851,6	14 287,7
2 105,2	2 329,2	2 534,8	2 663,9	3 070,3	3 285,0
1 596,4	1 720,4	1 824,0	1 887,2	2 166,5	2 419,5
993,4	1 052,8	1 229,4	1 414,2	1 533,0	1 654,2
703,7	802,1	896,8	1 005,5	1 150,4	1 250,5
529,4	587,6	637,3	675,0	700,5	823,3
4 628,8	5 346,3	6 005,5	6 037,6	6 001,4	8 002,4
			Ausfuhr		
12 312,4	12 892,9	13 460,8	14 515,2	15 893,8	17 443,0
9 007,3	9 084,4	9 229,2	10 109,1	11 321,6	11 800,2
5 811,2	5 504,6	5 361,1	5 912,5	6 582,7	6 961,7
1 056,1	1 225,8	1 301,1	1 328,1	1 689,4	1 740,7
988,2	1 131,6	1 174,6	1 195,2	1 224,1	1 324,0
521,9	531,8	592,1	770,5	812,7	779,2
365,5	408,5	442,1	525,2	636,6	640,6
264,4	282,1	358,2	377,6	376,1	354,0
2 306,9	2 665,0	2 727,9	2 881,5	3 045,2	3 908,2
			Einfuhr		
11 061,2	11 800,4	13 503,0	13 770,9	14 229,2	17 239,1
7 818,6	7 973,4	9 069,0	9 403,5	10 150,7	11 920,0
5 086,6	5 061,1	5 814,8	5 954,3	6 268,9	7 326,0
1 049,1	1 103,4	1 233,7	1 335,8	1 380,9	1 544,3
608,2	588,8	649,4	692,0	942,4	1 095,5
471,5	521,0	637,3	643,7	720,3	875,0
338,2	393,6	454,7	480,3	513,8	609,9
265,0	305,5	279,1	297,4	324,4	469,3
2 321,9	2 681,3	3 277,6	3 156,1	2 956,2	4 094,2

Tabelle A 9

Struktur des Außenhandels der DDR nach Regionen und Ländern 1960 bis 1969
in %, insgesamt = 100

	1960	1961	1962	1963	1964	1965	1966	1967	1968	1969
					Umsatz					
Gesamt	100,0	100,0	100,0	100,0	100,0	100,0	100,0	100,0	100,0	100,0
RGW [1]	67,4	70,7	74,6	74,2	72,0	69,1	67,9	69,0	71,3	68,4
davon:										
UdSSR	42,8	43,7	48,9	48,6	46,6	42,8	41,4	42,0	42,7	41,2
CSSR	8,6	9,9	9,2	8,8	9,0	9,4	9,4	9,4	10,2	9,5
Polen	6,7	6,9	7,1	7,1	6,8	7,0	6,8	6,7	7,2	7,0
Ungarn	4,3	4,5	4,4	4,3	4,3	4,3	4,6	5,0	5,1	4,8
Bulgarien	2,8	3,3	2,9	3,4	3,0	3,2	3,3	3,6	3,8	3,6
Rumänien	2,3	2,4	2,1	2,0	2,3	2,4	2,4	2,4	2,3	2,4
Kapitalistische Industrieländer [2]	21,1	20,2	17,4	18,0	19,8	21,7	22,3	21,3	19,9	23,1
					Ausfuhr					
Gesamt	100,0	100,0	100,0	100,0	100,0	100,0	100,0	100,0	100,0	100,0
RGW [1]	68,5	69,7	74,6	75,2	73,2	70,5	68,6	69,6	71,2	67,7
davon:										
UdSSR	41,9	40,0	46,0	47,1	47,2	42,7	39,8	40,7	41,4	39,9
CSSR	8,7	10,0	9,1	8,5	8,6	9,5	9,7	9,1	10,6	10,0
Polen	8,3	9,1	9,8	9,2	8,0	8,8	8,7	8,2	7,7	7,6
Ungarn	4,3	4,4	4,7	4,5	4,2	4,1	4,4	5,3	5,1	4,5
Bulgarien	3,1	3,7	2,7	3,6	3,0	3,2	3,3	3,6	4,0	3,7
Rumänien	2,2	2,6	2,3	2,3	2,1	2,2	2,7	2,6	2,4	2,0
Kapitalistische Industrieländer [2]	20,2	19,6	17,6	17,8	18,7	20,7	20,3	19,9	19,2	22,4
					Einfuhr					
Gesamt	100,0	100,0	100,0	100,0	100,0	100,0	100,0	100,0	100,0	100,0
RGW [1]	66,3	71,6	74,7	73,0	70,7	67,6	67,2	68,3	71,3	69,1
davon:										
UdSSR	43,7	47,6	51,8	50,3	46,0	42,9	43,1	43,2	44,1	42,5
CSSR	8,5	9,7	9,3	9,3	9,5	9,4	9,1	9,7	9,7	9,0
Polen	5,0	4,5	4,5	4,7	5,5	5,0	4,8	5,0	6,6	6,4
Ungarn	4,3	4,6	4,1	4,1	4,3	4,4	4,7	4,7	5,1	5,1
Bulgarien	2,5	2,9	3,2	3,1	3,1	3,3	3,4	3,5	3,6	3,5
Rumänien	2,4	2,2	1,8	1,6	2,4	2,6	2,1	2,2	2,3	2,7
Kapitalistische Industrieländer [2]	22,0	20,7	17,2	18,4	21,0	22,7	24,3	22,9	20,8	23,7

[1] Ohne Albanien und Mongolei.
[2] Alle kapitalistischen Industrieländer Europas sowie Australien, Japan, Kanada, Neuseeland und USA.
Quelle: Statistisches Jahrbuch der DDR 1970.

Tabelle A 10

Bevölkerung der Bundesrepublik und der DDR, Bestand und Entwicklung 1955 bis 1969
Jahresdurchschnitte in 1000 Personen

Jahr	BRD			DDR		
	Bestand	Veränderung absolut	Veränderung in %	Bestand	Veränderung absolut	Veränderung in %
1955	52 382	.	.	17 944	.	.
1956	53 008	+626	+1,19	17 716	−228	−1,27
1957	53 656	+648	+1,22	17 517	−199	−1,12
1958	54 292	+636	+1,19	17 355	−162	−0,92
1959	54 876	+584	+1,08	17 298	− 57	−0,33
1960	55 433	+557	+1,02	17 241	− 57	−0,33
1961	56 175 [1]	+742	+1,34	17 125	−116	−0,67
1962	56 938	+763	+1,36	17 102	− 23	−0,13
1963	57 587	+649	+1,14	17 155	+ 53	+0,31
1964	58 266	+679	+1,18	16 983 [2]	−172	−1,00
1965	59 012	+746	+1,28	17 020	+ 37	+0,22
1966	59 638	+626	+1,06	17 058	+ 38	+0,22
1967	59 873	+235	+0,39	17 082	+ 24	+0,14
1968	60 184	+311	+0,52	17 084	+ 2	+0,01
1969	60 848	+664	+1,10	17 076	− 8	−0,05

[1] Ergebnis der Volks- und Berufszählung vom 6. Juni 1961.
[2] Korrektur durch Volks- und Berufszählung vom 31. Dezember 1964.

Quellen: Statistisches Jahrbuch der BRD 1969 und 1970.
Statistisches Jahrbuch der DDR 1970.

Tabelle A 11

Bevölkerung der Bundesrepublik und der DDR nach Alter und Geschlecht am 31. Dezember 1968

Altersgruppen Alter von ... bis unter ... Jahren	BRD						weibliche Personen auf 1000 männliche
	absolut in 1000			%			
	insgesamt	m	w	insgesamt	m	w	
0 bis 5	5 012,1	2 566,8	2 445,4	8,3	8,9	7,7	953
5 bis 10	4 877,2	2 497,5	2 379,7	8,1	8,7	7,5	953
10 bis 15	4 182,4	2 143,5	2 038,9	6,9	7,5	6,4	951
15 bis 20	3 986,6	2 041,2	1 945,3	6,6	7,1	6,1	953
20 bis 25	3 664,2	1 876,7	1 787,5	6,1	6,5	5,6	952
25 bis 30	4 768,7	2 492,8	2 275,9	7,9	8,7	7,2	913
30 bis 35	4 629,0	2 408,9	2 220,1	7,7	8,4	7,0	922
35 bis 40	3 795,0	1 965,8	1 829,2	6,3	6,8	5,8	931
40 bis 45	3 866,5	1 828,1	2 038,4	6,4	6,4	6,4	1 115
45 bis 50	3 760,7	1 583,5	2 177,2	6,2	5,5	6,9	1 375
50 bis 55	2 625,1	1 096,0	1 529,2	4,3	3,8	4,8	1 395
55 bis 60	3 858,9	1 632,9	2 226,0	6,4	5,7	7,0	1 363
60 bis 65	3 686,0	1 592,3	2 093,8	6,1	5,5	6,6	1 315
65 bis 70	3 080,8	1 307,7	1 773,1	5,1	4,6	5,6	1 356
70 bis 75	2 185,4	807,3	1 378,1	3,6	2,8	4,3	1 707
75 bis 80	1 394,6	488,6	906,0	2,3	1,7	2,9	1 854
80 bis 85	738,9	262,8	476,2	1,2	0,9	1,5	1 812
85 bis 90	275,5	98,2	177,3	0,5	0,3	0,6	1 805
über 90	75,3	25,8	49,5	0,1	0,1	0,2	1 919
insgesamt	60 463,0	28 716,2	31 746,8	100	100	100	1 106

Quellen: Statistisches Bundesamt, Fachserie A, Reihe 1, II, 1968, S. 4 f.
Statistisches Jahrbuch der DDR 1969, S. 433.

DDR						
absolut in 1000			%			weibliche Personen auf 1000 männliche
insgesamt	m	w	insgesamt	m	w	
1 306,8	670,5	636,2	7,6	8,5	6,9	949
1 426,7	730,5	696,2	8,3	9,3	7,5	953
1 297,1	665,1	632,0	7,6	8,5	6,8	950
1 255,8	644,5	611,3	7,3	8,2	6,6	948
876,4	444,0	432,4	5,1	5,7	4,7	974
1 301,7	654,7	647,0	7,6	8,3	7,0	988
1 252,9	631,0	621,9	7,3	8,0	6,7	986
1 021,7	509,7	512,0	6,0	6,5	5,5	1 005
932,1	400,1	532,1	5,5	5,1	5,8	1 330
918,4	349,5	568,9	5,4	4,5	6,2	1 628
637,5	239,2	398,2	3,7	3,1	4,3	1 665
1 098,2	426,3	671,9	6,4	5,4	7,3	1 576
1 141,6	474,9	666,7	6,7	6,1	7,2	1 404
1 009,9	421,5	588,4	5,9	5,4	6,4	1 396
744,0	275,2	468,8	4,4	3,5	5,1	1 703
487,4	171,7	315,7	2,9	2,2	3,4	1 839
263,9	94,3	169,7	1,5	1,2	1,8	1 800
91,7	32,7	59,0	0,5	0,4	0,6	1 804
23,5	8,0	15,4	0,1	0,1	0,2	1 925
17 087,3	7 843,4	9 243,8	100	100	100	1 179

Tabelle A 12

Lebend- und Totgeborene
je 1000 der weiblichen Bevölkerung einzelner Altersjahrgänge der Bundesrepublik und der DDR
(altersspezifische Fruchtbarkeitsziffern) 1964 bis 1968

Altersgruppe [1] Alter von ... bis unter ... Jahren	1964 BRD	1964 DDR	1965 BRD	1965 DDR	1966 BRD	1966 DDR	1967 BRD	1967 DDR	1968 BRD	1968 DDR
14 bis 15	0,9	.	0,9	.	0,9	.	0,9	.	1,0	.
15 bis 16	5,3	5,5	5,4	5,7	5,6	4,6	5,3	3,9	5,5	3,7
16 bis 17	21,2	26,6	21,1	27,2	22,5	24,2	22,0	21,8	23,0	20,2
17 bis 18	50,3	69,5	51,4	73,5	53,0	68,8	54,0	65,3	54,5	61,8
18 bis 19	83,4	133,0	87,0	135,5	91,8	133,9	92,6	131,4	92,7	125,5
19 bis 20	107,1	176,3	114,1	180,0	125,2	181,1	126,4	179,6	124,4	180,7
20 bis 21	127,3	191,9	132,7	193,8	142,2	193,3	150,2	200,2	146,9	205,4
21 bis 22	148,7	189,0	149,9	192,7	156,5	192,7	161,1	195,3	159,7	203,2
22 bis 23	164,7	186,8	159,7	183,5	163,9	185,2	164,3	183,6	157,6	185,7
23 bis 24	175,4	179,8	168,9	176,4	169,3	175,3	165,6	172,2	156,3	171,5
24 bis 25	178,5	167,7	173,4	167,0	172,4	162,0	165,5	157,3	155,0	154,3
25 bis 26	176,8	158,0	172,3	154,3	170,6	152,2	163,6	143,5	153,2	138,5
26 bis 27	169,5	142,9	164,9	140,3	164,5	139,0	157,4	129,9	147,6	126,4
27 bis 28	157,2	130,1	154,7	126,4	154,5	123,4	148,8	116,5	139,7	111,0
28 bis 29	145,4	116,1	140,5	113,1	141,6	108,0	137,1	104,0	130,2	99,0
29 bis 30	132,8	105,4	129,1	100,0	127,7	98,3	124,1	92,3	117,6	87,0
30 bis 31	119,7	95,4	115,2	90,8	113,9	85,3	110,1	80,6	104,8	76,9
31 bis 32	106,4	82,6	103,3	80,0	101,2	76,0	96,8	69,7	92,2	68,1
32 bis 33	93,7	71,7	90,6	69,6	90,4	66,8	86,2	61,5	80,1	58,5
33 bis 34	80,3	61,7	78,5	60,5	77,8	58,8	76,4	54,2	72,0	51,7
34 bis 35	69,5	52,9	66,8	52,0	66,6	50,3	65,5	46,9	63,5	45,4
35 bis 36	59,4	45,0	57,9	43,0	57,4	42,1	56,3	37,6	54,5	38,8
36 bis 37	50,7	38,1	48,3	36,3	47,9	34,2	45,9	32,2	45,6	30,8
37 bis 38	42,1	31,4	40,3	29,9	39,6	28,3	38,2	26,3	37,0	24,8
38 bis 39	33,3	25,4	32,6	24,1	31,8	21,4	30,6	20,2	30,0	20,1
39 bis 40	26,9	19,5	25,7	19,2	24,5	16,7	24,1	13,8	23,4	13,0
40 bis 41	20,5	14,7	19,9	14,0	18,3	10,8	17,7	9,8	17,4	7,9
41 bis 42	14,5	10,6	13,7	9,5	13,5	7,2	12,0	5,9	12,1	5,4
42 bis 43	9,6	7,0	9,1	6,4	8,8	4,4	8,4	4,1	8,0	3,4
43 bis 44	5,4	4,3	5,4	3,6	5,4	2,6	5,2	2,2	5,0	2,0
44 bis 45	.	2,4	.	2,0	.	1,3	.	1,3	.	1,1

[1] Bevölkerungszahl und Altersgruppierung: BRD — Jahresmitte, DDR — Jahresanfang.

Quellen: Statistisches Jahrbuch der BRD, 1966—1970.
Statistisches Jahrbuch der DDR, 1969, 1970.

Die altersspezifischen Fruchtbarkeitsziffern werden in der Bundesrepublik im Gegensatz zur DDR nur für die Lebendgeborenen errechnet. Um die Statistiken beider Staaten vergleichbar zu machen, wurden in die Ziffern der Bundesrepublik die Totgeborenen hineingerechnet.
Berechnung (je Altersjahrgang):

$$\text{Altersspezifische Fruchtbarkeitsziffer für Lebend- und Totgeborene} = \frac{\text{Lebend- und Totgeborene}}{\text{Lebendgeborene}} \times \text{Altersspezifische Fruchtbarkeitsziffer für Lebendgeborene}$$

Die Vergleichbarkeit in Tabelle A 12 ist insoweit noch eingeschränkt, als in der Bundesrepublik für die Berechnung der Fruchtbarkeitsziffern der Frauenbestand je Altersjahrgang in der Jahresmitte verwendet wird, in der DDR dagegen der am Jahresanfang.

Tabelle A 13

Geborene, Gestorbene, Geburtenüberschuß der Bundesrepublik und der DDR 1964 bis 1969

Jahr	BRD			DDR		
	Geborene	Gestorbene	Überschuß	Geborene	Gestorbene	Überschuß
a) absolute Zahlen						
1964	1 065 437	644 128	+421 309	291 867	226 191	+65 676
1965	1 044 328	677 628	+366 700	281 058	230 254	+50 804
1966	1 050 345	686 321	+364 024	267 958	225 663	+42 295
1967	1 019 459	687 349	+332 110	252 817	227 068	+25 749
1968	969 825	734 061	+235 764	245 143	242 473	+ 2 670
1969 [1]	903 458	744 360	+159 098	239 256	243 368	− 4 112
b) Verhältniszahlen (auf 1000 Einwohner)						
1964	18,3	11,1	7,2	17,2	13,3	3,9
1965	17,7	11,5	6,2	16,5	13,5	3,0
1966	17,6	11,5	6,1	15,7	13,2	2,5
1967	17,0	11,5	5,5	14,8	13,3	1,5
1968	16,1	12,2	3,9	14,4	14,2	0,2
1969 [1]	14,9	12,2	2,6	14,0	14,3	−0,2

[1] Vorläufige Zahlen.

Quellen: Statistisches Jahrbuch der BRD 1969, S. 44.
Statistisches Jahrbuch der DDR 1969, S. 463 f., S. 473; 1970, S. 442 f., Bevölkerungsstatistisches Jahrbuch.

Tabelle A 14

Eheschließungen in der Bundesrepublik und in der DDR nach Alter und Geschlecht 1968

Altersgruppen Alter von ... bis unter ... Jahren	Männer				Frauen			
	absolut		%		absolut		%	
	BRD	DDR	BRD	DDR	BRD	DDR	BRD	DDR
unter 18	5	.	0,0	.	22 771	.	5,1	.
18 bis 19	2 911	2 234	0,7	1,9	38 181	18 807	8,6	15,7
19 bis 20	11 390	5 036	2,6	4,2	52 197	17 773	11,8	14,9
20 bis 21	19 368	7 603	4,4	6,4	49 675	15 466	11,2	12,9
21 bis 22	47 284	10 898	10,6	9,1	50 082	11 614	11,3	9,7
22 bis 23	31 718	9 705	7,1	8,1	28 951	6 453	6,5	5,4
23 bis 24	37 177	12 570	8,4	10,5	27 749	6 746	6,2	5,6
24 bis 25	41 506	12 593	9,3	10,5	26 560	6 160	6,0	5,1
25 bis 26	36 685	9 596	8,3	8,0	20 986	4 494	4,7	3,8
26 bis 27	34 243	8 205	7,7	6,9	17 597	3 833	4,0	3,2
27 bis 28	30 832	6 607	6,9	5,5	15 156	3 229	3,4	2,7
28 bis 29	26 611	5 374	6,0	4,5	12 754	2 911	2,9	2,4
29 bis 30	19 897	3 949	4,5	3,3	10 071	2 303	2,3	1,9
30 bis 31	14 628	2 867	3,3	2,4	7 548	1 878	1,7	1,6
31 bis 32	11 144	2 202	2,5	1,8	6 174	1 540	1,4	1,3
32 bis 33	8 702	1 848	2,0	1,5	5 309	1 385	1,2	1,2
33 bis 34	7 277	1 535	1,6	1,3	4 675	1 328	1,1	1,1
34 bis 35	5 203	1 161	1,2	1,0	3 562	982	0,8	0,8
35 bis 40	16 891	4 072	3,8	3,4	12 860	3 420	2,9	2,9
40 bis 45	10 252	2 457	2,3	2,1	10 020	2 529	2,3	2,1
45 bis 50	7 101	1 778	1,6	1,5	8 403	2 524	1,9	2,1
50 bis 55	4 751	1 202	1,1	1,0	4 652	1 589	1,0	1,3
55 bis 60	6 144	1 951	1,4	1,6	4 038	1 455	0,9	1,2
60 und älter	12 430	4 233	2,8	3,5	4 179	1 257	0,9	1,1
	444 150	119 676	100	100	444 150	119 676	100	100

Quellen: Statistisches Jahrbuch der BRD 1970, S. 47.
Statistisches Jahrbuch der DDR 1970, S. 452; S. 453.

Tabelle A 15

Durchschnittliches Heiratsalter in der Bundesrepublik und in der DDR nach Geschlecht, 1960 bis 1968

Jahr	Männer		Frauen	
	BRD	DDR	BRD	DDR
1960	28,5	27,6	25,2	25,0
1961	28,4	27,9	25,2	25,3
1962	28,3	27,3	25,2	24,8
1963	28,4	27,6	25,3	25,2
1964	28,5	28,0	25,3	25,5
1965	28,5	28,1	25,4	25,5
1966	28,6	28,4	25,3	25,6
1967	28,6	28,3	25,3	25,4
1968	28,5	28,2	25,2	25,2

Quellen: Bevölkerung und Kultur, Reihe 2, 1967, S. 53.
Statistisches Jahrbuch der DDR, 1969, S. 457.

Tabelle A 16

Durchschnittliches Erstheiratsalter in der Bundesrepublik und in der DDR nach Geschlecht, 1960 bis 1968

Jahr	Männer		Frauen	
	BRD	DDR	BRD	DDR
1960	25,9	23,9	23,7	22,5
1961	25,9	24,3	23,7	23,0
1962	25,8	23,8	23,7	22,5
1963	25,9	23,9	23,7	22,7
1964	25,9	24,1	23,7	22,9
1965	26,0	24,2	23,7	22,9
1966	26,0	24,5	23,6	22,9
1967	26,0	24,5	23,5	22,6
1968	25,8	24,5	23,3	22,4

Quellen: Statistisches Jahrbuch der BRD, 1969, S. 44; S. 47.
Statistisches Jahrbuch der DDR, 1969, S. 444; 1970, S. 455.

Tabelle A 17

Wohnbevölkerung der Bundesrepublik und der DDR nach Altersgruppen, Geschlecht und Familienstand

Altersgruppen Alter von ... bis unter ... Jahren	ledig				verheiratet			
	absolut (1000)		%		absolut (1000)		%	
	BRD	DDR	BRD	DDR	BRD	DDR	BRD	DDR
Insgesamt								
unter 15	13 683	4 070	100,0	100,0	—	—	—	—
15 bis 20	3 834	1 057	98,1	96,4	73	39	1,9	3,6
20 bis 25	2 493	436	66,3	45,5	1 243	505	33,1	52,7
25 bis 30	1 424	211	28,1	15,4	3 575	1 108	70,5	81,1
30 bis 35	540	88	12,9	7,8	3 751	998	84,9	88,3
35 bis 40	343	66	8,6	6,4	3 507	919	88,3	89,1
40 bis 45	310	69	8,1	7,7	3 320	762	86,9	85,3
45 bis 50	235	49	7,5	6,4	2 598	624	83,4	82,1
50 bis 55	226	43	6,6	4,8	2 680	697	78,8	77,9
55 bis 60	264	55	6,7	4,8	2 935	870	74,9	75,1
60 bis 65	275	63	7,6	5,4	2 559	830	70,7	71,3
65 und älter	632	162	8,6	6,4	3 626	1 268	49,3	49,8
männlich								
unter 15	7 010	2 086	100,0	100,0	—	—	—	—
15 bis 20	2 004	557	99,9	99,3	2	4	0,1	0,7
20 bis 25	1 581	292	81,7	60,6	350	185	18,1	38,4
25 bis 30	1 005	134	37,8	19,5	1 630	535	61,3	77,8
30 bis 35	340	40	15,6	7,0	1 806	514	82,9	90,3
35 bis 40	166	17	8,1	3,4	1 841	469	90,2	94,2
40 bis 45	92	9	5,5	2,5	1 562	337	92,5	95,2
45 bis 50	58	6	4,4	2,1	1 220	276	93,1	95,5
50 bis 55	61	7	4,2	2,1	1 330	322	92,6	94,7
55 bis 60	73	10	4,4	2,2	1 527	432	90,7	93,5
60 bis 65	73	13	4,6	2,6	1 414	455	88,2	91,0
65 und älter	109	22	3,8	2,3	2 146	746	75,3	76,4
weiblich								
unter 15	6 673	1 984	100,0	100,0	—	—	—	—
15 bis 20	1 830	500	96,2	93,5	71	35	3,7	6,5
20 bis 25	912	144	50,0	30,3	893	321	49,0	67,4
25 bis 30	419	76	17,3	11,2	1 945	574	80,6	84,7
30 bis 35	200	48	10,0	8,6	1 733	484	87,0	86,3
35 bis 40	177	49	9,2	9,2	1 666	449	86,3	84,2
40 bis 45	218	60	10,3	11,1	1 758	425	82,5	78,9
45 bis 50	177	43	9,8	9,1	1 378	348	76,5	73,9
50 bis 55	165	36	8,4	6,5	1 350	375	68,7	67,6
55 bis 60	191	44	8,5	6,3	1 408	438	63,0	62,9
60 bis 65	202	51	10,0	7,7	1 145	375	56,7	56,4
65 und älter	523	140	11,6	8,9	1 480	522	32,8	33,3

Quellen: Statistisches Jahrbuch der BRD, 1968, S. 36; Bevölkerung und Kultur, Reihe 1, Bevölkerungsstand und Entwicklung, 1966, S. 24.
Bevölkerungsstatistisches Jahrbuch der DDR, 1969, S. 47 ff.

verwitwet				geschieden			
absolut (1000)		%		absolut (1000)		%	
BRD	DDR	BRD	DDR	BRD	DDR	BRD	DDR

Insgesamt

BRD	DDR	BRD	DDR	BRD	DDR	BRD	DDR
—	—	—	—	—	—	—	—
34	10	0,2	0,2	155	98	0,9	2,2
125	31	1,6	1,6	185	78	2,4	4,1
565	156	8,7	9,4	211	87	3,2	5,3
1 272	399	16,9	17,2	236	107	3,1	4,6
2 949	1 045	40,1	41,0	148	72	2,0	2,8

männlich

BRD	DDR	BRD	DDR	BRD	DDR	BRD	DDR
—	—	—	—	—	—	—	—
8	2	0,1	0,1	53	38	0,6	1,7
15	3	0,4	0,4	55	18	1,5	2,1
27	6	1,0	1,0	51	12	1,9	1,9
120	32	3,6	3,3	80	20	2,4	2,1
552	194	19,4	19,9	41	15	1,4	1,5

weiblich

BRD	DDR	BRD	DDR	BRD	DDR	BRD	DDR
—	—	—	—	—	—	—	—
26	8	0,3	0,4	102	59	1,3	2,6
110	29	2,7	2,7	130	60	3,2	5,6
538	150	14,3	14,6	160	75	4,2	7,3
1 152	367	27,1	27,0	156	87	3,7	6,4
2 397	851	53,2	54,2	107	56	2,4	3,6

Tabelle A 18

Gestorbene der Bundesrepublik und der DDR nach Geschlecht und 5er Altersgruppen je 1000 der Bevölkerung entsprechenden Alters 1968

(altersspezifische Sterbeziffer)

Altersgruppen Alter von ... bis unter ... Jahren	männlich		weiblich	
	BRD	DDR	BRD	DDR
unter 1	25,7	22,5	19,6	17,3
1 bis 5	1,1	1,1	0,9	0,9
5 bis 10	0,6	0,5	0,4	0,4
10 bis 15	0,5	0,5	0,3	0,3
15 bis 20	1,3	1,1	0,5	0,5
20 bis 25	1,6	1,6	0,6	0,6
25 bis 30	1,5	1,5	0,7	0,7
30 bis 35	1,7	1,6	0,9	1,0
35 bis 40	2,4	2,3	1,4	1,5
40 bis 45	3,5	3,2	2,2	2,3
45 bis 50	5,7	5,3	3,5	3,5
50 bis 55	9,6	9,2	5,4	5,4
55 bis 60	15,7	14,5	7,9	8,4
60 bis 65	27,2	25,8	13,1	13,4
65 bis 70	44,7	42,2	23,0	23,7
70 bis 75	68,7	67,7	41,3	43,5
75 bis 80	103,4	107,2	73,4	79,5
80 bis 85	161,1	168,5	129,5	141,5
85 bis 90	248,9	269,5	211,0	235,3
90 und älter	369,9	389,6	326,0	367,1
insgesamt	13,0	14,7	11,4	13,8

Quellen: Statistisches Jahrbuch der BRD, 1970.
Statistisches Jahrbuch der DDR, 1970.

Tabelle A 19

Säuglingssterblichkeit in der Bundesrepublik und in der DDR
nach Geschlecht und Monaten je 100 000 Lebendgeborene 1967

Lebensmonat	Knaben		Mädchen	
	BRD	DDR	BRD	DDR
1. Lebensmonat	2 020	1 587	1 543	1 204
2. Lebensmonat	104	164	78	102
3. Lebensmonat	80	151	58	89
4. Lebensmonat	58	129	48	90
5. Lebensmonat	56	82	48	77
6. Lebensmonat	55	61	39	44
7. Lebensmonat	49	48	34	52
8. Lebensmonat	39	41	32	50
9. Lebensmonat	34	37	31	46
10. Lebensmonat	30	45	26	37
11. Lebensmonat	26	38	23	23
12. Lebensmonat	26	31	20	24
1. Lebensjahr	2 564	2 411	1 972	1 830

Quellen: Bevölkerung und Kultur, Reihe 2, 1967, S. 77. Statistisches Jahrbuch der BRD, 1970.
Statistisches Jahrbuch der DDR, 1970, S. 460.

Tabelle A 20

Säuglingssterblichkeit in der Bundesrepublik und in der DDR
je 1000 Lebendgeborene 1964 bis 1969

Jahr	BRD	DDR
1964	25,3	28,6
1965	23,8	24,8
1966	23,6	22,9
1967	22,8	21,4
1968	22,6	20,2
1969	23,1	20,0

Quellen: Statistisches Jahrbuch der BRD, 1970.
Statistisches Jahrbuch der DDR, 1970.

Tabelle A 21

Lebenserwartung in der Bundesrepublik und in der DDR nach Alter und Geschlecht 1965/67

Altersgruppe (vollendetes Lebensjahr)	männlich		weiblich	
	BRD	DDR	BRD	DDR
0	67,55	67,96	73,58	73,08
1	68,34	68,53	74,07	73,38
2	67,46	67,73	73,18	72,57
5	64,64	64,91	70,33	69,72
10	59,84	60,07	65,47	64,86
15	54,98	55,20	60,56	59,95
20	50,32	50,49	55,71	55,09
25	45,71	45,87	50,87	50,26
30	41,04	41,20	46,04	45,42
35	36,37	36,51	41,24	40,64
40	31,79	31,90	36,52	35,92
45	27,30	27,38	31,90	31,31
50	23,01	23,06	27,41	26,82
55	18,96	18,97	23,06	22,47
60	15,29	15,19	18,88	18,30
65	12,10	11,90	14,98	14,38
70	9,45	9,12	11,46	10,85
75	7,19	6,80	8,45	7,87
80	5,28	4,91	6,05	5,50
85	3,84	3,44	4,33	3,80
90	2,77	2,48	3,16	2,64

Quellen: Statistisches Jahrbuch der BRD, 1970, S. 51.
Statistisches Jahrbuch der DDR, 1970, S. 470.

Tabelle A 22

Wanderungen über die Außengrenzen der Bundesrepublik nach Altersgruppen 1962 bis 1968
(ohne DDR und ehemalige Ostgebiete)

in 1000 Personen

	Zuzüge			Fortzüge			Saldo		
	unter 16	16 bis 65	über 65	unter 16	16 bis 65	über 65	unter 16	16 bis 65	über 65
Insgesamt									
1962 [1]	35,5	515,9	6,6	20,6	295,3	3,8	+14,9	+220,6	+2,8
1963 [1]	40,9	518,2	7,2	26,7	388,8	4,6	+14,2	+129,4	+2,6
1964	53,6	636,3	8,8	33,7	418,4	5,7	+19,9	+217,9	+3,1
1965	68,0	713,9	9,9	37,0	446,4	6,1	+31,0	+267,5	+3,8
1966	72,9	618,6	10,9	52,1	548,3	8,4	+20,8	+ 70,3	+2,5
1967	59,2	329,2	10,0	69,6	527,3	7,3	−10,4	−198,1	+2,7
1968	85,9	561,1	10,6	54,6	342,4	7,3	+31,3	+218,7	+3,3
Darunter: männlich									
1962 [1]	19,0	393,1	2,7	10,8	224,0	1,6	+ 8,2	+169,1	+1,1
1963 [1]	21,6	384,7	2,9	14,0	300,4	1,8	+ 7,6	+ 84,3	+1,1
1964	28,8	478,3	3,4	17,8	314,5	2,2	+11,0	+163,8	+1,2
1965	36,1	521,8	3,8	19,8	337,9	2,4	+16,3	+183,9	+1,4
1966	38,8	427,2	4,3	28,2	413,4	3,6	+10,6	+ 13,8	+0,7
1967	31,2	206,5	3,8	37,2	367,0	2,8	− 6,0	−160,5	+1,0
1968 [2]	45,8	372,5	4,0	29,4	229,2	2,8	+16,4	+143,3	+1,2

[1] Ohne Berlin.
[2] Auskunft des Statistischen Bundesamtes.

Quelle: Statistisches Jahrbuch der BRD, 1970, S. 57; Statistisches Bundesamt, Fachserie A, Reihe 3, II, 1962—1967.

Tabelle A 23

Wanderungen zwischen der Bundesrepublik und der DDR sowie zwischen der Bundesrepublik und ehemaligen Ostgebieten 1960 bis 1968

in 1000 Personen

	Zuzüge aus		Fortzüge nach		Saldo	
	DDR	Ostgebiete	DDR	Ostgebiete	DDR	Ostgebiete
			Insgesamt			
1960 [1]	130,6	7,9	20,1	0,7	+110,5	+ 7,2
1961 [1]	124,7	7,7	14,6	0,1	+110,1	+ 7,6
1962 [2]	15,3	8,1	6,9	0,1	+ 8,4	+ 8,0
1963 [2]	35,0	9,2	4,1	0,1	+ 30,9	+ 9,1
1964 [2]	29,5	12,1	4,4	0,3	+ 25,1	+11,8
1965	29,5	13,7	5,6	0,3	+ 23,9	+13,4
1966	24,3	16,7	4,3	0,4	+ 20,0	+16,3
1967	20,7	10,4	3,6	0,3	+ 17,1	+10,1
1968	18,6	8,0	2,9	0,2	+ 15,7	+ 7,8
			Darunter: männlich			
1960 [1]	62,3	3,2	11,6	0,3	+ 50,7	+ 2,9
1961 [1]	61,0	3,2	8,4	0,1	+ 52,6	+ 3,1
1962 [2]	7,1	3,5	4,3	0,0	+ 2,8	+ 3,5
1963 [2]	12,1	3,9	2,5	0,0	+ 9,6	+ 3,9
1964 [2]	10,6	5,2	2,5	0,1	+ 8,1	+ 5,1
1965	10,5	6,1	2,8	0,1	+ 7,7	+ 6,0
1966	8,5	7,4	2,1	0,1	+ 6,4	+ 7,3
1967	7,0	4,5	1,7	0,1	+ 5,3	+ 4,4
1968	6,3	3,5	1,3	0,0	+ 5,0	+ 3,5
			Darunter: Erwerbspersonen			
1961 [1]	68,2	3,2	8,5	0,1	+ 59,7	+ 3,1
1962	5,4	3,1	4,3	0,0	+ 1,1	+ 4,3
1963 [2]	5,9	3,3	2,4	0,0	+ 3,5	+ 3,3
1964 [2]	4,9	4,3	2,2	0,1	+ 2,7	+ 4,2
1965	5,0	5,0	2,2	0,1	+ 2,8	+ 4,9
1966	4,1	6,0	1,7	0,1	+ 2,4	+ 5,9
1967	3,4	3,8	1,3	0,1	+ 2,1	+ 3,7
1968	3,0	2,9	1,0	0,0	+ 2,0	+ 2,9

[1] Ohne Gesamt-Berlin.
[2] Ohne West-Berlin.

Quelle: Statistisches Jahrbuch der BRD, 1962—1969.

Tabelle A 24

Binnenwanderungen über die Kreisgrenzen der Bundesrepublik und der DDR 1960 bis 1967

Jahr	BRD						DDR					
	Wanderungen über die Kreisgrenzen			Wanderungen je 1000 Bewohner			Wanderungen über die Kreisgrenzen			Wanderungen je 1000 Bewohner		
	insgesamt	männlich	weiblich	insgesamt	männlich	weiblich	insgesamt	männlich	weiblich	insgesamt	männlich	weiblich
1960 [1]	2 636 550	1 413 307	1 223 243	47,6	54,4	41,5	622 445	355 143	267 302	36,1	45,8	28,2
1961 [1]	2 669 053	1 445 475	1 223 578	47,5	54,7	41,1	641 784	360 982	280 802	37,5	46,8	29,9
1962 [1]	2 659 522	1 461 653	1 197 869	46,7	54,4	39,8	544 399	310 517	283 882	31,8	40,2	30,3
1963 [1]	2 672 392	1 474 120	1 198 272	46,4	54,1	39,5	556 358	319 605	236 753	32,4	41,2	25,2
1964 [1]	2 802 660	1 552 463	1 250 197	48,1	56,3	40,8	526 069	294 967	231 102	31,0	38,1	25,0
1965	2 918 980	.	.	49,5	.	.	498 641	278 635	220 006	29,3	35,9	23,8
1966	2 972 484	.	.	49,8	.	.	370 145	203 566	166 579	21,7	26,1	18,0
1967	2 880 582	.	.	48,1	.	.	311 305	164 465	146 840	18,2	21,0	15,9

[1] Ohne West-Berlin.

Quellen: Statistisches Bundesamt, Bevölkerung und Kultur, Reihe 3, 1960 bis 1966; 1967 lt. Auskunft des Statistischen Bundesamtes.
Bevölkerungsstatistisches Jahrbuch der DDR, 1969, S. 171.

Tabelle A 25

Wohnbevölkerung der Bundesrepublik und der DDR nach Gemeindegrößenklassen 1964 und 1968

Gemeinden mit Einwohnern	BRD		DDR	
	1964[1]	1968[1]	1964[2]	1968[3]
in 1000 Personen				
weniger als 500	3 046,6	2 912,6	1 336,8	1 294,3
500 bis 1 000	4 134,5	4 035,7	1 667,3	1 654,0
1 000 bis 2 000	5 259,2	5 356,4	1 602,1	1 617,3
2 000 bis 3 000	3 014,3	3 169,1	941,2	930,9
3 000 bis 5 000	3 993,0	4 199,0	1 096,0	1 076,0
5 000 bis 10 000	5 526,3	6 004,3	1 553,0	1 523,6
10 000 bis 20 000	4 513,4	5 163,3	1 575,6	1 591,8
20 000 bis 50 000	5 862,8	6 167,7	2 504,6	2 577,9
50 000 bis 100 000	3 536,2	3 819,4	1 010,6	1 085,5
100 000 und mehr	19 403,3	19 337,8	3 716,2	3 753,9
	58 289,8	60 165,1	17 003,6	17 087,2
in %, insgesamt = 100				
weniger als 500	5,2	4,8	7,9	7,6
500 bis 1 000	7,1	6,7	9,8	9,7
1 000 bis 2 000	9,0	8,9	9,4	9,5
2 000 bis 3 000	5,2	5,3	5,5	5,4
3 000 bis 5 000	6,9	7,0	6,4	6,3
5 000 bis 10 000	9,5	10,0	9,1	8,9
10 000 bis 20 000	7,7	8,6	9,3	9,3
20 000 bis 50 000	10,1	10,3	14,7	15,1
50 000 bis 100 000	6,1	6,3	5,9	6,4
100 000 und mehr	33,3	32,1	21,9	21,9

[1] Jeweils am 30. 6.
[2] Stichtag der Volkszählung 1964.
[3] Jahresende.

Quellen: Statistisches Jahrbuch der BRD, 1965/1969.
Bevölkerungsstatistisches Jahrbuch der DDR, 1969, S. 18 f.

Tabelle A 26

Entwicklung der Erwerbsbeteiligung in der Bundesrepublik und in der DDR nach Geschlecht 1964 bis 1969

Jahr	Wohnbevölkerung					
	BRD			DDR		
	männlich	weiblich	insgesamt	männlich	weiblich	insgesamt
	in 1000 Personen					
1964	27 595	30 671	58 267	7 748	9 256	17 004
1965	28 032	30 980	59 012	7 762	9 257	17 020
1966	28 368	31 270	59 638	7 795	9 263	17 058
1967	28 413	31 460	59 873	7 820	9 262	17 082
1968	28 558	31 626	60 184	7 835	9 249	17 084
1969	28 966	31 882	60 848	7 852	9 223	17 075
	1964 = 100					
1964	100	100	100	100	100	100
1965	101,6	101,0	101,3	100,2	100,0	100,1
1966	102,8	102,0	102,4	100,6	100,1	100,3
1967	103,0	102,6	102,8	100,9	100,1	100,5
1968	103,5	103,1	103,3	101,1	99,9	100,5
1969	105,0	104,0	104,4	101,3	99,6	100,4

Quellen: Statistisches Bundesamt.
Volks- und Berufszählung 1964; Statistisches Jahrbuch der DDR; Deutsches Institut für Wirtschaftsforschung (DIW), Berlin.

Erwerbspersonen						Erwerbsquoten					
BRD			DDR			BRD			DDR		
männlich	weiblich	insgesamt	männlich	weiblich	insgesamt	männlich	weiblich	insgesamt	männlich	weiblich	insgesamt
in 1000 Personen						in %					
17 269	9 879	27 148	4 657	3 688	8 345	62,5	32,2	46,6	60,1	39,9	49,1
17 408	9 892	27 300	4 685	3 800	8 485	62,1	31,9	46,3	60,4	41,1	49,9
17 408	9 835	27 243	4 700	3 840	8 540	61,4	31,5	45,7	60,3	41,5	50,1
17 219	9 532	27 751	4 720	3 895	8 615	60,6	30,3	44,7	60,4	42,1	50,4
17 192	9 473	26 665	4 735	3 920	8 655	60,2	30,0	44,3	60,4	42,4	50,7
17 396	9 605	27 001	4 706	3 979	8 685	60,1	30,1	44,4	59,9	43,1	50,9
1964 = 100											
100	100	100	100	100	100	100	100	100	100	100	100
100,8	101,1	100,6	100,6	103,0	101,7	99,4	99,1	99,4	100,5	103,0	101,6
100,8	99,6	100,4	100,9	104,1	102,3	98,2	97,8	98,1	100,3	104,0	102,0
99,7	96,5	98,5	101,4	105,6	103,2	97,0	94,1	95,9	100,5	105,5	102,7
99,6	95,9	98,2	101,7	106,3	103,7	96,3	93,2	95,1	100,5	106,3	103,3
100,7	97,2	99,5	101,1	107,9	104,1	96,2	93,5	95,3	99,7	108,0	103,7

Tabelle A 27

Erwerbspersonen der Bundesrepublik und der DDR nach Altersgruppen und Geschlecht 1964

Altersgruppen von ... bis unter ... Jahren	1000 Personen					
	BRD			DDR		
	männlich	weiblich	insgesamt	männlich	weiblich	insgesamt
0 bis 14	—	—	—	—	—	—
14 bis 17	467,6	441,2	908,8	104,1	84,6	188,7
17 bis 21	1 208,6	1 086,7	2 295,3	307,6	278,2	585,8
21 bis 25	1 678,4	1 244,7	2 923,1	458,3	364,4	822,7
25 bis 40	6 171,6	2 934,6	9 106,2	1 596,4	1 163,2	2 759,6
40 bis 50	2 684,0	1 734,7	4 418,7	576,0	690,1	1 266,1
50 bis 55	1 623,4	919,7	2 543,1	407,8	431,2	839,0
55 bis 60	1 589,5	760,5	2 350,0	471,3	383,0	854,3
60 bis 65	1 216,6	440,2	1 656,8	435,2	189,6	624,8
65 bis 70	395,5	199,7	595,2	197,2	73,7	270,9
70 und älter	233,8	117,0	350,8	102,9	30,2	133,1
14 bis 25	3 354,6	2 772,6	6 127,2	870,0	727,2	1 597,2
14 bis 65	16 639,7	9 562,3	26 202,0	4 356,7	3 584,3	7 941,0
25 bis 65	13 285,1	6 789,7	20 074,8	3 486,7	2 857,1	6 343,8
65 und älter	629,3	316,7	946,0	300,1	103,9	404,0
Alle Altersgruppen	17 269,0	9 879,0	27 148,0	4 656,8	3 688,2	8 345,0

Quellen: Statistisches Bundesamt.
Volks- und Berufszählung 1964.

Struktur in %								Vergleich		
Altersgruppen						Frauenanteil		DDR in % der BRD		
BRD			DDR							
männ-lich	weib-lich	ins-gesamt	männ-lich	weib-lich	ins-gesamt	BRD	DDR	männ-lich	weib-lich	ins-gesamt
—	—	—	—	—	—	—	—	—	—	—
2,7	4,5	3,3	2,2	2,3	2,3	48,5	44,8	22,3	19,2	20,8
7,0	11,0	8,5	6,6	7,5	7,0	47,3	47,5	25,5	25,6	25,5
9,7	12,6	10,8	9,8	9,9	9,9	42,6	44,3	27,3	29,3	28,1
35,7	29,7	33,5	34,3	31,5	33,1	32,2	42,2	25,9	39,6	30,3
15,5	17,6	16,3	12,4	18,7	15,2	39,3	54,5	21,5	39,8	28,7
9,4	9,3	9,3	8,8	11,7	10,1	36,2	51,4	25,1	46,9	33,0
9,2	7,7	8,7	10,1	10,4	10,2	32,4	44,8	29,7	50,4	36,4
7,1	4,5	6,1	9,4	5,1	7,5	26,6	30,4	35,8	43,1	37,7
2,3	2,0	2,2	4,2	2,0	3,2	33,6	27,2	49,9	36,9	45,5
1,4	1,2	1,3	2,2	0,8	1,6	33,4	22,7	44,0	25,8	37,9
19,4	28,1	22,6	18,7	19,7	19,2	45,3	45,5	25,9	26,2	26,1
96,3	96,8	96,5	93,6	97,2	95,2	36,5	45,1	26,2	37,5	30,3
76,9	68,7	73,9	74,9	77,5	76,0	33,8	45,0	26,2	42,1	31,6
3,7	3,2	3,5	6,4	2,8	4,8	33,5	25,7	47,7	32,8	42,7
100,0	100,0	100,0	100,0	100,0	100,0	36,4	44,2	27,0	37,3	30,7

Tabelle A 28

Wohnbevölkerung der Bundesrepublik und der DDR nach Altersgruppen und Geschlecht 1964

Altersgruppen von ... bis unter ... Jahren	1000 Personen					
	BRD			DDR		
	männlich	weiblich	insgesamt	männlich	weiblich	insgesamt
0 bis 14	6 284,6	5 972,6	12 257,2	1 945,4	1 849,4	3 794,8
14 bis 17	1 187,3	1 125,4	2 312,7	335,7	319,4	655,1
17 bis 21	1 448,6	1 369,2	2 817,8	349,3	341,7	691,0
21 bis 25	1 941,5	1 804,5	3 746,0	512,2	505,5	1 017,7
25 bis 40	6 314,8	6 104,7	12 419,5	1 626,1	1 709,7	3 335,8
40 bis 50	2 738,9	3 732,9	6 471,8	591,1	960,1	1 551,2
50 bis 55	1 708,6	2 273,6	3 982,3	424,9	673,0	1 097,9
55 bis 60	1 756,9	2 199,6	3 956,5	506,3	714,7	1 221,0
60 bis 65	1 564,4	1 929,4	3 493,8	508,9	663,1	1 172,0
65 bis 70	1 071,3	1 603,2	2 674,5	375,5	568,8	944,3
70 und älter	1 578,3	2 556,1	4 134,4	572,7	950,2	1 522,9
14 bis 25	4 577,4	4 299,1	8 876,5	1 197,2	1 166,6	2 363,8
14 bis 65	18 661,0	20 539,3	39 200,4	4 854,5	5 887,2	10 741,7
25 bis 65	14 083,6	16 240,2	30 323,9	3 657,3	4 720,6	8 377,9
65 und älter	2 649,6	4 159,3	6 808,9	948,2	1 519,0	2 467,2
Alle Altersgruppen	27 595,2	30 671,2	58 266,4	7 748,1	9 255,6	17 003,7

Quellen: Statistisches Bundesamt.
Volks- und Berufszählung 1964.

Struktur in %								Vergleich		
Alter						Frauenanteil		DDR in % der BRD		
BRD			DDR							
männ-lich	weib-lich	ins-gesamt	männ-lich	weib-lich	ins-gesamt	BRD	DDR	männ-lich	weib-lich	ins-gesamt
22,8	19,5	21,0	25,1	20,0	22,3	48,7	48,7	31,0	31,0	31,0
4,3	3,7	4,0	4,3	3,5	3,9	48,7	48,8	28,3	28,4	28,3
5,3	4,4	4,8	4,5	3,7	4,1	48,6	49,5	24,1	25,0	24,5
7,0	5,9	6,4	6,6	5,5	6,0	48,2	49,7	26,4	28,0	27,2
22,9	19,9	21,3	21,0	18,5	19,6	49,2	51,3	25,8	28,0	26,9
9,9	12,2	11,1	7,6	10,4	9,1	57,7	61,9	21,6	25,7	24,0
6,2	7,4	6,8	5,5	7,3	6,5	57,1	61,3	24,9	29,6	27,6
6,3	7,2	6,8	6,5	7,7	7,2	55,6	58,5	28,8	32,5	30,9
5,7	6,3	6,0	6,6	7,2	6,9	55,2	56,6	32,5	34,4	33,5
3,9	5,2	4,6	4,9	6,2	5,6	59,8	60,2	35,1	35,5	35,3
5,7	8,3	7,1	7,4	10,3	9,0	61,8	62,4	36,3	37,2	36,8
16,6	14,0	15,2	15,4	12,6	13,9	48,4	49,4	26,2	27,1	26,6
67,6	67,0	67,3	62,6	63,6	63,2	52,4	54,8	26,0	28,7	27,4
51,0	53,0	52,0	47,2	51,0	49,3	53,6	56,3	26,0	29,1	27,6
9,6	13,5	11,7	12,3	16,4	14,5	61,1	61,6	35,8	36,5	36,2
100,0	100,0	100,0	100,0	100,0	100,0	52,6	54,4	28,1	30,2	29,2

Tabelle A 29

Erwerbsbeteiligung der Bevölkerung in der Bundesrepublik und in der DDR nach Altersgruppen und Geschlecht 1964

Anteil der gleichaltrigen Erwerbspersonen an der Wohnbevölkerung in %

Altersgruppen von ... bis unter ... Jahren	BRD			DDR		
	männlich	weiblich	insgesamt	männlich	weiblich	insgesamt
0 bis 14	—	—	—	—	—	—
14 bis 17	6,3	6,2	6,2	4,6	3,9	4,2
17 bis 21	83,4	79,4	81,5	88,1	81,4	84,8
21 bis 25	86,4	69,0	78,0	89,5	72,1	80,8
25 bis 40	97,7	48,1	73,3	98,2	68,0	82,7
40 bis 50	98,0	46,5	68,3	97,4	71,9	81,6
50 bis 55	95,0	40,5	63,9	96,0	64,1	76,4
55 bis 60	90,5	34,6	59,4	93,1	53,6	70,0
60 bis 65	77,8	22,8	47,4	85,5	28,6	53,3
65 bis 70	36,9	12,5	22,3	52,5	13,0	28,7
70 und älter	14,8	4,6	8,5	18,0	3,2	8,7
14 bis 25	73,3	64,5	69,0	72,7	62,3	67,6
14 bis 65	89,2	46,6	66,8	89,8	60,9	73,9
25 bis 65	94,3	41,8	66,2	95,3	60,5	75,7
65 und älter	23,8	7,6	13,9	31,7	6,8	16,4
Alle Altersgruppen	62,6	32,2	46,6	60,1	39,9	49,1

Quellen: Statistisches Bundesamt.
Volks- und Berufszählung 1964.

Tabelle A 30

Erwerbstätige der Bundesrepublik und der DDR nach Wirtschaftsbereichen und Geschlecht 1965 und 1968

Wirtschaftsbereich	1000 Personen					
	1965					
	BRD			DDR		
	männlich	weiblich	insgesamt	männlich	weiblich	insgesamt
Land- und Forstwirtschaft	1 364	1 602	2 966	667	553	1 220
Verarbeitendes Gewerbe [1]	7 804	3 196	10 997	2 142	1 368	3 510
Baugewerbe	2 107	114	2 221	495	55	550
Warenproduzierendes Gewerbe	9 911	3 310	13 218	2 637	1 423	4 060
Handel	1 465	1 724	3 189	292	613	905
Verkehr und Nachrichtenübermittlung	1 331	258	1 589	367	198	565
Handel und Verkehr	2 796	1 982	4 778	659	811	1 470
Dienstleistungsbereiche	3 234	2 957	6 191	722	1 013	1 735
Wirtschaft insgesamt	17 302	9 851	27 153	4 685	3 800	8 485

[1] Einschließlich Bergbau und Energie.

Tabelle A 31

Erwerbstätigenstruktur und -Entwicklung der Bundesrepublik und der DDR nach Wirtschaftsbereichen und Geschlecht 1965 und 1968

Wirtschaftsbereich	Struktur in %			
	Frauenanteil			
	1965		1968	
	BRD	DDR	BRD	DDR
Land- und Forstwirtschaft	54,0	45,3	53,9	45,0
Verarbeitendes Gewerbe [1]	29,0	39,0	27,6	39,2
Baugewerbe	5,1	10,0	5,3	11,9
Warenproduzierendes Gewerbe	25,0	35,0	23,9	35,2
Handel	54,1	67,7	52,6	69,2
Verkehr und Nachrichtenübermittlung	16,2	35,0	16,2	36,6
Handel und Verkehr	41,5	55,2	41,0	56,7
Dienstleistungsbereiche	47,8	58,4	46,8	59,5
Wirtschaft insgesamt	36,3	44,8	35,6	45,3

[1] Einschließlich Bergbau und Energie.

1000 Personen 1968						Struktur in % Wirtschaftsbereiche											
BRD			DDR			1965						1968					
						BRD			DDR			BRD			DDR		
männ-lich	weib-lich	ins-gesamt	männ-lich	weib-lich	ins-gesamt	männ-lich	weib-lich	insge-samt	männ-lich	weib-lich	insge-samt	männ-lich	weib-lich	insge-samt	männ-lich	weib-lich	insge-samt
1 213	1 417	2 630	624	511	1 135	7,9	16,3	10,9	14,2	14,6	14,4	7,2	15,1	10,0	13,2	13,0	13,1
7 543	2 880	10 423	2 187	1 408	3 595	45,1	32,4	40,5	45,7	36,0	41,4	44,5	30,7	39,6	46,2	35,9	41,5
1 948	108	2 056	542	73	615	12,2	1,2	8,2	10,6	1,5	6,5	11,5	1,2	7,8	11,4	1,9	7,1
9 491	2 988	12 479	2 729	1 481	4 210	57,3	33,6	48,7	56,3	37,5	47,9	56,0	31,9	47,4	57,6	37,8	48,6
1 516	1 682	3 198	279	626	905	8,5	17,5	11,7	6,2	16,1	10,7	8,9	17,9	12,1	5,9	16,0	10,4
1 261	244	1 505	355	205	560	7,7	2,6	5,9	7,8	5,2	6,7	7,4	2,6	5,7	7,5	5,2	6,5
2 777	1 926	4 703	634	831	1 465	16,2	20,1	17,6	14,0	21,3	17,4	16,3	20,5	17,8	13,4	21,2	16,9
3 476	3 054	6 530	748	1 097	1 845	18,7	30,0	22,8	15,4	26,7	20,5	20,5	32,5	24,8	15,8	28,0	21,3
16 957	9 385	26 342	4 735	3 920	8 655	100,0	100,0	100,0	100,0	100,0	100,0	100,0	100,0	100,0	100,0	100,0	100,0

Quellen: Statistisches Bundesamt.
Deutsches Institut für Wirtschaftsforschung, Berlin.

Entwicklung 1965 bis 1968 1965 = 100						Vergleich DDR in % der BRD					
BRD			DDR			1965			1968		
männ-lich	weib-lich	insge-samt	männ-lich	weib-lich	insge-samt	männ-lich	weib-lich	insge-samt	männ-lich	weib-lich	insge-samt
88,9	88,5	88,7	93,6	92,4	93,0	48,9	34,5	41,1	51,4	36,1	43,2
96,7	90,1	94,8	102,1	102,9	102,4	27,5	42,8	31,9	29,0	48,9	34,5
92,5	94,7	92,6	109,5	132,7	111,8	23,5	48,2	24,8	27,8	67,6	29,9
95,8	90,3	94,4	103,5	104,1	103,7	26,6	43,0	30,7	28,8	49,6	33,7
103,5	97,6	100,3	95,6	102,1	100,0	19,9	35,6	28,4	18,4	37,2	28,3
94,7	94,6	94,7	96,7	103,5	99,1	27,6	76,7	35,6	28,2	84,0	37,2
99,3	97,2	98,4	96,2	102,5	99,7	23,6	40,9	30,8	22,8	43,1	31,2
107,5	103,3	105,5	103,6	108,3	106,3	22,3	34,3	28,0	21,5	35,9	28,3
98,0	95,3	97,0	101,1	103,2	102,0	27,1	38,6	31,2	27,9	41,8	32,9

Quellen: Statistisches Bundesamt.
Deutsches Institut für Wirtschaftsforschung, Berlin.

Tabelle A 32

Arbeitnehmer[1] der Bundesrepublik und der DDR nach Industriezweigen und Geschlecht 1964

Industriezweig	1000 Personen			
	BRD		DDR	
	insgesamt	Frauen	insgesamt	Frauen
Grundstoffindustrie (ohne Energie)	2 144,8	322,9	665,4	185,1
Bergbau	483,3	12,3	192,9	34,9
Metallurgie	649,5	60,1	107,9	22,3
Chemie	754,5	232,5	275,6	108,4
Baumaterialien	257,5	17,6	89,1	19,5
Metallverarbeitende Industrie	3 286,9	812,1	1 023,4	316,3
Elektrotechnik	882,0	349,1	230,7	103,2
Schiffbau	75,9	3,7	38,1	7,9
Maschinenbau	1 163,4	164,2	382,2	85,3
Fahrzeugbau	498,3	75,5	140,6	33,7
Metallwaren	521,9	155,8	134,0	46,3
Feinmechanik und Optik	145,4	63,8	97,8	39,9
Leichtindustrie	1 957,0	991,6	766,3	471,4
Holz- und Kulturwaren	338,9	91,8	143,8	61,2
Textilien	539,8	310,7	290,0	200,0
Bekleidung, Näherzeugnisse	360,1	298,7	105,5	91,8
Leder-, Schuh- und Pelzwaren	164,8	88,8	65,3	42,7
Zellstoff und Papier	195,8	78,2	59,7	30,3
Polygraphische Industrie	187,1	60,8	35,8	16,2
Glas und Keramik	170,5	62,6	66,2	29,2
Nahrungs- und Genußmittelindustrie	506,3	200,9	203,1	104,4
Industrie insgesamt (ohne Energie)	7 895,0	2 371,1	2 658,2	1 077,2

[1] Ohne Lehrlinge.
Quellen: Statistisches Bundesamt.
Statistisches Jahrbuch der DDR; Deutsches Institut für Wirtschaftsforschung.

Struktur in %						Vergleich	
Industriezweig				Frauenanteil		DDR in % der BRD	
BRD		DDR		BRD	DDR		
insgesamt	Frauen	insgesamt	Frauen			insgesamt	Frauen
27,2	13,9	25,0	17,2	15,0	27,8	31,0	57,4
6,1	0,5	7,3	3,2	2,5	18,1	39,9	283,7
8,2	2,6	4,1	2,1	9,3	20,7	16,6	37,1
9,6	10,0	10,4	10,1	30,8	39,3	36,5	46,6
3,3	0,8	3,3	1,8	6,8	21,9	34,6	110,8
41,6	34,9	38,5	29,4	24,7	30,9	31,1	38,9
11,2	15,0	8,7	9,6	39,6	44,7	26,2	29,6
1,0	0,2	1,4	0,7	4,9	20,7	50,2	213,5
14,7	7,1	14,4	7,9	14,1	22,3	32,9	51,9
6,3	3,2	5,3	3,1	15,2	24,0	28,2	44,6
6,6	6,7	5,0	4,3	29,9	34,6	25,7	29,7
1,8	2,7	3,7	3,7	43,9	40,8	67,3	62,5
24,8	42,6	28,8	43,8	50,7	61,5	39,2	47,5
4,3	3,9	5,4	5,7	27,1	42,6	42,4	66,7
6,8	13,4	10,9	18,6	57,6	69,0	53,7	64,4
4,6	12,8	4,0	8,5	82,9	87,0	29,3	30,7
2,1	3,8	2,5	4,0	53,9	65,4	39,6	48,1
2,5	3,4	2,2	2,8	39,9	38,7	30,5	38,7
2,4	2,6	1,3	1,5	32,5	45,3	19,1	26,6
2,2	2,7	2,5	2,7	36,7	44,1	38,8	17,1
6,4	8,6	7,6	9,7	39,7	51,4	40,1	52,0
100,0	100,0	100,0	100,0	29,5	40,5	33,7	46,4

Tabelle A 33

Erwerbstätige [1] der Bundesrepublik und der DDR nach Berufsgruppen und Geschlecht 1964

Berufsgruppe		1000 Personen					
Kennziffer [2]	Bezeichnung	BRD			DDR		
		männlich	weiblich	insgesamt	männlich	weiblich	insgesamt
11	Berufe des Bergbaus	253,6	(0,7)	254,3	54,3	3,1	57,4
12	Berufe der Metallurgie	83,7	(1,4)	85,1	17,6	2,3	19,9
13	Berufe der chemischen Industrie	189,2	75,3	264,5	51,3	47,8	99,1
14	Berufe der Baumaterialindustrie	93,6	5,6	99,2	31,3	5,3	36,6
1	Berufe der Grundstoffindustrie	620,1	83,0	703,1	154,5	58,5	213,0
21	Metallbearbeiter und -verarbeiter	791,9	104,8	896,7	270,9	64,4	335,3
22	Metallbearbeiter und -verarbeiter	1 350,0	101,0	1 451,0	379,6	24,4	404,0
23	Elektriker	374,7	107,3	482,0	147,9	43,6	191,5
24	Feinmechaniker, Optiker	96,7	18,2	114,9	19,8	12,3	32,1
25	Holzbearbeiter und -verarbeiter; Musikinstrumenten-, Spielwarenbauer	423,2	28,8	452,0	134,4	38,3	172,7
27	Zellstoff- und Papiermacher, Papierverarbeiter	36,2	5,8	42,0	9,9	22,6	32,5
28	Graphische Berufe	143,6	95,5	239,1	25,9	26,4	52,3
30 31	Textilhersteller, -verarbeiter	113,7 110,2	146,0 459,4	259,7 569,3	40,5 24,7	139,0 157,3	179,5 182,0
32	Lederhersteller; Leder-, Fellverarbeiter	117,1	83,6	200,7	40,0	38,9	78,9
33	Glasmacher, Keramiker	57,2	29,1	86,3	22,9	18,0	40,9
34	Nahrungs- und Genußmittelhersteller	318,7	59,5	378,2	86,0	52,2	138,2
35 + 362	Bauberufe (+ Warenbemaler)	1 602,2	20,2	1 622,4	409,4	9,7	419,1
36 ohne 362	Berufe für Hilfsarbeiten bei der Stoffbearbeitung	39,4	5,1	44,5	10,4	12,8	23,2
38	Maschinisten und zugehörige Berufe	355,6	6,2	361,8	181,9	25,6	207,5
2/3	Berufe der Stoffbearbeitungs- und -verarbeitungsindustrie	5 930,4	1 270,5	7 200,9	1 804,2	685,5	2 489,7
41 + 42	Ingenieure und Techniker	760,3	30,0	790,3	276,6	35,1	311,7
43	Sonstige technische Fachkräfte	85,4	42,6	128,0	22,2	45,0	67,2
4	Technische Berufe	845,7	72,6	918,3	298,8	80,1	378,9

[1] Ohne Lehrlinge; BRD: Nur Erwerbstätige im Alter von 14 bis 65 Jahren.
[2] DDR-Berufssystematik.

Struktur in %						DDR in % der BRD (BRD = 100)			Kennziffer[2]
BRD			DDR						
männlich	weiblich	insgesamt	männlich	weiblich	insgesamt	männlich	weiblich	insgesamt	
1,71	(0,01)	1,09	1,22	0,09	0,72	21,41	(442,86)	22,57	11
0,56	(0,02)	0,36	0,40	0,07	0,25	21,03	(164,29)	23,38	12
1,27	0,88	1,13	1,15	1,35	1,24	27,11	63,48	37,47	13
0,63	0,07	0,43	0,70	0,15	0,46	33,44	94,64	36,90	14
4,17	0,98	3,01	3,47	1,66	2,66	24,92	70,48	30,29	1
5,33	1,23	3,84	6,07	1,82	4,19	34,21	61,45	37,39	21
9,08	1,19	6,21	8,51	0,69	5,05	27,92	24,16	27,84	22
2,52	1,26	2,06	3,32	1,23	2,40	39,47	40,63	39,73	23
0,65	0,21	0,49	0,44	0,35	0,40	20,48	67,58	27,94	24
2,85	0,34	1,93	3,01	1,08	2,16	31,76	132,99	38,21	25
0,24	0,07	0,18	0,22	0,64	0,41	27,35	389,66	77,38	27
0,97	1,12	1,02	0,58	0,75	0,65	18,04	27,64	21,87	28
0,77	1,72	1,11	0,91	3,93	2,25	35,62	95,21	69,12	30
0,74	5,41	2,44	0,55	4,45	2,28	22,41	34,24	31,97	31
0,79	0,98	0,86	0,90	1,10	0,99	34,16	46,53	39,31	32
0,39	0,34	0,37	0,51	0,51	0,51	40,00	61,86	47,39	33
2,14	0,70	1,62	1,93	1,48	1,73	26,99	87,73	36,54	34
10,77	0,24	6,94	9,18	0,27	5,24	25,55	48,02	25,83	35 + 362
0,27	0,06	0,19	0,23	0,36	0,29	26,40	250,98	52,14	36 ohne 362
2,39	0,07	1,55	4,08	0,72	2,60	51,15	412,90	57,35	38
39,88	14,94	30,81	40,44	19,39	31,14	30,42	53,96	34,58	2/3
5,11	0,35	3,38	6,20	0,99	3,90	36,38	117,00	39,44	41 + 42
0,57	0,50	0,55	0,50	1,27	0,84	26,00	105,63	52,50	43
5,68	0,85	3,93	6,70	2,26	4,74	35,33	110,33	41,26	4

noch Tabelle A 33

Berufsgruppe		1000 Personen					
Kennziffer[2]	Bezeichnung	BRD			DDR		
		männlich	weiblich	insgesamt	männlich	weiblich	insgesamt
51 + 532	Acker-, Gartenbauer, Tierzüchter, Pflanzenbauer	1 178,1	1 376,1	2 554,2	499,9	460,5	960,4
52	Berufe der Binnenfischerei und Forstwirtschaft	69,1	12,1	81,2	24,1	10,9	35,0
53 ohne 532	Berufe des Veterinärwesens (ohne Pflanzenschutz)	7,2	(0,5)	7,7	4,0	2,2	6,2
5	Berufe der Land- und Forstwirtschaft	1 254,4	1 388,7	2 643,4	528,0	473,6	1 001,6
61	Verkehrsberufe	1 256,5	125,9	1 382,4	505,7	135,1	640,8
62	Handels- und Gaststättenberufe	1 458,4	1 809,0	3 267,4	242,6	614,5	857,1
6	Berufe des Verkehrs, Nachricht, Handel	2 714,9	1 934,9	4 649,8	748,3	749,6	1 497,9
71	Berufe der Bildung und Kultur	289,0	266,2	555,2	151,8	187,9	339,7
72	Natur- und gesellschaftswissenschaftliche Berufe	36,2	(4,7)	40,9	10,5	2,4	12,9
73	Berufe des Gesundheits- und Sozialwesens	150,4	346,5	496,9	37,1	168,1	205,2
7	Berufe: Bildung, Kultur, Wissenschaft usw.	475,6	617,4	1 093,0	199,4	358,4	557,8
81	Wach- und Sicherheitsberufe	154,2	37,9	192,1	89,5	15,1	104,6
82	Körperpflegeberufe	76,8	82,7	159,5	15,0	32,7	47,7
83	Vermittler, Verleiher	18,2	10,0	28,2	1,4	3,8	5,2
85	Reinigungs- und Dienstleistungsberufe	79,1	864,2	943,3	28,7	312,8	341,5
87	Konfessionelle Berufe	47,5	42,7	90,2	10,7	7,6	18,3
8	Dienstleistungsberufe, sonstige Berufe	375,8	1 037,5	1 413,3	145,3	372,0	517,3
91 + 92	Berufe der Wirtschaftsleitung, Betriebswirte	2 205,1	1 785,9	3 991,0	354,3	629,0	983,3
94	Rechtsberufe	66,9	(3,5)	70,4	4,7	1,1	5,8
9	Berufe der Wirtschaftsleitung, Verwaltung, Rechtswesen	2 272,0	1 789,4	4 061,4	359,0	630,1	989,1
09	Beschäftigte ohne nähere Berufsangabe	383,3	304,2	687,5	222,2	127,0	549,2
Alle BG	Alle Berufsgruppen zusammen	14 872,2	8 498,2	23 370,4	4 459,7	3 534,8	7 994,5

[2] DDR-Berufssystematik.

Struktur in %						DDR in % der BRD (BRD = 100)			Kennziffer [2]
BRD			DDR						
männlich	weiblich	insgesamt	männlich	weiblich	insgesamt	männlich	weiblich	insgesamt	
7,92	16,19	10,93	11,21	13,03	12,01	42,43	34,46	37,60	51 + 532
0,47	0,14	0,35	0,54	0,31	0,44	34,88	90,08	43,10	52
0,05	(0,01)	0,03	0,09	0,06	0,08	55,56	(440,00)	80,52	53 ohne 532
8,44	16,34	11,31	11,84	13,40	12,53	42,09	34,10	37,89	5
8,45	1,48	5,91	11,34	3,82	8,02	40,25	907,31	46,35	61
9,81	21,29	13,98	5,44	17,38	10,72	16,64	33,97	26,23	62
18,26	22,77	19,89	16,78	21,20	18,74	27,56	38,74	32,21	6
1,94	3,13	2,38	3,40	5,32	4,25	52,53	70,59	61,19	71
0,24	(0,06)	0,18	0,24	0,07	0,16	29,01	(51,06)	31,54	72
1,01	4,08	2,13	0,83	4,76	2,57	24,67	48,51	41,30	73
3,19	7,27	4,68	4,47	10,15	6,98	41,93	58,05	51,03	7
1,04	0,45	0,82	2,01	0,43	1,31	58,04	39,84	54,45	81
0,52	0,97	0,68	0,34	0,93	0,60	19,53	39,54	29,91	82
0,12	0,12	0,12	0,03	0,11	0,07	7,69	38,00	18,44	83
0,53	10,17	4,04	0,64	8,85	4,27	36,28	36,20	36,20	85
0,32	0,50	0,39	0,24	0,72	0,23	22,53	17,80	20,29	87
2,52	12,21	6,05	3,26	10,52	6,47	38,66	35,86	36,60	8
14,83	21,02	17,08	7,95	17,80	12,30	16,07	35,22	24,64	91 + 92
0,45	(0,04)	0,30	0,11	0,03	0,07	7,03	(31,43)	8,24	94
15,28	21,06	17,38	8,06	17,83	12,37	15,80	35,21	24,35	9
2,58	3,58	2,94	4,98	3,59	4,37	57,97	41,75	50,79	09
100,00	100,00	100,00	100,00	100,00	100,00	29,99	41,60	34,21	BG

Quellen: Mikrozensus 1964; Arbeits- und sozialstatistische Mitteilungen des BMA.
Volks- und Berufszählung 1964.

Tabelle A 34

*Erwerbspersonen[1] der Bundesrepublik und der DDR nach Berufsklassen
jeweils die 40 am stärksten besetzten Berufsklassen*
in 1000 Personen und in % aller Erwerbspersonen (Männer und Frauen)

BRD				Rang-ziffer	DDR			
in 1000	%	Berufsklasse			Berufsklasse		in 1000	%
		Bezeichnung	Nr.[2]		Nr.[3]	Bezeichnung		
1 908,3	8,17	Industrie-, Verwaltungskaufmann, Büroangestellter	7121	1	5111	Landwirtschaftlicher Arbeiter, Landwirt	608,5	7,61
1 243,5	5,32	Groß- und Einzelhändler, Ein-, Verkäufer	5111	2	9111	Kaufmännisches Verwaltungspersonal	322,7	4,04
810,3	3,47	Landwirt	1111	3	6211	Handelskaufmann, Verkäufer, Händler	317,0	3,97
756,5	3,24	Schlosser	2641	4	8511	Raum-, Hausratreiniger	244,7	3,06
635,8	2,72	Kraftfahrer	5216	5	6115	Kraftfahrer	231,0	2,89
564,9	2,42	Hilfsarbeiter ohne nähere Tätigkeitsangabe	3919	6	6279	Warenlagerarbeiter, Versandfertigmacher	223,9	2,80
440,0	1,88	Maurer	2411	7	2219	Bauschlosser, sonstige Schlosser	192,5	2,41
423,5	1,81	Bau- und Hausratreiniger	6311	8	9122	Buchhalter	162,5	2,03
346,8	1,48	Unternehmer, Organisator	7111	9	6151	Transportarbeiter	137,7	1,72
338,4	1,45	Bauhandlanger	3911	10	9151	Angestellte der Staatl. Verwaltung	120,7	1,51
333,6	1,43	Buchhalter	7123	11	7331	Krankenschwester, -pfleger	117,8	1,47
314,0	1,34	Bau- und Möbeltischler	3021	12	7121	Lehrer an allgemeinbildenden Schulen	117,1	1,46
313,9	1,34	Stenotypist, Stenograph, Maschinenschreiber	7128	13	9141	Stenotypist, Stenograph, Maschinenschreiber	114,1	1,43
312,7	1,34	Hauswirtschaftshelfer	6215	14	3511	Maurer	112,8	1,41
297,3	1,27	Verwaltungsbedienstete (Höherer und gehobener Dienst)	7115	15	5141	Tierzüchter, -pfleger	103,6	1,30

[1] Ohne Lehrlinge, nur Erwerbspersonen unter 65 Jahren.
[2] BRD-Systematik.
[3] DDR-Systematik.

noch Tabelle A 34

BRD				Rang-ziffer	DDR			
in 1000	%	Berufsklasse			Berufsklasse		in 1000	%
		Bezeichnung	Nr.[2]		Nr.[3]	Bezeichnung		
290,9	1,25	Elektroinstallateur	2721	16	8111	Wächter, Wärter	101,6	1,27
289,1	1,24	Maler, Lackierer	2478	17	5113	Traktorist, Landmaschinenführer	94,6	1,18
278,9	1,19	Übrige, Techniker, Ingenieure	4161	18	6114	Zugabfertiger, Schaffner, Rangierer	90,5	1,13
276,4	1,18	Warenkaufmann, Versandfertigmacher	3816	19	6269	Sonstige Speisenzubereiter	87,8	1,10
231,8	0,99	Bergmann	2111	20	9129	Sonstiges Rechnungspersonal	80,7	1,01
198,2	0,85	Lehrer (Volks-, Mittel-, Sonderschulen)	8223	21	3813	Heizer	75,5	0,94
194,5	0,83	Hilfsarbeiter (Lager, Versand)	3914	22	2151	Dreher	71,8	0,90
180,7	0,77	Schneider	3481	23	2211	Maschinenschlosser	70,4	0,88
180,4	0,77	Krankenschwester, -pfleger	8153	24	2333	Elektromonteur	69,0	0,86
180,2	0,77	Lagerverwalter	3817	25	6145	Postbetriebsfacharbeiter	68,3	0,85
179,7	0,77	Dreher	2551	26	9143	Bürohilfskraft	63,5	0,79
179,1	0,77	Sonstige Textilnäher	3489	27	1311	Chemiearbeiter-, -facharbeiter	57,7	0,72
174,9	0,75	Chemiebetriebswerker, -laborant	2811	28	3119	Sonstige Textilnäher	57,3	0,72
160,2	0,69	Architekt, Bauingenieur, -techniker	4141	29	3567	Maler, Lackierer	51,5	0,64
155,5	0,67	Postverteiler	5255	30	3111	Schneider	48,4	0,61
153,8	0,66	Bankfachmann	5121	31	2331	Elektroinstallateur	47,7	0,60
146,4	0,63	Gastwirt, Hotel-, Gaststättenkaufmann	6111	32	2161	Schweißer	46,0	0,58
144,4	0,62	Mechaniker	2671	33	7112	Kindergärtner, -pfleger	44,6	0,56
141,8	0,61	Friseur	6511	34	2529	Sonstige Tischler	43,8	0,55
136,5	0,58	Ingenieure (Maschinen-, Landfahrzeugbau)	4121	35	7111	Jugenderzieher	43,2	0,54

[2] BRD-Systematik.
[3] DDR-Systematik.

noch Tabelle A 34

BRD				Rang-ziffer	DDR			
in 1000	%	Berufsklasse			Berufsklasse		in 1000	%
		Bezeichnung	Nr.[2]		Nr.[3]	Bezeichnung		
135,2	0,58	Warennachseher, -sortierer	3813	36	8211	Friseur	42,5	0,53
127,8	0,55	Andere Transport- werker	5262	37	4299	Techniker ohne nähere Angabe	41,5	0,52
126,8	0,54	Zimmerer	2431	38	3531	Zimmerer	41,4	0,52
120,4	0,52	Polizeibedienstete	7311	39	5131	Gärtner	40,7	0,51
119,5	0,51	Sonstige Metall- erzeuger- -bearbeiter	2599	40	8541	Wäscher, Plätter, Bügler	39,9	0,50
13 542,6	57,96	Alle 40 Berufsklassen	—	—	—	Alle 40 Berufsklassen	4 646,5	58,12
23 365,1	100,00	Erwerbspersonen insgesamt	—	—	—	Erwerbspersonen insgesamt	7 994,5	100,00

[2] BRD-Systematik.
[3] DDR-Systematik.

Quellen: Mikrozensus 1964.
Volks- und Berufszählung 1964.

Tabelle A 35

*Erwerbspersonen¹ der Bundesrepublik und der DDR nach Berufsklassen
jeweils die 40 am stärksten besetzten Berufsklassen*

in 1000 Personen und in % aller Erwerbspersonen (Männer)

BRD				Rang-ziffer	DDR			
Erwerbspersonen		Berufsklasse			Berufsklasse		Erwerbspersonen	
in 1000	%	Bezeichnung	Nr.²		Nr.³	Bezeichnung	in 1000	%
887,4	5,97	Industrie-, Verwaltungskaufmann, Büroangestellter	7121	1	5111	Landwirt, Landwirtschaftliche Arbeiter	273,1	6,12
749,8	5,04	Schlosser (ohne Stahlbauschlosser)	2641	2	6115	Kraftfahrer	227,3	5,10
664,1	4,47	Landwirt	1111	3	2219	Bauschlosser, sonstige Schlosser	185,4	4,16
629,1	4,23	Kraftfahrer	5216	4	9111	Kaufmännisches Verwaltungspersonal	160,4	3,60
505,6	3,40	Groß-, Einzelhändler, Ein-, Verkäufer	5111	5	6151	Transportarbeiter	120,6	2,70
438,2	2,95	Maurer	2411	6	3511	Maurer	112,6	2,52
331,0	2,23	Bauhandlanger, Baustättenarbeiter	3911	7	6279	Warenlagerarbeiter, Versandfertigmacher	109,2	2,45
319,5	2,15	Hilfsarbeiter ohne nähere Tätigkeitsangabe	3919	8	5113	Traktorist, Landmaschinenführer	94,3	2,11
311,4	2,69	Bau-, Möbeltischler	3021	9	8111	Wächter, Wärter, Hausmeister	86,5	1,94
283,8	1,91	Unternehmer, Organisator, Geschäftsführer	7111	10	3853	Heizer	73,2	1,65
280,8	1,89	Maler, Lackierer	2478	11	2211	Maschinenschlosser	69,5	1,56
276,9	1,86	Elektroinstallateur, -monteur, Kabelmonteur	2721	12	2151	Dreher	65,0	1,46
267,3	1,86	Übrige Ingenieure, Techniker	4161	13	6114	Zugabfertiger, Schaffner, Rangierer	64,4	1,44
254,3	1,71	Verwaltungsbediensteter (höherer und gehobener Dienst)	7115	14	9151	Angestellter der staatlichen Verwaltung	63,2	1,42
231,2	1,55	Bergmann (Kohle, Erz, Salz)	2111	15	6211	Handelskaufmann, Händler	59,2	1,35

¹ Ohne Lehrlinge, nur Erwerbspersonen unter 65 Jahren.
² BRD-Systematik.
³ DDR-Systematik.

noch Tabelle A 35

BRD				Rang-ziffer	DDR			
Erwerbspersonen		Berufsklasse			Berufsklasse		Erwerbspersonen	
in 1000	%	Bezeichnung	Nr.[2]		Nr.[3]	Bezeichnung	in 1000	%
175,4	1,18	Dreher	2551	16	2333	Elektromonteur	54,4	1,22
157,9	1,06	Architekt, Bauingenieur, Techniker	4141	17	7121	Lehrer an allgemeinbildenden Schulen	52,2	1,17
152,5	1,03	Lagerverwalter, Magaziner	3817	18	5147	Tierzüchter, -pfleger	50,4	1,13
149,2	1,00	Hilfsarbeiter (Lager, Versand)	3914	19	3567	Maler, Lackierer	49,5	1,11
136,2	0,92	Ingenieure (Maschinen-, Landfahrzeugbau)	4121	20	9122	Buchhalter	45,8	1,03
135,2	0,91	Buchhalter	7123	21	2331	Elektroinstallateur	44,2	0,99
134,4	0,90	Chemiebetriebswerker, -laborant	2811	22	2161	Schweißer	43,9	0,97
127,6	0,86	Mechaniker	2671	23	2529	Sonstige Tischler	42,3	0,95
126,3	0,85	Zimmerer	2431	24	3531	Zimmerer	41,4	0,93
119,2	0,80	Polizei-, Bundesgrenzschutzbediensteter	7311	25	3565	Bauklempner, Installateur	38,1	0,85
118,7	0,80	Schweißer, Schneidbrenner	2571	26	0995	Angestellter ohne nähere Berufsangabe	35,3	0,79
117,4	0,79	Postverteiler	5255	27	2244	Kfz.-Schlosser	34,8	0,78
110,7	0,74	Fleischer	3751	28	4299	Techniker ohne nähere Tätigkeitsangabe	34,2	0,77
109,8	0,74	Kfz.-Handwerker	2673	29	1311	Chemiefacharbeiter	32,9	0,74
107,8	0,72	Weichensteller, Rangierer	5214	30	6111	Triebfahrzeugführer	32,5	0,73
104,4	0,70	Bäcker	3721	31	1111	Hauer	31,3	0,70
103,8	0,70	Andere Transportwerker	5262	32	3445	Bäcker	30,1	0,68
102,7	0,69	Warenaufmacher, Versandfertigmacher	3816	33	3581	Bauhilfsarbeiter	29,8	0,67
98,5	0,66	Lehrer (Volks-, Mittel-, Sonderschulen)	8223	34	4141	Bauingenieur, Architekt	27,7	0,62
96,2	0,65	Bankfachmann	5121	35	2181	Werkzeugmacher	27,5	0,62

[2] BRD-Systematik.
[3] DDR-Systematik.

noch Tabelle A 35

BRD				Rang-ziffer	DDR			
Erwerbspersonen		Berufsklasse			Berufsklasse		Erwerbspersonen	
in 1000	%	Bezeichnung	Nr.[2]		Nr.[2]	Bezeichnung	in 1000	%
94,7	0,64	Maschinisten an Kraftmaschinen	4311	36	3559	Sonstige Tiefbauarbeiter	26,0	0,58
94,0	0,63	Gärtner, Gartenbauarchitekt	1151	37	4291	Meister der volkseigenen Betriebe	26,0	0,58
85,4	0,57	Gastwirt, Hotelier, Gaststättenkaufmann	6111	38	5147	Melker	25,6	0,57
78,9	0,53	Sonstige Metallerzeuger, -bearbeiter	2599	39	3411	Fleischer	25,5	0,57
76,8	0,52	Metallschleifer	2556	40	3851	Maschinenwärter	24,5	0,55
9 344,1	62,83	Alle 40 Berufsklassen	—	—	—	Alle 40 Berufsklassen	2 669,0	59,85
14 871,2	100,00	Erwerbspersonen insgesamt	—	—	—	Erwerbspersonen insgesamt	4 459,7	100,00

[2] BRD-Systematik.
[3] DDR-Systematik.

Quellen: Mikrozensus 1964.
Volks- und Berufszählung 1964.

Tabelle A 36

Erwerbspersonen [1] der Bundesrepublik und der DDR nach Berufsklassen jeweils die 40 am stärksten besetzten Berufsklassen

in 1000 Personen und in % aller Erwerbspersonen (Frauen)

BRD Erwerbspersonen in 1000	%	BRD Berufsklasse Bezeichnung	Nr.[2]	Rang-ziffer	Nr.[3]	DDR Berufsklasse Bezeichnung	DDR Erwerbspersonen in 1000	%
1 020,9	12,02	Industrie-, Verwaltungskaufmann, Büroangestellter	7121	1	5111	Landwirtschaftliche Arbeitskraft, Landwirt	335,4	9,49
737,9	8,69	Groß-, Einzelhändler; Ein-, Verkäufer	5111	2	6211	Handelskaufmann, Verkäufer, Händler	257,7	7,29
416,4	4,90	Raum-, Hausratreiniger	6311	3	8511	Raum-, Hausreiniger	241,8	6,84
309,5	3,64	Stenotypistin, Maschinenschreiber	7128	4	9111	Kaufmännisches Verwaltungspersonal	162,3	4,59
296,4	3,49	Hauswirtschaftshelfer	6215	5	9122	Buchhalter	116,7	3,30
245,4	2,89	Hilfsarbeiter ohne nähere Tätigkeitsangabe	3919	6	6279	Warenlagerarbeiter, Versandfertigmacher	114,7	3,25
198,4	2,34	Buchhalter	7123	7	9141	Stenotypistin, Maschinenschreiberin	113,2	3,20
173,7	2,05	Warenaufmacher, Versandfertigmacher	3816	8	7331	Krankenschwester, -pflegerin	106,9	3,02
172,4	2,03	Sonstige Textilnäher	3489	9	6269	Sonstige Speisenzubereiter	87,1	2,46
162,5	1,91	Krankenschwester, -pflegerin	8153	10	7121	Lehrer an allgemeinbildenden Schulen	64,9	1,84
146,2	1,72	Landwirt	1111	11	9129	Sonstiges Rechnungspersonal	64,5	1,83
114,0	1,34	Schneiderin	3481	12	9151	Angestellte der staatlichen Verwaltung	57,5	1,63
99,7	1,17	Lehrerin (Volks-, Mittel-, Sonderschulen)	8223	13	3179	Sonstige Textilnäher	55,9	1,58
93,6	1,10	Sonstige Speisenzubereiter	3779	14	6261	Köchin	53,8	1,52
90,5	1,07	Wäscherin, Plätterin, Büglerin	6841	15	9143	Bürohilfskraft	53,4	1,51

[1] Ohne Lehrlinge.
[2] BRD-Systematik.
[3] DDR-Systematik.

noch Tabelle A 36

BRD				Rang-ziffer	DDR			
Erwerbspersonen		Berufsklasse				Berufsklasse		Erwerbspersonen	
in 1000	%	Bezeichnung	Nr.[2]		Nr.[3]	Bezeichnung	in 1000	%
78,8	0,93	Warennachseher, -sortierer	3813	16	5141	Tierzüchter, Tierpfleger und verwandte Berufe	53,3	1,51
77,9	0,92	Oberbekleidungsnäherin	3482	17	6145	Postbetriebsfacharbeiter	51,8	1,47
76,3	0,90	Kellner, Steward	6121	18	7112	Kindergärtnerin, -pflegerin	44,5	1,26
70,7	0,83	Friseuse	6511	19	3112	Oberbekleidungsnäherin	37,6	1,06
66,5	0,78	Wäscheschneiderin, Näherin	3483	20	7111	Jugenderzieher	37,0	1,05
63,0	0,74	Unternehmer, Organisator, Geschäftsleiter	7111	21	8541	Wäscherin, Plätterin, Büglerin	36,3	1,03
61,0	0,72	Gastwirt, Hotelier, Gaststättenkaufmann	6111	22	3111	Schneiderin	34,7	0,98
57,6	0,68	Bankfachmann	5121	23	3011	Spinnerin, Spinnvorbereiterin	29,4	0,83
57,0	0,67	Kindergärtnerin, -pflegerin	8211	24	8211	Friseur	28,8	0,82
54,7	0,64	Sprechstundenhilfe	8157	25	6114	Zugabfertiger, Schaffner	26,1	0,74
53,6	0,63	Hauswirtschaftliche Berufe	6211	26	6271	Warenaufmacher, -prüfer	25,1	0,71
48,3	0,57	Sonstige Elektromaschinen-, -apparatebauer	2749	27	1311	Chemiefacharbeiter, -arbeiter	24,8	0,70
47,6	0,56	Arbeitskräfte ohne nähere Tätigkeitsangabe	1231	28	8591	Hausangestellte	23,1	0,65
45,3	0,53	Hilfsarbeiter (Lager, Versand)	3914	29	9112	Bankfachmann, Sparkassenangestellter	22,1	0,63
45,2	0,53	Chemiebetriebswerker, -laborant	2811	30	6251	Kellner	21,0	0,59

[2] BRD-Systematik.
[3] DDR-Systematik.

noch Tabelle A 36

BRD				Rang-ziffer	DDR			
Erwerbspersonen		Berufsklasse			Berufsklasse		Erwerbspersonen	
in 1000	%	Bezeichnung	Nr.[2]		Nr.[3]	Bezeichnung	in 1000	%
43,0	0,51	Verwaltungs-bedienstete	7115	31	3113	Wäscheschneiderin, -näherin	20,6	0,58
41,1	0,48	Köchin	3771	32	3022	Weber	20,6	0,58
40,6	0,48	Sonstige Metallerzeuger und -bearbeiter	2599	33	3015	Garnstrangmacher, Garnspuler	20,6	0,58
38,1	0,45	Postverteiler	5255	34	2721	Papier-, Kartonverarbeiter	18,7	0,53
36,7	0,43	Angehörige geistlicher Orden und Mutterhäuser	8317	35	5139	Sonstige Gartenbauberufe	17,8	0,50
34,1	0,40	Fürsorgerin, Sozialarbeiterin	7711	36	6143	Fernmelder	17,6	0,50
33,3	0,39	Garnstrangmacher, Garnspuler	3425	37	6153	Transportarbeiter	17,0	0,48
30,6	0,36	Schuhwarenhersteller	3643	38	5131	Gärtnerin	16,8	0,48
29,3	0,35	Telephonistin	5253	39	6241	Gastwirt, Hotelier, Gaststättenkaufmann	16,6	0,47
28,8	0,34	Spinner	3421	40	3232	Strickwarenhersteller	16,5	0,47
5 536,6	65,18	Alle 40 Berufsklassen				Alle 40 Berufsklassen	2 564,2	72,54
8 493,9	100,00	Erwerbspersonen insgesamt				Erwerbspersonen insgesamt	3 534,8	100,00

[2] BRD-Systematik.
[3] DDR-Systematik.

Quellen: Mikrozensus 1964.
        Volks- und Berufszählung 1965.

Tabelle A 37

Erwerbspersonen[1] *der Bundesrepublik und der DDR nach Wirtschaftsabteilungen und Berufsabteilungen*[2] *und nach Geschlecht 1964*

in %, insgesamt = 100

Berufsabteilung Bezeichnung	Kennziffer[2]	Land- und Forstwirtschaft		Energiewirtschaft und Bergbau	
		BRD	DDR	BRD	DDR
Männer und Frauen					
Berufe der Grundstoffindustrie	1	(0,1)	0,1	35,6	19,6
Berufe der stoffverarbeitenden und -bearbeitenden Industrie	2/3	0,2	4,1	3,0	4,8
Technische Berufe	4	(0,2)	2,1	5,4	6,8
Berufe der Land- und Forstwirtschaft	5	94,7	96,0	(0,2)	—
Berufe des Verkehrs, Nachrichten, Handel	6	0,6	2,8	1,2	2,8
Berufe der Bildung, Kultur, Wissenschaft	7	(0,1)	0,8	(0,3)	0,7
Dienstleistungsberufe, sonstige Berufe	8	0,8	2,8	1,5	2,4
Berufe der Wirtschaftsleitung, Verwaltungs-, Rechtswesen	9	0,2	4,3	1,5	2,8
Ohne nähere Berufsangabe	09	(0,5)	8,1	1,5	0,3
Alle Berufsgruppen		10,6	15,0	2,9	3,4
Männer					
Berufe der Grundstoffindustrie	1	(0,1)	0,1	40,1	24,9
Berufe der stoffverarbeitenden und -bearbeitenden Industrie	2/3	0,2	5,5	3,6	5,9
Technische Berufe	4	(0,2)	2,4	5,7	7,5
Berufe der Land- und Forstwirtschaft	5	91,6	95,5	(0,3)	0,0
Berufe des Verkehrs, Nachrichten, Handel	6	0,4	4,0	2,0	4,2
Berufe der Bildung, Kultur, Wissenschaft	7	(0,1)	1,6	(0,5)	1,6
Dienstleistungsberufe, sonstige Berufe	8	(0,4)	5,8	3,0	3,9
Berufe der Wirtschaftsleitung, Verwaltungs-, Rechtswesen	9	0,2	4,5	1,9	3,1
Ohne nähere Berufsangabe	09	(0,6)	1,3	2,7	0,4
Alle Berufsgruppen		7,7	15,0	4,2	4,9
Frauen					
Berufe der Grundstoffindustrie	1	(0,2)	—	(1,5)	5,6
Berufe der stoffverarbeitenden und -bearbeitenden Industrie	2/3	(0,1)	0,3	(0,1)	1,8
Technische Berufe	4	(0,1)	1,0	(2,6)	4,5
Berufe der Land- und Forstwirtschaft	5	97,5	96,6	(0,1)	—
Berufe des Verkehrs, Nachrichten, Handel	6	0,9	1,6	(0,2)	1,4
Berufe der Bildung, Kultur, Wissenschaft	7	(0,1)	0,3	(0,2)	0,1
Dienstleistungsberufe, sonstige Berufe	8	0,9	1,6	1,0	1,9
Berufe der Wirtschaftsleitung, Verwaltungs-, Rechtswesen	9	0,3	4,2	1,1	2,6
Ohne nähere Berufsangabe	09	(0,5)	19,9	0,1	0,2
Alle Berufsgruppen		15,6	15,0	0,5	1,5

[1] BRD: einschließlich Lehrlinge und Anlernlinge; Erwerbspersonen unter 65 Jahre; DDR: ohne Lehrlinge.
[2] DDR-Systematik.
Quellen: Mikrozensus 1964; Arbeits- und sozialstatistische Mitteilungen des BMA.
Volks- und Berufszählung 1964.

	Verarbeitendes Gewerbe		Baugewerbe		Handel		Verkehr und Nachrichtenübermittlung		Öffentliche und private Dienstleistungen		Insgesamt	
	BRD	DDR	BRD	DDR	BRD	DDR	BRD	DDR	BRD	DDR	BRD	DDR
Männer und Frauen												
	61,3	72,9	1,4	1,6	(0,5)	0,5	(—)	0,1	1,0	5,3	100	100
	65,6	67,4	22,2	12,9	2,5	1,7	3,0	4,9	3,5	4,3	100	100
	54,4	59,2	7,4	6,7	2,1	1,2	7,1	6,0	23,3	18,0	100	100
	1,2	0,4	(0,1)	0,1	0,6	0,5	(0,1)	—	3,2	3,0	100	100
	25,3	24,0	2,2	2,6	38,0	36,6	16,5	22,2	16,1	9,1	100	100
	5,1	4,9	(0,2)	0,8	2,3	1,0	(0,4)	0,7	91,7	91,1	100	100
	13,2	18,5	0,9	2,2	3,9	10,2	2,2	3,6	77,6	60,4	100	100
	27,1	32,9	2,5	3,7	13,3	16,2	8,0	5,7	47,3	34,3	100	100
	76,4	14,7	5,0	0,8	3,9	6,0	1,8	0,7	10,9	69,4	100	100
	37,7	36,5	8,5	5,6	11,4	10,5	6,2	7,0	22,9	22,0	100	100
Männer												
	57,3	65,4	1,5	2,0	(0,4)	0,5	(0,0)	0,1	(0,5)	6,9	100	100
	60,4	58,7	26,6	17,6	2,3	1,6	3,6	6,2	3,4	4,6	100	100
	54,3	58,2	7,9	8,1	2,0	1,2	7,4	6,6	22,5	16,1	100	100
	1,8	0,4	(0,1)	0,2	0,6	0,5	(0,2)	0,0	5,4	3,4	100	100
	26,0	26,5	3,1	4,6	30,1	24,8	25,7	28,7	12,6	7,3	100	100
	8,2	9,4	(0,4)	2,1	2,4	1,6	(0,8)	1,4	87,7	82,3	100	100
	18,2	26,2	1,3	2,8	1,9	6,8	2,3	3,9	73,0	50,9	100	100
	23,1	35,5	2,2	4,2	9,8	14,0	9,5	5,7	53,3	33,0	100	100
	70,2	4,0	8,7	0,5	4,1	1,7	2,9	0,4	10,9	91,8	100	100
	41,0	39,0	12,7	9,1	8,3	6,5	8,1	8,4	18,1	17,4	100	100
Frauen												
	91,7	92,5	(0,1)	0,3	(1,3)	0,5	—	—	5,2	1,0	100	100
	91,5	90,3	0,4	0,7	3,4	2,0	(0,3)	1,6	4,1	3,4	100	100
	55,5	62,9	(2,6)	1,4	(3,6)	1,3	(4,2)	3,9	31,3	25,0	100	100
	0,6	0,3	(—)	—	0,6	0,5	—	—	1,2	2,5	100	100
	24,5	21,6	1,1	0,5	48,4	48,3	4,2	15,6	20,8	11,0	100	100
	2,7	2,4	(0,1)	0,1	2,2	0,7	(0,1)	0,4	94,7	96,0	100	100
	11,4	15,5	0,7	1,9	4,5	11,5	2,2	3,5	79,2	64,0	100	100
	32,0	31,4	2,9	3,5	17,6	17,6	6,2	5,8	39,9	35,0	100	100
	84,2	33,5	(0,4)	1,3	3,6	13,5	0,5	1,4	10,8	30,1	100	100
	32,1	33,8	1,1	1,2	16,8	15,6	2,7	5,2	31,3	27,7	100	100

Tabelle A 38

Erwerbstätige Hoch- und Fachschulabsolventen der Bundesrepublik und der DDR nach Wirtschaftsbereichen und Geschlecht 1964

Wirtschaftsbereich	1000 Personen						Struktur in % Wirtschaftsbereiche BRD		
	BRD			DDR					
	männlich	weiblich	insgesamt	männlich	weiblich	insgesamt	männlich	weiblich	insgesamt
Hochschulabsolventen									
Land- und Forstwirtschaft	5,3	(1,7)	7,0	6,3	0,6	6,9	0,8	(0,8)	0,8
Verarbeitendes Gewerbe [2]	120,6	10,3	130,9	25,9	2,7	28,6	17,4	4,6	14,2
Baugewerbe	13,0	(0,8)	13,8	2,3	0,1	2,4	1,9	(0,4)	1,5
Handel	31,5	17,5	49,0	3,6	1,1	4,7	4,5	7,8	5,3
Verkehr und Nachrichtenübermittlung	8,8	(1,0)	9,8	2,9	0,3	3,2	1,3	(0,4)	1,1
Dienstleistungsberufe	514,8	193,6	708,4	112,3	41,3	153,6	74,2	86,1	77,1
Wirtschaft insgesamt	694,0	224,9	918,9	153,3	46,1	199,4	100,0	100,0	100,0
Fachschulabsolventen									
Land- und Forstwirtschaft	135,6	30,6	166,2	25,1	3,4	28,5	16,0	13,6	15,5
Verarbeitendes Gewerbe [2]	321,9	50,3	372,2	101,9	10,1	112,0	38,1	22,4	34,8
Baugewerbe	60,8	(2,9)	63,7	15,0	0,6	15,6	7,2	(1,3)	6,0
Handel	49,6	35,0	84,6	8,0	3,0	11,0	5,9	15,6	7,9
Verkehr und Nachrichtenübermittlung	66,0	8,7	74,7	13,3	1,4	14,7	7,8	3,9	7,0
Dienstleistungsberufe	211,8	97,3	309,1	91,8	94,9	186,7	25,0	43,3	28,9
Wirtschaft insgesamt	845,7	224,8	1 070,5	255,1	113,4	368,5	100,0	100,0	100,0
Hoch- und Fachschulabsolventen									
Land- und Forstwirtschaft	140,9	32,3	173,2	31,4	4,0	35,4	9,2	7,2	8,7
Verarbeitendes Gewerbe [2]	442,5	60,6	503,1	127,8	12,8	140,6	28,7	13,5	25,3
Baugewerbe	73,8	(3,7)	77,5	17,3	0,7	18,0	4,8	(0,8)	3,9
Handel	81,1	52,5	133,6	11,6	4,1	15,7	5,3	11,7	6,7
Verkehr und Nachrichtenübermittlung	74,8	9,7	84,5	16,2	1,7	17,9	4,9	2,2	4,2
Dienstleistungsberufe	726,6	290,9	1 017,5	204,1	136,2	340,3	47,2	64,7	51,1
Wirtschaft insgesamt	1 539,7	449,7	1 989,4	408,4	159,5	567,9	100,0	100,0	100,0

[1] Nur Erwerbstätige unter 65 Jahren.
[2] Einschl. Energie und Bergbau.

Quellen: Statistisches Bundesamt, Mikrozensus 1964.
Volks- und Berufszählung 1964.

Wirtschaftsbereiche DDR			Struktur in %								Vergleich		
			Frauenanteil		Anteil an den Erwerbstätigen						DDR in % der BRD		
					BRD [1]			DDR					
männ-lich	weib-lich	ins-gesamt	BRD	DDR	männ-lich	weiblich	ins-gesamt	männ-lich	weib-lich	ins-gesamt	männ-lich	weiblich	ins-gesamt
	Hochschulabsolventen												
4,1	1,3	3,5	(24,3)	8,7	0,4	(0,1)	0,2	0,9	0,1	0,5	118,9	(35,3)	98,6
16,9	5,9	14,3	7,9	9,4	1,6	0,3	1,2	1,2	0,2	0,8	21,5	26,2	21,8
1,5	0,2	1,2	(5,8)	4,2	0,6	(0,8)	0,6	0,5	0,2	0,5	17,7	(12,5)	17,4
2,3	2,4	2,4	35,7	23,4	2,1	1,0	1,5	1,2	0,2	0,5	11,4	6,3	9,6
1,9	0,7	1,6	(10,2)	9,4	0,7	(0,4)	0,6	0,8	0,2	0,6	33,0	(30,0)	32,7
73,3	89,6	77,0	27,3	26,9	16,2	6,6	11,6	15,5	4,2	9,0	21,8	21,3	21,7
100,0	100,0	100,0	24,5	23,1	4,1	2,3	3,4	3,3	1,2	2,3	22,1	20,5	21,7
	Fachschulabsolventen												
9,8	3,0	7,7	18,4	11,9	9,5	1,9	5,4	3,6	0,5	2,1	18,5	11,1	17,1
39,9	8,9	30,4	13,5	9,0	4,2	1,6	3,4	4,8	0,8	3,2	31,7	20,1	30,1
5,9	0,5	4,2	(4,6)	3,8	2,9	(2,9)	2,9	3,1	1,2	3,0	24,7	(20,7)	24,5
3,1	2,6	3,0	41,4	27,3	3,4	2,0	2,7	2,7	0,5	1,2	16,1	8,6	13,0
5,2	1,2	4,0	11,6	9,5	5,0	3,5	4,8	3,5	0,7	2,6	20,2	16,1	19,7
36,0	83,7	50,7	31,5	50,8	6,7	3,3	5,1	12,7	9,6	10,9	43,3	97,5	60,4
100,0	100,0	100,0	21,0	30,8	4,9	2,3	4,0	5,4	3,0	4,3	30,2	50,4	34,4
	Hoch- und Fachschulabsolventen												
7,7	2,5	6,2	18,6	11,3	9,8	2,0	5,6	4,5	0,6	2,7	22,3	12,4	20,4
31,3	8,0	24,8	12,0	9,1	5,8	1,9	4,6	6,0	1,0	4,0	28,9	21,1	27,9
4,2	0,4	3,2	(4,8)	3,9	3,5	(3,7)	3,5	3,6	1,4	3,4	23,4	(18,9)	23,2
2,8	2,6	2,8	39,3	26,1	5,5	3,0	4,2	3,9	0,7	1,8	14,3	7,8	11,8
4,0	1,1	3,2	11,5	9,5	5,7	3,9	5,4	4,3	0,9	3,1	21,7	17,5	21,2
50,0	85,4	59,9	28,6	40,0	22,9	9,9	16,6	28,2	13,8	19,9	28,1	46,8	33,4
100,0	100,0	100,0	22,6	28,1	9,0	4,6	7,4	8,7	4,2	6,7	26,5	35,5	28,5

Tabelle A 39

Erwerbstätige Hochschulabsolventen [1] *der Bundesrepublik und der DDR nach Fachrichtungen und Geschlecht 1964*

Fachrichtung	1000 Personen					
	BRD			DDR		
	männlich	weiblich	insgesamt	männlich	weiblich	insgesamt
Land- und Forstwirtschaft	17,9	(2,9)	20,8	11,0	1,3	12,3
Künstlerische Fachrichtungen	30,9	14,3	45,2	6,4	2,4	8,8
Gewerbliche Fachrichtungen	(1,8)	(0,3)	(2,1)	0,2	—	0,2
Technische Fachrichtungen	91,2	(0,5)	91,7	22,3	0,5	22,8
darunter Bergbau und Hüttenwesen	6,5	—	6,5	2,6	—	2,6
Maschinenbau	30,0	—	30,0	10,8	0,3	11,1
Elektrotechnik	23,6	—	23,6	4,2	0,1	4,3
Naturwissenschaften	39,9	5,0	44,9	12,2	2,1	14,3
darunter Mathematik	5,1	(1,0)	6,1	1,4	0,2	1,6
Physik	8,2	(0,4)	8,6	3,1	0,2	3,3
Chemie	18,5	(1,8)	20,3	5,2	0,9	6,1
Biologie	(2,2)	(0,4)	(2,6)	1,0	0,5	1,5
Theologie, Erziehungs- und Geisteswissenschaften	216,0	143,3	359,3	49,0	24,4	73,4
darunter Theologie	44,0	(1,1)	45,1	5,3	0,3	5,6
Lehramt, Philosophie, Geschichte, etc.	168,5	139,9	308,4	42,2	23,5	65,7
Rechtswesen, Wirtschaftswissenschaft, Verwaltung	137,5	8,9	146,4	31,0	5,4	36,4
darunter Rechtswissenschaft	75,7	(3,5)	79,2	11,4	2,1	13,5
Gesundheitswesen	103,1	33,7	136,8	21,2	10,0	31,2
darunter Allgemeine Medizin	67,4	18,8	86,2	12,9	6,8	19,7
Zahnmedizin	17,0	(3,6)	20,6	4,2	1,5	5,7
Tiermedizin	8,7	(0,7)	9,4	2,6	0,3	2,9
Pharmazie	9,7	10,6	20,3	1,5	1,4	2,9
Sonstige Fachrichtungen [2]	55,7	16,0	71,7	—	—	—
Alle Fachrichtungen	694,0	224,9	918,9	153,3	46,1	199,4

[1] BRD: nur unter 65 Jahren.
[2] Einschl. Personen ohne Fachrichtungsangabe.

Quellen: Statistisches Bundesamt, Mikrozensus 1964.
Volks- und Berufszählung 1964.

Struktur in %						Frauenanteil		Vergleich		
Fachrichtungen								DDR in % der BRD		
BRD			DDR			BRD	DDR			
männlich	weiblich	insgesamt	männlich	weiblich	insgesamt			männlich	weiblich	insgesamt
2,6	(1,3)	2,3	7,2	2,8	6,2	(13,9)	10,6	61,5	(44,8)	59,1
4,5	6,4	4,9	4,2	5,2	4,4	31,6	27,3	20,7	16,8	19,5
(0,3)	(0,1)	(0,2)	0,1	—	0,1	(14,3)	—	(11,1)	(—)	(9,5)
13,1	(0,2)	10,0	14,5	1,1	11,4	(0,5)	2,2	24,5	(100,0)	24,9
0,9	—	0,7	1,7	—	1,3	—	—	40,0	—	40,0
4,3	—	3,3	7,0	0,7	5,6	—	2,7	36,0	—	37,0
3,4	—	2,6	2,7	0,2	2,2	—	2,3	17,8	—	18,2
5,7	2,2	4,9	8,0	4,6	7,2	11,1	14,7	30,6	42,0	31,8
0,7	(0,4)	0,7	0,9	0,4	0,8	(16,4)	12,5	27,5	(20,0)	26,2
1,2	(0,2)	0,9	2,0	0,4	1,7	(4,7)	6,1	37,8	(50,0)	38,4
2,7	(0,8)	2,2	3,4	2,0	3,1	(8,9)	14,8	28,1	(50,0)	30,0
(0,3)	(0,2)	(0,3)	0,7	1,1	0,8	(15,4)	33,3	(45,5)	(125,0)	(57,7)
31,1	63,7	39,1	32,0	52,9	36,8	39,9	33,2	22,7	17,0	20,4
6,3	(0,5)	4,9	3,5	0,7	2,8	(2,4)	5,4	12,0	(27,3)	12,4
24,3	62,2	33,6	27,5	51,0	33,0	45,4	35,8	25,0	16,8	21,3
19,8	4,0	15,9	20,2	11,7	18,3	6,1	14,8	22,6	60,8	24,9
10,9	(1,6)	8,6	7,4	4,6	6,8	(4,4)	15,6	15,1	(60,0)	17,1
14,9	15,0	14,9	13,8	21,7	15,7	24,6	32,1	20,6	29,7	22,8
9,7	8,4	9,4	8,4	14,8	9,9	21,8	34,5	19,1	36,2	22,9
2,4	(1,6)	2,2	2,7	3,3	2,9	(17,5)	26,3	24,7	(41,7)	27,7
1,3	(0,3)	1,0	1,7	0,7	1,5	(7,4)	10,3	29,9	(42,9)	30,9
1,4	4,7	2,2	1,0	3,0	1,5	52,2	48,3	15,5	13,2	14,3
8,0	7,1	7,8	—	—	—	22,3	—	—	—	—
100,0	100,0	100,0	100,0	100,0	100,0	24,5	23,1	22,1	20,5	21,7

Tabelle A 40

Erwerbstätige Fachschulabsolventen [1] der Bundesrepublik und der DDR nach Fachrichtungen und Geschlecht 1964

Fachrichtung	1000 Personen					
	BRD			DDR		
	männlich	weiblich	ingesamt	männlich	weiblich	ingesamt
Land- und Forstwirtschaft	180,7	(0,4)	181,1	30,8	5,5	36,3
Künstlerische Fachrichtungen	29,9	11,1	41,0	6,3	2,9	9,2
Gewerbliche Fachrichtungen	53,9	5,0	58,9	10,0	2,4	12,4
Technische Fachrichtungen	387,5	(2,8)	390,3	128,9	4,0	132,9
darunter Bergbau und Hüttenwesen	22,8	—	22,8	12,5	0,3	12,8
Maschinenbau	154,0	(0,9)	154,9	63,2	1,9	65,1
Elektrotechnik	73,0	(0,8)	73,8	21,0	0,7	21,7
Naturwissenschaften	14,2	9,8	24,0	6,0	5,0	11,0
darunter Mathematik	—	—	—	—	—	—
Physik	(0,7)	(0,7)	(1,4)	—	—	—
Chemie	13,4	8,7	22,1	5,4	2,8	8,2
Biologie	—	—	—	0,4	0,1	0,5
Theologie, Erziehungs- und Geisteswissenschaften	11,8	82,8	94,6	39,7	83,9	123,6
darunter Theologie	(1,1)	(1,7)	(2,8)	—	—	—
Lehramt, Philosophie, Geschichte, etc.	10,3	79,4	89,7	38,5	58,2	96,7
Rechtswesen, Wirtschaftswissenschaft, Verwaltung	106,4	65,0	171,4	32,8	8,8	41,6
darunter Rechtswissenschaft	—	—	—	—	—	—
Gesundheitswesen	6,2	(1,0)	7,2	0,4	0,8	1,2
darunter Allgemeine Medizin	—	—	—	—	—	—
Zahnmedizin	5,8	(1,0)	6,8	—	—	—
Tiermedizin	—	—	—	0,4	0,4	0,8
Pharmazie	—	—	—	—	0,4	0,4
Sonstige Fachrichtungen [2]	55,1	46,9	102,0	0,2	0,1	0,3
Alle Fachrichtungen	845,7	224,8	1 070,5	255,1	113,4	368,5

[1] BRD: nur unter 65 Jahren.
[2] Einschl. Personen ohne Fachrichtungsangabe.

Quellen: Statistisches Bundesamt, Mikrozensus 1964.
Volks- und Berufszählung 1964.

Struktur in %						Frauenanteil		Vergleich		
Fachrichtungen										
BRD			DDR			BRD	DDR	DDR in % der BRD		
männlich	weiblich	insgesamt	männlich	weiblich	insgesamt			männlich	weiblich	insgesamt
21,4	(0,2)	16,9	12,1	4,9	9,9	(0,2)	15,2	17,0	—	20,0
3,5	4,9	3,8	2,5	2,6	2,5	27,1	31,5	21,1	26,1	22,4
6,4	2,2	5,5	3,9	2,1	3,4	8,5	19,4	18,6	48,0	21,1
45,8	(1,2)	36,5	50,5	3,5	36,1	(0,7)	3,0	33,3	(142,9)	34,1
2,7	—	2,1	4,9	0,3	3,5	—	2,3	54,8	—	56,1
18,2	(0,4)	14,5	24,8	1,7	17,7	(0,6)	2,9	41,0	—	42,0
8,6	(0,4)	6,9	8,2	0,6	5,9	(1,1)	3,2	28,8	—	29,4
1,7	4,4	2,2	2,4	4,4	3,0	40,8	45,5	42,3	51,0	45,8
—	—	—	—	—	—	—	—	—	—	—
(0,1)	(0,3)	(0,1)	—	—	—	(50,0)	—	—	—	—
1,6	3,9	2,1	2,1	2,5	2,2	39,4	34,1	40,3	32,2	37,1
—	—	—	0,2	0,1	0,1	—	20,0	—	—	—
1,4	36,8	8,8	15,6	74,0	33,5	87,5	67,9	336,4	101,3	130,7
(0,1)	(0,8)	(0,3)	—	—	—	(60,7)	—	—	—	—
1,2	35,3	8,4	15,1	51,3	26,2	88,5	60,2	373,8	73,3	107,8
12,6	28,9	16,0	12,9	7,8	11,3	37,9	21,2	30,8	13,5	24,3
—	—	—	—	—	—	—	—	—	—	—
0,7	(0,4)	0,7	0,2	0,7	0,3	(13,9)	66,7	—	—	—
—	—	—	—	—	—	—	—	—	—	—
0,7	(0,4)	0,5	—	—	—	(14,7)	—	—	—	—
—	—	—	0,2	0,4	0,2	—	50,0	—	—	—
—	—	—	—	0,4	0,1	—	100,0	—	—	—
6,5	20,9	9,5	0,1	0,1	0,1	46,0	33,3	—	—	16,7
100,0	100,0	100,0	100,0	100,0	100,0	21,0	30,8	30,2	50,4	34,4

Tabelle A 41

Erwerbstätige Fach- und Hochschulabsolventen [1] der Bundesrepublik und der DDR nach Fachrichtungen und Geschlecht 1964

Fachrichtung	1000 Personen					
	BRD			DDR		
	männlich	weiblich	insgesamt	männlich	weiblich	insgesamt
Land- und Forstwirtschaft	198,6	(3,3)	201,9	41,8	6,8	48,6
Künstlerische Fachrichtungen	60,8	25,4	86,2	12,7	5,3	18,0
Gewerbliche Fachrichtungen	55,7	5,3	61,0	10,2	2,4	12,6
Technische Fachrichtungen	478,7	(3,3)	482,0	151,2	4,5	155,7
darunter Bergbau und Hüttenwesen	29,3	—	29,3	15,1	0,3	15,4
Maschinenbau	184,0	(0,9)	184,9	74,0	2,2	76,2
Elektrotechnik	96,6	(0,8)	97,4	25,2	0,8	26,0
Naturwissenschaften	54,1	14,8	68,9	18,2	7,1	25,3
darunter Mathematik	5,1	(1,0)	6,1	1,4	0,2	1,6
Physik	8,9	(1,1)	10,0	3,1	0,2	3,3
Chemie	31,9	10,5	42,4	10,6	3,7	14,3
Biologie	2,2	(0,4)	(2,6)	1,4	0,6	2,0
Theologie, Erziehungs- und Geisteswissenschaften	227,8	226,1	453,9	88,7	108,3	197,0
darunter Theologie	45,1	(2,8)	47,9	5,3	0,3	5,6
Lehramt, Philosophie, Geschichte, etc.	178,8	219,3	398,1	80,7	81,7	162,4
Rechtswesen, Wirtschaftswissenschaft, Verwaltung	243,9	73,9	317,8	63,8	14,2	78,0
darunter Rechtswissenschaft	75,7	(3,5)	79,2	11,4	2,1	13,5
Gesundheitswesen	109,3	34,7	144,0	21,6	10,8	32,4
darunter Allgemeine Medizin	67,4	18,8	86,2	12,9	6,8	19,7
Zahnmedizin	22,8	(4,6)	27,4	4,2	1,5	5,7
Tiermedizin	8,7	(0,7)	9,4	3,0	0,7	3,7
Pharmazie	9,7	10,6	20,3	1,5	1,8	3,3
Sonstige Fachrichtungen [2]	110,8	62,9	173,7	0,2	0,1	0,3
Alle Fachrichtungen	1 539,7	449,7	1 989,4	408,4	159,5	567,9

[1] BRD: nur unter 65 Jahren.
[2] Einschl. Personen ohne Fachrichtungsangabe.

Quellen: Statistisches Bundesamt, Mikrozensus 1964.
Volks- und Berufszählung 1964.

Struktur in %						Frauenanteil		Vergleich		
Fachrichtungen								DDR in % der BRD		
BRD			DDR			BRD	DDR			
männlich	weiblich	insgesamt	männlich	weiblich	insgesamt			männlich	weiblich	insgesamt
12,9	(0,7)	10,2	10,2	4,3	8,6	(1,6)	14,0	21,0	(206,1)	24,1
3,9	5,6	4,3	3,1	3,3	3,2	29,5	29,4	20,9	20,9	20,9
3,6	1,2	3,1	2,5	1,5	2,2	8,7	19,0	18,3	45,3	20,7
31,1	(0,7)	24,2	37,0	2,8	27,4	(0,7)	2,9	31,6	136,4	32,3
1,9	—	1,5	3,7	0,2	2,7	—	1,9	51,5	—	52,6
12,0	(0,2)	9,3	18,1	1,4	13,4	(0,5)	2,9	40,2	—	41,2
6,3	(0,2)	4,9	6,2	0,5	4,6	(0,8)	3,1	26,1	—	26,7
3,5	3,3	3,5	4,5	4,5	4,5	21,5	28,1	33,6	48,0	36,7
0,3	(0,2)	0,3	0,3	0,1	0,3	(16,4)	12,5	27,5	—	26,2
0,6	(0,2)	0,5	0,8	0,1	0,6	(11,0)	6,1	34,8	—	33,0
2,1	2,3	2,1	2,6	2,3	2,5	24,8	25,9	33,2	35,2	33,7
0,1	(0,1)	0,1	0,3	0,4	0,3	(15,4)	30,0	63,6	—	(76,9)
14,8	50,3	22,8	21,7	67,9	34,7	49,8	55,0	38,9	47,9	43,4
2,9	(0,6)	2,4	1,3	0,2	1,0	(5,8)	5,4	11,8	—	11,7
11,6	48,8	20,0	19,8	51,2	28,6	55,1	50,3	45,1	37,3	40,8
15,8	16,4	16,0	15,6	8,9	13,7	23,3	18,2	26,2	19,2	24,5
4,9	(0,8)	4,0	2,8	1,3	2,4	(4,4)	15,6	15,1	(60,0)	17,0
7,1	7,7	7,2	5,3	6,8	5,7	24,1	33,3	19,8	31,1	22,5
4,4	4,2	4,3	3,2	4,3	3,5	21,8	34,5	19,1	36,2	22,9
1,5	(1,0)	1,4	1,0	0,9	1,0	(16,8)	26,3	18,4	(32,6)	20,8
0,6	(0,2)	0,5	0,7	0,4	0,6	(7,4)	18,9	34,5	—	39,4
0,6	2,4	1,0	0,4	1,1	0,6	52,2	54,5	15,5	17,0	16,3
7,2	14,0	8,7	—	0,1	0,1	36,2	33,3	—	—	—
100,0	100,0	100,0	100,0	100,0	100,0	22,6	28,1	26,5	35,5	28,5

Tabelle A 42

Erwerbstätige Hochschulabsolventen der Bundesrepublik und der DDR nach Berufsgruppen und Geschlecht 1964

Berufsgruppe		1000 Personen					
Bezeichnung	Kennziffer [2]	BRD			DDR		
		männlich	weiblich	insgesamt	männlich	weiblich	insgesamt
Berufe der Grundstoffindustrie	1	(0,4)	(0,1)	(0,5)	0,1	—	0,1
Berufe der stoffbearbeitenden und -verarbeitenden Industrie	2/3	5,9	(0,7)	6,6	0,8	0,1	0,9
Technische Berufe	4	89,9	(2,6)	92,5	22,4	1,3	23,7
davon Ingenieure und Techniker	41+42	88,9	(2,2)	91,1	21,6	1,1	22,7
Sonstige technische Fachkräfte	43	(1,0)	(0,4)	(1,4)	0,8	0,2	1,0
Berufe der Land- und Forstwirtschaft	5	17,1	(2,0)	19,1	7,9	0,9	8,8
davon Acker-, Gartenbauer, Tierzüchter, Pflanzenschützer	51+532	7,4	(1,5)	8,9	4,7	0,5	5,2
Berufe der Binnenfischerei und Forstwirtschaft	52	(2,5)	—	(2,5)	0,7	0,1	0,8
Berufe des Veterinärwesens (ohne Pflanzenschutz)	53 ohne 532	7,2	(0,5)	7,7	2,5	0,3	2,8
Berufe des Verkehrs, Nachrichten, Handel	6	25,1	11,8	36,9	1,5	0,3	1,8
davon Verkehrsberufe	61	(0,9)	(0,1)	(1,0)	0,4	—	0,4
Handels- und Gaststättenberufe	62	24,2	11,7	35,9	1,1	0,3	1,4
Berufe der Bildung, Kultur, Wissenschaft usw.	7	333,3	185,7	519,0	78,8	36,9	115,7
davon Berufe der Bildung und Kultur	71	207,2	148,9	356,1	53,2	25,9	79,1
Natur- und gesellschaftswissenschaftliche Berufe	72	34,2	(3,6)	37,8	8,3	1,6	9,9
Berufe des Gesundheits- und Sozialwesens	73	91,9	33,2	125,1	17,3	9,4	26,7
Dienstleistungsberufe, sonstige Berufe	8	42,4	(1,9)	44,3	5,7	0,4	6,1
davon konfessionelle Berufe	87	41,0	(1,1)	42,1	5,4	0,4	5,8
Berufe der Wirtschaftsleitung, Verwaltungs-, Rechtswesen	9	166,7	15,5	182,2	28,4	5,2	33,6
davon Berufe der Wirtschaftsleitung, Betriebswirte	91+92	118,0	12,8	130,8	25,2	4,3	29,5
Rechtsberufe	94	48,7	(2,7)	51,4	3,2	0,9	4,1
Ohne nähere Berufsangabe	09	13,0	(4,6)	17,6	7,7	1,0	8,7
Alle Berufsgruppen zusammen	—	693,8	224,9	918,7	153,3	46,1	199,4

[1] Ohne Lehrlinge; BRD: nur unter 65 Jahren.
[2] DDR-Berufssystematik.
Quellen: Statistisches Bundesamt, Mikrozensus 1964; Arbeits- und Sozialstatistische Mitteilungen des BMA. Volks- und Berufszählung 1964.

	Struktur in %						Frauenanteil		Anteil an den Erwerbstätigen [1]		Vergleich
	Berufsgruppen										DDR in % der BRD
	BRD			DDR			BRD	DDR	BRD	DDR	
	männlich	weiblich	insgesamt	männlich	weiblich	insgesamt					
	(0,1)	(0,0)	(0,1)	0,1	—	0,1	(20,0)	—	(0,1)	0,1	(20,0)
	0,9	(0,3)	0,7	0,5	0,2	0,5	(10,6)	11,1	0,1	0,0	13,6
	13,0	(1,2)	10,1	14,6	2,8	11,9	(2,8)	5,5	10,1	6,3	25,6
	12,8	(1,0)	9,9	14,1	2,4	11,4	(2,4)	4,6	11,5	7,3	24,9
	(0,1)	(0,2)	(0,2)	0,5	0,4	0,5	(28,6)	20,0	(1,1)	1,5	(71,4)
	2,5	(0,9)	2,1	5,2	2,0	4,4	(10,5)	10,2	0,7	0,9	46,1
	1,1	(0,7)	1,0	3,1	1,1	2,6	(16,9)	9,6	0,4	0,5	58,4
	(0,4)	—	(0,3)	0,5	0,2	0,4	—	12,5	(3,1)	2,3	(32,0)
	1,0	(0,2)	0,8	1,6	0,7	1,4	(6,5)	10,7	100,0	45,2	36,4
	3,6	5,3	4,0	1,0	0,7	0,9	32,0	16,7	0,8	0,1	4,9
	(0,1)	(0,0)	(0,1)	0,3	—	0,2	(10,0)	—	(0,1)	0,1	(40,0)
	3,5	5,2	3,9	0,7	0,7	0,7	32,6	21,4	1,1	0,2	3,9
	48,0	82,6	56,5	51,4	80,0	58,0	35,8	31,9	47,5	20,7	22,3
	29,9	66,2	38,8	34,7	56,2	39,7	41,8	32,7	64,1	23,3	22,2
	4,9	(1,6)	4,1	5,4	3,5	5,0	(9,5)	16,2	92,4	76,7	26,2
	13,3	14,8	13,6	11,3	20,4	13,4	26,5	35,2	25,2	13,0	21,3
	6,1	(0,8)	4,8	3,7	0,87	3,1	(4,3)	6,6	3,1	1,2	13,8
	5,9	(0,5)	4,6	3,5	0,87	2,9	(2,6)	6,9	46,7	31,7	13,8
	24,0	6,9	19,8	18,5	11,3	16,9	8,5	15,5	4,5	3,4	18,4
	17,0	5,7	14,2	16,4	9,3	14,8	9,8	14,6	3,3	3,0	22,6
	7,0	(1,2)	5,6	2,1	2,0	2,1	(5,3)	22,0	73,0	70,7	8,0
	1,9	(2,1)	1,9	5,0	2,2	4,4	(26,1)	11,5	2,6	2,5	49,4
	100,0	100,0	100,0	100,0	100,0	100,0	24,5	23,1	3,9	2,5	21,7

Tabelle A 43

Sozialprodukt der Bundesrepublik und der DDR 1960 bis 1969

in Mrd. Einheiten der jeweiligen Währung zu Preisen von 1967
(DM bzw. M)

Bereiche	1960	1961	1962	1963	1964	1965	1966	1967	1968	1969p
BRD										
Entstehung des Inlandsprodukts										
Bruttoinlandsprodukt	377,4	398,6	414,5	428,8	457,7	483,6	497,4	496,1	530,9	572,8
darunter										
Verarbeitendes Gewerbe, Energie, Bergbau	164,4	174,9	182,7	188,6	204,7	220,7	225,2	220,1	243,1	270,9
Landwirtschaft	18,2	18,4	17,8	18,7	20,2	17,9	18,4	20,2	21,1	21,6
Abschreibungen	30,8	33,6	36,7	39,8	43,1	46,7	50,4	53,8	57,2	61,1
Nettoinlandsprodukt	346,6	365,0	377,8	389,0	414,6	436,9	447,0	442,3	473,7	511,7
DDR										
Entstehung des Inlandsprodukts										
Bruttoinlandsprodukt	92,8	95,8	98,0	101,2	106,3	111,5	117,1	123,5	130,5	137,8
darunter										
Verarbeitendes Gewerbe, Energie, Bergbau	44,0	46,0	48,1	50,6	53,2	55,5	58,3	61,5	65,5	70,4
Landwirtschaft	12,2	12,5	11,9	11,4	11,4	12,1	12,7	13,4	13,2	12,3
Abschreibungen	6,9	7,5	7,9	8,4	9,0	9,7	10,3	10,9	12,2	13,4
Nettoinlandsprodukt	85,9	88,3	90,1	92,8	97,3	101,8	106,8	112,6	118,3	124,4

p = vorläufige Zahlen.

Quellen: Statistisches Bundesamt, Originalbasis 1962 umbasiert.
Schätzung, unveröffentlichtes Manuskript von H. Wilkens, DIW.

Tabelle A 44

Sozialprodukt der Bundesrepublik und der DDR [1] 1960 bis 1969

Bereiche	1960	1961	1962	1963	1964	1965	1966	1967	1968	1969p
Struktur in %										
BRD										
Entstehung des Inlandsprodukts										
Bruttoinlandsprodukt	100,0	100,0	100,0	100,0	100,0	100,0	100,0	100,0	100,0	100,0
darunter										
Verarbeitendes Gewerbe, Energie, Bergbau	43,5	43,9	44,1	44,0	44,7	45,6	45,3	44,3	45,8	47,4
Landwirtschaft	4,8	4,6	4,3	4,4	4,5	3,7	3,7	4,1	4,0	3,8
Abschreibungen	8,2	8,4	8,9	9,3	9,4	9,7	10,1	10,8	10,8	10,7
Nettoinlandsprodukt	91,8	91,6	91,1	90,7	90,6	90,3	89,9	89,2	89,2	89,3
DDR										
Entstehung des Inlandsprodukts										
Bruttoinlandsprodukt	100,0	100,0	100,0	100,0	100,0	100,0	100,0	100,0	100,0	100,0
darunter										
Verarbeitendes Gewerbe, Energie, Bergbau	47,4	48,0	49,1	50,0	50,0	49,8	49,8	49,8	50,2	51,1
Landwirtschaft	13,1	13,0	12,1	11,3	10,7	10,9	10,8	10,9	10,1	8,9
Abschreibungen	7,4	7,8	8,1	8,3	8,5	8,7	8,8	8,8	9,3	9,7
Nettoinlandsprodukt	92,6	92,2	91,9	91,7	91,5	91,3	91,2	91,2	90,7	90,3
Entwicklung, 1960 = 100										
BRD										
Entstehung des Inlandsprodukts										
Bruttoinlandsprodukt	100	106	110	114	121	128	132	131	141	152
darunter										
Verarbeitendes Gewerbe, Energie, Bergbau	100	106	111	115	125	134	137	134	148	165
Landwirtschaft	100	101	98	103	111	98	101	111	116	119
Abschreibungen	100	109	119	129	140	152	164	175	186	198
Nettoinlandsprodukt	100	105	109	112	120	126	129	128	137	148
DDR										
Entstehung des Inlandsprodukts										
Bruttoinlandsprodukt	100	103	106	109	115	120	126	133	141	148
darunter										
Verarbeitendes Gewerbe, Energie, Bergbau	100	105	109	115	121	126	133	140	149	159
Landwirtschaft	100	102	98	93	93	99	104	110	108	101
Abschreibungen	100	109	114	122	130	141	149	158	177	194
Nettoinlandsprodukt	100	103	105	108	113	119	124	131	138	145

[1] Nach den Daten der Tabelle A 43 berechnet.
p = vorläufige Zahlen.

Tabelle A 45

Entwicklung der Arbeitsproduktivität [1] in der Bundesrepublik und in der DDR nach Wirtschaftsbereichen
(Preisbasis 1967)
1960 = 100

Bereiche	1965	1966	1967	1968p	1969p
BRD					
Gesamtwirtschaft	124	127	131	140	148
davon					
Industrie [2]	129	132	137	150	161
Baugewerbe	118	127	133	135	139
Landwirtschaft	119	127	145	157	167
Verkehr und Nachrichtenübermittlung	123	128	130	145	158
Handel	121	122	124	128	136
Dienstleistungen [3]	109	111	111	114	116
DDR					
Gesamtwirtschaft	119	124	129	136	143
davon					
Industrie [2]	125	131	136	145	155
Baugewerbe	126	133	139	143	145
Landwirtschaft	109	117	127	131	127
Verkehr und Nachrichtenübermittlung	123	127	131	146	147
Handel [4]	114	119	123	129	140
Dienstleistungen [3]	108	111	115	119	123

[1] Bruttoinlandsprodukt je Beschäftigten.
[2] Einschl. Bergbau, Energie, Produzierendes Handwerk ohne Bauhandwerk.
[3] Dienstleistungsunternehmen (-betriebe), Staat, Private Haushalte, Organisationen ohne Erwerbscharakter.
[4] Binnenhandel einschl. Beherbergungs- und Gaststättengewerbe.
p = vorläufige Zahlen.
Quellen: Statistisches Bundesamt; Institut für Arbeitsmarkt- und Berufsforschung.
        Schätzung, unveröffentlichtes Manuskript H. Wilkens, DIW.

Tabelle A 46

Bruttoproduktionswert der Industrie in der Bundesrepublik 1960 bis 1968
in Mill. DM zu Preisen von 1962

Industriezweig	1960	1961	1962	1963	1964	1965	1966	1967	1968
Grundstoffindustrien	111 494	116 801	121 954	127 258	143 602	150 548	154 908	158 370	179 977
Energie	15 509	16 390	17 624	19 122	21 096	22 206	23 246	24 233	27 088
Bergbau	15 754	15 952	16 003	16 222	16 504	15 965	15 146	14 024	14 356
Metallurgie	34 819	34 848	33 716	32 408	38 182	38 638	36 946	37 249	43 081
Chemie	36 429	39 867	44 190	48 772	55 690	61 453	67 054	71 015	82 936
Baumaterialien	8 983	9 744	10 421	10 734	12 130	12 286	12 516	11 849	12 516
Metallverarbeitende Industrien	102 251	110 348	113 222	116 514	126 231	134 884	133 931	124 022	139 742
Elektrotechnik	22 547	25 007	25 622	26 134	28 748	32 053	31 592	30 875	36 230
Schiffbau	2 790	2 735	2 600	2 405	2 616	2 811	2 938	2 964	3 167
Sonstige metallverarbeitende Industrien	76 914	82 606	85 000	87 975	94 867	100 020	99 401	90 183	100 345
davon									
Maschinenbau	36 465	40 012	40 442	39 554	42 166	44 998	44 293	40 820	42 405
Fahrzeugbau	21 669	23 173	25 083	28 428	30 269	31 156	31 781	27 601	34 108
Metallwaren	15 690	16 259	16 344	16 828	18 791	19 999	19 466	18 074	19 633
Feinmechanik und Optik	3 090	3 162	3 131	3 165	3 641	3 867	3 861	3 688	4 199
Leichtindustrien	58 349	60 857	63 393	64 166	68 353	72 483	73 478	69 457	78 048
Holz- und Kulturwaren	10 590	11 031	11 578	11 389	12 663	13 537	13 919	13 510	14 672
Textilien	17 349	17 883	18 398	18 656	19 355	20 201	20 201	18 784	21 765
Bekleidung, Näherzeugnisse	9 054	9 809	10 347	10 450	11 071	12 096	12 344	11 051	12 323
Leder-, Schuh-, Pelzwaren	4 694	4 807	4 858	4 895	5 037	5 153	4 944	4 386	4 972
Zellstoff und Papier	7 481	7 613	8 033	8 321	8 983	9 519	9 804	9 782	10 977
Polygraphische Industrie	5 276	5 662	5 941	6 137	6 517	6 927	7 177	7 159	7 919
Glas und Keramik	3 905	4 052	4 238	4 318	4 727	5 050	5 089	4 785	5 420
Nahrungs- und Genußmittelindustrie	41 188	43 065	45 503	47 376	50 110	52 393	53 415	54 763	57 527
Industrie insgesamt	313 282	331 071	344 072	355 314	388 296	410 308	415 732	406 612	455 294

Quelle: Statistisches Bundesamt, Berechnungen des DIW.

Tabelle A 47

Bruttoproduktionswert der Industrie in der DDR 1960 bis 1968
in Mill. DM zu Preisen der Bundesrepublik von 1962

Industriezweig	1960	1961	1962	1963	1964	1965	1966	1967	1968
Grundstoffindustrien	27 270	28 930	30 750	32 130	34 510	36 250	38 590	40 860	43 060
Energie	4 530	4 790	5 110	5 370	5 840	5 950	6 660	7 090	7 230
Bergbau	6 650	6 950	7 310	7 590	7 860	7 890	7 860	8 190	8 400
Metallurgie	4 020	4 220	4 380	4 430	4 690	4 930	5 180	5 420	5 710
Chemie	10 100	10 900	11 740	12 520	13 570	14 790	16 080	17 230	18 630
Baumaterialien	1 970	2 070	2 210	2 220	2 550	2 690	2 810	2 930	3 090
Metallverarbeitende Industrien	15 660	16 890	18 660	19 920	21 770	23 340	25 110	26 990	29 100
Elektrotechnik	4 350	4 680	5 340	5 680	6 210	6 750	7 460	8 020	8 660
Schiffbau	680	610	630	700	780	870	870	930	1 030
Sonstige metallverarbeitende Industrien	10 630	11 600	12 690	13 540	14 780	15 720	16 780	18 040	19 410
davon									
Maschinenbau	6 680	7 350	8 110	8 500	9 180	9 760	10 320	11 010	11 700
Fahrzeugbau	1 140	1 200	1 250	1 430	1 700	1 750	1 860	1 990	2 210
Metallwaren	2 350	2 570	2 800	3 030	3 280	3 490	3 800	4 160	4 560
Feinmechanik und Optik	460	480	530	580	620	720	800	880	940
Leichtindustrien	15 410	16 220	17 040	16 850	17 580	18 420	19 340	20 580	21 470
Holz- und Kulturwaren	2 820	3 030	3 270	3 260	3 440	3 620	3 840	4 180	4 570
Textilien	5 070	5 180	5 340	5 360	5 480	5 760	6 080	6 500	6 600
Bekleidung, Näherzeugnisse	2 590	2 840	3 080	2 810	2 910	3 030	3 180	3 280	3 370
Leder-, Schuh-, Pelzwaren	810	860	910	900	940	1 000	1 050	1 100	1 170
Zellstoff und Papier	1 950	2 050	2 130	2 160	2 280	2 370	2 440	2 630	2 740
Polygraphische Industrie	1 390	1 440	1 440	1 460	1 540	1 580	1 640	1 710	1 790
Glas und Keramik	780	820	870	900	990	1 060	1 110	1 180	1 230
Nahrungs- und Genußmittelindustrie	13 700	14 240	14 240	14 470	15 580	16 300	16 940	17 770	18 880
Industrie insgesamt	72 040	76 280	80 690	83 370	89 440	94 310	99 980	106 200	112 510

Quelle: Berechnungen des DIW unter Benutzung von Angaben im Statistischen Jahrbuch der DDR.

Tabelle A 48

Beschäftigte der Industrie in der Bundesrepublik 1960 bis 1968
in 1000 Personen

Industriezweig	1960	1961	1962	1963	1964	1965	1966	1967	1968
Grundstoffindustrien	2 448,6	2 482,9	2 447,2	2 401,5	2 418,3	2 445,4	2 385,1	2 232,7	2 221,4
Energie	191,0	193,0	195,0	196,0	199,0	201,0	203,0	201,0	202,0
Bergbau	616,3	585,8	549,5	517,4	496,7	474,2	435,5	377,9	337,4
Metallurgie	685,3	707,2	692,2	671,1	674,1	689,2	660,6	616,1	615,9
Chemie	697,5	734,2	747,0	757,8	782,8	814,8	827,6	803,4	836,9
Baumaterialien	258,5	262,7	263,5	259,2	265,8	266,2	258,4	234,3	229,3
Metallverarbeitende Industrien	3 231,7	3 398,1	3 461,6	3 453,8	3 507,7	3 628,9	3 617,3	3 385,4	3 466,4
Elektrotechnik	843,6	905,7	919,6	918,6	934,1	974,5	964,9	893,5	926,3
Schiffbau	98,4	96,3	93,0	84,0	81,3	81,1	79,9	78,5	77,6
Sonstige metallverarbeitende Industrien	2 289,7	2 396,1	2 449,0	2 451,2	2 492,3	2 573,3	2 572,6	2 413,4	2 462,4
davon									
Maschinenbau	1 186,4	1 252,9	1 284,4	1 268,9	1 270,0	1 312,4	1 314,0	1 233,1	1 243,9
Fahrzeugbau	412,4	433,6	463,7	482,9	517,8	542,9	549,3	516,1	544,6
Metallwaren	537,1	550,9	546,9	547,0	549,3	562,2	554,9	513,7	521,3
Feinmechanik und Optik	153,7	158,7	154,0	152,3	155,2	155,8	154,4	150,6	152,6
Leichtindustrien	2 085,5	2 113,0	2 101,5	2 076,9	2 052,5	2 066,6	2 063,9	1 918,6	1 908,3
Holz- und Kulturwaren	365,3	371,3	367,0	359,3	354,9	358,6	356,2	334,0	337,0
Textilien	619,5	612,1	589,6	572,7	555,8	547,0	538,5	490,0	489,1
Bekleidung, Näherzeugnisse	355,5	370,0	384,2	388,1	387,8	398,2	406,4	370,7	366,5
Leder-, Schuh-, Pelzwaren	179,2	177,9	174,5	172,6	170,3	169,8	165,3	153,2	144,5
Zellstoff und Papier	196,2	199,8	202,8	203,7	202,0	204,5	206,0	195,3	196,1
Polygraphische Industrie	186,1	195,6	201,3	204,6	206,7	211,2	215,7	211,9	211,8
Glas und Keramik	183,5	186,4	182,1	175,9	174,9	177,3	175,8	163,6	163,3
Nahrungs- und Genußmittelindustrie	506,2	514,4	524,0	527,9	521,7	520,4	521,5	507,0	505,2
Industrie insgesamt	8 271,9	8 508,5	8 534,2	8 460,1	8 500,2	8 661,4	8 587,8	8 043,7	8 101,3

Quelle: Statistisches Bundesamt, Berechnungen des DIW.

Tabelle A 49

Beschäftigte der Industrie in der DDR 1960 bis 1968
in 1000 Personen

Industriezweig	1960	1961	1962	1963	1964	1965	1966	1967	1968
Grundstoffindustrien	801,2	799,1	799,2	801,0	812,3	821,8	831,7	832,0	833,5
Energie	67,4	68,3	69,1	71,0	72,6	73,0	74,0	73,3	72,5
Bergbau	197,2	196,8	197,8	199,2	201,5	199,6	200,4	194,3	193,5
Metallurgie	160,7	161,0	159,5	158,3	159,5	165,2	168,7	171,6	172,5
Chemie	280,9	279,5	281,5	282,9	287,8	294,3	298,0	302,4	304,0
Baumaterialien	95,0	93,4	91,3	89,6	90,9	89,7	90,6	90,5	91,0
Metallverarbeitende Industrien	977,9	992,3	994,2	1 013,7	1 034,1	1 051,8	1 075,8	1 104,6	1 112,0
Elektrotechnik	222,5	224,5	230,9	235,6	243,0	245,7	251,8	259,0	261,0
Schiffbau	41,4	39,0	37,6	39,5	40,3	40,9	40,9	41,9	42,0
Sonstige metallverarbeitende Industrie	713,9	728,8	725,7	738,6	750,8	765,2	783,1	803,7	809,0
davon									
Maschinenbau	375,6	394,0	392,6	395,2	403,2	408,1	417,2	427,7	430,5
Fahrzeugbau	148,5	146,5	143,5	151,1	151,8	155,6	160,0	162,4	164,0
Metallwaren	90,0	89,3	91,0	92,5	92,2	92,8	93,8	96,0	96,5
Feinmechanik und Optik	99,8	99,1	98,6	99,9	103,6	108,8	112,0	117,6	118,0
Leichtindustrien	862,2	846,5	833,2	809,4	796,4	783,2	775,8	773,3	770,0
Holz- und Kulturwaren	154,7	155,2	154,0	150,7	146,6	144,5	144,2	144,7	144,0
Textilien	340,8	331,2	321,0	312,5	304,4	296,0	289,6	286,4	283,0
Bekleidung, Näherzeugnisse	122,2	120,0	121,5	112,7	111,0	109,3	108,7	108,2	108,0
Leder-, Schuh-, Pelzwaren	71,4	69,6	68,5	66,9	67,6	68,2	68,4	68,7	69,0
Zellstoff und Papier	63,2	63,4	62,5	61,7	60,9	60,0	60,1	59,2	59,0
Polygraphische Industrie	41,0	39,6	38,9	37,7	37,4	36,7	36,4	36,5	36,5
Glas und Keramik	68,9	67,5	66,9	67,2	68,5	68,4	68,5	69,7	70,5
Nahrungs- und Genußmittelindustrien	215,4	215,4	210,6	209,7	207,8	205,5	206,1	209,4	209,5
Industrie insgesamt	2 856,6	2 853,3	2 837,3	2 833,7	2 850,7	2 862,3	2 889,4	2 919,3	2 925,0

Quelle: Statistisches Jahrbuch der DDR, mehrere Jahrgänge.

Tabelle A 50

Brutto-Anlagevermögen der Industrie in der Bundesrepublik 1960 bis 1968
in Mill. DM zu Preisen von 1962

Industriezweig	1960	1961	1962	1963	1964	1965	1966	1967	1968
Grundstoffindustrien	130 869	140 203	150 060	159 838	169 936	180 878	191 465	200 838	209 175
Energie	42 240	45 290	48 690	52 590	56 880	61 630	66 240	70 700	74 970
Bergbau	25 619	26 467	27 086	27 342	27 542	27 735	27 404	26 658	25 952
Metallurgie	23 543	25 343	27 544	29 661	31 577	33 270	34 692	35 760	36 650
Chemie	32 732	35 381	37 966	40 538	43 290	46 483	50 352	54 326	57 798
Baumaterialien	6 735	7 722	8 774	9 707	10 647	11 760	12 777	13 394	13 805
Metallverarbeitende Industrien	49 998	55 937	62 294	67 993	73 236	79 117	85 069	90 144	94 713
Elektrotechnik	11 259	12 565	14 017	15 381	16 600	17 827	19 087	20 236	21 333
Schiffbau	2 249	2 312	2 370	2 420	2 488	2 580	2 660	2 726	2 792
Sonstige metallverarbeitende Industrie	36 490	41 060	45 907	50 192	54 148	58 710	63 322	67 182	70 588
davon									
Maschinenbau	17 904	19 709	21 610	23 252	24 746	26 443	28 154	29 531	30 771
Fahrzeugbau	10 736	12 593	14 636	16 374	17 939	19 856	21 814	23 476	24 852
Metallwaren	6 241	7 005	7 757	8 501	9 250	10 046	10 830	11 494	12 110
Feinmechanik und Optik	1 609	1 753	1 904	2 065	2 213	2 365	2 524	2 681	2 855
Leichtindustrien	30 699	33 401	36 047	38 513	40 838	43 359	45 956	48 224	50 324
Holz- und Kulturwaren	4 861	5 278	5 719	6 174	6 610	7 071	7 554	7 976	8 333
Textilien	10 998	11 867	12 616	13 225	13 816	14 507	15 209	15 765	16 251
Bekleidung, Näherzeugnisse	2 254	2 480	2 696	2 894	3 094	3 319	3 547	3 708	3 819
Leder-, Schuh-, Pelzwaren	1 728	1 839	1 935	2 012	2 092	2 180	2 253	2 299	2 334
Zellstoff und Papier	4 828	5 305	5 845	6 372	6 795	7 209	7 677	8 196	8 763
Polygraphische Industrie	3 629	4 000	4 337	4 697	5 043	5 383	5 720	6 065	6 400
Glas und Keramik	2 371	2 632	2 899	3 139	3 338	3 690	3 996	4 215	4 424
Nahrungs- und Genußmittelindustrien	20 989	22 580	24 143	25 764	27 469	29 194	30 918	32 723	34 520
Industrie insgesamt	232 525	252 121	272 544	292 108	311 479	332 548	353 408	371 929	388 732

Quelle: Berechnungen des DIW.

Tabelle A 51

Brutto-Anlagevermögen der Industrie in der DDR 1960 bis 1968
in Mill. DM zu Preisen der BRD von 1962

Industriezweig	1960	1961	1962	1963	1964	1965	1966	1967	1968
Grundstoffindustrien	39 630	42 080	45 200	48 540	52 850	56 510	60 120	63 470	66 950
Energie	9 930	10 480	11 500	12 610	13 590	14 470	15 460	16 260	17 140
Bergbau	9 610	10 620	11 470	12 370	13 550	14 800	15 840	16 690	17 450
Metallurgie	5 160	5 230	5 540	5 930	6 410	6 920	7 420	7 980	8 570
Chemie	12 260	12 790	13 420	14 100	15 480	16 370	17 370	18 380	19 460
Baumaterialien	2 670	2 960	3 270	3 530	3 820	3 950	4 030	4 160	4 330
Metallverarbeitende Industrien	12 670	13 470	14 300	15 190	16 410	17 510	18 690	19 960	21 300
Elektrotechnik	2 160	2 330	2 530	2 790	3 080	3 280	3 550	3 850	4 150
Schiffbau	670	700	720	790	820	850	850	890	930
Sonstige metallverarbeitende Industrie	9 840	10 440	11 050	11 610	12 510	13 380	14 290	15 220	16 220
davon									
Maschinenbau	5 770	6 160	6 510	6 770	7 300	7 670	8 140	8 620	9 110
Fahrzeugbau	2 060	2 180	2 280	2 410	2 590	2 880	3 180	3 460	3 770
Metallwaren	1 080	1 140	1 270	1 370	1 470	1 550	1 620	1 690	1 770
Feinmechanik und Optik	930	960	990	1 060	1 150	1 280	1 350	1 450	1 570
Leichtindustrien	11 470	11 910	12 430	13 070	13 900	14 460	14 780	15 370	15 980
Holz- und Kulturwaren	1 660	1 730	1 770	1 870	2 020	2 180	2 230	2 330	2 430
Textilien	4 980	5 180	5 360	5 550	5 840	6 020	6 090	6 300	6 530
Bekleidung, Näherzeugnisse	320	340	380	390	420	430	450	470	500
Leder-, Schuh-, Pelzwaren	900	920	970	980	1 030	1 010	1 020	1 060	1 090
Zellstoff und Papier	1 930	1 960	2 120	2 260	2 390	2 470	2 500	2 580	2 650
Polygraphische Industrie	540	580	580	640	660	690	730	750	790
Glas und Keramik	1 140	1 200	1 250	1 380	1 540	1 660	1 760	1 880	1 990
Nahrungs- und Genußmittelindustrien	6 420	6 600	6 790	7 130	7 410	7 380	7 540	7 800	8 030
Industrie insgesamt	70 190	74 060	78 720	83 930	90 570	95 860	101 130	106 600	112 260

Quelle: Berechnungen des DIW.

Tabelle A 52

*Industrielle Produktionsstruktur in der Bundesrepublik und in der DDR
1960 und 1968*

in %

Industriezweig	BRD 1960	BRD 1968	DDR 1960	DDR 1968	Zuwachs 1960 bis 1968 in % BRD	Zuwachs 1960 bis 1968 in % DDR	DDR in % der BRD 1960	DDR in % der BRD 1968
Grundstoffindustrien	35,6	39,5	37,9	38,3	61	58	24,5	23,9
Energie	5,0	5,9	6,3	6,4	75	60	29,2	26,7
Bergbau	5,0	3,2	9,2	7,5	−9	26	42,2	58,5
Metallurgie	11,1	9,5	5,6	5,1	24	42	11,5	13,3
Chemie	11,6	18,2	14,1	16,6	128	85	27,7	22,5
Baumaterialien	2,9	2,7	2,7	2,7	39	57	22,0	24,7
Metallverarbeitende Industrien	32,6	30,7	21,7	25,9	37	86	15,3	20,8
Elektrotechnik	7,2	8,0	6,0	7,7	61	99	19,3	23,9
Schiffbau	0,9	0,7	0,9	0,9	14	52	24,4	32,5
Sonstige metallverarbeitende Industrie	24,5	22,0	14,8	17,3	31	83	13,8	19,3
davon								
Maschinenbau	11,6	9,3	9,3	10,4	16	75	18,3	27,6
Fahrzeugbau	6,0	7,5	1,6	2,0	57	94	5,3	6,5
Metallwaren	5,0	4,3	3,3	4,1	25	94	15,0	23,2
Feinmechanik und Optik	1,0	0,9	0,6	0,8	36	104	14,9	22,4
Leichtindustrien	18,6	17,2	21,4	19,1	34	39	26,4	27,5
Holz- und Kulturwaren	3,4	3,3	3,9	4,1	39	62	26,6	31,1
Textilien	5,5	4,8	7,1	5,9	26	30	29,2	30,3
Bekleidung, Näherzeugnisse	2,9	2,7	3,6	3,0	36	30	28,6	27,3
Leder-, Schuh- und Pelzwaren	1,5	1,1	1,1	1,0	6	44	17,3	23,5
Zellstoff und Papier	2,4	2,4	2,7	2,4	47	41	26,1	25,0
Polygraphische Industrie	1,7	1,7	1,9	1,6	50	29	26,3	22,6
Glas und Keramik	1,2	1,2	1,1	1,1	39	58	20,0	22,7
Nahrungs- und Genußmittelindustrien	13,2	12,6	19,0	16,8	40	38	33,3	32,8
Industrie insgesamt	100,0	100,0	100,0	100,0	45	56	23,0	24,7

Quelle: Tabellen A 46 und A 47.

Tabelle A 53

Industrielle Beschäftigtenstruktur in der Bundesrepublik und in der DDR 1960 und 1968

in %

Industriezweig	Beschäftigtenstruktur 1968		Veränderungen 1960 bis 1968 in %		DDR in % der BRD	
	BRD	DDR	BRD	DDR	1960	1968
Grundstoffindustrien	27,4	28,5	− 9,3	4,0	32,7	37,5
Energie	2,5	2,5	5,8	7,6	35,3	35,9
Bergbau	4,2	6,6	−45,3	− 1,9	32,0	57,4
Metallurgie	7,6	5,9	−10,1	7,3	23,4	28,0
Chemie	10,3	10,4	20,0	8,2	40,3	36,3
Baumaterialien	2,8	3,1	−11,3	− 4,2	36,8	39,7
Metallverarbeitende Industrien	42,8	38,0	7,3	13,7	30,3	32,1
Elektrotechnik	11,4	8,9	9,8	17,3	26,4	28,2
Schiffbau	1,0	1,4	−21,1	1,4	42,1	54,1
Sonstige metallverarbeitende Industrie	30,4	27,7	7,5	13,3	31,2	32,9
Leichtindustrien	23,6	26,3	− 8,5	−10,7	41,3	40,4
Holz- und Kulturwaren	4,2	4,9	− 7,7	− 6,9	42,3	42,7
Textilien	6,0	9,7	−21,0	−17,0	55,0	57,9
Bekleidung, Näherzeugnisse	4,5	3,7	3,1	−11,6	34,4	29,5
Leder-, Schuh- und Pelzwaren	1,8	2,4	−19,4	− 3,4	39,8	47,8
Zellstoff und Papier	2,4	2,0	− 0,1	− 6,6	32,2	30,1
Polygraphische Industrie	2,6	1,2	13,8	−11,0	22,0	17,2
Glas und Keramik	2,0	2,4	−11,0	2,3	37,5	43,2
Nahrungs- und Genußmittelindustrien	6,2	7,2	− 0,2	− 2,7	42,6	41,5
Industrie insgesamt	100,0	100,0	− 2,1	2,4	34,5	36,1

Quelle: Tabellen A 48 und A 49.

Tabelle A 54

Struktur des industriellen Brutto-Anlagevermögens (BAV) in der Bundesrepublik und in der DDR 1960 und 1968

in %

Industriezweig	BAV-Struktur 1968		Zuwachs 1960 bis 1968 in %		DDR in % der BRD	
	BRD	DDR	BRD	DDR	1960	1968
Grundstoffindustrien	53,8	59,6	60	69	30,3	32,0
Energie	19,3	15,3	78	73	23,5	22,9
Bergbau	6,7	15,5	1	82	37,5	67,2
Metallurgie	9,4	7,6	56	66	21,9	23,4
Chemie	14,9	17,3	77	59	37,4	33,7
Baumaterialien	3,6	3,9	105	62	39,7	31,4
Metallverarbeitende Industrien	24,4	19,0	89	68	25,4	22,5
Elektrotechnik	5,5	3,7	90	92	19,2	19,4
Schiffbau	0,7	0,8	24	38	29,8	33,2
Sonstige metallverarbeitende Industrie	18,2	14,5	93	65	27,0	23,0
Leichtindustrien	12,9	14,2	64	39	37,4	31,8
Holz- und Kulturwaren	2,1	2,2	71	46	34,2	29,2
Textilien	4,2	5,8	48	31	45,3	40,2
Bekleidung, Näherzeugnisse	1,0	0,4	69	55	14,2	13,0
Leder-, Schuh- und Pelzwaren	0,6	1,0	35	21	51,8	46,6
Zellstoff und Papier	2,3	2,4	82	38	39,9	30,3
Polygraphische Industrie	1,6	0,7	76	48	14,8	12,4
Glas und Keramik	1,1	1,8	87	75	47,9	45,0
Nahrungs- und Genußmittelindustrien	8,9	7,2	65	25	30,6	23,3
Industrie insgesamt	100,0	100,0	67	60	30,2	28,9

Quelle: Tabellen A 50 und A 51.

Tabelle A 55

*Struktur der industriellen Kapitalintensität in der Bundesrepublik und in der DDR
1960 und 1968*

Industriezweig	Kapitalintensität 1968 in DM je Beschäftigten		Zuwachs 1960 bis 1968 in %		DDR in % der BRD	
	BRD	DDR	BRD	DDR	1960	1968
Grundstoffindustrien	94 160	80 330	62	76	92,6	85,3
Energie	372 140	236 470	61	68	66,6	63,7
Bergbau	76 920	90 170	85	85	117,2	117,2
Metallurgie	59 500	49 670	55	73	93,4	83,4
Chemie	69 060	64 020	47	47	93,0	92,7
Baumaterialien	60 200	47 560	69	131	108,0	79,0
Metallverarbeitende Industrien	27 320	19 150	48	77	83,8	70,1
Elektrotechnik	23 030	15 910	64	73	72,7	69,1
Schiffbau	35 980	22 100	36	57	71,0	61,4
Sonstige metallverarbeitende Industrie	28 670	20 050	45	80	86,5	69,9
Leichtindustrien	26 371	20 760	56	79	90,3	78,7
Holz- und Kulturwaren	24 730	16 890	57	86	80,9	68,3
Textilien	33 230	23 060	58	87	82,4	69,4
Bekleidung, Näherzeugnisse	10 420	4 590	76	64	41,3	44,1
Leder-, Schuh- und Pelzwaren	16 150	15 770	26	68	130,2	97,6
Zellstoff und Papier	44 890	45 020	48	82	123,9	100,7
Polygraphische Industrie	30 220	21 700	66	55	67,0	71,8
Glas und Keramik	27 090	28 260	71	110	127,6	104,3
Nahrungs- und Genußmittelindustrien	68 330	38 340	29	65	71,9	56,1
Industrie insgesamt	47 980	38 380	56	71	87,4	80,0

Quelle: Tabellen A 50 und A 48 (BRD), Tabellen A 51 und A 49 (DDR).

Tabelle A 56

Struktur der industriellen Arbeitsproduktivität in der Bundesrepublik und in der DDR 1960 und 1968

Industriezweig	Arbeitsproduktivität 1968 in DM		Zuwachs 1960 bis 1968 in %		DDR in % der BRD	
	BRD	DDR	BRD	DDR	1960	1968
Grundstoffindustrien	81 020	51 660	77,9	51,8	74,8	63,8
Energie	134 100	99 720	65,1	48,4	82,8	74,4
Bergbau	42 550	43 410	66,5	28,7	131,9	102,0
Metallurgie	69 950	33 100	37,7	32,3	49,2	47,3
Chemie	99 100	61 280	89,7	70,4	68,8	61,8
Baumaterialien	54 580	33 960	57,1	63,7	59,7	62,2
Metallverarbeitende Industrien	40 310	26 170	27,4	63,5	50,6	64,9
Elektrotechnik	39 110	33 180	46,3	69,7	73,1	84,8
Schiffbau	40 810	24 520	44,0	49,2	58,0	60,1
Sonstige metallverarbeitende Industrie	40 750	23 990	21,3	61,1	44,3	58,9
Leichtindustrien	40 900	27 880	46,2	56,0	63,9	68,2
Holz- und Kulturwaren	43 540	31 740	50,2	74,1	62,9	72,9
Textilien	44 500	23 320	58,9	56,7	53,1	52,4
Bekleidung, Näherzeugnisse	33 620	31 200	32,0	47,2	83,2	92,8
Leder-, Schuh- und Pelzwaren	34 410	16 960	31,4	49,6	43,3	49,3
Zellstoff und Papier	55 980	46 440	46,8	50,5	80,9	83,0
Polygraphische Industrie	37 390	49 040	31,9	44,7	119,6	131,2
Glas und Keramik	33 190	17 540	56,0	54,2	53,2	52,6
Nahrungs- und Genußmittelindustrie	113 870	90 120	39,9	41,7	78,2	79,1
Industrie insgesamt	56 200	38 460	48,4	52,5	66,6	68,4

Quelle: Tabellen A 46 und A 48 (BRD), A 47 und A 49 (DDR); Arbeitsproduktivität hier gemessen am Bruttoproduktionsvolumen je Beschäftigten.

Tabelle A 57

Struktur der industriellen Kapitalproduktivität in der Bundesrepublik und in der DDR 1960 und 1968

Industriezweig	Kapitalproduktivität 1968		Veränderung 1960 bis 1968 in %		DDR in % der BRD	
	BRD	DDR	BRD	DDR	1960	1968
Grundstoffindustrien	860	644	+ 0,9	− 6,4	80,8	74,9
Energie	361	421	− 1,6	− 7,7	124,4	116,8
Bergbau	553	481	−10,1	−30,5	112,6	87,0
Metallurgie	1 175	666	−20,6	−14,4	52,6	56,8
Chemie	1 435	958	28,9	16,2	74,0	66,8
Baumaterialien	907	714	−32,0	− 3,2	55,3	78,8
Metallverarbeitende Industrien	1 475	1 366	−27,9	10,5	60,5	92,6
Elektrotechnik	1 698	2 086	−15,3	3,6	100,5	122,9
Schiffbau	1 134	1 110	− 8,6	9,6	81,6	97,9
Sonstige metallverarbeitende Industrie	1 422	1 198	−32,5	10,9	51,3	84,3
Leichtindustrien	1 551	1 344	−18,4	± 0	70,6	86,6
Holz- und Kulturwaren	1 761	1 879	−19,2	10,9	77,8	106,6
Textilien	1 339	1 011	−27,8	− 0,6	64,5	75,5
Bekleidung, Näherzeugnisse	3 227	6 794	−19,7	−16,1	201,5	210,5
Leder-, Schuh- und Pelzwaren	2 130	1 075	−21,6	18,9	33,3	50,5
Zellstoff und Papier	1 253	1 031	−19,2	2,0	65,3	82,3
Polygraphische Industrie	1 237	2 260	−14,9	−12,9	178,4	182,7
Glas und Keramik	1 225	618	−25,6	−10,0	41,6	50,4
Nahrungs- und Genußmittelindustrien	1 666	2 350	−15,1	10,2	108,7	141,0
Industrie insgesamt	1 171	1 003	−13,1	− 2,3	76,2	85,7

Quelle: Tabellen A 46 und A 50 (BRD), A 47 und A 51 (DDR); Kapitalproduktivität hier gemessen in DM Bruttoproduktionsvolumen je 1000 DM Brutto-Anlagevermögen.

Tabelle A 58

Produktionsfaktoren, Produktion und Produktionskapazität der Industrie in der DDR 1968

Industriezweig	Ist-Zahlen 1968						Sollzahlen 1968 [1]			
	Produktionsfaktoren		Kapital-intensität	Brutto-produktion	Produktivität der Faktoren		Brutto-produktion = Kapazität	Fiktive Produktivität der Faktoren		Indexziffer der Auslastung der Kapazität
	Arbeit	Kapital			Arbeit	Kapital		Arbeit	Kapital	
	1000 Personen	Mill. DM	DM je Beschäftigten	Mill. DM	DM	DM	Mill. DM	DM	DM	Maximale Auslastung = 100
Grundstoff-Industrien	833,5	66 950	80 330	43 060	51 660	644	56 120	67 330	838	77
Energie	72,5	17 140	236 470	7 230	99 720	421	7 230	99 720	421	100
Bergbau	193,5	17 450	90 170	8 400	43 410	481	8 400	43 410	481	100
Metallurgie	172,5	8 570	49 670	5 710	33 100	666	10 350	60 000	1 208	55
Chemie	304,0	19 460	64 020	18 630	61 280	958	25 840	85 000	1 328	72
Baumaterialien	91,0	4 330	47 560	3 090	33 960	714	4 300	47 250	993	72
Metallverarbeitende Industrien	1 112,0	21 300	19 150	29 100	26 170	1 366	38 560	34 680	1 810	75
Elektrotechnik	261,0	4 150	15 910	8 660	33 180	2 086	8 660	33 180	2 086	100
Schiffbau	42,0	930	22 100	1 030	24 520	1 110	1 180	28 100	1 180	87
Sonstige metallverarbeitende Industrie	809,0	16 220	20 050	19 410	23 990	1 198	28 720	35 500	1 771	68
Leichtindustrien	770,0	15 980	20 760	21 470	27 880	1 344	26 770	34 770	1 675	80
Holz- und Kulturwaren	144,0	2 430	16 890	4 570	31 740	1 879	4 570	31 740	1 879	100
Textilien	283,0	6 530	23 060	6 600	23 320	1 011	9 200	32 500	1 409	72
Bekleidung, Näherzeugnisse	108,0	500	4 590	3 370	31 200	6 794	3 370	31 200	6 794	100
Leder-, Schuh- und Pelzwaren	69,0	1 090	15 770	1 170	16 960	1 075	2 140	31 000	1 963	55
Zellstoff und Papier	59,0	2 650	45 020	2 740	46 440	1 031	3 300	55 930	1 245	83
Polygraphische Industrie	36,5	790	21 700	1 790	49 040	2 260	1 790	49 040	2 260	100
Glas und Keramik	70,5	1 990	28 260	1 230	17 450	618	2 400	40 100	1 206	51
Nahrungs- und Genußmittelindustrien	209,5	8 030	38 340	18 880	90 120	2 350	18 880	90 120	2 350	100
Industrie insgesamt	2 925,0	112 260	38 380	112 510	38 460	1 003	140 330	47 980	1 250	80

[1] Mit Hilfe der für die BRD ermittelten Relationen von Arbeitsproduktivität zu Kapitalintensität errechnet.

Tabelle A 59

Landwirtschaftliche Betriebe der Bundesrepublik und der DDR
1960 und 1969

Betriebsgröße und -art	Zahl der Betriebe		Anteil der Betriebe an der LN in %		Durchschnittsgröße je Betrieb in ha	
	1960	1969	1960	1969	1960	1969
BRD						
Betriebe insgesamt [1]	1 385 400	1 157 000	100,0	100,0	9,3	11,0
davon in einer Größe von						
1 bis 5 ha LN	617 500	456 800	12,5	9,3	2,6	2,6
5 bis 10 ha LN	343 000	252 300	19,2	14,4	7,2	7,3
10 bis 20 ha LN	286 500	280 700	30,9	31,6	13,9	14,3
20 bis 50 ha LN	122 100	149 200	27,1	33,3	28,7	28,4
50 bis 100 ha LN	13 700	15 200	6,8	7,7	64,7	64,6
über 100 ha LN	2 600	2 800	3,5	3,7	170,6	166,5
DDR						
Betriebe insgesamt [1]	59 958	23 616	100,0	100,0	107,4	266,8
davon						
LPG [3]	19 276	9 836	84,2	85,9	281,2	550,1
darunter Typ I und II	12 923	4 186	31,0	17,1	154,5	257,2
Typ III	6 353	5 650	53,2	68,8	539,1	767,1
VEG [4]	669	527	6,3	6,9	591,4	823,6
GPG [5]	298	349	0,2	0,3	4,6	5,4
Sonstige sozialistische Betriebe	9 513	1 734 [2]	1,8	0,2 [2]	12,0	11,0 [2]
Übrige Betriebe	30 202	11 170 [2]	7,5	6,7 [2]	1,6	3,3 [2]

[1] Betriebe mit 1 und mehr ha landw. Nutzfläche (LN).
[2] Stand 1968.
[3] LPG = Landwirtschaftliche Produktionsgenossenschaften.
[4] VEG = Volkseigene Güter.
[5] GPG = Gärtnerische Produktionsgenossenschaften.

Quelle: Statistisches Jahrbuch über ELuF der BRD 1970.
Statistisches Jahrbuch der DDR 1969 und 1970.

Tabelle A 60

Versorgung der Landwirtschaft in der Bundesrepublik und in der DDR mit Handelsdünger
(in kg Reinnährstoff je ha LN)
1957/61, 1960/61 bis 1968/69

	BRD	DDR	DDR in % BRD	BRD	DDR	DDR in % BRD	BRD	DDR	DDR in % BRD
	Stickstoff (N)			Phosphorsäure (P_2O_5)			Kali (K_2O)		
1957/61	42,1	36,6	86,9	45,5	32,5	71,4	71,1	80,2	112,8
1960/61	43,4	38,5	88,7	46,4	35,1	75,6	70,6	82,3	116,6
1961/62	43,7	39,8	91,1	44,6	33,0	74,0	72,9	77,3	106,0
1962/63	54,5	42,8	78,5	50,7	35,1	69,2	77,5	82,8	106,8
1963/64	52,7	48,3	91,7	53,9	41,3	76,6	79,4	85,2	107,3
1964/65	55,7	62,4	112,0	57,9	52,6	90,8	84,0	85,7	102,0
1965/66	63,0	66,4	105,4	60,1	47,7	79,4	85,8	92,8	108,2
1966/67	64,3	70,1	109,0	57,9	51,5	88,9	77,9	98,2	126,1
1967/68	68,9	70,5	102,3	58,5	59,0	100,9	81,2	93,8	115,5
1968/69	68,4	79,6	116,4	58,8	58,7	99,8	76,7	92,3	120,3

Quellen: Statistisches Jahrbuch über ELuF der BRD 1969 und 1970;
Statistisches Jahrbuch der DDR 1970.

Tabelle A 61

Schlepper und Mähdrescher in der Landwirtschaft der Bundesrepublik und der DDR 1958, 1968 und 1969

Gegenstand	Einheit	Jahr	BRD	DDR	DDR in % BRD
Schlepper-Bestand [1]	Stück	1958	699 196	65 915 [2]	9,4
		1968	1 292 909	144 348	11,2
		1969	1 340 000	145 838	10,9
Schlepper je 100 ha LN	Stück	1958	4,9	1,0	20,4
		1968	9,3	2,3	24,7
		1969	9,7	2,3	23,7
Schlepper je 100 ha Ackerland	Stück	1958	8,7	1,3	14,9
		1968	17,1	3,1	18,1
		1969	17,7	3,1	17,5
Schlepper Motoren-PS	1 000 PS	1958	13 150	1 901	14,5
		1968	30 981	6 244	20,2
		1969	33 019	6 636	20,1
Schlepper Motoren-PS je 100 ha LN	PS	1958	92,4	29,5	31,9
		1968	223,4	98,9	44,3
		1969	238,4	105,3	44,2
Schlepper Motoren-PS je 100 ha Ackerland	PS	1958	163,7	38,6	23,6
		1968	408,8	130,8	32,0
		1969	436,1	139,8	32,1
Mähdrescher-Bestand	Stück	1958	26 000	4 452	17,1
		1968	150 000	17 923	11,9
		1969	160 000	18 301	11,4
Mähdrescher je 10 000 ha Getreidefläche	Stück	1958	52,5	17,8	33,9
		1968	294,9	76,4	25,9
		1969	310,6	78,0	25,1

[1] Mehrachsschlepper.
[2] Bestand 1957.

Quellen: Statistisches Jahrbuch über ELuF der BRD 1964 und 1970.
Statistisches Jahrbuch der DDR 1960/61 und 1970.

Tabelle A 62

Vergleichszahlen zur Agrarproduktion in der Bundesrepublik und in der DDR 1957/61 und 1968

Gegenstand	Einheit	BRD 1957/61	BRD 1968	DDR 1957/61	DDR 1968	DDR in % BRD 1957/61	DDR in % BRD 1968
Landwirtschaftliche Nutzfläche	Mill. ha	14,26	13,87	6,44	6,30	45,2	45,4
Gesamtviehbestand	Mill. GV	11,89	12,44	5,06	4,96	42,6	39,9
davon Nutzvieh	Mill. GV	11,02	12,17	4,50	4,77	40,8	39,2
Beschäftigte bzw. Erwerbstätige in der Land- und Forstwirtschaft	1 000	3 794	2 630	1 416	1 068	37,3	40,6
Schlepper-Motoren-PS	Mill.	15,15	30,98	2,30	6,25	15,2	20,2
Stickstoffverbrauch (Nährstoff)	1 000 t	602	933	239	502	39,7	53,8
Phosphatverbrauch (Nährstoff)	1 000 t	652	802	209	370	32,1	46,1
Kaliverbrauch (Nährstoff)	1 000 t	1 017	1 046	511	582	50,2	55,6
Brutto-Bodenproduktion	Mill. t GE	48,05	58,01	19,17	23,35	39,9	40,3
Leistungen der Viehhaltung insgesamt	Mill. t GE	42,62	52,36	14,57	17,46	34,2	33,3
Nahrungsmittelproduktion	Mill. t GE	46,21	59,83	16,19	20,10	35,0	33,6
Netto-Nahrungsmittelproduktion	Mill. t GE	40,82	49,50	13,95	17,86	34,2	36,1

Quellen: Statistisches Jahrbuch über ELuF der BRD 1970.
Statistisches Jahrbuch der DDR 1960/61 und 1970 sowie Berechnungen des Instituts für Agrarpolitik und Agrarstatistik der TU.

Tabelle A 63

*Struktur der Nahrungsmittelproduktion in der Bundesrepublik und in der DDR
1957/61 und 1968*

Erzeugnis	BRD		DDR	
	1957/61	1968/69	1957/61	1968
	in 1000 t GE			
Pflanzliche Erzeugnisse	10 688	12 696	4 566	5 024
Getreide	4 321	5 140	1 772	2 183
Speisehülsenfrüchte	11	8	30	17
Ölsaaten	71	196	189	295
Kartoffeln	1 770	1 572	793	710
Zuckerrüben	2 171	2 625	1 230	1 327
Gemüse	308	419	145	138
Obst	1 240	1 694	329	278
Sonstige [1]	796	1 042	78	76
Tierische Erzeugnisse	35 521	47 129	11 621	15 078
Schlachtvieh				
Rinder	9 400	12 168	1 818	3 228
Kälber	977	864	218	126
Schafe	183	126	258	180
Schweine	11 507	15 865	4 248	5 465
Geflügel	719	1 596	384	612
Ziegen	46	6	51	24
Kuhmilch	9 760	11 890	2 976	3 743
Ziegenmilch	130	4	177	67
Eier	2 031	3 930	866	1 095
Wolle	171	132	322	320
Viehbestandsänderung	597	538	303	218
Nahrungsmittelproduktion insgesamt	46 209	59 825	16 187	20 102

[1] Weinmost, Hopfen, Tabak, Flachs- und Hanfstroh.

Quellen: Statistisches Jahrbuch über ELuF der BRD 1970.
Berechnungen des Instituts für Agrarpolitik und Agrarstatistik der TU Berlin nach Statistisches Jahrbuch der DDR 1970 und vorhergehenden Jahrgängen.

BRD		DDR		BRD	DDR	DDR in % BRD	
1957/61	1968/69	1957/61	1968	Zuwachs 1968 gegenüber 1957/61		1957/61	1968
in %, insgesamt = 100				in %			
23,1	21,2	28,2	25,0	18,8	10,0	42,7	39,6
9,3	8,6	10,9	10,9	19,0	23,2	41,0	42,5
(.)	(.)	0,2	0,1	− 27,3	−43,3	272,7	212,5
0,2	0,3	1,2	1,5	176,1	56,1	266,2	150,5
3,8	2,6	4,9	3,5	− 11,2	−10,5	44,8	45,2
4,7	4,4	7,6	6,6	20,9	7,9	56,7	50,6
0,7	0,7	0,9	0,7	36,0	− 4,8	47,1	32,9
2,7	2,8	2,0	1,4	36,6	−15,5	26,5	16,4
1,7	1,8	0,5	0,3	30,9	− 2,6	9,8	7,3
76,9	78,8	71,8	75,0	32,7	29,7	32,7	32,0
20,3	20,3	11,2	16,1	29,5	77,6	19,3	26,5
2,1	1,5	1,3	0,6	− 11,6	−42,2	22,3	14,6
0,4	0,2	1,6	0,9	− 31,1	−30,2	141,0	142,9
24,9	26,5	26,2	27,2	37,9	28,7	36,9	34,5
1,6	2,7	2,4	3,0	122,0	59,4	53,4	38,3
0,1	(.)	0,3	0,1	− 87,0	−52,9	110,9	400,0
21,1	19,9	18,4	18,6	21,8	25,8	30,5	31,5
0,3	(.)	1,1	0,3	− 89,2	−62,1	136,2	478,6
4,4	6,6	5,4	5,5	93,5	26,4	42,6	27,9
0,4	0,2	2,0	1,6	− 22,8	− 0,6	188,3	242,4
1,3	0,9	1,9	1,1	− 9,9	−28,0	50,8	40,5
100,0	100,0	100,0	100,0	29,5	24,2	35,0	33,6

Tabelle A 64

Produktion und Produktivität der Landwirtschaft in der Bundesrepublik und in der DDR
1957/61, 1960 bis 1968

	1. Brutto-Bodenproduktion je ha LN in dz GE			2. Tierische Leistungen der Viehhaltung je GV in dz GE			3. Nahrungsmittel-produktion in Mill. t GE		4. Netto-Nahrungs-mittelproduktion in Mill. t GE	
	BRD	DDR	DDR in % BRD	BRD	DDR	DDR in % BRD	BRD	DDR	BRD	DDR
1957/61	33,7	29,7	88	35,9	28,9	81	46,21	16,18	40,82	13,95
1960	37,1	33,9	91	36,5	28,8	79	49,42	17,14	44,61	14,70
1961	33,3	26,1	78	37,3	28,5	76	48,02	15,72	41,43	13,63
1962	34,4	28,9	84	37,8	25,6	68	49,92	14,59	43,51	12,20
1963	37,1	29,7	80	39,4	28,9	73	52,68	16,43	46,14	14,46
1964	34,8	29,9	86	40,3	29,9	74	53,62	16,76	45,52	14,40
1965	33,5	32,8	98	39,1	33,0	84	51,51	18,00	41,19	15,91
1966	35,9	32,9	92	40,7	34,3	84	54,95	18,92	45,24	16,57
1967	40,1	36,6	91	41,5	34,2	82	58,57	19,56	48,53	17,21
1968	41,8	36,8	88	42,1	35,3	84	59,83	20,10	49,51	17,86

Quellen: Statistisches Jahrbuch über ELuF der BRD 1970 und vorhergehende Jahrgänge;
Berechnungen des Instituts für Agrarpolitik und Agrarstatistik der TU Berlin nach Statistisches Jahrbuch der DDR 1970 und vorhergehende Jahrgänge.

5. Nahrungsmittelproduktion je Einwohner in dz GE (Versorgungskapazität)			6. Nahrungsmittelproduktion je AK in dz GE (Arbeitsproduktivität)			7. Netto-Nahrungsmittelproduktion je ha LN in dz GE (Flächenproduktivität)		
BRD	DDR	DDR in % BRD	BRD	DDR	DDR in % BRD	BRD	DDR	DDR in % BRD
8,4	9,4	112	.	.	.	28,6	21,6	76
8,9	9,9	111	.	.	.	31,3	22,8	73
8,5	9,2	108	.	.	.	29,2	21,2	73
8,7	8,5	98	.	.	.	30,7	19,0	62
9,1	9,6	105	.	.	.	32,6	22,6	69
9,2	9,9	108	280,6	162,9	58	32,2	22,5	70
8,7	10,6	122	279,2	178,3	64	29,3	25,0	85
9,2	11,1	121	305,6	192,6	63	32,2	26,0	81
9,8	11,4	116	339,2	202,7	60	34,7	27,1	78
9,9	11,8	119	360,2	219,8	61	35,7	28,2	79

Tabelle A 65

Verkehr und Nachrichtenwesen der Bundesrepublik und der DDR
Produktionsfaktoren 1960 bis 1968

	Einheit	BRD				
		1960	1965	1966	1967	1968
Bruttoproduktionswert des Verkehrs [1]	Mill. M, DM	32 140	46 020	49 150	50 000	55 440
Beitrag des Verkehrs zum Bruttoinlandsprodukt [2]	Mill. M, DM	19 510	23 860	24 360	24 140	26 190
Anteil des Verkehrs [3]	%	5,9	5,7	5,6	5,6	5,7
Beschäftigte [4]	1 000	1 460	1 454	1 423	1 392	1 352
darunter Selbständige und mithelfende Angehörige	1 000	99	97	95	94	90
Anlagevermögen [5]	Mrd. M, DM	113	139	144	152	159
davon Bauten	%	40	36	35	34	34
Fahrzeuge	%	35	36	37	37	37
Ausrüstungen	%	25	28	28	29	29
Anteil des Verkehrs [6]	%	21	18	18	17	
Investitionen in jeweiligen Preisen [7]	Mill. M, DM	5 840	8 530	8 550	9 510	9 800
davon Bauten	Mill. M, DM	1 300	1 810	2 080	2 340	2 540
Fahrzeuge und Ausrüstungen	Mill. M, DM	4 540	6 720	6 470	7 170	7 260
Investitionen in vergleichbaren Preisen [8]	Mill. M, DM	6 330	8 060	7 930	9 040	8 920
davon Bauten	Mill. M, DM	1 470	1 630	1 850	2 170	2 240
Fahrzeuge und Ausrüstungen	Mill. M, DM	4 860	6 430	6 080	6 870	6 680
Anteil des Verkehrs [9]	%	13	13	12	.	.

	DDR			
1960	1965	1966	1967	1968
6 400	9 190	9 620	11 120	11 930
4 670	5 700	5 920	6 080	6 720
5,5	5,4	5,3	5,2	5,1
554	553	551	545	540
17	15	14	13	13
33	40	41	42	43
.	.	.	49	49
.	.	.	33	33
.	.	.	18	18
21	19	18	18	17
1 330	1 590	1 540	2 070	2 440
360	290	230	380	430
970	1 300	1 310	1 690	2 010
1 630	1 840	1 850	2 110	2 440
540	430	350	380	430
1 090	1 410	1 500	1 730	2 010
13	11	10	11	11

[1] BRD: Bruttoproduktionswert lt. Volkswirtschaftlicher Gesamtrechnung = Umsatz + Wert der Bestandsveränderungen an Halb- und Fertigwaren aus eigener Produktion + Wert der selbsterstellten Anlagen in jeweiligen Preisen.
 DDR: Bruttoprodukt = Einnahmen aus Personen- und Güterbeförderung sowie aus Nachrichtenübermittlung in effektiven Preisen.
[2] BRD: In Preisen von 1962.
 DDR: In vergleichbaren Preisen nach Berechnungen des DIW.
[3] BRD: Beitrag des Verkehrs zum Bruttoinlandsprodukt in Preisen von 1962.
 DDR: Anteil des Nettoprodukts des Verkehrs am Nettoprodukt aller produzierenden Wirtschaftsbereiche in vergleichbaren Preisen.
[4] BRD: Erwerbstätige im Inland lt. „Wirtschaft und Statistik", Heft 2/1970.
 DDR: Berufstätige ohne Lehrlinge.
[5] BRD: Bruttoanlagevermögen in Preisen von 1962 nach Berechnungen des DIW, ohne Straßen, Brücken und Wasserstraßen.
 DDR: Grundmittelbestand in vergleichbaren Preisen.
[6] BRD: Anteil des Bruttoanlagevermögens des Verkehrs am Bruttoanlagevermögen der Wirtschaftsbereiche lt. Abgrenzung in der DDR in Preisen von 1962 nach Berechnungen des DIW.
 DDR: Anteil des Grundmittelbestandes des Verkehrs am Grundmittelbestand der produzierenden Wirtschaftsbereiche in vergleichbaren Preisen.
[7] BRD: Nach Berechnungen des DIW, ohne Straßen, Brücken und Wasserstraßen.
[8] BRD: In Preisen von 1962 nach Berechnungen des DIW.
 DDR: In vergleichbaren Preisen.
[9] BRD: Anteil der Verkehrsinvestitionen in jeweiligen Preisen an den Investitionen der Wirtschaftsbereiche lt. Abgrenzung in der DDR nach Berechnungen des DIW.
 DDR: Anteil der Verkehrsinvestitionen in effektiven Preisen an den Investitionen der produzierenden Wirtschaftsbereiche.

Quelle: Die Daten sind — soweit nicht anders vermerkt — den Statistischen Jahrbüchern der BRD bzw. der DDR und den Veröffentlichungen des Statistischen Bundesamtes zur Revision der Volkswirtschaftlichen Gesamtrechnung entnommen.

Tabelle A 66

Verkehr und Nachrichtenwesen der Bundesrepublik und der DDR
Struktur der Verkehrsleistungen, Mengen

	Einheit	BRD [a]						
		1950	1955	1960	1965	1966	1967	1968
A. Güterverkehr								
1. Beförderungsmenge								
a) mit deutschen Verkehrsmitteln insgesamt	Mill. t	688	1 232	1 649	2 194	2 250	2 313	2 509
Eisenbahnen [1]	Mill. t	208	262	315	311	306	301	330
Binnenschiffahrt	Mill. t	45	81	104	118	125	125	134
Kraftverkehr [2]	Mill. t	(423)	840	1 145	1 633	1 675	1 724	1 863
davon								
Fernverkehr	Mill. t	33	70	95	122	126	124	138
Nahverkehr	Mill. t	(390)	(770)	(1 050)	1 510	(1 550)	(1 600)	(1 725)
Seeschiffahrt [3]	Mill. t	12	49	72	86	91	105	115
Pipelines	Mill. t	—	—	13	46	53	57	67
b) auf deutschen Verkehrswegen insgesamt	Mill. t	729	1 282	1 726	2 299	2 361	2 415	2 622
Eisenbahnen [1]	Mill. t	208	262	315	311	306	301	330
Binnenschiffahrt [4]	Mill. t	72	125	171	196	208	214	233
Kraftverkehr [5]	Mill. t	423	842	1 149	1 643	1 687	1 737	1 877
davon								
Fernverkehr	Mill. t	33	72	99	133	138	137	153
Nahverkehr	Mill. t	(390)	(770)	(1 050)	1 510	(1 550)	(1 600)	(1 725)
Seehäfen	Mill. t	26	53	78	103	107	105	115
Pipelines	Mill. t	—	—	13	46	53	57	67
2. Tonnenkilometer								
a) mit deutschen Verkehrsmitteln insgesamt	Mrd. tkm	63	99	126	157	160	161	174
Eisenbahnen [1] [6]	Mrd. tkm	38	47	53	58	57	55	58
Binnenschiffahrt [7]	Mrd. tkm	10	21	28	31	32	34	35
Kraftverkehr [2]	Mrd. tkm	15	31	42	59	61	62	67
davon								
Fernverkehr	Mrd. tkm	8	17	23	29	29	30	33
Nahverkehr	Mrd. tkm	(7)	(14)	(19)	30	(31)	(32)	(34)
Pipelines	Mrd. tkm	—	—	3	9	10	10	14

			DDR			
1950	1955	1960	1965	1966	1967	1968
226	389	521	624	640	645	682
129	208	238	261	263	253	253
10	12	12	11	12	13	13
87	169	270	346	358	372	400
4	4	7	11	12	13	15
83	165	263	335	346	359	385
—	.	1	6	7	7	7
—	—	—	—	.	.	9
226	392	525	627	643	649	685
129	208	238	260	263	253	253
10	13	13	12	13	14	13
87	169	270	346	358	372	400
4	4	7	11	12	13	15
83	165	263	335	346	359	385
.	2	4	9	9	10	10
—	—	—	—	.	.	9
19	31	40	48	50	48	51
15	25	33	39	40	38	39
2	2	2	2	2	2	2
2	4	5	7	8	8	9
1	1	1	2	2	2	3
1	3	4	5	6	6	6
—	—	—	—	.	.	1

a Seit 1960 einschließlich Saarland und Berlin (West).
[1] Leistungen im Schienenverkehr der Deutschen Reichsbahn bzw. der Deutschen Bundesbahn und der nichtbundeseigenen Eisenbahnen; ohne Dienstgutverkehr.
[2] Einschl. Werkverkehr.
[3] Einschl. der Leistungen in fremder Zeitcharter.
[4] Einschl. Durchfuhr.
[5] Einschl. Werkverkehr und der Leistungen ausländischer Lastkraftwagen im Fernverkehr.
[6] Tariftonnenkilometer.
[7] Einschl. der Leistungen der Binnenflotte im Ausland.

Quellen: Siehe Einzelübersichten.

noch Tabelle A 66

		BRD [a]						
		1950	1955	1960	1965	1966	1967	1968
b) auf deutschen Verkehrswegen insgesamt	Mrd. tkm	70	107	139	174	176	177	192
Eisenbahnen [1] [6]	Mrd. tkm	38	47	53	58	57	55	58
Binnenschiffahrt [4]	Mrd. tkm	17	29	40	44	45	46	48
Kraftverkehr [5])	Mrd. tkm	15	31	43	63	64	66	72
davon								
Fernverkehr	Mrd. tkm	8	17	24	33	33	34	38
Nahverkehr	Mrd. tkm	(7)	(14)	(19)	30	(31)	(32)	(34)
Pipelines	Mrd. tkm	—	—	3	9	10	10	14
B. Personenverkehr								
Personenkilometer insgesamt	Mrd. Pkm	86	142	231	327	345	351	364
Eisenbahnen	Mrd. Pkm	32	37	40	39	36	34	35
Straßenbahnen [8]	Mrd. Pkm	17	17	15	12	11	10	10
Omnibusortsverkehr [9]	Mrd. Pkm	5	7	9	9	9	9	9
Omnibusüberlandverkehr	Mrd. Pkm	8	15	26	31	32	33	34
Luftverkehr [10]	Mrd. Pkm	—	0	1	4	5	6	6
Taxis und Mietwagen	Mrd. Pkm	.	.	(1)	(1)	(1)	(1)	(2)
Individualverkehr	Mrd. Pkm	(24)	(66)	(139)	(231)	(251)	(258)	(268)

	DDR					
1950	1955	1960	1965	1966	1967	1968
19	31	40	48	51	49	51
15	25	33	39	40	38	39
2	2	2	2	3	3	2
2	4	5	7	8	8	9
1	1	1	2	2	2	3
1	3	4	5	6	6	6
—	—	—	—	.	.	1
29	41	49	61	66	69	75
19	23	21	17	17	17	17
5	6	6	5	5	5	5
0	1	1	2	2	2	2
2	5	9	13	14	14	15
—	—	0	0	0	1	1
.	.	.	.	.	.	.
(3)	(6)	(12)	(24)	(28)	(30)	(35)

[8] Einschl. U-Bahnverkehr.
[9] Einschl. Obusverkehr.
[10] Nur Leistungen der Interflug bzw. Deutschen Lufthansa.

Quellen: Siehe Einzelübersichten.

Tabelle A 67

Verkehr und Nachrichtenwesen der Bundesrepublik und der DDR
Struktur der Verkehrsleistungen in %

	BRD [a]						
	1950	1955	1960	1965	1966	1967	1968
A. Güterverkehr							
1. Beförderte Tonnen							
a) mit deutschen Verkehrsmitteln							
Eisenbahnen [1]	30	21	19	14	14	13	13
Binnenschiffahrt	7	7	6	5	5	5	5
Kraftverkehr [2]	61	68	70	75	75	75	74
davon							
Fernverkehr	5	6	6	6	6	5	5
Nahverkehr	56	62	64	69	69	70	69
Seeschiffahrt [3]	2	4	4	4	4	5	5
Pipelines	—	—	1	2	2	2	3
b) auf deutschen Verkehrswegen							
Eisenbahnen [1]	28	20	18	14	13	13	13
Binnenschiffahrt [4]	10	10	10	9	9	9	9
Kraftverkehr [5]	58	66	67	71	71	72	71
davon							
Fernverkehr	5	6	6	6	6	6	6
Nahverkehr	53	60	61	65	65	66	65
Seehäfen	4	4	4	4	5	4	4
Pipelines	—	—	1	2	2	2	3
2. Tonnenkilometer							
a) mit deutschen Verkehrsmitteln							
Eisenbahnen [1][6]	60	48	42	37	36	34	33
Binnenschiffahrt [7]	16	21	22	20	20	21	20
Kraftverkehr [2]	24	31	34	37	38	39	39
davon							
Fernverkehr	13	17	19	18	18	19	19
Nahverkehr	11	14	15	19	20	20	20
Pipelines	—	—	2	6	6	6	8
b) auf deutschen Verkehrswegen							
Eisenbahnen [1][6]	54	44	38	34	32	31	30
Binnenschiffahrt [4]	24	27	29	25	26	26	25
Kraftverkehr [5]	22	29	31	36	36	37	38
davon							
Fernverkehr	12	16	17	19	19	19	20
Nahverkehr	10	13	14	17	17	18	18
Pipelines	—	—	2	5	6	6	7

			DDR			
1950	1955	1960	1965	1966	1967	1968
57	54	46	42	41	39	37
4	3	2	2	2	2	2
39	43	52	55	56	58	59
2	1	1	2	2	2	2
37	42	51	53	54	56	57
—	.	0	1	1	1	1
—	—	—	—	.	.	1
57	54	46	42	41	39	37
4	3	2	2	2	2	2
39	43	51	55	56	58	59
2	1	1	2	2	2	2
37	42	50	53	54	56	57
.	0	1	1	1	1	1
—	—	—	—	.	.	1
78	81	82	81	80	79	76
11	6	5	4	4	4	4
11	13	13	15	16	17	18
5	3	3	4	4	4	6
5	10	10	11	12	13	12
—	—	—	—	.	.	2
78	81	82	81	78	73	76
11	6	5	4	6	6	4
11	13	13	15	16	16	18
5	3	3	4	4	4	6
5	10	10	11	12	12	12
—	—	—	—	.	.	2

a Seit 1960 einschließlich Saarland und Berlin (West).
[1] Leistungen im Schienenverkehr der Deutschen Reichsbahn bzw. der Deutschen Bundesbahn und der nichtbundeseigenen Eisenbahnen; ohne Dienstgutverkehr.
[2] Einschl. Werkverkehr.
[3] Einschl. der Leistungen in fremder Zeitcharter.
[4] Einschl. Durchfuhr.
[5] Einschl. Werkverkehr und der Leistungen ausländischer Lastkraftwagen im Fernverkehr.
[6] Tariftonnenkilometer.
[7] Einschl. der Leistungen der Binnenflotte im Ausland.

noch Tabelle A 67

	BRD [a]						
	1950	1955	1960	1965	1966	1967	1968
B. Personenverkehr (Pkm)							
Eisenbahnen	37	26	17	12	11	10	10
Straßenbahnen [8]	20	12	7	4	3	3	3
Omnibusortsverkehr [9]	6	5	4	3	3	3	2
Omnibusüberlandverkehr	9	11	11	9	9	9	9
Luftverkehr [10]	—	0	0	1	1	2	2
Taxis und Mietwagen	.	.	0	0	0	0	1
Individualverkehr	28	46	60	71	73	73	73

			DDR			
1950	1955	1960	1965	1966	1967	1968
66	56	43	28	26	25	23
17	15	12	10	9	9	8
.	2	2	2	2	1	1
7	12	18	21	21	21	20
—	—	0	0	0	1	1
.	.	.	.	.	.	.
10	15	25	39	42	43	47

[8] Einschl. U-Bahnverkehr.
[9] Einschl. Obusverkehr.
[10] Nur Leistungen der Interflug bzw. Deutschen Lufthansa.

Quellen: Siehe Einzelübersichten.

Tabelle A 68

Verkehr und Nachrichtenwesen der Bundesrepublik und der DDR
Eisenbahnen [1]

	Einheit	BRD a)						
		1950	1955	1960	1965	1966	1967	1968
Streckennetz [2] insgesamt	km	36 790	36 607	35 974	35 360	34 687	34 328	34 155
darunter								
Hauptbahnen	km	18 422	18 121	18 591	18 571	18 502	18 481	18 455
elektrifiziert	km	.	2 666	4 223	6 863	7 377	7 628	.
Beförderte Tonnen im Güterverkehr	Mill. t	208	262	315	311	306	301	330
Struktur des Güterverkehrs [3]								
Land- und forstwirtschaftliche Produkte	%	9	8	7	7	7	7	6
Nahrungs- und Genußmittel	%	2	2	2	2	2	2	2
Kohle (feste Brennstoffe)	%	40	39	34	30	30	29	29
Mineralöl	%	3	4	4	7	7	7	7
Erze, Metallabfälle	%	9	11	15	13	13	14	14
Eisen und Stahl	%	7	8	10	12	11	12	14
Steine und Erden, Baustoffe	%	15	14	12	12	12	11	10
Düngemittel	%	4	4	5	5	5	6	5
Chemische Produkte	%	3	3	4	5	5	5	5
Fertigwaren, Stück- und Sammelgut	%	8	7	7	7	8	7	8
Tonnenkilometer [4]	Mrd. tkm	38	47	53	58	57	55	58
Beförderte Personen	Mill.	1 473	1 555	1 422	1 165	1 066	1 018	1 009
Personenkilometer	Mrd. Pkm	32	37	40	39	36	34	35
Transporteinheiten (TE) = Σ tkm + Pkm [5]	Mrd. TE	70	84	93	97	93	89	93
Bestände an								
Lokomotiven [6]	1000 St.	13,8	11,3	11,1	10,8	9,7	9,0	8,7
Personenwagen [7]	1000 St.	36	35	29	27	26	26	25
Güterwagen [8]	1000 St.	306	294	315	335	334	325	317
Anteil der Antriebsarten an den Betriebsleistungen [9]								
Dampf-Lokomotiven	%	92	85	66	37	31	24	20
Elektro-Lokomotiven	%	7	13	28	53	57	62	66
Diesel-Lokomotiven	%	1	2	6	10	12	14	14
Durchschnittliche Umlaufzeit eines Güterwagens [10]	Tage	4,4	4,3	4,5	5,0	5,1	5,2	5,2
Beschäftigte	1 000	554	520	519	484	463	441	419
Arbeitsproduktivität	1000 TE/B	126	162	178	200	201	202	222

			DDR				
1950	1955	1960	1965	1966	1967	1968
15 945	16 134	16 174	15 930	157 30	15 513	15 237
.	.	7 362	7 436	7 385	7 306	7 331
.	.	.	1 057	1 095	1 191	1 203
129	208	238	260	263	253	253
8	6	5	4	4	4	4
4	3	3	3	3	3	3
43	47	44	41	40	38	38
1	2	3	5	5	6	6
2	2	2	3	3	3	3
3	4	4	4	5	5	5
12	14	17	19	19	20	20
5	4	5	5	5	5	5
3	3	3	3	3	3	3
19	15	14	13	13	13	13
15	25	33	39	40	38	39
954	1 016	943	684	668	649	634
19	23	21	17	17	17	17
34	48	54	56	57	55	56
.	.	.	.	.	.	.
.	.	.	.	.	.	.
.	.	.	.	.	.	.
99	99	94	88	84	74	64
1	1	5	9	10	12	15
—	—	1	3	6	14	21
4,1	3,5	3,6	3,6	3,7	3,9	4,0
243	283	293	269	263	258	251
140	170	185	208	217	213	215

a Seit 1960 einschließlich Saarland und Berlin (West).

[1] Deutsche Reichsbahn bzw. Deutsche Bundesbahn und die nichtbundeseigenen Eisenbahnen; nur Leistungen im Schienenverkehr, ohne Dienstgutverkehr.
[2] Betriebslänge.
[3] DDR: ohne Importe.
[4] Tariftonnenkilometer.
[5] Die für einen Produktivitätsvergleich in realen Mengeneinheiten erforderliche Zusammenfassung der Leistungen im Güter- und Personenverkehr zur fiktiven Einheit „Transporteinheiten" rechtfertigt sich aufgrund der ähnlichen Leistungsstruktur in beiden deutschen Staaten.
[6] Einsatzbestände.
[7] Einschl. Triebwagen, Gepäckwagen und bahneigene Postwagen.
[8] Einschl. Privatgüterwagen, ohne Dienstgüterwagen und Gepäckwagen.
[9] BRD: Nur deutsche Bundesbahn.
[10] Einsatzzeit eines Güterwagens bis zur Bereitstellung für den nächsten Transport (in Tagen).

Quellen: Statistische Jahrbücher der BRD und DDR; Statistisches Bundesamt, Fachserie H — Verkehr; Geschäftsberichte und Statistische Monatsübersichten der Deutschen Bundesbahn.

Tabelle A 69

Verkehr und Nachrichtenwesen der Bundesrepublik und der DDR
Schiffahrt

	Einheit	BRD [a]						
		1950	1955	1960	1965	1966	1967	1968
Binnenschiffahrt								
Länge der schiffbaren Flüsse und Kanäle	km	4 502	4 294	4 441	4 409	4 424	4 370	4 415
darunter								
für Schiffe über 300 t bzw. 250 t	km	.	.	.	3 993	4 020	4 020	4 065
Beförderte Tonnen auf deutschen Schiffen	Mill. t	45	81	104	118	125	125	134
davon								
Motorgüterschiffe	Mill. t	11	34	64	92	99	102	111
Schubschiffahrt	Mill. t	—	—	—	3	4	5	5
Kähne	Mill. t	34	47	40	23	22	18	18
Tonnenkilometer auf deutschen Schiffen [1]	Mrd. tkm	10	21	28	31	32	34	35
davon								
Motorgüterschiffe	Mrd. tkm	4	10	18	27	28	31	32
Schubschiffahrt	Mrd. tkm	—	—	—	0	1	1	1
Kähne	Mrd. tkm	6	11	10	4	3	2	2
Verkehr auf deutschen Wasserstraßen [2]	Mill. t	72	125	171	196	208	214	233
Struktur des Güterverkehrs								
Land- und forstwirtschaftliche Produkte	%	6	6	5	4	4	4	3
Nahrungs- und Genußmittel	%	3	3	3	3	3	3	3
Kohle	%	36	29	22	14	14	13	13
Mineralöl	%	5	7	12	17	18	18	17
Erze und Metallabfälle	%	13	16	18	15	13	13	15
Eisen und Stahl	%	4	4	5	6	6	7	7
Steine und Erden, Baustoffe	%	27	28	28	34	35	35	34
Düngemittel	%	3	3	3	3	3	3	3
Chemische Produkte	%	2	3	3	3	3	3	4
Fertigwaren	%	1	1	1	1	1	1	1
Bestand an								
Kähnen [3]	1 000 t	2,5	2,7	2,4	1,5	1,3	1,2	1,1
Motorgüterschiffen	1 000 t	0,6	1,4	2,4	3,4	3,4	3,4	3,4
Schubeinheiten	1 000 t	—	—	0,0	0,1	0,1	0,1	0,2
Beschäftigte	1 000	30	32	32	27	26	24	22
Arbeitsproduktivität	1 000 tkm/B	330	660	850	1 150	1 230	1 420	1 590
Seeschiffahrt								
Beförderte Menge auf deutschen Schiffen [4]	Mill. t	12	49	72	86	91	105	115
Transportleistung der deutschen Schiffe	Mrd. tkm	.	.	.	.	.	.	.
Bestand an Seeschiffen	Mill. BRT	0,8	2,9	4,8	5,8	6,0	6,8	7,4
Beschäftigte	1 000	10	29	47	44	45	46	45
Arbeitsproduktivität	t/B	1 300	1 700	1 600	1 900	2 000	2 300	2 500
	1 000 tkm/B	.	.	.	.	.	.	.

		DDR				
1950	1955	1960	1965	1966	1967	1968
.	2 643	2 644	2 519	2 519	2 519	2 519
.	.	.	1 742	1 742	1 742	1 742
10	12	12	11	12	13	13
.	.	1,9	3,7	3,4	3,3	3,3
.	.	—	1,8	4,2	5,3	5,9
.	.	9,6	5,9	4,8	4,1	3,4
1	2	2	2	2	2	2
.	.	0,4	0,8	0,9	0,8	0,8
.	.	—	0,1	0,4	0,5	0,6
.	.	1,5	0,9	0,9	0,8	0,7
10	13	13	12	13	14	13
26	11	10	10	12	10	11
4	2	2	2	1	2	2
23	32	31	30	28	25	22
1	1	1	1	1	2	3
1	2	2	2	2	2	2
1	2	4	6	8	9	5
24	33	37	40	40	43	47
4	4	2	2	2	2	2
1	2	2	1	1	1	2
15	11	9	6	5	4	4
.	.	.	.	.	.	.
.	.	.	.	.	.	.
.	.	.	.	.	.	.
6	8	7	7	7	7	7
230	240	280	270	320	320	330
—	.	1	6	6	7	7
—	.	11	30	33	44	49
—	.	0,2	0,6	0,7	0,8	0,8
—	2	5	10	11	12	13
—	.	280	600	580	610	550
—	.	2 200	2 900	2 900	3 700	3 700

a Seit 1960 einschließlich Saarland und Berlin (West).

[1] Einschl. der Leistungen der Binnenflotte im Ausland.
[2] Einschl. Durchfuhr.
[3] Tragfähigkeit in t.
[4] Einschl. der Leistungen in fremder Zeitcharter.

Quellen: Statistische Jahrbücher der BRD und DDR; Statistisches Bundesamt, Fachserie H — Verkehr; Bundesminister für Verkehr, Abteilung Binnenschiffahrt. „Deutsche Binnenschiffahrt"; Angaben des Verbandes Deutscher Reeder und des Bundesministers für Verkehr, Abteilung Seeschiffahrt.

Tabelle A 70

Verkehr und Nachrichtenwesen der Bundesrepublik und der DDR

Straßengüterverkehr [1]

	Einheit	BRD [a]						
		1950	1955	1960	1965	1966	1967	1968
Straßennetz								
Autobahnen	1 000 km	2,1	2,2	2,6	3,4	3,5	3,6	4,0
Fernstraßen, Bundesstraßen	1 000 km	24	25	25	31	31	32	32
Landstraßen I. O. Landesstraßen	1 000 km	49	56	57	66	66	65	65
Landstraßen II. O. Kreisstraßen	1 000 km	52	48	50	57	58	59	60
Gemeindestraßen	1 000 km	.	229	236	250	.	.	.
Beförderte Tonnen	Mill. t	423	842	1 149	1 643	1 687	1 737	1 877
davon								
Fernverkehr	Mill. t	33	72	99	133	138	137	153
davon								
gewerblicher Verkehr	Mill. t	20	48	71	88	89	85	93
Werkverkehr	Mill. t	13	22	24	34	37	39	45
Verkehr ausländischer Fahrzeuge	Mill. t	.	2	4	11	12	13	15
davon								
Nahverkehr [2]	Mill. t	(390)	(770)	(1 050)	1 510	(1 550)	(1 600)	(1 725)
davon								
gewerblicher Verkehr	Mill. t	(180)	(350)	(472)	660	(675)	(700)	(750)
Werkverkehr	Mill. t	(210)	(420)	(578)	850	(875)	(900)	(975)
Tonnenkilometer	Mrd. tkm	15	31	43	63	64	66	72
davon								
Fernverkehr	Mrd. tkm	8	17	24	33	33	34	38
davon								
gewerblicher Verkehr	Mrd. tkm	5	13	19	23	23	23	25
Werkverkehr	Mrd. tkm	3	4	4	6	6	7	8
Verkehr ausländischer Fahrzeuge	Mrd. tkm	.	.	1	4	4	4	5
davon								
Nahverkehr [2]	Mrd. tkm	(7)	14	19	30	31	32	34
davon								
gewerblicher Verkehr	Mrd. tkm	(3)	(7)	(9)	14	14	15	16
Werkverkehr	Mrd. tkm	(4)	(7)	(10)	16	17	17	18
Fahrzeugbestand								
Lastkraftwagen	1 000 St.	358	564	670	856	891	882	899
Sonderkraftfahrzeuge	1 000 St.	17	36	51	85	95	102	108
Anhänger [3]	1 000 St.	212	322	356	464	495	515	538
davon								
mehrachsige Lastkraftwagenanhänger	1 000 St.	118	160	152	170	172	166	162
mehrachsige Spezialanhänger	1 000 St.	10	29	60	128	149	169	189
Einachsanhänger	1 000 St.	85	132	144	166	174	180	187
Beschäftigte (einschließlich Spedition)	1 000 St.	154	164	246	261	255	250	249
Arbeitsproduktivität im gewerblichen Verkehr	1 000 tkm/B	52	122	114	142	145	152	165

			DDR			
1950	1955	1960	1965	1966	1967	1968
.	1,4	1,4	1,4	1,4	1,4	1,4
.	11	11	11	11	11	11
.	17					
		33	33	33	33	33
.	18					
.	.	.	.	.	.	57
87	169	270	346	358	372	400
4	4	7	11	12	13	15
2	2	4	7	8	9	10
2	2	3	4	4	4	5
—	—	—	—	—	—	—
83	165	263	335	346	359	385
42	68	127	159	159	157	162
41	97	136	176	187	202	223
2	4	5	7	8	8	9
.	1	1	2	2	2	3
.	0	1	1	1	1	2
.	0	0	1	1	1	1
—	—	—	—	—	—	—
2	3	4	5	6	6	6
1	1	2	3	3	3	3
1	2	2	2	3	3	3
93	94	118	147	103	151	160
3	6	14	19	30	32	35
.	80	163	322	345	379	413
49	57	123	244	242	.	.
2	6	11	32	52	.	.
.	17	28	45	50	.	.
34	42	63	84	85	86	88
26	35	39	48	52	52	56

a Seit 1960 einschließlich Saarland und Berlin (West).

[1] Einschl. Werkverkehr und der Leistungen ausländischer Lastkraftwagen im Fernverkehr.
[2] BRD: Für einzelne Jahre durch Berechnungen des DIW, Berlin, und des Ifo-Instituts, München, ergänzt.
[3] Ohne Anhänger zur Personenbeförderung.

Quellen: Statistische Jahrbücher der BRD und DDR; Statistisches Bundesamt, Fachserie H — Verkehr; Bundesminister für Verkehr, Jahreszahlen über den Verkehr in der BRD; Kraftfahrt-Bundesamt in Flensburg, Statistische Mitteilungen aus dem KBA, Bestand an Kraftfahrzeugen und Kraftfahrzeuganhängern; Verband der Automobilindustrie in Frankfurt/Main, Tatsachen und Zahlen aus der Kraftverkehrswirtschaft; DIW, Berlin, Wochenbericht.

Tabelle A 71

Verkehr und Nachrichtenwesen der Bundesrepublik und der DDR
Straßenpersonenverkehr

	Einheit	BRD [a]						
		1950	1955	1960	1965	1966	1967	1968
Beförderte Personen								
Im öffentlichen Verkehr	Mill. Pers.	4 276	5 790	6 418	6 301	6 158	5 999	5 883
davon								
U-Bahn	Mill. Pers.	282	288	306	366	402	412	404
Straßenbahn	Mill. Pers.	3 065	3 198	2 827	2 084	1 919	1 728	1 593
Obus	Mill. Pers.	108	272	293	178	156	131	101
Omnibusortsverkehr	Mill. Pers.	(220)	876	1 441	1 836	1 815	1 812	1 807
Σ städtischer Nahverkehr	Mill. Pers.	3 675	4 634	4 867	4 464	4 292	4 083	3 905
Omnibusüberlandverkehr	Mill. Pers.	601	1 156	1 551	1 837	1 866	1 916	1 978
Mit Taxis und Mietwagen [1]	Mill. Pers.	(77)	(101)	(123)	(207)	(223)	(238)	(255)
Im Individualverkehr mit Kraftfahrzeugen [1]	Mill. Pers.	(2 300)	(6 440)	(12 280)	(18 860)	(19 720)	(19 855)	(20 120)
Personenkilometer								
Im öffentlichen Verkehr	Mrd. Pkm	27	37	48	52	52	52	52
davon								
U-Bahn	Mrd. Pkm	(2)	2	2	2	2	2	2
Straßenbahn	Mrd. Pkm	15	15	13	10	9	8	8
Obus	Mrd. Pkm	1	1	1	1	1	1	.
Omnibusortsverkehr	Mrd. Pkm	(1)	4	6	8	8	8	8
Σ städtischer Nahverkehr	Mrd. Pkm	19	22	22	21	20	19	18
Omnibusüberlandverkehr	Mrd. Pkm	8	15	26	31	32	33	34
Mit Taxis und Mietwagen [1]	Mrd. Pkm	.	.	(1)	(1)	(1)	(1)	(2)
Im Individualverkehr mit Kraftfahrzeugen [2]	Mrd. Pkm	(24)	(66)	(139)	(231)	(251)	(258)	(268)
Fahrzeugbestände								
U-Bahnwagen	1 000 St.	0,4	0,5	1,4	1,5	1,6	1,6	1,6
Straßenbahnwagen	1 000 St.	11,0	11,8	11,7	9,0	8,5	7,9	7,4
Obusse	1 000 St.	0,6	0,9	1,0	0,6	0,5	0,5	0,4
Omnibusse [3]	1 000 St.	15,7	28,3	35,4	38,5	39,6	40,2	41,7
darunter								
städtischer Nahverkehr	1 000 St.	3,5	6,8	9,3	11,3	11,8	12,0	12,4
Personenkraftwagen [4]	1 000 St.	516	1 663	4 489	9 267	10 302	11 016	11 683
darunter								
Taxis und Mietwagen [1]	1 000 St.	16	24	29	41	42	.	.
private Fahrzeughalter [5]	1 000 St.	(63)	400	(2 360)	6 321	7 218	7 863	8 477
Motorräder, Mopeds	1 000 St.	914	2 433	4 106	1 924	1 650	1 449	1 312
Beschäftigte im städtischen Nahverkehr	1 000 St.	79	84	107	97	95	93	89
Arbeitsproduktivität im städtischen Nahverkehr	1 000 Pkm/B	241	262	206	216	211	204	202

			DDR			
1950	1955	1960	1965	1966	1967	1968
.	2 054	2 656	2 829	2 829	2 832	2 819
.	103	105	77	75	73	72
.	1 413	1 539	1 441	1 414	1 396	1 341
.	65	100	114	106	97	93
.	116	223	256	252	257	275
1 758	1 697	1 967	1 888	1 847	1 823	1 781
.	357	689	941	982	1 009	1 037
.	.	24	34	34	37	37
.	.	.	.	.	.	.
8	12	16	20	21	21	22
.	0	0	0	0	0	0
5	6	5	5	5	5	5
.	0	0	0	0	0	0
.	1	1	1	1	1	1
6	7	7	7	7	7	7
2	5	9	13	14	14	15
.	.	.	.	.	.	.
(3)	(6)	(12)	(24)	(28)	(30)	(35)
.	.	.	.	.	.	.
.	.	4,8	4,7	4,8	4,8	4,8
.	.	0,3	0,4	0,4	0,3	0,3
2,2	5,3	10,7	13,7	13,9	14,6	15,2
.	.	1,1	1,2	1,3	1,3	1,4
76	117	299	662	721	827	920
.	.	5	5	5	5	5
.	.	200	540	620	700	.
.	391	1 325	2 331	2 445	2 590	2 671
29	34	31	27	26	26	25
207	206	226	259	269	269	280

a 1950 und 1955 ohne Saarland und Berlin (West).

[1] BRD: Berechnungen des DIW.

[2] BRD: Berechnungen des DIW.
 DDR: Vgl. Schleife, Hans-Werner: „Die Bedeutung der Prognose bei der Arbeitsteilung zwischen Schiene und Straße für die weitere Gestaltung des ökonomischen Systems des Sozialismus im Verkehrswesen der DDR". In: DDR-Verkehr, 3. Jg. 1970, S. 20.

[3] Einschl. Anhänger.

[4] Einschl. Kombinationskraftwagen.

[5] DDR: „Die Wirtschaft" Berlin (Ost) vom 3. April 1968.

Quellen: Statistische Jahrbücher der BRD und DDR; Statistisches Bundesamt, Fachserie H — Verkehr; Kraftfahrt-Bundesamt in Flensburg, Statistische Mitteilungen aus dem KBA, Bestand an Kraftfahrzeugen und Kraftfahrzeuganhängern; Verband Öffentlicher Verkehrsbetriebe in Köln, Statistische Übersichten; Verband der Automobilindustrie in Frankfurt/Main, Tatsachen und Zahlen aus der Verkehrswirtschaft.

Tabelle A 72

Verkehr und Nachrichtenwesen der Bundesrepublik und der DDR
Luftverkehr, Transport in Rohrleitungen, Nachrichtenwesen

	Einheit	BRD [a]						
		1950	1955	1960	1965	1966	1967	1968
Luftverkehr [1]								
Beförderte Personen	1000	—	74	1 238	3 218	3 688	4 267	4 971
darunter im Inland	1000	—	13	351	1 258	1 393	1 711	1 936
Personenkilometer	Mill. Pkm	—	100	1 300	4 226	5 049	5 653	6 289
darunter im Inland [2]	Mill. Pkm	—	(35)	(950)	(380)	(405)	(490)	(555)
Luftfracht [3]	1000 t	—	1	19	77	97	112	143
Tonnenkilometer [4]	Mill. tkm	—	0	40	159	217	263	346
Beschäftigte	1000	—	2,0	9,6	14,1	16,5	18,0	18,3
Arbeitsproduktivität	1000 Pkm/B	—	49	136	299	306	315	344
Transport in Rohölfernleitungen								
Netzlänge	km	—	—	455	1 070	1 341	1 571	1 571
Beförderte Tonnen	Mill. t	—	—	13	46	53	57	67
Tonnenkilometer	Mrd. tkm	—	—	3,0	8,9	9,9	10,0	13,7
Post und Fernmeldewesen								
Zahl der Hauptanschlüsse	1000	1 348	1 967	3 221	4 927	5 409	5 973	6 679
Zahl der Telexanschlüsse	1000	4	16	35	56	60	64	69
Eingelieferte Briefsendungen [5]	Mill.	4 084	5 545	7 934	9 280	9 040	8 981	9 371
Eingelieferte Pakete [6]	Mill.	167	225	283	309	304	291	299
Ortsgespräche	Mill.	1 706	2 346	3 472	4 498	4 861	5 167	5 554
Ferngespräche	Mill.	279	562	1 075	1 833	2 042	2 260	2 587
darunter im Selbstwählverkehr	Mill.	27	264	848	1 734	1 975	2 217	2 563
Beschäftigte	1000	268	339	399	440	443	444	443

			DDR			
1950	1955	1960	1965	1966	1967	1968
—	.	256	419	519	649	719
—	.	158	163	191	233	248
—	.	165	373	484	606	730
—	.	40	45	53	63	69
—	.	5	10	12	15	16
—	.	5	13	16	22	24
—	.	.	2,7	2,9	3,2	3,4
—	.	.	136	166	192	218
—	—	—	27	.	.	447
—	—	—	—	.	.	9
—	—	—	—	.	.	0,7
357	481	603	766	794	820	860
.	1	3	5	6	7	7
1 142	1 282	1 381	1 386	1 342	1 419	1 363
31	34	40	42	42	39	39
623	728	817	821	840	853	880
95	128	167	253	274	296	320
.	.	12	158	190	222	249
93	118	125	129	129	129	129

a 1950 und 1955 ohne Saarland und Berlin (West).

[1] Nur Leistungen der Deutschen Lufthansa bzw. der Interflug
[2] BRD: Berechnungen des DIW.
[3] Einschl. Postbeförderung.
[4] Luftfracht- und Postbeförderung.
[5] Einschl. Postkarten, Drucksachen, Geschäftspapiere, Warenproben und Päckchen; BRD einschl. Briefsendungen aus der DDR sowie 1950 und 1955 aus Berlin (West).
[6] Einschl. Wertpakete; BRD einschl. Pakete aus der DDR (jährlich rund 10 Mill.) sowie 1950 und 1955 aus Berlin (West).

Quellen: Statistische Jahrbücher der BRD und DDR, Statistische Taschenbücher der DDR, Geschäftsberichte der Deutschen Lufthansa und der Deutschen Bundespost.

Tabelle A 73

Verkehr und Nachrichtenwesen der Bundesrepublik und der DDR
Verkehrs- und bevölkerungsspezifische Kennziffern

	Einheit	BRD				
		1960	1965	1966	1967	1968
Kapitalproduktivität [1]	DM	173	172	169	159	165
Kapitalintensität [2]	1000 DM, M	78	95	102	109	117
Investitionsquote [3]	%	18	19	17	19	18
Investitionsintensität [4]	1000 DM, M	4,0	5,9	6,0	6,8	7,3
Arbeitsproduktivität [5]	1000 DM, M/B	13,4	16,4	17,1	17,3	19,4
Transporteinheiten (TE) Σ tkm + Pkm [6]	Mrd. TE	203	227	227	226	239
Arbeitsproduktivität [7]	1000 TE/B	191	224	232	238	263
Beförderte Personen / Einwohner [8]	Anz./Einw.	143	129	125	121	118
Personenkilometer / Einwohner [9]						
ohne Individualverkehr	1000/Einw.	1,6	1,6	1,6	1,6	1,6
einschließlich Individualverkehr	1000/Einw.	4,1	5,5	5,8	5,9	6,0
Tonnenkilometer / Einwohner [10]	1000/Einw.	2,3	2,6	2,7	2,7	2,9
Telefonhauptanschlüsse / Einwohner	Anz./1000 E.	58	83	90	100	110
Eingelieferte Briefe / Einwohner [11]	Anz./Einw.	142	157	151	150	155
Telefongespräche / Einwohner [12]	Anz./Einw.	82	107	115	124	135
Pkw / Einwohner [13]	Anz./1000 E.	80	156	172	184	193
Pkw + Krafträder + Mopeds / Einwohner	Anz./1000 E.	154	189	200	208	215
Straßenverkehrsunfälle / Einwohner [14]	Anz./1000 E.	18	19	20	19	20
Straßenverkehrsunfälle / Kraftfahrzeuge [14] [15]	Anz./1000 Kfz.	106	91	90	85	84
Unfalltote / Kraftfahrzeuge [14] [15]	Anz./10 000 Kfz.	15	13	13	13	12

DDR				
1960	1965	1966	1967	1968
142	143	144	145	156
60	73	77	79	80
21	17	16	19	20
2,4	2,9	2,8	3,8	4,5
8,4	10,3	10,7	11,2	12,4
75	82	84	83	87
175	193	199	200	212
211	208	207	206	204
2,2	2,2	2,2	2,3	2,3
2,9	3,6	3,9	4,0	4,4
2,3	2,8	2,9	2,8	3,0
34	45	47	48	50
80	81	79	83	80
57	63	65	67	70
17	39	42	48	54
94	176	185	200	210
.	6	6	3	3
.	31	28	15	15
.	5	5	5	5

[1] Beiträge zum Bruttoinlandsprodukt in vergleichbaren Preisen, bzw. in Preisen von 1962 je 1000 Mark Grundmittelbestand, bzw. 1000 DM Bruttoanlagevermögen.
[2] Grundmittelbestand / Berufstätigen bzw. Bruttoanlagevermögen / Erwerbspersonen.
[3] Investitionen in jeweiligen Preisen / Bruttoprodukt.
[4] Investitionen in jeweiligen Preisen / Berufstätigen bzw. Erwerbspersonen.
[5] Beiträge zum Bruttoinlandsprodukt in vergleichbaren Preisen bzw. Preisen von 1962 / Berufstätigen bzw. Erwerbspersonen.
[6] Nur Leistungen auf deutschen Verkehrsmitteln, ohne Individualverkehr, Werkverkehr, Seeschiffahrt und Nachrichtenwesen.
[7] Transporteinheiten = Tonnenkilometer + Personenkilometer / Berufstätigen bzw. Erwerbspersonen, ohne Post.
[8] Nur öffentlicher Verkehr ohne Binnen- und Seeschiffahrt.
[9] Ohne Binnen- und Seeschiffahrt.
[10] Ohne Seeschiffahrt.
[11] Einschl. Postkarten, Drucksachen, Geschäftspapiere, Warenproben und Päckchen.
[12] Orts- und Ferngespräche.
[13] Einschl. Kombinationskraftwagen.
[14] DDR: 1967 und 1968 mit Personenschaden bzw. mit einem Sachschaden von über 300 Mark.
[15] Ohne Zugmaschinen und Anhänger.

Quellen: Statistische Jahrbücher der BRD und DDR.

Tabelle A 74

Förderung von wichtigen Primärenergieträgern in der Bundesrepublik und in der DDR

Primärenergieträger	Einheit	1960		1965		1968	
		BRD	DDR	BRD	DDR	BRD	DDR
1 Mineralöl	1 000 t	5 530	.	7 884	80	7 982	150
2 Erdgas, Erdölgas	Mill. m³	642	26	2 778	133	6 488	120
3 Braunkohle	Mill. t	96,2	225,5	101,9	250,8	101,5	247,1
4 Steinkohle	Mill. t	143,3	2,7	135,5	2,2	112,2	1,6
5 Wasserkraft [1]	Mrd. kWh	12,0	0,6	14,3	0,8	16,8	1,2
Insgesamt	Mill. t SKE [2]	183,2	67,2	184,3	74,2	163,8	72,8

[1] DDR: einschließlich Pumpspeicher.
[2] Steinkohleneinheiten.

Tabelle A 75

Umrechnungsfaktoren [1] *für Energieträger*
kcal je kg

Energieträger	Einheit	Unterer Heizwert in kcal		Umrechnungsfaktor	
		BRD	DDR	BRD	DDR
Steinkohle	kg	7 000	6 000	1,00	0,86
Steinkohlenkoks	kg	6 800	6 500	0,97	0,93
Steinkohlenbriketts	kg	7 500	—	1,07	—
Rohbraunkohle	kg	1 850	2 000	0,26	0,29
Braunkohlenbriketts	kg	4 800	4 700	0,69	0,67
Braunkohlenkoks, Staub- und Trockenkohle	kg	4 800	4 800	0,69	0,69
BHT-Koks	kg	—	6 500	—	0,93
Hartbraunkohle	kg	3 500	—	0,50	—
Pechkohle	kg	5 000	—	0,71	—
Erdöl (roh)	kg	10 000	10 000	1,43	1,43
Benzine	kg	10 400	10 000	1,49	1,43
Petroleum, Diesel, Turbinenkraftstoff, Heizöl leicht	kg	10 200	10 000	1,46	1,43
Petrolkoks	kg	7 000	—	1,00	—
Heizöl schwer	kg	9 800	10 000	1,40	1,43
Raffineriegas	m³	11 200	.	1,60	.
Flüssiggas	m³	7 700	.	1,10	.
Erdgas BRD	m³	7 700	.	1,10	.
Erdgas DDR	m³	—	9 000	—	1,29
Erdgas Holland	m³	7 560	—	1,08	—
Erdölgas	m³	9 450	.	1,35	.
Gichtgas	Nm³	1 000	.	0,14	.
Gruben-, Klär-, Steinkohlengas	Nm³	4 000	4 000	0,57	0,57
Strom aus Wasserkraft, Kernenergie und Außenhandel	kWh	2 800	2 800	0,40	0,40

[1] Quelle: Arbeitskreis Energiebilanzen; Energiebilanzen 1960 ff., hrsg. vom Energiewirtschaftlichen Institut an der Universität Köln, und Angaben aus Veröffentlichungen der DDR.

Tabelle A 76

Verbrauch von Primärenergieträgern in der Bundesrepublik und in der DDR 1960 bis 1969
in Mill. t SKE

	1960		1965		1968		1969	
	BRD	DDR	BRD	DDR	BRD	DDR	BRD	DDR
Steinkohle und Steinkohlenkoks	128,7	11,5	114,5	13,0	98,5	9,4	100,8	9,7
Braunkohle [1]	31,0	61,8	32,0	69,0	28,7	68,9	30,6	71,3
Erdöl und Mineralölprodukte	47,0	2,0	112,9	5,6	146,2	10,0	164,3	12,1
Erdgas	0,5	0	2,5	0,2	9,0	0,2	12,5	0,2
Primärstrom [2]	6,5	0,4	7,4	0,4	9,8	0,5	10,2	0,7
Übrige Energie	2,7	0	1,6	0,1	1,7	0	1,3	0,1
Insgesamt	216,4	75,7	270,9	88,3	294,0	89,0	320,7	94,1

[1] Einschl. Briketts, Schwelkoks, BHT-Koks in der DDR und Hartbraunkohle sowie Pechkohle in der BRD.
[2] Enthält Strom aus Wasserkraft, Kernenergie und Nettostromimporte.
Quelle: Energiebilanzen und Berechnungen des DIW.

Tabelle A 77

Stromverbrauch nach Verbrauchergruppen 1960 bis 1969

	1960		1965		1968		1969	
	BDR	DDR	BDR	DDR	BDR	DDR	BDR	DDR
in Mrd. kWh								
Industrie [1]	87,9	31,9	119,8	42,4	141,0	48,6	155,9	50,4
Haushalte und Kleinverbraucher	27,2	7,3	46,9	10,5	62,9	13,4	69,1	14,5
Verkehr	3,9	0,8	5,6	1,0	6,4	1,3	6,5	1,4
Insgesamt	118,0	40,0	172,3	53,9	210,3	63,3	231,5	66,3
Entwicklung, 1960 = 100								
Industrie [1]	100	100	136	133	160	152	177	158
Haushalte und Kleinverbraucher	100	100	172	144	321	184	250	199
Verkehr	100	100	144	125	164	163	167	175
Insgesamt	100	100	146	135	178	158	196	166

[1] Einschl. Umwandlungsbereich (Energieindustrie).

Tabelle A 78

Entwicklung des Bauvolumens der Bundesrepublik und der DDR

Jahr	BRD [1]			DDR		
	Bauvolumen insgesamt	davon Wohnungsbauvolumen		Bauvolumen insgesamt [2]	davon Wohnungsbauvolumen [3]	
	Mrd. DM zu Preisen von 1967		in % des gesamten Bauvolumens	Mrd. M zu Preisen von 1967		in % des gesamten Bauvolumens
1950	23,30	11,85	50,8	3,61	0,80	22,0
1951	24,48	12,35	50,4	4,79	.	.
1952	25,79	13,32	51,6	4,95	.	.
1953	30,27	16,02	52,9	5,17	.	.
1954	32,64	17,76	54,4	5,36	.	.
1955	37,31	19,20	51,5	5,49	2,18	39,7
1956	39,83	19,74	49,6	6,34	2,27	35,8
1957	40,38	20,27	50,2	7,09	2,94	41,5
1958	42,00	20,80	49,5	7,47	2,88	38,5
1959	47,65	23,71	49,8	8,95	3,05	34,1
1960	53,95	25,67	47,6	9,66	3,21	33,2
1961	57,86	26,68	46,1	9,94	3,39	34,1
1962	61,22	27,65	45,2	10,47	3,63	34,7
1963	63,25	28,33	44,8	10,49	3,61	34,4
1964	71,10	31,36	44,1	11,55	3,76	32,6
1965	72,84	32,08	44,0	12,51	3,62	28,9
1966	75,74	33,50	44,2	13,25	3,80	28,7
1967	71,40	32,45	45,4	14,54	3,80	26,1
1968	75,10	32,86	43,1	15,95	4,08	25,6
1969	78,77	32,05	40,7	17,65	4,21	23,9

[1] Bis 1959 Bundesgebiet ohne Saarland und Berlin (West), von 1960 an einschließlich Saarland und Berlin (West).
[2] Bauproduktion sämtlicher Wirtschaftsbereiche.
[3] Für den Wohnungsbau aufgewendete Mittel einschließlich der Mittel für die Erhaltung des Wohnungsbestandes; für die Zeit vor 1960 wurden die Instandsetzungsleistungen in Anlehnung an die Produktionsleistung des Bauhandwerks geschätzt.

Quellen: Laufende Bauvolumensrechnung des DIW.
Statistisches Jahrbuch 1968, S. 239; 1970, S. 135 f., S. 158 und 160.

Tabelle A 79

Vergleich der Pro-Kopf-Produktion von Bauleistungen in der Bundesrepublik und in der DDR

Jahr	BRD		DDR		DDR in % der BRD	
	Bauvolumen insgesamt	Wohnungsbauvolumen	Bauvolumen insgesamt	Wohnungsbauvolumen	Bauvolumen insgesamt	Wohnungsbauvolumen
	M/DM zu Preisen von 1967				BRD = 100	
1950	497	252	196	44	39	17
1951	516	260	261	.	51	.
1952	540	279	270	.	50	.
1953	628	333	284	.	45	.
1954	670	365	297	.	44	.
1955	758	390	306	121	40	31
1956	800	396	358	128	45	32
1957	801	402	405	168	51	42
1958	823	407	431	166	52	41
1959	923	459	517	176	56	38
1960	973	463	560	186	58	40
1961	1 030	475	580	198	56	42
1962	1 075	486	612	212	57	44
1963	1 098	492	611	210	56	43
1964	1 220	538	680	221	56	41
1965	1 234	544	735	213	60	39
1966	1 270	562	777	223	61	40
1967	1 193	542	851	222	71	41
1968	1 247	546	934	239	75	44
1969	1 295	527	1 034	247	80	47

Quellen: Laufende Bauvolumensrechnung des DIW.
Statistisches Jahrbuch 1968, S. 239; 1970, S. 135 f., S. 158 und 160.

Tabelle A 80

Entwicklung der Wohnungsbautätigkeit in der Bundesrepublik und in der DDR

Jahr	fertiggestellte Wohnungen [1]	davon in Montagebauweise errichtet [2]		Wohnfläche insgesamt	Kosten je qm Wohnfläche [3]	Baukosten	Folgekosten [4]	Wohnungsbauinvestitionen [5]
	1 000 Wohnungen		in % der fertiggestellten Wohnungen	1 000 qm	M/DM zu Preisen von 1967	Mill. M/DM zu Preisen von 1967		
BRD								
1962	550,4	.	.	42 142	512	21 580	3 800	25 380
1963	546,8	.	.	42 807	518	22 170	3 360	25 530
1964	598,9	.	.	47 578	532	25 310	3 340	28 650
1965	568,2	.	.	46 163	558	25 760	3 990	29 750
1966	580,6	21,2	4	47 907	574	27 500	2 880	30 380
1967	549,4	24,5	4	45 861	601	27 560	1 330	28 890
1968	519,9	30,3	6	43 510	606	26 370	2 670	29 040
1969	499,9	31,3	6	42 202	582	24 560	4 210	28 770
DDR								
1962	87,2	49,4	57	4 867	492	2 397	189	2 586
1963	76,0	50,2	66	4 217	491	2 071	242	2 313
1964	76,6	56,9	74	4 017	505	2 028	335	2 363
1965	68,2	52,7	77	3 530	508	1 794	544	2 338
1966	65,3	49,6	76	3 370	518	1 747	761	2 508
1967	76,3	54,4	71	3 876	544	2 109	396	2 505
1968	76,0	55,3	73	4 126	553	2 281	473	2 754
1969	70,3	51,0	73	3 955	536	2 119	716	2 835

[1] Neu- und ausgebaute Wohnungen.
[2] Für die BRD gibt es nur Angaben über die genehmigten Montagebauten. Um die Angaben vergleichbar zu machen, wurde unterstellt, daß die Bauvorhaben in dem auf die Genehmigung folgenden Jahr fertiggestellt worden sind.
[3] BRD: Preisbereinigte veranschlagte reine Baukosten. Um dem periodengerechten Anfall der Baukosten in etwa Rechnung zu tragen, wurde für die BRD unterstellt, daß jeweils die Hälfte der Bauten zu Preisen des Vorjahres bzw. zu Preisen des Fertigstellungsjahres abgerechnet worden sind.
DDR: Preisbereinigte Gesamtbaupreise.
[4] Einschließlich statistischer Differenzen, die daraus resultieren, daß sich die Baukosten auf die fertiggestellten Wohnungen beziehen, unabhängig davon, in welchem Kalenderjahr sie bezahlt wurden.
[5] BRD: Ergebnisse der volkswirtschaftlichen Gesamtrechnung des Statistischen Bundesamtes.
DDR: Für den Wohnungsbau aufgewendete Mittel ohne Mittel für die Erhaltung des Wohnungsbestandes.

Quellen: Ergebnisse der Bautätigkeitsstatistik und der Volkswirtschaftlichen Gesamtrechnungen des Statistischen Bundesamtes.
Statistisches Jahrbuch 1970, S. 158 und 338.

Tabelle A 81

Entwicklung der Wohnfläche der fertiggestellten Wohnungen in der Bundesrepublik und in der DDR

Jahr	BRD		DDR		DDR in % der BRD	
	Wohnfläche in qm					
	je Wohnung	je 1000 Einwohner	je Wohnung	je 1000 Einwohner	je Wohnung	je 1000 Einwohner
1962	76,6	74,0	56,0	28,5	73	39
1963	78,3	74,3	55,5	24,6	71	33
1964	79,4	81,7	52,4	23,7	66	29
1965	81,2	78,2	51,8	20,7	64	26
1966	82,5	80,3	51,6	19,8	63	25
1967	83,5	76,6	50,7	22,7	61	30
1968	83,7	72,3	54,3	24,2	65	33
1969	84,4	69,4	56,0	23,2	66	33

Quellen: Ergebnisse der Bautätigkeitsstatistik und der Volkswirtschaftlichen Gesamtrechnungen des Statistischen Bundesamtes.
Statistisches Jahrbuch der DDR 1970, S. 158 und 338.

Tabelle A 82

Grunddaten zur Wohnungsversorgung in der Bundesrepublik und in der DDR

	Einheit	BRD			DDR			DDR in % der BRD		
		1950	1961	1968	1950	1961	1968	1950	1961	1968
Wohnungsbestand [1]	1 000	10 083	16 409	19 640	5 072	5 583	6 023	50	34	31
Altersstruktur des Wohnungsbestandes [2]										
vor 1919	%	.	41	32	.	65	58	.	.	.
1919 bis 1945/48	%	.	22	17	.	25	22	.	.	.
nach 1945/48	%	.	37	51	.	10	20	.	.	.
Wohnfläche [3]	Mill. qm	735	1 105	1 390	270	294	318	37	27	23
Wohnfläche pro Wohnung	qm	68	67	71	53	53	53	78	79	75
Wohnbevölkerung	Mill.	49,853	56,185	60,402	18,388	17,125	17,084	37	30	28
Zahl der Wohnungen je 1000 Personen	Wohnungen	220	292	325	276	327	352	125	112	108
Wohnfläche pro Kopf	qm	14,9	19,7	23,0	14,7	17,2	18,6	99	87	81

[1] Wohnungen in Wohn- und Nichtwohngebäuden.
[2] Zu den Neubauwohnungen rechnen in der DDR sämtliche nach 1945, in der BRD nach 1948 gebauten Wohnungen. Für die DDR wurde die Altersstruktur des Wohnungsbestandes 1961 mit Hilfe der Angaben über die Wohnungsbautätigkeit fortgeschrieben, wobei 90 % der Abgänge den vor 1919 gebauten Wohnungen und 10 % der Abgänge den zwischen 1919 und 1945 gebauten Wohnungen zugerechnet wurde.
[3] Für die BRD wurde die Wohnfläche auf Grund von Ergebnissen der 1 %-Wohnungsstichprobe 1965 fortgeschrieben.

Quellen: Ergebnisse der Gebäude- und Wohnungszählungen 1950, 1961 und 1968.
Ergebnisse der Wohnungszählung 1961 und amtliche Fortschreibungsergebnisse (Statistisches Jahrbuch der DDR 1962, S. 373 und 1970, S. 3 und S. 157) sowie Berechnungen des DIW.

Tabelle A 83

Wohnungen nach Baualter und Ausstattungstyp in der Bundesrepublik und in der DDR 1960/61
Struktur in %

Jahrgang	Wohnungen insgesamt [1]	darunter Wohnungen mit		
		Innentoilette [2]	Bad	Zentral-heizung [3]
BRD				
vor 1900	29	100	40	22	5
1900 bis 1918	18	100	59	32	9
1924 bis 1948	20	100	76	48	15
nach 1948	33	100	91	79	19
insgesamt	100	100	67	47	12
DDR				
vor 1900	45	100	12	8	1
1900 bis 1918	20	100	33	17	1
1919 bis 1945	25	100	54	34	5
nach 1945	10	100	70	66	6
insgesamt	100	100	33	22	3

[1] BRD: Wohnungen in Wohn- und Nichtwohngebäuden; DDR: Wohnungen in Wohngebäuden.
[2] Bei der Altersstruktur der Wohnungen mit Innentoilette wurden die Angaben für Berlin (W.) schätzungsweise ergänzt; die Gesamtzahl der Westberliner Wohnungen mit Innentoilette sowie deren Gliederung nach Baujahren wurde aufgrund der Angaben über Normalwohnungen, die vor und nach 1948 bezugsfertig wurden, geschätzt.
[3] DDR ohne, BRD einschließlich Etagenheizung.

Quellen: 1 %-Wohnungserhebung 1960. Heft 1, Berliner Statistik 1961, Heft 6;
Ergebnisse der Wohnungszählung 1961, Statistisches Jahrbuch der DDR 1963, S. 208.

Tabelle A 84

Daten zur Mietentwicklung in der Bundesrepublik und in der DDR

	Einheit	1950	1962	1968
1. Ergebnisse der Wirtschaftsrechnungen				
BRD				
4-Personen-Arbeitnehmerhaushalte				
Monatliche ausgabefähige Einnahmen	DM	308	796	1 042
davon Wohnungsmieten [1]	DM	32	78	141
	in % der ausgabefähigen Einnahmen	*10,4*	*9,8*	*13,5*
Arbeiter- und Angestellten-Haushalte insgesamt				
Monatliche ausgabefähige Einnahmen	DM	360	995	1 300
davon Wohnungsmieten	DM	36	90	163
	in % der ausgabefähigen Einnahmen	*10,0*	*9,0*	*12,5*
DDR				
Monatliche Nettogeldeinnahmen [2]	Mark	.	757	948
davon Ausgaben für Mieten [3]	Mark	30	35	37
	in % der Nettogeldeinnahmen	.	*4,6*	*3,9*
2. Index der Wohnungsmieten im Rahmen des Preisindex für die Lebenshaltung [4]				
BRD [5]	1962 = 100	67,7	100,0	148,4
DDR [6]	1962 = 100	100,0	100,0	101,1

[1] Einschließlich Mietwert für Eigentümerwohnungen.
[2] Arbeiter- und Angestelltenhaushalte, verfügbares Realeinkommen minus unbezahlter Verbrauch.
[3] Ohne unentgeltliche Leistungen des Staates für Wohnungsbau und -erhaltung (1962 = 10 Mark; 1968 = 16 Mark).
[4] Auf Grund der starren Gewichte innerhalb der 3 bzw. 4 berücksichtigten Wohnungskategorien (Altbauwohnungen vor 1924, Altbauwohnungen 1924 bis 1948, Neubauwohnungen im sozialen Wohnungsbau und seit einigen Jahren freifinanzierte Neubauwohnungen) vermag dieser Index den Einfluß von Verschiebungen zugunsten der Neubauwohnungen im Zeitverlauf auf die Mietausgaben nicht wiederzugeben. Dies erklärt, warum die effektiven Mietausgaben, wie sie in den Haushaltsrechnungen nachgewiesen werden, sehr viel rascher steigen als der Preisindex für Wohnungsmieten.
[5] 1950 nach der alten Systematik, 1968 nach der neuen Systematik.
[6] Ausgabenstruktur 1968.

Quellen: Statistisches Jahrbuch der BRD 1965, S. 497 und 529; 1969, S. 444 und 475; Statistisches Jahrbuch der DDR 1970, S. 350 und 363.

Tabelle A 85

Die Verwendung des Sozialprodukts der Bundesrepublik und der DDR 1960 bis 1969
in Mrd. Einheiten der jeweiligen Währung zu Preisen von 1967 [1]

	1960	1961	1962	1963	1964	1965	1966	1967	1968	1969
BRD										
Bruttosozialprodukt	377,3	397,7	413,7	428,0	456,5	482,0	496,0	494,6	530,2	572,4
Privater Verbrauch	209,2	222,4	234,3	242,5	255,3	272,4	282,5	284,2	296,2	319,3
Brutto-Anlageinvestitionen	89,1	97,9	103,2	105,4	118,3	123,8	124,9	114,4	124,7	140,9
Lagerbildung	8,9	6,8	3,9	2,1	5,2	9,8	3,6	—1,3	11,0	13,5
Staatsverbrauch	58,4	62,0	68,7	73,4	73,2	76,7	78,4	81,0	80,3	83,6
Außenbeitrag	11,7	8,6	3,6	4,6	4,5	—0,7	6,6	16,3	18,0	15,1
DDR										
Bruttosozialprodukt [2]	92,8	95,8	98,0	101,2	106,3	111,5	117,1	123,5	130,5	137,8
Privater Verbrauch	56,0	58,5	58,2	58,3	60,2	62,6	65,3	66,3	70,3	74,0
Brutto-Anlageinvestitionen	16,4	16,7	17,1	17,5	19,2	21,0	22,6	24,7	27,2	31,3
Lagerbildung	2,3	1,4	3,5	2,2	3,2	3,7	4,7	3,8	1,1	1,5
Sonstige Verwendung [3]	18,1	19,2	19,2	23,2	23,7	24,2	24,5	28,7	31,9	31,0

[1] Für die BRD umbasiert, Originalbasis 1962.
[2] Da die Nettoeinkommen der Inländer aus der übrigen Welt unbekannt sind, wird Bruttosozialprodukt = Bruttoinlandsprodukt gesetzt.
[3] Staat, Verluste, Außenbeitrag ohne nichtproduktive Leistungen.

Quellen: BRD: Statistisches Bundesamt, revidiert;
DDR: Geschätzt; unveröffentlichtes Manuskript Herbert Wilkens, DIW.

Tabelle A 86

Die Verwendung des Sozialprodukts der Bundesrepublik und der DDR 1960 bis 1969
Struktur und Entwicklung

(real, Preisbasis 1967) [1]

Art der Verwendung	1960	1961	1962	1963	1964	1965	1966	1967	1968	1969
Struktur in %										
BRD										
Bruttosozialprodukt	100,0	100,0	100,0	100,0	100,0	100,0	100,0	100,0	100,0	100,0
Privater Verbrauch	55,4	55,9	56,6	56,7	55,9	56,5	57,0	57,5	55,9	55,8
Brutto-Anlageinvestitionen	23,6	24,6	25,0	24,6	25,9	25,7	25,2	23,1	23,5	24,6
Lagerbildung	2,4	1,7	0,9	0,5	1,1	2,0	0,7	−0,3	2,1	2,4
Staatsverbrauch	15,5	15,6	16,6	17,1	16,1	15,9	15,8	16,4	15,1	14,6
Außenbeitrag	3,1	2,2	0,9	1,1	1,0	−0,1	1,3	3,3	3,4	2,6
DDR										
Bruttosozialprodukt [2]	100,0	100,0	100,0	100,0	100,0	100,0	100,0	100,0	100,0	100,0
Privater Verbrauch	60,3	61,1	59,4	57,6	56,7	56,1	55,8	53,7	53,9	53,7
Brutto-Anlageinvestitionen	17,7	17,4	17,4	17,3	18,0	18,9	19,3	20,0	20,9	22,7
Lagerbildung	2,5	1,5	3,6	2,2	3,0	3,3	4,0	3,1	0,8	1,1
Sonstige Verwendung [3]	19,5	20,0	19,6	22,9	22,3	21,7	20,9	23,2	24,4	22,5
Entwicklung, 1960 = 100										
BRD										
Bruttosozialprodukt	100	105	110	113	121	128	131	131	141	152
Privater Verbrauch	100	106	112	116	122	130	135	136	142	153
Brutto-Anlageinvestitionen	100	110	116	118	133	139	140	128	140	158
Lagerbildung	—	—	—	—	—	—	—	—	—	—
Staatsverbrauch	100	106	118	126	125	131	134	139	138	143
Außenbeitrag										
DDR										
Bruttosozialprodukt [2]	100	103	106	109	115	120	126	133	141	148
Privater Verbrauch	100	104	104	104	107	112	117	118	126	132
Brutto-Anlageinvestitionen	100	102	104	107	117	128	138	151	166	191
Lagerbildung	—	—	—	—	—	—	—	—	—	—
Sonstige Verwendung [3]	100	106	106	128	131	134	135	159	176	171

[1] Für die BRD umbasiert, Originalbasis 1962.
[2] Da die Nettoeinkommen der Inländer aus der übrigen Welt unbekannt sind, wird Bruttosozialprodukt = Bruttoinlandsprodukt gesetzt.
[3] Staat, Verluste, Außenbeitrag ohne nichtproduktive Leistungen.

Quellen: Statistisches Bundesamt, revidiert;
Schätzung; unveröffentlichtes Manuskript Herbert Wilkens, DIW.

Tabelle A 87

Sozialprodukt und privater Verbrauch je Einwohner der Bundesrepublik und der DDR 1960 bis 1969
zu Preisen von 1967 in jeweiliger Währung

	1960	1961	1962	1963	1964	1965	1966	1967	1968	1969
in DM bzw. M										
BRD										
Bruttosozialprodukt	6 806	7 079	7 265	7 432	7 840	8 167	8 316	8 260	8 809	9 409
Privater Verbrauch	3 773	3 959	4 115	4 211	4 381	4 616	4 734	4 746	4 921	5 249
DDR										
Bruttosozialprodukt	5 382	5 594	5 730	5 899	6 259	6 551	6 864	7 229	7 638	8 069
Privater Verbrauch	3 248	3 416	3 403	3 398	3 545	3 678	3 828	3 881	4 115	4 334
Entwicklung, 1960 = 100										
BRD										
Bruttosozialprodukt	100,0	104,0	106,7	109,2	115,2	120,0	122,2	121,4	129,4	138,2
Privater Verbrauch	100,0	104,7	109,1	111,6	116,1	122,3	125,5	125,8	130,4	139,1
DDR										
Bruttosozialprodukt	100,0	103,9	106,5	109,6	116,3	121,7	127,5	134,3	141,9	149,9
Privater Verbrauch	100,0	105,2	104,8	104,6	109,1	113,2	117,9	119,5	126,7	133,4
Entwicklung, 1963 = 100										
BRD										
Bruttosozialprodukt	91,6	95,3	97,8	100,0	105,5	109,9	111,9	111,1	118,5	126,6
Privater Verbrauch	89,6	94,0	97,7	100,0	104,0	109,6	112,4	112,7	116,9	124,6
DDR										
Bruttosozialprodukt	91,2	94,8	97,1	100,0	106,0	111,1	116,4	122,5	129,5	136,8
Privater Verbrauch	95,6	100,5	100,1	100,0	104,3	108,2	112,7	114,2	121,1	127,5

Quellen: Statistisches Bundesamt, revidiert;
   Schätzung; unveröffentlichtes Manuskript Herbert Wilkens, DIW.

Tabelle A 88

Die Einkommen der Privaten Haushalte und ihre Verwendung in der Bundesrepublik 1960 bis 1969
in Mrd. DM

	1960	1961	1962	1963	1964	1965	1966	1967	1968	1969
				Einkommen						
Bruttoeinkommen der Bevölkerung	218,6	242,9	265,5	286,4	313,0	346,5	370,7	378,1	405,9	451,6
./. Sozialversicherungsbeiträge	12,2	13,4	14,8	15,9	17,3	19,0	21,1	21,6	24,1	28,0
./. Direkte Steuern	17,9	22,3	25,6	28,4	31,4	33,1	36,7	36,9	39,9	45,8
Nettoeinkommen	188,5	207,2	225,1	242,1	264,3	294,4	312,9	319,6	341,9	377,8
				Verwendung						
Käufe von Waren	120,3	131,3	142,0	149,8	160,7	177,1	187,6	189,3	196,8	217,0
Käufe von Dienstleistungen	48,7	54,3	59,7	65,0	70,8	78,1	86,8	91,7	101,0	112,0
Naturalverbrauch	3,4	3,4	3,5	3,4	3,5	3,5	3,5	3,2	3,3	3,3
Privater Verbrauch	172,4	189,0	205,2	218,2	235,0	258,7	277,9	284,2	301,1	332,3
Ersparnis	16,1	18,2	19,9	23,9	29,3	35,7	35,0	35,4	40,8	45,5
Nettoeinkommen	188,5	207,2	225,1	242,1	264,3	294,4	312,9	319,6	341,9	377,8

Quelle: Berechnung des DIW.
Anmerkung: Diese Tabelle wurde als Basistabelle für die Abschnitte 2 b bis d und 4 d des Kapitels V verwandt.

Tabelle A 89

Die Einkommen der Privaten Haushalte und ihre Verwendung in der DDR 1960 bis 1969
in Mrd. Mark

	1960	1961	1962	1963	1964	1965	1966	1967	1968	1969
Einkommen										
Brutto-Geldeinnahmen der Bevölkerung	65,5	68,0	67,3	68,0	71,5	74,5	77,2	80,1	84,0	88,0
./. Sozialversicherungsbeiträge	3,7	3,8	3,8	3,9	4,0	4,1	4,2	4,4	4,5	4,6
./. Direkte Steuern	4,2	4,6	4,6	4,6	4,9	4,9	5,3	5,8	6,1	6,3
Nettogeldeinnahmen	57,6	59,6	58,8	59,5	62,6	65,5	67,7	69,9	73,4	77,1
Naturalverbrauch	2,2	2,0	1,9	2,4	2,7	2,7	2,7	2,7	2,6	2,6
Nettoeinkommen	59,8	61,6	60,7	61,9	65,3	68,2	70,4	72,6	76,0	79,6
Verwendung										
Warenkäufe im Einzelhandel	43,4	46,1	45,8	46,0	47,6	49,6	51,7	53,7	56,4	59,9
außerhalb des Einzelhandels [1]	2,1	2,3	2,3	2,1	2,0	2,0	2,0	1,9	1,9	1,5
Bezahlung von Leistungen [2]	6,6	6,8	6,9	7,0	7,3	7,5	7,8	8,0	8,2	8,4
Naturalverbrauch	2,2	2,0	1,9	2,4	2,7	2,7	2,7	2,7	2,6	2,6
Privater Verbrauch	54,3	57,2	56,9	57,5	59,6	61,8	64,2	66,3	69,1	72,4
Übrige Ausgaben [3]	1,4	1,5	1,7	1,7	1,6	1,6	1,7	1,7	1,7	1,7
Ersparnis	4,1	2,9	2,1	2,7	4,1	4,8	4,5	4,6	5,2	5,5
Nettoeinkommen	59,8	61,6	60,7	61,9	65,3	68,2	70,4	72,6	76,0	79,6

[1] Werkküchenessen u. ä., Schul- und Kinderspeisung, Ab-Hof-Verkäufe.
[2] Handwerksleistungen, Verkehrs- und Postleistungen, Mieten, Strom, Gas und Wasser, Bildung, Unterhaltung, Reiseausgaben und Ausgaben für sonstige Dienstleistungen.
[3] Gebühren, Zinsen, Beiträge für private Versicherungen, Lotterien, sonstige Steuern.

Quellen: Unveröffentlichtes Manuskript Peter Mitzscherling, DIW. Berechnet nach Heinrich Birner: Zur Entwicklung des materiellen Lebensniveaus der Bevölkerung der DDR im Jahre 1965. In: Statistische Praxis, Nr. 8/1966, S. 336 ff. Alfred Keck: Die Bilanz der Geldeinnahmen und -ausgaben der Bevölkerung der DDR, Berlin 1968. Elvir Ebert: Reale Umsatz- und Warenfondsplanung für 1969. In: Der Handel Nr. 6/1968, S. 240 ff. Statistische Jahrbücher der DDR, Erfüllungsberichte, z. T. geschätzt.

Anmerkung: Diese Tabelle wurde als Basistabelle für die Abschnitte 2 b bis d und 4 d des Kapitels V verwandt.

Tabelle A 90

Die Einkommen der Bevölkerung der Bundesrepublik und der DDR 1965 nach sozio-ökonomischen Gruppen

in Mrd. DM bzw. Mrd. M

	Bruttoeinkommen				Abzüge			Netto-einkommen
	Arbeits-einkommen	Sozial-einkommen [3]	Sonstige Einkommen	zu-sammen	Steuern	Sozial-versiche-rungs-beiträge	zu-sammen	
BRD								
Arbeitnehmer [1]	203,1 [2]	14,9	4,6	226,6	18,4	18,7	37,1	185,5
Selbständige	66,9	1,9	7,6	76,4	14,7	0,3	15,0	61,4
Rentner	—	45,7	1,8	47,5	—	—	—	47,5
Insgesamt	270,0	62,5	14,0	346,5	33,1	19,0	52,1	294,4
DDR								
Arbeitnehmer [1]	48,2 [2]	3,7	1,3	53,2	3,3	3,3	6,6	46,6
Selbständige und Genossenschafts-mitglieder	13,3	1,3	4,4	19,0	1,6	0,8	2,4	16,6
Rentner	—	5,0	—	5,0	—	—	—	5,0
Insgesamt	61,5	10,0	5,7	77,2	4,9	4,1	9,0	68,2

[1] Einschl. Lehrlinge und beschäftigte Rentner.
[2] Einschl. der von den Betrieben an kranke Arbeitnehmer gezahlten Beträge.
[3] Renten, Krankengeld und Hausgeld, Wochengeld, Sterbegeld, Kindergeld, Geburtenbeihilfen, Ehegattenzuschläge, Sozialfürsorgeunterstützungen, sonstige Barleistungen der Sozialversicherung.

Quellen: Berechnungen des DIW zur Einkommenschichtung der privaten Haushalte. Wochenbericht 20/1970 und Sonderheft Nr. 81 des DIW, Soziale Sicherung in der DDR von Peter Mitzscherling sowie unveröffentlichte Manuskripte von P. Mitzscherling, berechnet nach Heinrich Birner: Zur Entwicklung des materiellen Lebensniveaus der Bevölkerung der DDR im Jahre 1965. In: Statistische Praxis, Nr. 8/1966, S. 336 ff.; Alfred Keck: Die Bilanz der Geldeinnahmen und -ausgaben der Bevölkerung der DDR, Berlin 1968; Elvir Ebert: Reale Umsatz- und Warenfondsplanung für 1969. In: Der Handel, Nr. 6/1968, S. 240 ff.; Statistische Jahrbücher der DDR, Erfüllungsberichte, z. T. geschätzt.

Tabelle A 91

Die Entwicklung der Arbeitnehmereinkommen in der Bundesrepublik und in der DDR 1960 bis 1969 in Mrd. DM/M

	1960	1961	1962	1963	1964	1965	1966	1967	1968	1969
BRD										
Bruttolöhne und -gehälter [1]	124,5	140,4	155,5	166,9	183,8	203,1	218,0	217,9	232,8	262,1
./. Sozialversicherungsbeiträge (Arbeitnehmer-Anteil)	11,7	12,8	14,3	15,4	16,8	18,7	20,7	21,1	23,6	27,5
./. Lohnsteuer	7,9	10,2	11,8	13,3	15,7	15,9	18,8	19,1	21,9	26,9
Nettolöhne und -gehälter	104,9	117,4	129,4	138,2	151,3	168,5	178,5	177,7	187,3	207,7
Sozialeinkommen	9,6	10,6	11,5	12,5	13,3	14,5	15,3	15,6	16,2	16,7
Sonstige Einnahmen [2]	1,8	2,3	2,7	3,1	3,6	4,3	4,8	5,5	6,7	8,0
Gesamtes Nettoeinkommen	116,3	130,3	143,6	153,8	168,2	187,3	198,6	198,8	210,2	232,4
DDR										
Bruttolöhne und -gehälter [1] [3]	41,5	43,3	42,6	44,3	46,1	48,2	49,8	51,7	54,5	57,3
./. Sozialversicherungsbeiträge	3,1	3,1	3,2	3,2	3,2	3,3	3,4	3,5	3,6	3,6
./. Steuern	2,5	2,7	2,7	2,9	3,1	3,3	3,4	3,6	3,9	4,1
Nettolöhne und -gehälter	35,9	37,5	36,7	38,2	39,8	41,6	43,0	44,6	47,0	49,6
Sozialeinkommen	3,4	3,4	3,5	3,5	3,6	3,7	3,7	3,8	4,0	4,2
Sonstige Einnahmen (einschließlich Naturalverbrauch)	0,9	1,0	1,0	1,0	1,2	1,3	1,4	1,6	1,7	1,7
Gesamtes Nettoeinkommen	40,2	41,9	41,2	42,7	44,6	46,6	48,1	50,0	52,7	55,5

[1] Einschließlich der an kranke Arbeitnehmer gezahlten Beträge.
[2] Überwiegend Vermögenserträgnisse.
[3] Einschließlich Prämien usw.

Quellen: Berechnung des DIW; siehe Quellen Tabelle A 89.

Tabelle A 92

Die Entwicklung der Einkommen je Arbeitnehmer in der Bundesrepublik und in der DDR 1960 bis 1969 in DM/M monatlich je beschäftigten Arbeitnehmer [1]

	1960	1961	1962	1963	1964	1965	1966	1967	1968	1969
BRD										
Bruttolöhne und -gehälter [2]	510	563	615	653	712	777	833	864	919	1 007
./. Sozialversicherungsbeiträge	48	51	57	60	65	72	79	84	93	106
./. Lohnsteuer	32	41	47	52	61	61	72	76	86	103
Nettolöhne und -gehälter	430	471	511	541	586	644	682	704	740	798
Sozialeinkommen	39	42	45	49	52	56	59	62	64	64
Sonstige Einnahmen [3]	7	9	11	12	14	16	18	22	26	31
Gesamtes Nettoeinkommen je Arbeitnehmer	476	522	567	602	652	716	759	788	830	893
DDR										
Bruttolöhne und -gehälter [2] [4]	498	520	512	532	548	570	583	597	623	650
./. Sozialversicherungsbeiträge	37	38	38	38	38	39	40	40	41	41
./. Lohnsteuer	30	32	33	35	36	39	40	42	45	47
Nettolöhne und -gehälter	431	450	441	459	474	492	503	515	537	562
Sozialeinkommen	41	41	42	42	43	44	44	44	46	48
Sonstige Einnahmen (einschließlich Naturalverbrauch)	11	12	12	12	14	15	16	19	20	20
Gesamtes Nettoeinkommen	483	503	495	513	531	551	563	578	603	630

[1] Arbeiter und Angestellte einschließlich Lehrlinge.
[2] Einschließlich der von den Betrieben an kranke Arbeitnehmer gezahlten Beträge.
[3] Überwiegend Vermögenserträgnisse.
[4] Einschließlich Prämien usw.

Quellen: Berechnung des DIW; siehe Quellen Tabelle A 89.

Tabelle A 93

Die Entwicklung des durchschnittlichen monatlichen Arbeitnehmereinkommens in der Bundesrepublik und in der DDR 1960 bis 1969

in %, 1960 = 100

	Bruttolöhne und -gehälter		Nettolöhne und -gehälter		Gesamtes Nettoeinkommen	
	BRD	DDR	BRD	DDR	BRD	DDR
1960	100	100	100	100	100	100
1961	110	104	110	104	110	104
1962	121	103	119	102	119	102
1963	128	107	126	106	126	106
1964	140	110	136	110	137	110
1965	152	114	150	114	150	114
1966	163	117	159	117	159	117
1967	169	120	164	119	166	120
1968	180	125	172	125	174	125
1969	197	131	186	130	188	130

Quelle: Berechnung des DIW; vgl. Tabelle A 92.

Tabelle A 94

Vergleich der durchschnittlichen Bruttomonatseinkommen der Arbeiter und Angestellten[1] in der Bundesrepublik und in der DDR in ausgewählten Wirtschaftsbereichen 1960 bis 1969

in DM/M

	Industrie		Baugewerbe		Land- und Forstwirtschaft		Verkehr[2]		Handel	
	BRD	DDR	BRD	DDR	BRD	DDR	BRD	DDR	BRD	DDR
1960	575	571	571	600	393	475	603	587	501	487
1963	742	613	726	639	536	509	749	629	649	506
1964	794	633	844	652	575	530	793	651	692	516
1965	876	656	920	686	639	573	879	672	754	536
1966	935	669	983	703	677	603	929	689	799	544
1967	952	680	969	724	693	627	974	710	836	574
1968	1 019	710	1 022	766	721	679	1 019	737	877	606
1969	1 123	736	1 125	805	786	686	1 140	773	953	642

[1] BRD: einschließlich Beamte; DDR: Vollbeschäftigte der sozialistischen Wirtschaft.
[2] BRD einschließlich, DDR ohne Post.

Quellen: Arbeiter in Industrie und Baugewerbe = Statistisches Bundesamt, „Arbeiterverdienste in Industrie und Handel", Fachserie M, Reihe 15. Für alle Angestellten und Arbeiter in den übrigen Bereichen: Berechnungen des DIW.
Statistische Jahrbücher der DDR, Berechnungen des DIW.

Tabelle A 95

Die prozentuale Belastung der Arbeitnehmereinkommen der Bundesrepublik und der DDR mit Sozialversicherungsbeiträgen und Lohnsteuer

in % der jeweiligen Bruttolöhne und -gehälter

Jahr	BRD						DDR		
	einschließlich Beamte			ohne Beamte					
	Sozial-vers.-beiträge	Lohn-steuer	gesamt	Sozial-vers.-beiträge	Lohn-steuer	gesamt	Sozial-vers.-beiträge	Lohn-steuer	gesamt
1960	9,4	6,3	15,7	10,6	6,1	16,7	7,5	6,0	13,5
1961	9,1	7,3	16,4	10,2	7,0	17,2	7,2	6,2	13,4
1962	9,2	7,6	16,8	10,3	7,3	17,6	7,5	6,3	13,8
1963	9,2	8,0	17,2	10,4	7,6	18,0	7,2	6,6	13,8
1964	9,2	8,5	17,7	10,3	8,1	18,4	7,0	6,7	13,7
1965	9,2	7,8	17,0	10,4	7,4	17,8	6,8	6,8	13,6
1966	9,5	8,6	18,1	10,7	8,1	18,8	7,0	7,0	14,0
1967	9,7	8,8	18,5	11,0	8,2	19,2	6,8	6,9	13,7
1968	10,1	9,4	19,5	11,5	8,8	20,3	6,6	7,2	13,8
1969	10,5	10,3	20,8	11,9	9,5	21,4	6,3	7,1	13,4

Quelle: Berechnung des DIW; vgl. Tabelle A 92.

Tabelle A 96

Der Lohnsteuertarif in der Bundesrepublik und in der DDR
in DM/M
(aufgrund der ab 1. Januar 1965 geltenden Steuertabellen)

Versteuertes Monatseinkommen	Ledige		Verheiratete			
			ohne Kinder		mit 1 Kind	
	BRD	DDR	BRD	DDR	BRD	DDR
182	—	1,00	—	—	—	—
190	—	1,90	—	—	—	—
200	—	3,00	—	—	—	—
250	—	10,50	—	3,00	—	—
300	2,80	18,00	—	10,50	—	3,00
350	12,30	28,00	—	18,00	—	10,50
400	21,80	38,00	—	28,00	—	18,00
450	31,30	50,00	4,60	38,00	—	28,00
500	40,80	62,00	14,10	50,00	—	38,00
550	50,30	77,00	23,60	62,00	4,60	50,00
600	59,80	92,00	33,10	77,00	14,10	62,00
650	69,30	109,00	42,60	92,00	23,60	77,00
700	78,80	126,00	52,10	109,00	33,10	92,00
800	97,80	148,50	71,10	137,30	52,10	126,00
900	117,50	171,00	90,10	159,80	71,10	148,50
1 000	139,00	193,50	109,10	182,30	90,10	171,00
1 260	202,80	252,00	158,50	240,80	139,50	229,50
1 500	270,90	300,00	204,10	290,00	185,10	280,00
2 000	436,50	400,00	311,50	390,00	288,10	380,00
3 000	832,30	600,00	586,10	590,00	555,50	580,00
4 000	1 272,50	800,00	925,80	790,00	889,50	780,00

Quellen: Einkommensteuergesetz in der Fassung vom 16. November 1964 (BGBl. 1964, Teil I, S. 885).
Heinz Balling: Nettolohnberechnung. Berlin (Ost), 1968.

	Verheiratete							
	mit 2 Kindern		mit 3 Kindern		mit 4 Kindern		mit 5 Kindern	
	BRD	DDR	BRD	DDR	BRD	DDR	BRD	DDR
	—	—	—	—	—	—	—	—
	—	—	—	—	—	—	—	—
	—	—	—	—	—	—	—	—
	—	—	—	—	—	—	—	—
	—	—	—	—	—	—	—	—
	—	3,00	—	—	—	—	—	—
	—	10,50	—	3,00	—	—	—	—
	—	18,00	—	10,50	—	3,00	—	—
	—	28,00	—	18,00	—	10,50	—	3,00
	—	38,00	—	28,00	—	18,00	—	10,50
	—	50,00	—	38,00	—	28,00	—	18,00
	—	62,00	—	50,00	—	38,00	—	28,00
	6,50	77,00	—	62,00	—	50,00	—	38,00
	25,50	109,00	—	92,00	—	77,00	—	62,00
	44,50	137,30	16,00	126,00	—	109,00	—	92,00
	63,50	159,80	35,00	148,50	6,50	137,30	—	126,00
	113,00	218,30	84,50	207,00	56,00	195,80	27,50	184,50
	158,50	270,00	130,00	260,00	101,50	249,80	73,00	238,50
	257,10	370,00	225,80	360,00	196,50	350,00	168,00	340,00
	513,60	570,00	470,30	560,00	428,50	550,00	388,50	540,00
	839,30	770,00	786,80	760,00	735,50	750,00	685,30	740,00

Tabelle A 97

Die Grenzsteuersätze der Lohnsteuertarife in der Bundesrepublik und in der DDR in ausgewählten Steuer- und Einkommensklassen

in % des versteuerten Monatseinkommens

Versteuertes Monatseinkommen	Ledige		Verheiratete					
			mit 1 Kind		mit 3 Kindern		mit 5 Kindern	
	BRD	DDR	BRD	DDR	BRD	DDR	BRD	DDR
400 bis 500	19,0	24,0	—	20,0	—	15,0	—	3,0
500 bis 600	19,0	30,0	14,1	24,0	—	20,0	—	15,0
600 bis 700	19,0	34,0	19,0	30,0	—	24,0	—	20,0
700 bis 800	19,0	22,5	19,0	34,0	—	30,0	—	24,0
800 bis 900	19,7	22,5	19,0	22,5	16,0	34,0	—	30,0
900 bis 1 000	21,5	22,5	19,0	22,5	19,0	22,5	—	34,0
1 000 bis 1 260	24,5	22,5	19,0	22,5	19,0	22,5	10,6	22,5
1 260 bis 1 500	28,4	20,0	19,0	21,0	19,0	22,1	19,0	22,5
1 500 bis 2 000	33,1	20,0	20,6	20,0	19,2	20,0	19,0	20,3
2 000 bis 3 000	39,6	20,0	26,7	20,0	24,5	20,0	22,1	20,0
3 000 bis 4 000	44,0	20,0	33,4	20,0	31,7	20,0	29,7	20,0

Quelle: Vgl. Tabelle A 96.

Tabelle A 98

Die relative Lohnsteuerbelastung in der Bundesrepublik und in der DDR in ausgewählten Steuer- und Einkommensklassen

in % des versteuerten Monatseinkommens

Versteuertes Monatseinkommen	Ledige		Verheiratete					
			mit 1 Kind		mit 3 Kindern		mit 5 Kindern	
	BRD	DDR	BRD	DDR	BRD	DDR	BRD	DDR
400	5,5	9,5	—	4,5	—	0,8	—	—
500	8,2	12,4	—	7,6	—	3,6	—	0,6
600	10,0	15,3	2,4	10,3	—	6,3	—	3,0
700	11,3	18,0	4,7	13,1	—	8,9	—	5,4
800	12,2	18,6	6,5	15,8	—	11,5	—	7,8
900	13,1	19,0	7,9	16,5	1,8	14,0	—	10,2
1 000	13,9	19,4	9,0	17,1	3,5	14,9	—	12,6
1 260	16,1	20,0	11,1	18,2	6,7	16,4	2,2	14,6
1 500	18,1	20,0	12,3	18,7	8,7	17,3	4,9	15,9
2 000	21,8	20,0	14,4	19,0	11,3	18,0	8,4	17,0
3 000	27,7	20,0	18,5	19,3	15,7	18,7	13,0	18,0
4 000	31,8	20,0	22,2	19,5	19,7	19,0	17,1	18,5

Quelle: Vgl. Tabelle A 96.

Tabelle A 99

Die Entwicklung des durchschnittlichen monatlichen Haushaltseinkommens in der Bundesrepublik und in der DDR 1960 bis 1967

	1960			
	DM	Mark	Brutto = 100	
	BRD	DDR	BRD	DDR
Brutto-Haushaltseinkommen	1 019	843	100,0	100,0
./. Direkte Steuern	83	52	8,1	6,2
./. Sozialversicherungsbeiträge	57	46	5,6	5,5
Verfügbares Haushaltseinkommen	879	745	86,3	88,4

Quelle: Vgl. Tabellen A 88 und A 89.

	1964						1967					
DM	Mark	1960 = 100		Brutto = 100		DM	Mark	1960 = 100		Brutto = 100	
BRD	DDR	BRD	DDR	BRD	DDR	BRD	DDR	BRD	DDR	BRD	DDR
1 280	932	126	111	100,0	100,0	1 473	1 001	145	119	100,0	100,0
128	62	154	119	10,0	6,7	144	70	173	135	9,8	7,0
71	50	125	109	5,6	5,4	84	53	147	115	5,7	5,3
1 081	820	123	110	84,4	88,0	1 245	878	142	118	84,5	87,7

Tabelle A 100

Durchschnittliches monatliches Haushaltsnettoeinkommen in Arbeiter- und Angestelltenhaushalten der Bundesrepublik und der DDR nach Haushaltsgrößen

	1960		1964		1967	
	BRD	DDR	BRD	DDR	BRD	DDR
	in DM/M					
1-Personen-Haushalte	540	417	731	435	857	486
2-Personen-Haushalte	704	665	949	731	1 109	813
3-Personen-Haushalte	825	839	1 108	894	1 291	988
4-Personen-Haushalte	947	913	1 263	961	1 464	1 058
5- und mehr-Personen-Haushalte	1 206	992	1 590	992	1 830	1 120
Alle Haushalte	852	758	1 126	807	1 307	899
	Alle Haushalte = 100					
1-Personen-Haushalte	63,4	55,0	64,9	53,9	65,6	54,1
2-Personen-Haushalte	82,6	87,7	84,3	90,6	84,9	90,4
3-Personen-Haushalte	96,8	110,7	98,4	110,8	98,8	109,9
4-Personen-Haushalte	111,2	120,4	112,2	119,1	112,0	117,7
5- und mehr-Personen-Haushalte	141,5	130,9	141,2	122,9	140,0	124,6
Alle Haushalte	100,0	100,0	100,0	100,0	100,0	100,0

Quellen: Berechnung des DIW; Statistische Jahrbücher der DDR.

Tabelle A 101

Das Nettoeinkommen der Arbeiter- und Angestelltenhaushalte in der Bundesrepublik und in der DDR 1960 bis 1967 nach Haushaltsgröße und Einkommensklassen

in %, insgesamt = 100

Jahr	Haushalte nach DM/M							
	Insgesamt		Nettoeinkommensklassen im Monat					
			unter 400		400 bis unter 600		600 bis unter 800	
	BRD	DDR	BRD	DDR	BRD	DDR	BRD	DDR
Alle Haushalte								
1960	100	100	13,1	10,4	25,1	23,8	21,1	25,2
1964	100	100	4,0	8,1	13,8	20,4	19,1	23,6
1967	100	100	2,1	4,9	8,8	16,0	14,8	19,1
1-Personen-Haushalte								
1960	100	100	34,0	53,8	36,6	38,0	17,1	6,2
1964	100	100	13,5	47,1	28,7	42,7	27,1	8,1
1967	100	100	8,1	31,5	21,1	50,3	25,2	14,8
2-Personen-Haushalte								
1960	100	100	17,0	9,0	31,5	34,0	24,7	30,3
1964	100	100	5,0	5,5	17,8	28,7	23,3	29,5
1967	100	100	2,8	2,2	11,5	22,1	18,5	26,7
3-Personen-Haushalte								
1960	100	100	11,1	1,9	25,3	17,7	23,2	27,6
1964	100	100	2,7	0,9	12,4	12,8	19,3	24,7
1967	100	100	1,2	0,3	7,5	7,0	14,1	18,1
4-Personen-Haushalte								
1960	100	100	7,4	1,0	21,4	12,5	20,7	25,8
1964	100	100	1,4	0,4	8,9	9,7	15,9	22,9
1967	100	100	0,5	0,1	4,7	4,2	10,9	15,1
5- und mehr-Personen-Haushalte								
1960	100	100	3,3	0,5	12,4	9,8	15,8	25,0
1964	100	100	0,4	0,3	4,3	6,8	9,5	23,6
1967	100	100	0,0	—	2,2	2,2	6,4	13,9

Quelle: Vgl. Tab. A 100.

Haushalte nach DM / M							
Nettoeinkommensklassen im Monat							
800 bis unter 1000		1000 bis unter 1200		1200 bis unter 1500		1500 und mehr	
BRD	DDR	BRD	DDR	BRD	DDR	BRD	DDR
Alle Haushalte							
12,4	21,9	9,5	10,8	9,3	5,6	9,5	2,4
16,6	24,4	12,3	13,8	13,2	6,8	21,0	2,9
16,2	24,1	13,3	19,8	14,8	11,6	30,0	4,5
1-Personen-Haushalte							
5,9	1,3	2,7	0,2	2,1	0,3	1,6	0,2
14,3	1,3	6,9	0,5	5,4	0,2	4,2	0,2
18,9	2,3	10,6	0,4	8,5	0,3	7,6	0,2
2-Personen-Haushalte							
11,3	18,8	6,4	5,6	5,1	1,7	4,0	0,6
19,8	23,7	12,5	9,0	10,8	2,8	10,0	0,8
19,5	26,7	15,1	15,2	14,3	5,5	18,3	1,5
3-Personen-Haushalte							
14,1	29,3	10,4	15,1	8,9	6,6	6,9	1,7
18,3	31,3	14,0	18,7	14,7	8,7	18,7	2,9
17,2	29,7	14,8	25,5	16,6	15,0	28,6	4,4
4-Personen-Haushalte							
14,1	28,6	12,4	17,2	12,5	10,4	11,5	4,5
16,2	29,2	13,8	19,9	16,5	11,8	27,3	6,0
14,3	27,1	13,4	27,5	17,3	17,5	38,8	8,5
5- und mehr-Personen-Haushalte							
13,6	24,4	13,1	16,8	17,0	14,1	24,8	9,4
11,3	28,1	11,3	20,7	16,5	13,3	46,6	7,3
9,1	23,3	9,7	26,7	14,3	22,5	58,2	11,3

Tabelle A 102

Verbraucherpreise in der Bundesrepublik und in der DDR 1962 und 1969
Nahrungs- und Genußmittel

Warenart	Einheit	1962 DM	1962 M	Mitte 1969 DM	Mitte 1969 M	DM = 100 1962	DM = 100 Mitte 1969
Kartoffeln [1]	5 kg	1,74	0,85	1,90	0,85	49	45
Mohrrüben [1]	1 kg	1,01	0,50	0,97	0,49	50	51
Rotkohl [1]	1 kg	0,78	0,44	0,89	0,49	56	55
Äpfel, inländische mittlere Güte [1]	1 kg	1,12	1,88	0,80	1,77	168	221
Zitronen [1]	1 kg	1,49	5,00	1,87	5,00	336	267
Marmelade, Einfrucht je Glas	450 g	1,14	1,08	1,17	1,08	95	92
Weizenmehl Type W 405	1 kg	1,04	1,32	1,04	1,32	127	127
Haferflocken, lose	1 kg	1,30	0,98	1,48	0,98	75	66
Weichweizengrieß [2]	1 kg	1,04	1,34	1,44	1,34	129	93
Eiernudeln, verpackt	1 kg	2,67	2,80	3,09	2,80	105	91
Roggen-Mischbrot	1 kg	0,88	0,52	1,18	0,52	59	44
Weißbrot	1 kg	1,24	1,00	1,56	1,00	81	64
Weizenkleingebäck [2]	1 kg	1,78	1,00	2,13	1,00	56	47
Zucker, Raffinade, gepackt	1 kg	1,23	1,64	1,21	1,64	133	136
Schokolade, Vollmilch	100 g	1,12	3,85	0,80	3,85	344	481
Kakaopulver	125 g	1,05	4,00	1,04	4,00	381	385
Rindfleisch zum Schmoren	1 kg	7,62	9,80	9,74	9,80	129	101
Schweinekotelett	1 kg	7,06	8,00	7,88	8,00	113	102
Schweinebauch	1 kg	4,24	4,60	3,97	4,60	108	116
Brathähnchen, tiefgekühlt [2]	1 kg	.	.	3,98	4,75	.	119
Mettwurst, Braunschweiger	1 kg	6,03	6,80	6,97	6,80	113	98
Trinkvollmilch in Flaschen [3]	½ l	0,29	0,36	0,37	0,36	124	97
Käse, 45 % F. i. T. Edamer oder Gouda	1 kg	4,66	10,00	6,48	10,00	215	154
Deutsche Markenbutter	1 kg	7,21	10,00	7,72	10,00	139	130
Schweineschmalz, inländisch	1 kg	2,54	3,10	2,08	3,10	122	149
Margarine, Spitzensorte	1 kg	2,20	4,00	2,52	4,00	182	159
Eier	1 Stück	0,20	0,37	0,20	0,36	185	180
Orangensaft	⅔ Dose	.	.	0,92	2,50	.	272
Fruchtsaftgetränke, kohlensäurehaltig	1 l	.	.	1,07	0,90	.	84
Rauchtabak, Feinschnitt	50 g	1,25	3,00	1,50	3,00	240	200
Filterzigaretten, mittlere	10 Stück	0,83	1,60	0,91	1,60	193	176
Weinbrand 38 % [2]	0,7 l	6,06	17,50	6,40	17,50	290	225
Flaschenbier	1 l	1,24	1,50	1,24	1,50	121	121
Röstkaffee	1 kg	17,19	70,00	15,56	70,00	407	450
Tee	50 g	1,20	1,20	1,32	1,20	100	91
Schaumwein [2]	1 Flasche	.	.	6,83	21,00	.	308

[1] Für 1969 Jahresdurchschnittspreis.
[2] Nichtamtliche Preisbeobachtungen.
[3] In der DDR 2,5 %, in der BRD 3 % Fettgehalt.

Quellen: Statistisches Bundesamt, Fachserie M, Preise, Löhne, Wirtschaftsrechnungen, Reihe 6;
Statistisches Jahrbuch der DDR, 1970.

Tabelle A 103

Verbraucherpreise in der Bundesrepublik und in der DDR 1962 und 1969
Sonstige Konsumwaren

Warenart	1962		Mitte 1969		DM = 100	
	DM	M	DM	M	1962	Mitte 1969
Leder- und Textilerzeugnisse						
Herrenstraßenschuhe, Rindbox, Gummisohle	30,75	42,25	35,10	41,75	137	119
Damensporthalbschuhe, Rindbox, Gummisohle	24,90	40,80	29,50	40,55	164	138
Kinderhalbschuhe, Rindbox, Gummisohle	21,40	16,30	25,10	16,30	76	65
Schulranzen, Vollrindleder	19,35	28,50	23,10	25,50 [1]	147	110
Diplomatenmappe aus Rindleder	42,00	111,25	45,50	111,25	265	245
Herrenanzug, zweiteilig, einreihig, Kunstfasermischgewebe	129,00	188,00 [2]	139,00	188,00	146	135
Herren-Einzelhose, Cord	.	.	27,50	54,30	.	198
Damenkleiderstoff, Kunstfaser mit Wolle, 140 cm breit [3]	14,60	29,40	16,00	29,40	201	184
Damenkleid, Mischgewebe	.	.	56,00	79,20	.	141
Knabenanzug, Wolle	66,80	59,20	78,00	59,20	89	76
Mädchenkleid, Baumwolle	13,20	13,80	13,90	13,80	105	99
Arbeitsanzug, Baumwollköper	20,40	18,75	23,30	19,35	92	83
Herrenoberhemd, Kunstfaser	22,80	75,00	22,00	75,00	329	340
Herrenoberhemd, Baumwolle	22,50	45,00	24,20	45,00	200	186
Herrenunterhose, lang, Baumwolle	5,70	6,50	7,00	6,50	114	93
Damengarnitur, zweiteilig, Kunstfaser	9,75	27,70	10,70	27,70	284	259
Damengarnitur, zweiteilig, Baumwolle	5,95	7,25	7,00	7,25	122	104
Damenstrümpfe, ohne Naht, 20 den	2,65	11,60	2,50	7,47	438	299
Herrensocken, Kräuselkrepp	3,10	7,45	3,30	7,45	240	226
Geschirrtuch, Halbleinen	1,65	3,50	1,83	3,50	212	191
Frottierhandtuch	.	.	4,00	7,50	.	188
Bettlaken [4]	10,18	17,40	11,23	17,40	171	155
Sonstige Industrieerzeugnisse						
Braunkohlenbriketts, frei käuflich, 50 kg	4,86	3,66	6,09	4,10	75	67
Braunkohlenbriketts, bewirtschaftet, 50 kg	4,86	1,70	6,09	1,70	35	28
Grobwaschmittel, Kleinpackung, 1 kg	4,18	3,00	4,13	3,00	72	73
Feinwaschmittel, Kleinpackung, 1 kg	6,48	8,33	6,88	8,33	128	121
Haushaltskonservenglas, ohne Ring, 1 l	0,74	0,46	0,75	0,46	62	61
Eßbesteck aus rostfreiem Stahl, einfach	6,57	13,13	7,50	13,65	200	182
Porzellanteller, tief, 24 cm ⌀, einfach	1,24	1,40	1,46	1,40	130	96
Bratpfanne, 20 cm ⌀, Teflon beschichtet	.	.	16,50	24,20	.	147
Haushaltseimer, Plastik, 10 l	3,17	.	2,13	8,80	.	413
Glühlampe, 40 W	1,00	1,00	1,20	1,00	100	83
Schlosserhammer [5]	3,15	2,35	3,68	2,95	75	80
Reglerbügeleisen, Kontrollampe und Einstellskala, leichte Ausführung	28,25	33,60	24,60	35,50	119	144

[1] Schweinsleder.
[2] 1963.
[3] BRD: 35 % reine Schurwolle; DDR: 45 % Streichgarnwolle.
[4] BRD: Haustuch, schwere Qualität, 150×250 cm; DDR: Baumwolle, 140×230 cm.
[5] BRD: Stiel poliert.

noch Tabelle A 103

Verbraucherpreise in der Bundesrepublik und in der DDR 1962 und 1969
Sonstige Konsumwaren

Warenart	1962 DM	1962 M	Mitte 1969 DM	Mitte 1969 M	DM = 100 1962	DM = 100 Mitte 1969
noch: Sonstige Industrieerzeugnisse						
Einzelbett aus Holz, Stahlfederrahmen	.	.	116,10	129,00	.	111
Küchenschrank [6]	.	.	480,00	572,00	.	119
Kleiderschrank [6]	.	.	181,00	340,00	.	188
Fahrbarer Staubsauger, WS 900 mm	.	235,00	.	195,00	131	123
Fahrbarer Staubsauger, 300—350 W	180,00	.	159,00	.		
Küchenmaschine, Handmixer	.	.	48,50	98,00	.	202
Elektroherd, 3 Kochplatten	340,00	630,00 [2]	295,00	642,00	185	218
Kühlschrank [7]	380,00	1 350,00 [2]	301,00	1 250,00	355	415
Fernsehempfänger, 59 cm Bildröhre [8]	780,00	2 050,00 [2]	564,00	1 760,00	263	312
Koffer-Rundfunkgerät, Transistor [6]	.	.	85,00	187,00	.	220
Schallplatte, 30 cm Langspielplatte	.	.	16,46	12,00	.	73
Fotoapparat [6]	.	.	98,00	106,00	.	108
Kleinbildfilm, 36 Aufnahmen, schwarz-weiß	.	2,15	2,90	2,15	.	74
Tageszeitung, Abonnement	4,65	3,50	5,93	3,50	75	59
Herrenfahrrad, Markenware	154,00	242,00	159,00	242,00	157	152
Fahrradbereifung, komplett	15,28	23,30	16,90	23,30	152	138
Personenkraftwagen, 500—900 ccm Hubraum Trabant / Fiat-Jagst	.	.	3 400,00	7 850,00	.	231
Benzin, 1 l	.	.	0,57	1,40	.	246
Kleinschreibmaschine	210,00	423,00	205,00	430,00	201	210
Damenarmbanduhr, 17 Steine, Doublégehäuse mit Edelstahlboden	66,60	138,20	70,50	135,00	208	191
Elektrischer Rasierapparat	.	.	81,80	105,00	.	128

[6] Vergleichbare Modelle nach Versandkatalogen.
[7] BRD: mit Tiefkühlfach und automatischer Temperaturregelung, 150 l; DDR: ohne Tiefkühlfach, 1963 = 140 l, 1969 = 130 l.
[8] 1963 = 53 cm Bildröhre.

Quellen: Statistisches Bundesamt, Fachserie M, Preise, Löhne, Wirtschaftsrechnungen, Reihe 6;
Statistisches Jahrbuch der DDR, 1970.

Um das Bild über die einzelnen Warengruppen zu vervollständigen, wurden auch nichtamtliche Preisangaben herangezogen, vorwiegend aus Versandhauskatalogen (BRD: Neckermann, Quelle, Otto und Wirth; DDR: HO und Konsum).

Tabelle A 104

Verbraucherpreise in der Bundesrepublik und in der DDR 1962 und 1969
Dienstleistungen

	Einheit	1962		Mitte 1969		DM = 100	
		DM	M	DM	M	1962	Mitte 1969
Elektrischer Strom einschließlich Grundgebühr	23 kWh	5,68	3,84	6,69	3,84	68	57
Eisenbahnfahrt, 2. Klasse, Personenzug	50 km	4,00	4,00	4,25	4,00	100	94
Eisenbahnwochenkarte, 2. Klasse	15 km	7,20	2,50	9,00	2,50	35	28
Straßenbahn- oder O-Busfahrt	1 Fahrt	0,43	0,20	0,65	0,20	47	31
Porto für Brief im Fernverkehr	1mal	0,20	0,20	0,30	0,20	100	67
Porto für Postkarte im Fernverkehr	1mal	0,10	0,10	0,20	0,10	100	50
Ortsgespräch von einer öffentlichen Sprechstelle	1 Gespräch	0,20	0,20	0,20	0,20	100	100
Ton- und Fernseh-Rundfunkgebühr	1 Gebühr	7,00	5,50[1]	7,00	7,00	79	100
Kinovorstellung, zweitbilligster Platz	1 Karte	1,72	1,00	2,89	1,06	58	37
Entwicklung eines Schwarz-weiß-Rollfilms 6 × 9	1mal	.	0,50	0,90	0,50	.	55
Reinigung eines Herrenanzugs, 2teilig	1mal	7,20	5,75	7,85	5,75	80	73
Herren-Haarschnitt, halblang	1mal	2,10	0,90[2]	3,30	0,90	43	27
Reparatur von Sohlen an Herrenschuhen, Leder, einschließlich Material	1mal	6,90	5,77	7,95	5,77	84	73

[1] Während des Jahres wurde die Fernseh-Rundfunkgebühr von 2,00 M auf 5,00 M erhöht.
[2] Preisstufe II; Ost-Berlin: 1,40 M.

Quellen: Statistisches Bundesamt, Fachserie M, Preise, Löhne, Wirtschaftsrechnungen, Reihe 6; Statistisches Jahrbuch der DDR, 1970.

Tabelle A 105

Jährliche Versorgung[1] *mit ausgewählten Konsumgütern in der Bundesrepublik und in der DDR 1960 und 1968*

Mengen je Einwohner

	Einheit	BRD		DDR		DDR in % der BRD	
		1960	1968	1960	1968	1960	1968
Nahrungsmittel							
Rind- und Kalbfleisch	kg	19,5	23,0	17,5	18,4	90	80
Schweinefleisch	kg	30,9	37,7	33,3	39,0	108	103
Geflügel	kg	3,9	7,1	3,7	4,6	95	65
Eier	Stück	228	254	197	220	86	87
Milch	l	112,7	104,0	94,5	99,2	84	95
Fette (in Fettwert)	kg	25,1	25,5	27,4	28,2	109	111
darunter	kg						
Butter	kg	6,4	7,1	10,4	10,8	163	152
Pflanzliche und tierische Fette	kg	12,8	12,5	9,3	8,6	73	69
Margarine	kg	8,4	7,4	8,2	8,8	98	119
Getreideerzeugnisse	kg	81,7	68,9	99,2	95,0	121	138
Kartoffeln	kg	133,0	110,0	173,9	150,0	131	136
Gemüse (frisch)	kg	45,8	62,9	48,0	56,7	105	90
Frischobst	kg	61,2	90,0	61,1	39,1	100	43
Südfrüchte	kg	18,2	20,9	7,1	11,2	39	54
Zucker und Zuckererzeugnisse	kg	28,6	32,3	29,3	32,9	102	102
Genußmittel							
Bohnenkaffee (geröstet)	kg	2,9	4,1	1,1	2,0	38	49
Spirituosen (100 % Alkohol)	l	1,9	2,6	1,4	2,2	74	85
Bier	l	94,9	129,4	79,5	86,3	84	67
Wein und Sekt	l	.	15,2	3,2	4,6	.	30
Zigaretten	Stück	1 282	1 753	1 069	1 201	83	69
Industriewaren							
Schuhe	Paar	3,0	3,8	3,0[2]	3,4[2]	100	89
Rundfunk- und Fernsehempfänger	je 1000 der Bevölkerung	85,2	92,8	72,8	68,1	85	73
Pkw	je 1000 der Bevölkerung	18,4	22,8	3,4	6,2	18	27
Fotoapparate	je 1000 der Bevölkerung	15,7	16,3	15	19[2]	96	117

[1] Im jeweiligen Jahr im Inland zur Verfügung gestellte Mengen.
[2] Geschätzt.

Quellen: Statistisches Bundesamt, Statistisches Jahrbuch der BRD 1969; Jahresbericht 1968 der Kaffeegroßröster und -importeure;
    Statistisches Jahrbuch der DDR 1970.

Tabelle A 106

Kalorien- und Nährwertgehalt des Nahrungsmittelverbrauchs in der Bundesrepublik und in der DDR 1968

Verzehr von Nährwerten je Kopf und Tag	BRD	DDR
Kalorien [1]		
Gesamtverbrauch in kcal.	2 957	3 106
DDR in % der BRD	*100,0*	*105,0*
Eiweiß		
Gesamtverbrauch in g	80,5	77,7
DDR in % der BRD	*100,0*	*96,5*
Hiervon		
Eiweiß tierischer Herkünft in g	51,6	42,9
in %	64,1	55,2
DDR in % der BRD	*100,0*	*83,1*
Reinfett in g	135,7	130,8
DDR in % der BRD	*100,0*	*96,4*
Kohlehydrate in g	353,5	404,0
DDR in % der BRD	*100,0*	*114,3*

[1] Einheitlich nach der z. T. auf deutsche Verhältnisse abgestellten Nährwerttabelle der FAO (Food Composition Tables for International Use) 1949, berechnet.

Quellen: Stat. Monatsbericht des BML, Dezember 1969; Stat. Jahrbuch über ELuF der BRD 1964.
Statistisches Jahrbuch der DDR 1969; H.-K. Gräfe und H. E. Schmidt: Ernährungsatlas der DDR 1967.

Tabelle A 107

Ausstattung der Haushalte mit langlebigen Konsumgütern nach Einkommensgruppen in der Bundesrepublik und in der DDR 1969
Bestandszahlen je 100 Haushalte

Konsumgüter	BRD				DDR			
	gesamt	Einkommensgruppen			gesamt	Einkommensgruppen		
		untere	mittlere	obere		untere	mittlere	obere
Personenkraftwagen	47	18	52	83	14	3	25	44
Motorrad oder Moped	7	4	7	6	40	16	47	43
Fahrrad	80	57	96	96	.	43	73	72
Fernsehgerät	73	63	80	80	66	66	95	99
Radio	91	84	92	97	92	88	91	93
Plattenspieler	32	21	35	47	.	5	21	42
Tonbandgerät	19	9	21	33	.	2	15	23
Fotoapparat	67	37	80	97	.	22	72	84
Schmalfilmkamera	5	1	4	11	.	1	5	13
Diaprojektor	15	5	16	29	.	1	12	25
Kühlschrank	84	71	92	95	48	30	78	86
Elektrische Waschmaschine	61	41	69	78	48	36	76	83
Elektrische Nähmaschine	26	15	30	38	.	3	12	17
Mechanische Nähmaschine	37	38	35	33	.	58	50	57
Staubsauger	84	72	90	95	.	64	89	94
Elektrische Küchenmaschine	26	14	29	40	.	8	34	44

Quellen: Statistisches Bundesamt, Fachserie M, Reihe 18, 1/1969;
Statistisches Jahrbuch der DDR 1970, S. 355 f.

Tabelle A 108

Barleistungen zur Sozialen Sicherung in der Bundesrepublik und in der DDR 1965 bis 1969

	BRD					DDR				
	1965	1966	1967	1968	1969 [1]	1965	1966	1967	1968	1969
	in Mill. DM					in Mill. Mark				
Renten	39 735	43 892	48 800	53 145	58 527	6 804	7 107	7 374	7 979	8 661
Kurzfristige Leistungen bei Krankheit, Mutterschaft, Unfall	5 005	5 563	5 102	5 548	5 860	1 288	1 270	1 266	1 360	1 435
Familienleistungen	4 376	4 553	4 288	4 246	4 345	1 281	1 283	1 318	1 372	1 424
Arbeitslosenversicherung	852	763	2 020	1 752	1 480	—	—	—	—	—
Kriegsopferversorgung, LAG	6 976	7 071	7 568	7 492	7 360	170	160	150	147	140
Sozialhilfe	1 008	1 115	1 176	1 176	1 200	97	90	83	87	81
Sonstige Übertragungen	816	1 059	1 130	1 084	1 171	221	172	175	177	165
Insgesamt	58 768	64 016	70 084	74 443	79 943	9 861	10 082	10 366	11 122	11 906
	1965 = 100									
Renten	100	110,5	122,8	133,7	147,3	100	104,5	108,4	117,3	127,3
Kurzfristige Leistungen bei Krankheit, Mutterschaft, Unfall	100	111,1	101,9	110,8	117,1	100	98,6	98,3	105,6	111,4
Familienleistungen	100	104,0	98,0	97,0	99,3	100	101,0	103,8	108,0	112,1
Arbeitslosenversicherung	100	89,5	236,9	205,5	173,6	—	—	—	—	—
Kriegsopferversorgung, LAG	100	101,3	108,4	107,4	105,5	100	94,1	88,2	86,4	82,3
Sozialhilfe	100	110,6	116,7	116,7	119,0	100	92,7	85,5	89,6	83,4
Sonstige Übertragungen	100	129,7	138,4	132,8	143,4	100	77,7	79,1	80,0	74,6
Insgesamt	100	108,9	119,3	126,7	136,0	100	106,9	109,9	117,9	126,3
	%, insgesamt = 100									
Renten	67,6	68,6	69,6	71,4	73,2	69,0	70,5	71,1	71,8	72,7
Kurzfristige Leistungen bei Krankheit, Mutterschaft, Unfall	8,5	8,7	7,3	7,4	7,3	13,1	12,6	12,2	12,2	12,0
Familienleistungen	7,5	7,1	6,1	5,7	5,4	13,0	12,7	12,7	12,3	12,0
Arbeitslosenversicherung	1,4	1,2	2,9	2,3	1,9	—	—	—	—	—
Kriegsopferversorgung, LAG	11,9	11,0	10,8	10,1	9,2	1,7	1,6	1,5	1,3	1,2
Sozialhilfe	1,7	1,7	1,7	1,6	1,5	1,0	0,9	0,8	0,8	0,7
Sonstige Übertragungen	1,4	1,7	1,6	1,5	1,5	2,2	1,7	1,7	1,6	1,4
Insgesamt	100,0	100,0	100,0	100,0	100,0	100,0	100,0	100,0	100,0	100,0

[1] Vorläufig.

Quellen: Sozialbericht 1970, Bundestags-Drucksache VI/643.
Statistische Jahrbücher der DDR.

Tabelle A 109

Sachleistungen und sonstige Aufwendungen für die Soziale Sicherung in der Bundesrepublik und in der DDR 1965 bis 1969

	BRD					DDR [2]				
	1965	1966	1967	1968	1969 [1]	1965	1966	1967	1968	1969
	in Mill. DM					in Mill. Mark				
Sozialversicherung	12 782	14 886	16 335	18 074	20 092	3 540	3 553	3 803	4 008	4 257
Kriegsopferversorgung	404	355	559	518	528					
Sozialhilfe	1 257	1 371	1 544	1 660	1 800	140	140	140	145	150
Jugendhilfe	663	747	799	860	940	421	439	470	490	494
Öffentlicher Gesundheitsdienst	644	686	708	759	806	306	296	279	279	277
Sachleistungen insgesamt	15 750	18 045	19 945	21 871	24 166	4 407	4 428	4 692	4 922	5 178
Verwaltungskosten	3 397	3 737	3 968	4 121	4 463	.	.	.	.	.
Gesamtaufwendungen	19 147	21 782	23 913	25 992	28 629	4 407	4 428	4 692	4 922	5 178
	1965 = 100									
Sozialversicherung	100	116,5	127,8	141,4	157,2	100	100,3	107,4	113,2	120,2
Kriegsopferversorgung	100	87,9	138,4	128,2	130,7					
Sozialhilfe	100	109,1	122,8	132,1	143,2	100	100,0	100,0	103,6	107,1
Jugendhilfe	100	112,6	120,5	129,7	141,8	100	104,3	111,6	116,4	117,3
Öffentlicher Gesundheitsdienst	100	106,5	109,9	117,8	125,1	100	96,7	91,1	91,1	90,5
Sachleistungen insgesamt	100	114,6	126,6	138,9	153,4	100	100,5	106,5	111,7	117,5
Verwaltungskosten	100	109,9	116,8	121,3	131,3	—	—	—	—	—
Gesamtaufwendungen	100	113,8	124,9	135,7	149,5	100	100,5	106,5	111,7	117,5
	in %, insgesamt = 100									
Sozialversicherung	81,1	82,5	81,9	82,6	83,1	80,3	80,2	81,1	81,4	82,2
Kriegsopferversorgung	2,6	2,0	2,8	2,4	2,2					
Sozialhilfe	8,0	7,6	7,7	7,6	7,5	3,2	3,2	3,0	2,9	2,9
Jugendhilfe	4,2	4,1	4,0	3,9	3,9	9,6	9,9	10,0	10,0	9,5
Öffentlicher Gesundheitsdienst	4,1	3,8	3,6	3,5	3,3	6,9	6,7	5,9	5,7	5,4
Sachleistungen insgesamt	100,0	100,0	100,0	100,0	100,0	100,0	100,0	100,0	100,0	100,0

[1] Vorläufig.
[2] Für die DDR sind die Verwaltungskosten nicht getrennt zu ermitteln. Sie sind zumindest teilweise in den Leistungsaufwendungen enthalten.

Quellen: Sozialbericht 1970, Bundestags-Drucksache VI/643.
Statistische Jahrbücher der DDR; Richter-Reichert, Die materiellen staatlichen Leistungen der Sozialfürsorge der DDR, Berlin 1970, S. 31.

Tabelle A 110

Finanzierung der Sozialen Sicherung in der Bundesrepublik und in der DDR 1965 bis 1969

	BRD					DDR				
	1965	1966	1967	1968	1969	1965	1966	1967	1968	1969
	Ausgaben (in Mill. DM)					Ausgaben (in Mill. M)				
Barleistungen	58 768	64 016	70 084	74 443	79 943	9 861	10 082	10 366	11 122	11 906
Sachleistungen	15 750	18 045	19 945	21 871	24 166	4 407	4 428	4 692	4 922	5 178
Reinausgaben für Leistungen	74 518	82 061	90 029	96 314	104 109	14 268	14 510	15 058	16 044	17 084
Verwaltung	3 397	3 737	3 968	4 121	4 463	.	.	.	.	.
Reinausgaben insgesamt	77 915	85 798	93 997	100 435	108 572	14 268	14 510	15 058	16 044	17 084
	Einnahmen (in Mill. DM)					Einnahmen (in Mill. M)				
Beitragseinnahmen	42 217	46 678	47 675	53 581	60 857	7 775	7 933	8 181	8 361	8 537
Öffentliche Mittel	35 046	37 784	40 292	40 739	42 865	6 493	6 577	6 877	7 683	8 547
Vermögenserträge und sonstige Mittel	4 339	4 699	4 803	4 783	4 620	.	.	.	.	.
Gesamteinnahmen [1]	81 602	89 161	92 770	99 103	108 342	14 268	14 510	15 058	16 044	17 084
Überschuß (+), Defizit (−)	+3 687	+3 363	−1 227	−1 332	−230	.	.	.	.	.
	Ausgaben (1965=100)									
Barleistungen	100	108,9	119,3	126,7	136,0	100	102,2	105,1	112,8	120,7
Sachleistungen	100	114,6	126,6	138,9	153,4	100	100,5	106,5	111,7	117,5
Reinausgaben für Leistungen	100	110,1	120,8	129,2	139,7	100	101,7	105,5	112,4	119,7
Verwaltung	100	109,9	116,8	121,3	131,3	.	.	.	.	.
Reinausgaben insgesamt	100	110,1	120,6	128,9	139,3	100	101,7	105,5	112,4	119,7
	Einnahmen (1965=100)									
Beitragseinnahmen	100	110,6	112,9	126,9	144,1	100	102,0	105,2	107,5	109,8
Öffentliche Mittel	100	107,8	114,9	116,2	122,3	100	101,3	105,9	118,3	131,6
Vermögenserträge und sonstige Mittel	100	110,7	113,1	112,7	108,8	.	.	.	.	.
Gesamteinnahmen	100	109,3	113,7	121,4	132,8	100	101,7	105,5	112,4	119,7
	Ausgabenstruktur in %									
Barleistungen	78,9	78,0	77,8	77,3	77,0	69,1	69,5	68,8	69,3	69,7
Sachleistungen	21,1	22,0	22,2	22,7	23,0	30,9	30,5	31,2	30,7	30,3
	Einnahmenstruktur in %									
Beitragseinnahmen	51,7	52,3	51,4	54,1	56,2	54,5	54,7	54,3	52,1	50,0
Öffentliche Mittel	43,0	42,4	43,4	41,1	39,6	45,5	45,3	45,7	47,9	50,0
Vermögenserträge	5,3	5,3	5,2	4,8	4,2	.	.	.	.	.

[1] Ohne Verrechnungen — Reineinnahmen.

Quellen: Vergleiche Tabellen A 108 und A 109 sowie Angaben über den Staatshaushalt in Gesetzblättern der DDR.

Tabelle A 111

Ausgewählte Kennziffern zum Vergleich der Sozialen Sicherung in der Bundesrepublik und in der DDR

Ausgaben und Einnahmen in % des Bruttosozialprodukts [1]

	BRD					DDR				
	1965	1966	1967	1968	1969	1965	1966	1967	1968	1969
Bruttosozialprodukt in Mrd. DM/M [1]	460,4	490,7	494,6	538,5	601,0	111,5	117,1	123,5	130,5	137,8
Ausgaben										
Barleistungen	12,8	13,0	14,2	13,8	13,3	8,8	8,6	8,4	8,5	8,6
darunter										
Renten	8,6	8,9	9,9	9,9	9,7	6,1	6,1	6,0	6,1	6,3
Kurzfristige Geldleistungen bei Krankheit, Mutterschaft, Unfall	1,1	1,1	1,0	1,0	1,0	1,2	1,1	1,0	1,0	1,0
Familienleistungen	1,0	0,9	0,9	0,8	0,7	1,1	1,1	1,1	1,1	1,0
Sachleistungen	3,4	3,8	4,0	4,1	4,0	4,0	3,8	3,8	3,8	3,8
Aufwendungen insgesamt einschließlich Verwaltung	16,9	17,5	19,0	18,7	18,1	12,8	12,4	12,2	12,3	12,4
Einnahmen insgesamt	17,7	18,2	18,8	18,4	18,0	12,8	12,4	12,2	12,3	12,4
darunter										
Beiträge	9,2	9,5	9,6	9,9	10,1	7,0	6,8	6,6	6,4	6,2
Öffentliche Mittel [2]	7,6	7,7	8,1	7,6	7,1	5,8	5,6	5,6	5,9	6,2

[1] BRD: Bruttosozialprodukt zu jeweiligen Preisen.
DDR: Bruttosozialprodukt zu Preisen von 1967.
[2] BRD: einschließlich Beamtenpensionen.

Tabelle A 112

*Krankenhäuser, Krankenhausbetten und Verweildauer
in der Bundesrepublik und in der DDR 1960 bis 1968*

Jahr	BRD				DDR			
	Kranken-häuser insgesamt	Betten		durch-schnittl. Verweil-dauer Tage	Kranken-häuser insgesamt	Betten		durch-schnittl. Verweil-dauer[1] Tage
		insgesamt	je 100 000 Einwohner			insgesamt	je 100 000 Einwohner	
1960	3 604	583 513	1 046	28,7	822	204 767	1 190	29,1
1965	3 619	631 447	1 065	27,4	757	206 154	1 210	26,7
1966	3 617	640 372	1 071	26,8	721	202 679	1 190	25,6
1967	3 609	649 590	1 084	26,4	679	198 513	1 160	25,2
1968	3 618	665 546	1 101	25,9	657	194 970	1 140	24,3

[1] Als gewogenes arithmetisches Mittel aus den Angaben für vier Trägergruppen ermittelt; Gewichtung nach Bettenzahl.

Quellen: Statistisches Bundesamt, Fachserie A Bevölkerung und Kultur, Reihe 7, Gesundheitswesen, III. Krankenhäuser, Berufe des Gesundheitswesens, 1968, S. 3, 4, 6. Statistisches Jahrbuch der DDR 1970, S. 412, 415.

Tabelle A 113

Berufstätige Ärzte und Zahnärzte in der Bundesrepublik und in der DDR 1960 bis 1968

Jahr	BRD						DDR					
	Ärzte			Zahnärzte			Ärzte			Zahnärzte		
	insgesamt	Ein-wohner je Arzt	auf 100 000 Ein-wohner	insgesamt	Ein-wohner je Arzt	auf 100 000 Ein-wohner	insgesamt	Ein-wohner je Arzt	auf 100 000 Ein-wohner	insgesamt	Ein-wohner je Arzt	auf 100 000 Ein-wohner
1960	79 350	703	142	32 509	1 716	58	14 555	1 181	85	6 361	2 702	37
1965	85 801	691	145	31 660	1 873	53	19 528	872	115	6 207	2 743	36
1966	86 700	690	145	31 599	1 892	53	21 365	800	125	6 397	2 670	37
1967	88 559	677	148	31 148	1 925	52	22 735	751	133	6 753	2 530	40
1968	90 882	665	150	31 227	1 936	52	24 620	694	144	6 723	2 541	39

Quellen: Statistisches Bundesamt, Fachserie A, Reihe 7, III., 1968, S. 19, 23.
Statistisches Jahrbuch der DDR 1970, S. 417.

Tabelle A 114

Die Zahl der Lernenden in der Bundesrepublik und in der DDR 1962 bis 1968
in 1000 Personen

Art der Einrichtung	1962	1963	1964	1965	1966	1967	1968
BRD							
Grund- und Hauptschulen	5 375,6	5 437,0	5 487,7	5 569,1	5 676,1	5 740,4	5 873,0
Sonderschulen	154,2	163,8	175,3	187,6	206,1	231,8	259,1
Realschulen	471,1	495,3	528,4	570,2	619,9	708,6	770,3
Gymnasien	851,5	863,5	895,0	963,2	1 042,8	1 192,7	1 259,2
Berufsschulen	1 621,5	1 707,1	1 749,0	1 787,7	1 754,4	1 784,1	1 758,9
Berufsfachschulen	124,7	133,8	146,5	159,5	170,8	195,3	197,9
Fachschulen und Höhere Fachschulen [1]	102,4	97,2	95,2	96,3	91,3	93,8	97,9
Ingenieurschulen	50,6	53,5	57,4	59,8	61,3	61,2	63,1
Höhere Wirtschaftsfachschulen	(0,9)	(1,8)	(3,1)	(4,3)	4,9	5,6	6,2
DDR							
Zehnklassige polytechnische Oberschule	2 127,9	2 202,5	2 247,6	2 273,6	2 301,1	2 339,2	.
darunter							
Stufen IX und X	174,3	193,5	226,6	250,7	260,5	272,3	.
Sonderschulen	61,1	66,7	67,0	66,7	70,9	71,5	.
Erweiterte Oberschulen	76,2	76,5	81,1	85,3	92,5	100,7	.
Berufsschulen	301,9	345,7	387,1	418,9	446,2	468,7	.
davon							
Kommunale Berufsschulen	142,7	166,7	194,6	202,9	212,4	219,1	.
Betriebsberufsschulen	143,3	162,9	177,7	200,4	216,2	229,1	.
Medizinische Schulen	15,9	16,0	14,8	15,6	17,6	20,4	.
Betriebsakademien [2]	553,9	767,9	787,8	844,7	832,5	810,4	.
darunter							
Aus- und Weiterbildung von Facharbeitern	102,8	125,2	140,9	158,3	150,1	139,1	.
Meisterausbildung	29,3	28,8	26,9	31,2	33,9	33,5	.
Aus- und Weiterbildung von Hoch- und Fachschulkräften	55,3	78,1	77,2	81,5	98,2	113,8	.

[1] 1961 bis 1965 einschließlich Höhere Wirtschaftsfachschulen.
[2] Für die Bereiche Industrie, Bauindustrie, Verkehr, Post- und Fernmeldewesen.

Quellen: Ständige Konferenz der Kultusminister der Länder in der BRD. Dokumentation Nr. 30, Dez. 1969, Lehrerbestand und Lehrerbedarf S. 10. Statistisches Jahrbuch des Bildungswesens der DDR, 1968.

Tabelle A 115

Die Entwicklung der Lernenden in der Bundesrepublik und in der DDR 1962 bis 1968
1962 = 100

Art der Einrichtung	1963	1964	1965	1966	1967	1968
BRD						
Grund- und Hauptschulen	101,1	102,1	103,6	105,6	106,8	109,3
Sonderschulen	106,2	113,7	121,7	133,7	150,3	168,0
Realschulen	105,4	112,2	121,0	131,6	150,4	163,5
Gymnasien	101,4	105,1	113,1	122,5	140,1	147,9
Berufsschulen	105,3	107,9	110,2	108,2	110,0	108,5
Berufsfachschulen	107,3	117,5	127,9	137,0	156,6	158,7
Fachschulen und Höhere Fachschulen [1]	94,9	93,0	94,0	89,2	91,6	95,6
Ingenieurschulen	105,7	113,4	118,2	121,1	120,9	124,7
Höhere Wirtschaftsfachschulen	(200,0)	(344,4)	(477,8)	544,4	622,2	688,9
DDR						
Zehnklassige polytechnische Oberschulen	103,5	105,6	106,8	108,1	109,9	.
darunter						
Stufen IX und X	111,0	130,0	143,8	149,5	156,2	.
Sonderschulen	109,2	109,7	109,2	116,0	117,0	.
Erweiterte Oberschulen	100,4	106,4	111,9	121,3	132,1	.
darunter						
Stufen IX und X	100,0	102,4	98,6	109,8	124,9	.
Naturwissenschaftlicher Zweig (B)	100,0	101,5	102,3	120,8	137,8	.
Berufsschulen	114,5	128,2	138,8	147,8	155,2	.
Betriebsakademien [2]	138,6	142,2	152,5	150,3	146,3	.
darunter						
Aus- und Weiterbildung von Hoch- und Fachschulkräften	141,2	139,6	147,4	177,6	205,7	.

[1] 1961 bis 1965 einschließlich Höhere Wirtschaftsfachschulen.
[2] Für die Bereiche Industrie, Bauindustrie, Verkehr, Post- und Fernmeldewesen.
Quellen: Vgl. Tab. A 114.

Tabelle A 116

Die Entwicklung der Ausbildungsberufe in der Bundesrepublik und in der DDR 1949 bis 1975

Jahr	BRD	DDR		
			Davon	
	Insgesamt	Insgesamt	Grundberufe	Ausbildungsberufe [1]
1949	719	.	—	—
1950	718	.	—	—
1955	649	.	—	—
1957	.	972	—	—
1960	648	.	—	—
1964	.	658	—	—
1965	620	.	—	—
1966	568	655	—	331
1967	558	455	4	239
1968	531	389	8	193
1969	521	355	21	173
1970	515	305	26	140
1975 (Plan)	.	273	26	140

[1] Für Abgänger der 8. Klasse.

Quellen: Deutscher Bundestag, 5. Wahlperiode, Drucksache V/1422, Bonn 1967, S. 10; Lehr- und Anlernlinge in der BRD 1968, Beilage zu H. 11/1969 der Arbeits- und sozialstatistischen Mitteilungen" des Bundesministeriums für Arbeit und Sozialordnung, S. 4; Deutscher Bildungsrat, Gutachten und Studien der Bildungskommission, Bd. 11, Stuttgart 1970, S. 142 f. sowie Verzeichnis der in der BRD anerkannten Lehr- und Anlernberufe, hrsg. vom Bundesministerium für Arbeit und Sozialordnung, nach dem Stand vom Sept. 1968 und eigene Berichtigungen nach dem Stand von Jan. 1969 und Sept. 1970.
Knauer, A., Die Dynamik des Inhalts der Ausbildungsberufe der sozialistischen Berufsausbildung. In: Berufsbildung, 23. Jg., H. 7/8 (1969), S. 354 sowie Schmidt, M. und Stoll, H.-J., Die Systematik der Ausbildungsberufe — Grundlage für die perspektivische Planung der Berufsbildung. In: Berufsbildung, 24. Jg., H. 6 (1970), S. 283.

Tabelle A 117

Anteil der Lehrlinge in den neun wichtigsten Berufsgruppen der Bundesrepublik und der DDR an der gesamten Zahl der Ausbildungsverhältnisse 1962 und 1967

in %

BRD			DDR		
Berufsgruppe	1962	1967	Berufsgruppe	1962	1967
1. Handelsberufe	29,0	25,4	1. Metallerzeuger und -verarbeiter	24,3	23,6
2. Metallerzeuger und Metallverarbeiter, Schmiede, Schlosser, Mechaniker und verwandte Berufe	22,8	21,4	2. Kaufmännische Berufe	12,6	14,0
3. Organisations-, Verwaltungs- und Büroberufe	10,0	11,2	3. Bauberufe	10,8	10,2
			4. Elektriker	7,9	9,0
4. Elektriker	7,3	9,0	5. Ackerbauer, Tierzüchter, Gartenbauer	8,9	7,6
5. Bauberufe	6,1	5,5			
6. Körperpfleger	4,5	4,6	6. Textilhersteller und -verarbeiter	6,7	6,1
7. Nahrungs- und Genußmittelhersteller	3,6	3,9	7. Gesundheitsdienst- und Körperpflegeberufe	6,7	6,0
8. Technische Sonderkräfte	2,5	3,0	8. Nahrungs- und Genußmittelhersteller	3,1	4,3
9. Textilhersteller, Textilverarbeiter, Handschuhmacher	3,4	2,7	9. Graphische Berufe (1962)/ Verkehrsberufe (1967)	3,7	.
				.	3,1
Insgesamt	89,2	86,7	Insgesamt	84,7	83,9

Quellen: Statistisches Jahrbuch für die BRD 1963, Stuttgart-Mainz 1963, S. 149; Statistisches Jahrbuch für die BRD 1969, Stuttgart-Mainz 1969, S. 132 sowie Statistisches Jahrbuch des Bildungswesens der DDR, 1968, S. 37 f.

Tabelle A 118

Lehrlinge der Bundesrepublik und der DDR nach Wirtschaftsbereichen 1965 und 1969

Wirtschaftsbereich	1. Lehrlinge insgesamt in 1000			
	BRD		DDR	
	1965	1969	1965	1969
Land- und Forstwirtschaft [1]	23	23	52	32
Industrie	366	394	170	199
Handwerk [2]	237	239	31	28
Baugewerbe	145	151	47	76
Verkehrs- und Nachrichtenwesen	59	61	23	28
Handel	416	435	38	43
Sonstige Dienstleistungen	235	262	35	51
Summe	1 481	1 565	396	457

[1] DDR einschl. Wasserwirtschaft.
[2] DDR nur produzierendes Handwerk, BRD einschl. sonstiges Kleingewerbe.

Quellen: Göseke, G., Bruttolöhne und -gehälter in der Bundesrepublik Deutschland im Jahre 1965. In: Vierteljahrshefte zur Wirtschaftsforschung, H. 2 (1966), S. 156 und 157, sowie ders., Beschäftigung und Arbeitnehmereinkommen in der BRD im Jahre 1969. In: Vierteljahrshefte zur Wirtschaftsforschung, H. 2 (1970), S. 114 bis 115.
Statistisches Taschenbuch der DDR 1966, S. 32; 1970, S. 38.

2. Summe jeweils = 100				3. Weibliche Lehrlinge in 1000				4. Anteil der weiblichen Lehrlinge in %			
BRD		DDR		BRD		DDR		BRD		DDR	
1965	1969	1965	1969	1965	1969	1965	1969	1965	1969	1965	1969
1,6	1,5	13,1	6,9	8	8	21	15	34,8	34,8	40,8	46,7
24,7	25,2	43,0	43,5	76	88	74	84	20,7	22,3	43,3	42,1
16,0	15,3	7,8	6,1	60	62	6	6	25,3	25,9	19,4	21,3
9,8	9,6	11,9	16,7	8	8	2	7	5,5	5,3	4,1	8,9
4,0	3,9	5,8	6,2	5	5	8	11	8,5	8,2	37,7	41,0
28,1	27,8	9,7	9,5	273	284	34	37	65,6	65,3	87,7	85,2
15,8	16,7	8,7	11,1	130	142	31	46	55,3	54,2	89,0	90,8
100,0	100,0	100,0	100,0	560	597	176	206	37,8	38,1	44,5	45,1

Tabelle A 119

Lehrlinge und Anlernlinge der Bundesrepublik nach Berufsgruppen 1962 bis 1967

Berufsgruppe	1. Insgesamt		
	1962	1966	1967
	In Personen		
Ackerbauer, Tierzüchter, Gartenbauer	24 766	29 669	34 682
Forst-, Jagd- und Fischereiberufe	66	73	104
Bergleute, Mineralgewinner und -aufbereiter	6 409	2 970	2 315
Steinebearbeiter, Keramiker, Glasmacher	2 999	2 530	2 531
Bauberufe	72 863	79 837	76 816
Metallerzeuger und Metallbearbeiter	21 436	16 619	15 089
Schmiede, Schlosser, Mechaniker und verwandte Berufe	250 584	281 771	282 377
Elektriker	87 383	123 264	125 715
Chemiewerker	3 110	2 933	3 325
Kunststoffverarbeiter	199	420	400
Holzverarbeiter und zugehörige Berufe	21 024	23 019	23 731
Papierhersteller und -verarbeiter	2 244	1 860	1 800
Lichtbildner, Drucker und verwandte Berufe	22 813	24 789	24 310
Textilhersteller, Textilverarbeiter, Handschuhmacher	40 793	38 245	37 854
Lederhersteller, Leder- und Fellverarbeiter	4 194	3 266	3 492
Nahrungs- und Genußmittelhersteller	42 998	49 333	54 355
Warennachseher, Versandfertigmacher und Lagerverwalter	336	274	304
Ingenieure, Techniker und verwandte Berufe	—	162	2 721
Technische Sonderfachkräfte	29 750	42 317	41 624
Maschinisten und zugehörige Berufe	600	507	459
Handelsberufe	346 695	354 129	354 230
Verkehrsberufe	12 965	16 420	15 182
Gaststättenberufe	3 638	3 708	4 134
Hauswirtschaftliche Berufe	11 309	20 719	24 319
Reinigungsberufe	2 484	2 253	2 605
Körperpfleger	53 631	59 943	63 644
Organisations-, Verwaltungs- und Büroberufe	119 620	155 241	155 401
Gesundheitsberufe	—	24 865	29 394
Künstlerische Berufe	7 725	10 363	10 488
Summe	1 196 624	1 371 509	1 392 465

Quellen: Statistisches Jahrbuch für die BRD 1963, S. 149; Stat. Jahrbuch für die BRD 1968 und 1969.

2. Summe = 100			3. Weibliche Lehrlinge und Anlernlinge			4. Anteil der weiblichen Lehrlinge		
1962	1966	1967	1962	1966	1967	1962	1966	1967
In %			In Personen			In %		
2,1	2,2.	2,5	2 897	3 532	3 867	11,7	11,9	11,1
0,0	0,0	0,0	—	—	1	0,0	0,0	1,0
0,5	0,2	0,2	—	—	—	0,0	0,0	0,0
0,3	0,2	0,2	284	261	264	9,5	10,3	10,4
6,1	5,8	5,5	136	189	196	0,2	0,2	0,3
1,8	1,2	1,1	169	124	144	0,8	0,7	1,0
21,0	20,5	20,3	2 217	3 160	3 440	0,9	1,1	1,2
7,3	9,0	9,0	68	126	59	0,1	0,1	0,1
0,3	0,2	0,2	537	583	623	17,3	19,9	18,7
0,0	0,0	0,0	—	—	—	0,0	0,0	0,0
1,8	1,7	1,7	299	255	231	1,4	1,1	1,0
0,2	0,1	0,1	252	223	251	11,2	12,0	13,9
1,9	1,8	1,7	4 462	6 014	5 815	19,6	24,3	23,9
3,4	2,8	2,7	34 681	33 028	33 366	85,0	86,4	88,1
0,4	0,2	0,3	1 043	1 194	1 350	24,9	36,6	38,7
3,6	3,6	3,9	2 374	2 692	2 931	5,5	5,5	5,4
0,0	0,0	0,0	81	50	73	24,1	18,2	24,0
—	0,0	0,2	—	—	100	—	0,0	3,7
2,5	3,1	3,0	9 840	14 892	14 510	33,1	35,2	34,9
0,1	0,0	0,0	—	—	—	0,0	0,0	0,0
29,0	25,8	25,4	228 327	232 417	226 378	65,9	65,6	63,9
1,1	1,2	1,1	—	4	6	0,0	0,0	0,0
0,3	0,3	0,3	430	427	487	11,8	11,5	11,8
0,9	1,5	1,7	11 277	20 669	24 237	99,7	99,8	99,7
0,2	0,2	0,2	379	157	141	15,3	7,0	5,4
4,5	4,4	4,6	47 936	55 272	58 443	89,4	92,2	91,8
10,0	11,3	11,2	76 159	103 500	103 207	63,7	66,7	66,4
—	1,8	2,1	—	24 865	29 394	—	100,0	100,0
0,7	0,9	0,8	2 893	4 987	4 986	37,5	48,1	47,5
100,0	100,0	100,0	426 741	508 621	514 500	35,7	37,1	36,9

Tabelle A 120

Lehrlinge der DDR nach Berufsgruppen 1962 bis 1967

Berufsgruppe	1. Insgesamt		
	1962	1966	1967
	In Personen		
Ackerbauer, Tierzüchter, Gartenbauer	22 747	34 651	29 989
Forst-, Jagd- und Fischereiberufe	1 570	1 898	1 480
Bergmännische Berufe	2 804	1 952	1 314
Steingewinner und -verarbeiter, Keramiker	968	1 890	1 875
Glasmacher	600	1 428	1 055
Bauberufe	27 654	41 000	40 163
Metallerzeuger und -verarbeiter	62 076	96 021	92 756
Elektriker	20 250	35 865	35 397
Chemiewerker	6 486	8 162	7 395
Kunststoffverarbeiter	47	803	851
Holzverarbeiter und zugehörige Berufe	3 437	5 963	5 720
Papierhersteller und -verarbeiter	605	1 505	1 207
Graphische Berufe	9 504	8 880	9 009
Textilhersteller und -verarbeiter	17 180	25 764	23 918
Lederhersteller und Fellverarbeiter	1 849	3 716	3 394
Nahrungs- und Genußmittelhersteller	7 964	16 951	16 993
Hilfsberufe der Stofferzeugung und -verarbeitung	18	848	1 006
Technische Berufe	3 903	5 696	6 782
Maschinisten und zugehörige Berufe	2 802	7 130	6 674
Kaufmännische Berufe	32 287	51 360	55 074
Verkehrsberufe	6 667	11 647	12 315
Gaststättenberufe	797	2 009	2 088
Hauswirtschaftliche Berufe	243	1 622	1 683
Reinigungsberufe	4	46	42
Gesundheitsdienst- und Körperpflegeberufe	17 106	23 643	23 525
Verwaltungs- und Büroberufe	4 595	8 019	9 554
Erziehungs- und Lehrberufe	26	38	33
Bildungs- und Forschungsberufe	81	100	133
Künstlerische Berufe	1 401	1 419	1 627
Summe	255 671	400 026	393 236 [1]

[1] 184 Lehrlinge nicht aufgliedbar.
[2] 93 Lehrlinge nicht aufgliedbar.
Quelle: Statistisches Jahrbuch des Bildungswesens der DDR 1968.

2. Summe = 100			3. Weibliche Lehrlinge und Anlernlinge			4. Anteil der weiblichen Lehrlinge		
1962	1966	1967	1962	1966	1967	1962	1966	1967
In %			In Personen			In %		
8,9	8,7	7,6	11 503	17 248	15 224	50,6	49,8	50,8
0,6	0,5	0,4	151	249	192	9,6	13,1	13,0
1,1	0,5	0,3	90	395	325	3,2	20,2	24,7
0,4	0,5	0,5	453	942	997	46,8	49,8	53,2
0,2	0,4	0,3	275	756	487	45,8	52,9	46,2
10,8	10,3	10,2	261	707	754	0,9	1,7	1,9
24,3	24,0	23,6	3 353	8 545	8 189	5,4	8,9	8,8
7,9	9,0	9,0	1 051	4 174	4 065	5,2	11,6	11,5
2,6	2,0	1,9	4 136	5 623	5 183	63,8	68,9	70,1
0,0	0,2	0,2	32	627	663	68,1	78,1	77,9
1,4	1,5	1,5	520	1 071	1 120	15,1	18,0	19,6
0,2	0,4	0,3	362	905	766	59,8	60,1	63,5
3,7	2,2	2,3	7 703	7 651	7 770	81,1	86,2	86,2
6,7	6,4	6,1	15 147	23 648	21 971	88,2	91,8	91,9
0,7	0,9	0,9	1 144	2 637	2 570	61,9	71,0	75,7
3,1	4,2	4,3	2 477	7 421	7 907	31,1	43,8	46,5
0,0	0,2	0,3	7	369	542	38,9	43,5	53,9
1,6	1,4	1,8	2 190	3 213	3 823	56,1	56,4	56,4
1,1	1,8	1,7	305	1 910	1 683	10,9	26,8	25,2
12,6	12,8	14,0	30 230	49 328	52 828	93,6	96,0	95,9
2,6	2,9	3,1	4 340	6 699	7 033	65,1	57,5	57,1
0,3	0,5	0,5	389	1 323	1 350	48,8	65,9	64,7
0,1	0,4	0,4	242	1 615	1 674	99,6	99,6	99,5
0,0	0,0	0,0	—	8	17	—	17,4	40,5
6,7	5,9	6,0	16 388	23 144	23 028	95,8	97,9	97,9
1,8	2,0	2,4	4 552	7 985	9 490	99,1	99,6	99,3
0,0	0,0	0,0	1	5	8	3,8	13,2	24,2
0,0	0,0	0,0	78	96	126	96,3	96,0	94,7
0,6	0,4	0,4	1 158	1 250	1 440	82,7	88,1	88,5
100,0	100,0	100,0	108 538	179 544	181 318[2]	42,5	44,9	46,1

Tabelle A 121

Bevorzugte Fachrichtungen der im Bereich Technik Studierenden in der Bundesrepublik und in der DDR 1964 und 1968

Bereich	BRD		DDR	
	1964	1968	1964	1968
Personen				
Maschinenwesen [1]	35 479	40 958	22 281	25 540
Bauwesen [2]	18 761	16 734	7 098	6 595
Elektrotechnik	15 215	17 496	7 577	11 447
Ingenieurökonomik	—	—	5 800	19 077
Sonstige	13 698	3 924	14 561	11 373
Insgesamt	83 153	79 112	57 317	74 032
Anteile in %, insgesamt = 100				
Maschinenwesen [1]	42,7	51,8	38,9	34,5
Bauwesen [2]	22,6	21,2	12,4	8,9
Elektrotechnik	18,2	22,1	13,2	15,5
Ingenieurökonomik	—	—	10,1	25,8
Sonstige	16,5	4,9	25,4	15,4

[1] Enthält die Fachrichtungen Feinwerktechnik, Maschinenbau, Schiffbau, Physikalische Technik, Konstruktionstechnik, Fertigungstechnik.
[2] Enthält die Fachrichtungen Hoch- und Ingenieurbau, Vermessung, Bauwesen, Installationstechnik, Werkstofftechnik.

Quellen: Berechnungen nach Angaben des Statistischen Jahrbuchs der BRD 1966 und des Statistischen Bundesamts, Bevölkerung und Kultur, Reihe 10, III, Juli 1970 sowie des Statistischen Jahrbuchs der DDR 1969.

Tabelle A 122

Fachschulabsolventen (ohne Ausländer) im Bereich Technik/Naturwissenschaften nach ausgewählten Fachrichtungen in der Bundesrepublik und in der DDR 1960 bis 1968

Fachrichtung	BRD			DDR		
	1960 [1]	1964	1968	1960	1964	1968
Personen						
Bergbau und Hüttenwesen	224	373	232	1 537	1 670	848
Maschinenbau [2]	6 335	11 340	10 742	3 857	6 521	6 000
Bauwesen [3]	4 171	5 262	5 344	1 858	2 212	1 515
Elektrotechnik [4]	2 427	4 526	4 844	1 352	1 883	2 053
Chemie [5]	538	527	1 542	672	1 154	799
Sonstige Fachrichtungen	2 612	4 127	2 512	2 640	3 532	3 909
Insgesamt	16 307	26 155	25 215	11 916	16 972	15 124
Anteile in %, insgesamt = 100						
Bergbau und Hüttenwesen	1,4	1,4	0,6	12,9	9,8	5,6
Maschinenbau [2]	38,7	43,4	42,6	32,4	38,5	39,7
Bauwesen [3]	25,6	20,1	21,2	15,6	13,0	10,0
Elektrotechnik [4]	14,8	17,3	19,2	11,4	11,1	13,6
Chemie [5]	3,3	2,0	6,1	5,6	6,7	5,3
Sonstige Fachrichtungen	16,7	16,0	10,0	22,6	20,9	25,8

[1] Ohne Berlin (West).
[2] Maschinenbau, Feinwerktechnik, Physikalische Technik, Schiffbau.
[3] Hochbau, Ingenieurbau, Vermessung, Steintechnik, Hoch- und Tiefbau.
[4] Allgemeine Elektrotechnik, Nachrichtentechnik, Informationstechnik, Ton- und Bildtechnik.
[5] Chemotechnik, Film- und Fototechnik, Verfahrenstechnik, Chemie, Nuklearchemie.

Quellen: Statistisches Jahrbuch der DDR 1969, Statistische Jahrbücher der BRD 1962, 1966 und Statistisches Bundesamt: Bevölkerung und Kultur, Reihe 10, III, Juli 1970.

Tabelle A 123

Studierende (ohne Ausländer) an Hochschulen der Bundesrepublik und der DDR nach Fachbereichen 1960 bis 1969

Fachbereich	BRD			DDR			
	1960/61	1964/65	1967/68	1960	1964	1968	1969
	1. Absolute Zahlen						
Mathematik, Naturwissenschaften [1] [10]	21 249	28 969	34 670	7 915	8 108	9 169	10 072
Technische Wissenschaften [2]	27 412	34 086	29 746	23 716	26 910	28 825	36 442
Medizin, Agrarwissenschaften [3]	28 493	40 895	42 961	22 375	23 802	18 318	16 548
Wirtschaftswissenschaften [4]	19 524	32 405	31 769	14 970	11 175	14 068	17 680
Philosophische und historische Wissenschaften, Staats- und Rechtswissenschaften [5] [11]	20 547	27 625	35 254	4 745	3 253	4 593	5 341
Kultur-, Kunst- und Sportwissenschaften [6]	8 947	10 815	11 023	1 709	2 084	2 382	2 450
Literatur- und Sprachwissenschaften [7] [12]	13 295	12 534	13 154	1 409	1 180	1 034	1 160
Kunst [8]	6 066	6 981	7 185	1 776	1 703	1 754	1 910
Pädagogische Grundstudienrichtungen [9] [10] [11] [12]	59 824	83 284	98 722	23 158	32 449	30 438	31 187
Sonstiges	222	82	67	—	—	—	—
Insgesamt	205 579	277 677	304 551	101 773	110 664	110 581	122 790

Quellen: Statistische Jahrbücher der BRD 1962, 1966, 1969, 1970; Statistisches Jahrbuch der DDR 1970.

BRD			DDR			
1960/61[13]	1964/65	1967/68	1960	1964	1968	1969
2. Anteile in %, insgesamt = 100						
10,3	10,4	11,4	7,8	7,3	8,3	8,2
13,4	12,3	9,8	23,3	24,3	26,1	29,7
13,9	14,7	14,1	22,0	21,5	16,6	13,5
9,5	11,7	10,4	14,7	10,1	12,7	14,4
10,0	9,9	11,6	4,7	2,9	4,2	4,3
4,4	3,9	3,6	1,7	1,9	2,2	2,0
6,4	4,5	4,3	1,4	1,1	0,9	0,9
3,0	2,5	2,4	1,7	1,5	1,6	1,6
29,1	30,0	32,4	22,8	29,3	27,5	25,4
0,0	0,0	0,0	—	—	—	—
100,0	100,0	100,0	100,0	100,0	100,0	100,0

[1] Psychologie, Mathematik, Angewandte Mathematik, Physik, Astronomie, Geophysik, Meteorologie, Mathematik und Physik gemeinsam, Chemie, physikalische Chemie, Biologie, Geographie, sonstige Naturwissenschaften.
[2] Metallurgie, Bergbau und Hüttenwesen, Elektrotechnik, Flugzeugbau, Schiffbau, Maschinenbau, Vermessungswesen, Bauingenieurwesen, Architektur.
[3] Allgemeine Medizin, Zahnmedizin, Tiermedizin, Pharmazie, Landwirtschaft, Gartenbau und Gartengestaltung, Brauerei, Forstwirtschaft, Holzwirtschaft, Lebensmittelchemie, Hauswirtschaft und Ernährungskunde.
[4] Volkswirtschaftslehre, Technische Volkswirtschaft, Betriebswirtschaftslehre, Wirtschaftsingenieurwesen.
[5] Philosophie, Soziologie und Sozialwissenschaften, Wissenschaft von der Politik, Geschichte, Vorgeschichte, Völkerkunde, Volkskunde, Kunstgeschichte, Rechtswissenschaft.
[6] Klassische Archäologie, Musikwissenschaft, Theaterwissenschaft, Ägyptologie, sonstige Fächer der Philosophischen Fakultät, evangelische Theologie, katholische Theologie, evangelische Religionslehre, katholische Religionslehre, Leibesübungen, Studierende der Sporthochschule Köln.
[7] Germanistik, Latein, Griechisch, Latein und Griechisch, Englisch, Französisch, Englisch und Französisch, sonstige romanische Sprachen, Slawistik, Dolmetscher, Philologie sonstiger europäischer Sprachen, Vergleichende Sprachwissenschaften, Orientalistik, Publizistik.
[8] Studierende der Hochschulen für Musik und Bildende Künste.
[9] Allgemeine Pädagogik, Handelsschullehramt, Studierende an Pädagogischen Hochschulen und lehrerbildenden Einrichtungen, Studierende der Schulfächer Englisch, Deutsch, Französisch, Latein, Griechisch und Geschichte zu 70 % der Studierenden dieser Fachrichtungen und der Schulfächer Mathematik, Physik, Chemie, Biologie, Geographie zu 30 % der Studierenden dieser Fachrichtungen.
[10] Die Schulfächer Mathematik, Physik, Mathematik und Physik, Chemie, Biologie und Erdkunde sind hier jeweils nur mit 70 % der ausgewiesenen Zahl der Studierenden berücksichtigt, 30 % sind als geschätzte Lehramtskandidaten in der Zahl der Studierenden der pädagogischen Grundstudienrichtungen enthalten.
[11] Das Schulfach Geschichte ist hier nur mit 30 % der ausgewiesenen Zahl der Studierenden berücksichtigt, 70 % sind als geschätzte Lehramtskandidaten in der Zahl der Studierenden der pädagogischen Grundstudienrichtungen enthalten.
[12] Die Schulfächer Germanistik, Latein, Latein und Griechisch, Englisch, Französisch, Englisch und Französisch sind hier jeweils nur mit 30 % der ausgewiesenen Zahl der Studierenden berücksichtigt, 70 % sind als geschätzte Lehramtskandidaten in der Zahl der Studierenden der pädagogischen Grundstudienrichtungen enthalten.
[13] Ohne Berlin (West).

Tabelle A 124

Hochschulabsolventen der Bundesrepublik und der DDR 1962 bis 1969

Fachbereich	BRD			DDR			
	1962	1964	1967	1962	1964	1967	1969
	Absolute Zahlen						
Mathematik, Naturwissenschaften [1]	1 849	2 138	2 625	1 086	1 282	1 370	1 261
Technische Wissenschaften	3 735	2 987	4 430	2 596	2 746	3 760	3 885
Medizin, Agrarwissenschaften [2]	4 669	5 382	7 130	3 452	3 718	3 820	3 668
Wirtschaftswissenschaften [3]	2 812	3 160	4 870	2 754	2 688	1 459	2 470
Philosophisch-historische Wissenschaften [4], Staats- und Rechtswissenschaften	3 745	3 302	4 260	888	1 069	336	582
Kultur-, Kunst- und Sportwissenschaften, Literatur- und Sprachwissenschaft	902	2 075	2 545	522	549	504	616
Kunst	1 500	1 450	1 860	332	425	337	294
Lehramtbewerber [5]	15 337	18 195	19 950	5 829	6 930	6 812	6 492
Insgesamt	35 549	39 689	47 670	17 459	19 407	18 398	19 268

Quellen: Statistisches Bundesamt und Institut für sozialökonomische Strukturforschung. Statistisches Jahrbuch der DDR 1970.

BRD			DDR			
1962	1964	1967	1962	1964	1967	1969
Anteile in % insgesamt = 100						
5,2	5,4	5,5	6,2	6,6	7,4	6,5
10,5	10,1	9,3	14,9	14,6	20,4	20,2
13,1	13,6	15,0	19,8	19,0	20,8	19,0
7,9	8,0	10,2	15,8	13,8	7,9	12,8
10,5	8,3	8,9	5,1	5,5	1,8	3,0
5,4	5,2	5,4	3,0	2,7	2,7	3,2
4,2	3,7	3,9	1,9	2,2	1,8	1,5
43,4	45,7	41,8	33,4	35,6	37,0	33,7
100,0	100,0	100,0	100,0	100,0	100,0	100,0

[1] Zahlen für die BRD enthalten keine Psychologen.
[2] Zahlen für die BRD enthalten keine Lebensmittelchemiker.
[3] Zahlen für die BRD enthalten Studierende des Handelsschullehramts.
[4] Zahlen für die BRD enthalten Pädagogen und Psychologen.
[5] Zahlen für die DDR enthalten alle pädagogischen Grundstudienrichtungen.

Tabelle A 125

Studierende an den Hochschulen der Bundesrepublik und der DDR 1960 bis 1969

Jahr/Semester		BRD			DDR		
		Studierende (ohne Ausländer)	davon weiblich	Anteil der weiblichen Studierenden in %	Studierende (ohne Ausländer)	davon weiblich	Anteil der weiblichen Studierenden in %
1960	WS	225,9 [1]	63,7 [1]	28,2 [1]	101,8	25,4	24,9
1964	WS	277,7	77,2	27,8	110,7	28,6	25,8
1968	SS	313,1 [2]	98,5 [2]	31,2 [2]	110,6	35,1	31,7
1969	SS	337,2 [3]	104,5 [3]	31,0 [3]	122,8	41,7	33,9

WS = Wintersemester, SS = Sommersemester.

[1] Studierende an Hochschulen für bildende Künste, Musik und Sport, SS 1961 bzw. SS 1965.
[2] Studierende an lehrerbildenden Einrichtungen WS 1967/68, ohne Hamburg und Bayern, da die Studierenden der dortigen lehrerbildenden Einrichtungen bei den Studierenden an wissenschaftlichen Hochschulen mitgezählt sind.
[3] Studierende an lehrerbildenden Einrichtungen WS 1968/69, ohne Hamburg und Bayern.

Quellen: Statistische Jahrbücher der BRD und DDR.